Mysterium Coniunctionis

융합의 신비

융합의 신비

| 초판 1쇄 발행 | 2017년 11월 31일 |
| 2쇄 발행 | 2020년 6월 5일 |

원제	Mysterium Coniunctionis
지은이	칼 구스타프 융
옮긴이	김세영 정명진
펴낸이	정명진
디자인	정다희
펴낸곳	도서출판 부글북스
등록번호	제300-2005-150호
등록일자	2005년 9월 2일

주소	서울시 노원구 공릉로63길 14, 101동 203호(하계동, 청구빌라)
	(139-872)
전화	02-948-7289
전자우편	00123korea@hanmail.net
ISBN	978-11-5920-073-1 03180

Mysterium Coniunctionis

융합의 신비

칼 구스타프 융 지음 김세영·정명진 옮김

나의 마지막 저술이 될 이 책은 10년도 더 전에 시작되었다. 처음에 나는 칼 케레니(Carl Kerényi: 1897-1973)가 괴테(Johann Wolfgang von Goethe: 1749-1832)의 '파우스트'(Faust)에 나오는 에게해(海) 축제에 대해 쓴 에세이에서 이 책과 관련한 영감을 얻었다. 이 축제의 원형을 문학적으로 보여주는 것이 크리스티안 로젠크로이츠(Christian Rosencreutz: 1378-1484)의 『화학적 결혼』이다. '화학적 결혼'은 연금술에 전통적으로 등장하는 히에로스가모스(hierosgamos: 다산을 상징하는 신들 간의 성교를 뜻한다/옮긴이)를 상징한다.

당시에 나는 케레니의 에세이에 대해 연금술과 심리학의 관점에서 논평을 하고 싶다는 유혹을 강하게 받았으나 곧 주제가 몇 쪽으로 소화하기에는 지나치게 방대하다는 사실을 깨달았다. 작업은 곧 시작되었지만, 내가 핵심적인 문제와 관련 있는 자료들을 모두 수집하고 정리하기까지 10년 이상의 세월이 흘렀다.

아시다시피, 나는 1944년에 처음 출간한 『심리학과 연금술』(Psychology and Alchemy)에서 연금술에 흔히 보이는 일부 원형적인 모티프들이 어떻게 해서 연금술 문헌에 관한 지식이 전혀 없는 현대인의 꿈에도 나타나게 되었는지를 보여주었다. 그 책에서, 나는 오해를 많이 받고 있는 연금술 "기술"에 관한 논문에 숨겨져 있는 수많은 관념과 상징에 대해 상세하게 설명하기보다 대략적으로 암시하는 선에서 그쳤다. 당시에 내가 추구했던 주된 목표가 연금술의 상징 세계가 과거의 잡동사니들을 모아놓은 집합이 아니라, 무의식의 심리학에 관한 최근의 발견들과 매우 밀접한 관계를 맺고 있다는 점을 보여주는 것이었기 때문이다.

현대의 심리학 분야인 무의식의 심리학은 연금술의 비밀에 닿는 열쇠를 주고, 거꾸로 연금술은 무의식의 심리학에 의미 있는 역사적 바탕을 제공한다. 이런 식의 이야기는 결코 인기 있는 주제가 될 수 없었으며, 바로 그런 이유 때문에 연금술은 크게 오해를 받는 상태 그대로 남았다.

연금술은 자연 철학의 한 분야로서도, 또 종교적 운동으로서도 거의 알려지지 않았다. 그러나 대부분의 사람들은 현대에 이뤄진 원형의 발견에 대해서도 모르고 있거나 오해하고 있다. 정말로, 원형을 순수한 공상으로 여긴 사람도 적지 않았다. 생물학의 "행동 패턴"은 말할 것도 없고, 잘 알려진 자연수(自然數)의 예를 통해서 그들도 많은 것을 좀 쉽게 배울 수 있었을 텐데도 말이다. 숫자와 본능적인 형태들이 존재하는 것처럼, 뤼시앵 레비-브륄(Lucien Lévy-Bruhl)의 집단 표상(représentations collectives)이 잘 설명하듯이 다른 자연적인 형상 혹은 유형도 많다. 그것들은 "형이상학적" 고찰이 아니며, 충분히 예상할 수 있듯이, 호모 사피엔스의 동일성을 보여주는 상징들이다.

오늘날 정신치료에 따른 경험과 무의식의 심리학을 묘사하는 글이 아주 다양하게 나오고 있다. 따라서 모두가 경험을 통한 발견과 그 발견에 관한 이론을 접할 기회를 누릴 수 있게 되었다.

그러나 연금술은 그렇지 못하다. 연금술에 관한 설명은 대부분 연금술은 화학의 선구자 역할에 그친다는 식의 그릇된 가정에 의해 훼손되고 있다. 헤르베르트 질베러(Herbert Silberer: 1882-1923)는 다소 제한적인 자신의 지식 범위 안에서 연금술의 중요한 심리학적 측면을 최대한 파악하려고 노력한 최초의 인물이었다. 현대적 설명이 부족하고 자료에 접근할 수 있는 기회가 비교적 제한적인 탓에, 철학적 연금술의 문제들을 제대로 인식하기가 아주 어렵다. 그 간극을 메우는 것이 바로 이 책의 목적이다.

연금술사가 자신의 기술을 위해 선택한 이름인 "스퍼지릭 아트"(spagyric art)(연금술 과정의 결과 얻는 약을 spagyric이라 불렀다/옮긴이)가 암시하듯이, 혹은 "용해하고 응고시킨다"는 표현이 자주 쓰이는 데서 짐작할 수 있듯이, 연금술사는 자신의 기술의 핵심을 한편으로는 분리와 분석에서, 다른 한편으로는 통합과 결합에서 찾았다. 무엇보다 먼저, 연금술사에겐 상반된 경향들 혹은 힘들이 충돌을 일으키는 원상태가 있었다. 둘째, 적대적인 요소들과 특성들을 분리시키기만 하면 그것들을 다시 통합시키는 과정이라는 큰 문제가 있었다.

카오스라 이름 붙인 이 원상태는 처음부터 주어지는 것이 아니라 '원물질'(prima materia)로서 찾아져야 했다. 그리고 작업의 시작이 뚜렷하지 않듯이, 작업의 끝도 분명하지 않다. 최종 상태의 본질에 대한 의견은 무수히 많다. 이 의견들 모두는 본질에 붙인 이름 안에 담겨 있다. 가장 흔한 것은 최종 상태의 영원성(생명의 연장, 불멸, 부패되지 않는 상태)과 자웅동체성, 영성(靈性)과 신체성, 인간적인 특성과 인간과 유사한 점(호문쿨루스(homunculus: 정자 속에 들어 있다고 믿은 극히 작은 사람/옮긴이)), 신성(神性) 등이다.

정신의 영역에서 이 상반된 것들의 문제와 아주 비슷한 것은 화해 불가능한 성향들의 갈등으로 인해 생기는 인격의 분열이다. 인격의 분열은 대체로 조화롭지 못한 기질 때문에 일어난다. 이런 경우에 상반된 것들 중 어느 하나를 억압하면, 갈등이 연장되고 확장될 뿐이다. 달리 말하면 신경증으로 이어진다는 뜻이다. 따라서 심리치료사는 상반된 것들이 서로 마주보도록 해 두 가지를 영원히 결합시키는 것을 목표로 삼는다. 그럴 때 환자의 꿈에 나타나는 의미 있는 이미지는 종종 연금술의 상징과 비슷하다.

이를 보여주는 한 가지 예는 모든 분석가들이 잘 알고 있는 내용이다. 바로 "화학적 결혼"이라는 모티프와 비슷한 전이(轉移) 현상이다. 이 책에 너무 방대한 내용을 담는 것을 피하기 위해, 나는 연금술과의 유사점을 길을 밝히는 등대로 이용하면서 전이의 심리학을 따로 연구했다.

꿈에 나타나는 전체성, 즉 자기(自己)의 표상 또는 암시들은 연금술에도 마찬가지로 나타난다. '철학자의 라피스(돌)'(lapis Philosophorum)을 의미하는 무수한 동의어들이 바로 그것이다. 연금술사들은 철학자의 돌을 예수 그리스도와 동일시했다. 철학자의 돌과 예수 그리스도의 관계는 그 중요성이 엄청나기 때문에『아이온』(Aion)이라는 특별한 연구서를 낳았다. 이 연구서의 주제에서 비롯된 다른 결실들은 나의 논문『철학 나무』(The Philosophical Tree)와『공시성』(Synchronicity: An Acausal Connecting Principle),『욥에 대한 답변』(Answer to Job) 등이다.

이 책의 1장과 2장은 상반된 것들과 그것들의 통합을 다룬다. 3장은 어느 성직자가 쓴 연금술 관련 글에 대한 설명과 해석을 담고 있다. 13세기에 쓰인 것으로 짐작되는 이 연금술 텍스트는 기독교와 연금술이 서로에게 스며드는 아주 특이한 마음 상태를 드러내고 있다. 이 텍스트의 저자는 '아가'(雅歌)의 신비주의의 도움을 받으면서 기독교와 자연 철학에서 각각 비롯된 이질적인 관념들을 찬가 같은 주문(呪文) 형식으로 담아내려고 노력하고 있다. 이 텍스트는『아우로라 콘수르겐스』(Aurora consurgens: '떠오르는 새벽빛')이라 불리며, 전통적으로 성 토마스 아퀴나스(Thomas Aquinas: 1225-1274)의 작품으로 여겨진다.

여기서 토마스를 연구하는 역사학자들은 언제나 이 글을 위작(僞作)에 포함시키길 원한다는 점에 대해 새삼 언급할 필요가 없을 것이다. 이런 의견엔 틀림없이 전통적으로 내려오던 연금술에 대한 무시가 작용했을 것이다.

연금술을 이런 식으로 부정적으로 평가한 것은 주로 무지 때문이었다. 보통 사람들은 연금술이 연금술사들에게 의미하는 바에 대해 알지 못했다. 연금술이 일반적으로 단순히 금을 만드는 것으로 여겨진 까닭에 나타난 현상이었다.

나는 독자들이 『심리학과 연금술』을 제대로 이해했다면 연금술은 금을 만드는 것과 아무런 관계가 없다는 점을 알게 되었을 것이라고 생각한다. 연금술은 알베르투스 마그누스(Albertus Magnus: 1200-1280)와 로저 베이컨(Roger Bacon: 1214-1292), 토마스 아퀴나스 같은 사람들에겐 너무나 큰 의미를 지녔다.

일찍이 3세기에 파노폴리스의 조시모스(Zosimos of Panopolis)가 남긴 증거뿐만 아니라 14세기 초에 이탈리아 페라라 출신의 페트루스 보누스(Petrus Bonus)가 남긴 증거도 연금술사가 발견하려던 신비를 신인(神人)과 비슷한 것으로 여기고 있다는 점을 보여준다. 『아우로라 콘수르겐스』는 기독교 관점과 연금술 관점을 결합시키려 노력하고 있으며, 따라서 나는 이 텍스트를 중세 기독교 정신이 연금술 철학을 어떤 식으로 받아들였는지를 보여주는 한 예로, 또 상반된 특성들이라는 연금술의 문제에 대한 당시의 설명을 보여주는 예로 받아들였다.

오늘날 다시 편향적인 사람들이 무의식이라는 가설에 이의를 제기하는 소리가 들리고 있다. 무의식의 가설에 반대하는 사람들은 무의식은 이 가설을 이용하는 사람들의 개인적 편견에 불과하다고 주장한다. 그러면서 그들 앞에 제시된 증거에는 전혀 눈길을 주지 않는다. 모든 심리학은 선입견이 작용하는 하나의 주관적 의견에 지나지 않는다는 식으로 생각하는 사람들의 눈에 무의식의 가설을 뒷받침하는 증거들은 어떠한 의미도 지니지 못한다. 연구자가 자신의 주관적인 가설의 희생자가 될 수 있는 위험은 어느 분야에나 있다는 점을 인정해야 한다. 또 사람은 누구나 자신의 "개인적 성향 차이"를 자각하는 그 이상의 존재가 되어야 한다.

그러나 무의식적 과정의 심리학은 연륜이 얼마 되지 않았음에도 불구하고 몇 가지 사실들을 확립하는 데 성공했으며, 이 사실들에 대한 인정이 점점 더 커지고 있다. 그런 사실들 중 하나가 정신의 양극적인 구조이다. 그런데 이 양극적인 구조는 자연의 모든 과정이 공유하는 사실이다. 자연의 과정들은 양극적 긴장이라는, "덜 바람직해 보이는 상태"로부터 지속적으로 나오고 있는 에너지 현상이다. 이 설명은 심리학에 특별히 중요한 의미를 지닌다. 의식적인 마음이 대체로 자신의 배경의 양극성을 보거나 인정하기를 꺼리기 때문이다. 정작 의식적인 마음이 에너지를 얻는 곳이 바로 그 배경인데도 말이다.

심리학자는 이제 막 이 구조를 파고들기 시작했다고 느끼고 있으며, 지금 돌이켜보면 "연금술" 철학자들은 상반된 특성들을 결합시키는 것을 자신들의 연구의 주요 목적 중 하나로 여겼던 것 같다. 틀림없이, 연금술 철학자들은 자신들의 글에 상징적인 용어들을 많이 사용했는데, 이 용어들은 자주 상반된 것들의 문제를 다루는 꿈들의 언어를 떠올리게 한다.

의식적 사고는 명료성을 추구하고 명확한 결론을 요구한다. 따라서 의식적 사고는 논박과 모순적인 경향으로부터 끊임없이 자유로워지려고 노력한다. 그 결과, 특별히 양립 불가능한 내용물은 전적으로 무의식 상태에 남든가 아니면 습관적으로, 또 적극적으로 무시된다.

의식적인 사고가 이런 경향을 강하게 보일수록, 무의식은 이에 맞서는 입장을 더 강하게 보인다. 일부 예외가 있긴 하지만 대부분의 연금술사들이 정신 구조를 밝혀내려고 노력하고 있다는 점을 모르는 가운데 자신이 물질의 변형을 설명하고 있다고 생각했기 때문에, 그들이 정신의 배경을 드러내지 못하도록 막을 심리학적 이유는 전혀 없었다. 그러기에 보다 의식적인 사람이었다면 아마 그런 일에 꽤 많은 불편을 느꼈을 것이다. 연금술이 심리학자에게 아주 흥미롭게 다가오는 이유는 바로 거기에 있다. 그 때문에 나 자신은 물론이고 나의 동료들에게도 상반된 특성들의 결합 또는 조화에 관한 연금술의 개념을 면밀히 조사하는 것이 필요해 보였다.

연금술사들의 언어와 이미지가 아무리 난해하고 낯설어 보일지라도, 비교 연구를 통해서 상징과 무의식의 과정들 사이의 관계가 드러나기만 하면 그들의 언어와 이미지는 생생하게 되살아나며 선명해진다. 연금술사들의 언어와 이미지들은 한편으로 꿈과 공상, 망상의 재료일 수 있고, 다른 한편으로는 창의적인 상상력에서 나온 작품들과 종교의 비유적인 언어에서 관찰된다.

이 책에서 비교를 위해 인용한 이질적인 자료들은 학문적 교육 수준이 높은 독자에겐, 말하자면 이런 것들을 오직 비개인적으로만, 다시 말해 역사적, 민족적, 지리학적 맥락에서만 보면서 거기에 심리학적으로 비슷한 점이 담겨 있다는 것을 보지 못하는 독자에겐 아주 당혹스럽게 다가올 수 있다. 만약 고대 이집트 문헌에 나오는 일부 상징들이 인도의 대중 종교와 어느 유럽인의 꿈들에 관한 현대의 발견과 밀접한 관계가 있는 것으로 드러난다면, 그런 독자는 처음엔 크게 놀랄 것이다.

그러나 역사학자와 문헌학자가 이해하기 어려워하는 것도 의사에겐 아무런 장애가 되지 않는다. 의사는 생물학을 배웠기 때문에 인간의 모든 활동은 거의 똑같다는 인상을 가슴에 깊이 새기고 있다. 그 인상이 아주 강하기에, 의사는 인간 존재들의 유사성과 그들의 정신적 표현의 유사성, 아니 기본적인 동일성에 대해 특별히 논해야 할 이유가 없다고 느낀다.

만약 그 의사가 정신과의사라면, 그는 정신적 내용물이 중세의 것이거나 현재의 것이거나, 혹은 유럽의 것이거나 호주의 것이거나 인도의 것이거나 아메리카 대륙의 것이거나, 기본적으로 비슷하다는 점에 대해 전혀 놀라지 않을 것이다. 정신적 내용물의 바탕에서 작용하는 과정들은 본능적이고, 따라서 보편적이며 두드러지게 보수적이다.

위버버드(베짜는 새)라는 새는 어디 살든 자신만의 독특한 방법으로 둥지를 짓는다. 위버버드가 3,000년 전에 다른 방식으로 둥지를 지었을 것이라고 단정할 근거가 없기 때문에, 이 새가 3,000년 후에 둥지 짓는 방법을 바꿀 가능성은 거의 없다고 볼 수 있다.

현대인이 스스로를 무한정 변화시킬 수 있다고 믿거나 외적 환경 때문에 변화될 수 있을지라도, 그는 문명과 기독교 교육에도 불구하고 도덕적으로 여전히 동물만큼이나 본능에 얽매여 있는 까닭에 언제라도 내면의 야수성에 희생자가 될 수 있다는 놀라운, 아니 무서운 사실은 여전히 그대로 남는다. 이것은 그 어느 때보다 지금 더 보편적인 진리이며, 교육과 문화, 언어, 전통, 인종, 지역과 상관없이 두루 확인되고 있는 진리이다.

연금술의 상징체계를 연구한다고 해서 신화학에 몰두하는 것과 마찬가지로 삶의 현장에서 결코 멀어지지 않는다. 비교 해부학을 연구한다고 해서 실제 인간의 해부로부터 멀어지지 않는 것과 똑같은 이치이다.

정반대로, 연금술은 우리에게 상징의 보고(寶庫)를 제공하며, 이 상징들에 대한 지식은 신경증과 정신증의 과정을 이해하는 데 큰 도움을 준다. 거꾸로, 신경증과 정신증의 과정에 대한 이해는 상징에 관심이 많은 인간 마음의 역사에서 연금술 영역에 무의식의 심리학을 적용할 수 있도록 한다. 치료적으로 적용하는 것보다 더 긴급하고 더 중요한 질문들이 제기되는 지점이 바로 이곳이다.

우리 인간 사회에는 아직도 극복되어야 할 편견들이 너무나 많다. 예를 들어, 멕시코 신화들이 유럽에서 발견되는 비슷한 관념들과 어떤 관계도 가질 수 없는 것으로 여겨지고 있는 것처럼, 교육 수준이 낮은 현대인이 전문가만 알고 있는 고전적인 신화 모티프의 꿈을 꿀 수 있다는 가정은 헛소리로 통하고 있다. 사람들은 아직도 이런 식의 관계를 생각하는 것은 억지이며, 따라서 있음직하지 않다고 생각한다.

그러나 그런 사람들은 뇌를 포함한 신체기관들의 구조와 기능은 어디를 가나 다소 똑같다는 사실을 망각하고 있다. 정신이 상당 부분 뇌에 의존하기 때문에, 뇌는 아마 어딜 가나 적어도 원칙적으로는 똑같은 형태들을 엮어낼 것이다. 그러나 이를 확인하기 위해선 누구나 정신은 의식과 동일하다는, 널리 퍼져 있는 편견부터 먼저 버려야 한다.

1954년 10월

칼 구스타프 융

차례

1장

융합의 요소들

1. 상반된 특성들

융합에서 서로 합치는 요소들은 적대감을 보이며 서로 맞서든 아
니면 사랑하며 서로를 잡아당기려 하든 상반된 특성들로 여겨진
다. 먼저 그 요소들은 하나의 이중성을 형성한다. 상반된 특성들
의 예를 든다면 이런 것들이 있다. 축축한/건조한, 차가운/따스한,
높은/낮은, 영혼/육체, 하늘/땅, 불/물, 밝은/어두운, 능동적/수동
적, 불안정한/견실한, 값비싼/값싼, 선/악, 공개적인/은밀한, 동/서,
산/죽은, 남성적/여성적, 해/달 등등.

　종종 양극성은 '콰테르니오'(quaternio: 4개 1조)로 배열된다. 4
개의 원소나 4개의 특성(차갑고 뜨겁고 습하고 마른 특성) 또는 4
개의 방향과 계절에서 보듯, 두 짝의 상반된 특성들이 서로 대각선

으로 마주보면서, 4가지 원소의 상징으로, 또 지상의 물리적 세계의 상징으로 십자를 만들어낸다. 이 네 가지 물리적 성격을 나타내는 십자(+)는 지구와 금성, 수성, 토성, 목성의 상징에도 나타난다.

상반된 것들과 그 상징들은 텍스트에 너무나 흔하게 나타나기 때문에 여기서 그 원천을 찾아가며 증거를 제기하려고 노력하는 것은 쓸데없는 짓이다. 한편, 물리적인 만큼이나 윤리적이기도 한 연금술사들의 언어의 모호성 때문에 텍스트들이 상반된 것들을 어떤 식으로 다루는지를 보다 면밀히 파고들 필요가 있다. 남성성과 여성성의 대비가 왕과 여왕(『로사리움 필로소포룸』(Rosarium philosophorum: '철학자의 장미정원')에는 황제와 여황제), 또는 노예나 붉은 남자와 하얀 여자로 의인화되는 경우가 자주 있다. 『비시오 아리슬레이』(Visio Arislei: '아리슬레우스(Arisleus)의 환상')를 보면 남성성과 여성성은 왕의 아들과 딸인 가브리쿠스(Gabricus)와 베야(Beya)로 상징되고 있다. 짐승 모습의 상징들도 똑같이 흔하며 삽화에서 자주 발견되고 있다.

나는 미하엘 마이어(Michael Maier: 1568-1622)의 텍스트에 나오는 이븐 시나(Ibn Sina: 980?-1037)의 "화신"인 독수리와 두꺼비("하늘을 높이 날아 올라가는 독수리와 땅 위를 기어 다니는 두꺼비")에 대해 언급할 것이다. 독수리는 달(Luna)을 뜻하거나, 구름까지 날아 올라가서 두 눈에 태양의 빛을 받는 독수리처럼 도망 다니는, 날개 있는 유노, 베누스, 베야를 상징한다. 두꺼비는 "공기의 반대"이며, 공기의 대조적인 요소, 즉 흙이다. 이 흙 위로 두꺼비는 느린 걸음으로 움직이며 다른 원소에 기대지 않는다. 바로 이런 이유 때문에 두꺼비는 단단하고 견고하여 날아갈 수 없는, 즉 승화될 수 없는 철학자의 흙을 나타낸다. 이 흙 위에 하나의 토대로서 황금의 집이 지어지게 된다. 연금술 작업에 흙이 없다면, 바람은 멀리 날아가 버릴 것이고, 불은 힘을 얻지 못할 것이고 물은 용기(容器)를 갖지 못할 것이다.

즐겨 사용되는 또 다른 짐승 이미지는 두 마리의 새나 용이다. 둘 중 한 마리는 날개가 있고 다른 한 마리는 날개가 없다. 이 상징은 'De Chemia Senioris antiquissimi philosophi libellus'라는 고대 텍스트에 담겨 있다. 날개 없는 새나 용은 날개를 가진 새나 용이 날아가는 것을 막는다. 이 새나 용은 해와 달, 오빠와 여동생을 상징하며, 이들은 연금술 기술에 의해 서로 결합된다. 람프슈프링(Lambspringk)의 『상징들』(Symbols)에서, 그것들은 서로 반대 방향으로 헤엄을 치면서 정신/영혼의 대립을 상징하는 점성술의 물고기로 나타난다. 이 물고기들이 헤엄을 치는 물은 '우리의 바다'이고 몸으로 해석된다.

물고기들은 "뼈도 없고 피질도 없다". 이 물고기로부터 영원한 물인 '광대한 바다'가 비롯된다. 또 다른 상징은 "숲"에서 서로 만나는 수사슴과 일각수이다. 람프슈프링의 『상징들』에 나오는 그 다음 두 개의 그림은 수사자와 암사자 또는 늑대와 개를 보여준다. 이 중에서 늑대와 개는 서로 싸우고 있다. 이것들은 영혼과 정신을 상징한다. 그 텍스트의 도표 Ⅶ에는 상반된 것들이 같은 나무에 앉아 있는 두 마리의 새로 상징되고 있다. 그 중 한 마리는 털이 있고, 다른 한 마리는 털이 나지 않았다. 그 앞의 그림들에서 갈등은 정신과 영혼 사이의 갈등인 것 같지만, 두 마리의 새는 정신과 육체의 갈등을 의미한다. 도표 Ⅷ의 그림은 설명에 나오듯이 서로 싸우는 두 마리의 새는 사실 정신과 육체의 갈등을 의미한다. 정신과 영혼 사이의 대립은 영혼이 매우 세련된 내용물을 갖고 있기 때문에 일어난다. 영혼은 정신보다 더 촘촘하고 더 순수하다.

인간 형상을 왕이나 신성으로 격상시키는 한편 인간의 형상을 짐승의 형태로 표현하는 것은 상반된 짝들의 초(超)의식적 성격을 암시한다. 신성을 갖췄거나 짐승 모습을 한 인간의 형상은 자아인격에 속하지 않고 자아인격을 초월한다. 자아인격은 "선과 악 사이에 놓인 영혼"처럼 중간적인 위치를 차지한다. 상반된 짝들은 역설적인 자기, 즉 인간의 전체성을 나타낸다. 이것이 상반된 짝들의 상징이 하늘/땅 같은 우주적인 표현을 이용하는 이유이다. 갈등의 치열성은 불과 물, 높이와 깊이, 생명과 죽음 같은 상징에서 표현되고 있다.

2. 콰테르니오와 메르쿠리우스의 중재 역할

상반된 것들을 콰테르니오로 배열하는 것은 스톨키우스 폰 스톨첸베르크(Stolcius von Stolcenberg: 1600-1660)의 『비리다리움 키미쿰』(Viridarium chymicum; '화학의 정원')에 나오는 재미있는 삽화에서 확인되며, 요한 다니엘 밀리우스(Johann Daniel Mylius: 1583?-1642)의 『필로소피아 레포르마타』(Philosophia reformata: '개혁 철학')에서도 발견된다. 여신들은 황도대에서 태양이 통과하

며 야기하는 사계절(양자리와 게자리, 천칭자리, 염소자리)을 나타
내며, 동시에 황도대와 연결되는 4가지 원소들뿐만 아니라 열의 4
가지 강도를 상징한다.

원소들의 통합은 태양이 시간 속에서 황도대의 궁들을 통과하면
서 하는 원(圓)운동에 의해 이뤄진다. 내가 다른 곳에서 보여준 바
와 같이, 순환의 목표는 하나의 구(球)였던 원초의 인간을 생산(혹
은 재생산)하는 것이다. 이 연결에서 나는 아불 카심(Abu'l-Qasim)
의 글에 오스타네스(Ostanes)가 한 말로 되어 있는 부분을 인용하
고 싶다. 콰테르니오를 이루는 두 쌍의 상반된 것들 사이의 중개적
인 위치에 대해 설명하는 부분이다.

> 오스타네스가 말했다. 오 신이시여, 사악함으로 유명한 두 개의 광
> 휘 사이에, 그리고 두 개의 흐릿한 불빛 사이에 서 있는 나를 구해
> 주소서. 이 광휘와 불빛들이 나에게 닿았지만, 나는 이것들로부터
> 나를 구원하는 방법을 모르고 있나이다. 그리고 나에게 위대한 아
> 가토다이몬(Agathodaimon: 고대 그리스 종교에 나오는 포도원의 정
> 령/옮긴이)에게 가서 도움을 청하고, 나의 내면에 절대로 타락하지
> 않는 아가토다이몬의 천성이 어느 정도 있다는 것을 알라는 말씀
> 이 있었나이다. … 이어서 내가 하늘로 올라갔을 때, 아가토다이몬
> 이 이렇게 말했다. 빨간색이 섞인 새의 아이를 찾아서, 유리로부터
> 나오는 금을 위해 그 새의 아이의 침대를 펼치고 새의 아이를 용기
> 안에 놓아라. 거기서 그대가 바라는 경우를 제외하고는 새의 아이
> 가 절대로 나오지 않을 것이며, 그 습기가 다 사라질 때까지 그것을

거기에 두라.[1]

이 경우에 콰테르니오는 분명히 두 개의 사악, 즉 마르스와 사투르누스(마르스는 양자리의 지배자이고 사투르누스는 염소자리의 지배자이다)로 구성되어 있다. 그렇다면 두 개의 "희미한 불빛"은 여성적인 불빛, 즉 달(게자리의 지배자)과 베누스(천칭자리의 지배자)일 것이다. 따라서 오스타네스는 한편으론 남성성과 여성성 사이에, 다른 한편으론 선과 악 사이에 서 있다. 오스타네스가 4개의 발광체에 대해 말하는 투를 볼 때, 다시 말해 그가 그 발광체들로부터 자신을 구원하는 방법을 모른다고 말한 것으로 볼 때, 그가 별들의 충동인 헤이마르메네 여신(Heimarmene: 그리스 신화에서 개인의 운명이 아니라 우주의 운명을 관장하는 여신/옮긴이)에게, 다시 말해 인간의 의지가 미치지 못하는 어떤 초(超)의식적 요소에 종속되고 있다는 암시가 읽힌다.

이 별들의 충동과 별도로, 4개의 행성들이 해로운 영향을 미치는 것은 사람이 하나의 인격이 되어야 하는데도 이 행성들 각각이 사람에게 서로 다른 영향력을 행사하면서 다양한 인격의 소유자로 만든다는 사실 때문이다. 오스타네스에게 그의 천성에도 아가토다이몬의 본질에 속하는 것 일부가, 말하자면 절대로 타락하지 않는 무엇인가, 신성한 무엇인가, 틀림없이 통합의 근원인 무엇인가가 들어 있다는 점을 지적하는 것은 아마 헤르메스(Hermes: 그리스 신화

....

1   Holmyard, Kitāb al'lim al muktasab, p. 38

속의 신들의 사자(使者)이며, 로마 신화로 치면 메르쿠리우스에 해당한다/옮긴이)일 것이다. 이 근원은 금, 즉 철학자의 금이며, 철학자의 아들과 동일한 헤르메스의 새 혹은 새의 아들이다.

철학자의 아들을 연금술 용기 안에 넣고 이 아들에게 달라붙고 있는 "습기", 말하자면 근본적인 습기, 원초적인 카오스인 '원물질', 바다(무의식)가 다 사라질 때까지 열을 가해야 한다. 이 대목에서, 의식적인 존재가 되는 방법에 대한 암시가 보인다. 우리는 4가지 원소를 통합하는 것이 연금술이 추구하는 주요 과제라는 것을 알고 있다. 그래서 같은 텍스트에서 헤르메스는 태양에게 이렇게 말한다.

> 오, 태양이여, 나는 그대의 형제들(행성들)의 영(靈)이 그대에게로 오도록 하고 있네. 그것으로 나는 그대를 위해 지금까지 한 번도 보지 못한 그런 왕관을 만드네. 나는 그대와 그대의 형제들이 나의 안에 있도록 하고 있네. 나는 왕국을 강건하게 만들 것이네.

이 대목은 행성들이나 금속들을 태양과 통합시켜서 헤르메스의 "안"에 있을 어떤 왕관을 만든다는 내용이다. 왕관은 왕의 전체성을 의미하며 헤이마르메네 여신의 지배를 받지 않는다. 이는 영지주의 종파들이 남긴 보석 유물에서 아가토다이몬 뱀이 쓰고 있는, 7개 혹은 12개의 빛으로 된 왕관과 『아우로라 콘수르겐스』에 나오는 지혜의 왕관을 상기시킨다.

『콘실리움 코니우기이』(Consilium coniugii)에 비슷한 콰르테니오가 하나 있다. 거기엔 열과 건조가 반대 특성인 냉기와 습기와 결합하는 식으로 배열되어 있다. 다른 콰테르니오를 보면 이런 것이 있다. "돌은 처음엔 노인이고, 마지막엔 청년이다. 왜냐하면 알베도(albedo: 비(卑)금속을 금으로 바꾸는 과정을 일컫는 마그눔 오푸스(Magnum Opus)의 주요 네 단계 중 하나를 일컫는다. 카오스 상태를 뜻하는 '니그레도'(nigredo) 다음에 오는 '백화'(白化) 과정이며, 그 다음에 '키트리니타스'(citrinitas: 황화(黃化)), '루베도'(rubedo: 적화(赤化))가 따른다/옮긴이)가 시작 부분에 오고 루베도가 마지막에 오기 때문이다." 이와 비슷하게, 요소들은 두 가지의 "명백한 것"(물과 흙)과 두 가지의 "은밀한 것"(공기와 불)으로 배열되고 있다.

또 다른 콰테르니오는 베르나르두스 트레비사누스(Bernardus Trevisanus: 1406-1490)의 말을 통해 암시되고 있다. "위는 아래의 본성을 갖고 있고, 상승은 하강의 본성을 갖고 있다."[2] 다음 결합은 『트락타투스 미크레리스』(Tractatus Micreris)에서 인용한 것이다. "그 안(인도양)에 하늘과 땅, 여름과 가을, 겨울, 봄, 남자와 여자의 이미지가 들어 있다. 만약 그대가 이것을 영적이라고 부른다면, 그대의 말이 맞을 수 있다. 만약 그대가 이것을 육체적이라고 부른다면, 그대는 진리를 말하고 있다. 만약 그대가 이것을 하늘에 관한 것이라고 부른다면, 그대는 거짓말을 하고 있지 않다. 만약 그대가 이것을 땅에 관한 것이라고 부른다면, 그대는 잘 말하고 있을 것이다." 여기서 우리는 다음 도표에서 보는 것과 같은 구조를 지닌 이

....
2 "Liber de alchemia", Theatrum.chemicum., I, p. 775

중의 콰테르니오를 다루고 있다.

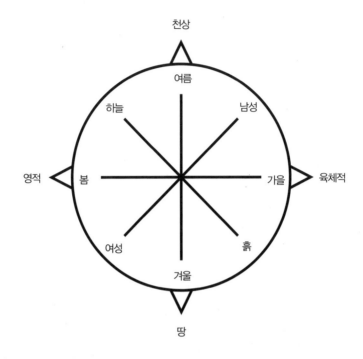

이중의 콰테르니오, 즉 오그도아드는 하나의 전체성을, 하늘이며 땅이고 정신적이며 물질적인 것을 의미하며, "인도양"에서, 말하자면 무의식에서 발견된다. 그것은 틀림없이 소우주이고, 신비의 아담이고, 말하자면 무의식과 동일시되던, 출생 전의 양성인 원초의 사람이다. 따라서 영지주의에서 "모든 것의 아버지"는 남성적이며 여성적인(혹은 남성적이지도 않고 여성적이지도 않은) 것으로 묘사될 뿐만 아니라 심연으로도 묘사된다. 『트락타투스 아우레우스 헤르메티스』(Tractatus aureus Hermetis)의 주석을 보면, 우월/열등, 외부/내부로 이뤄진 콰테르니오가 있다. 이 특성들은 펠리칸이라 불린 원형 증류기에 의해 하나로 결합된다. "모두를 원이나 용기 안에서 하나로 만들어라." "왜냐하면 이 용기가 진정한 철학자의 펠리칸이기 때문이다. 그 외의 다른 것은 절대로 추구하지 않는다." 이 텍스트는 다음과 같은 도표를 제시하고 있다.

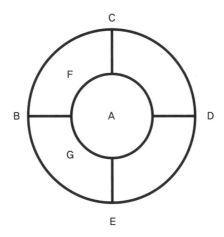

B와 C, D, E는 바깥을 나타내고, A는 안을, "말하자면 다른 글자들이 나온 기원과 원천을, 마찬가지로 이 글자들이 돌아갈 최종 목표"를 나타낸다.[3] F와 G는 위와 아래를 의미한다. "글자 A와 B, C, D, E, F, G는 모두 함께 숨겨진 신비의 셉테나리오(septenario: 7개 1조)를 분명히 보여주고 있다."

기원이자 목표이며, "태양 혹은 큰 바다"인 한가운데의 A는 '매우 작은 원'이라 불리며 적들이나 요소들 사이에 평화를 유지하는 중재자라 불린다. 따라서 적들이나 요소들은 서로 포옹하면서 서로를 사랑하게 될 것이다. 한가운데에 자리잡은 이 작은 원은 나의

....
3 Bibliotheca chemica, Ⅰ, p. 442 b

책『전이의 심리학』(Psychology of the Transference)에서 설명한, 장미정원의 수은 샘에 해당한다. 그 텍스트는 그것을 "보다 영적이고, 완벽하고, 고귀한 메르쿠리우스", 진정한 신비의 물질이라고 부르면서 이렇게 덧붙인다.

영(靈)이 홀로 모든 것을, 심지어 대단히 단단한 물체들까지 침투하기 때문이다. 따라서 종교 혹은 진정한 교회의 보편성은 인간들이 눈에 띄게 함께 모이는 것에 있는 것이 아니라, 유일한 예수 그리스도를 진정으로 믿는 사람들의 눈에 보이지 않는 영적 일치와 조화에 있다. 진정한 영적 교회의 목자인 이 왕 중의 왕의 밖에 있는 구체적인 어떤 교회와 연결을 맺고 있는 사람은 누구든 종파주의자이고, 분리주의자이고, 이단이다. '누가복음' 17장에서 우리의 구세주가 직접 말하듯이, 하느님의 왕국은 외부에서 오는 것이 아니라 우리의 안에 있기 때문이다.

영적 교회를 의미한다는 것이 텍스트에서 분명히 드러나고 있다. "그러나 그대는 이렇게 물을 것이다. 그렇다면 모든 종파적인 오염으로부터 자유로운 진정한 기독교인은 어디에 있는가?" 진정한 기독교인은 "사마리아에도, 예루살렘에도, 로마에도, 제네바에도, 라이프치히에도 있지 않고" "터키와 페르시아, 이탈리아, 갈리아, 독일, 폴란드, 보헤미아, 모라비아, 잉글랜드, 미국, 심지어 저 먼 인도"까지 전 세계 온 곳에 흩어져 있다. 저자는 계속 말한다. "신은 영이며, 신을 숭배하는 사람들은 영과 진리 속에서 그를 숭배해야 한다. 이런 시험과 자백을 거친 뒤, 나는 누가 진정한 기독교인이고 누가 진정한 기독교인이 아닌지에 대한 판단을 각자에게 맡긴다."

이런 탁월한 보충 설명으로부터, 우리는 무엇보다도 "중앙"이 넷과 일곱을 하나로 통합한다는 것을 배운다. 통합하는 요소는 메르쿠리우스 신이며, 이 독특한 신이 저자로 하여금 영적 교회의 회원이라는 점을 고백하도록 만든다. 그 신이 하느님이기 때문이다.

이런 종교적 배경은 이미 순환 과정에 "펠리칸"이라는 단어를 선택한 것에서 분명히 드러나고 있다. 이 새가 예수 그리스도의 비유로 널리 잘 알려져 있기 때문이다. 메르쿠리우스를 서로 싸우는 요소들 사이에 중재를 맡아 통합을 이끌어내는 피스메이커로 보는 인식은 '에페소서' 2장 13절까지 거슬러 올라간다.

> 그리스도야말로 우리의 평화이십니다.
> 그분은 자신의 몸을 바쳐서 유대인과 이방인이 서로 원수가 되어 갈리게 했던 담을 헐어 버리시고 그들을 화해시켜 하나로 만드시고 율법과 조문과 규정을 모두 폐지하셨습니다.
> 그리스도께서는 자신을 희생하여 유대인과 이방인을 하나의 새 민족으로 만들어 평화를 이룩하시고 또 십자가에서 죽으심으로써 둘을 한 몸으로 만드셔서 하느님과 화해시키시고 원수되었던 모든 요소를 없이 하셨습니다.
> 이렇게 예수 그리스도께서는 세상에 오셔서 하느님과 멀리 떨어져 있던 여러분에게나 가까이 있던 유대인들에게나 다 같이 평화의 기쁜 소식을 전해 주셨습니다.

그래서 이방인 여러분과 우리 유대인들은 모두 그리스도로 말미암아 같은 성령을 받아 아버지께로 가까이 나아가게 되었습니다.

이제 여러분은 외국인도 아니고 나그네도 아닙니다. 성도들과 같은 한 시민이며 하느님의 한 가족입니다.

여러분이 건물이라면 그리스도께서는 그 건물의 가장 요긴한 모퉁이돌이 되시며 사도들과 예언자들은 그 건물의 기초가 됩니다.

온 건물은 이 모퉁이돌을 중심으로 서로 연결되고 점점 커져서 주님의 거룩한 성전이 됩니다.

여러분도 이 모퉁이돌을 중심으로 함께 세워져서 신령한 하느님의 집이 되는 것입니다.[4]

연금술과 기독교의 비슷한 점을 밝히면서, 우리는 『트락타투스 아우레우스 헤르메티스』의 주해를 쓴 저자가 상반된 것들의 통합에 대한 설명에 들어가기에 앞서 다음과 같은 머리말을 남겼다는 점을 강조해야 한다.

마침내, 작업을 벌이면서 열렬히 바랐던 청색 혹은 하늘색이 나타날 것이다. 우리가 태양의 찬란함을 볼 때처럼, 이 색은 자체의 광채가 지닌 치유의 힘으로 그것을 보는 사람의 눈을 멀게 하거나 다치게 하지 않을 것이다. 이 색은 오히려 보는 사람의 눈을 더 예리하게 강화할 것이며, 메르쿠리우스는 바실리스크(사람을 노려보는 눈길이나 입김으로 죽였다는 전설 속의 동물/옮긴이)처럼 눈길로 사

....
4 국제가톨릭성서공회 편찬 해설판 공동 번역 성서

람을 죽이지 않으며 자신의 피를 뿌림으로써 죽음에 가까이 다가
선 사람들을 다시 불러와 펠리칸처럼 예전의 생명으로 고스란히
되살려낼 것이다.[5]

　　메르쿠리우스는 예수 그리스도의 피와 비슷하게 "영적 피"로 여
겨지고 있다. '에페소서'에서 분열되었던 사람들이 "예수 그리스
도의 피로 가까워지고 있다". 예수 그리스도는 둘을 하나로 만들고
"그의 살(flesh)" 안에서 구분의 벽을 허물었다. 카로(caro: '살'이라는
뜻의 라틴어/옮긴이)는 원물질의 동의어이고, 따라서 메르쿠리우스와
동의어이다. "하나"는 "새로운 사람"이다. 예수 그리스도는 "하나
의 몸" 안에서 두 개를 조화시킨다. 이것은 연금술에서 두 개의 머
리를 가진 자웅동체로 표현되고 있는 사상이다.

　　두 개는 하나의 정신을 갖고 있으며, 연금술에서 두 개는 하나의
영혼을 갖고 있다. 게다가, 돌은 모퉁이돌로 자주 예수 그리스도와
비교된다. 우리가 알고 있는 바와 같이, 성인들의 반석 위에 건설된
신전은 『헤르마스의 목자』(Shepherd of Hermas: 1세기 말 혹은 2세기 나온
것으로 짐작되는 기독교 관련 책으로 일부 교회의 아버지들로부터 높이 평가받
았다/옮긴이)에서, 사방에서 밀려오는 인간 존재들이 스스로 살아 있
는 돌로서 벽돌이 되어 "이음매의 흔적을 조금도 남기지 않고" 녹
아들며 지어 올리는 거대한 건물이라는 비전을 불러일으켰다. 교
회는 베드로에게 그의 이름을 준 반석 위에 지어진다('마태복음'
16장 18절).

....
5　Bibliotheca chemica Ⅰ, p. 442b

더욱이, 우리는 이 주해서로부터 원과 연금술 용기는 하나이며 똑같다는 것을 배운다. 그렇다면 환자들의 그림에서 너무나 자주 발견되는 만다라는 변형의 용기에 해당한다는 결론이 가능해진다. 따라서 만다라의 콰테르니오 구조는 상반된 것들을 연결하는 연금술사들의 콰테르니오와 일치한다.

마지막으로, 모든 종파보다 위에 서며 오직 안트로포스(Anthropos: 인간을 뜻하는 그리스어 단어로서, '신약성경'에서 사람의 아들로 번역된다. 영지주의에서는 최초의 인간 존재를 뜻한다/옮긴이)인 예수 그리스도에게만 충실한 영적 개혁이 연금술사들의 진짜 목표라는 흥미로운 진술이 있다. 비교해서 말하자면, 논문『트락타투스 아우레우스 헤르메티스』는 매우 오래되었고 또 기독교의 안트로포스 신비 대신에 그것을 특이하게 바꾼 부분을 포함하고 있는 한편, 그 주해서가 쓰인 시기는 17세기 초 이전으로는 당겨질 수 없다. 주해서의 저자는 파라켈수스(Paracelsus: 1493-1541)를 추종했던 의사였던 것 같다. 메르쿠리우스는 안트로포스뿐만 아니라 성령에도 해당한다. 게르하르트 도른(Gerhard Dorn: 1530-1584)이 말하듯이, 메르쿠리우스는 "진정한 자웅동체 아담이며 소우주이다".

> 그러므로 우리의 메르쿠리우스는 자신의 안에 완벽과 미덕, 태양의 힘을 갖고 있고 또 모든 행성의 길과 집들을 관통하고 있으며 또 자신의 갱생을 통해 위와 아래의 권력을 획득하는 소우주이다. 그래서 메르쿠리우스는 위와 아래의 결혼으로 비유되며, 이는 그의 안에서 흰색과 빨간색이 결합하는 것으로 확인되고 있다. 현자들

은 각자의 지혜를 바탕으로 모든 생명체들은 하나의 통합된 물질
로 되돌려지게 되어 있다는 점을 강조했다.

따라서 메르쿠리우스는 원물질이라는 아주 조악한 형태로 있을
때 물리적 세계 전반에 퍼뜨려진 원초의 사람이며, 승화된 형태가
될 때에는 복원된 전체성이다. 종합적으로 보면, 메르쿠리우스는
행성계들을 하나씩 점령하거나 권력을 빼앗음으로써 위로 올라가
는, 바실리데스(Basilides: A.D. 117년부터 138년까지 이집트 알렉산드리아
를 중심으로 가르침을 전파했다/옮긴이) 영지주의의 구세주와 아주 비슷
하다. 이 구세주가 태양의 권력을 포함한다는 견해는 앞에서 언급
한 아불-카심의 글, 다시 말하면 헤르메스가 태양과 행성들을 통합
시키고 그것들이 하나의 왕관으로서 그의 안에 있게 한다는 대목
을 떠올리게 만든다. 이것이 돌을 "승리의 왕관"이라고 부르게 한
기원일 수 있다. "위와 아래의 권력"은 고대의 권위의 원천으로 이
집트 알렉산드리아에 그 기원을 두고 있는 『타불라 스마라그디나』
(Tabula smaragdina)를 언급하고 있다.

이외에, 우리의 텍스트는 '아가'를 암시하는 내용을 담고 있다.
"행성들의 길과 집들을 관통하고"라는 대목은 '아가' 3장 2절을 떠
올리게 한다. "일어나 온 성을 돌아다니며 이 거리 저 장터에서 사
랑하는 임을 찾으리라." 메르쿠리우스의 "흰색과 빨간색"은 5장 10
절을 암시하고 있다. "나의 임은 희고 혈색이 좋으니라." 메르쿠리
우스는 "결혼" 또는 융합과 비슷하다. 말하자면, 메르쿠리우스는
남녀 양성을 다 가진 그의 형태 때문에 결혼이라고 볼 수 있다.

3. 고아, 과부, 그리고 달

앞 섹션의 마지막 부분에서 인용한 텍스트에서 도른은 "헤르메스 트리스메기스투스(Hermes Trismegistus: '세 번 위대한 헤르메스'라는 뜻으로 그리스 신 헤르메스와 이집트 신 토트가 결합한 신/옮긴이)는 그 돌을 '고아'라 불렀다."고 덧붙인다. 소중한 돌의 이름으로서 "고아"는 알베르투스 마그누스의 글에서도 발견된다. 그 돌은 유일함 때문에 "고아"라 불렸다. "그것은 다른 곳에서 전혀 발견되지 않았으며" 황제의 왕관에 있는 것으로 여겨졌다. 그것은 "포도주 색"이었으며 밤에 간혹 빛을 발했지만 "지금은 어둠 속에서 더 이상 반짝이지 않는다".

알베르투스 마그누스가 연금술의 권위자였기 때문에 도른과 페트루스 보누스가 그를 직접적으로 인용했을 수 있다. 따라서 보석의 이름으로서 "고아"는 현대의 "은둔자" 같은 존재를 의미할 것이다. 독특한 철학자의 돌을 뜻하는 이름으로 매우 적절하다. 도른과 베트루스 보누스를 제외한다면, 이 이름은 『카르미나 헬리오도리』(Carmina Heliodori)에서만 발견된다. 이 텍스트에서 이 이름은 작업을 시작할 때 변형의 목적을 위해 죽음을 당하는 집 없는 고아를 가리킨다.

"과부의 아들"과 "과부의 아이들"이라는 표현은 마니교에서 비롯된 것 같다. 마니교 신자들은 "과부의 아이들"로 불렸다. 따라서 헤르메스가 언급한 "고아"는 원물질로서의 과부를 상대물로 가졌음에 틀림없다. 원물질로서 과부를 가리키는 동의어로 '마테르'(어

머니), 마트릭스(자궁), 베누스, 레지나(여왕), 페미나(여자), 비르
고(처녀), 푸엘라 프라이그난스(임신한 여자), "땅 중심의 처녀",
달, 매춘부, 늙은 여인, 더 구체적으로 쇠약한 늙은 여인, "하지(下
肢)가 수종(水腫)에 걸려 있고 무릎 아래가 마비된" 마테르 알키미
아(연금술의 어머니), 마지막으로 비라고(여전사)가 있다. 이 동의
어들은 모두 원물질의 처녀성 혹은 모성을 암시하며, 이 원물질은
남자 없이 존재하면서도 "만물의 물질"이다. 무엇보다, 원물질은
철학자의 자식인 돌의 어머니이다.

미하엘 마이어는 델피누스(Delphinas)라는 익명의 저자가 쓴 논
문에 대해 언급한다. 1447년 전에 쓴 것으로 여겨지는 논문이다. 마
이어는 이 저자가 특히 어머니와 아들의 근친상간을 주장했다는
점을 강조한다. 마이어는 심지어 7개의 금속의 기원을 보여주는 계
통수 같은 것을 제시한다.

이 계통수의 맨 꼭대기는 그 돌이다. 그 돌의 아버지는 "가브리티
우스"이며, 가브리티우스는 이시스와 오시리스 사이에서 태어났
다. 오시리스가 죽은 뒤, 이시스는 자신의 아들 가브리티우스와 결
혼했다. 이시스는 "자기 아들과 결혼한 과부" 베야와 동일시된다.
여기서 과부는 상복을 입고 있는 이시스라는 고전적인 형상으로
나타난다. 마이어는 이 사건에 특별히 "어머니 베야와 그녀의 아들
가브리티우스의 결혼을 기리는 축가"를 바친다. 마이어는 "그러나
굉장한 기쁨을 표현하는 것으로 시작된 이 결혼은 가슴을 찢는 슬
픔으로 끝났다."고 말하면서 이런 노래를 덧붙인다.

꽃 안에 고통스런 궤양이 생겼네.

꿀이 있는 곳이 쓰리고,

풍만한 가슴에 매독의 징후가 있네.

이유는 "아들이 어머니와 함께 잠잘 때, 그녀가 독사를 이용해 아들을 죽이기 때문"이다. 이 악의는 하늘의 아버지 라(Ra: 고대 이집트의 태양신/옮긴이)가 지나는 길에 "고귀한 벌레"를 놓은 이시스의 흉악한 역할을 상기시킨다. 그러나 이시스는 동시에 치유자이기도 하다. 그녀가 라를 뱀의 독으로부터 낫게 했을 뿐만 아니라 갈가리 찢긴 오시리스를 다시 모았기 때문이다. 그러한 존재로서 이시스는 이슬이든 영원한 물이든, 적대적인 요소들을 하나로 통합하는 그 불가사의한 물질을 상징한다.

이 같은 통합은 "사지가 찢겨 흩어진 그의 육신을 다시 모아서 자신의 눈물로 깨끗이 씻은 다음에 나일 강 둑 아래 비밀의 묘에 묻은" 이시스의 신화에 묘사되고 있다. 이시스의 별명은 '검은 신' (Black One)이었다. 아폴레이우스(Apuleius: A.D. 125-170)는 그녀의 옷이 검었다는 점을 강조하고 있으며, 그녀는 고대 이후로 잡다한 마법적 기술에 뛰어날 뿐만 아니라 불로장수약을 가진 것으로 여겨졌다.

그녀는 또한 '늙은 신'(Old One)으로도 불리고, 헤르메스의 학생으로, 혹은 그의 딸로 여겨졌다. 그녀는 『여자 예언가 이시스와 그녀의 아들 호루스』(Isis the Prophetess to Her Son Horus)라는 논문에 연금술 선생으로 등장한다. 그녀는 에피파니우스(Epiphanius:

A.D. 310-403)의 글에 티루스에서 몸을 판 매춘부로 묘사되고 있다. 피르미쿠스 마테르누스(Firmicus Maternus: A.D. 4세기)에 따르면, 그녀는 땅을 의미하며, 소피아(Sophia: 영지주의에서 지혜의 여신으로 숭앙받았으며, 신의 여성적인 측면으로 여겨지기도 한다/옮긴이)와 동일시되었다. 그녀는 천개의 이름으로 불렸으며 선과 악의 그릇이고 물질이다. 그녀는 달(月)이다. 어느 비문은 그녀를 "모두이면서 하나"라고 부르고 있다. 그녀는 구속자(救贖者)라 불린다. 아테나고라스(Athenagoras: A.D. 133-190)의 글에서, 그녀는 "아이온(Aeon: 영지주의에 따르면, 지고한 근원인 모나드가 있고 거기서 신 같은 존재인 아이온들이 나온다. 따라서 아이온은 지고한 신성의 속성이라 할 수 있다/옮긴이)의 본질이며, 거기서 모든 것이 시작되고 자라났다".

이 모든 진술들은 여성적인 측면의 원물질에도 마찬가지로 적용된다. 여성적인 측면의 원물질은 달이고, 만물의 어머니이고, 그릇이고, 상반된 것들로 이뤄져 있고, 천 개의 이름으로 불리고, 늙은 여자이며 매춘부이고, 연금술의 어머니로서 그 자체가 지혜이면서 지혜를 가르치고 있고, 불로장수약을 갖고 있고, 구세주의 어머니이고, 우주의 자식이고, 땅이고, 땅 속에 숨어 있는 뱀이고, 검은색이고, 이슬이고, 분리된 모든 것을 결합시키는 기적의 물이다. 따라서 그 물은 "어머니", 다시 말해 "나의 적이지만 찢어져 뿌려진 나의 모든 신체 조각들을 모으는 나의 어머니"이다. 『투르바 필로소포룸』(Turba Philosophorum: '철학자들의 논쟁')을 보면 이렇게 쓰여 있다.

그럼에도 불구하고 철학자들은 자기 남편을 살해한 여자를 죽음에 처했다. 그 여자의 몸이 무기와 독으로 가득하기 때문이다. 용을 묻을 무덤을 파고, 거기에 그 여자와 용을 함께 묻게 했다. 용이 그 여자와 단단히 엉켜 있었기 때문이다. 용이 자신의 몸으로 그녀를 더 세게 감을수록, 용은 그 여자의 몸 안에 형성되고 있는 여자의 무기들에 의해 더 예리하게 찢어질 것이다. 그리고 용은 자신이 여자의 사지를 완전히 감을 때 죽음을 맞으며 완전히 피로 변할 것이다. 그러나 용이 피로 변한 것을 본 철학자들은 용을 며칠 동안 햇빛 속에 둘 것이다. 용의 부드러운 부분이 다 사라지고 피가 마를 때까지. 그러면 마지막에 그 독만 남을 것이다. 그때 나타나는 것이 숨겨진 바람(風)이다.

그러므로 융합은 『로사리움 필로소포룸』에 묘사된 비교적 무해한 형태보다 훨씬 더 무시무시한 형태를 취할 수 있다.

이런 유사점들을 근거로 할 때, 마이어가 원물질 혹은 변형을 가하는 여성적인 물질에 이시스라는 이름을 부여한 것도 충분히 이해가 된다. 케레니가 메데이아(Medea: 그리스 신화에서 이아손이 황금 양털을 구하는 일을 돕는 여자 마법사/옮긴이)의 예를 들면서 멋지게 보여주었듯이, 그 신화에는 사랑과 속임수, 모성, 친척과 자식들 살해, 마법, 회춘, 황금 등 다양한 주제들이 복잡하게 결합되어 있다. 이시스와 원물질에서도 이와 똑같은 결합이 나타나며 어머니-세계가 선동하는 드라마의 핵심을 이룬다. 이 어머니-세계가 없으면 어떠한 결합도 가능하지 않아 보인다.

기독교 전통에서 과부는 교회를 의미한다. 성 그레고리오(St. Gregory: 540?-604)의 글 중에서 이와 비슷한 내용은 과부의 기름 항아리 이야기('열왕기' 하 4장)이다. 성 아우구스티누스(St. Augustine)는 이렇게 말한다. "전체 교회는 이 세상에서 쓸쓸하게 지내는 한 사람의 과부와 같다." 이 과부는 "남편이 없고, 남자가 없다". 그녀의 신랑이 아직 오지 않았기 때문이다. 그래서 영혼도 마찬가지로 "세상에서 쓸쓸하다". 아우구스티누스는 이렇게 덧붙인다. "그대는 고아가 아니다. 그대는 과부로 여겨지지 않는다. … 그대에겐 친구가 있다. … 그대는 하느님의 고아이고 하느님의 과부이다."[6]

과부와 관련해서 고려해야 할 또 다른 전통은 히브리 신비주의 카발라(Cabala)이다. 크노르 폰 로젠로트(Knorr von Rosenroth: 1631-1689)가 "과부, 그것은 티페레트(Tifereth)와 함께 있지 않을 때의 말쿠트(Malchuth)이다."라고 한 것처럼, 카발라에선 버림받은 말쿠트가 과부이다. 말쿠트는 안주인 도미나(Domina)이다. 그녀는 또한 신의 내재를 의미하는 셰키나(Shekinah)라고도 불리며, 여전사이다. 티페레트는 왕이고, 그는 세피라(Sefira: 유대교 신비주의 카발라에서는 신의 창조 행위를 10가지 종류의 발산(發散)으로 보는데, 이 발산, 즉 신이 계시되는 영역을 세피라라 부른다. 복수일 때에는 세피로트가 된다/옮긴이)의 일반적 배열에서 두 번째 자리를 차지한다.

....

6 Expositions of the Book of Psalms, Ps. 145, 18f., vol. 6, p. 356

케테르

티페레트

예소드

말쿠트

  왕관인 케테르(Kether)는 세피로트 나무(유대교 신비주의 카발라에서 사용하는 다이어그램으로, 생명의 나무란 뜻이다/옮긴이)의 위로 자라는 뿌리에 해당한다. 예소드(Yesod)는 원초의 인간의 생식기 부위를 의미하고, 원초의 인간의 머리는 케테르이다. 원형적 패턴에 해당하는 말쿠트는 근본적인 여성적 원리이다.

  악이 지배하는 이 사악한 세계에서 티페레트는 말쿠트와 결합하지 않는다. 그러나 도래할 구세주가 왕과 여왕을 다시 결합시킬 것이고, 이 짝짓기가 신에게 원래의 통합성을 되찾아줄 것이다. 카발라는 정교한 히에로스가모스 공상을 발달시키고 있는데, 이 공상은 빛과 어둠의 세계들의 세피로트와 영혼의 결합에 대해 자세히 설명하고 있다. "천상의 세계가 신을 두려워하는 인간을 원하는 것은 남자가 구애를 펼 때 자기 아내를 두고 싶어 하는 열망과 비슷하기 때문이다." 거꾸로, 셰키나는 성적 행위 안에 존재한다.

  '비밀의 신랑'(absconditus sponsus)이 여자의 몸 속으로 들어가 '비밀의 신부'와 결합한다. 이 말은 그 과정의 반대쪽 면에도 그대로 통한다. 그래서 두 개의 정신은 하나로 녹아서 몸과 몸 사이에서 끊임없이 교환된다. … 구별 불가능한 상태인 경우에, 남자와 여자가 함께 있다고 할 수도 있고 또 둘 다이거나 어느 쪽도 아니라는 점에서 보면 남자와 여자가 함께 있지 않다고 할 수도 있다. 그리하여 남자는 남성적인 위의 세계와 여성적인 아래의 세계로 구성되어 있는 것으로 믿어진다. 여자에 대해서도 똑같이 말할 수 있다.

카발라는 신부 방 혹은 신혼 의식을 치르는 차양(遮陽)에 대해 말한다. 이 차양 밑에서 신랑과 신부는 축성을 받는다. 이때 예소드가 신랑의 들러리 역할을 한다. 카발라는 직, 간접적으로 연금술에 동화되었다. 카발라와 연금술 사이엔 아주 일찍부터 관계가 형성되었음에 틀림없다. 그럼에도 자료를 바탕으로 그 관계를 추적하는 것은 매우 어려운 일이다. 16세기 말에 『조하르』(Zohar)에서 직접 인용한 내용이 확인된다. 예를 들면, 블레즈 드 비제네르(Blaise de Vigenère: 1523-1596)의 논문 『데 이그네 엣 살레』(De igne et sale: '불과 소금에 대하여')가 있다. 이 논문 중 한 구절은 융합의 신화소(神話素)에 대해 이야기하고 있어 특별히 흥미롭다.

세피로트는 최종적으로 가장 늦게 내려가고 원소의 세계로부터 가장 먼저 올라가는 말쿠트, 즉 달로 끝난다. 달이 천국으로 가는 길이기 때문이다. 그래서 피타고라스(Pythagoras; B.C. 570?-495) 학파 사람들은 말쿠트를 천국의 땅, 땅의 천국, 혹은 별로 불렀다. 『조하르』가 말하듯이, 원소의 세계에서 천상의 것과의 관계에서 열등한 모든 자연과, 예지계(叡智界)와의 관계에서 천상의 것은 여성적이고 수동적이며 달과 태양의 관계에서 달의 입장과 비슷하다. 달이 태양의 반대편에 이를 때까지 태양으로부터 멀어지는 것처럼, 말쿠트의 빛은 이 낮은 세계에서 우리와의 관계 속에서 점점 더 강해지지만 위를 보는 측면에서는 점점 약화된다. 반대로, 말쿠트가 우리에게 완전히 어둡게 보이는 월식 상태일 때, 말쿠트는 태양을 마주보고 있는 면에서 빛을 환하게 비춘다. 이는 우리에게 이런 가르침을 줄 수 있어야 한다. 우리의 지성은 감각의 대상들로 내려갈수록 지성으로만 이해 가능한 것들로부터 멀어지고 감각의 대상들로부터 멀어질수록 지성으로 이해 가능한 것들에게 가까이 다가서게 된다는 것을.[7]

말쿠트와 루나(Luna: 달)의 동일시는 연금술과의 연결을 낳으며, 이 동일시는 교부학에서 말하는 신랑과 신부의 상징이 이미 오래전에 서로 동화된 과정을 보여주는 또 다른 예이다. 동시에 이 동일시는 원래 이교도 사상이었던 히에로스가모스가 교회의 아버지(敎父)들의 비유적인 언어에 흡수된 길을 그대로 밟고 있다. 그러나 비제네르는 교부들의 비유가 결여하고 있는 것 같은 무엇인가를, 즉 달이 태양을 마주할 때에 달의 다른 반이 어두워지는 현상을 더하고 있다. 달이 우리를 향해 빛을 최대한 비출 때, 달의 다른 면은 완전히 어두운 상태이다.

이 같은 태양과 달의 비유를 엄격히 적용할 경우에 교회를 당혹스럽게 만들 수 있다. "죽어가고 있는" 교회라는 관념이 창조된 만물의 무상함을 어느 정도 반영하고 있는데도 말이다. 교회가 태양

....
7 Theatrum chemium., VI, p. 17

과 달의 비유를 중요하게 여기는 태도를 비판하기 위해서 내가 이 같은 사실을 언급하는 것은 아니다. 반대로, 나는 오히려 그 비유를 강조하길 원한다. 우리의 저자가 분명히 암시하듯이, 악이 지배하는 지상 세계와의 경계에 서 있는 달은 빛의 세계만 아니라 어둠의 악마의 세계와도 무엇인가를 공유하고 있기 때문이다. 그것이 달의 변화 가능성이 상징적으로 아주 중요한 이유이다. 달은 메르쿠리우스처럼 이중적이고 변화하며, 메르쿠리우스처럼 중재자이다. 그래서 연금술에서 메르쿠리우스와 달이 동일시된다. 메르쿠리우스는 영성과 관련해서 틀림없이 밝은 면을 갖고 있는 한편으로 어두운 면도 갖고 있으며 그 뿌리는 대단히 깊이 내려간다.

비제네르의 글에서 인용한 내용은 아우구스티누스의 글에 길게 나오는 달의 위상에 대한 설명과 전혀 닮지 않았다. 아우구스티누스는 달의 불리한 측면, 즉 달의 변화 가능성에 대해 이야기하면서 '집회서' 27장 12절을 이런 식으로 바꿔 적고 있다. "지혜로운 사람은 태양처럼 견실하지만 어리석은 사람은 달처럼 변덕을 부린다." 그러면서 그는 이런 질문을 던진다. "그렇다면 모두가 죄를 짓게 만든 아담이 아니라면 달처럼 어리석은 자는 누구인가?" 그러므로 아우구스티누스에게 달은 분명히 어리석음과 모순된 모습을 보이며 곧잘 타락하는 생명체들의 편에 서 있다. 고대 사람들과 중세 사람들에게 별이나 행성과 비교한다는 것은 암묵적으로 점성술적 인과관계를 전제하기 때문에, 태양은 일관성과 지혜를 야기하는 반면에 달은 변화와 어리석음(광기 포함)의 원인으로 여겨진다.

아우구스티누스는 달에 관한 언급에 인간과 영적인 태양의 관계에 관한 도덕적 고찰을 덧붙이고 있다. 아우구스티누스의 서간체 작품을 틀림없이 알았을 비제네르도 똑같은 모습을 보인다. 아우구스티누스는 또 교회를 루나로 거론하며 달을 화살에 맞은 상처와 연결시킨다. "거기서부터, 그들은 자신들의 화살통의 화살들을 달의 어둠을 정통으로 맞힐 준비를 해 두고 있다는 말이 나온다." 아우구스티누스는 상처를 초승달 자체의 활동으로 이해하지 않고, "악한 모든 것은 인간에게서 비롯된다"는 원리에 따라 인간의 사악함의 결과로 이해한 것이 분명하다.

달의 위험성에 대한 이런 암시는 아우구스티누스가 몇 문장 뒤에 '시편' 72편 7절을 인용하는 대목에서 확인되고 있다. "그의 날에 정의가 번창하고 평화의 풍성함이 달이 파괴될 때까지 이어지리라." '불가타 성경'(Vulgate: 5세기 초에 라틴어로 번역된 기독교 성경/옮긴이)은 강한 표현인 "파괴" 대신에 보다 부드러운 "제거"를 쓰고 있다. 말하자면, '불가타 성경'은 달이 파괴될 때까지가 아니라 달이 실패하거나 없어질 때까지라는 뜻으로 쓰고 있다.

달이 제거되는 폭력적인 방법은 곧 이어지는 해석에 의해 설명된다. "말하자면, 달이 죽을 운명을 안고 있는 모든 것들의 변화 가능성을 다 소멸시킬 때까지 평화의 풍성함이 커갈 것이다." 이 부분을 근거로 할 때, 달의 본성이 "죽을 운명을 타고난 것들의 변화성"에 관여하고 있는 것이 분명하다. 죽을 운명을 타고난 것들의 변화 가능성은 곧 죽음이다. 그래서 텍스트는 이렇게 이어진다. "그렇게 되면 마지막 적인 죽음이 파괴될 것이고, 우리의 육신의 허약함 때문에 우리를 괴롭히던 모든 것이 완전히 소멸될 것이다."

여기서 달을 파괴하는 것은 곧 죽음을 파괴하는 것이다. 달과 죽음은 서로 유사성을 드러내고 있다. 죽음은 원죄와 여자(달)의 유혹을 통해 세상에 등장했으며, 변화성은 타락으로 이어졌다. 따라서 달을 천지창조로부터 제거하는 것은 죽음을 제거하는 것만큼이나 바람직하다. 달을 이런 식으로 부정적으로 평가하는 경향은 달의 어두운 면을 잘 설명해준다. 교회의 "죽어감"도 달의 어둠의 신비와 연결되고 있다. 아우구스티누스가 달의 사악한 측면을 조심스럽게 가리려 드는 경향은 교회와 달의 동일시에 대한 그의 동의에 의해 설명된다.

연금술은 초승달의 위험성을 오히려 훨씬 더 무모하게 주장한다. 루나는 한편으로는 보름달의 찬란한 순백이지만, 다른 한편으로는 초승달의 어둠, 특히 태양이 가려지는 일식 때의 어둠이다. 정말로, 달이 태양에게 하는 행위는 달 자체의 어두운 본성에서 나오는 것으로 여겨진다. 『콘실리움 코니우기이』는 연금술사들이 달에 대해 생각한 바를 매우 명확하게 전하고 있다.

낮은 곳의 태양인 사자는 육신을 통해 점점 타락한다. [사자의 육신은 "4일열"로 고통 받고 있기 때문에 약하다.] 따라서 사자는 육체 때문에 본성이 타락하고 달의 시간을 따르다가 가려지게 된다. 이는 달이 태양의 그림자이고 또 타락하기 쉬운 몸을 가진 까닭에 소모되기 때문이다. 달의 타락을 통해 사자는 메르쿠리우스의 습기의 도움을 받아가며 가려지지만, 그럼에도 사자의 이 가려짐(蝕)은 유용과 보다 선한 천성으로 변한다. 따라서 사자는 처음보다 더 완벽한 모습을 갖추게 된다.

달의 변화성과 어두워질 수 있는 능력이 달의 타락으로 해석되고 있으며, 달의 이런 부정적인 특성은 태양까지 어둡게 만든다. 앞의 텍스트는 이런 내용으로 이어진다.

우리의 광석인 납의 검정색이 최고조에 달하는 동안과 일치하는 달의 상승기에, 나(태양)의 빛은 부재하고 나의 영광은 꺼진다.

그런 다음에 『로사리움 필로소포룸』에 나오는 왕족 짝의 죽음을 떠올리게 하는 단락이 나온다. 이 단락은 태양과 달의 '컨정션' (conjunction: 2개 이상의 천체가 같은 적경(赤經)이나 황경(黃經)에 있는 현상을 말한다. 천문학에서 합(合)이라 불린다/옮긴이)의 어두운 측면과 관련해서도 의미를 지닌다.

이 작업(본성을 변화시키는 신비의 물질로 여겨지는 우로보로스(그리스 신화에 자신의 꼬리를 물고 삼키는 것으로 나오는 뱀 혹은 용/옮긴이)를 만드는 일)을 끝내고 나면, 당신은 자신이 모든 물질을 관통하는 그런 물질을, 자연을 포함하는 자연을, 그리고 자연 안에서 기뻐하는 자연을 갖게 되었다는 사실을 깨달을 것이다. 그것은 철학자들의 팅크제(tinctura)로 불리며, 또 마치 뱀처럼, 후손을 얻으려고 힘쓰는 남자의 머리를 물어뜯고는 아이를 낳으며 죽어 둘로 나뉜다는 이유로 독사로도 불린다. 그래서 달이 태양의 빛을 받을 때, 달의 습기는 태양을 죽이고, 철학자들의 아이가 태어날 때 달도 마찬가지로 죽는다. 죽음을 맞으면서, 두 부모는 아들에게 자신의 영혼을 드러내 보이며 죽어 사라진다. 그리고 부모들은 아이의 양식이 된다.

이 '심리소'(心理素)에서, 태양-달 비유가 암시하는 모든 것은 논리적 결론으로 이어진다. 달의 어두운 측면 또는 하늘과 땅의 중간에 있는 달의 위치와 관계있는 악마적인 특성이 그 효과를 모두 드러내고 있다. 태양과 달은 서로 대립적인 본성을 보이고 있지만, 이 본성이 기독교의 태양-달 관계에서는 인식되지 않을 만큼 모호하게 다뤄지고 있다.

두 개의 상반된 것들은 서로를 지우게 되어 있으며, 그 결과는 에너지 역학의 법칙에 따라 제3의 새로운 것이 탄생하는 것으로 나타난다. 부모의 적대를 해결하면서 자신이 하나의 "통합된 이중적 본성"이 되는 아들이 그 결과물이다. 『콘실리움 코니우기이』를 남긴 미지의 저자는 그의 심리소와 그런 변질 과정 사이에 밀접한 연결이 있다는 것을 알지 못했다. 그럼에도 텍스트의 마지막 문장은 아즈텍족의 "신을 먹는" 의식인 테오콸로(teoqualo)의 모티프를 분명하게 담고 있다.

이 모티프는 고대 이집트에서도 발견된다. 우나스(Unas: 이집트 제5왕조의 마지막 파라오/옮긴이)의 피라미드에서 나온 텍스트에 이런 내용이 있다. "우나스는 자신의 아버지들과 어머니들을 먹고 사는 신처럼, 하나의 영혼으로서 솟아오른다."[8]

....

8 Wallis Budge, The Gods of the Egyptians, Ⅰ, p. 45

연금술이 어떤 식으로 기독교의 신랑과 신부 대신에, 한편으론 물질적이고 또 한편으론 영적인 전체성의 이미지를 대입시켜 성령(聖靈)과 조화를 이루고 있는지에 주목할 필요가 있다. 더욱이, 연금술엔 영적 교회를 추구하려는 경향이 있었다.

연금술에서 신인(神人) 또는 신의 아들과 비슷한 존재는 자웅동체로서 자신의 안에 여성적인 요소인 지혜와 물질뿐만 아니라 남성적인 요소인 성령과 악마까지 갖고 있던 메르쿠리우스였다. 연금술은 13세기와 14세기에 번창한 성령운동과 관계있으며, 그 관계는 주로 "제3의 왕국", 즉 성령의 왕국의 도래가 가까워졌다고 기대한 피오레 출신의 요아킴(Joachim: 1145-1202)과 연결되었다.

연금술사들은 또 "일식"을 태양이 (여성적인) 메르쿠리우스 파운틴(수은 샘)으로 내려가는 것으로, 혹은 가브리쿠스가 베야의 몸속으로 사라지는 것으로 표현했다. 다시 태양은 초승달의 품에 안긴 채 어머니-연인의 뱀에게 물려 죽음을 당하거나 큐비드의 화살에 관통된다. 이런 관념들은 히에로니무스 로이스너(Hieronymus Reusner: 1558-?)의 『판도라』(Pandora) 속의 이상한 그림을 설명해준다. 이 그림 속의 예수 그리스도는 왕관을 쓴 처녀의 창에 가슴이 찔려 있고, 처녀의 몸은 뱀의 꼬리로 끝난다.

연금술에서 인어(人魚)를 암시하는 내용 중에서 가장 오래된 것은 올림피오도루스(Olympiodorus: 6세기)의 글에 헤르메스가 한 말로 인용되는 부분이다. "처녀의 땅은 처녀의 꼬리에서 발견된다." 상처 입은 예수 그리스도의 빗대어, 『코덱스 애쉬버넘』(Codex Ashburnham)에 아담이 옆구리가 화살에 찔린 모습으로 그려지고 있다.

이 부상 모티프는 아우툰의 호노리우스(Honorius of Autun)가 '아가'를 해석한 부분에서도 확인된다. "그대는 나의 심장, 나의 여동생, 나의 배우자에게 상처를 입혔소. 그대는 그대의 눈 하나로, 그대 목의 털 하나로 나의 심장에 상처를 입혔소." 그러자 신부가 말한다. "나는 검지만 아름다워요. … 태양이 나를 태웠으니, 내가 검다고 얕보지 마세요." '니그레도'를 암시하는 이 내용을 연금술사들은 놓치지 않았다. 그러나 거기엔 신부를 암시하는 더 위험한 언급이 있다. "오, 나의 사랑이여, 그대는 티르자(Tirzah)만큼 아름답고, 예루살렘만큼 어여쁘고, 깃발을 든 군대만큼 무섭소. 그대의 눈길을 나로부터 거두어 주소서. 그대의 눈이 나를 압도했으니 … 동트는 새벽처럼 앞을 보고, 달처럼 깨끗하고, 태양처럼 밝고, 깃발을 든 군대처럼 무서운 이 존재는 누구인가?" 신부는 사랑스럽고 순진할 뿐만 아니라, 헤카테(Hecate: 그리스 신화에 나오는 여신으로 원래는 '야성'의 여신이었으나 나중에 달의 여신과 대지의 여신, 저승의 여신이 합쳐진 것으로 여겨졌다/옮긴이)와 관련있는 셀레네(Selene)처럼 마녀 같고 무섭기도 하다. 셀레네처럼, 루나는 "모든 것을 보고" "모든 것을 아는" 눈이다. 헤카테처럼, 루나는 광기와 간질을 포함한 질병을 보낸다.

그녀의 특별한 분야는 사랑의 마법과 일반적인 마법이며, 이 마법에 초승달과 보름달, 달의 어둠이 중요한 역할을 한다. 그녀가 관장하는 것으로 여겨지는 동물들, 즉 수사슴과 사자, 수탉은 연금술에서 그녀의 남자 파트너의 상징이기도 하다. 피타고라스에 따르면, 지하에 사는 페르세포네(Persephone)로서 루나의 동물들은 개들, 즉 행성들이었다. 연금술에서 루나는 "아르메니아의 암캐"로 나타난다. 달의 불길한 측면은 옛 관습에 상당한 역할을 한다.

신부는 어두운 초승달이며, 기독교 해석에서는 결혼해서 남자의 품에 안긴 교회로 여겨진다. 이 결합은 동시에 신랑, 즉 태양 또는 예수 그리스도에게 상처를 입히는 일이다. 오노리우스는 "그대가 나의 가슴에 상처를 입혔소."라는 대목에 대해 이런 식으로 해석하고 있다.

> 심장은 사랑을 의미하고, 사랑은 심장 안에 있다고 한다. 그리고 사랑을 담는 심장이 심장에 담긴 사랑이 된다. 이 은유의 바탕에는 연인을 지독히 사랑하는 사람이 있다. 연인을 너무나 사랑한 나머지 사랑하는 사람의 심장이 그 사랑으로 인해 상처를 입는다. 그렇듯, 십자가에 못 박힌 예수 그리스도도 교회에 대한 사랑 때문에 상처를 입었다. "그대는 내가 그대의 사랑 때문에 괴로워하며 그들을 나의 여동생으로 만들어야 했을 때 처음 나의 심장에 상처를 입혔다. … 내가 십자가에 매달려 그대를 향한 사랑 때문에 상처를 입었을 때, 그대는 그대의 눈길 하나로 다시 나의 심장에 상처를 입혔다. 그래서 나는 그대를 나의 영광을 함께 나눌 나의 신부로 맞고 싶구나."

일식의 순간과 신비의 결혼의 순간은 십자가에서 맞는 죽음이다. 그래서 중세에 십자가가 논리적으로 어머니로 이해되었다.

연금술에서 상처를 입는다는 모티프는 조시모스와 그가 보았다는, 제물을 바치던 의식에 관한 환상까지 거슬러 올라간다. 이 모티프는 그처럼 완벽한 형식으로는 다시 일어나지 않고 있다. 이 모티프는 다음에 『투르바 필로소포룸』에서 다시 확인된다. "상처를 입어 죽음으로 넘겨진 그에게 이슬이 합류한다." 필라레타(Philaletha)의 논문 『인트로이투스 아페르투스 아드 옥클루숨레기스 팔라티움』(Introitus apertus ad occlusum Regis palatium: '닫힌 왕궁으로 들어가는 열린 입구')을 보면, 상처는 맹렬한 "코라신"(Corascene)의 개에게 물려서 생긴 것이며, 그 결과 자웅동체 아이가 광견병에 걸렸다.

도른은 『데 테네브리스 콘트라 나투람』(De tenebris contra naturam)에서 상처와 독사에게 물리는 모티프를 '창세기' 3장과 연결시키고 있다. "뱀이 자연 속에 병을 끌어들이고 또 치명적인 상처를 입혔기 때문에, 그걸 치료할 방법을 찾아야 한다." 따라서 이젠 원죄를 뿌리 뽑는 것이 연금술의 과제이며, 이 과제는 "자연의 열과 자연의 근본적인 습기의 진정한 혼합"인 생명의 향유를 통해서 성취될 것이다. "세상의 생명은 자연의 빛이고 하늘의 유황이며, 이것들을 이루는 물질은 해와 달과 비슷한 공중의 습기와 창공의 열이다." 따라서 습기(달)와 열(해)의 결합은 발삼(balsam: 향기를 내는 수지성(樹脂性) 물질/옮긴이)을 낳고, 이 발삼은 "고유하고 부패하지 않는" 세계의 생명이다.

'창세기' 3장 15절, 즉 "그는 너의 머리를 밟을 것이고, 너는 그의 발꿈치를 물 것"이라는 내용은 일반적으로 구세주를 예상하는 것으로 여겨졌다. 그러나 예수 그리스도는 죄로부터 절대적으로 자유롭기 때문에, 뱀의 속임수는 그에게 어떠한 영향도 미치지 못한다. 당연히 인간은 뱀의 독에 중독될 수 있었다. 기독교의 믿음은 인간이 예수 그리스도의 대속 행위에 의해 죄로부터 풀려난다는 쪽이지만, 이 연금술사는 "고유하고 타락하지 않는 본성을 되찾는 것"은 연금술에 의해서만 성취될 수 있다는 의견을 가졌음이 분명하다.

이는 예수 그리스도의 구원 행위가 불완전한 것으로 여겨졌다는 의미일 수 있다. "이 세상의 군주"가 아무런 저지를 받지 않고 예전과 똑같이 사악한 짓을 저지른다는 점을 감안한다면, 그런 의견에 전적으로 반대하기도 어려운 것이 사실이다.

영적 교회에 충성을 서약한 연금술사에겐, 스스로를 성령을 담아낼 "무결점의 그릇"으로 가꾸고, 그렇게 함으로써 단순히 그리스도를 모방하는 차원을 뛰어넘어 "그리스도"라는 관념을 현실로 구현하는 것이 대단한 의미를 지녔다. 이 같은 장엄한 생각이 인간의 어리석음 때문에 거듭해서 깨어지는 것을 지켜보는 것은 비극이 아닐 수 없다. 이 같은 인식을 보여주는 놀라운 예는 교회의 역사에서만 제시되는 것이 아니라, 무엇보다 "그것은 더러운 곳에서 발견된다."는 격언을 역설적으로 성취하려 애를 쓰는 연금술 자체에 의해서도 제시되고 있다. 아그리파 폰 네테스하임(Agrippa von Nettesheim: 1486-1535)이 "인간 중에서 가장 완고한 사람이 화학자들"이라는 의견을 개진했을 때, 그 말은 크게 틀리지 않았다.

연금술 상징체계의 역사를 연구한 매우 값진 논문인 『미스테리움 루나이』(Mysterium Lunae: '달의 신비')에서, 휴고 라흐너(Hugo Rahner: 1900-1968)는 성 암브로시우스(St. Ambrose: 337-397)의 말에 따라, 신부(루나, 에클레시아(교회))의 "차고 기우는 것"이 신랑의 '자기비움'(kenosis)에 따른 것이라고 언급한다.

> 루나는 기울면서 원소들을 채우고 있었을 것이다. 이것은 위대한 신비이다. 루나에게 이 신비는 만물에 은총을 베푸는 존재가 준 것이었다. 이 존재는 루나를 비우고 그 자리를 그가 채울 것이다. 그가 자신을 비워서 만물을 채우듯이. 그는 우리에게 내려왔다가 모두를 위해 다시 올라갈 것이다. … 이런 식으로 루나는 그리스도의 신비를 널리 공표했다.

따라서 달의 변화성은 선재(先在)하는 예수 그리스도가 "비움"을 통해 신적인 형상에서 인간적인 형상으로 변화하는 것에 비유된다. '빌립보서'에 담긴 그런 내용의 구절(2장 6절)은 너무나 많은 논평을 불러일으켰다. "예수 그리스도는 하느님과 본질이 같은 분이셨지만 굳이 하느님과 동등한 존재가 되려 하지 않으시고 오히려 당신의 것을 다 내어 놓고 종의 신분을 취하셔서 우리와 똑같은 인간이 되셨습니다. 이렇게 인간의 모습으로 나타나 …." 아무리 솔직하지 못한 신학의 설명조차도 성 힐라리오(St. Hillary: A.D. 310?-367?)의 정교한 역설을 결코 뛰어넘지 못했다. "신인(神人), 불멸의 죽음, 영원한 매장."

'비움'에 관한 성 암브로시우스의 언급은 달의 변화를 신랑의 변형과 인과적으로 연결시킨다. 그렇다면 루나가 어두워지는 것은 신랑인 솔(Sol: 태양)에 달려 있다는 뜻이다. 이 대목에서 연금술사들은 '아가' 1장 4절과 5절에 묘사된 연인의 용모가 검다는 점에 대해 언급할 수 있었다. 태양도 마찬가지로 길고 짧은 화살들을 갖고 있다. 정말로, 다른 상황이었다면 달의 냉기와 습기에서 나왔을 은밀한 독이 간혹 "불처럼 폭발하는 정신"을 가두고 있으면서 "불을 뿜는 냉혹한 용"의 탓으로 돌려지고 있다. 따라서 『스크루티니움 키미쿰』(Scrutinium Chymicum: '화학 연구')에서, 용은 남성의 역할을 맡고 있다. 용이 무덤 안에서 여자를 치명적으로 포옹하고 있는 것이다.

이 텍스트의 다른 부분에서도 똑같은 사상이 다시 보인다. 여기선 두꺼비 한 마리가 여자의 가슴 위에 놓여 있으며, 여자는 두꺼비에게 젖을 빨리다가 두꺼비가 성장함에 따라 죽어갈 것이다. 두꺼비는 용처럼 차갑고 축축한 동물이다. 두꺼비는 마치 달이 해 속으로 스스로를 부어넣듯이 여자를 "비운다".

4. 연금술과 마니교

앞 섹션 시작 부분에서 나는 돌을 의미하는 "고아"에 대해 언급했다. 여기서 미지의 아버지 혹은 아버지의 부재라는 모티프가 특별히 중요한 것 같다. 마니(Mani: A.D. 216년경-274년경)는 잘 알려진 "과부의 아들"의 예이다. 그의 원래 이름은 쿠브리쿠스(Cubricus)였던 것으로 알려져 있다. 훗날 그는 이름을 "그릇"을 뜻하는 바빌로니아 단어 '마네스'(Manes)로 바꾸었다.

4세 소년으로서 그는 어느 부잣집 과부의 노예로 팔렸다. 그녀는 그를 사랑하게 되었으며, 훗날 그를 양자로 정하고 상속자로 만들었다. 그는 그녀의 부와 함께 그의 교리인 "뱀의 독"까지 물려받았다. 그의 양부 테레빈토스(Terebinthos)의 원래 스승으로 "붓다"(Budda)라고도 불린 스키티아노스(Scythianos)의 책 4권을 물려받았다. 이 스키티아노스와 관련해, 그와 시몬 마구스(Simon Magus: A.D. 1세기)를 동일시하는 전설적인 전기(傳記)가 있다.

시몬 마구스처럼, 스키티아노스도 사도 시대에 예루살렘에 왔던 것으로 전해진다. 에피파니우스에 따르면, 스키티아노스는 "흰색과 검정, 노랑과 초록, 습기와 건조, 하늘과 땅, 밤과 낮, 영혼과 육체, 선과 악, 옳음과 그름" 같은 상반된 것들의 짝들에 관심이 많은 이원론적인 교리를 제의했다. 이 책들을 바탕으로 마니는 여러 민족들을 해친 이교(異敎)를 만들어냈다. "쿠브리쿠스"는 연금술에서 쓰인 용어 키브리우스나 가브리쿠스, 키브리크, 키브리그, 케브리크, 일키브리크, 키브리트, 키브리트, 가브리키우스, 가브리우스, 타브리티우스, 타브리티스 등과 매우 유사하다. 아랍어 단어 '키브리트'(kibrit)는 유황을 의미한다.

『아우로라 콘수르겐스』에서, '술푸르 니그룸'(sulphur nigrum: '검은 유황')이라는 표현이 '베툴라'(vetula: '노인')라는 표현과 나란히 쓰이고 있는데, 전자는 정신의 동의어이고 후자는 영혼의 동의어이다. 이 두 표현은 합쳐서 하나의 짝을 형성하며, 대략 악마와 악마의 할머니와 비슷하다. 이 관계는 또 로젠크로이츠의 『화학적 결혼』에도 나타난다. 여기서는 검은 왕이 면사포를 쓴 늙은 여인 옆에 앉아 있다.

'검은 유황'은 메르쿠리우스의 능동적이고 남성적인 물질을 경멸적으로 부르는 이름이며, 메르쿠리우스의 부정적이고 무뚝뚝한 본질을, 사악한 본질을 가리킨다. 이것은 『화학적 결혼』에 나오는 사악한 무어인 왕이며, 이 무어인 왕은 왕의 딸을 내연의 처로 삼았다. 여기서 말하는 내연의 처는 다른 논문들 속에 나오는 "에티오피아인", 그리고 기독교 관점에서 보면 악마인, 『파시오 페르페투아이』(Passio Perpetuae: '페르페투아이의 수난')에 나오는 "이집트인"과 비슷한 존재이다. 무어인 왕은 처녀이고 어머니인 원물질을 나타내는 태양의 그늘인 물질의 어둠이다. '창조되지 않은 존재'(Increatum)라는 견해가 16세기에 연금술에서 어떤 역할을 하기 시작했을 때, 이 견해는 마니교의 가르침과 비교될 수 있는 이원론을 낳았다.

마니교에서 물질은 악의 원리인 검고 유동적인 인간의 육체로 상징된다. 성 아우구스티누스가 말하듯이, 악의 물질은 "나름의 추하고 형체 없는 크기를 갖고 있었으며, 그 크기는 그들이 흙이라고 부르는 것만큼 단단할 수도 있고 공기처럼 희박하거나 얇을 수도 있다. 왜냐하면 그들은 악의 물질을 땅 위를 기어 다니고 있는 악의에 찬 마음으로 상상하기 때문이다".[9] 안트로포스라는 마니교 교리는 예수 그리스도 형상을 이중적인 형태로 보는 연금술의 인식과 일치한다. 연금술이 이중적인 구원자를, 다시 말해 예수 그리스도를

....

9   Confessions, V, 10(trans. by Sheed, p.75)

소우주의 구원자로 보고 철학자의 돌을 대우주의 구원자로 보고 있다는 점에서 판단하면, 그런 해석이 가능하다.

이 교리는 한편으로는 영혼을 돌보는, 고통을 겪지 않을 수 있는 그리스도(Jesus impatibilis)를, 다른 한편으로는 고통을 겪을 수 있는 그리스도(Jesus patibilis)를, 그 역할이 '식물의 정령' 또는 메르쿠리우스의 역할과 비슷한 그런 그리스도를 전제한다. 이 정령은 어둠의 왕들의 몸 안에 갇히며, 해와 달 안에 거주하는 천사 같은 존재에 의해 다음과 같은 방식으로 풀려난다.

남자와 여자의 형태를 번갈아 취하면서, 정령은 사악한 왕들의 욕망을 자극함으로써 왕들이 흘리는 공포의 땀을 통해서 밖으로 빠져나간다. 공포의 땀은 땅 위로 떨어져 초목을 풍성하게 한다. 이런 식으로, 천상의 가벼운 물질은 어두운 육체로부터 자유로워져 식물의 형태로 변한다.

정신이 욕망에 의해 육체 밖으로 빠져나오는 과정은 연금술사가 영약(靈藥)을 포함하고 있는 물질들을 점진적으로 태우는 과정과 비슷하다. 연금술 텍스트 속의 삽화들이 보여주는 바와 같이, 여기서 '땀 목욕'의 상징이 중요한 역할을 한다. 마니교 신자들에게 아르콘(archon: 지배자)들의 땀이 비를 의미하듯이, 연금술사들에게 땀은 이슬을 의미했다. 이 맥락에서 우리는 『악타 아르켈라이』(Acta Archelai: '아르켈라우스의 행전')에 "살아 있는 하느님 아버지의 아들"이 인간의 영혼을 구하기 위해 발명한 장치를 소개하는 이상한 전설에 대해 언급해야 한다.

이 아들은 12개의 양동이가 달린 거대한 바퀴를 만들었다. 이 양동이들은 바퀴가 회전할 때 깊은 곳에서 영혼들을 길어올려 달(月) 배에 실었다.

연금술에서 바퀴는 순환 작업을 상징한다. 연금술사들처럼, 마니교 신도들은 남자 같은 처녀 "여전사" 요엘(Joel)을 두고 있었다. 이 요엘이 이브에게 어느 정도의 빛 물질을 주었다. 요엘이 어둠의 왕들과 관련해서 하는 역할은 이중적인 메르쿠리우스의 역할에 해당한다. 이중적인 메르쿠리우스도 요엘처럼 물질에 숨겨진 비밀을, "모든 빛들보다 높은 빛"을, 철학자의 자식을 자유롭게 풀어놓는다. 이런 비슷한 것들 중에서 마니교의 전통으로 직접적으로 돌릴 수 있는 것이 어느 정도이고 마니교의 간접적 영향으로 돌릴 수 있는 것이 어느 정도인지, 또 자연적으로 일어난 표현으로 돌릴 수 있는 것이 어느 정도인지에 대해 나는 결론을 내리지 않을 것이다.

이런 여러 가지 해석들의 출발점은 라피스를 "고아"로 본 것이었다. 도른은 상반된 것들의 결합에 대해 논하면서 라피스가 분명히 푸른 것에서 나왔다고 언급한다. 우리가 인용한 자료는 죽음과 부활의 원형적 드라마가 융합에 무엇을 숨겨 놓았는지를, 그리고 태곳적부터 이 문제에서 인간의 어떤 감정들이 충돌을 일으켰는지를 보여준다. 열정으로 끓고 있는 남성적인 정신의 여성적이고 모성적인 배경을 정신의 원리와 조화를 이루도록 만드는 것이 연금술의 도덕적 임무이다. 이거야말로 헤라클레스의 노역에 버금가는 작업이 아닐까. 도른의 말을 들어보자.

그러니 오, 마음이여, 헛된 욕망을 자제함으로써 그대 자신의 육체에 동정적인 사랑을 베푸는 법을 배우라. 그러면 그대의 몸은 매사에서 그대와 조화를 이룰 것이다. 이를 위해 나도 노력할 것이니. 그대의 몸은 힘의 샘에서 솟아나는 힘을 그대와 함께 마실 것이다. 그리하여 몸과 마음이 하나가 될 때, 그대는 그들의 연합에서 평화를 발견할 것이다. 오, 몸이여, 이 샘 가까이로 오라. 그러면 그대는 마음과 함께 물리도록 물을 마실 것이며 그 후로는 헛된 것을 더 이상 추구하지 않을 것이니. 오, 둘을 하나로 만들고 적들 사이에 평화를 이루는 이 샘의 경이로운 효험이여! 사랑의 샘은 정신과 영혼으로부터 마음을 만들지만, 이 샘은 마음과 몸의 '한 사람'을 만드니 말이네.

2장

역설

1. 신비의 물질과 점(點)

상반된 것들과 그것들의 결합이 연금술에서 하는 엄청난 역할을 고려한다면, 연금술사들이 역설을 그렇게 좋아하는 이유를 이해할 수 있다. 이 결합을 성취하기 위해, 연금술사들은 상반된 것들을 함께 시각화하려 노력했을 뿐만 아니라 그것들을 동시에 표현하려는 노력도 기울였다. 특히, 역설들은 신비의 물질 주위로 많이 몰리는 것 같다. 다시 말하면, 온갖 상반된 것들을 원물질로 결합하지 않은 형태로 포함하고 있으면서 그것들을 철학자의 돌로 융합시키는 것으로 여겨지는 신비의 물질이 역설을 가장 많이 끌어들이는 것 같다. 그래서 라피스는 한편으로는 천박하고, 값싸고, 미성숙하고, 휘발성 있는 것으로, 또 한편으로는 소중하고, 완전하고, 단단한 것으로 불리고 있다. 또는 원물질은 천박하고 고귀한 것으로, 귀중하고 중요하지 않은 것으로 여겨지고 있다.

그 물질은 모든 사람들의 눈에 보이고, 전체 세상이 그것을 보고, 만지고, 사랑하고 있다. 그럼에도 아무도 그것을 모른다. 『투르바 필로소포룸』은 "그러므로 그것은 절대로 돌이 아니며, 그것은 싸고도 비싸며, 어둡고, 숨어 있으며, 모두에게 알려져 있으며, 하나의 이름을 갖고 있으면서도 많은 이름을 갖고 있다."고 말한다. 그 돌은 신비 종교들의 신들처럼 "천 개의 이름"을 갖고 있으며, 비밀의 물질은 "하나이며 전부"이다. 코마리오스(Komarios)의 논문을 보면, 철학자 코마리오스가 클레오파트라(Cleopatra)에게 철학을 가르치는 대목에 이런 말이 나온다. "그가 자신의 손으로 전체의 통합을 보여주었다." 그러자 펠리기오스(Pelagios)가 이렇게 묻는다. "그대는 왜 다수의 물질에 대해 말하는가? 자연 속의 만물의 물질은 하나이고, 모든 것을 정복하는 하나의 본질로 되어 있는데."

역설의 예를 추가로 더 들도록 하자. "나는 흰색의 검정이고, 흰색의 빨강이고, 빨강의 노랑이다." "그 기술의 원칙은 밤의 어둠 속과 낮의 광명 속을 날개 없이 나는 까마귀이다." 돌은 "겉으로 드러난 부분은 차갑고 축축하며, 숨겨진 부분은 뜨겁고 건조하다". "납 안에 죽은 생명이 있다." "물속에서 불타고 불속에서 씻는다." 『알레고리아이 사피엔툼』(Allegoriae sapientum: '지혜의 비유')은 두 가지 형상에 대해 말하고 있는데, 그 중 하나는 "흰색이고 그림자를 결여하고 있으며, 다른 하나는 빨갛고 붉음을 결여하고 있다". 소크라테스 스콜라스티쿠스(Socrates Scolasticus: A.D. 380-440)를 인용한 구절은 이렇다. "달의 냉기를 추구하라. 그러면 그대는 태양의 열기를 발견하게 될 것이다." 작업은 "경주가 없는 경주이고, 동작이 없는 움직임이다". "수은으로 수은을 만들라." 철학의 나무는 뿌리를 허공에 두고 있다(이것은 아마 세피로트의 나무를 가리킬 것이다). 역설과 모순이 전체 작업의 주안점이라는 것은 『화학적 결혼』에서 잘 드러나고 있다. 성의 주요 출입문 위에 두 개의 단어가 적혀 있다. "기뻐하고, 고통을 느껴라."

메르쿠리우스의 역설적인 특성들은 별도의 연구에서 이미 논한 바 있다. 메르쿠리우스는 비밀의 물질을 일컫는 중요한 이름이다. 따라서 여기서 특별한 역설로서 그에 대해 언급하는 것도 의미 있는 일이다. 그에 대해 하는 말은 분명히 "천개의 이름을 가진" 비밀의 물질을 뜻하는 또 다른 동의어인 라피스에도 그대로 진실이다. 『트락타투스 아우레우스 데 라피데』(Tractatus aureus de Lapide)에는 이렇게 쓰여 있다. "우리의 물질은 이 세상에 있는 사물의 수만큼이나 많은 이름을 갖고 있다." 비밀의 물질은 또 히폴리투스 (Hippolytus: A.D. 170-235)의 글에 언급되는 모나드(Monad: 단자 (單子))나 사람의 아들과도 같은 뜻이다.

모노이모스(Monoimos: 2세기)는 오케아누스(Oceanus: 고대 그리스 신화 속의 바다의 신/옮긴이)에 대해 이야기하면서 그런 '사람'이 존재한다고 생각하는 것 같다. 오케아누스가 신들의 기원이며 사람들의 기원이라는 식으로 말하고 있으니 말이다. 그는 이를 달리 표현하면서 '사람'이 전부이고, 우주의 원천이고, 아직 태어나지 않았고 타락하지 않고 영원히 이어지는 것들의 원천이라고 말한다. 그리고 앞에 말한 '사람'의 아들이 있는데, 이 아들은 태어났고, 고통을 느낄 수 있으며, 그의 출생은 시간을 초월하며, 의지를 갖고 있지도 않고 미리 예정되어 있지도 않다. … 이 사람은 단 하나뿐인 모나드이며, 합성되지 않았고, 분리될 수도 없으며, 그러면서도 합성되고 분리될 수 있다. 이 사람은 또 만물과 평화로운 관계를 맺고 있으면서도 만물과 다투고 만물 안에서 자기 자신과 전쟁을 벌이고 있으며, 그 자신과 비슷하면서도 비슷하지 않은 것들을, 말하자면 만물을 포함하고 있고 또 만물을 드러내 보이고 만물을 낳고 있는 음악적 조화라고 할 수 있다. 그것은 자신의 어머니이고 자신의 아버지이며, 두 개의 불멸에 붙여진 이름이다. 완전한 사람의 상징은 극히 작은 점이라고 모노이모스는 말한다. 이 하나의 점은 결합되지 않고 단순하고 섞이지 않은 모나드이다. 이 모나드는 어떠한 것으로부터도 구성 요소를 취하지 않는데도 많은 형태들로, 많은 부분들로 이뤄져 있다. 분리되지 않는 단 하나인 그 점은 수많은 얼굴과 천 개의 눈, 천 개의 이름을 가진, 극히 작은 점이다. 이것은 완벽하고 눈에 보이지 않는 사람의 상징이다. … 사람의 아들은 위로부터 흘러나오면서 만물을 가득 채우는 하나의 점이며, 그 안에 사람의 아들의 아버지인 그 사람의 안에 있는 모든 것을 담고 있다.

연금술사들은 자신들의 라피스 혹은 원물질을 서로 비슷하게 시각화했던 것 같다. 어쨌든 그들은 모노이모스의 역설을 능가할 수 있었다. 그래서 그들은 메르쿠리우스에 대해 이런 식으로 말했다.

"이 정령은 바다의 물질들로부터 생겨났으며, 스스로에 대해 습하고, 건조하고, 불같다고 말한다." 이 대목은 헤르메스가 "축축하고 불같고 차가운 정신"으로 그려진, '마법 파피루스'(magic papyri: B.C. 2세기부터 5세기 사이에 이집트에서 제작된 파피루스에 학자들이 붙인 이름. 이 문서들은 18세기부터 발견되기 시작했다/옮긴이) 중 '비밀의 명문(銘文)' (The Secret Inscription)이라 불리는 대목에서 헤르메스에게 간청하는 내용과 아주 비슷하다.[10]

글로 적을 수 있는 가장 작은 기호인 점(點)의 신비는 연금술에도 알려져 있다. 점은 자연 속의 신비한 창조의 중심을 상징한다. 『노움 루멘 케미쿰』(Novum lumen chemicum: '연금술의 새로운 빛')의 저자는 독자를 훈계하고 있다.

> 친애하는 독자여, 당신은 무엇보다 자연 속의 점(點)을 고려해야 한다. … 당신에겐 그 외엔 아무것도 필요하지 않다. 그러나 그 점을 평범한 금속 안에서 찾지 않도록 조심해야 한다. 거기엔 점이 없다. 이 금속들, 보다 구체적으로 평범한 금은 죽어 있기 때문이다. 그러나 우리의 금속들은 살아 있고 또 정신을 갖고 있다. 당신이 취해야 할 것은 바로 그런 금속들이다. 불이 금속들의 생명이라는 것을 알아야 한다.

점(點)은 "지방질 물"인 금속들의 원물질과 동일하며, 원물질은 습기와 열기의 산물이다.

....
10 Preisendanz, Papyri Graecae Magicae, Ⅰ, p. 110

존 디(John Dee: 1527-1607)는 다음과 같이 추측한다. "하나의 점에서 서로 반대 방향으로 달리는 4개의 직선이 4 가지 원소의 신비를 암시한다는 짐작은 불합리하지 않다." 그에 따르면, 콰테르니오는 서로 직각으로 만나는 4개의 직선으로 이뤄져 있다. "사물과 존재들은 각자 점과 단자에 최초의 기원을 두고 있다."[11]

자연의 중심은 "신에 의해 기원한 점"이며, 알 속의 "태양-점(點)"이다. 『투르바 필로소포룸』에 관한 어느 논평에 따르면, 이 자연의 중심은 "노른자에 있는 알의 씨"이다. 도른은 『피시카 게네시스』(Physica Genesis: '기원의 물리학')에서, 이 작은 점으로부터 신의 지혜가 창조적인 말씀으로 세상이라는 "거대한 기계"를 만들었다고 말한다. 『콘실리움 코니우기이』는 점은 병아리라고 강조한다. 밀리우스는 이것이 헤르메스의 새나 정령 메르쿠리우스라고 덧붙인다. 밀리우스는 또 영혼을 정신과 함께 "심장의 한가운데"에 놓으며, 정신을 "이 점에서(즉, 자궁 속에서) 영혼이 주입된" 천사와 비교하고 있다.

흙이 삼각형에 해당하고 물이 직선에 해당하듯이, 불은 점에 해당한다. 데모크리토스(Democritus: B.C. 460?-370?)는 불이 "화염 방울들"로 이뤄져 있다고 강조한다. 빛도 이런 둥근 형태를 갖고 있으며, 그래서 "태양-점(點)"이라는 이름을 갖고 있다. 이 점은 한편으로는 세상의 중심이고, 하인리히 쿤라트(Heinrich Khunrath: 1560?-1609)의 표현을 빌리면, "전체 세상이라는 위대한 구조의 한가운데에 있는 소금-점"이다. 그럼에도 점은 "결속일 뿐만 아니

....
11 "Monas hieroglyphica", Theatre. chem., Ⅱ, p. 218

라 파괴 가능한 모든 사물들의 파괴자이기도 하다". 따라서 이 "세계-알은 고대의 사투르누스이고, 현자들의 가장 은밀한 납"이며 "철학자들 중에서 양성애적인 철학을 가진 사람"이고 레비스(rebis: 연금술 작업의 최종 결과물/옮긴이)이다.

가장 완벽한 형태는 원이다. 그것이 점을 모델로 삼고 있기 때문이다. 태양은 둥글고, 불도 데모크리토스의 "화염 방울들"로 이뤄져 있기 때문에 둥글다. 신은 스스로의 모습에 따라 빛의 구(球)를 만들었다. "신은 지성을 통해서만 이해 가능한 하나의 구이며, 그 중심은 어디에나 있지만 둘레는 어디에도 없다."[12]

점은 빛과 불을 상징하고, 또 빛이 "신의 이미지" 혹은 "신성의 예"라는 점에서 보면 점은 신을 상징하기도 한다. 점을 모델로 한 이런 구형의 빛은 사람의 심장 안에 존재하고 있는 "발광체"이다. 자연의 빛은 "발삼"처럼 심장에서 작동하고 또 태양처럼, 초(超)천상계의 신처럼 대우주에서 작동하는 "근본적인 습기"이다. 그래서 요안네스 스티브(Joannes Steeb)는 사람 안의 "두 번째 신"에 대해 언급한다. 스티브는 이슬 혹은 지구 속으로 가라앉는 초천상계의 발삼으로부터 금을 끌어낸다. 여기서 스티브는 아마 태양이 땅 속에서 금을 생성한다는 마이어의 오래된 공식을 언급하고 있을 것이다. 따라서 마이어가 말하는 바와 같이, 금은 원(영원의 상징)에 버금가는 "단순성"과 분할할 수 없는 점(點)을 얻는다.

금은 "원의 형태"를 갖고 있다. "이것은 자신의 머리로 자신의 꼬리를 무는 뱀처럼 스스로에게로 돌아가는 선(線)이며, 그 원 형태

....
12   Cf. St. Bonaventure, Itinerarium, 5(trans. by James, p. 60)

안에서 최고의 영원한 화가이자 도공인 신이 식별될 것이다."[13]

금은 "두 번 양분한 원", 즉 4개의 사분원으로 나뉜 하나이고, 따라서 하나의 콰테르니오이며, "반대되는 것들이 반대되는 것들에 의해서 함께 연결될 수 있는" 그런 것이다. 그러므로 금은 "신성한 도시" 예루살렘에 비유될 수 있다고 스티브는 말한다. 예루살렘은 "3개의 성벽을 갖춘 낡은 황금 성"이고 "눈에 보이는 영원의 이미지이다".

금은 소리에 관한 한 무언(無言)이지만 이 핵심적인 미덕으로 해서 어디서든 신을 증명하고 선언한다. 그리고 신이 "본질적으로" 하나이듯이, 금은 "하나의 동질적인 물질"이다. 도른에게, 신의 통합, 즉 "우나리우스"(unarius)는 "트리아드(3개 1조)의 중심"이고, 트리아드는 중심을 중심으로 해서 그린 원이다. 원소들의 콰테르니오의 중심으로서 점은 메르쿠리우스가 "이해하고 완성하는" 장소이다.

2. 불꽃

점은 마이스터 에크하르트(Meister Eckhart: 1260-1328)가 말하는 "작은 영혼의 불꽃"(scintilla)과 동일하다. 우리는 사투르니누스(Saturninus: B.C. 130-B.C. 100)의 가르침에서 이미 그것을 발견한다. 마찬가지로 "물리학자" 헤라클레이토스(Heraclitus: B.C. 535-B.C. 475)도 영혼을 "별 같은 정수(精髓)의 불꽃"으로 여긴 것으로

....
13 De circulo quadrato, p. 41

알려져 있다. 히폴리토스는 세트파 교리에서 어둠은 "빛의 밝음과 불꽃을 속박"했으며, 이 "작디작은 불꽃"은 아래쪽의 시커먼 물과 아름답게 섞였다고 말한다. 시몬 마구스도 똑같이 정액과 우유 안에 매우 작은 불꽃이 있으며, 이 불꽃은 "커지면서 끝도 없고 불변하는 권력"이 된다고 가르친다.

연금술도 불꽃의 원리를 갖고 있다. 우선, 불꽃은 지구의 불타는 중앙이고, 거기선 4개의 원소들이 "자신들의 씨앗을 끊임없이 뽑는다". "만물이 모두 이 원천에 기원을 두고 있고, 이 세상에 존재하는 것들 중에서 이 원천에서 태어나지 않은 것은 하나도 없기 때문이다." 그 중심에 "자연의 하인" 아르케우스(Archeus)가, 다시 말해 파라켈수스가 "위대한 사람" 아데크(Adech)와 동일시하면서 불칸(Vulcan)이라고 부르기도 했던 것이 살고 있다. 지구의 창조적인 중심인 아르케우스는 미하엘 센디보기우스(Michael Sendivogius: 1566-1636)의 『노움 루멘 케미쿰』의 에필로그에서 분명히 확인되듯 프로탄트로포스(Protanthropos: 최초의 사람)처럼 자웅동체이다. "사람이 자연의 빛을 받아 환해질 때, 눈에서 안개가 걷히면서 자석의 점을 보는 데 어려움을 겪지 않게 된다. 자석의 점은 빛들의 두 중앙, 즉 태양과 지구의 빛의 중앙과 일치한다."

모호한 이 문장은 이어 예를 통해 설명되고 있다. 열두 살 소년을 같은 나이의 소녀 옆에 나란히 놓고 똑같은 옷을 입혀 놓으면, 소년과 소녀를 구분하지 못한다. 그러나 소년과 소녀의 옷을 벗겨보라. 그러면 차이가 뚜렷해질 것이다. 이에 따르면, 중심은 남자와 여자가 결합하는 지점이다. 이는 아브라함 엘리자르(Abraham Eleazar)가 쓴 텍스트 중에서 비밀의 물질이 '니그레도'의 상태에 있는 것을 한탄한다고 한 대목에서도 확인된다.

이집트인인 나는 검정을 통과해야 한다. … 노아가 깊디깊은 바다에서 … 나를 씻어야 하고, 그러면 나의 검정은 나를 떠날 것이다. … 나는 이 검정 십자가에 매달려 거기서 비참과 초산으로 정화하여 하얗게 변해야 한다. 그러면 나의 가슴은 석류석처럼 빛날 것이고, 늙은 아담이 나로부터 다시 나올 것이다. 오, 아담 카드몬(Adam Kadmon: 유대교 신비주의 카발라에서 우주의 창조 후에 함께 존재하게 된 '원초의 사람'/옮긴이)이여, 그대는 얼마나 아름다운가! … 아, 케다르(Kedar: '창세기'에 나오는 이스마엘의 둘째 아들로 검은 피부를 가졌다/옮긴이)처럼, 지금부터 나는 검정이구나! 얼마나 오랫동안 이런 상태로 남아야 하나! 오, 나의 메세크(Mesech: '창세기'에 나오는 야벳의 아들/옮긴이)여, 나의 옷을 벗겨주오. 나의 내면의 아름다움이 드러나도록. … 오, 내면적으로나 외면적으로 괴로워하는 술람미 사람이여, 위대한 도시의 파수꾼들이 그대를 찾아 부상을 입히고 옷을 강탈하고 … 그대의 베일을 빼앗을 것이네. 그러면 누가 나를 에돔(Edom)으로부터, 그대의 성벽으로부터 자유롭게 풀어줄 것인가? … 그럼에도 나는 운명으로 주어진 독(毒)으로부터 풀려나고 나의 깊은 속의 씨앗과 첫 출생이 일어나는 축복을 다시 누리게 될 때 기쁨에 겨워하리. … 그 씨앗의 아버지는 태양이고

어머니는 달이기 때문이네.[14]

이 텍스트를 근거로 할 때, "숨겨진" 것, 눈에 보이지 않는 중심은 유대교 신비주의의 '원초의 사람'인 아담 카드몬이라는 것이 분명해진다. 어둠의 감옥들에 갇혀 비통해 하고, '아가' 속의 검은 술람미 사람이 상징하고 있는 것이 바로 아담 카드몬이다. 그는 태양과 달의 컨정션의 산물이다.

불꽃은 종종 "금과 은"으로 나타나며, 땅 속에서 다양한 형태로 발견된다. 그래서 불꽃은 '물고기의 눈'으로 불린다. 물고기의 눈은 연금술 텍스트에서 자주 언급된다. 모리에누스 로마누스(Morienus Romanus: 6세기)가 처음 물고기의 눈에 대해 이야기한 것 같으며, 그 이후로 많은 저자들이 물고기의 눈에 대해 언급하고 있다. 장 자크 마그네(Jean-Jacques Manget: 1652-1742)의 글에 '철학자 말루스(Malus)'의 아이디어로 돌려지는 상징이 하나 있는데, 거기엔 별들 속이나 구름, 물, 땅 속에 눈들이 그려져 있다. 삽화에 대한 설명은 "이 돌은 당신의 발 밑에, 당신 가까운 곳에, 당신 위에, 당신 주변에 있다."고 되어 있다.

눈은 라피스가 진화의 과정에 있으며 어디에나 있는 눈으로부터 나온다는 점을 암시한다. 조지 리플리(George Ripley: 1415?-1490)는 "바다가 마르고 나면, 물고기의 눈처럼 빛을 발하는" 어떤 물질이 남게 된다고 말한다.

도른에 따르면, 이 빛나는 눈은 태양이다. 태양은 "마치 자신의

....
14 Uraltes Chymisches Werck, Part Ⅱ, pp. 51f

눈이 온기와 계몽의 비결이라고 여기는 듯 자신의 눈의 중심"을 사람의 심장 속으로 찔러 넣고 있다.

　물고기의 눈은 마치 신의 눈처럼 언제나 뜨여 있다. 이와 비슷한 생각이 연금술사들의 마음에 있었음이 분명하다. 이는 에이레나이우스 오란두스(Eirenaeus Orandus)가 니콜라 플라멜(Nicolas Flamel: 1340-1418)의 기획에 따라 책을 준비하면서 하나의 표어로 '스가랴서' 4장 10절을 이용했다는 사실에 의해 뒷받침되고 있다. "사람들이 스룹바벨(Zorobabel)의 손에 다림줄이 있는 것을 보고 기뻐하리라. 이것들은 온 세상을 두루 살피는 하느님의 일곱 개의 눈이라." '스가랴서' 3장 9절도 이와 연결된다. "돌 하나에 눈이 일곱 개 있느니라." 피르미쿠스 마테르누스가 다음과 같이 말했을 때에도 아마 그런 내용을 염두에 두고 있었을 것이다. "불경스런 성사(聖事)임을 말해주는 표시는 … 바위에서 나온 신이다(A.D. 1세기부터 4세기에 걸쳐 로마 제국에서, 특히 군인들 사이에 인기를 끌었던 미트라 밀교에서 미트라 신이 바위에서 나온 것으로 여겨졌다). 다른 한 표시는 신이 천상의 예루살렘의 토대를 강화하기 위해 보내기로 약속했다는 돌이다. 그리스도는 우리에게 거룩한 돌로 상징된다." "하나의 돌"이 연금술사들에게 라피스를 의미하듯, 물고기들의 눈은 태양인 신이 가진 일곱 개의 눈 혹은 한 개의 눈을 의미했다.

　이집트인들은 눈이 영혼의 자리라고 생각했다. 예를 들면, 오시리스는 호루스의 눈에 숨겨져 있다. 연금술에서, 눈은 '코일룸'(coelum: 하늘)이다. "하늘은 영혼의 눈과 같고 영혼의 눈길과 같다. 눈을 통해서, 영혼의 상태와 영혼의 의도가 종종 사람들에게 알려지고, 하늘의 광선과 눈길을 통해서 만물이 형태를 얻는다."[15] 마르실리오 피치노(Marsilio Ficino:1433-1499)와 일치하는 스티브의 관점에서 보면, "하늘"은 "도덕적"이고 정말로 "살아 있는 하나의 완벽한 존재"이다. 그래서 연금술사들은 자신들이 추구하는 '가장 순수한 본질'을 '코일룸'이라고 불렀다.

눈이 하나의 힘이라는 사상은 성령을 눈으로 묘사한 것에서 기인한다. 이는 기도할 때 헤르메스를 부르는 것과 비슷하다. "헤르메스 … 하늘의 눈이시여." 신의 눈은 권력과 빛을 발산한다. 마찬가지로, 물고기의 눈은 아들의 빛나는 형상을 이룰 작은 영혼의 불꽃들이다. 물고기의 눈은 시커먼 '자연'에 갇힌 빛의 입자들에 해당하며, 이 빛의 입자들을 해방시키는 것이 영지주의와 마니교의 주된 목적 중 하나였다.

자이나교의 싯다실라(siddhashila: 자이나교의 우주관에서 무한한 지식을 갖춘 사람이 죽어서 가는 곳으로 믿어지는 영역/옮긴이)에도 이와 비슷한 사상이 있다. "세상은 사람의 몸통의 형태로 허공 한가운데에 걸려 있다. 싯다실라가 맨 꼭대기, 머리가 있어야 할 곳에 자리잡는다. 이 싯다실라는 전지한 영혼들의 배이며, 우주의 영적 눈이라 불린다."[16]

눈은 태양과 마찬가지로 의식의 비유일 뿐만 아니라 의식의 상징이기도 하다. 연금술에서는 작은 불꽃들이 금(태양)을 만들기 위해

....

15 Steeb, Coelum Sephiroticum, p. 47

16 Radhakrishnan, Indian Philosophy, I, p. 333

결합되고, 영지주의에서는 빛의 원자들이 다시 통합된다. 심리학적으로 말하면, 이 원리는 정신적 콤플렉스들의 인격 또는 자아 성격을 입증하고 있다. 자아 콤플렉스의 두드러진 특징이 의식이듯이, 다른 "무의식적" 콤플렉스들도 파편적인 정신으로서 나름의 어떤 광휘를 갖고 있을 수 있다. 이 원자들로부터 모나드(그리고 다양한 의미의 라피스)가 나온다. 이는 원자들의 집단이 신까지 만들어냈다는 견해를 가졌던 에피쿠로스(Epicurus: B.C. 341-270)의 가르침과 일치한다.

도른은 지식에 관한 장에서 도덕적 형태의 작은 불꽃이라는 개념을 이용하고 있다. "모든 사람이 앞에 말한 내용을 가슴 깊이 진정으로 새기도록 하라. 그러면 사람은 누구나 점진적으로 마음의 눈으로 날마다 반짝이고 있는 다수의 불꽃들을 보게 될 것이다. 이 불꽃은 갈수록 커지다가 아주 큰 빛이 될 것이며, 그 후로는 그 사람에게 필요한 모든 것들이 알려지게 될 것이다." 이 빛은 "자연의 빛"이다. 도른은 『필로소피아 메디타티바』(Philosophia meditativa: '명상 철학')에서 이렇게 말하고 있다.

어떤 광기가 당신을 현혹하고 있는가? 그는 이 모든 것이 당신에게서 나오도록 하지 않고 당신의 내면에서 발견되도록 만들었다. 그런데도 당신은 그것들을 당신의 밖에서만 찾을 뿐 당신의 안에서는 결코 찾지 않는다. 자신의 모든 것을 무시하면서 언제나 낯선 것을 갈망하는 행태, 바로 그것이 보통 사람의 악이다. … 사람들의 빛인 생명은 흐릿할지라도 마치 어둠 속에서처럼 우리의 안에서 빛나고 있다. 그 빛은 우리에게서 나오지 않는다. 그 빛은 우리 안에 있을지라도 우리의 것이 아니며 그 분, 우리를 자신의 거주지로 삼기 위해 빛을 하사한 그 분의 것이다. … 그 분은 그 빛을 우리의 내면에 심었으며, 그래서 우리는 그 빛으로 빛 속에서 범접하지 못하는 가운데 살고 있는 그 분의 빛을 보고, 그래서 우리는 그 분의 다른 창조물보다 탁월할 것이다. 이 점에서 보면 우리는 특별히 그 분과 비슷하게 만들어졌으며, 그 분이 우리에게 자신의 빛의 불꽃 하나를 주었다. 따라서 우리는 진리를 우리 자신의 내면에서 찾을 것이 아니라 우리의 내면에 있는 신의 이미지에서 찾아야 한다.

도른의 관점에서 보면, 사람의 내면에 "눈에 보이지 않는 태양" 이 있다. 도른은 이 태양을 아르케우스와 동일시한다. 이 태양은 "땅 속의 태양"과 동일하다. 눈에 보이지 않는 태양은 사람의 물질을 태울 불을 붙이고, 사람의 몸을 원물질로 환원한다. 눈에 보이지 않는 태양은 또 "본래부터 부패하는 성격과 부패를 막는 성격을 가진" 소금이나 "자연의 발삼"과 비교된다.

이런 역설적인 측면은 호기심을 자극하는 이런 말에서도 확인된다. "사람은 미끼이며, 그 안에서 부싯돌인 메르쿠리우스와 철인 하늘에 의해 불꽃이 일어나 부싯깃에 붙어 그 권력을 보여준다."[17] "부싯돌"로서 메르쿠리우스는 틀림없이 여성적이고, 지하에 사는 형태로 나타나고 있으며, "하늘"은 메르쿠리우스의 남성적이고, 영적인 정수(精髓)를 의미한다. 이 둘 사이의 결혼으로 인해 불꽃이

....
17 Speculativa philosophia., p. 307

튄다. 이 불꽃은 "육체를 부패시키는" 아르케우스이다. "화학자"가 "금속들을 부식시키는 자"이듯이.

불꽃의 이런 부정적인 측면은 눈길을 끌만 하지만, 이것은 연금술사들이 세상을 덜 낙관적으로, 의료적으로나 과학적으로 보는 관점과 맞아떨어진다. 연금술사들에게 세상과 삶의 어두운 측면은 정복되지 않은 것으로 비쳐졌으며, 그들이 작업을 통해 스스로 성취하고자 정한 과제가 바로 그런 삶의 어두운 면을 정복하는 것이었다. 연금술사들의 눈으로 보면, 사람의 내면에 있는 신성한 중심인 불(火)-점(點)은 위험스런 그 무엇, 말하자면 만능약으로 바꾸려면 매우 조심스럽게 다뤄야 하는 강력한 독(毒)이었다.

마찬가지로, 개성화 과정은 그 자체에 특별한 위험을 안고 있다. 도른은 연금술사들의 관점을 이런 식으로 세련되게 요약한다. "자연에는 선만큼 악을 포함하고 있지 않은 것은 있을 수 없다."

쿤라트의 글에서 불꽃은 만능약과 똑같다. "이제 만능약은 진정으로 빛나는 장엄, 또는 홀로 권력과 힘이 막강한 존재가 피우는 완벽한 불꽃이라 불린다. … 그것은 영원히 살아 있는, 진정한 '영원의 물'(Aqua Permanens)이다." "근본적인 습기"는 "세상 전체를 채우고 있는 하느님의 영(靈)을 위해서 세계 영혼의 뜨거운 불꽃으로부터 생명력을 얻는다."

쿤라트는 또 불꽃의 복수성(複數性)에 대해 말하고 있다. "세계 영혼의 뜨거운 불꽃들이 있다. 그것은 신의 명령에 따라 세계의 거대한 조직을 통해 온 곳에 있는 원소들의 모든 과실들 속으로 흩뿌려진 자연의 빛이다." 불꽃은 안트로포스 원리와 연결된다. "위대한 세계의 아들은 삼위일체 신의 정신이자 숨결인 '루악 엘로힘'(Ruach Elohim: 신의 영혼)의 뜨거운 불꽃으로 충만하다.""세계 영혼의 뜨거운 불꽃들"은 세상이 시작할 때 혼돈 속에, 원물질 안에 이미 들어 있었다.

쿤라트는 다음과 같이 선언함으로써 영지주의의 고지에 닿는다. "그리고 우리의 가톨릭 메르쿠리우스는 자연의 빛의 보편적인 불꽃으로서 틀림없이 고대 이교도 현자들의 바다의 신, 다시 말해 바다의 열쇠를 갖고 있으며 모든 것들에게 권력을 행사하는, 오케아노스와 테티스의 아들 프로테우스(Proteus: 바다의 신)이다." 모노이모스(A.D. 2세기)와 쿤라트(16세기) 사이에 긴긴 세월이 가로놓여 있다. 모노이모스의 가르침이 중세에 전혀 알려지지 않았는데도, 쿤라트는 전통으로 돌리기 어려운 유사한 생각들을 떠올렸다.

3. 볼로냐의 수수께끼

이런 역설들은 어느 고대의 "기념물"에서 절정을 이룬다. '아일리아 라일리아 크리스피스'(Aelia Laelia Crispis) 비문으로 알려진 비문으로, 이탈리아 볼로냐에서 발견되었다. 미하엘 마이어의 글을 빌리면, 이 비문은 "신을 기리고 연금술의 기술을 칭송하기 위해 옛날의 어떤 연금술사에 의해 세워졌다"고 주장하는 연금술사들에게 이용되었다. 먼저, 아주 특별한 비문의 내용부터 보도록 하자.

아일리아 라일리아 크리스피스. 남자도 아니고 여자도 아니고 잡종도 아니다. 처녀도 아니고 소년도 아니고 할머니도 아니다. 정숙하지도 않고 타락하지도 않고 도덕적이지도 않다. 이 모든 것이다. 굶주림에도 흔들리지 않고, 칼에도 흔들리지 않고, 독에도 흔들리지 않는다. 그러나 모든 것에 흔들린다. 하늘에도 있지 않고 땅에도 있지 않고 물속에도 있지 않다. 그럼에도 모든 곳이 그녀의 휴식처이다.

루키우스 아가토 프리스키우스, 남편도 아니고 연인도 아니고 친척도 아니다. 슬퍼하지도 않고 즐거워하지도 않고 흐느끼지도 않고 흙둔덕을 쌓지도 않고 피라미드를 올리지도 않고 무덤을 올리지도 않는다. 그럼에도 이 모든 것이다.

그는 자신이 무엇을 누구에게 올리는지를 알기도 하고 모르기도 한다.

(이것은 무덤이다. 그런데 안에 시신이 들어 있지 않다. 이것은 육신이다. 그런데 둘레에 무덤을 전혀 갖고 있지 않다. 그러나 육신과 무덤은 같다.)

이 비문은 그야말로 터무니없는 농담이다. 하지만 인간의 마음에 상상 가능한 온갖 생각을 떠올리게 만드는 끈끈이 종이 같은 역할을 여러 세기에 걸쳐 멋지게 해낸 농담이다. 이 비문은 "유명한 사건"이 되었다. 말하자면 심리학적으로 중요한 "문제"가 되었다는 뜻이다. 그래서 2세기 동안에 걸쳐 전개된 논쟁 과정에 상당히 많은 해설서가 나왔다. 그러다가 『코르푸스 인스크립티오눔 라티나룸』(Corpus Inscriptionum Latinarum: '라틴 비문 집대성')의 가짜 텍스트의 하나로 불명예스런 종말을 맞기에 이르렀다. 그 후로 이 비문은 망각의 늪으로 빠졌다.

이 '골동품'을 20세기에 다시 끌어내는 이유는 그것이 어떤 특이한 마음의 태도를 보여주는 패러다임으로 아주 훌륭하기 때문이다. 이 대목에서 말하는 마음의 태도란 중세 사람이 실제로 존재하지 않는 탓에 완전히 아는 것이 불가능한 무엇인가에 대해 수백편의 논문을 쓰게 만든 그런 태도를 말한다.

흥미로운 것은 중세 사람들의 상상을 자극한 이 가짜 비문의 존재가 아니라 이 비문이 불러일으킨 투사(投射)들이다. 이 비문의 내용과 관련해 발표된 수백 편의 논문을 보면, 공상하고 추측하려 드는 사람들의 성향이 정말 대단하다는 것이 확인된다. 오늘날이라면 병적인 현상이라 아니할 수 없을 정도이다.

이런 예들을 보면, 사람들의 무의식이 어떤 압박감을 느끼고 있고 감정적인 내용물로 가득하다는 사실이 언제나 확인된다. 바보 같은 짓과 창의성을 구분하는 것이 어려울 때가 가끔 있다. 이 두 가지가 혼동되는 일이 거듭 벌어지고 있다.

역사적인 것이든 개인적인 것이든, 그런 현상은 단순히 인과론만으로 설명되지 않는다. 그 후에 일어난 일들의 관점에서도 고려해야만 설명이 가능해진다. 정신적인 모든 것에는 미래가 크게 작용한다. 16세기와 17세기는 형이상학에 바탕을 둔 세계로부터 내재주의적 설명 원리의 시대로 넘어가던 과도기였다.

그때 사람들의 무의식에서 들끓고 있던 것이 자연 과학의 엄청난 발달이라는 결실로 나타났다. 이 자연 과학의 막내가 바로 경험 심리학이다. 순진하게도 초월적이고 신성한 존재들의 지식으로 여겨졌던 모든 것들과 인간 존재들이 결코 확실하게 알 수 없는 것들, 또 중세의 쇠퇴로 인해 돌이킬 수 없을 만큼 깊이 잃어버린 것 같던 모든 것들이 정신의 발견과 함께 일제히 다시 일어났다. 정신 영역에서 미래에 일어날 발견들을 예고한 것이 바로 그때까지 말장난이나 일삼는다는 비난을 들었던 철학자들의 공상과 추측이었다.

'아일리아 라일리아 크리스피스' 비문이 아무리 터무니없고 재미없는 것처럼 보일지라도, 그것을 2세기 전에 사람들이 스스로에게 던진 질문으로 여긴다면 그 비문은 새삼 의미를 지니게 된다. 사람들이 이해하지도 못하고 알아듣지도 못할 역설만으로 표현할 수밖에 없도록 만든 그것은 과연 무엇이었을까?

당연히 나는 이 질문을 이 "역설적인 농담"을 지어낸 미지의 유머 작가에게 던지고 있지 않다. 이 작가에 앞서서 오래 전에 연금술에도 그런 것이 존재했다. 아마 이 유머 작가는 자신의 농담이 유명한 사건이 될 것이라고는 상상조차 하지 못했을 것이다. 또는 이 농담을 놓고 동시대인들과 후손들이 저자의 정신적 배경의 본질에 대해 궁금해 할 것이라고는 꿈도 꾸지 못했을 것이다.

물론 이 질문도 먼 훗날엔 확실히 드러난 진리에 의해 대체될 것이다. 이 유머 작가는 단지 '도구인'(道具因)에 지나지 않았으며, 작가 본인만큼이나 순진무구했던 그의 희생자들이 본의 아니게 심리학자로서의 첫걸음을 떼게 만들었다.

'아일리아 라일리아' 비문에 관한 최초의 보고는 1548년경 베네치아의 미카엘 앙겔루스(Michael Angelus)라는 사람이 쓴 논문에 나타난 것 같다. 그리고 1683년 초에, 카이사르 말바시우스(Caesar Malvasius)가 이에 대한 해석을 45가지 수집했다. 연금술 문헌에, 16세기 후반기를 살았던 의사 니콜라 바르노(Nicholas Barnaud)의 논문이 남아 있다. 그는 이 비문에 대해 연금술적 해석을 제시했다. 그때가 1597년이었다. 먼저, 나는 그의 해석과 연금술에 조예가 깊은 미하엘 마이어의 해석을 벗어나지 않을 것이다.

마이어는 아일리아와 라일리아가 크리스피스라 불리는 하나의 주체로 통합된 두 인물을 대표한다고 주장한다. 바르노는 아일리아를 "솔라"(solar)라고 부르고, 라일라를 "루나"(lunar)라고 부른다. 마이어는 크리스피스(라틴어로 '곱슬곱슬한'이란 뜻)가 "매우 고운 가루"로 변한 곱슬머리에서 비롯되었다고 생각한다. 마이어는 분명히 비밀의 물질을 염두에 두고 있었다. 한편 바르노는 "우리의 물질은 그을려 얽혀 있으며", 따라서 곱슬하다고 말한다.

마이어는 이 두 인물이 남자도 아니고 여자도 아니지만 한때는 남자였고 여자였다고 말한다. 마찬가지로, 이 주체는 처음에 자웅동체였으나 더 이상 그렇지 않다. 왜냐하면 신비의 물질이 신랑과 신부로 이뤄져 있고 따라서 양성애적일지라도, 제3의 존재로서 그것이 새롭고 독특하기 때문이다. 이 주체는 소녀나 처녀가 아니다. 그녀가 "원래대로" 있기 때문이다. 그러나 연금술 작업에서, 처녀는 처녀로 남음에도 불구하고 어머니로 불린다.

이 주체는 소년도 아니다. 융합의 달성이 그것과 모순되기 때문이다. 이 주체는 힘을 온전히 다 간직하고 있기 때문에 늙은 할머니도 아니다. 또 돈과 아무런 관계가 없기 때문에 매춘부도 아니다.

그렇다고 도덕적이지도 않다. 처녀가 남자와 함께 살았기 때문이다. 마이어는 이 주체가 남자이면서 여자라고 말한다. 남자와 여자가 부부 행위를 성취했기 때문이다.

이 주체는 자웅동체이다. 두 개의 몸이 하나로 결합되어 있기 때문이다. 이 주체는 아직 늙지 않았기 때문에 소녀이고, 힘을 고스란히 다 갖고 있기 때문에 청년이다.

한편 이 주체는 부패할 수 없는 존재이기 때문에 늙은 여자이다. 이 주체는 베야가 결혼하기 전에 가브리티우스에게 몸을 팔았기 때문에 매춘부이다. 이 주체는 결혼이 죄를 씻어주었기 때문에 도덕적이다.

앞의 비문 중에서 "그럼에도 이 모든 것"이라는 표현이 이 수수께끼에 대한 진정한 설명이다. 거기에 열거된 모든 표현은 한 '사물'의 특성들을 언급하고 있으며, 이 특성들은 존재하는 것으로 여겨지지만 그 자체로는 존재하지 않는다. 이 말은 "흔들리지 않고"라고 한 대목에도 똑같이 적용된다. 물질(우로보로스)은 스스로를 삼키고, 따라서 굶주림으로 고통 받는 일이 절대로 없다. 물질은 칼에 죽지 않고 신비한 물질의 또 다른 동의어인 전갈처럼 "자신의 화살로 스스로를 살해한다". 물질은 독에 의해 죽지 않는다. 바르노가 말하듯이, 물질이 "선한 독", 즉 스스로를 끊임없이 부활시킬 수 있는 만능약이기 때문이다. 동시에 물질은 이 3가지 모두에 의해, 스스로의 굶주림에 의해, 메르쿠리우스의 칼에 의해, 뱀이나 전갈로서 자신의 독에 의해 죽는다.

"모든 것에 흔들린다"는 표현은 다시 신비의 물질을 가리킨다.

바르노의 말에도 그런 뜻이 담겨 있다. "이것은 모든 것이다. 이것은 자체 안에 완성에 필요한 모든 것을 갖고 있으며, 모든 것은 이것의 속성이 될 수 있으며, 이것은 모든 것의 속성이 될 수 있다."[18] "위대한 연금술사가 말하듯이, 하나가 곧 전부이기 때문이다."

만능약은 하늘에도 있지 않고 땅에도 있지 않고 물에도 있지 않다는 말은 마이어에 의해서 "어느 곳에서나 발견되는" 라피스를 가리키는 것으로 설명되고 있다. 라피스는 모든 원소들 중 어느 하나가 아니라 모든 원소들에서 발견된다. 여기서 바르노가 오히려 더 섬세한 편이다. 왜냐하면 그가 하늘과 영혼을, 땅과 육체를, 물과 정신을 동일시하고, 따라서 살아 있는 유기체의 완전성이라는 사상에 도달하기 때문이다. 바르노는 이렇게 말한다. "우리의 물질은 동시에 하늘에도 있고 땅에도 있고 물 속에도 있다. 마치 전체로 있어도 완전하고 각 부분으로 있어도 완전하다는 듯이. 그래서 부분들은 그렇지 않다면 분리되었겠지만 하나가 된 뒤로 더 이상 분리될 수 없다. 연금술의 전체 법칙과 연금술의 대변자들은 바로 이 원칙을 따르는 것 같다."[19]

바르노는 무덤을 올린 사람의 이름인 루키우스 아가토 프리스키우스(Lucius Agatho Priscius)에 대해 설명한다. 루키우스는 "번쩍이는 지성"을 물려받았다는 뜻이고, 아가토는 "온후하고 정직하다"는 뜻이고, 프리스키우스는 "초기"나 "연장자"라는 뜻이라고 한다. 마이어는 이 이름들이 "연금술 기술의 성취에 필요한 주요 자질들

....

18 "Commentarium", Theatre, chem., Ⅲ, p. 844

19 Theatre, chem., Ⅲ, p. 845

을 의미한다."고 주장한다.

"남편도 아니고 연인도 아니고" 등의 표현은 아일리아 라일리아가 "철 자석으로서" 그를 자신에게로 끌어당겨 그녀의 "불분명하고 검은 본성"으로 바꿨다는 것을 의미한다. 융합에서, 그는 그녀의 남편이 되었으며 그 작업에 "필요했다". 그러나 마이어는 그가 어느 정도 남편이 아니고 연인이 아닌지에 대해선 우리에게 아무런 이야기를 들려주지 않는다. 바르노는 이렇게 말한다. "한 남자가 죽은 사람을 위해 기억의 신전에 기둥을 세우도록 하는 주요 요인은 결혼과 사랑, 혈족 관계이다. 여기선 이런 것들 중 어떤 것도 고려될 수 없다." 루키우스가 마음속에 또 하나의 목표를 품었다는 뜻이다. "모든 것을 가르칠 수 있고, 그래서 세상에서 가장 소중한데도 여전히 수수께끼 밑에 숨어 있는 기술이 겉으로 모습을 드러내도록 하기를" 바랐던 것이다. 그러면 모든 연구자들이 "가치의 면에서 다른 모든 것을 능가하는 그 기술과 진정한 과학에 전념할" 터였다. 그럼에도, 그는 "우리의 구원이 걸려 있는 하느님과 예수 그리스도에 대해 파고드는 것"은 예외로 하고 있다. 이는 텍스트들에서 종종 확인되는 하나의 규정이다.

마이어는 "애도하지도 않고" 같은 표현에 담긴 부정형을 무시한다. "남편도 아니고" 같은 표현에서도 마찬가지의 태도를 보인다. 그는 "사실, 이 모든 것은 루키우스에 대해 긍정적인 표현으로 바꿀 수 있으며 부정적인 표현으로 쓸 필요는 없다"고 말한다.

한편, 바르노는 그 비문이 "부드럽고 세련되었으면서도 대담한 어떤 철학자의 모습"을 그린다고 말한다. "흙둔덕을 쌓지도 않고"

등의 표현은 마이어에 의해서 다시 긍정적으로 설명되고 있다. 아일리아 본인이 움직여지지 않을 만큼 튼튼한 둔덕이다. 이것은 연금술 작업이 성취하려고 애쓰는 '부패하지 않는 특성'을 뜻한다.

피라미드는 "영원히 기억될 불꽃"을 상징하며, 이 불꽃이 바로 아일리아 본인이라고 마이어는 말한다. 그녀가 묻힌 것은 루키우스가 "그녀의 이름으로 해야 할 일을 모두 했기" 때문이다. 말하자면, 그가 그녀의 자리를 차지한다. 철학자의 아들이 그때까지 유일하게 효과적인 신비의 물질이었던 어머니 원물질을 차지하듯이.

바르노는 루키우스가 하나의 건물이긴 하지만 그 건물이 상징이기 때문에 목적을 성취하지 못한다고 선언한다. "그럼에도 이 모든 것"을 그는 『타불라 스마라그디나』에 비춰본다. 대체로 그 비문이 '종합적이고 보편적인 치료'를 가리키기 때문이다.

"그는 알기도 하고 모르기도 한다"는 표현에 대해, 마이어는 루키우스가 처음에는 그것을 알았지만 후엔 불쾌하게도 자신이 망각되어 버렸기 때문에 더 이상 그것을 알지 못하게 되었다는 식으로 생각한다. 나에겐 이 표현이 무슨 뜻인지 분명하게 다가오지 않는다. 바르노는 그 기념물을 루키우스가 알고 있었던 라피스의 비유로 받아들이고 있다.

라피스가 인간의 이해력을 넘어서는 우주적 차원의 어떤 가공의 실체라는 점을 기억한다면 문제의 본질에 훨씬 더 가까이 다가설 수 있다. 그가 연금술사의 체면을 생각하느라 이런 도발적인 생각을 깊이 파고들지 않았을지도 모른다. 같은 연금술사로서 그가 연금술사 본인이 자신이 만들고 있는 것이 무엇인지 정확히 모르고 있었다는 점을 인정하기가 어려웠을 것이다. 만약 바르노가 현대의 심리학자였다면, 그는 별다른 노력을 기울이지 않아도 사람의 전체성, 즉 자기는 당연히 지식의 범위를 넘어선다는 것을 깨달을 수 있었을 것이다.

"이것은 무덤이다" 등의 표현으로, 우리는 그 비문에서 처음으로 긍정적인 진술을 확인한다. 마이어의 견해는 이것은 절대로 무덤이 아니었던 그 무덤과 아무런 관계가 없으며 아일리아 본인을 의미한다는 것이다. "왜냐하면 그녀 자신이 용기(容器)이고, 용기에 담긴 것을 그녀 자신으로 바꾸고 있기 때문이다. 따라서 그녀는 안에 어떠한 시신이나 내용물을 담고 있지 않는 무덤이거나 저장소이다. 롯의 아내와 관련해 전해오는 이야기처럼. 롯의 아내는 시신을 갖지 않은 무덤이고 무덤을 갖지 않은 몸이다." 마이어는 틀림없이 다음과 같은 내용의 '아리슬레우스(『투르바 필로소포룸』의 저자)의 환상'의 두 번째 버전을 암시하고 있다. "베야가 너무나 뜨거운 사랑으로 가브리쿠스를 포옹했기 때문에 그녀는 그를 자신의 본성으로 완전히 녹여 그를 분리 불가능한 분자로 해체해버렸다."

리플리는 왕이 죽음을 맞게 되면 사지가 "원자"로 찢어졌다고 말한다. 이것은 연금술에 잘 알려져 있는 사지 절단의 모티프이다. 원자들은 '냄새나는 흙'에서 빛나는 "하얀 불꽃"이거나 하얀 불꽃이 된다. 원자들은 또한 물고기의 눈으로 불린다.

아일리아를 "무덤"으로 설명하는 것이 당연히 어느 연금술사에게 호소력을 지녔을 것이다. 이 모티프가 연금술 문헌에서 상당한 역할을 하고 있기 때문이다. 그는 자신의 용기를 "무덤"이나 『로사리움 필로소포룸』에서처럼 "붉은 바위 무덤"이라고 불렀다.『투르바 필로소포룸』은 용과 여자를 위해서 무덤을 파야 한다고 말하고 있다. 매장은 니그레도와 동일하다. 그리스의 한 논문은 연금술 과정을 "여덟 개의 무덤"으로 묘사한다. 알렉산더(Alexander)는 그 기술의 비법을 발견했을 때 "헤르메스의 무덤"을 발견했다고 말했다. "왕"은 토성에 묻히는데, 이는 매장된 오시리스의 비유이다. "매장의 니그레도가 계속되는 동안, 여자가 통치한다." 이는 태양의 일식이나 새로운 달과의 컨정션을 암시한다.

　따라서 마이어는 무덤과 육체가 똑같다고 결론을 내린다. 바르노는 이렇게 말한다.

　　각각을 다른 것의 무덤에 묻으라고 그들은 말한다. 왜냐하면 술푸르(유황)와 살(소금)과 아쾌(물), 혹은 솔(태양)과 루나(달)와 메르쿠리우스(수성)가 우리의 물질 안에 있을 때에 추출되고, 결합되고, 묻히고, 억제되고, 재로 변해야 하기 때문이다. 그래서 새들의 둥지는 새들의 무덤이 되고, 거꾸로 새들은 둥지를 흡수하여 둥지와 하나가 된다. 그러면 똑같은 주체 안에 있는 영혼, 정신과 육체, 남자와 여자, 능동성과 수동성은 용기 안에 놓여 자체의 불로 열이 가해지고 외적으로 그 기술의 치유력에 의해 지탱되다가 때가 되면 자유로이 달아난다.[20]

　이 글 속에서 상반된 것들의 비밀이 고스란히 드러난다. 육체만

....
　20 "Commentarium", Theatre. chem., III, pp. 847f

아니라 정신까지 치유하는 그런 '보편적인 약'이 그 비밀이다. "달아난다"는 단어는 상반된 것들의 결합에 의해 종식되는 어떤 감금 상태를 전제한다. 힌두교 신자들은 이것을 "대립되는 것들로부터 자유로운" '니르드반드바'(nirdvandva)라 부른다. 적어도 이런 형태로는 기독교 전통의 서구엔 낯선 개념이다. 이 개념이 상반된 것들을 상대화시키고, 과격한 기독교의 태도에 나타나는 화해 불가능한 갈등을 누그러뜨리거나 심지어 치유까지 하기 때문이다.

여기 제시된, 수수께끼 같은 비문에 대한 해석은 그것 자체로 받아들여져야 한다. 말하자면, 연금술의 사고방식을 보여주는 증거로 받아들여져야 한다는 뜻이다. 이 경우에 해석은 비문이 실제로 내포하고 있는 것보다는 연금술의 사고방식 자체에 대한 이야기를 더 많이 들려주고 있다. 그러나 여기서 우리는 걸음을 조심스럽게 디뎌야 한다. 다른 해석도 가능하고, 실제로도 나왔기 때문이다.

무엇보다, 우리는 그 기념물이 진짜인지 여부와 기념물의 기원에 대해 고려해야 한다. 지금까지 언급한 3명의 저자 중에서 비문을 실제로 본 사람은 아무도 없다. 카이사르 말바시우스의 시대인 1683년에 그 비문을 그대로 복사한 것이 딱 2개 있었다. 하나는 볼로냐에 있었고 다른 하나는 밀라노에 있었다. 볼로냐에 있었던 것은 "cui posuerit"라는 단어로 끝난다. 밀라노에 있었던 다른 하나는 "Hoc est sepulcrum" 등을 더하고 있으며, 볼로냐 버전의 "Scit et nescit"에 "quid"를 덧붙이고 있다. 게다가, 밀라노 버전의 맨 앞에는 볼로냐 버전의 맨 앞에 있는 "D. M."(Diis Manibus) 대신에 설명되지 않는 "A. M. P. P. D."가 적혀 있다.

말바시우스는 이 기념물은 파괴되었지만 이 비문을 직접 눈으로 보고 그대로 베꼈다고 주장하는 목격자들에 대해 언급하고 있다. 구체적으로, 브뤼헤의 요안네스 투리우스(Joannes Turrius of Bruges)를 제시한다. 이 사람은 1567년 1월에 볼로냐의 포르타 마스차렐라 외곽 쪽으로 첫 번째 이정표가 있는 곳에 위치한 라 볼타의 마르쿠스 안토니우스(Marcus Antonius)의 빌라에서 '나의 눈으로 직접 비문을 읽었다'는 내용의 편지를 리카르두스 비투스(Richardus Vitus)에게 썼다. 목격자이며 해설가인 요안네스 카스파리우스 게바르티우스(Joannes Casparius Gevartius)가 보고하듯이, 기념물은 그 빌라가 교회와 접하고 있던 벽 안 쪽에 방치되어 있었다. 징으로 새긴 글자들 몇 개는 "세월에 씻겨 희미해지고 일종의 부식 현상에 깎였으며", 게바르티우스는 이 같은 사실이 기념물의 역사를 말해준다고 강조한다. 말바시우스는 수많은 다른 로마 시대의 비문들의 도움을 받으며 이 기념물이 진짜라는 점을 밝히려고 노력하면서 다음과 같은 이론을 내놓았다.

비문은 라일리우스에게 태어나 신부로 아가토에게 가기로 되어 있는 딸에 대해 말하고 있다. 그러나 그녀는 딸도 아니고 신부도 아니다. 임신이 되었음에도, 아이가 유산되어 태어나지 않았기 때문이다. 그러자 오래 전부터 남편으로 선택되었던 아가토는 크게 실망하여 운명에 배신당했다고 생각하며 이런 수수께끼 같은 비문으로 스스로를 조롱하거나 조롱하는 척 했다.

말바시우스는 비문의 저자를 애써 좋은 쪽으로 보려고 노력하고 있다. 그는 아가토에 대해 "이 과학 저 과학에 매우 탁월하다"고 말한다. 정말이지, 말바시우스는 아가토를 "매우 상서로운 숫자인 3을 숭배하는 탁월한 존재로" 헤르메스 트리스메기스투스와 비교하며 그를 "세 배 위대한 존재"라고 부른다. 이는 『타불라 스마라그디나』 중에서 결론을 내리는 문장을 빗댄 표현이다.

그가 그렇게 한 이유는 비문이 3개 부분으로 나눠져 있기 때문이다. 각 부분에 대해 그는 해설을 길게 하고 있다. 여기서 그는 4가지 원소와 4가지 특성과 관련해 어려움에 봉착하며, 모든 연금술사들과 마찬가지로 '마리아의 공리'(axiom of Maria: 하나가 둘이 되고, 둘이 셋이 되고, 이 세 번째의 것에서 네 번째인 하나가 나온다는 연금술의 개념으로, 3세기에 연금술사 마리아 프로페티사(Maria Prophetissa)가 제시한 것으로 알려져 있다/옮긴이)를 해석하려고 노력하면서 비틀거리는 모습을 보이고 있다.

유산이라는 관념도 마찬가지로 (영지주의는 말할 것도 없고) 연금술 영역에서 나온 것이다. 『트락타투스 아리스토텔리스』(Tractatus Aristotelis)에도 그런 내용이 있기 때문이다. "이 뱀은 충동적이고, 태어나기도 전에 출구[죽음]를 찾고, 태아를 잃기를 바라며 유산을 갈망하고 있다." 물론 이 대목은 메르쿠리우스의 뱀 또는 원물질을 가리키는데, 이 논문에 따르면 이 뱀은 변형 과정을 신속히 통과하려고 노력하면서 그 안에 숨어 있는 '아니마 문디'(anima mundi: '세계 영혼'이란 뜻/옮긴이)의 빛 씨앗들이 꽃을 피우도록 강제한다.

해설가들이 내놓은 수많은 해석들 중에서, 망각의 늪에서 건져 올릴 만한 가치가 충분히 있다고 판단되는 한 가지 해석에 대해 언급하고 싶다. 이것은 말바시우스의 두 친구가 표현한 견해이다. 말하자면, 루키우스 아가토는 진짜 사람이지만 아일리아는 "허구의 여인"이거나 여자의 형태로 나타난 "사악한 천재성"이거나, 아니면 말바시우스의 두 친구 중 하나에 따르면 "허공을 이리저리 날아다니고" 다른 한 친구에 따르면 땅 속에 거주하며 "유노(Juno: 고대 로마의 여신으로 나라의 수호자. 고대 그리스 신화에서 헤라에 해당한다/옮긴이)의 참나무 안에 갇혀 옴짝달싹 못하는", "신을 받아들이지 않는 어떤 영(靈)"이라는 것이다. 말하자면 아일리아는 참나무가 잘려 태워질 때 다른 주거지를 찾아야 했기 때문에 "마치 죽은 것처럼 이 석관(石棺) 안에 있다가 발견된 숲의 요정이거나 나무의 요정"이라는 것이다. 이리하여 그녀는 "사랑받고 또 사랑하는 아가토로부터 칭송의 소리를 듣고 기려지게" 되었다.

이 해석에 따르면, 아일리아는 "유노의 참나무"로 투사된 아가타의 아니마이다. 참나무는 유피테르의 나무이지만, 유노에게도 바쳐지고 있다. 비유적인 의미에서 보면, 아니마 투사가 이뤄지는 여성적인 대상으로서 참나무는 유피테르의 배우자이고 아가토의 연인이다. 신화학적으로 보면, 숲의 요정과 나무의 요정 등은 자연의 신령이고 나무의 신령이지만, 심리학적으로 보면 그것들은 남성의 진술인 한에선 아니마 투사이다.

이 해석은 앞에 소개한 친구들 중 한 사람인 울리세 알드로반두스(Ulysse Aldrovandus: 1522-1605)의 『덴드롤로기아』

(Dendrologia)에서 발견된다.

> 나는 아일리아 라일리아 크리스피스가 볼로냐 인근의 어느 참나무
> 에 묶였거나 참나무 안에 갇혔던 나무의 요정들 중 하나라고 믿는
> 다. 그녀는 그에게 대단히 부드러운 형태로도 나타나고 대단히 거
> 친 형태로도 나타난다. 그녀는 2,000년 동안 프로테우스처럼 변덕
> 스러운 모습을 보이면서 당시에 볼로냐의 시민이던 루키우스 아가
> 토 프리스키우스의 사랑을 오히려 슬픔으로 갚았으며, 이 슬픔은
> 틀림없이 카오스 또는 플라톤(Plato: B.C. 427-347)이 아가톤의 혼
> 돈이라고 부른 것에서부터 일어났을 것이다.

남자의 무의식의 특징을 전형적으로 보여주는 여성의 원형으로
는, "관목과 샘들"의 고요 속에서 요정처럼 남자를 따라다니며 괴
롭히는, "위험하기 짝이 없는 이 연인"의 형상보다 더 훌륭한 것이
없다. 비문의 텍스트를 보면, 아일리아를 나무의 요정으로 해석할
근거가 전혀 없는 것이 분명하다. 그러나 알드로반두스는 우리에
게 기념물이 발견되었던 것으로 전해지는 볼로냐의 포르타 마스차
렐라 근처는 로마 시대에 "유노니아"로 불렸다는 이야기를 들려주
면서 그것을 근거로 유노는 틀림없이 '수호신'이었다고 주장한다.
아일리아는 정령이라는 그의 가설을 뒷받침하기 위해, 학식이 높
은 인문주의자인 알드로반두스는 이 지역에서 발견된 로마 시대의
다른 비문을 인용한다.

CLODIA PLAVTILLA

SIBI ET

QVERCONIO AGATHONI

MARITO OPTIMO

이 비문은 사실 『코르푸스 인스크립티오눔 라티나룸』('라틴 비
문 집대성')에 포함되어 있는데, 거기선 가장 중요한 부분이 이렇
게 되어 있다.

Q. VERCONIO AGATHONI

그래서 퀸투스 베르코니우스(Quintus Verconius)라는 이름은 저
자의 입맛에 맞추기 위해 퀘르코니우스(Querconius)로 바뀌어야
했다.

알드로반두스는 수수께끼 같은 "hoc est sepulcrum"을 이런 식
으로 설명한다. 참나무가 무덤을 짓는 데 필요한 재료를 공급했다
나! 이를 뒷받침하기 위해, 그는 거기에 '카사랄타'(Casaralta)라
는 이름을 가진 마을이 있었다는 점을 덧붙인다. 이 이름을 그는 집
(casa), 제단(ara), 높은(alta)으로 분석한다.

추가적인 증거로, 그는 거대한 참나무에 관한 이탈리아 시를 인
용한다. 그는 "원소들의 세계를 대표하는 참나무는 이를테면 천상
의 정원에 심어지며, 거기서 태양과 달이 두 개의 꽃처럼 널리 퍼

진다."[21] 세계를 참나무에 비유한 페레키데스(Pherecydes: B.C. 6세기)에 대한 언급은 곧장 우리를 연금술의 태양-달 나무와 빨갛고 하얀 백합, 빨간 노예와 하얀 부인(혹은 하얀 비둘기), 그리고 서쪽 땅에 있는 네 가지 색의 꽃들로 안내한다. 로이스너의 『판도라』는 나무를 횃불을 든 여인으로 그리고 있는데, 나무 꼭대기는 왕관을 쓴 그녀의 머리에서 싹터 나온다. 여기서 나무는 여성적인 신령으로 의인화되고 있다.

베르나르두스 트레비사누스의 논문을 통해 알 수 있듯이, 알드로반두스의 해석은 기본적으로 연금술적이다. 그는 맑은 샘을 발견하는 어느 연금술사에 관한 우화를 들려준다. 이 연금술사가 발견한 샘은 "참나무 줄기 안에 안전하게 지켜지고 있었고", 거기엔 또 더없이 섬세한 돌이 있었다. 샘은 또 벽으로 둘러싸여 있었다. 이것은 왕이 부활을 꾀하는 곳인 왕의 목욕탕이다. 늙은 비의(秘儀) 전수자 헤르메스가 왕이 이 목욕탕을 어떻게 지었는지에 대해 설명한다. 왕은 목욕탕 안에 가운데가 쩍 갈라진 늙은 참나무를 놓았다. 샘은 두꺼운 벽으로 둘러싸여 있었으며, "처음에 밝은 빛의 단단한 돌 안에 모였다가 속이 빈 참나무로 흘러갔다".

이 우화의 핵심은 틀림없이 참나무를 목욕탕과 연결시키는 것이다. 대체로 이것은 왕족 짝의 결혼 의식용 목욕탕이다. 그러나 여기엔 왕비가 없다. 거기서 부활을 이루는 것은 오직 왕뿐이기 때문이다. 왕족의 결혼식 목욕이라는 모티프의 색다른 버전인 이 우화는 여성적인 정령으로서 참나무가 왕비의 위치를 차지하고 있다는 것

....
21 Dendrologia, I, p. 215

을 암시한다. 만약에 이 가정이 옳다면, 참나무가 처음에 둘로 갈라졌다가 나중에 속이 비게 된다는 점이 특별한 의미를 지닌다. 이제 참나무는 똑바로 선 샘의 몸통 또는 "줄기"처럼 보이며, 그림자를 드리우며 살아 있는 나무이며 샘의 홈통이다.

이 같은 모호성은 나무의 다른 측면들을 가리킨다. "줄기"로서, 참나무는 말하자면 샘의 원천이고, 홈통으로서 참나무는 용기(容器)이고, 보호수로서 참나무는 어머니이다. 고대로부터 나무는 사람의 출생지였다. 따라서 나무는 생명의 원천이다. 연금술사들은 용기와 목욕탕을 똑같이 "자궁"이라고 불렀다. 둘로 갈라졌거나 속이 빈 줄기가 이 해석을 뒷받침한다. 왕의 목욕탕은 그 자체로 하나의 모체이며, 참나무는 모체의 한 속성을 상징한다. 조지 리플리가 남긴 『리플리 스크롤』(Ripley Scrowle)에서처럼, 나무는 종종 결혼 목욕탕 안에 기둥이나 나무로 서 있다. 이때 나뭇가지에 수호신이 뱀의 꼬리를 가진 인어(아니마)의 모습으로 나타난다. 지식의 나무에 빗대고 있는 것이 분명하다. 그리스 신탁소인 도도나의 참나무는 신탁이 일어나던 곳이었으며, 여기서는 아니마가 여자 예언자의 역할을 했다. 뱀을 닮은 메르쿠리우스는 그림(Grimm) 형제의 동화 '병 속의 악마'(The Spirit in the Bottle)에서 나무의 신으로 등장한다.

나무는 『투르바 필로소포룸』에서 늙은 남자와 아주 놀라운 관계를 맺는다.

그 하얀 나무를 찾아서 주위에 이슬 덮인, 둥글고 검은 집을 지은 다음에 그 안에 나이가 많은, 180세 된 늙은이를 놓은 뒤 바람이나 먼지가 조금도 들어가지 않도록 잽싸게 문을 닫아라. 그러고는 노인과 나무를 그 집 안에 180일 동안 가만 내버려두라. 늙은이는 그 기간에 나무의 열매를 먹을 것이고, 그러면 노인은 청년이 된다. 180세나 되는 사람의 영혼을 젊은 몸으로 바꿔놓는 자연이 얼마나 경이로운가. 그리하여 아버지는 아들이 되느니라.

아랍어 "마녀"가 라틴어로 "뱀"으로 종종 옮겨지는 것은 죽은 자의 신령들은 뱀이라는 원시적인 관념과 연결되어 있다. 이는 염소의 피를 제물로 바치는 것과 잘 맞아떨어진다. 검은 동물을 지하의 신에게 제물로 바치는 것은 관습이었다.

아랍어 텍스트에서 "마녀"는 사막의 여자 악령들을 가리킨다. 무덤을 드나드는 신령이 있다는 생각도 아주 널리 퍼져 있으며, 그 결과 기독교의 전설에까지 그 잔재가 남게 되었다.

나는 22세 신학생의 꿈에서도 그런 흔적을 접한다. 꿈의 언어를 잘 아는 나의 독자들이 지금 우리가 논하고 있는 문제의 전체 범위를 파악할 수 있도록 하기 위해, 이 학생의 꿈을 여기에 소개한다.

꿈을 꾼 사람은 완전히 검은 복장을 한, 점잖은 노인 앞에 서 있었다. 그는 이 늙은이를 백인 마술사로 알고 있었다. 이 노인이 이제 막 그에게 상당히 긴 말을 한 터였다. 그러나 꿈을 꾼 사람은 그 연설의 내용을 기억하지 못했다. 단지 마지막 문장만 떠올릴 수 있었다. "이를 위해선, 흑인 마술사의 도움이 필요해." 바로 그때 문이

열리고, 첫 번째 노인과 똑같이 생긴 노인이 한 사람 들어왔다. 흰색 옷을 입었다는 점만 달랐다. 이 노인은 백인 마술사에게 "당신의 조언이 필요해요."라고 말하면서 곁눈으로 꿈을 꾼 사람을 흘깃 보았다. 이 말에 백인 마술사는 "맘 놓고 말해도 괜찮소. 그는 천진난만하니까."라고 대답했다. 그러자 흰 옷을 입은 흑인 마술사가 자신의 이야기를 풀어놓았다. 그는 특이한 일이 일어난 먼 곳에서 왔다. 그 나라는 늙은 왕의 통치를 받고 있었다. 그런데 왕이 죽음이 가까워지고 있는 것을 느끼면서 자신이 묻힐 만한 무덤을 찾고 있었다. 그 땅엔 옛날부터 내려오는 무덤이 다수 있었으며, 왕은 그 중에서 가장 좋은 것을 자신이 묻힐 곳으로 선택했다. 전설에 따르면, 왕이 선택한 무덤은 오래 전에 죽은 어느 처녀의 무덤이었다. 왕은 자신이 묻힐 준비를 하기 위해 그 무덤을 열도록 했다. 그런데 무덤에 묻혀 있던 뼈들이 햇살에 드러나자마자 생명을 되찾으면서 흑마로 변해 사막으로 멀리 사라졌다. 흑인 마술사는 이 이야기를 들은 즉시 말을 추격하고 나섰다. 사막을 여러 날 여행한 끝에, 그는 반대편의 초원에 도착할 수 있었다. 거기서 그는 풀을 뜯고 있던 말을 발견했으며, 그와 동시에 지금 백인 마술사의 조언을 청하도록 한 어떤 발견을 하게 되었다. 잃어버린 천국의 열쇠를 찾았는데, 그걸 어떻게 해야 할지 모르겠다는 것이었다. 꿈은 여기서 끝났다.

그 무덤은 틀림없이 왕의 아니마 역할을 한 처녀의 혼이 들락거리는 곳이었다. 말바시우스의 글에 나오는 요정들처럼, 이 처녀는 자신의 거처를 어쩔 수 없이 떠나야 했다. 처녀의 본성이 지하 세계와 관련있고 우울하다는 점은 그녀가 일종의 사막의 악령인 흑마로 변형되는 것에 의해 드러난다. 여기서 우리는 말을 잘 타는 여자임과 동시에 무서운 존재, 즉 "신을 받아들이지 않는 신령"인 아니마 개념을 확인하고 또 생명력이 다해 가는 늙은 왕이라는 잘 알려진 동화의 주제를 만난다. 암시하자면, 마법적으로 생명을 부활시키게 될 그런 님프와의 결혼이 계획되어 있는 것 같다(불멸의 마법사 멀린(Merlin: 아서 왕의 전설에 등장하는 마법사/옮긴이)이 자신의 요정과 결혼한 것과 비슷하다). 왜냐하면 사과나무가 있는 사랑의 정원인 천국에서 모든 상반된 것들이 결합하기 때문이다. 이사야가 말하듯이.

> 그는 황무지를 에덴처럼 만들고, 사막을 하느님의 동산처럼 만들 것이다. ('이사야서' 51장 3절)
> 늑대가 어린양과 어울리고, 표범이 숫염소와 함께 뒹굴며, 새끼사자와 송아지가 함께 풀을 뜯고, 어린아이가 그들을 몰고 다니니라. 암소와 곰이 친구가 되어 그 새끼들이 함께 뒹굴고 사자가 소처럼 여물을 먹으리라.
> 젖먹이가 살모사의 굴에서 장난하고 젖을 뗀 어린 아이가 독사의 굴에 겁 없이 손을 넣으리라. ('이사야서' 11장 6-8절)

왕의 결혼식에서 흰색과 검정이 결합한다. "신랑처럼 빛나는 관을 씌워주셨고, 신부처럼 패물을 달아주셨다."('이사야서' 61장 10절) 서로 정반대인 두 마술사는 분명히 결합 작업을 준비하고 있으며, 이것이 젊은 신학생에게 의미하는 바는 연금술사들이 해결하고자 노력하고 있는 중대한 문제와 같은 것으로 받아들여질 수밖에 없다. 그래서 이븐 우마일(Ibn Umayl: A.D. 900-960: Senior Zadith와 동일인)의 텍스트에 이렇게 쓰여 있다.

> 그(남자)는 하얀 비둘기들처럼 일깨워질 것이고, 그의 걸음은 경쾌할 것이고, 그는 자신의 씨앗을 대리석 위로 뿌려 이미지를 그릴 것이다. 그러면 까마귀들이 날아와서 그 씨앗을 물 것이다. 그 길로 까마귀들은 산꼭대기까지 날아갈 것이다. 거기까진 어느 누구도 오르지 못하며, 까마귀들은 하얗게 되고 번식할 것이다. … 마찬가지로, 어느 누구도 자신의 머릿속에 이것을 떠올리지 않는다면 절대로 알지 못한다.

이 텍스트는 사후의 부활을 묘사하고 있으며, 우리가 속고 있지 않다면 이 부활은 흰색(비둘기)과 검정(까마귀)의 뒤섞임인 융합의 형식으로 일어난다. 이때 검정은 묘비 안에 거주하는 신령으로 여겨진다. 종종 그렇듯이, 짐승의 모습을 한 상징들(뱀과 비둘기)이 남성적인 요소와 여성적인 요소에 이용되고 있기 때문에, 이 텍스트는 무의식적 요소들의 결합에 대해 이야기하고 있다. 씨앗(또는 결합의 산물?)을 주워 모아 산꼭대기까지 날아올라가는 까마귀들은 거장의 기술이 거장을 실망시킬 때 작업을 마무리하는 데 도움을 줄 신령이나 정령들을 상징한다. '파우스트'에서처럼, 까마귀들은 아름다운 천사들이 아니고 시커먼 하늘의 전령들이며, 이 지점에서 까마귀들은 하얗게 된다.

'파우스트'에서조차도 천사들은 유혹의 기술을 전혀 모르는 존재들이 아니며, 우리가 아는 바와 같이, 천사들이 죄를 짓지 않는 것이 어디까지나 상대적이기 때문에, 여자들은 날개 달린 이 사자(使者)들의 허약한 도덕성 탓에 교회 안에 있을 때 머리를 가려야 한다. 날개 달린 이 천사들의 허약한 도덕성은 고대에 한 차례 이상 재앙적인 결과를 낳았다(예를 들면, '창세기' 6장 2절).

이와 비슷한 모티프들은 현대인의 꿈에도 나타나며, 연금술에 전혀 관심을 갖지 않은 사람들의 꿈에서도 발견된다. 예를 들어, 나의 한 환자는 이런 꿈을 꾸었다.

> 높은 돌담 아래에서 엄청난 크기의 나무 더미가 불타고 있었다. 불꽃은 위로 연기 구름을 피워 올렸다. 그곳은 쓸쓸하고 낭만적인 곳이었다. 하늘 높은 곳에서, 한 무리의 검은 새들이 불을 따라 돌며 원을 그렸다. 간혹 그 새들 중 한 마리가 불꽃으로 내리 꽂히면서 기쁜 맘으로 타 죽어갔다. 그 과정에 새는 흰색으로 변했다.

이 꿈을 꾼 사람 본인이 강조하듯이, 꿈은 초자연적인 성격을 지녔다. 초자연적인 성격은 꿈의 의미라는 측면에서 보면 이해가 된다. 꿈은 피닉스의 기적을, 변형('니그레도'에서 '알베도'로, 무의식에서 '깨달음'으로의 변형)과 부활의 기적을 거듭 보여주고 있다. 『로사리움 필로소포룸』의 시구가 보여주듯이.

두 마리의 독수리가 날개에 불이 붙은 채 높이 나는구나.

그러다 독수리들은 다시 발가벗은 몸으로 땅으로 떨어지는구나.

그랬다가 다시 털이 완전히 난 상태로 독수리들은 곧 다시 날아오

르는구나.

잠시 옆길로 벗어나 이런 식으로 변형과 부활을 둘러보았으니, 이젠 그 수수께끼에 대한 논평으로 시작한 주제인 참나무 모티프로 돌아가도록 하자.

또 다른 연금술 논문인, 필라레타의 『인트로이투스 아페르투스 …』에도 참나무가 나온다. 거기서 필라레타는 이렇게 말한다. "그렇다면 누가 카드모스(Cadmus: 그리스 신화 속에서 테베의 건설자이자 최초의 왕으로 전해온다. 또 그리스에 알파벳 문자를 전한 것으로 알려져 있다/옮긴이)의 동료들인지를, 누가 그들을 삼킨 뱀인지를, 카드모스가 뱀을 뱉았다는, 속이 빈 참나무가 무엇인지를 알도록 하라."

이 단락을 명쾌하게 설명하기 위해, 나는 펠라스기 사람(고대 그리스인들의 조상/옮긴이)의 '남근상 헤르메스'(Hermes Ithyphallikos)와 비슷한 카드모스 신화로 돌아가야 한다.

카드모스는 제우스가 수소로 변신하여 납치해 간 여동생 에우로파(Europa)를 찾아 나선다. 그러나 카드모스는 그 추격을 포기하고 대신에 양 옆구리에 달 모양의 반점이 있는 암소를 그것이 드러누울 때까지 추적하라는 신의 명령을 받는다. 암소가 눕는 자리가 테베라는 도시가 건설될 곳이었다. 동시에 카드모스는 아레스(Ares)와 아프로디테(Aphrodite)의 딸인 하르모니아(Harmonia)를

아내로 약속받았다.

암소가 드러누울 때, 카드모스는 암소를 제물로 바치기를 원하여 동료들에게 물을 길어 오게 했다. 카드모스의 동료들은 아레스에게 바쳐진 작은 숲에서 아레스의 아들인 용이 지키는 물을 발견했다. 용은 카드모스의 동료들 대부분을 죽였고, 이에 분노한 카드모스는 용을 죽이고 용의 이빨들을 주변에 뿌렸다. 그 즉시 무장한 남자들이 나왔으며, 이들은 서로 싸우다 최종 5명이 남게 되었다. 그때 카드모스에게 하르모니아가 아내로 주어졌다.

뱀(용)을 참나무로 뱉는다는 내용은 필라레타가 추가한 것 같다. 그것은 위험한 악령을 참나무 속으로 추방하는 것을 표현하고 있다. 이는 말바시우스의 글 속에 나오는, 아일리아의 비문에 대한 논평에서만 아니라 '병 속의 악마'라는 동화에 의해서도 확인된다.

이 신화의 심리학적 의미는 명확하다. 카드모스가 여동생 아니마를 잃어버렸다. 그녀가 최고의 신과 함께 인간의 위에 있거나 밑에 있는 영역, 즉 무의식으로 날아가 버렸기 때문이다. 신의 명령에 따라, 카드모스는 근친상간의 상황으로 퇴행하지 않으며, 이 때문에 그는 아내를 약속받는다. 그의 여동생 아니마는 암소(제우스의 수소에 해당한다)의 모습으로, 영혼을 저승으로 인도하는 저승사자의 역할을 하면서 그를 용의 살해자라는 운명 쪽으로 이끈다. 왜냐하면 오누이 관계에서 족외혼 관계로 변화하는 것이 그렇게 간단한 일이 아니기 때문이다.

그러나 카드모스는 이 변형에 성공하자 용의 여동생인 "하르모니아"를 아내로 얻는다. 용은 분명히 "부조화"이다. 용의 이빨에서

튀어나오는 무장한 남자들이 이를 증명한다. 마치 "자연이 자연을 제압한다"는, 데모크리토스라는 필명을 쓰는 저자의 경구를 증명이라도 하듯이, 이 남자들은 서로를 죽인다.

이 경구는 개념적으로 보면 우로보로스에 지나지 않는다. 상반된 것들이 투사된 형태로 서로를 살해할 때, 카드모스는 하르모니아에게 단단히 매달린다. 이 이미지는 분열적인 갈등의 행태를 고스란히 보여준다. 갈등은 그 자체로 싸움터이다. 이것은 중국의 고전 철학인 음양(陰陽) 사상에도 대개 들어맞는 말이다.

기독교의 등장으로, "형이상학적" 반대들이 사람의 의식으로 스며들기 시작해 거의 이원론적 형식으로 발달했으며, 이 형식은 마니교에서 절정을 이루었다. 이 이단이 교회가 중요한 걸음을 떼도록 강요했다. '선(善)의 결여'(privatio boni)라는 교리를 만들게 한 것이다.

이 교리를 통해 교회는 "선"과 "존재"의 동일성을 확립했다. 이제 악은 존재하지 않는 그 무엇으로서 인간의 문 앞에 놓이게 되었다. '선한 모든 것은 신에게서, 악한 모든 것은 인간에게서'라는 교리가 확고히 다져진 것이다. 이 사상은 원죄 사상과 함께 인류 역사에서 기이한 발달에 속하는 도덕적인 의식의 토대를 닦았다.

이리하여 그때까지 기본적으로 형이상학적이었던 양극성의 반쪽이 하나의 정신적 요소로 바뀌었다. 이는 곧 악마가 인간의 내면에서 인간의 도덕적 약점을 들추며 괴롭히지 못하게 될 경우에 게임에서 진다는 것을 의미했다. 그러나 선(善)은 인간이 아니라 신에서 기원한 형이상학적 요소로 계속 남았다. 원죄가 원래 선했던 생명체를 타락시켰다. 따라서 교리를 근거로, 선은 여전히 전적으로 투사되고 있지만 악은 사람들의 열정이 악의 주요 원인이기 때문에 부분적으로만 투사되고 있다.

한편, 연금술의 고찰은 형이상학적 투사들을 통합하는 과정을 계속 이어갔다. 연금술사가 상반된 것들이 모두 정신적 본질을 갖고 있다는 점을 깨닫기 시작했다는 사실을 근거로 보면 그렇게 말할 수 있다. 상반된 것들은 가장 먼저 메르쿠리우스의 이중성으로 표현되었으며, 이 이중성은 돌의 통일성 속에서 사라졌다.

라피스는 연금술사에 의해 만들어지고 '완전한 인간'과 동일한 것으로 여겨졌다. 이런 식의 전개는 대단히 중요했다. 그것이 예전에 투사되고 있던 상반된 것들을 통합하려는 시도였기 때문이다.

연금술에서 카드모스는 남성 형태(솔)의 메르쿠리우스로 해석된다. 그는 자신의 여성적 카운터파트이며 여자 형제(루나)인 수은을 찾지만, 그녀는 메르쿠리우스의 뱀의 형태로 그를 만난다. 그래서 그는 먼저 이 메르쿠리우스의 뱀을 죽여야 한다. 이 뱀이 서로 충돌하는 요소들의 격렬한 갈등(카오스)을 담고 있기 때문이다. 여기서 원소들의 조화가 일어나고, 이제 융합이 이뤄질 수 있다.

이 갈등의 전리품은 이 경우에 용의 가죽인데, 고대의 관습에 따르면, 전리품은 속이 빈 참나무, 즉 신성한 숲과 샘을 상징하는 어머니에게 바쳐진다. 달리 말하면, 전리품은 생명의 원천으로서의 무의식에게, 부조화로부터 조화를 끌어내는 무의식에게 주어진다는 뜻이다. 원소들의 적의(敵意)로부터, 그들 사이의 우정의 끈이 나타나며, 이 끈은 돌 속에 봉인되어 있으며 라피스의 영구불변성을 보장한다.

연금술의 논리 중 이 부분은 신화에 따르면 카드모스와 하르모니아가 돌로 변했다는 사실(이는 틀림없이 '주체하기 어려울 만큼의 풍요함'(embarras de richesse) 때문인데, 완벽한 조화는 일종의 정지 상태이다)에서 나온다. 다른 버전을 보면, 카드모스와 하르모니아는 뱀으로, "심지어 바실리스크"로 변했다. 동 페르네티(Dom Pernety: 1716-1796)는 "그 작업의 최종 산물은 바실리스크가 가진 힘을 획득한다."고 말한다. 공상이 넘치는 이 저자에게, 하르모니아는 당연히 원물질이며, 모든 신들의 도움으로 일어난 카드모스의 결혼은 라피스의 제조를 낳을 솔과 루나의 융합이다. 페르네티가 하르모니아를 해석한 내용은 하르모니아가 용과 연결되는 한에서만 맞을 것이다. 그러나 하르모니아가 용을 잃었기 때문에, 논리적으로 그녀는 자기 자신과 남편을 뱀으로 변신시켜야 했다.

따라서 논평가들뿐만 아니라 말바시우스도 연금술 신화소의 신비한 영역 안에 남는다. 이는 놀라운 일이 아니다. 당시에 이해력의 연속성에 생긴 어두운 간극을 메울 수 있는 유일한 지적 도구는 헤르메스 철학(Hermetic philosophy: 그리스의 신 헤르메스와 이집트 신 토트가 결합한 헤르메스 트리스메기스투스의 저작으로 여겨지는 여러 텍스트들에 바탕을 둔 철학적, 종교적 믿음 또는 지식(그노시스)을 일컫는다/옮긴이)이었기 때문이다.

볼로냐의 수수께끼와 그에 대한 논평은 사실 전반적인 연금술의 방법을 보여주는 완벽한 패러다임이다. 볼로냐의 수수께끼는 화학적 과정의 난해함을 그대로 보여주었다. 그 철학자는 아일리아 비문에 적힌 역설들을 응시했다. 마치 증류기를 응시하듯이. 그러던 어느 순간, 집단 무의식의 원형적 구조가 마침내 어둠 속에서 모습을 드러내기 시작했다. 그리고 우리가 완전히 현혹되지 않는다면, 비문 자체가 집단 무의식의 역설적인 '혼돈의 덩어리'에서 나온 공상처럼 보인다.

무의식의 모순성은 결혼 융합의 원형에 의해 풀리고, 이 융합을 통해서 카오스가 질서를 찾는다. 무의식 상태의 본질을 밝히려는 시도는 반드시 원자 물리학이 겪는 것과 똑같은 어려움에 봉착한다. 그 어려움이란 관찰하는 행위 자체가 관찰되는 대상을 바꿔놓게 된다는 점이다. 따라서 무의식의 진정한 본질을 객관적으로 결정할 수 있는 길은 현재로선 전혀 없다.

만약에 우리가 말바시우스와 달리 아일리아 비문의 역사가 오래되었다고 믿지 않는다면, 우리는 그 같은 내용이 나오는 다른 자료나 비슷한 유추를 찾아 중세 시대의 문헌을 뒤져야 한다. 이 대목에서 죽음의 3중 원인이라는 모티프가 우리를 옳은 길로 안내할 수 있다. 이 모티프는 프랑스의 옛 소설 『비타 메를리니』(Vita Merlini: '멀린의 생애')에도 나타날 뿐만 아니라 15세기의 스페인과 영국 문학에서도 그 모방이 보인다. 그러나 나의 의견엔 가장 중요한 자료는 마티외 드 방돔(Mathieu de Vendôme: 1222?-1286)의 작품으로, '자웅동체 풍자시'(Epigram of the Hermaphrodite)로 불리는 것이다.

임신한 나의 어머니가 나를 자궁 속에 배고 있을 때

그녀가 신들에게 뭘 가졌는지를 물었다고 사람들은 말하네.

포이보스는 아들이라고 했고, 마르스는 딸이라고 했고, 유노는 어느 쪽도 아니라고 했다네.

그리고 내가 태어났을 때, 나는 자웅동체였어.

내가 어떤 종말을 맞게 되는지 물었을 때, 여신들은 팔에 안겨서라고, 마르스는 십자가에서라고, 포이보스는 물에 의해서라고 대답했다네. 모두 맞는 말이었네.

나무는 물 위로 그늘을 드리웠고, 나는 그 나무를 올라갔네.

내가 갖고 있던 칼이 미끄러져 빠졌고, 나도 칼과 함께 미끄러졌지.

나의 발은 나뭇가지에 걸렸고, 머리는 아래 물속으로 늘어뜨려졌다네.

그리고 남자이고 여자이며 그 어느 것도 아니기도 한 나는 물과 무기와 십자가로 고통을 겪었네.

고대 후기의 것이긴 하지만, 이와 비슷한 예가 마이어에 의해 언급되고 있다. 그것은 "플라톤의 수수께끼들" 중 하나로, 이런 내용이다. "나무가 아닌 나무에서, 보고 있으면서도 보고 있지 않은, 사람이 아닌 사람이, 앉아 있으면서도 앉아 있지 않은, 새가 아닌 새를, 돌이 아닌 돌로 맞혔는데도 맞히지 못했다." 이 수수께끼의 해답은 "외눈박이 내시(內侍)가 관목에 매달려 있는 박쥐를 부석(浮石)으로 스치듯 맞혔다."는 것이다. 이 농담은 물론 너무나 분명하기 때문에 연금술 쪽으로 검토 대상이 될 수 없었다. 마찬가지로, 자웅동체의 짧은 풍자시도 해설하기에 더 적절함에도 내가 아는 한 연금술사들에게 받아들여지지 않았다. 아일리아 비문의 바탕에도 아마 이런 종류의 농담이 깔려 있을 것이다.

그러나 연금술사들이 이런 종류의 농담을 진지하게 받아들이는 것은 모든 농담에 진지한 무엇인가가 들어 있어서가 아니라 역설이 초(超)의식적인 사실들을 표현하는 데 적절한 수단이기 때문이다. 마찬가지로 초월적인 개념들을 담아내려고 노력한 힌두 철학은 종종 연금술사들이 대단히 사랑한 역설과 아주 가깝다. 다음 예가 그 같은 사실을 아주 잘 보여준다. "나는 사람도 아니고, 신도 아니고, 도깨비도 아니고, 사제 계급도 아니고, 전사도 아니고, 상인도 아니고, 노예도 아니고, 사제 계급의 사도도 아니고, 세대주도 아니고, 숲의 은둔자도 아니고, 탁발 수도사도 아니다. 나 자신을 일깨우는 존재는 나의 이름이다."

진지하게 고려해 볼 필요가 있는 또 다른 자료는 영국 베이싱스토크의 리처드 화이트(Richard White: 1539-1611)에 의해 언급되고 있다. 화이트는 아일리아 라일리아는 "변형된 니오베(Niobe: 테베의 여왕)"라고 주장하면서 그 증거로 비잔틴 시대 역사가인 아가티아스 스콜라스티쿠스(Agathias Scholasticus)의 것으로 여겨지는 짧은 풍자시를 제시한다.

이 무덤은 안에 신체가 없다.

이 신체는 주위에 전혀 무덤을 두고 있지 않다.

그러나 그것은 그 자체로 신체이고 무덤이다.

화이트는 그 기념물이 진짜라고 확신하면서 아가티아스가 기념물을 모방해 풍자시를 썼다고 생각한다. 그러나 실제로 따지고 들면 아가티아스의 풍자시가 그 기념물보다 앞서거나, 아니면 이 풍자시가 아일리아 비문을 쓴 미지의 저자가 참고했던 자료와 똑같은 자료에서 나왔을 수 있다.

리처드 화이트에게 니오베는 아니마의 성격을 지니는 것 같다. 왜냐하면 그가 해석을 계속하면서 베르길리우스(Virgil)의 글을 빌리면서 아일리아(화이트는 하일리아(Haelia)라고 부른다)를 영혼으로 받아들이기 때문이다. "불같은 것이 그녀의 힘이고, 하늘이 그녀의 기원이다. 여기서 하일리아라는 이름이 나왔다." 그녀가 라일리아로 불린 것은 사람들의 영혼에 은밀히 영향을 미치는 루나 때문이라고 그는 말한다. "소녀도 남자의 영혼을 갖고 있고 남자도 여자의 영혼을 갖고 있기 때문에" 인간의 영혼은 "남녀 양성의 특징을 갖고 있다".

그는 이 같은 놀라운 심리학적 통찰 외에 다른 통찰을 한 가지 더 제시한다. 젊은이의 정신이 약하기 때문에 젊은이의 영혼이 "늙은 여자"로 불린다는 것이다. 이것은 의식의 태도가 너무 어린 경우에 아니마가 종종 꿈에서 늙은 여자로 나타나는 심리학적 사실을 적절히 표현하고 있다.

리처드 화이트는 심리학적인 의미에서 아니마에 대해 알드로반두스보다 훨씬 더 분명하게 언급하고 있다. 그러나 알드로반두스가 아니마의 신화적 측면을 강조하는 반면, 화이트는 그녀의 철학적 측면을 강조하고 있다. 1567년 2월에 요안네스 투리우스에게 보낸 편지에서, 화이트는 영혼은 "형태와 사물들을 창조하는 그런 엄청난 힘을 지닌" 하나의 관념이며 "영혼은 그 안에 모든 인류의 '동일성'을 갖고 있다"고 썼다.

영혼은 모든 개인적 차이를 초월한다. "따라서 영혼이 자신에 대해 알기를 원할 경우에는 스스로에 대해 깊이 생각하면서 영혼의 능력, 즉 지혜가 거주하고 있는 곳을 응시해야만 한다." 이것이 바로 볼로냐의 비문을 해석한 사람들에게 일어난 일이었다. 수수께끼의 어둠 속에서, 정신은 스스로를 응시한 결과 정신의 구조 안에 내재하는 지혜를, 다시 말해 정신의 능력인 지혜를 지각했다. 화이트는 "사람은 자신의 영혼 외에는 아무것도 아니다."라고 덧붙인다. 이 대목에서 화이트가 영혼을 오늘날 생물 심리학이나 성격 심리학이 묘사하는 것과 아주 다른 방식으로 묘사하고 있다는 점을 강조해야 한다.

화이트의 묘사엔 개인적 차이가 배제되어 있다. 화이트가 말하는 영혼은 "모든 인류의 자기(自己)"를 담고 있다. 이 영혼은 심지어 자신의 지혜의 능력을 바탕으로 객관적인 세상을 창조한다. 만약 화이트가 정신적인 모든 것의 수수께끼 같은 배경인 집단 무의식에 대해 이야기할 뜻이 아니었다면, 그의 묘사가 개별적인 사람의 '막연한 영혼'보다 '세계 영혼'에 훨씬 더 잘 어울린다는 생각이 들 것이다. 화이트는 최종적으로 비문은 물질에 각인되어 묶여 있는 형상인 영혼을 의미할 뿐이라는 결론에 닿는다. 다시 말하지만, 이것이 그 비문을 해석한 사람들에게 일어난 일이었다. 해석자들이 당혹스런 비문 앞에서 자신의 정신이 받은 인상에 따라 그 비문을 해석했다는 뜻이다.

화이트의 해석은 독창적일 뿐만 아니라 대단히 심리학적이기도 하다. 그가 투리우스의 편지(1567년 1월)를 받은 뒤에야 보다 깊은 관점에 도달했지만, 그 일로도 그의 마음 속 사막은 줄어들지 않은 것이 확실하다. 투리우스는 "아일리아와 라일리아"는 "형태와 물질"을 의미한다는 의견을 보였다. 투리우스는 "하늘에도 있지 않고, 땅에도 있지 않고, 물속에도 있지 않다"라는 대목을 이런 식으로 해석한다. "원물질은 무(無)이고 상상 속에서만 그릴 수 있기 때문에 하늘이나 땅, 물속 어디에도 포함될 수 없다." 원물질은 감각의 대상이 아니고 "지성에 의해서만 이해되는" 것이며, 따라서 우리는 이 물질이 어떤 식으로 구성되어 있는지를 모른다는 것이 그의 주장이다.

투리우스의 해석도 마찬가지로 정신의 투사와 그 내용물을 묘사하고 있는 것이 분명하다. 그래서 그의 부차적인 설명들은 하나의 '선결 문제 요구의 오류'(petitio principii: 논증 과정에 결론을 미리 진실로 전제하는 논리적 오류/옮긴이)이다.

『알레고리아 페리파테티카 데 게네라티오네 …』(Allegoria peripatetica de generatione, amicitia, et privatione in Aristotelicum Aenigma Elia Lelia Crispis)라는 그의 책 제목에서 짐작할 수 있듯, 포르투니우스 리케투스(Fortunius Licetus: 1577-1657)는 이 기념물에서 아리스토텔레스(Aristotle)의 철학을 읽어낸다. 그는 비문이 "돌에 조각되었으며, 예전에 성 베드로 성당의 담 위 높은 곳에 놓여졌다"는 보고에 대해 언급하지만 자신이 직접 그것을 보았다고 말하지는 않는다. 그게 실제로 존재했다 하더라도 그의 시대엔 이미 존재하지 않았기 때문이다.

그는 비문이 세속의 것들의 기원에 관한 어떤 진지한 철학적 이론을, "과학적이고 도덕적"이거나 "윤리적이고 물리적"인 이론을 담고 있다고 생각한다. "세대나 우정, 박탈의 속성에 대해 깊이 생각하도록 하는 것이 저자의 의도이다." 그것이 이 기념물이 진정한 보물 창고인 이유라고 그는 말한다.

자기보다 앞서 똑같은 주제를 다룬 다수의 저자들을 검토한 뒤, 리케투스는 그 비문이 사랑의 본질을 묘사하고 있다는 이론을 제기한 요안네스 카스파리우스 게바르티우스의 책에 대해 언급하는데, 게바르티우스는 아테나이오스(Athenaeus: A.D. 2세기 말-3세기 초)의 글에 나오는 음유 시인 알렉시스(Alexis: B.C. 375?-275?)를 인용한다.

화가들, 혹은 더 구체적으로 말해 에로스의 신의 이미지를 만드는 모든 사람들은 에로스를 잘 모르고 있다고 나는 생각한다. 왜냐하면 에로스는 여자도 아니고 남자도 아니고, 다시 말하지만 신도 아니고 사람도 아니며, 어리석지도 않고 똑똑하지도 않으며, 그보다는 온 곳에 있는 원소들로 이뤄져 있으며 한 가지 형태로 많은 자질을 담고 있기 때문이다. 또 에로스의 대담성은 남자의 것이고, 에로스의 수줍음은 여자의 것이고, 에로스의 어리석음은 광기를 보여주고, 에로스의 추론은 양식(良識)을 보여주고, 에로스의 격렬함은 동물의 것이고, 에로스의 인내는 견고한 물질의 것이고, 명예에 대

한 에로스의 사랑은 신의 것이다.[22]

불행하게도 나는 게바르티우스의 원래 논문을 확인할 수 없었다. 그러나 훗날의 저자인 카이에타누스 펠릭스 베라니우스(Caietanus Felix Veranius)가 『판테온 아르겐테아이 엘로쿠티오니스』(Pantheon argenteae Elocutionis)라는 책에서 에로스 이론을 자신의 발견으로 내세우고 있다. 펠릭스는 자신보다 앞섰던 해설자들 다수를 언급하고 있는데, 게바르티우스는 거기에 들어 있지 않다. 게바르티우스가 그보다 앞선 목록에는 들어 있기 때문에, 베라니우스가 그를 몰랐을 가능성은 거의 없다. 따라서 표절의 의심을 지울 수 없다.

부정하기 어려운 에로스의 역설성을 고려한다면 그가 떠안은 과제가 그다지 어려운 일이 아닌데도, 베라니우스는 자신의 가설을 다양한 측면으로 옹호한다. 나는 그의 주장 중에서 비문의 마지막에 관한 주장만을 언급할 것이다. 그는 이렇게 말한다. "비문이 'scit et nescit quid cui posuerit'('그는 그가 누구에게 무덤을 세워주었는지를 알면서도 모른다')로 끝나는데, 이것은 수수께끼 같은 비문의 저자가 그것을 사랑에 바친다고 생각했으면서도 사랑이 너무나 많은 모순과 수수께끼로 표현되는 탓에 사랑이 진정 무엇인지를 몰랐기 때문이다. 따라서 비문의 저자는 자신이 비문을 누구에게 바치는지 알고 있기도 하고 모르고 있기도 한다."

내가 베라니우스의 해석을 언급하는 주된 이유는 그것이 19세기 말과 20세기 초에 큰 인기를 끌었던 어떤 이론의 전조이기 때문이

....
22 Deipnosophists, XⅢ, 562(

116

다. 바로 지그문트 프로이트(Sigmund Freud: 1856-1939)가 제시한 무의식의 성(性)이론이다. 베라니우스는 아일리아 라일리아가 에로티시즘에 특별한 재능을 갖고 있다는 짐작까지 내놓는다. 그는 이렇게 말한다. "라일라는 매춘부였으며, 크리스피스라는 이름은 '곱슬머리'에서 나왔다. 곱슬머리인 사람은 다른 사람들에 비해 약하고 사랑의 유혹에 쉽게 넘어간다." 여기서 베라니우스는 마르쿠스 발레리우스 마르티알리스(Marcus Valerius Martialis: A.D. 38?-108?)를 인용한다. "마리아누스여, 언제나 그대의 아내와 함께 돌아다니고 있는 저 곱슬머리 친구는 누구인가? 저 곱슬머리 친구는 도대체 누구인가?"

권력을 추구하는 개인적 노력 외에, 정욕이라는 의미에서 말하는 사랑은 사실 무의식을 겉으로 가장 확실히 드러내는 원동력이다. 만약에 우리의 저자가 정욕에 끊임없이 시달리는 유형이었다면, 그는 천상이나 지상에 자신의 갈등과 혼동의 원천이 될 수 있는 다른 힘이 있다는 것을 꿈에도 상상하지 못했을 것이다. 따라서 그는 자신의 편견이 마치 보편적인 이론인 것처럼 거기에 매달렸을 것이다. 그의 태도가 잘못되었을수록, 그는 자신의 이론이 진리라는 생각을 더욱 강하게 품었을 것이다. 하지만 권력에 굶주린 사람에게 사랑이 무슨 의미가 있겠는가! 그것이 우리가 정신적 재앙의 두 가지 주요 원인을 언제나 발견하는 이유이다. 한쪽엔 사랑의 실망이 있고, 다른 쪽엔 권력 추구의 좌절이 있다.

내가 마지막으로 소개할 해석은 비교적 최근의 것이다. 1727년에 나온 것이며, 주장 자체는 어리석기 짝이 없는데도 그 내용물은 대단한 의미를 지닌다. 주장이 어리석은데도 어떻게 내용물이 의미를 지닐 수 있는가 하는 문제는 의미의 발견이 언제나 지성에 의해 이뤄지는 것은 아니라는 사실로 설명된다. 정신은 임의로 흐른다. 이 해석을 제시한 콘래드 슈워츠(Conrad Schwartz)는 지식이 부적절함에도 불구하고 놀라운 생각을 담아내긴 했으나 그 생각의 중요성에 대해서는 전혀 모르고 있었다. 그의 견해는 루키우스 아가토 프리스키우스가 자신의 기념물이 교회로 이해되기를 원했다는 것이다. 따라서 슈워츠는 그 비문의 기원을 고전시대가 아닌 기독교 시대로 보고 있다.

바로 이 점에서, 그는 다른 해설들에 비해 틀림없이 훨씬 더 탁월하다. 그러나 그의 논거는 약하다. 한 가지 예를 든다면, 그는 "D.M."을 "Deo Magno"(위대한 신)으로 왜곡하려 든다. 그의 해석이 전혀 설득력을 발휘하지 못함에도 불구하고, 교회의 상징이, 말하자면 인본주의 철학자들이 아일리아 비문에 투영했던 영혼의 모든 비밀들을 부분적으로 표현하고 또 부분적으로 대체한다는 중요한 사실은 그대로 남는다. 여기서 같은 내용을 되풀이하지 않기 위해, 나는 독자들에게 『심리학과 종교』(Psychology and Religion)에서 교회의 보호적인 기능에 대해 쓴 내용을 읽어볼 것을 권한다.

지금 우리가 검토하고 있는 해석적 투사들은 마지막 것을 제외하고는 르네상스와 '대분열' 시기(Great Schism: 1378년부터 1417년까지 교황이 아비뇽과 로마에 각각 있는 가운데 가톨릭교회가 분열상을 보였던 시기를 일컫는다/옮긴이)에 교리의 틀에서 벗어났다가 대분열 이후로 세속화되었던 정신의 내용물과 똑같다. 세속화 상태에 있을 때, 정신은 "내재철학"의 설명 원리, 즉 자연적이고 개인적인 해석에 좌우되었다.

집단 무의식의 발견이 이 상황에 어느 정도 변화를 가했다. 왜냐하면 집단 무의식이 정신적 경험의 범위 안에서 플라톤이 말한 영원한 이데아의 영역을 대체하기 때문이다. 창조된 것들의 형상을 결정하는 영원한 이데아들 대신에, 집단 무의식이 의미를 규정하는 선험적 조건을 원형들을 통해서 제시하고 있다.

결론으로, 나는 이 맥락과 관련 있어 보이는 문서를 하나 더 언급하고 싶다. 마이스터 에크하르트의 "딸"에 관한 에피소드이다.

어떤 딸이 도미니크 수도원을 찾아 마이스터 에크하르트를 만나길 원했다. 수도원의 문지기가 물었다. 그에게 누구라고 전할까요? 그러자 그녀는 이렇게 대답했다. 나는 몰라요. 왜 모르지? 문지기가 물었다. 나는 처녀도 아니고 배우자도 아니고 남자도 아니고 아내도 아니고 과부도 아니고 부인도 아니고 주인도 아니고 계집애도 아니고 노예도 아니기 때문이지요. 문지기는 마이스터 에크하르트에게로 가서 정말 이상한 사람이 찾아왔다는 뜻을 전했다. 이어 에크하르트가 자기를 찾는 사람이 누군지 물었다. 그러자 그녀는 그에게도 문지기에게 했던 말을 그대로 했다. 그가 말했다. 애야, 말솜씨가 아주 뛰어나구나. 그 뜻이 뭐니? 그녀가 이렇게 대답했다. 처녀라면, 나는 최초의 순결 그대로 있을 것이고, 배우자라면, 나의 영혼 안에 그 영원한 단어를 끊임없이 간직하고 있을 것이고, 사람이라면, 나는 단점을 해결하려고 노력해야 할 것이고, 아내라면 남편에게 충실하려고 노력해야 할 것입니다. 과부라면 단 하나인 나의 사랑을 그리워해야 할 것이고, 부인이라면 두려워하며 존경을 표해야 할 것이고, 매춘부라면 신과 모든 생명체에게 예속된 상태에서 살아야 할 것이고, 노예라면 열심히 일하며 최선을 다해 주인을 섬겨야 할 것입니다. 나는 이 모든 것들 중 어느 하나일 수 없으며, 내가 그 중 하나라면 다른 것이 될 수 없을 것입니다. 그녀를 만난 뒤 에크하르트는 학생들 쪽으로 가서, 지금까지 들은 말 중에서 가장 완벽한 말이었네, 라고 했다.

이 일화는 아일리아 비문에 대한 언급이 나온 것보다 200년도 더 전의 일이다. 그러므로 여기에 어떤 문학적 영향력이 작용하고 있다면, 그 영향은 마티외 드 방동에게서 나왔을 수 있다. 그러나 그럴 가능성은 마이스터 에크하르트의 "벌거벗은 소년" 환상이 고전적인 '영원한 소년'(puer aeternus)에서 나왔을 가능성이 희박한 만큼이나 낮다고 나는 생각한다. 두 경우 모두에서 의미 있는 원형이 보인다. 첫 번째의 경우엔 신성한 처녀(아니마)이고, 두 번째 경우엔 신성한 아이(자기)이다. 잘 알고 있듯이, 이런 근본적인 이미지들은 시대와 장소를 막론하고 외적 전통 없이 저절로 생겨날 수 있다.

앞의 이야기는 마이스터 에크하르트나 그의 학생들의 공상에 관한 소문일 수 있으며 너무나 기이하기 때문에 실제로 일어난 일일 수는 없다. 그러나 현실이 인간의 공상만큼이나 원형적일 때도 간혹 있다. 영혼은 가끔 "육체 밖에 있는 것들을 상상하는" 것 같은데, 그런 경우에 육체 밖의 것들은 우리의 꿈에서처럼 유희를 벌인다.[23]

....
23 "De sulphure", Musaeum. hermeticum., p. 617

3장

상반된 짝들의 의인화

1.서론

상반된 것들을 서로 결합시키려는 연금술사들의 노력은 최상의 결합 행위인 "화학적 결혼"에서 절정을 이루고, 이 결합에서 연금술 작업도 완성에 이른다. 4가지 원소들의 적의(敵意)를 극복한 뒤에도, 마지막으로 가장 치열한 반대가 여전히 남아 있다. 이 반대를 연금술사는 아주 그럴듯하게 남자와 여자의 관계로 표현했다.

이 관계를 우리는 주로 사랑의 힘으로, 말하자면 상반된 양극을 함께 모이도록 하는 열정의 힘으로 생각하는 경향을 보인다. 그러면서 강력한 저항이 둘을 따로 떼어놓을 때에만 그런 격한 끌림이 필요하다는 사실을 망각해버린다.

증오가 오직 뱀과 여자 사이에서만 생겼음에도 불구하고('창세기' 3장 15절), 이 저주는 대체로 남자와 여자의 관계를 해친다. 이 브는 이런 말을 들었다. "너는 남편을 원할 것이고, 남편은 너를 다스릴 것이니." 아담에겐 이런 말이 있었다. "땅은 너로 말미암아 저주를 받는데 … 네가 네 아내의 말을 들었기 때문이다."('창세기' 3장 16절).

아담과 이브 사이에 원초적 죄 같은 것이 있다. '적의(敵意)가 방해받은 상태'와 비슷하다. 이 원초적 죄는 우리의 이성적인 마음에만 불합리해 보일 뿐이며 우리의 정신적 본질에는 불합리해 보이지 않는다. 우리의 이성은 종종 순수하게 육체적인 고려사항의 영향을 너무 강하게 받는다. 그래서 우리의 이성에는 남자와 여자의 결합만이 유일하게 합리적인 것처럼 보이고, 결합 충동이 가장 합리적인 충동처럼 보인다. 그러나 자연을 보다 높은 차원에서 모든 현상들의 통일로 인식한다면, 육체적인 것은 자연의 한 측면에 지나지 않으며 다른 측면은 영적이다.

육체적인 것은 언제나 여성적인 것으로 여겨졌고, 영적인 것은 언제나 남성적인 것으로 여겨졌다. 육체적인 것의 목적은 통합이고, 영적인 것의 목적은 구별이다. 현대의 이성은 육체적인 것을 높이 평가하는 경향 때문에 영적 경향, 즉 영혼이 약한 편이다. 연금술사들은 이를 어렴풋이 감지했던 것 같다. 그렇지 않다면 연금술사들이 비슷한 것들이 짝을 이루고 살며 아무런 결실을 맺지 못하는, '바다의 왕'의 나라 같은 이상한 신화에 어떻게 끌릴 수 있었겠는가? 그 나라는 분명히 순진무구한 우정의 영역, 일종의 천국 또는 황금시대 같은 곳이었다. 그런데 육체적인 세계를 대표하는 "철학자들"이 이런 곳을, 자신들의 조언을 바탕으로 빨리 종식시켜야 한다는 의무감을 느꼈다.

그러나 실제로 일어난 일은 절대로 남자와 여자의 자연스런 결합이 아니었다. 반대로, 그것은 "왕"의 근친상간이었다. 즉시 감금과 죽음을 낳고, 그런 다음에야 나라의 다산성을 되찾게 할 수 있는 그런 사악한 행동이었다.

하나의 우화로서 신화는 분명히 모호하다. 전반적인 연금술처럼, 신화도 육체적으로만 아니라 정신적으로도 이해될 수 있다. 연금술의 물리적 목표는 금이고, 만능약이고, 불로장수약이며, 연금술의 정신적 목표는 자연의 어둠으로부터 정신의 빛을 다시 부활시키는 것이다. 말하자면 자기지식을 바로잡고 육신의 타락으로부터 영적 실체를 자유롭게 구원하는 것이 그 목표인 것이다.

『비시오 아리슬레이』의 미묘한 한 특징은 남녀 짝을 맺는 것에 대해 깊이 생각하고 있는 사람이 순수의 땅의 왕이라는 점이다. 그래서 '바다의 왕'은 이렇게 말한다. "정말로 나에겐 아들이 하나 있고 딸이 하나 있다. 그러므로 나는 백성들의 왕이다. 나의 백성들은 아들이나 딸을 전혀 갖고 있지 않기 때문이다. 그러나 나의 아들과 딸은 나의 머릿속에 있다." 따라서 왕은 순수의 천국 같은 상태를 깨뜨릴 잠재적 배신자이다. 그가 "머릿속에서" 아이를 낳을 수 있기 때문이다. 그런데 그가 왕인 것은 바로 그가 이전의 순수한 상태를 깨뜨리는 죄를 저지를 수 있기 때문이다. 그는 백성들과 다를 수 있기 때문에 그 어떤 백성보다 위이고, 따라서 그는 육체적 관점에서 보면 당연히 나쁜 통치자로 여겨질지라도 백성들의 왕이다.

여기서 다시 우리는 연금술과, 처음에는 수도원 생활을 통해서, 나중에는 성직자의 금욕을 통해서 원래의 순수한 상태를 복원시키려고 시도하는 기독교의 지배적 이상(理想) 사이에 대조를 확인하고 있다. 어머니와 아들의 사랑 신화에 잠재되어 있는 세속적인 것과 정신적인 것 사이의 갈등은 기독교에 의해 신랑(예수 그리스도)과 신부(교회)의 신비의 결혼으로 격상되었다. 반면, 연금술사들은 그 갈등을 솔과 루나의 융합으로 육체적 차원으로 옮겨 놓았다.

그 갈등을 기독교식으로 해결하는 것은 순수하게 영적이다. 그래서 남자와 여자의 육체적 관계는 하나의 상징으로 변하거나 에덴동산에서 있었던 원죄를 영속화하고 강화하는 죄가 되었다. 반면, 연금술은 가장 가증스런 위법, 즉 근친상간을 상반된 것들의 통합의 상징으로 바꿔놓았다. 이런 식으로 접근하면 황금시대를 다시 불러낼 수 있을 것이라는 기대를 품으면서.

두 가지 경향 모두에게 똑같이 해결책은 남자와 여자의 통합을 또 다른 매개로 투사하는 것이었다. 기독교의 접근은 남녀 통합을 정신으로 투사하고, 연금술은 물질로 투사했다. 그러나 둘 중 어느 것도 문제를 그것이 일어난 곳에, 다시 말해 사람의 영혼 안에 놓지 않는다.

이처럼 지극히 어려운 문제를 다른 차원으로 옮겨놓은 다음에 그것이 해결되었다는 식으로 생각해 버리는 것이 훨씬 더 편할 것이다. 그러나 이런 식의 설명은 터무니없을 만큼 단순하다. 또 심리학적으로 보면 엉터리다. 이 설명이 문제를 의식적으로 던졌다는 것을, 또 문제가 고통스러운 것으로 드러남에 따라 다른 차원으로 옮겨졌다는 것을 전제하고 있기 때문이다.

이런 술책은 현대의 사고방식과는 조화를 이루지만 과거의 정신과는 일치하지 않는다. 옛날에 이런 식의 신경증적 작용이 있었다는 것을 보여주는 역사적 증거는 전혀 없다. 오히려 모든 증거는 문제가 언제나 정신 밖에 있는 것으로 여겨졌다는 점을 암시한다. 근친상간은 신들의 히에로스가모스나 왕들의 신비한 특권, 성직자의 의례였다. 이 모든 경우에 우리는 의식이 커짐에 따라 의식적인 삶에 영향력을 더욱 크게 행사하게 된 집단 무의식의 원형을 다루고 있다. 오늘날엔 완전히 구식이 되어 버린 연금술의 융합은 말할 것도 없고, 신랑과 신부의 기독교 비유마저도 너무나 희미해져 버렸기 때문에 이제 근친상간은 범죄학과 섹스의 정신병리학에서만 접할 수 있게 되었다.

그러나 지그문트 프로이트가 근친상간 문제의 특별한 한 예인 오이디푸스 콤플렉스가 보편적으로 일어나고 있다고 주장함에 따라, 이 고대의 문제가 다시 주목을 받게 되었다. 대부분이 심리학에 관심이 많은 의사들에게만 국한된 이야기이긴 하지만 말이다.

보통 사람들이 의학적 비정상에 대해 아는 것이 거의 없거나 잘못 알고 있다 하더라도, 이 같은 사실이 현실 속의 사실들을 바꿔놓지는 않는다. 그것은 보통 사람들이 결핵이나 신경증 환자들의 실제 비율이 어느 정도인지를 모른다 하더라도, 그것이 현실 속의 사실들을 바꿔놓지 못하는 이치와 똑같다.

오늘날 의료인은 근친상간 문제가 실제로 보면 널리 퍼져 있다는 점을 잘 알고 있다. 또 인습적인 망상을 걷어내면 그 문제가 곧장 표면으로 나타난다는 것도 알고 있다. 그러나 의료인은 대개 근친상간 문제의 병리학적 측면만을 알고 있다. 그런 까닭에 의료인은 상담실에서 확인하는 힘든 비밀이 어떤 영구한 문제의 초기적인 형태라는 역사적 가르침을 배우지 못하고, 그 비밀을 근친상간의 부정적인 오명 속에 그대로 묻어둔다. 그런데 이 영원한 문제는 교회 비유의 초(超)개인적 영역과 자연과학의 초기 단계에서 대단히 중요한 상징체계를 만들어냈다.

의료인은 대체로 병리학적인 측면에서 "무가치한 물질과 가로막힌 길"만을 보는 까닭에 그 문제의 정신적 함의에 대해서는 아무것도 알지 못한다. 만약에 의료인이 근친상간 문제의 정신적 의미를 보았다면, 그는 우리의 내면에서 사라져버린 정신이 신경증이나 정신증이라는 불행한 모습으로 변장해 돌아와 사소한 일이나 중요한 일에서 혼란과 파괴를 일으킨다는 사실을 알 수 있었을 것이다.

근친상간의 정신병리학적 문제는 상반된 것들의 결합에서 자연스레 생기는 일탈이다. 이때 상반된 것들의 결합은 절대로 하나의 정신적 과제로 의식되지 않거나, 의식된다 하더라도 금방 다시 의식에서 사라질 것이다.

이 문제의 드라마를 실제로 보여주는 인물은 남자와 여자이며, 연금술이라면 왕과 여왕인 솔과 루나이다. 다음 글에서 나는 연금술이 극단적인 대극(對極)의 상징적인 주인공들을 묘사하는 방법에 대해 설명할 것이다.

2. 솔

연금술에서, 태양은 무엇보다 금을 의미하며 또 금과 상징을 공유한다. 그러나 "철학적" 금이 "평범한" 금이 아니듯이, 태양도 단순히 금속의 금도 아니고 천상의 구체(球體)도 아니다. 간혹 태양은 금 안에 숨겨져 있는 능동적인 어떤 물질이며 '붉은 빛깔'로 추출된다. 또 가끔 태양은 천상의 물체로서 변화시키는 마법적 효과를 지닌 광선을 갖고 있다.

금과 천상의 물체로서, 태양은 붉은 색깔의 뜨겁고 건조한 어떤 유황을 포함하고 있다. 이 붉은 유황 때문에, 연금술의 태양은 금처럼 붉다. 모든 연금술사가 알았듯이, 금의 붉은색은 Cu(구리) 혼합물 때문이다. 이 구리 혼합물을 연금술사는 그리스 연금술에 변형의 힘을 가진 물질로 언급된 '키프리스'(Kypris)(키프리아누스, 베누스)로 해석했다.

붉은색과 열기와 건조함은 연금술의 유황처럼 악마와 밀접히 연결되어 있는 악의 원리인 이집트 신 세트(그리스어로 티폰)의 전형적인 특징이다. 그리고 티폰이 금단의 바다에 자신의 왕국을 둔 것처럼, 태양은 '가운데의 태양'으로서 자신의 바다를, "지각 가능한 천연의 물"을 갖고 있으며, 또 '하늘의 태양'으로서 "지각 불가능한 미묘한 물"을 갖고 있다.

이 바닷물은 태양과 달에서 추출된다. 티폰의 바다와 달리, 이 물은 생명을 주는 능력으로 칭송을 듣는다. 그런 능력을 가졌다고 해서, 그것이 반드시 선하다는 뜻은 아니다. 그것은 종종 해로운 본성이 언급되는, 두 개의 얼굴을 가진 메르쿠리우스와 똑같다. 이 대목에서 능동적인 태양의 물질, 붉은 유황, "손이 젖지 않는" 물, "바닷물"이 가진 티폰 같은 측면에 대해 설명하지 않고 넘어가면 곤란하다.『노움 루멘 케미쿰』의 저자는 이 바닷물의 역설적인 본질에 대한 언급을 빼놓지 않는다. "철학자들의 습관대로 나의 논문에서 간혹 모순이 발견된다 하더라도 독자 여러분은 괘념치 마라. 가시 없는 장미는 없다는 사실을 이해한다면, 모순을 피할 수 없다는 것을 알게 될 것이다."

태양의 능동적인 물질은 또한 이로운 효과를 발휘한다. 소위 "발삼"으로서, 이 물질은 태양에서 떨어지며, 레몬과 오렌지, 포도주를 만들고, 광물 왕국에서 금을 만든다. 사람의 내면에서, 발삼은 "초(超)천상의 물의 영역에서 나오는 근본적인 습기"를 형성한다. 발삼은 "사람이 출생할 때부터 그 사람의 내면에 온기를 지피고, 이 온기로부터 의지의 모든 동작이 비롯되고 모든 욕구의 원리가 나온다". 발삼은 "생명의 영(靈)"이며, "뇌에 자리 잡고 있으면서 심장을 지배한다". 시바인의 논문인『리베로 플라토니스 콰르토룸』(Liber Platonis Quartorum)을 보면, '동물적 충동' 또는 태양의 유황은 여전히 연금술 작업 중에 마법의 도움을 청하려 할 때 곧잘 떠올려지는 정령 같은 존재이다.

능동적인 태양 물질에 대해 지금까지 논한 내용을 근거로, 이젠 연금술에서 솔은 명확한 화학적 물질이기보다는 무엇인가를 낳고 변형시키는 효과를 지닌 것으로 믿어지는 어떤 신비의 힘 혹은 "미덕"을 의미한다는 것이 분명해졌다. 물리적인 태양이 우주를 밝히고 따뜻하게 덥히는 것처럼, 인간의 육체 안에도 심장에 태양 같은 신비의 물질이 있으며 바로 거기서 생명과 온기가 흘러나온다. 도른은 이렇게 말한다. "그러므로 솔은 신 다음에 첫째로, 만물의 아버지로 적절히 불리고 있다. 솔의 안에, 숨겨져 있는 모든 것들이 생겨나게 하고 형태를 취하게 할 미덕이 있기 때문이다."

이 힘은 "유황"이라 불린다. 그것은 뜨겁고 사악한 삶의 한 원리이며, 땅 속의 태양이나 "중앙의 불", "지옥의 불"과 아주 비슷하다. 따라서 죽음의 상태인 '니그레도'와 일치하는 검은 솔, 즉 검은 태양도 존재한다. 메르쿠리우스처럼, 솔도 연금술에서 양면적 가치를 지닌다.

기적을 발휘하는 태양의 능력은 "단순한 원소들이 하늘과 다른 천체들에 있어서 이 원소들 모두가 태양 안에 들어 있다는" 사실 때문에 생긴 것이라고 도른은 말한다. 도른은 이어 암묵적으로 태양과 '정수(精髓)'(quintessence)를 동일시하면서 "우리는 태양이 하나의 단일 원소라고 말한다."고 덧붙인다. 이 관점은 『콘실리움 코니우기이』에 들어 있는 놀라운 문장에 의해 설명된다. "금과 은의 아버지는 흙과 물 혹은 사람이나 사람의 부분, 말하자면 머리카락과 피 같은 것들이 갖고 있는, 활력을 주는 원리라고 철학자들은 주장했다."

이 관점의 뒤에서 작용하고 있는 사상은 성장과 치유와 마법과 위신을 추구하는 어떤 보편적인 능력이 존재한다는 것이다. 이 능력은 태양에서뿐만 아니라 사람들과 식물들에서도 발견된다. 따라서 태양만 아니라 사람, 특히 계몽된 연금술사도 이 보편적인 능력

덕에 금을 만들어낼 수 있다.

도른(그리고 다른 연금술사들)에겐 금은 일상적인 화학적 과정에 의해 만들어지지 않는 것이 분명했다. 바로 그런 이유 때문에 도른은 금 만드는 것을 하나의 "기적"이라고 불렀다. 이 기적은 '숨겨진 본성'에 의해, 말하자면 "바깥을 보는 눈에는 지각되지 않고 오직 마음에 의해서만 지각되는" 어떤 형이상학적인 실체에 의해 수행되었다.

연금술사가 신성한 물질에 최대한 가까이 다가감과 동시에 그 물질로부터 "기적의 행위에 적절한" 미묘한 능력을 추출하기만 하면, 기적은 "천상에서부터 주입되었다". 도른은 이렇게 말한다. "인간의 신체 안에 어떤 에테르 같은 물질이 있다. 이 물질은 자체의 다른 원소 부분들을 계속 지키며 그것들이 작동하도록 만든다." 이 물질 혹은 미덕은 "신체의 부패" 때문에 작동에 방해를 받는다. 그러나 "철학자들은 일종의 신이 내린 영감을 통해서 이 미덕과 천상의 활력이 서로 모순되는 것을 통해서가 아니라 서로 비슷한 것을 통해서 족쇄로부터 자유로워질 수 있다는 것을 알았다".[24]

이 물질 혹은 미덕을 도른은 "진리"(veritas)라고 불렀다. "그것은 최고의 권력이고, 난공불락의 성채이고, 친구는 극히 드물고, 무수히 많은 적들에게 포위되어 있다." 그것은 "순결한 양들에 의해 지켜지고 있으며", 영혼 속에 있는 천상의 예루살렘을 의미한다. "이 성채에 의심의 여지가 없는 진정한 보물이 들어 있다. 이 보물은 좀에 갉아 먹히지도 않고, 도둑들에 의해 파헤쳐지지도 않고 영원히

....
24   "Philosophia meditativa", Theatre. chem., Ⅰ, p. 457

그대로 있다가 죽은 뒤에 가져가게 된다."

그렇다면 도른에게 사람의 내면에 심어진 신성한 불의 불꽃은 괴테가 '파우스트'에서 파우스트의 "생명력"이라고 부른, 천사들이 가져가 버린 바로 그것이었다. 이 최고의 보물을 "동물적인 사람은 이해하지 못하며, … 우리는 눈을 갖고 있으면서도 보지 않는 돌처럼 만들어진다".[25]

이 많은 것들을 둘러본 지금, 연금술에서 말하는 솔은 "어떤 광채"로서 여러 면에서 '자연의 빛'과 같다. 솔은 연금술에서 계시의 진정한 원천이며, 파라켈수스는 의학의 기술을 설명하기 위해 연금술로부터 이와 똑같은 원천을 차용했다. 따라서 솔의 개념은 현대적인 의식의 성장과 깊은 관계가 있으며, 의식의 성장은 지난 2세기 동안에 자연 속의 대상들을 관찰하고 경험한 것에 점점 더 많이 의존했다. 따라서 솔은 어떤 중요한 심리학적 사실을 나타내고 있는 것 같다. 그러므로 광범위한 문헌을 바탕으로 솔의 특성들을 세세하게 설명하는 것도 의미 있는 작업이 될 것이다.

일반적으로 솔은 남성적인 것으로, 그리고 메르쿠리우스의 능동적인 반으로 여겨진다. 메르쿠리우스는 연금술에 나타나는 형태로는 현실에 존재하지 않는다. 그렇기 때문에 메르쿠리우스는 무의식적 투사임에 틀림없다. 또 메르쿠리우스는 연금술에서 절대적으로 중요한 개념이기 때문에 무의식 자체를 의미함에 틀림없다. 메르쿠리우스는 본질상 무의식이며, 무의식에서는 어떤 것도 식별될 수 없다.

....
25 "Phil. meditativa", Theatre. chem., Ⅰ, p. 459

그러나 살아 있는 영혼으로서, 메르쿠리우스는 하나의 능동적인 원리이며, 따라서 현실에서 언제나 분화된 형태로 나타나야 한다. 그래서 메르쿠리우스는 능동적이고 수동적이라는 뜻으로 적절히 "이중적"이라 불린다. 메르쿠리우스 중에서 "상승하는" 능동적인 부분은 솔이라 불리며, 수동적인 부분이 지각되는 것은 오직 능동적인 부분을 통해서이다. 그래서 수동적인 부분은 루나라는 이름을 갖게 되었다. 루나가 태양으로부터 빛을 빌리기 때문이다.

메르쿠리우스는 고전시대의 철학자들이 말한 우주의 누스(Nous: 이성, 정신, 지성을 의미한다/옮긴이)에 해당한다. 인간의 마음은 누스의 파생물이며, 정신의 낮의 삶도 마찬가지이다. 그것을 우리는 의식이라 부른다.

의식은 그 대응물로 어둡고, 숨어 있고, 명백하지 않은 측면, 즉 무의식을 필요로 한다. 그런데 무의식이 존재한다는 것은 의식의 빛에 의해서만 알려질 수 있다. 낮의 별 태양이 밤의 바다에서 솟아오르듯이, 개체 발생적으로나 계통 발생적으로나 의식은 무의식에서 태어나서 매일 밤 이 근본적인 조건 속으로 잠긴다.

우리의 정신생활이 가진 이런 이중성은 솔-루나 상징체계의 전형이자 원형이다. 연금술사는 자신의 무의식적 가정의 이중성을 너무나 강하게 느꼈기 때문에 수많은 천문학적 증거들 앞에서 태양에도 그림자를 부여하지 않을 수 없었다. "태양과 그 그림자가 작업을 완벽하게 이끈다." 이런 말을 남긴 미하엘 마이어는 『스크루티니움 키미쿰』의 마흔다섯 번째 강의에서 태양의 그림자를 지구의 그림자로 대체함으로써 설명에 따를 책임을 피한다.

분명히, 마이어는 천문학적 현실에 눈을 완전히 감아버릴 수는 없었을 것이다. 그러나 그는 그런 상황에서 헤르메스의 전형적인 말을 인용한다. "아들아, 빛으로부터 그림자를 끌어내라." 그렇게 함으로써, 마이어는 태양 광선 안에 그림자가 포함되어 있으며, 따라서 태양의 빛에서 그림자를 끌어낼 수 있다는 점을 분명히 이해시킨다.

연금술에서 이 말과 밀접히 연결되어 있는 개념은 연금술 관련 문헌에 종종 언급되는 검은 태양이다. 이 개념은 빛이 없으면 그림자도 있을 수 없다는 명백한 사실에 의해 뒷받침되고 있다. 그렇기 때문에 어떤 의미에서 보면 그림자도 태양에 의해 나온다고 볼 수 있다. 그러면 물리학은 태양과 관찰자 사이에 검은 대상이 위치할 것을 요구한다. 이는 연금술에서 말하는 솔에는 적용되지 않는 조건이다. 연금술의 솔은 이따금 그 자체로 검은 것으로 나타나기 때문이다.

태양은 빛과 어둠을 동시에 갖고 있다. 마이어는 "그림자 없는 태양이 도대체 뭐란 말인가? 추 없는 종이나 다를 바가 없는데."라고 말한다. 솔이 가장 소중한 물체인 반면, 그것의 그림자는 잡초보다도 가치가 못하다. 연금술의 자기모순적인 사고는 모든 입장에 부정적 태도를 보이게 한다. 이븐 우마일은 "그것들은 외적으로 몸체를 가진 사물들이지만 안으로 보면 영적이다."라고 말한다. 이 관점은 연금술의 모든 특징에 그대로 통하며, 각 사물은 그 자체에 반대되는 특성을 갖고 있다.

연금술의 사고방식에 그림자는 단순한 '빛의 결핍'이 아니다. 종과 추가 만져지는 물질인 것처럼, 빛과 그림자도 실재성을 갖는다. 이런 식으로 접근할 때에만 헤르메스의 말이 이해된다. 전체로 보면, 헤르메스의 말은 이렇다. "아들아, 광선에서 그림자를 추출하고, 빛 주위로 모여들며 그것을 더럽히고 빛을 가리는 안개로 인해 일어나는 부패를 제거하라. 그림자가 숙명적으로 그 붉음에 의해 파괴되기 때문이다."[26]

여기서 그림자가 꽤 구체적으로 파악되고 있다. 그림자는 태양을 가릴 수 있을 뿐만 아니라 태양을 더럽힐 수 있는 안개이다. 태양빛의 붉음(루베도)은 태양 안에 있는 붉은 유황을, 파괴적인 효과를 내면서 능동적으로 타는 원리를 가리킨다. 사람의 내면에서 "자연적인 유황은 타락의 원인인 불 원소와 동일하며, 이 불은 많은 사람들에게 알려져 있지 않은, 눈에 보이지 않는 태양, 즉 철학자의 태양에 의해 붙여진다".

자연적인 유황은 유황의 첫 번째 본성으로 돌아가는 경향을 갖고 있으며, 그래서 육체가 "유황처럼" 되어 "사람을 첫 번째 핵심으로 타락시키는" 불을 받아들이기 좋도록 만든다. 태양은 틀림없이 원물질로 회귀하는 생리적 및 심리적 드라마의 한 도구이다. 원물질로 회귀한다는 것은 곧 사람이 단순한 원소들의 상태였던 본래의 조건으로 돌아가 세상 이전의 천국의 타락할 수 없는 본질을 얻기 위해 반드시 겪어야 하는 죽음을 맞는다는 뜻이다. 도른에게 이 과정은 육체적일 뿐만 아니라 영적이고 도덕적이었다.

여기서 솔은 의문스럽고, 정말로 "지옥의 불" 같은 빛으로 나타

....
26 "Tractatus aureus", Ars chemica, p. 15

난다. 솔은 틀림없이 거기 담긴 유황 때문에 부패시킨다.

따라서 솔은 변형을 야기하는 물질로, 금빛일 뿐만 아니라 원물질이다. 익명의 저자가 쓴 『데 아르테 키미카』(De arte chymica)는 라피스의 두 부분 혹은 두 단계를 구분한다. 첫 부분은 땅의 태양이라 불린다. "땅의 태양이 없으면, 그 작업은 완벽하지 않다." 그 작업의 두 번째 부분에서 솔이 메르쿠리우스와 결합한다.

땅 위에서 이 돌들은 죽어 있다. 사람의 행위가 돌에 작용하지 않으면, 이 돌들은 아무것도 하지 못한다. 황금의 이런 심오한 비유를 생각해 보라. 천상의 천국의 문은 모든 인간들에게 잠겨 있었다. 그래서 인간들은 지하세계로 내려가지 않을 수 없었다. 거기서 인간들은 영원히 갇혔다. 그러나 예수 그리스도가 천국의 올림포스의 문을 열고 저승의 지배자 플루톤(Pluto)의 영역을 활짝 열어젖혔다. 그래서 동정녀 마리아가 성령의 도움으로 자신의 처녀 자궁에 천상과 땅 위에서 가장 탁월한 것을 임신하여 마침내 우리를 위해 전 세계를 구원할 구세주를 낳았을 때, 영혼들이 자유롭게 풀려날 수 있었다. 죄인도 그에게 기대기만 하면 그의 넘치는 선에 의해 구원을 받을 것이다. 그러나 동정녀 마리아는 아무런 해를 입지 않고 때묻지 않은 그대로 남았다. 따라서 그럴듯한 이유를 근거로 메르쿠리우스는 더없이 영광스럽고 숭배할 만한 성처녀 마리아와 동일시되고 있다.[27]

....
27 Artis auriferae, Ⅰ, pp. 580

이를 근거로 볼 때, 솔과 메르쿠리우스의 융합은 히에로스가모스임이 분명하다. 여기선 메르쿠리우스가 처녀의 역할을 하고 있다. 이 유추가 지나치다는 느낌이 들지 않는다면, 누구나 이 대목에서 옛날의 연금술 거장들이 이해하고 있던 연금술 작업의 신비가 독단적인 비의(秘儀)와 동일한 것으로 여겨질 수 없는 것이 아닌가 하는 의문을 품게 될 것이다. 심리학자들에게 여기서 결정적으로 중요한 것은 연금술사의 주관적 태도이다. 내가『심리학과 연금술』에서 보여준 것처럼, 그런 식의 신앙 고백은 결코 독특하지 않다.

　교회의 아버지(敎父)들의 언어에서 예수 그리스도를 형이상학적으로 솔로 표현한 것이 연금술사들에게 글자 그대로 받아들여져 '땅 위의 솔'에 적용되었다. 연금술의 솔이 심리학적으로 의식에, 말하자면 정신의 낮의 측면에 해당한다는 것을 기억한다면, 우리는 이 상징체계에 예수 그리스도 비유를 더해야 한다.

　예수 그리스도는 기본적으로 아들로, 어머니-신부(新婦)의 아들로 나타난다. 아들의 역할은 사실 자아의식에게로 넘어간다. 자아의식이 어머니 같은 무의식의 자식이기 때문이다. 권위를 자랑하는 문서인『타불라 스마라그디나』에 따르면, 솔은 메르쿠리우스의 아버지이며, 메르쿠리우스는 앞의 인용에서 여자로, 어머니-신부로 나타난다. 이 역할에서 보면, 메르쿠리우스는 루나와 동일하고, 또 루나-마리아-교회 상징체계에 의해서 동정녀 마리아와 똑같아진다. 그래서『엑세르키타티오네스 인 투르밤』(Exercitationes in Turbam)이라는 논문은 "피가 살점의 기원이듯이, 메르쿠리우스는 솔의 기원이고, … 따라서 메르쿠리우스가 솔이고 솔이 메르쿠리우스이다.”라고 말한다. 그러므로 솔은 아버지이자 동시에 아들이고, 그의 여성적 대응물은 하나의 인물로 나타나는 어머니이고 딸이다. 더욱이, 솔과 루나는 단지 똑같은 물질인 메르쿠리우스의 두 가지 측면이다. 이런 메르쿠리우스를 두고, 철학자들은 현자가 찾으려는 모든 것을 갖고 있다는 식으로 말한다. 이 같은 생각의 기차는 어떤 콰테르니오에 근거하고 있다.

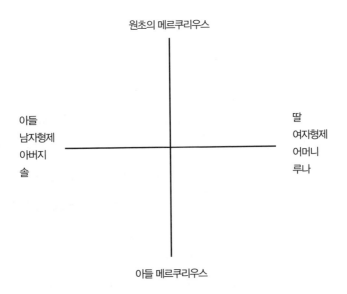

솔 상징체계가 교리에 관한 모델들을 떠올리게 하지만, 기본적인 도식은 매우 다르다. 왜냐하면 교리에 관한 도식은 우주가 아니라 절대자만 포용하는 그런 삼위일체 같은 것이기 때문이다.

연금술의 도식은 물질의 세계만을 포용하는 것처럼 보이지만, 그럼에도 도식의 콰트르니오 성격 때문에, 이 도식은 하늘과 땅 사이에 세워진 십자가의 상징이 나타내는 것처럼 전체를 상징하는 것이나 다름없다.

십자가는 함축적으로 기독교 전체를 상징한다. 하나의 고문 도구로서, 십자가는 이 땅 위에서 인간의 모습을 한 신의 고통을 표현하고, 하나의 콰테르니오로서 십자가는 물질세계까지 포함하는 우주를 표현한다. 만약 이 십자가 도식에 신성한 세계의 드라마에 등장하는 4명의 주인공, 즉 사물의 창조주로서의 아버지, 아들, 악마, 성령을 더한다면, 다음과 같은 콰테르니오가 나타난다.

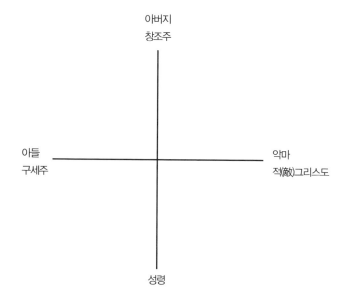

별도의 연구에서 이 부분에 대해 이미 상세히 설명했기 때문에, 여기서 이 콰테르니오의 다양한 측면에 대해 세세하게 논하지 않을 것이다. 나는 이 콰테르니오를 단지 연금술의 콰테르니오와 비교하기 위해 언급하고 있을 뿐이다.

이런 것과 비슷한 콰테르니오는 영지주의 사고의 논리적 특징이다. 이 특징에 대해 게오르크 쾨프겐(Georg Koepgen: 1898-1975)은 이미 "순환적"이라고 적절히 표현했다. 우리는 앞에서 상반된 것들의 짝에 대해 설명하는 대목에서 이와 비슷한 도식을 접했다. 두 가지 도식은 3 단계로 구분된다.

연금술의 콰테르니오 :	{ 시초 기원 메르쿠리우스 }	—	{ 발달 솔 루나 }	—	{ 목표 아들 메르쿠리우스 }
기독교의 콰테르니오 :	{ 창조주 아버지 }	—	{ 갈등의 전개 구세주 악마 }	—	{ 보조자 성령 교회 혹은 하느님의 왕국 }

연금술의 드라마는 아래에서 위로, 땅의 어둠에서부터 날개를 가진 영적 우주의 아들 쪽으로, 현대의 빛으로 나아가는 반면, 기독교 드라마는 하늘의 왕국에서부터 땅으로 내려오는 것을 나타내고 있다. 여기서 거울상(像) 같은 인상이 느껴진다. 마치 영지주의 전설에서처럼 위에서부터 아래로 내려오는 신인(神人)이 자연이라는 시커먼 물에 비치고 있는 것 같다.

정신 상태에서 비롯된 기본적인 증후들과 단순한 신체 자극에 의해 일어나는 꿈들이 입증하듯이, 무의식과 의식적인 마음의 관계는 어느 정도 보완적이다. (그래서 예를 들어 루돌프 슈타이너(Rudolf Steiner: 1861-1925)가 가르친 이상한 사상, 즉 내세는 이승의 특성을 보완하는 특성을 갖는다는 사상이 나오기도 한다.) 그러나 세심하게 관찰하고 분석하면, 모든 꿈을 단순히 보완적인 장치로 여길 수는 없으며 보상을 위한 시도로 해석되어야 한다는 점이 드러난다. 그럼에도 피상적으로만 보면 많은 꿈들이 보완적인 성격을 분명히 지니고 있는 것처럼 보인다.

마찬가지로, 우리는 연금술 운동을 기독교 운동을 반영한 것으로 여길 수도 있다. 쾨프겐도 예수 그리스도의 두 가지 측면을 의미 있게 구분한다. 위에서 내려오며 인간의 모습을 한 신과 아버지에게로 돌아가며 올라가는 영지주의의 그리스도를 구분하고 있는 것이다. 우리는 후자를 연금술에서 말하는 '왕의 아들'과 똑같은 것으로 보지 못한다.

연금술의 구세주 형상은 예수 그리스도와 같지 않다. 예수 그리스도는 신이고 아버지에 의해 생겨난 반면, '왕의 아들'은 세상을 창조하는 로고스와 물질에 담겨 있는 '신의 지혜' 사이에 태어난 자연의 영혼이다. '왕의 아들'은 또한 신의 아들이다. 그러나 이 신의 아들은 먼 혈통이고 동정녀 마리아의 자궁이 아니라 어머니 자연의 자궁에서 태어난다.

'왕의 아들'은 바실리데스 영지주의에서 "세 번째 아들"이다. 이 아들의 개념적 구조를 살필 때, 전통의 영향에 기대면 안 된다. 이 아들은 초기 기독교 시대에 이미 의식의 영역에 닿았던 경향들이 논리적으로 발달하면서 무의식에서 저절로 생겨나게 된 산물이다. 현대의 경험이 보여주듯이, 집단 무의식은 나름의 내적 법칙을 따르다가 때가 되면 샘처럼 분출하는, 하나의 살아 있는 과정이다.

집단 무의식이 연금술에서 그런 식으로 모호하고 복잡한 방식으로 분출한 것은 기본적으로 자기모순적 사고를 심리학적으로 이해하는 것 자체가 대단히 어려운 일이었기 때문이다. 자기모순적인 사고는 형이상학적 형상들이 요구하는 논리적 일관성이나 감정적 완전성과 끊임없이 충돌을 빚었다.

하느님의 "넘치는 선(善)"(bonum superexcedens)은 악의 통합을 전혀 허용하지 않는다. 니콜라스 쿠자누스(Nicholas Cusanus: 1401-1464)가 '상반된 것들의 통합'이라는 대담한 사상을 제시하려 노력했지만, 이 사상의 논리적 결과인, 신이라는 개념의 상대성은 시인 안겔루스 질레시우스(Angelus Silesius: 1624-1677)에겐 재앙으로 드러났으며 시인의 시든 월계관만 그의 무덤에 놓여 있다. 질레시우스는 야코프 뵈메(Jacob Boehme:1575-1624)와 마찬가지로 어머니 연금술의 샘에서 물을 마셨다. 연금술사들도 자신들이 일으킨 혼돈 속에 갇혀 질식 상태에 빠졌다.

따라서 복잡하게 뒤얽힌 이 문제들을 새로운 지식을 바탕으로 심리학의 적절한 주제로 삼음으로써 투사로부터 구해낸 사람들은 또 다시 의료 분야에서 자연을 연구하는 사람들이다. 옛날이었다면 단지 무의식의 심리학이 없었다는 이유로 이런 일은 절대로 일어날 수 없었을 것이다. 그러나 의료계 연구자는 원형의 과정에 대한 지식을 갖춘 덕분에 다행히도 난해하고 괴상해 보이는 연금술의 상징체계에서, 심인성 신경증을 치료하는 과정을 볼 뿐만 아니라 편집성 정신분열증의 망상들의 바탕에서 작용하고 있는 일련의 공상들과 아주 비슷한 것을 간파할 수 있는 위치에 있다.

과학의 다른 분야에서 "정신병을 앓는 개인들"의 정신 과정에 대해 품는 경멸적인 태도도 의사가 환자를 돕고 치료하는 임무를 게을리하도록 만들지 못했다. 그러나 의사는 환자 개인의 독특한 정신세계를 마주할 수 있을 때에만, 또 그 정신세계가 품고 있는 어둠을 알 수 있을 때에만 환자의 정신을 도울 수 있을 뿐이다.

의사는 환자의 독특한 정신세계의 어둠을 보는 것을 의식이나 "이성"의 관점을 방어하는 것 못지않게 중요한 과제로 받아들여야 한다. 의사는 인간 경험의 영역에 전적으로 선한 것은 있을 수 없다는 것을 잘 아는 한편으로, 절대적 선에 대한 확신을 품고 의식과 명확한 사고의 우월성을 신봉하는 사람들도 많다는 것을 알고 있다. 의사는 빛과 그림자를 연결시킬 수 있는 사람은 보다 많은 것을 갖고 있다는 생각으로 스스로를 위로할 수 있다. 그러나 의사는 절대로 입법자의 역할이라는 유혹에 넘어가서는 안 되며, 진리의 예언자인 척 굴어서도 안 된다. 왜냐하면 지금 의사 앞에 서 있는, 병들거나 고통 받거나 무력한 환자는 대중이 아니고 미스터 X나 미시즈 X로 불리는 개인이기 때문이다. 또 의사는 테이블 위에 구체적으로 도움이 될 수 있는 무엇인가를 내놓아야 하기 때문이다.

그렇게 하지 못하는 의사는 절대로 의사가 아니다. 의사의 의무는 언제나 개인에게 도움을 주는 것이다. 개인이 도움을 받지 못하는 이상, 거기서 아무 일도 일어나지 않는다. 의사는 가장 먼저 개인에게 대답을 하고, 그리고 나서야 사회에 대답해야 한다. 따라서 만약 의사가 집단적 개선보다 개인적 치료를 더 선호한다면, 이것은 사회적 및 집단적 영향은 언제나 집단 중독만을 낳는다는 경험에 비춰볼 때 바람직한 일이다. 경험에 따르면, 개인이 개인에게 하는 행동만이 진정한 변화를 야기할 수 있다.

연금술사들은 자신들의 솔이 인간과 어떤 관계를 갖고 있다는 생각을 결코 떨칠 수 없었다. 그래서 도른은 "처음부터 인간은 유황이었다."고 말한다. 유황은 "눈에 보이지 않는 태양이 붙이는" 파괴적인 불이며, 이 태양은 연금술사들이 끊임없이 추구하고 있던 철학자의 금인 '철학자의 태양'이며, 전체 작업의 목표이다. 도른이 태양과 그것의 유황을 인간 육체를 구성하고 있는 일종의 생리학적 요소로 보고 있음에도 불구하고, 우리는 생리학적 신화학의 한 부분, 즉 투사를 다루고 있다.

연구 과정에, 우리는 심리학이 완전히 부재했음에도 불구하고 연금술사의 투사들이 어떤 근본적인 심리학적 사실들을 그림으로 그리면서 물질로 나타내고 있다는 것을 종종 확인할 수 있었다. 이런 근본적인 심리학적 사실들 중 하나가 바로 상반된 것들의 중요한 짝인 의식과 무의식이다. 이것을 상징하는 것이 솔이고 루나이다.

무의식은 의인화되어 나타난다는 것을 우리도 이제 잘 알고 있다. 대부분 그것은 단수 또는 복수 형태로 집단 무의식을 나타내는 아니마이다. 개인 무의식은 그림자로 나타난다. 아주 드물긴 하지만, 집단 무의식은 '늙은 현자'로 의인화된다. (여기서 나는 오직 남성 심리학에 대해서만 논하고 있다. 이유는 남성 심리학만이 연금술사들의 심리학과 비교될 수 있기 때문이다.)

루나가 꿈들 속에서 정신의 밤의 측면을 나타내는 경우는 아주 드물다. 그러나 적극적 상상의 산물에서 달의 상징이 아주 자주 나타난다. 태양이 그러는 것처럼. 태양은 정신의 밝은 영역과 낮의 의식을 나타낸다. 현대의 무의식은 태양과 달을 꿈의 상징으로 별로 이용하지 않는다. 계몽("동이 트다", "맑아지고 있다" 등)은 현대의 꿈에서 전깃불 스위치를 올리는 것으로 훨씬 더 잘 표현될 수 있다.

그러므로 무의식이 투사되거나 상징화된 형태로 나타난다 해도 놀랄 일이 아니다. 무의식이 지각될 수 있는 길이 그 외엔 달리 없기 때문이다. 그러나 의식은 다르다. 모든 의식적인 내용물의 핵심으로서, 의식은 투사에 기본적으로 필요한 것을 결여한 듯하다.

제대로 이해된다면, 투사는 의지가 작용하는 것이 아니다. 투사는 "바깥에서" 의식적인 마음에 접근하는 그 무엇으로, 대상에서 빛나는 일종의 광채이다. 그런 한편, 주체는 투사의 대상이 빛을 발하게 만드는 빛의 원천이 곧 자기 자신이라는 사실을 전혀 자각하지 못한다.

그러므로 루나는 하나의 투사로 볼 수 있다. 그러나 솔은 의식을 상징하기 때문에 투사로 볼 경우에 금방 모순을 드러낸다. 그럼에도 솔도 루나 못지않은 투사이다. 왜냐하면 우리가 진정한 태양에 대해 빛과 열기 외엔 아무것도 지각하지 못하고 그것들을 제외하고는 태양의 물리적인 구성 요소들을 오직 추론으로만 알 수 있는 것과 똑같이, 우리의 의식도 모든 의식에 반드시 필요한 어두운 실체인 자아에서 나오는데, 이 자아가 대상 혹은 내용물과 자아의 연결에 지나지 않기 때문이다.

원칙상 우리가 가장 잘 알고 있어야 하는 자아는 사실 이해할 수 없는 모호함으로 가득한, 대단히 복합적인 실체이다. 정말이지, 자아를 '무의식 자체를 비교적 지속적으로 의인화한 것' 또는 무의식이 자신의 얼굴을 자각하게 하는 '쇼펜하우어의 거울'로 정의해도 무방하다.

지금까지 인간 앞에 존재했던 모든 세상들은 물리적으로 '거기'에 있었다. 그러나 그 세상들은 하나의 이름 없는 해프닝에 지나지 않았다. 명확한 하나의 실재가 아니었다. 왜냐하면 역시 세상에 있던 정신적 요소가 천지창조 전체보다 더 중요한 한 마디의 말을, 말하자면 '저것은 세상이고 이건 나야!' 라는 말을 외치는 데 필요한 최소한의 집중을 아직 하지 않았기 때문이다.

그러다 어느 순간 그 외침이 터져 나왔다. 그것이 세상의 첫 아침이었다. 원시의 어둠 끝에 맞는 첫 일출이었다. 불완전하게 의식하던 콤플렉스인 자아, 어둠의 자식인 자아가 주체와 객체를 분리하고, 따라서 세상과 자아 자체를 명확히 존재하게 만든 때였다. 그리하여 세상과 자아에 목소리와 이름을 주기에 이르렀다. 태양의 찬란히 빛나는 몸통은 자아와 그 의식의 영역, 즉 태양과 그 그림자이며 바깥의 빛과 안의 어둠이다. 빛의 원천 안에는 어떤 투사도 가능할 만큼 충분한 어둠이 있다. 자아가 정신의 어둠으로부터 생겨나기 때문이다.

자아가 현실을 밝은 곳으로 드러내는 일에서 맡는 엄청난 중요성을 고려한다면, 우주에서 무한히 작은 하나의 점에 불과한 자아가 태양으로 상징되면서 태양의 모든 속성을 가진 것으로 여겨지는 이유가 충분히 이해된다. 중세의 정신이 태양의 신성한 특성에 현대인의 정신보다 훨씬 더 민감하게 반응했기 때문에, 우리는 태양의 비유나 상징에 태양 이미지의 완전성이 암시되어 있을 것이라고 단정할 수 있다. 태양의 완전성을 나타내는 것 중에서 가장 중요한 것은 이교도 시대뿐만 아니라 기독교 시대에도 태양이 신의 이미지로 자주 이용되었다는 사실이다.

연금술사들은 그토록 열심히 찾으려 노력하는데도 끊임없이 자신들을 비켜가는 신비의 물질인 라피스가 바로 자아라는 것을 거의 깨달을 수 있는 단계에까지 이르렀다. 그럼에도 연금술사들은 태양 상징을 갖고 자신들이 신과 자아를 밀접하게 연결시키고 있다는 사실을 결코 자각하지 못했다.

앞에서 이미 언급한 바와 같이, 투사는 의지가 작용하는 행위가 아니다. 투사가 의식적인 마음이 간섭할 수 있는 범위 밖의 자연스런 현상이고 인간 정신의 본질에 특유한 것이기 때문이다. 따라서 만약에 태양 상징을 만드는 것이 본성이라면, 인간의 본성 자체가 신과 자아의 동일성을 표현하고 있다. 그런 경우에 무의식적 본성만이 신성 모독이라는 비난을 들을 수 있을 뿐이다. 투사의 희생자인 사람이 그런 비난을 들어서는 안 된다.

신과 자아는 서로 동떨어진 세계라는 것이 서구의 뿌리 깊은 확신이다. 한편, 인도에선 신과 자아의 동일시가 너무나 자명한 것으로 여겨졌다. 의식이 세상을 창조하는 중요한 역할을 한다는 것을 자각하게 되는 것이 인도인 마음의 본질이었다. 반대로, 서구는 자아가 인간을 신의 지위로 끌어올렸음에도 불구하고 언제나 자아의 왜소함과 약함, 죄를 강조했다.

연금술사들은 적어도 신을 닮은 점이 인간에게 숨겨져 있지 않을까, 하고 의문을 품었으며, 안겔루스 질레시우스의 직관이 마침내 그 의문을 숨기지 않고 겉으로 표현하기에 이르렀다.

동양은 혼란스럽고 모순적인 이런 측면을, 개인의 아트만(atman: 인도 철학에서 가장 중요한 개념 중 하나로, 인간 존재의 영원한 핵심인 절대 아(我)를 일컫는다/옮긴이)인 자아와 보편적 아트만을 결합시키고, 따라서 자아를 '마야의 베일'(veil of Maya: 인도 철학에서 마야는 겉으로 드러난 세상의 여신이다. 그래서 마야의 베일이라는 개념은 '개인의 시선을 흐리게 하는 망상'을 뜻한다/옮긴이)로 설명함으로써 해결한다.

서구의 연금술사는 이런 문제를 의식적으로 자각하지 못했다. 그러나 연금술사가 말로 표현하지 않은 가정과 상징이 안겔루스 질레시우스의 경우처럼 신비적 직관에 닿았을 때, 그 연금술사가 자아와 그 대극(對極)의 동일성을 인식하도록 만든 것은 바로 자아의 왜소함과 초라함이었다. 그런 통찰을 낳은 것은 혼란스런 마음의 자의적 의견이 아니라 정신의 본질이었다.

정신의 본질은 동양에서나 서양에서나 똑같이 이 진리들을 직접적으로나 은유를 빌려 간접적으로 표현한다. 우리가 인간의 의식 자체에 세상을 창조하는 능력이 있다는 것을 깨달을 때, 이 말이 쉽게 이해된다. 이런 식으로 말한다고 해서 종교적 신념을 모독하는 것은 절대로 아니다. 종교를 믿는 사람이 사람의 의식을 신의 도구로 여길 수 있기 때문이다(이리하여 말하자면 두 번째 세상 창조가 이뤄진다).

여기서 나는 자아의 중요성에 대해 언급하는 것이 독자에게 나자신이 대단히 모순적이라는 인상을 줄 수 있다는 점을 지적해야한다. 독자는 아마 나의 다른 책들에서 이와 매우 유사한 어떤 주장을 접했다고 기억할 것이다. 거기서 다룬 것은 자아의 문제가 아니고 자기의 문제였다. 말하자면 개인의 아트만이 초개인적 아트만과 어떤 관계를 맺고 있으며 또 어떤 식으로 대비를 이루는가 하는 문제를 다뤘다는 뜻이다.

나는 자기를 의식적인 정신과 무의식적인 정신의 전체로, 그리고 자아를 의식의 핵심적인 기준점으로 정의했다. 자아는 자기의 근본적인 한 부분이며, 의식의 중요성을 고려할 경우에 자아는 자기의 '파르스 프로 토토'(pars pro toto: '전체로 여겨지는 일부'라는 뜻/옮긴이)로 이용될 수 있다. 그러나 정신의 전체성을 강조하길 원할 때엔 "자기"라는 용어를 사용하는 것이 더 바람직하다. 여기서 정의가 모순된다는 식의 의문이 제기될 수 없다. 단지 관점의 차이만 있을 뿐이다.

3. 술푸르(유황)

유황은 연금술에서 맡은 독특한 역할 때문에 여기서 보다 면밀하게 다룰 필요가 있다. 가장 먼저 관심을 끄는 것은, 앞에서 이미 논한 바가 있는데, 바로 유황과 솔의 관계이다.

유황은 솔의 원물질로 불리고, 솔은 당연히 금으로 이해된다. 사실 유황은 간혹 금과 동일시되었다. 따라서 솔은 유황에서 나온다. 솔과 유황의 밀접한 관계는 유황이 "루나의 동행"이었다는 견해를 설명해준다. 금(솔)과 그의 신부(루나)가 결합할 때, "둘의 결합을 응고시키는 유황은 그때까지 물리적인 금의 상태에서 밖을 향하고 있었으나(외향성) 그 결합을 계기로 내면으로 향했다(내향성)".[28] 이 말은 유황이 정신적으로 이중적인 본질을 가졌음을 암시한다.

빨간 유황과 하얀 유황이 있다. 하얀 유황은 달의 능동적인 물질이고, 빨간 유황은 태양의 능동적인 물질이다. 유황의 특별한 "미덕"은 빨간색일 때 더 큰 것으로 전해진다.

그러나 유황의 이중성은 또 다른 의미를 지닌다. 한편으로 유황은 원물질이고, 원물질의 형태에서 유황은 불타고 부식시키며 돌의 물질에 "적대적"이다. 다른 한편으로 유황은 "불순물이 모두 제거될 때 우리의 돌의 물질이다". 이를 종합하면, 유황은 이중적인 측면에서, 말하자면 원래의 물질과 최종 산물이라는 측면에서 원물질을 의미하는 수많은 동의어들 중 하나이다.

유황은 처음에 "조악하거나 평범한" 유황이지만, 마지막엔 그 과정의 승화된 산물이다. 한결같이 유황의 불같은 본질이 강조된다. 그럼에도 이 불같은 본질은 단순히 그 연소성에만 있는 것이 아니라 초자연적인 불같은 성격에도 있다. 언제나처럼 초자연적인 특성을 암시하는 것은 논의되고 있는 물질이 거기에 신비한 의미를 부여하는 투사의 초점이 되었다는 것을 의미한다.

유황은 이중적인 본성에 따라 육체적이고 세속적인 한편으로 신비하고 영적이기도 한 원리이다. 세속적인 물질로서 유황은 "땅의 비옥함"에서 나오며, "땅의 비옥함"이라는 표현은 원물질로서 근본적인 습기를 뜻한다. 이따금 유황은 "재에서 추출한 재"라 불린다. "재"는 불타고 난 뒤에 남은 찌꺼기, 즉 "아래에 남은" 물질을

··········

28 "Introitus apertus", Mus. herm., p. 652

뜻하는 포괄적인 단어로, 유황이 가진 지하의 어둡고 신비한 본성을 강하게 상기시킨다.

붉은 상태는 남성적인 것으로 여겨지고, 이런 측면에서 유황은 금이나 술을 나타낸다. 지하의 존재로서 유황은 "비밀의 유황"이라고 불리는 용과 비슷한 점이 많다. 지하의 존재로서 유황은 또 우로보로스로 상징되는 '아콰 디비나'(aqua divina: 성수, 즉 신성한 물)이다. 이 비유들은 유황과 메르쿠리우스의 구분을 어렵게 만든다. 유황과 메르쿠리우스를 놓고 똑같이 그런 식으로 말하기 때문이다. 『트락타투스 아우레스』는 "이것은 우리의 가장 확실하고 자연스런 불이며, 우리의 메르쿠리우스이고, 우리의 유황이다."라고 말한다. 『투르바 필로소포룸』을 보면, 수은은 꼭 유황처럼 행동하는 불같은 물체이다. 파라켈수스에게 유황은 살(소금)과 함께, 태양과 달에게서 생겨난 메르쿠리우스를 낳은 것으로 여겨진다. 혹은 유황은 "메르쿠리우스의 본성 깊은 곳에서" 발견되거나, "메르쿠리우스의 본질"에서 생겨나거나, 유황과 메르쿠리우스는 "오누이"이다. 유황은 금속들을 해체하고, 죽이고, 살릴 수 있는 메르쿠리우스의 능력을 물려받았다.

메르쿠리우스와의 이런 밀접한 연결을 근거로 할 때, 유황은 정신적 혹은 영적 물질로서 보편적 중요성을 지니는 것이 분명하다. 메르쿠리우스의 특성으로 논의되는 거의 모든 것이 유황에도 그대로 적용된다. 따라서 유황은 금속들뿐만 아니라 살아 있는 모든 것들의 영혼이다.

『트락타투스 아우레우스』에서 유황은 "우리의 영혼"과 동일시되고 있다. 『투르바 필로소포룸』은 "유황은 4개의 몸 안에 숨겨진 영혼이다."라고 말한다. 파라켈수스도 유황을 영혼이라고 부른다. 밀리우스의 글에서, 유황은 "불완전한 몸에 생명을 주는 영혼" 혹은 "동요"를 낳는다. 『트락타투스 미크레리스』를 보면 "솔의 영혼인 초록색 아들이 나타날 때까지, 철학자들은 그것을 초록색 새와 구리와 유황이라고 불렀다."라는 대목이 있다. 영혼은 또한 "유황의 숨겨진 부분"으로 묘사된다.

기독교 심리학의 영역에서, 초록색은 생식 능력을 갖고 있으며, 이런 이유로 초록색은 창조의 원리로서 성령에 속하는 것으로 여겨지고 있다. 그래서 도른은 이렇게 말한다. "남자와 우주의 씨앗이고, 맨 앞이자 가장 강력한 것은 태양의 유황이다. 이것은 모든 발생의 첫 부분이자 가장 강력한 원인이다." 유황은 생령(生靈) 그 자체이다.

『데 테네브리스 콘트라 나투람』(De tenebris contra naturam)에서 도른은 "이전에 우리는 세상의 생명은 자연과 천상의 유황의 빛이라고 말한 바 있다. 이 천상의 유황의 바탕은 솔과 루나라 불리는 창공의 습기이고 열기이다."라고 말한다. 여기서 유황은 우주적의미를 얻고 또 자연 철학자들이 지식을 얻는 최고의 원천인 자연의 빛과 동일시되고 있다. 그러나 이 빛은 아무런 방해를 받지 않은 가운데 반짝이지는 않는다고 도른은 말한다. 이 빛은 인간의 몸 안에 있는 원소들의 어둠에 의해 가려진다. 따라서 도른에게 유황은 빛을 내는 천상의 어떤 존재이다. 이 유황은 "불완전한 존재에게서 나오는 아들"임에도 "흰색 옷과 자주색 옷을 입을 준비"가 되어 있다. 리플리의 글에서, 유황은 "습기 속에서 작업하는, 생식의 힘을 지닌 어떤 정령"이다. 『데 술푸레』(De sulphure)라는 논문에서, 유황은 "모든 것들의 미덕"이고 빛과 모든 지식의 원천이다. 유황은 사실 모든 것을 안다.

유황의 중요성을 감안한다면, 연금술사들이 묘사한 유황의 효과도 살펴야 한다. 무엇보다 먼저, 유황은 타고 소멸된다. "이 유황의 작은 힘은 강력한 물체를 소멸시키기에 충분하다."[29] "유황은 태양을 검게 만들고 태양을 소멸시킨다."라고 말한 대목을 근거로 할 때, 여기서 말하는 "강력한 물체"는 태양이다. 그렇다면 유황은 "오늘날엔 결코 보이지 않는" 부패의 원인이 되거나 부패를 의미한다고 『로사리움 필로소포룸』은 말한다.

유황의 세 번째 능력은 응고시키는 것이고, 네 번째와 다섯 번째 능력은 색을 입히고 성숙시키는 능력이다. 유황이 가진 "순화" 능력은 또한 "부식" 능력으로도 이해된다. 유황은 "모든 금속들이 완벽하지 못한 원인"이고, "완벽을 깨뜨리고", "모든 작용에 검정을 야기하는" 요소이다. "과다한 유황 성분은 부식의 원인이 되고", 유황은 "나쁘고, 잘 섞이지 않으며, 사악하고, 고약한 냄새를 풍기며 힘이 약하다". 유황의 물질은 밀도가 높고 거칠며, 유황의 부식 작용은 한편으론 유황의 가연성(可燃性) 때문이고 다른 한편으론 "땅의 오물" 때문이다. "유황은 유황의 모든 작용에서 완벽을 방해한다."[30]

....

29 Turba, p. 125, line 10

30 Mylius, Philosophia reformata., pp. 61

이런 부정적인 설명들은 틀림없이 연금술사에게 강한 인상을 남겼을 것이다. 그래서 어느 연금술사는 '부식 원인'이 적힌 부분의 여백에다가 "악마"라고 적었다. 이 말이 큰 의미를 지닌다. 이것이 유황의 긍정적인 역할과 대조를 이루기 때문이다.

다른 많은 특징들 외에, 유황은 이런 극단적인 역설을 메르쿠리우스와 공유한다. 또 유황은 메르쿠리우스처럼 베누스와도 연결된다. 이 대목에선 암시가 흐릿하게 가려진다. "우리의 베누스는 불에 타고 소모되거나 부식하는 그런 평범한 유황이 아니다. 현자들의 베누스의 흰빛은 흰 것과 빨간 것의 연소로 소모되며, 이 연소는 전체 작업의 표백에 해당한다. 따라서 두 가지의 유황은 두 가지의 수은으로 언급되고 있는데, 이것들을 철학자들은 하나로 불렀다. 이것들은 서로의 안에서 기뻐하고, 하나는 다른 하나를 품고 있다."

베누스와의 연결을 암시하는 대목은 『데 술푸레』 중에서 유황을 찾고 있는 연금술사에 관한 우화에서 확인된다. 연금술사는 유황을 찾다가 베누스의 숲까지 갔고, 거기서 그는 나중에 사투르누스의 것으로 확인되는 목소리를 통해 유황이 자기 어머니의 명령에 의해 죄수로 잡혀 있다는 것을 알게 된다.

유황은 "천 가지 사물의 창조자"로, 만물의 심장으로, 살아 있는 모든 것에 이해력을 부여하는 것으로, 식물과 나무에 열리는 모든 꽃의 아버지로, 마지막으로 "모든 색깔의 화가"로 높이 칭송을 듣는다. 이것은 에로스에 대한 묘사로 여겨질 수 있다. 게다가, 유황은 연금술사들의 관점에서 보면 자기 어머니에게 지나치게 충성하다가 감옥에 갇혔다. 그의 어머니가 어떤 존재인지에 대한 언급은 없지만, 그녀가 행실 나쁜 큐피드를 감금한 베누스라는 짐작이 가능하다.

이 같은 해석은 여러 가지 사실로 확인되고 있다. 첫째, 그 연금술사에게 알려지지 않은 유황이 베누스의 숲(숲도 나무처럼 어머니의 의미를 지닌다)에 있었다는 점이다. 둘째, 사투르누스가 자신을 "감옥의 통치자"라고 소개했고, 점성술 지식이 있는 모든 연금술사들은 사투르누스의 은밀한 본성을 잘 알고 있었을 것이라는 점이다. 셋째, 목소리가 사라진 뒤에 연금술사가 잠에 빠져들면서 같은 숲에서 샘을 보고 샘 근처에서 유황을 본다는 점이다. 마지막으로, 환상이 "목욕탕에서 화학적 포옹"이 일어나는 것으로 끝난다는 점이다.

여기서 틀림없이 베누스는 유황의 방랑벽을 누르는 '지혜에 대한 사랑'(amor sapientiae)이다. 유황의 방랑벽은 아마 우로보로스에서 유황의 자리가 용의 꼬리에 있다는 사실에서 비롯되었을 것이다. 유황은 특히 남성적인 요소이고, "균질의 정액"이다. 그리고 용이 "스스로를 수정시키는" 것으로 전해지기 때문에, 용의 꼬리는 남자의 신체기관이고 용의 입은 여성의 신체기관이다. 자신의 몸 속으로 오빠를 삼켜서 원자로 해체한 베야처럼, 용은 꼬리에서부터 시작해 자신을 머리로 삼킨다.

유황은 메르쿠리우스의 내면의 불이기 때문에 틀림없이 메르쿠리우스의 위험하고 사악한 본성을 공유할 것인데, 메르쿠리우스의 폭력성은 용과 사자에서 확인되고 메르쿠리우스의 정욕은 키레네산의 헤르메스(Hermes Kyllenios)에서 확인된다. 유황과 본성을 공유하고 있는 용은 종종 "바벨의 용", 또는 더 정확히 "용의 머리"로 여겨진다. 여기서 말하는 "용의 머리"는 "치명적인 독"이고 날아다니는 용이 뿜는 독 있는 바람이다. 그러나 수은을 의미하는 "날개 달린 용"은 유황에 해당하는 "날개 없는 용"과 결합한 뒤에야 독을 뿜는 괴물이 된다.

여기서 유황은 죄를 지은 "바벨"이라는 도시와 잘 어울리는 사악한 역할을 맡고 있다. 더욱이, 이 용은 인간의 머리를 한 낙원의 뱀과 동일시되고 있다. 이 낙원의 뱀은 머리가 "신의 모습"을 하고 있는데, 이것이 용이 가증스런 자신의 몸을 삼키는 깊은 이유이다. "그의 머리는 영원히 살고, 따라서 영광스런 삶으로 불리며 천사들도 그를 돌본다."[31] 이 대목은 '마태복음' 4장 11절을 떠올리게 한다. "마침내 악마는 물러가고 천사들이 와서 예수께 시중들었다."

따라서 용의 머리와 예수 그리스도가 비슷한 차원에서 논의된다. 이는 가장 높은 신의 아들은 최초의 부모에게 분별력을 가르치기 위해 낙원에서 뱀의 형태를 취한다는 영지주의의 견해와 일치한다. 이런 상태에서 최초의 부모는 데미우르고스(demiurge: 영지주의에서 창조의 신으로 받드는 신/옮긴이)의 작업이 불완전했다는 사실을 확인할 수 있었을 것이다.

일곱 개의 행성들의 아들로서, 용은 분명히 '우주의 아들'이고, 그런 존재로서 용은 예수 그리스도와 비슷한 형상이고 또 동시에 예수 그리스도의 라이벌이다. 용의 머리는 귀중한 돌을 포함하고 있으며, 이는 의식이 자기(自己)의 상징적인 이미지를 포함하고 있

....

31   Albertus Magnus, "Super arborem Aristotelis", Theatr. chem., Ⅱ p. 525

다는 뜻이다. 또 라피스가 상반된 것들을 결합시키는 것처럼, 자기는 의식과 무의식의 내용물을 동화시킨다. 이 같은 해석은 용의 머리를 길조로 보는 전통적인 관점과 완전히 일치한다.

지금까지 말한 내용을 근거로 보면, 유황은 능동적인 물질의 핵심이라는 것이 분명해졌다. 유황은 "금속들의 정신"이며, 다른 "자연의 정신"인 수은과 함께 두 가지 원리와 금속들의 물질을 형성한다. 이 두 가지 원리는 자체로 '잠재적' 금속들이다.

유황은 메르쿠리우스와 함께 라피스를 형성한다. 사실, 유황은 "만물의 심장"이며 "만물의 미덕"이다. "만물의 완벽한 비밀과 생명으로서" 라피스를 뜻하는 동의어들을 물과 습기와 함께 열거하면서,『콘실리움 코니우기이』는 "색깔, 즉 태양의 광휘를 받아들이는 기름이 바로 유황이다."라고 말한다. 밀리우스는 유황을 무지개에 비유한다. "유황은 물 위의 무지개처럼 빛난다. … 이시스의 활의 반은 흐르는 순수한 물 속에 잠겨 있고 나머지 반은 땅 위에 있다. … 따라서 유황의 전체 성질과 자연스런 모습은 무지개에 의해 표현된다."

무지개로 상징된다는 점에서 보면, 유황은 하나의 "신성하고 경이로운 경험"이다. 그 몇 줄 뒤에, 밀리우스는 메르쿠리우스(즉, 물)가 "땅의 모든 오물"을 씻어내야 하고, "그러면 루시퍼와 불결, 저주받은 땅이 황금의 천국으로부터 떨어질 것"이라고 쓰고 있다. 천사들 중에서 가장 아름다운 루시퍼는 악마가 되고, 유황은 "땅의 불결"의 성격을 띤다. 여기서 용의 머리의 경우와 마찬가지로, 가장 높은 것과 가장 낮은 것이 매우 가까워진다. 악의 화신임에도 불구하고, 유황은 땅과 물 위에서 신성한 변형의 "자연스런 용기(容器)"인 무지개의 아름다움으로 빛을 반짝인다.

이 모든 것들을 근거로 할 때, 연금술사들에게 유황은 변형을 일으키는 신비의 물질을 일컫는 동의어들 중 하나로 여겨진 것이 분명해진다. 이것은 『투르바 필로소포룸』에 가장 명확하게 표현되고 있다. "그러므로 그것이 대리석처럼 빛을 발하게 될 때까지 7일 동안 열을 가하라. 빛을 발할 때, 그것이 바로 그 위대한 신비의 지식이기 때문이다. 유황이 유황과 섞이고, 그렇게 함으로써 상호 유사성에 의해서 그 위대한 작업이 완성된다. 자연들은 자신의 본성을 만날 때 서로 기뻐한다." "필요로 하는 모든 것"을 갖고 있는 것이 신비의 물질의 한 특징이다. 스스로를 생기게 하고, 낳고, 죽이고, 삼키는 용처럼, 신비의 물질은 완전히 자율적인 존재이다.

끊임없이 생각하는 사상가에 지나지 않는 연금술사들이 그런 이미지를 이용할 때 자신들이 하는 말을 충분히 이해하고 있었는지 의문스럽다. 연금술사의 말을 글자 그대로의 의미로 받아들이면, 그들은 아마 '인크레아툼'(Increatum: '창조되지 않은 것'이란 뜻/옮긴이) 같은 것을, 말하자면 시작도 없고 끝도 없고 또 두 번째 같은 것이 전혀 없는 그런 존재를 언급하고 있었을 것이다. 그런 것은 정의상 신(神) 자신일 것이며, 물리적인 자연의 거울에 비치는, 과거의 인식에 의해 왜곡된 그런 신 같은 존재는 아닐 것이다.

연금술사들이 추구했던 "절대자"는 『리베르 콰르토룸』(Liber quartorum)이 신으로 정의하는 '단 하나의 본질'과 일치한다. 그러나 이 언급이 유일하기 때문에, 나는 텍스트가 손상된 상태를 고려해 그 의미를 깊이 파고들지 않는다.

『투르바 필로소포룸』은 이렇게 말한다. "그럼에도 그것들은 다양한 자연도 아니고 여러 개도 아니며, 그 자체 안에서 능력들을 통합시키는 단 하나의 자연이다. 이 하나의 자연은 스스로의 힘을 통해서 다른 것들을 지배한다. 주(主)는 하나로 시작해서 하나로 끝났다는 것을 그대는 알지 않는가? 주가 그 통합체들을 유황의 물이라고 불렀고, 이 유황의 물이 자연 전체를 정복하니 말이다."[32]

유황의 특성은 또 그것이 "불연성"을 갖고 있으면서 "재에서 추출한 재"라는 역설로 표현되고 있다. 유황수로서 유황의 효과는 무한하다. 『콘실리움 코니우기이』는 이렇게 말한다. "우리의 유황은 평범한 유황이 아니다." 평범한 유황은 보통 철학자의 금이라 불린다. 파라켈수스는 자신의 『리베르 아조트』(Liber Azoth)에서 유황을 "나무"와 "생명선"(生命線)과 "사중적인 것"(4가지 원소와 일치한다)으로 묘사한다. 이 유황으로부터 생명의 정령이 회생한다.

철학자의 유황에 대해, 밀리우스는 그런 것은 솔과 루나가 아닌 땅에서는 발견되지 않으며, 신에 의해서 특별히 드러내어지지 않을 경우에 어느 누구에게도 알려지지 않는다고 말한다. 도른은 그것을 "불완전한 육체들에서 생겨난 아들"이라고 부르며 이 아들은 승화될 때 "4가지 색깔을 띠는 매우 존경 받는 소금"으로 변화한다고 말한다. 『트락타투스 미크레리스』를 보면, 그것은 "신의 보물"이라고까지 불리고 있다.

유황을 신비의 변형 물질로 보는 이런 언급들은 아주 많다. 나는

....
32 Theatr.chem., V, p. 255

단지 유황의 4가지 본성에 주목한 파라켈수스의 말을 강조하고 싶다. 또 전체성의 상징으로 4가지 색깔에 대해 언급한, 파라켈수스의 제자 도른의 말도 강조하고 싶다.

거의 비슷한 특징을 가진 것으로 언급되는 신비의 물질에 투사되고 있는 정신적 요소는 바로 무의식적 자기이다. 잘 알려진 예수 그리스도-라피스 비유가 거듭해서 나타나는 이유는 바로 그 때문이다. 앞에서 이야기한 우화, 즉 연금술사가 베누스의 숲에서 벌이는 모험도 그런 예이다.

이미 알고 있는 바와 같이, 연금술사는 사투르누스의 목소리와 오랫동안 교훈적인 대화를 한 뒤에 잠에 떨어졌다. 그는 꿈에서 숲 속의 샘가에서 두 사람의 형상을 본다. 그 중 하나는 술푸르(유황)이고, 다른 하나는 살(Sal: 소금)이다. 둘 사이에 싸움이 일어나고, 살이 술푸르에게 "치료 불가능한 상처"를 입힌다. 상처에서 피가 "하얀 우유"로 솟아나온다. 연금술사가 잠에 깊이 빠져들수록, 피는 강으로 변한다. 그때 숲에서 디아나(Diana: 로마 신화에서 사냥과 달과 자연의 여신/옮긴이)가 나타나 기적의 물에서 목욕을 한다. 왕자(솔)가 옆을 지나다가 그녀를 알아본다. 그들은 서로 사랑의 열정으로 불이 붙는다. 그녀는 기절해 쓰러지면서 물 속으로 빠진다. 왕자의 수행원은 위험한 물을 두려워하여 그녀를 구하길 거부한다. 그러자 왕자가 물로 뛰어들었다가 그녀에 의해 깊은 곳까지 끌려간다. 그 즉시 그들의 영혼이 수면 위로 나타나서 연금술사에게 "그렇게 오염된 육체"로는 다시 돌아가지 않을 것이며 육체를 벗어던진 것이 너무나 기쁘다고 설명한다. 그들은 "안개와 구름"이 사라질 때까지 물 위를 떠돌아다녔을 것이다. 바로 이 지점에서 연금술사는 그 전의 꿈으로 돌아가서, 다른 많은 연금술사들과 함께 샘 옆에서 술푸르의 시신을 발견한다. 그들 각자는 시신 한 조각을 가져가 그것을 갖고 작업을 벌였지만 성공을 거두지 못한다. 게다가, 술푸르는 "의술"일 뿐만 아니라 "의사", 즉 상처 입은 의사이기도 하다. 술푸르는 메르쿠리우스의 창에 찔린 육체와 같은 운명으로 고통을 받는다. 로이스너의 『판도라』에서 육체는 예수 그리스도로, 말하자면 인어(人魚)나 릴리트(Lilith: 유대인 신화에 위험한 밤의 악마로 나오는 여자/옮긴이)나 에뎀(Edem: 유대교 신비주의 텍스트인 '바룩서(書)'에 엘로힘과 에뎀의 결합으로 낙원이 존재하게 되는 것으로 묘사된다/옮긴이)의 창에 찔린 두 번째 아담으로 상징되고 있다.

이 비유는 신비의 물질로서 유황이 예수 그리스도와 동등한 위치에 놓였으며, 그래서 연금술사들에겐 유황이 그리스도와 매우 비슷한 어떤 의미를 지녔음에 틀림없다는 것을 보여준다. 간혹 분명하게, 또 가끔은 은밀하게 나타나는 이 유추가 무의식에 의해 이뤄지지 않았더라면, 사람들은 혐오감을 느끼며 그런 부조리를 애써 외면했을 것이다. 분명히, 인간의 의식에 알려진 가장 숭고한 개념과 냄새를 풍기는 유황 사이의 부조화보다 더 뚜렷한 반대는 없다. 따라서 이 비유는 어떤 의미에서도 타당하지 않아 보이며, 오직 이 화학 물질에 열정적으로 몰두하는 가운데서만 떠오를 수 있다. 이 화학 물질은 연금술사의 마음에 점진적으로 '제3의 비교기준'을 형성하면서 연금술사에게 아주 강하게 작용하게 되었다. 같은 표준으로 잴 수 없는 이 두 가지 개념의 공통분모는 자기, 즉 완전한 사람의 이미지이다. 자기는 "에케 호모"(Ecce Homo: '요한복음' 19장 5 절에서 필라투스가 예수 그리스도에게 채찍질을 하고 머리에 가시관을 씌운 뒤 성난 무리 앞에서 하는 말로, '보라 이 사람이다'라는 뜻이다/옮긴이)에서 최고로 의미 있고 훌륭한 발달 단계에 이르는 한편, 의식에 아주 야비하고 경멸스럽고 하찮은 것으로도 나타난다.

자기는 인간의 전체성을 말하는 개념이기 때문에 그 정의상 자아를 의식하는 인격보다 크며, 인격 외에 개인의 그림자와 집단 무의식을 포함한다. 거꾸로, 무의식의 전체 현상은 자아의식에 너무나 중요하지 않아 보이기 때문에 우리는 무의식의 현상이 자율적으로 존재한다는 점을 인정하지 않고 그것을 '빛의 결여'(privatio lucis)로 설명한다. 더욱이, 의식적인 마음은 비판적이며, 무의식에서 나오는 모든 것을 의문스럽고 다소 더럽다고 확신하면서 신뢰하지 않으려 든다.

따라서 자기(自己)의 정신적 현상은, 우주를 두루 포용하는 한편으로 가슴 속에서 손가락보다도 더 작은 것으로 살고 있는 힌두교의 아트만이라는 개념만큼이나 역설로 가득하다. 아트만-푸루샤 (purusha: 인도 신화에 등장하는 최초의 사람/옮긴이)라는 동양의 관념은 심리학적으로 보면 서양의 예수 그리스도에 해당한다. 말하자면, 삼위일체의 두 번째 위격이고 신 자신이면서도 인간적인 존재에 관한 한, 마구간에서 동물들 틈에서 태어나 십자가에 매달려 두 명의 도둑 사이에서 죽음을 맞을 때까지 '이사야서'에 나오는 하느님의 고통 받는 종의 모습과 일치하는 예수 그리스도가 인도의 아트만-푸루샤와 통한다는 뜻이다.

자연을 연구하는 존재들로서, 연금술사들은 자신들의 과학의 대상에 대한 믿음을 통해 기독교를 대하는 태도를 보여주었다. 만약 많은 경우에 정신이 결과를 왜곡함으로써 화학 물질과 그것이 간직하고 있는 비밀보다 더 강한 것으로 드러났다면, 그것은 연금술사들의 잘못이 아니었다. 연금술사들의 직관이 몇 세기에 걸쳐서 "측정과 숫자와 무게"의 중요성을 강조한 뒤, 무게를 달고 측정하는 노력이 화학적 결합이라는 닫힌 문을 여는 열쇠를 제공한다는 사실을 보여준 것은 더욱 예리해진 현대인의 관찰력이었다.

물질에 대한 가장 중요하고 즉시적인 경험은 물질이 생명을 갖고 있다는 것이었다. 중세 사람에겐 이것은 너무나 자명했다. 정말로 모든 미사와 교회의 의례, 그리고 유적의 모든 기적적 효과 등은 중세 사람에게 이런 명백한 사실을 보여주는 것이었다.

프랑스 계몽주의가 등장하고 형이상학적인 세계관이 깨어진 다음에야, 앙투안 라부아지에(Antoine Lavoisier: 1743-1794) 같은 과학자는 마침내 저울을 사용하려는 용기를 낼 수 있었다. 그러나 먼저 연금술사들은 물질의 영혼에 매료되었으며, 그들에게 알려지지 않았지만 물질은 인간 정신으로부터 투사를 통해 영혼을 받았다. 물질을 구체적인 사실로 받아들이며 거기에 치열하게 몰두했음에도 불구하고, 연금술사들은 이런 정신적 경로를 따랐으며, 이 길은 현대인의 사고방식으로 보면 화학과 전혀 아무런 연결이 없는 영역으로 그들을 이끌었다.

연금술사들의 정신적 노동은 주로 정신의 사실들을 직관적으로 이해하는 것으로 모아졌으며, 거기서 지성은 조수의 역할밖에 하지 않았다. 그러나 이 기이한 연구 방식의 결과는 몇 세기 동안 심리학자들의 이해력 밖에 있었다. 어떤 사람을 이해하지 못할 경우에, 사람들은 그 사람을 바보로 여기는 성향을 보인다. 연금술사들의 불행은 그들 자신조차도 자신들이 뭣에 대해 말하고 있는지를 몰랐다는 사실에 있다.

그럼에도 불구하고, 연금술사들이 자신이 연구하는 과학에 대해 대단한 긍지를 느꼈으며, 물질의 신비가 그들의 내면에 경탄을 불러일으켰다는 점을 뒷받침하는 증거는 아주 많다. 우리가 예로 들고 있는 유황에 대해 말하자면, 연금술사들은 사악하고, 교활하고, 배반적인 메르쿠리우스에서 뿐만 아니라 전통적으로 지옥과 악마의 속성들 중 하나로 여겨지는 이 물질에서도 자신들의 종교에서 가장 신성한 존재와 비슷한 점을 발견했다. 그래서 연금술사들은 교부학 문헌에서 긍정적인 측면으로 예수 그리스도에게 사용한 상징들을 주의 깊게 선택하면서, 신비의 물질을 그것이 지닌 악의적이고, 위험하고, 신비로운 본질을 보여줄 상징들과 자주 연결시켰다. 이 상징을 보면, 뱀과 사자, 독수리, 불, 구름, 그림자. 물고기, 돌, 일각수, 코뿔소, 용, 야행성 새, 여인에게 안긴 남자, 암탉, 물 등 다양하다. 이 이상한 쓰임새는 교부학의 비유들 대다수가 긍정적인 의미 외에 부정적인 의미를 지닌다는 사실로 설명된다. 그래서 성 에우케리우스(St. Eucherius: 380?-449)의 글을 보면 탐욕스런 늑대는 "선한 부분에서는" 사도를 의미하지만 "나쁜 부분에서는" 악마를 의미한다.

이를 근거로, 우리는 연금술사들이 의식적이고 긍정적인 형상과 반대이면서 그 형상을 보완하는 그림자 같은 것이 심리적으로 존재한다는 사실을 발견했다고 결론을 내려야 한다. 연금술사들에게, 그림자는 결코 '빛의 결여'가 아니었다. 그림자가 너무나 현실적이었기 때문에, 연금술사들은 그림자의 물질적 밀도를 식별할 수 있다고 생각했다. 이 같은 구체주의가 연금술사들이 그림자에게 부패하지 않고 영구한 물질의 모체(母體)라는 영광을 돌리도록 만들었다.

종교 영역에서 이 같은 심리학적 발견은 기독교의 발흥과 더불어 악마, 즉 "그리스도의 영원한 대응물"이 진정한 형태를 갖게 되었고 또 적(敵)그리스도의 형상이 이미 '신약성경'에 나타났다는 역사적 사실에 반영되고 있다. 연금술사들이 물질의 어둠으로부터 악마를 유혹해서 끌어냈다고 생각한 것은 어쩌면 너무나 자연스러울 수 있었다. 정말로, 우리가 본 바와 같이 이런 암시가 있었지만 그것은 예외적이었다.

이보다 더 광범위하게 퍼져 있던 연금술의 특징은 이 어둠의 존재가 치료제가 될 것이라는 낙관적인 견해였다. 이는 믿을 수 없는 유황에도 "치료제와 의사"라는 표현을 쓴 것에 의해서도 확인된다. 성 암브로시우스의 글을 보면 예수 그리스도에게도 똑같은 표현이 쓰이고 있다. 유황의 비유에서, 너무나 많은 죽음을 야기한 "대단히 위험한" 물의 강은 예수 그리스도의 옆구리로부터 흘러나오는 물과 그리스도의 배에서 흘러나오는 시내와 비슷하다. 어느 한 곳에서 자비의 강인 것이 다른 곳에서는 치명적인 독이 되지만, 이 독은 치료의 잠재력을 품고 있다.

이것은 단순히 완곡한 표현이거나 위로의 낙관주의가 아니며, 그보다는 무의식에서 반대의 입장이 일으키는 보상적인 효과를 직관적으로 지각한 것이다. 이 반대 입장을 이원론적으로 절대적 대립으로 이해해서는 안 된다. 반대 입장은 의식적인 입장에 도움이 됨에도 불구하고 위험한 보상으로 이해되어야 한다. 치료 과정의 경험에 근거하면, 정상적인 사람의 내면에서도 무의식은 보상적인 경향에 의해 활성화된다는 점을 보여준다. 병리학의 영역에서 나는 인간적인 기준에서 무의식의 경향을 기본적으로 파괴적인 것으로 봐야 하는 환자들을 여럿 목격했다. 그러나 터무니없을 만큼 비효율적이거나 사악한 자기파괴가 보다 높은 차원에서 보면 보상의 시도로 이해될 수 있다는 생각도 이 대목에서 부적절하지 않을 것이다. 자신이 직접 사형을 집행하는 것이 적절한 처벌이라고 느끼는 살인자도 있고, 승리의 감정을 느끼며 스스로 죽음의 길을 택하는 자살자도 있는 것이다.

그렇다면 연금술사들은 물질의 숨겨진 구조를 발견하는 데엔 실패했을지라도 정신의 숨겨진 구조를 발견하는 데엔 성공했다고 할 수 있다. 연금술사들이 이 발견의 의미가 무엇인지를 알지는 못했을지라도. 연금술사들이 순진하게 그리스도와 라피스를 비슷한 차원에 놓은 것은 화학적 신비의 상징화인 동시에 그리스도 형상의 상징화이다.

그리스도를 화학적 요소와 동일시하거나 비교하는 것은 기본적으로 무의식에서 나온 투사인데, 이 비교는 구세주에 대한 해석에 반동적 영향을 미친다. 왜냐하면 만약에 A(그리스도)=B(라피스)=C(무의식적 내용물)라면, A=C가 되기 때문이다. 이런 결론은 굳이 의식적으로 끌어내어야만 그 효과가 나타나는 것은 아니다. 예를 들어, 그리스도와 라피스의 비교에 의해 일어나는 것처럼 최초의 원동력이 생기기만 하면, 그 같은 결론은 의식에 닿지 않아도 저절로 일어나 어느 학파의 공개되지 않은 정신적 특성으로 남아 있다가 어느 순간에 그런 등식을 착안하게 된다. 거기서 그치지 않는다. 그 결론은 그 학파의 후계자들에게도, 이 경우에 자연 과학자들에게도 정신 장치의 핵심을 이루는 일부로 넘어갈 것이다. 그 등식은 종교적인 신을 물리적인 자연 속으로, 최종적으로 물질 자체 속으로 불어넣는 효과를 발휘한다. 그러면 거꾸로 물질은 스스로 존재하는 "형이상학적" 원리가 될 기회를 갖게 된다.

내가 『심리학과 연금술』에서 보여준 바와 같이, 연금술사들은 자신들의 기본적인 사고들을 따르면서 논리적으로 정신의 아들에, 땅과 별들(혹은 금속들)의 아들에, 그리고 사람의 아들 혹은 소우주의 아들 혹은 대우주의 아들에 맞섰다. 그렇게 함으로써 연금술사들은 연금술에, 정신 자체를 대체하지는 않았지만 그럼에도 불구하고 자체의 힘으로 존재하는 어떤 자율적인 원리가 있다는 점을 본의 아니게 드러내고 있었다. 연금술사들은 자신들의 통찰과 진리들이 신성한 기원을 갖고 있다는 점을 어느 정도 알고 있었다. 그럼에도 그들은 자신들의 통찰과 진리들이 신의 계시가 아니며 개인적인 영감이나 자연 속에 숨어 있는 지혜의 신에 의해 허용된다는 것을 알았다.

연금술사들의 통찰이 자율성을 누렸다는 점은 신앙의 지배로부터 과학을 해방시킨 사실에 잘 나타났다. 신앙과 지식 사이에 벌어진 공개적 갈등의 원인은 종국적으로 보면 인간의 편협과 단견이다. 같은 표준으로 잴 수 없는 것들 사이에 갈등이나 비교는 불가능하다. 유일하게 가능한 태도는 상호 관용의 태도이다. 서로 같은 표준으로 잴 수 없는 것들인 경우에 어느 것도 다른 것의 유효성을 지우지 못하기 때문이다.

기존의 종교적 믿음들은 초자연적인 토대 외에 심리학적 사실들에도 바탕을 두고 있으며, 이 심리학적 사실의 유효성은 경험적 과학의 유효성만큼이나 확실하다. 만약에 이 같은 사실이 이쪽이나 저쪽에 이해되지 않는다 하더라도, 그런 현실이 심리학적 사실들에는 전혀 아무런 영향을 미치지 않는다. 심리학적 사실들은 인간이 이해를 하든 안 하든 상관없이 엄연히 존재하기 때문이다. 이 사실들을 받아들이지 않는 사람은 누구든 조만간 그 대가를 치르게 될 것이다.

이것으로 나는 유황에 대한 논의를 끝맺을까 한다. 이 신비의 물질은 일반적인 고찰을 어느 정도 가능하게 했다. 유황이 태양의 능동적인 물질을, 심리학적 언어로 표현할 경우에 의식의 동인(動因)을 대표한다는 점에서 보면, 이 같은 일반적 고찰은 절대로 억지가 아니다. 의식의 동인을 보면, 한편에는 의식에 속하는 활력으로 보는 것이 가장 적절한 의지가 있고, 다른 한편에는 단순한 관심에서부터 사로잡힘까지 본능적인 동기 혹은 충동이 있다. 무의식적 활력도 유황에 해당할 것이다. 충동이 인간의 삶의 위대한 신비이기 때문이다. 충동은 우리의 의식적인 의지를 가로막고, 우리 내면에 있는 가연성의 요소를 통해 우리의 이성을 가로막으면서 지금 모든 것을 태우는 불로, 또 생명을 주는 온기로 나타나고 있다.

이 같은 자유의 결여의 작용인(作用因)과 목적인은 무의식 안에 있으면서 의식적인 인간이 완전한 존재로 성숙하기 위해서 인격에 더해져야 할 부분을 이루고 있다. 얼핏 보기에 이 작용인과 목적인은 무의미한 파편에 지나지 않고, 종종 불편하고 역겹다. 그것이 우리의 비밀스런 열등을 꽤 명백하게 드러내는 무엇인가를 뜻하기 때문이다. 이 같은 측면은 우리가 일반적으로 심리학에, 구체적으로 무의식에 저항하는 이유를 설명해준다.

그러나 우리의 의식을 하나의 전체로 다듬어낼 수 있는 이 파편 외에, 무의식에는 기존의 완전성 같은 것이 있다. 이것을 서구에서는 '총체적 인간'(homo totus)이라고 부르고 중국 연금술에서는 '진인'(眞人)이라 부른다. 이는 신을 닮은 안트로포스를, 말하자면 내면의 위대한 사람을 대표하는 최초의 존재이다. 이 속사람은 반드시 부분적으로 무의식적이다. 이는 의식이 사람의 일부에 지나지 않고 또 전체를 이해하지 못하기 때문이다.

정신적 내용물은 어떤 것이든 어느 선의 에너지양을 갖지 않는다면 결코 의식이 되지 못한다. 이 에너지 수준에 미치지 못하는 내용물은 문지방 아래로 가라앉으면서 무의식이 된다. 그렇다면 의식의 내용물은 분류가 가능해진다. 에너지의 양이 의식이 될 수 있는 내용물과 의식이 될 수 없는 내용물을 분리시키기 때문이다. 이 분리가 한편으로 의식을 낳고, 다른 한편으로 그림자를 낳는다. 의식의 상징은 태양이고, 그림자는 태양의 그림자에 해당한다.

따라서 충동은 두 개의 원천, 즉 그림자와 안트로포스를 갖고 있다. 이것은 "부패시키는 자"로서 악마와 비슷한 성격을 갖는 한편으로 그리스도와 비슷한 존재로 등장하는 유황의 역설적인 본질을 충분히 설명해준다.

4. 루나

a. 달의 의미

앞에서 본 것처럼, 루나는 솔의 대응물이며, 차갑고, 습하고, 부드럽게 빛나거나 어둡고, 여성적이고, 물질적이고, 수동적이다. 따라서 루나의 가장 중요한 역할은 융합에서 파트너가 되는 역할이다. 여성적인 신으로서 루나의 빛은 온화하고 연인 같다. 플리니우스(Pliny)는 루나를 "여성스럽고 부드러운 별"이라고 부른다. 루나는 태양의 여형제이자 신부이고, 어머니이자 배우자이다.

태양과 달의 관계를 설명하기 위해 연금술사들은 종종 '아가'를 이용한다. 『아우로라 콘수르겐스』에서 연인이 사랑하는 사람과 대화하는 내용이 그런 예이다. 아테네에서 초승달이 뜨는 날은 결혼하기 좋은 날로 여겨졌으며, 이날에 결혼하는 것은 지금도 아랍 관습으로 내려오고 있다. 해와 달은 음력으로 28일에 서로를 끌어안는 결혼 파트너들이다.

이런 고대의 관념에 따르면, 달은 태양의 그릇이다. 달은 보편적인 그릇이고, 특별히 태양의 그릇이다. 달은 "하늘의 권력을 받고 쏟아내기" 때문에 "땅의 깔때기"라 불린다. 또 "달의 습기"가 햇빛을 받아들인다는 말도 있고, 루나가 "태양으로부터, 샘으로부터 보편적인 형태와 자연적인 생명을 끌어내기" 위해 태양 가까이 끌려간다는 말도 있다. 달은 또한 자연의 정수(精髓)에, "자연의 배와 자궁"에 "보편적인 태양의 씨앗"을 잉태한다. 이런 측면에서 보면, 플루타르코스(Plutarch: A.D. 46-120)와 마크로비우스(Macrobius: A.D. 390-430)의 글에 언급되어 있듯이, 달과 지구 사이에 어떤 비유가 있다. 『아우로라 콘수르겐스』는 "지구가 달을 만들었다."고 말하는데, 여기서 우리는 루나가 은을 상징하기도 한다는 점을 기억해야 한다. 그러나 연금술사들이 루나에 대해 언급한 내용은 너무나 복잡하다. 그렇기 때문에 은은 신비의 "루나"의 또 다른 동의어이거나 상징이라 말해도 무방하다. 그렇다 하더라도, 방금 인용한 것과 비슷한 언급은 땅 속에서 형성되는 방식에 관한 것으로 보는 것이 무방하다. 지구가 별들의 능력을 "받고", 지구 안에 태양이 금을 낳는다는 식으로 말이다. 따라서 『아우로라 콘수르겐스』는 지구와 신부를 동일시한다. "나는 바로 신성한 약속의 땅이다." 또는 어쨌든 히에로스가모스가 일어나는 곳은 땅 속이다.

지구와 달은 '알베도'에서 서로 일치한다. 한편에선 승화된 지구가 "순백의 눈처럼 지고(至高)의 선(善)으로" 나타나고, 다른 한편에선 '알베도'의 연인으로서 루나가 융합의 하얀 여인이자 "표백하는 여자 중재자"로 나타난다. 달의 유황은 이미 언급한 바와 같이 흰색이다. 만월은 특별히 중요한 것 같다. 달이 완전한 모습으로 빛을 발할 때, "광견"(狂犬), 즉 신성한 아이를 위협하는 위험이 멀리 쫓겨나게 된다. 이븐 우마일의 글에서 보름달은 신비의 물질로 여겨진다.

고대 전설 속에서 루나는 습기를 주며 물의 별자리인 게자리의 지배자이다. 태양이 게자리로 들어가지 않는 한 태양의 그림자는 파괴될 수 없지만 게자리는 "루나의 집이고, 루나는 습기의 지배자"라고 마이어는 말한다. 『아우로라 콘수르겐스』에 따르면, 루나 자체가 물이며, "이슬의 보모"이다. 휴고 라흐너는 『미스테리움 루나이』(Mysterium Lunae: '달의 신비')에서 교부의 아버지들이 성사에서 은총의 효과를 설명하면서 달과 이슬의 비유를 광범위하게 동원한다는 점을 보여준다. 여기서도 다시 교회의 상징체계가 연금술 비유에 대단히 강한 영향력을 행사하고 있다는 사실이 드러난다.

루나는 이슬 혹은 생명의 활력을 분비한다. "이 루나는 생명의 물의 활력이고, 이 생명의 물은 메르쿠리우스 안에 숨어 있다."[33] 그리스의 연금술사들까지도 달에 기독교인들이 "철학자의 이코르(ichor: 신들의 체내에 흐르고 있다는 영액(靈液)을 일컫는다/옮긴이)"라 부르는 어떤 원리가 있다고 짐작했다.

고대에 대단히 자주 강조되었던 달과 영혼의 관계도 연금술에서 약간 다른 상태로 나타난다. 보통 이슬이 달로부터 온다고 말한다. 그러나 달은 육체로부터 영혼을 끌어내거나 육체에 생명과 영혼을 주는 '불가사의의 물'이다. 메르쿠리우스와 함께, 루나는 갈가리 찢긴 용에 습기를 뿌려 다시 살려내어 "용이 살고, 걷고, 달리도록 하고 용의 색깔을 피의 성격에 따라 변화시킨다". 목욕재계의 물로서,

....
33 Mus. herm., p. 809

이슬은 하늘에서 떨어지고 몸을 정화시키고 몸이 영혼을 받도록 준비시킨다. 달리 말하면, 이슬은 순진무구한 순백의 상태인 '알베도'를 낳으며, 이 상태에서 달과 신부처럼 이슬은 신랑을 기다린다.

연금술사들 중에 의사가 많았기 때문에, 갈레노스(Galen: A.D. 130-210)의 관점이 달과 그 효과에 관한 연금술사들의 생각에 영향을 미쳤음에 분명하다. 갈레노스는 루나를 능력에서만 아니라 거리적 가까움에서도 다른 행성들을 능가하면서 "이 땅의 영역을 올바르게 지배하는 지도자"라고 부른다. 갈레노스는 또 병이나 건강에 나타나는 모든 변화의 원인이 달에 있으며, 달의 양상을 진단에 결정적으로 중요한 것으로 여긴다.

달이 식물의 성장을 촉진한다는 황금시대의 믿음은 연금술에서 그와 비슷한 말을 낳았을 뿐만 아니라 달 자체가 하나의 식물이라는 기이한 생각까지 낳았다. 한 예로, 『로사리움 필로소포룸』은 솔이 "위대한 동물"로 불린 한편 루나는 "식물"로 불렸다고 말한다. 연금술의 그림에 태양과 달 나무들이 자주 보인다. 『수페르 아르보렘 아리스토텔리스』(Super arborem Aristotelis)를 보면, 헤르메스의 무덤 옆에 서 있는 경이의 나무 위에 있는 황새의 형태 안에 "달의 원"이 높이 자리잡고 있다.

갈레노스는 '철학자의 나무'를 다음과 같이 설명한다. "루나티카 혹은 베리사라는 이름을 가진 식물 혹은 약초가 있다. 이 식물의 뿌리들은 금속을 함유하고 있는 땅이며, 식물의 줄기는 붉고 검은 줄무늬가 있으며, 꽃은 마조람의 꽃처럼 생겼으며, 이 식물의 종류는 서른 가지이며 이 숫자는 달이 차고 기우는 나이와 일치한다. 식물의 색깔은 노란색이다."[34] 루나티카의 또 다른 이름은 루나리아이다. 이 식물의 꽃에 대해 도른은 기적의 힘을 지녔다고 설명한다. 하인리히 쿤라트는 "이 작은 소금 샘에서 태양과 달의 나무, 말하자면 우리의 바다의 붉고 흰 산호 나무가 자라난다."고 말한다. 이 식물이 앞에서 말한 루나리아이며, 그 소금은 "현자들의 감미로움"이라 불린다. 『알레고리아이 수페르 리브룸 투르바이』(Allegoriae super librum Turbae)는 달 식물에 대해 이렇게 설명한다. "달의 바다에 해면 같은 것이 하나 심어져 있다. 이 식물은 피와 지각력을 갖고 있으며, 바다에 뿌리를 내린 나무처럼 그 자리에서 움직이지 않는다. 만약에 이 식물을 다루려거든 낫으로 자르되, 피가 흘러나오지 않도록 조심해야 한다. 그 피가 철학자들의 독이기 때문이다."

이런 여러 가지 언급을 바탕으로 할 때, 달 식물은 일종의 마취성 독을 가진 것 같으며 식물학에서 말하는 루나리아(정직)와는 전혀 아무런 관계가 없는 것 같다. 식물들의 불가사의한 힘과 약효를 두루 묘사한 『타베르나이몬타누스』(Tabernaemontanus)의 식물지에, 연금술에서 말하는 루나티카 혹은 루나리아에 대한 언급이 전혀 없다. 한편, 루나티카는 아라비아 연금술에 나오는 "바다의 나무"와, 따라서 철학자의 나무와 밀접한 연결이 있으며, 이 철학자의 나무는 히브리 신비주의에서 말하는 세피로트의 나무와, 그리고 기독교 신비주의와 힌두 철학의 나무와 비슷한 것이 확실하다.

해면이 "이해력을 갖고 있다"는 마르틴 룰란트(Martin Ruland)의 언급과 루나리아의 정수(精髓)는 "현자들의 감미로움"이라는 쿤라

....

34 Aurora consurgens II, in Art. aurif., I, p. 222

트의 말은 달이 인간의 정신과 어떤 은밀한 연결을 갖는다는 일반적인 생각을 전하고 있다. 연금술사들은 이에 대해 할 말이 많으며, 우리가 달이 무의식의 어떤 측면들을 호의적으로 상징한다는 점을 알고 있기 때문에 이 같은 사실이 더욱 흥미롭다.

물론 달이 무의식을 상징한다는 것은 남자에게만 통하는 말이다. 여자의 내면에서 달은 의식에 해당하고 해는 무의식에 해당한다. 이것은 무의식에 있는 반대 성(性)의 원형 때문이다. 말하자면, 남자의 내면에 아니마가 있고, 여자의 내면에 아니무스가 있기 때문이다.

시몬 마구스의 신비적 직관에서, 헬레네는 지혜이다. 시몬은 『아포파시스 메갈레』(Apophasis megale: '위대한 선언')에서 이렇게 말한다.

> 모든 영체(靈體)에서 두 개의 파생물이 나온다. 이것들은 시작도 없고 끝도 없으며, 하나의 뿌리를 갖고 있다. 이 뿌리는 어떤 권력이며, 눈에 보이지 않고 이해되지 않는 침묵이다. 두 개의 파생물 중 하나는 높은 곳에 나타나고, 위대한 권력이며, 만물을 다스리는 완전한 존재의 마음이며, 남자이다. 아래에 있는 다른 하나는 위대한 사상이며, 만물을 낳는 여자이다. 서로 마주보며 서 있는 두 개의 파생물은 함께 짝을 이루며 둘 사이에 불가해하고 또 시작도 끝도 없는 공기가 일어나게 한다. 이 공기 안에 만물을 지탱하며 시작과 끝을 가진 것들을 촉진하는 아버지가 있다. 이것이 바로 고독 속에 거주하면서 끝도 없고 시작도 없는 기존의 무한한 권력과 비슷

한 모습으로 생겨난, 남자이면서도 여자인 어떤 권력을 세웠고 또 세우고 세울 존재이다.

이 단락은 여러 가지 이유로 주목할 만하다. 이 단락은 태양과 달의 융합을 묘사하고 있다. 그 융합을 시몬 마구스는 자신의 삶에서 티루스의 매춘부로 이슈타르의 역할을 하는 헬레네와 구체화했던 것 같다. '신비의 여형제 혹은 딸'과 짝을 지은 결과, 거기서 남성적이며 여성적인 "공기"라는 이름의 프네우마가 생겨났다. 프네우마가 원래 정신처럼 움직이는 공기를 의미했기 때문에, 이 같은 이름은 고풍스러워 보이거나 자연과학처럼 들린다.

그러나 여기서 공기는 정신적 의미의 프네우마로 쓰인 것이 분명하다. 왜냐하면 공기의 조상들이 지성적이고, 따라서 영적인 영역에 속하는 성격의 이름을 3개 갖고 있기 때문이다. 누스(Nous)와 엔노이아(Ennoia), 에피노이아(Epinoia)이다. 이 이름들 중에서 누스가 가장 일반적인 개념이며, 시몬의 시대에 이 개념은 프네우마와 무차별적으로 쓰였다. 엔노이아와 에피노이아가 의미하는 것들 중에서 누스가 표현할 수 없는 것은 하나도 없다. 엔노이아와 에피노이아는 포용적인 단어인 누스의 내용물 중에서 보다 특별한 것을 강조하면서 각자 특별한 성격에서만 누스와 다를 뿐이다. 더욱이 엔노이아와 에피노이아는 이 맥락에 어울리게 여성적이며, 누스는 남성적이다. 이 3가지는 시지지(syzygy: A.D. 2세기경 발렌티누스(Valentinus)가 이끈 영지주의를 비롯한 일부 종파에서 만물을 낳은 최초의 존재로 여긴 남녀 짝을 일컫는다/옮긴이)의 구성 요소들과 그 요소들의 "정신적" 본성이 근본적으로 유사하다는 점을 암시한다.

연금술을 아는 사람이라면 누구나 시몬의 견해와 『타불라 스마라그디나』의 다음과 같은 구절 사이의 유사성에 놀랄 것이다.

> 그리고 만물이 절대자에게서 절대자의 명상을 통해 나오듯이, 만물은 이 한 가지로부터 적응에 의해서 나온다.
> 이 한 가지의 아버지는 태양이고 어머니는 달이며, 바람이 그의 배속으로 그것을 실어다 주었다.

"만물"이 절대자의 명상에서 나오기 때문에, 이 말은 솔과 루나에게도 그대로 통하며 따라서 술과 루나도 원래 프네우마의 성격을 부여받았다. 솔과 루나는 정신의 원초적인 이미지를 의미하며, 둘의 결합은 대우주의 아들을 낳는다. 솔과 루나는 훗날 연금술에서 틀림없이 신비의 물질이며 정신이다.

이제 텍스트들이 루나의 지적 측면에 대해 어떤 식으로 말했는지 볼 차례이다. 그것을 다룬 텍스트는 놀랄 정도로 적다. 그럼에도, 『로사리움 필로소포룸』에 다음과 같은 글이 있다.

> 그대가 나를 죽이지 않으면, 그대의 이해력은 완벽하지 못할 것이며, 나의 여형제인 달 안에서 그대의 지혜의 크기는 늘어날 것이지만, 그대가 나의 비결을 안다 하더라도 나의 하인들 중 다른 하나에서는 그대의 지혜의 크기가 늘어나지 않을 것이니라.

밀리우스는 자신의 『필로소피아 레포르마타』에서 이 문장을 무비판적으로 그대로 베끼고 있다. 밀리우스와 『로사리움 필로소포룸』은 그 출처로 『메타포라 벨리니 데 솔레』(Metaphora Belini de sole)를 제시한다. 『딕타 벨리니』(Dicta Belini)가 『알레고리아이 사피엔툼』에 포함되어 있지만, 거기 내용은 이렇다.

> 그러므로 나는 그대 모든 현자들에게 이렇게 선언하노라. 그대가 나를 죽이지 않으면, 그대들은 현자라 불리지 못한다. 그러나 만일 그대가 나를 죽이면, 그대의 이해력은 완벽해질 것이며, 그 이해력은 나의 여동생인 달 안에서 우리의 지혜의 정도에 따라 커질 것이고 그대가 나의 비밀을 안다 할지라도 나의 하인들 중 다른 하나에겐 이해력이 커지지 않을 것이다.

아마 율리우스 루스카(Julius Ruska: 1867-1949)의 짐작이 맞을 텐데, 벨리누스(Belinus)는 『투르바 필로소포룸』에 나오는 설교 몇 개의 저자로 전해오는 티아나의 아폴로니우스(Appollonius of Tyana: A.D. 15-100)와 같은 인물일 것이다. 32번 설교에서, "보넬루스"는 마찬가지로 우리의 텍스트에서도 논하는 죽음과 변형의 문제에 대해 논한다. 그러나 보넬루스의 다른 설교들은 우리의 텍스트와 아무런 관계가 없으며, 부활이라는 주제는 그 보편성 때문에 그다지 큰 의미를 지니지 않는다. 그렇다면 『딕타 벨리니』가 『투르바 필로소포룸』과 아무런 관계가 없을 가능성이 아주 크다.

『딕타 벨리니』의 출처로 더욱 가능성이 큰 것은 아르테피우스

(Artefius: 12세기 인물)의 논문인 『클라비스 마이오리스 사피엔티아이』(Clavis maioris sapientiae)이다. "우리의 스승인 철학자 벨레니우스는 말했다. 투명한 유리 용기 안에 그대의 빛을 밝히고, 세상의 모든 지혜가 다음 3가지를 중심으로 도는 것을 관찰하라." 그리도 사이 이런 글이 나온다. "그러나 어느 날 나의 스승인 철학자 볼레무스가 나를 불러 이렇게 말했다. 음, 나의 아들아, 나는 네가 영적 이해력을 갖춘 사람이 되어 지고한 지혜를 이룰 수 있기를 기대한다." 이어서 두 개의 모순되는 본질, 즉 능동적인 본질과 수동적인 본질이 최초의 단순한 물질에서 어떤 식으로 일어나는지에 대한 설명이 따른다. 처음에 신은 "말은 한마디도 하지 않으면서" 말했다. "그런 다음에 창조가 일어나게 했으며" 거기에 단자(單子)가 있었다. 이어서 신은 본질 혹은 원물질을, "최초의 수동적 혹은 수용적인 물질"을 창조했다. 이 원물질 안에 "모든 것이 원리와 잠재력으로 들어 있다". 이 정지 상태를 끝내기 위해, 신은 천체의 원과 비슷한 "작용인"(作用因)을 창조했으며 이것을 빛이라 부르기로 결정했다. 그러나 이 빛은 그 허공 안에 최초의 창조물인 어떤 구(球)를 받았다. 이 구의 특징은 뜨거움과 움직임이었다. 그것은 분명히 태양이었으며, 차갑고 수동적인 원리는 달에 해당할 것이다.

내가 볼 때, 『딕타 벨리니』가 아폴로니우스의 설교와 전혀 아무런 관계가 없기 때문에 『투르바 필로소포룸』보다는 아르테피우스의 이 단락과 관계있을 가능성도 배제하지 못할 것 같다. 따라서 『딕타 벨리니』는 『투르바 필로소포룸』과 무관한 어떤 전통을 표현하고 있을 수 있으며, 아르테피우스가 아라비아 출신의 고대 저자일 수 있기 때문에 이 같은 판단이 더 타당한 것 같다. 그는 "단자"의 원리를, 고대 도시 하란에서 쓰인 것이 분명한 『리베르 콰르토룸』과 공유하고 있다. 아르테피우스의 창조 이론이 『딕타 벨리니』와 전혀 비슷하지 않음에도 불구하고, 나는 그의 이론을 여기서 언급한다. 이유는 나의 판단에 그의 이론이 시몬 마구스의 『아포파시스 메갈레』와 어떤 내적 연결을 갖고 있는 것처럼 보이기 때문이다. 『딕타 벨리니』는 자연들의 구분에 관심을 두고 있지 않으며, 그보다는 『리베르 콰르토룸』에 소개된 과정으로서 인간 정신의 승화와 아주 비슷한 통합에 관심을 두고 있다.

　루나와 지성의 연결 외에, 루나와 지성이 메르쿠리우스와 어떤 관계인지도 고려해야 한다. 점성술과 신화학에서 메르쿠리우스가 에피노이아와 깊은 관계가 있는 신성한 요소이기 때문이다. 연금술에서 이들 사이의 연결은 역사 깊은 일화들을 갖고 있다. 헤르메스와 누스의 관계는 제쳐놓고, 나는 단지 플루타르코스의 글에서 헤르메스가 달에 앉아서 달과 함께 돈다는 점만을 언급할 것이다 (헤라클레스가 태양에 앉아서 그랬던 것처럼). '마법 파피루스'를 보면 헤르메스에게 이렇게 간청한다. "오, 세상의 지배자인 헤르메스여, 둥글고 네모진 달의 원, 달의 심장에 살고 있는 그대여."

　연금술에서 메르쿠리우스는 특히 둥글다. 루나는 메르쿠리우스의 차갑고 습한 본질로 형성되고, 솔은 메르쿠리우스의 뜨겁고 건조한 본질로 형성된다. 그래서 루나는 "메르쿠리우스의 고유한 물질"로도 불린다. 루나로부터 메르쿠리우스의 물 또는 영원의 물이 나온다. 루나는 메르쿠리우스처럼 죽은 용에게 자신의 습기로 생명을 되찾아준다. 앞에서 본 바와 같이, 달의 순환은『수페르 아르보렘 아리스토텔리스』에 언급되는데, 거기 보면 "스스로를 달의 순환이라고 부르는 황새 한 마리"가 초록 나무 밖이 아니라 안에 앉아 있다. 이 대목에서, 달과의 연결에 대해 이미 논한 바 있는 영혼도 둥근 것으로 믿어진다는 점을 강조할 필요가 있다. 한 예로 하이스터바흐의 카이사리우스(Caesarius of Heisterbach: 1180-1240)는 영혼은 "달의 둥근 모양을 닮아 구(球) 같은 본질"을 갖고 있다고 말한다.

이젠『로사리움 필로소포룸』이『딕타 벨리니』에서 인용한 부분이 제기했던 문제로 돌아가자. 그것은『로사리움 필로소포룸』곳곳에 실린 대략적 인용 중 하나이다. 그런 인용을 분석할 때, 화자가 누구인지가 확실하지 않다는 점에 주의해야 한다.『로사리움 필로소포룸』은 그것이 솔이라고 짐작한다. 그러나『딕타 벨리니』의 문맥을 근거로, 화자가 철학자의 아들이 될 수도 있다는 것이 쉽게 확인된다. 왜냐하면 여인이 어떤 때는 '여형제'로, 또 어떤 때는 '어머니'로, 또 어떤 때는 '아내'로 불리고 있기 때문이다. 이런 이상한 관계는 아들이 다시 태어난 아버지를 의미한다는 근본적인 사실에 의해 설명되며, 이 같은 개념은 기독교 전통을 통해서 우리와 친숙한 모티프이다. 따라서 화자는 아버지-아들이며, 아버지-아들의 어머니는 아들의 여형제-아내이다. "우리의 지혜의 등급에 따라서"가 "그대의 이해력"과 대조를 이루기 때문에, 그 지혜는 '다시 태어난 솔'의 지혜를 가리키며 동시에 그의 여형제인 달, 따라서 "나"의 지혜가 아닌 "우리"의 지혜를 가리킬 것이다. "등급"은 칭찬

할 만할 뿐만 아니라 연금술 작업에 특별한 개념이다. 왜냐하면 솔이 용과 사자, 독수리에서 시작해 자웅동체까지 다양한 변형의 단계를 거치기 때문이다.

이 단계들 각각은 새로운 등급의 통찰과 지혜, 비법을 의미한다. 미트라교의 독수리들과 사자, 태양 사자(使者)들이 비법의 단계를 의미하는 것처럼. "그대가 나를 죽이지 않는다면"은 보통 용의 살해를, 원물질에 갇혀 있던 상태에서 풀려난 아니마(=메르쿠리우스)의 위험하고 유독한 첫 번째 단계의 죽음을 가리킨다. 이 아니마는 또한 솔과 동일시된다. 솔은 종종 '렉스'(왕)로 불리며, 솔이 10명의 사람들에게 죽음을 당하는 모습을 보여주는 그림이 있다. 따라서 솔은 용과 똑같은 죽음을 당하며, 둘의 죽음에서 다른 점을 찾는다면 솔의 죽음이 결코 자살이 아니라는 점이다. 이는 용이 '태양의 아들'의 예비적인 한 형태라는 측면에서 볼 경우에, 솔이 용의 아버지가 되기 때문이다. 용이 스스로를 생기게 하고 따라서 창조되지 않은 것으로 여겨지기도 함에도 말이다. 동시에, 솔은 자신의 아들이기 때문에 용이기도 하다. 따라서 용과 여인의 결합이 있고, 이 여인이 될 수 있는 존재는 오직 루나 혹은 메르쿠리우스의 여성적인 반쪽뿐이다. 따라서 루나(어머니로서)도 솔만큼이나 용 속에 포함되어야 한다. 내가 아는 한, 루나의 죽음을 놓고 살인 운운하는 소리는 들리지 않는다. 그럼에도 불구하고, 그녀는 솔과 함께 용의 죽음에 포함되고 있다. 『로사리움 필로소포룸』이 암시하는 것처럼. "용은 꼭 그의 형제나 여형제와 함께 죽는다."

용이나 솔이 죽어야 한다는 관념은 변형의 신비의 근본적인 부분이다. 이 경우에 사지를 자르는 형식으로 일어난다. 이 죽음은 사자에게도 일어나는데, 그런 경우엔 사자의 발톱을 뽑는다. 새에게 일어날 경우엔 새의 날개가 부러진다. 그것은 동물 상징들에 의해 표현되는 위험한 예비적 단계들을 극복할 뿐만 아니라 옛날의 오래된 것들을 극복한다는 것을 의미한다.

"그대의 이해력은 나의 여형제 안에서 커지고"라는 대목을 해석할 때, 스토아학파 철학자들 사이에 신화를 철학적으로 이해하려는 현상이 이미 널리 퍼지고 있었다는 사실을 기억할 필요가 있다. 오늘날의 우리까지도 심리학적이라고 묘사하길 주저하지 않을 만큼 해석에 깊이도 있었다. 이런 식의 해석 작업은 기독교의 발달로 인해서도 방해를 받지 않는 가운데 다소 다른 형식으로, 즉 교부들의 성서 해석학으로 열심히 지속되었다. 이 성서 해석학이 연금술의 상징체계에 결정적 영향력을 행사했다. 사도 요한이 그리스도를 세상 이전의 로고스로 해석한 것도 예수 그리스도의 정수의 "의미"를 다른 말로 표현하려는 이런 식의 시도를 보여주는 초기의 예이다.

후대의 중세주의자들과 특히 자연 철학자들은 '신의 지혜'를 자연에 대한 해석의 핵심으로 만들고, 따라서 새로운 자연 신화를 창조했다. 이 점에서 중세주의자들과 자연 철학자들은 그리스 철학과 신비적 직관의 마지막 옹호자들이었던 아랍인들과 하람 사람들의 글의 영향을 강하게 받았는데, 대표적인 인물은 10세기의 타빗 이븐 쿠라(Thabit ibn Qurra: A.D. 836-901)였다. 이 글들 중 하나인 『리베르 플라토니스 콰르토룸』(Liber Platonis quartorum)은 타빗이 직접 말하는 대화 형식으로 되어 있다. 이 논문에서 자연 철학의 한 도구로서 지성은 우리가 16세기에 게르하르트 도른에서 다시 만나게 되는 어떤 역할을 하고 있다.

피코 델라 미란돌라(Pico della Mirandola: 1463-1494)는 고대인들을 심리학적으로 해석하려 들면서 "그리스의 플라톤 추종자들"이 솔을 지성으로, 루나를 의견으로 묘사했다고 언급한다. 이는 시몬 마구의 누스와 에피노이아를 떠올리게 하는 단어들이다. 피코 자신은 그 차이를 "지식"과 "의견"의 차이라고 정의한다. 피코는 마음(아니무스)은 신의 영(스피리투스)을 향해 빛을 발하고, 그래서 솔이라 불린다고 생각한다. 신의 영은 "창공 위의 물"에 해당한다. 그러나 인간의 마음이 "창공 아래의 물"로 향하는 한, 인간의 마음은 "감각적 능력"에 관심을 기울이고, "거기에 전염되고", 루나라 불린다.

두 경우 모두 인간의 마음은 분명히 인간의 정신이다. 그러나 이 인간의 정신은 이중적인 측면을 갖고 있다. 한쪽 측면은 위로 빛을 향하고 있고, 다른 한 측면은 아래로 달이 지배하는 어둠을 향하고 있다("태양은 낮을 지배하고, 달은 밤을 지배한다."). 피코는 이렇게 덧붙인다. "그리고 조국에서 멀리 떠나와 떠돌면서 현재 생활의 밤과 어둠 속에 살고 있는 동안에, 우리는 감각들을 최대한 이용하게 되었다. 이런 이유로 우리는 많은 것들을 알기보다 많은 것들에 대해 생각하는 것으로 만족하게 되었다." 이는 다소 회의적이긴 하지만 지상 세계의 정신적 무지몽매와 사악한 어둠과 완전히 일치하는 견해이다. 이 지상 세계가 얼마나 검은지, 달까지도 지상 세계에 의해 더럽혀지고 있다.

달은 태양과 비교할 때 불리한 입장에 서는 것 같다. 태양은 빛이 집중된 발광체이다. "낮은 단 하나의 태양에 의해 밝아진다." 한편, 달은 "마치 덜 강한 것처럼" "구성하고, 분리시키고, 이성적으로 사고하고, 정의를 내리는" 등의 과업을 할 때 별들의 도움을 필요로 한다.

욕망은 "감각적 능력"으로서 달의 영역에 해당한다. 욕망은 화와 욕구이다. 열정은 동물로 불린다. 인간이 열정을 동물과 공유하기 때문이다. 또 "불행하게도, 열정이 인간으로 하여금 짐승 같은 삶을 살도록 만들기 때문이다". 피코에 따르면, 루나는 "베누스와 비슷한 점"을 갖고 있다. "특히 루나가 베누스가 있는 황소자리에서 승화된다는 사실에서도 그렇지만, 루나가 다른 곳에서는 절대로 황소자리에서보다 더 길하지도 못하고 이롭지도 못하다는 점에서도 그렇다."

황소자리는 솔과 루나의 신성한 결혼이 이뤄지는 궁이다. 정말로, 피코는 달이 "가장 낮은 땅이고, 별들 중에서 가장 저급하다"고 선언한다. 이는 아리스토텔레스가 달과 지구를 비교한 것을 떠올리게 하는 의견이다. 피코는 달은 다른 모든 행성에 비해 열등하다고 말한다. 초승달이 특별히 불길하다. 이유는 초승달이 성장하는 육체들로부터 영양소를 강탈함으로써 해롭게 작용하기 때문이다.

심리학적으로, 이는 의식(솔)과 의식의 여성적 대응물인 무의식(루나)의 결합이 먼저 바람직하지 않은 결과부터 낳게 된다는 뜻이다. 그 결합은 먼저 용과 뱀, 전갈, 바실리스크, 두꺼비 등을, 그 다음에는 사자와 곰, 늑대, 개 같은 동물을, 마지막으로 독수리와 까마귀 같은 해를 끼치는 동물을 낳는다. 가장 먼저 나타나는 것들은 냉혈동물이고, 그 다음이 온혈동물이고, 마지막이 맹금류 또는 썩은 고기를 먹는 새들이다. 따라서 '빛의 결혼'(matrimonium luminarium)의 첫 번째 후손은 모두 다소 불쾌하다. 그러나 그것은 양쪽 부모 모두에게 사악한 어둠이 있기 때문이며, 이 어둠은 현실 생활에서도 종종 그렇듯이 어린 시절에 드러나게 된다.

예를 들어, 나는 몇 백 프랑을 착복한 20세 은행원을 기억하고 있다. 이 일로 같은 은행에서 출납 책임자로 일하던 그의 늙은 아버지가 동정심을 샀다. 그가 40년 동안 막중한 책임이 따랐던 일을 예외적일 만큼 훌륭하게 수행해 왔기 때문이다. 그런데 그는 아들이 체포된 이틀 뒤에 백만 프랑을 갖고 남미로 달아났다. 그렇다면 "가족에 무엇인가"가 있었음에 틀림없다.

우리는 솔이 그림자를 갖고 있거나 검은 태양일 수 있다는 것을 확인했다. 루나의 위치에 대해선 이미 초승달에 대해 논할 때 들은 바 있다. 『에피스톨라 솔리스 아드 루남 크레스켄템』(Epistola Solis ad Lunam crescentem: '해가 상현달에게 보내는 편지')을 보면, 솔이 조심스럽게 "오, 달이여, 그대가 나에게 해를 입히지 않으면."이라고 말한다. 그러자 루나가 솔에게 그녀 자신이 "응고할 때", 말하자면 단단해지면서 솔의 검정으로 스스로를 덮을 때 그를 완전히 녹여주겠다고 약속한다. 그녀는 자신의 검정이 그에게서 온다는 점을 아주 다정하게 말한다. 부부관계의 다툼이 이미 시작되었다. 루나는 "태양의 그림자이고, 부패하는 육체들로 인해 소진되고, 그녀의 부패를 통해 … 사자가 가려진다".

　고대의 관점에 따르면, 달은 영원한 천상의 것들과 지상의 영역에서 일어나는 일시적 현상 그 사이의 경계에 서 있다. 마크로비우스는 이렇게 말한다. "사라지는 것들의 영역은 달로 시작하고 아래로 내려간다. 이 영역으로 오는 영혼들은 하루하루 날짜의 숫자와 시간에 종속하기 시작한다. 달은 죽을 운명을 타고난 육체들의 창조자이고 고안자이다."[35]

　달은 습한 본질 때문에 쇠락의 원인이다. 시인들과 교회의 아버지들이 노래한 초승달의 사랑스러움이 루나의 어두운 면을 가리지만, 이 어두운 면은 사실을 소중히 여기는 경험주의자의 눈을 절대로 피하지 못한다.

　달은 지구와 가장 가까운 별로서 지구와 지구의 고통을 함께하며, 루나가 교회와 동정녀 마리아에 비유되는 것도 그와 똑같은 의미를 지닌다. 달은 지구의 고통뿐만 아니라 지구의 사악한 어둠까지도 함께한다.

b. 개

　달의 이 어두운 면은 '마법 파피루스'에서 고대에 셀레네를 "개"나 "암캐"로 부른 기도에서 암시되고 있다. 거기엔 또 두 번째 시간에 헬리오스가 개로 나타난다는 이야기도 있다. 개에 대한 상징적 해석이 원래 아랍어 논문이었을 칼리드(Kalid)의『리베르 세크레토룸』(Liber secretorum: '비밀의 책')을 통해 서구 연금술에 소개되

....
　35　Commentary on the Dream of Scipio, Ⅰ, ⅹⅰ, p. 131

었다는 점에서 보면, 이 진술은 흥미롭다. 내가 발견할 수 있는 비슷한 진술은 모두 직접적으로나 간접적으로 칼리드로 거슬러 올라간다. 원래의 구절은 다음과 같다.

헤르메스는 말했다. 나의 아들아, 코라신 개 한 마리와 아르메니아 암캐 한 마리를 택해서 서로 결합시켜라. 그러면 거기서 천상의 특성을 지닌 개가 태어날 것이다. 개가 목말라 하거든, 바닷물을 마시도록 하라. 그 개가 너의 친구를 지키고, 너를 적으로부터 지키고, 어딜 가도 너를 도울 것이며 이승과 다음 세상에서 언제나 너와 함께할 것이다. 헤르메스는 개와 암캐를 빌려서 육체를 불로부터 지키고 불의 열기로부터 지키는 모든 것들을 의미했다.

인용들 중 일부는 원래의 텍스트에서 직접 나온 것이고, 또 일부는 『로사리움 필로소포룸』에 실린 변형에서 나온다. 『로사리움 필로소포룸』의 글은 이런 내용이다.

아라비아의 철학자이자 왕인 할리는 자신의 비법에 이렇게 적고 있다. 코이타니안 개와 아르메니아 암캐를 택해서 서로 결합시켜라. 그러면 거기서 천상의 성격을 지닌 강아지가 태어날 것이다. 이 강아지는 이승의 처음부터 다음 세상까지 그대의 집에서 그대를 지켜줄 것이다.

『로사리움 필로소포룸』은 설명을 위해 비슷한 예들을 제시하면서 흰색과 빨간색의 결합에 대해 언급하며 이븐 우마일의 말을 인용한다. "빨간 하인이 하얀 여자와 결혼했다." 여기서 결혼은 솔과 루나의 왕족 결혼을 언급하는 것이 확실하다.

솔이 사자와 개로, 루나가 암캐로 각각 짐승의 모습으로 나타나는 것은 두 개의 발광체에 동물의 형태로 상징적으로 해석하는 것을 정당화하는 측면이 있다는 점을 보여준다. 말하자면, 두 개의 발광체는 어떤 의미에서 보면 동물이나 욕망이라는 뜻이다. 앞에서 본 것처럼, 비록 "감각적 능력"이 루나에게만 있을지라도.

그러나 낮의 태양과 완전히 대조적인 검은 태양도 있다. 이 같은 강점을 루나는 갖고 있지 않다. 루나는 어떤 때는 밝고 어떤 때는 어둡기 때문이다. 심리학적으로 말하면, 이것은 의식이 그 본질 때문에 그림자와 뚜렷이 구분되는 반면에 무의식은 자체의 부정적인 측면에 의해 오염될 뿐만 아니라 의식적인 마음이 드리우는 그림자까지 짊어져야 한다는 것을 의미한다.

태양의 동물, 즉 사자와 독수리가 암캐보다 더 고귀할지라도, 그럼에도 그것들도 동물이고 맹수에 지나지 않는다. 이는 태양과 비슷한 우리의 의식도 위험한 동물들을 갖고 있다는 것을 의미한다. 혹은 만약에 솔이 정신이고 루나가 육체라면, 정신도 마찬가지로 자만심이나 정욕에 의해 타락할 수 있다는 뜻이다. 이는 우리가 "정신"만 일방적으로 찬양할 경우에 간과하기 쉬운 사실이다.

칼리드가 말하는 "개의 아들"은 크게 칭송을 듣는 "철학자들의 아들"과 같다. 그래서 이 형상의 양면성이 두드러진다. 이 형상은 낮처럼 밝기도 하고 밤처럼 어둡기도 하다. 이는 자기의 신성한 본질을 표현하고 있는 완벽한 '대극(對極)의 일치'(coincidentia oppositorum)이다.

이 같은 사고는 기독교의 감정에 불가능해 보임에도 불구하고 대단히 논리적이고 압도적이기 때문에 아주 기이한 길을 통해 연금술로 파고들었다. 또 그것이 자연의 진리이기 때문에 아주 일찍부터 다른 부분과 연결되었다고 해도 그리 놀랄 일이 못 된다. 히폴리토스의 『엘렌코스』(Elenchos)를 통해서 이런 이야기를 듣는다. 아라토스(Aratus: 기원전 3세기)가 그 출처이다.

키노수라(Cynosura: '개의 꼬리'라는 뜻)는 작은 곰이고, 두 번째 창조물이고, 작고 좁은 길이며, 큰 곰이 아니다. 왜냐하면 키노수라는 개의 꼬리로서 자신을 따르는 자들을 뒤로 이끌지 않고 앞으로 똑바로 이끌기 때문이다. 또 로고스가 늑대의 책략으로부터 양을 지키고 보호하며 늑대를 창조 때부터 뒤쫓아 죽이며 모든 것을 낳는 개이기 때문이다. 그들이 말하기를, 키온(Cyon)이 '낳는 존재'를 의미하기 때문이다.

아라토스는 개와 식물의 성장을 연결시키며 이렇게 잇는다.

그러나 개의 별이 뜨면, 살아 있는 것들은 개에 의해 죽은 것들과 구분된다. 뿌리를 내리지 못한 모든 것이 실제로 시들기 때문이다. 그들이 말하기를, 이 개는 어떤 신성한 로고스이기 때문에 싱싱한 것과 죽은 것을 판단하는 판사가 되었으며, 개가 식물들의 별처럼 보이듯이, 로고스는 하늘의 식물들인 사람들의 별처럼 보인다. 이런 이유로, 두 번째 창조물인 키노수라는 천상에 이성적인 생명체의 이미지로 서 있다. 그러나 두 개의 창조물 사이에 용이 뻗어 있으면서, 대(大)창조의 모든 것들이 소(小)창조로 들어가는 것을 막고 있고, 헤라클레스자리처럼 대창조에 존재하는 모든 것들을 감독하고, 소창조 안에서 각각의 것이 어떤 식으로 존재하는지를 관찰하고 있다.

칼리드의 '강아지'는 "천상의 성격"을 갖고 있는데, 이는 그 기원을 천상의 위대한 발광체들에 두고 있음을 암시한다. 푸른색 또는 개와 닮은 점은 히폴리토스의 글에서 잿빛 머리에 날개를 가진 남근 모양의 노인에게 쫓기는 것으로 묘사되는 여자의 속성이다. 이 늙은이는 '흐르는 빛'이라 불리고, 그녀는 '검은 물'을 의미하는 단어로 불린다. 이 형상들 뒤로, 솔과 루나의 융합이 보일 것이다.

태양과 초승달이 똑같이 바람직하지 않은 측면으로 나타나고 있다. 여기서도 둘 사이에 중간적인 어떤 정신의 "조화"가 일어나는데, 대충 철학자의 아들의 위치와 비슷하다. 칼리드의 아들은 길잡이 영(靈)의 역할을 하며, 마법으로 이 영을 부르는 것은 하란 텍스트에 전형적으로 나타난다. 개의 정령과 비슷한 것이 '파우스트'에 나오는 푸들인데, 이 푸들 가운데서 메피스토펠레스가 연금술사 파우스트의 악령으로 나온다.

이 맥락에서 나는 어느 여자 환자의 근친상간 꿈에 대해 언급하고 싶다. '개 두 마리가 교미를 하고 있었다. 수컷이 암컷 속으로 머리를 집어넣고 암컷의 배 속으로 사라졌다.' 짐승이 등장하는 상징 체계는 언제나 동물의 차원에서, 즉 본능의 영역에서 어떤 정신 과정이 일어나고 있음을 암시한다.

이 꿈은 어떤 성적인 행위의 목표로 출생의 과정을 거꾸로 묘사하고 있다. 일반적으로 근친상간 모티프의 바탕에는 이런 원형적인 상황이 자리하고 있으며, 이 상황은 현대인이 그것을 의식하기 오래 전부터 그의 내면에 있었다. 근친상간의 원형은 또 아버지가 아들로 다시 태어난다는 원시적인 관념의 뒤에도, 또 이교도 형식이나 기독교 형식으로 나타나는 어머니와 아들의 히에로스가모스의 뒤에도 작용하고 있다. 근친상간의 원형은 가장 높은 것과 가장 낮은 것을, 가장 밝은 것과 가장 어두운 것을, 가장 훌륭한 것과 가장 가증스런 것을 의미한다. 그것은 부활과 재생의 패턴을, 또 상징적인 형상들의 무한한 창조와 사라짐을 나타낸다.

개의 모티프는 과도하게 칭송된 돌의 "밝은 본질"에 대한 평형추로 필요하다. 칼리드가 한 말과 별도로, 개와 관련해 언급해야 할 측면이 한 가지 더 있다. 그러나 이 측면과 관련해선 문헌에서 이따금 암시만 보일 뿐이다. 이 측면을 보여주는 구절이 라우렌티우스 벤투라(Laurentius Ventura: 16세기)의 『데 라티오네 콘피키엔디 라피디스 필로소피키』(De ratione conficiendi lapidis philosophici)에 보인다.

그러므로 집을 허물고, 벽을 파괴하고, 거기서 피로 순수한 즙을 짜서 그대가 먹을 요리를 하라. 아르날두스(Arnaldus de Villa Nova:

1235-1311)가 무엇 때문에 '비법의 책'에서 이렇게 말했겠는가. 돌을 정제하고, 문(門)을 가루로 갈고, 암캐를 갈가리 찢고, 부드러운 살점을 골라라. 그러면 그대는 최고의 것을 갖게 될 것이다. 그 하나에 모든 부분들이 숨어 있고, 그것 안에서 모든 금속들이 빛을 발한다. 이 부분들 중에 두 개는 고안자이고, 두 개는 용기(容器)이고, 두 개는 결실이고, 두 개는 끝이고, 한 개는 구원이다.

이 텍스트는 모호한 내용으로 가득하다. 앞부분에서 벤투라는 게베르(Geber: 721-815)의 글과 『투르바 필로소포룸』, 아르날두스의 『테사우루스 테사우로룸』(Thesaurus thesaurorum: '보물 중의 보물') 등을 인용하면서 "진기하거나 밖의 것은 아무것도 넣지 마라."는 등의 원칙을 언급함과 동시에 라피스와 약의 결합에 대해 논하고 있다. 그런 다음에 그는 "제거해야 할 과잉"으로 관심을 돌린다. 라피스는 "본질적으로 가장 순수하다."고 그는 말한다. 따라서 라피스가 "원래의 집에서 나와서 어떤 낯선 집 안에 봉해질 때" 충분히 순수해진다. 텍스트는 이렇게 이어진다.

원래의 집에서 공중을 나는 새가 생겨나고, 낯선 집에서 착색할 돌이 생겨난다. 두 마리의 새들이 왕들의 탁자와 머리 위로 돌아다니고 있다. 날개 달린 새와 털이 뽑힌 새가 똑같이 우리에게 눈에 보이는 이 기술을 주었고 인간들의 사회를 단념할 수 없기 때문이다. 이 기술의 아버지는 나태한 자들에게 일을 하도록 촉구하고, 이 기술의 어머니는 노동으로 지친 아들들을 먹이고 그들의 지친 사지들이 빨리 움직이도록 하고 아름답게 가꾼다.

이 다음에 "그러므로 집을 허물어라"라는 구절이 이어진다. 앞의 내용을 세심하게 읽은 독자라면, 이 지시사항이 정신 또는 영혼을 추출하는 전형적인 연금술의 절차라는 것을, 무의식의 내용물을 의식으로 끌어내는 과정이라는 것을 알게 될 것이다.

달-식물의 즙을 분리해서 추출해내는 동안에, 피 혹은 영원의 물이 보태지거나 추출된다. 이 "액체"는 무의식에서 나오지만 언제나 무의식의 진짜 내용은 아니다. 무의식이 의식적인 마음에 미치는 효과인 경우가 종종 있기 때문이다.

정신과의사는 그것을, 주의가 무의식으로 향하도록 만드는 무의식적 내용 물들의 간접적 효과로 알고 있다. 이 과정은 건강 강박증과 공포증, 망상의 점진적 형성에서만 아니라 무의식적 내용이 주의의 적용을 강제하는 꿈과 공상, 창의적 활동에서도 관찰된다. 이것은 생명의 액, 즉 혈액이며, 환자가 무의식적으로 분석가에게 강요하는 적극적 참여이다. 이것이 없으면 진정한 치료의 효과가 성취되지 못할 것이다.

무의식에 쏟아진 주의는 작업의 초기 단계에 약한 불이 필요할 때 '배양'의 효과를 발휘한다. 그래서 흡수나 순화, 용해, 추출 같은 표현이 자주 쓰인다. 마치 주의가 무의식을 덥히면서 활성화시키고, 그렇게 함으로써 무의식을 의식과 분리시키고 있는 장벽을 허무는 것처럼 보인다.

무의식의 "집"에 숨어 있는 내용물을 자유롭게 풀어놓기 위해,

"모체"(母體)가 열려야 한다. 이 모체가 바로 자신의 배에 인격의 핵심을 담고 있는 "개의 별", 즉 달-암캐(moon-bitch)이다. 베야가 가브리쿠스를 담고 있었던 것처럼. 달-암캐는 소중한 내용물, 즉 "부드러운 살점"을 끌어내기 위해서 반드시 둘로 깨뜨려져야 하는 그릇이다. 이 소중한 내용물이 전체 작업이 이뤄지게 하는 "한 가지"이기 때문이다. 이 한 가지 안에 작업의 모든 부분들이 포함되어 있다. 이 부분들 중에 두 개는 고안자들인데, 이들은 상징의 영역에서는 솔과 루나이고, 인간의 영역에선 연금술사와 그의 신비의 여형제이고, 심리학 영역에선 남성적인 의식이고 여성적인 무의식(아니마)이다. 두 개의 그릇은 다시 솔과 루나이며, 두 개의 시간은 그 작업의 두 가지 주요한 구분, 즉 백색화와 적색화 작업이다. 전자는 달의 작업이고, 후자는 해의 작업이다. 심리학적으로 보면, 이 작업들은 분석 과정의 전반부에서 무의식적 내용물이 서로 결합하며 배열하고, 이 내용물을 실제 생활로 통합시키는 단계에 해당한다.

두 가지 결실은 해와 달 나무의 열매들로서, 금과 은 혹은 다시 태어나 승화된 솔과 루나이다. 심리학적으로 이와 비슷한 것은 무의식과 의식의 변형이며, 이는 전문적인 방법으로 자신의 무의식을 갖고 의식을 확 뒤집어본 사람이라면 누구나 잘 아는 사실이다. 두 개의 목표 혹은 결말은 바로 이런 변형들이다. 그러나 구원은 하나이다. 그것이 하나이듯이. 그것은 처음이나 마지막이나 똑같다. 그것은 언제나 거기 있지만 오직 마지막에만 나타난다. 그것은 바로 자기, 즉 묘사 불가능한 전체성이며, 이 전체성은 생각할 수도 없고

"나타낼 수도 없음"에도 직관적인 개념으로 반드시 필요하다.

경험적으로, 우리는 자아가 사방으로 무의식적 요소에 둘러싸여 있다고 말하는 수밖에 없다. 이를 뒷받침하는 증거는 연상(聯想) 실험에 의해 제시되며, 이 실험은 자아와 자아의 의지가 종종 실패한다는 점을 그림처럼 생생하게 보여준다. 정신은 무의식의 요소가 없이는 "풀릴 수 없는" 등식이다. 정신은 경험적 자아와 자아의 초(超)의식적 토대를 포함하는 하나의 전체이기 때문이다.

연금술에서 개가 하는 기능이 한 가지 더 있다. 그것도 고려해야 한다. 필라레타의 『인트로이투스 아페르투스』를 보면 다음과 같은 구절이 있다.

> 이 카멜레온자리는 일찍이 요람에서부터 코라신 광견에 물려 전염된 유아 자웅동체이다. 이 유아 자웅동체는 코라신 개에 물려 미치게 되었으며 물에 대한 공포로 날뛴다. 자연의 모든 것들 중에서 물이 그와 가장 가까이 있음에도, 그는 물을 무서워하며 피한다. 어떻게 이런 가혹한 운명이! 그럼에도 디아나 숲에는 그의 광기를 누그러뜨리는 비둘기 한 쌍이 있다. … 달이 꽉 찰 때, 그에게 날개를 주라. 그러면 그는 한 마리 독수리가 되어 멀리 날아갈 것이고, 그가 떠난 자리에 디아나의 새들이 죽어 있을 것이다.

이 대목에서 달과의 연결은 보름달이 뜰 때 검고 위험한 광견이 독수리로 변했다는 이야기를 들려주고 있다. 광견의 검은색이 사라지고, 그는 태양의 동물이 된다. 따라서 우리는 초승달이 뜰 때 그의 병이 가장 심해진다고 짐작할 수 있다. 이는 어느 단계에서 "유아 자웅동체"를 전염시킨 정신적 장애를 가리키는 것이 분명하다. 아마 정신적 장애는 초승달, 즉 니그레도의 단계에서 일어났을 것이다. 광견이 처음부터 '열등의 물' 속에 있지 않았다면, 물을 무서워하는 광견이 어떻게 물속으로 들어가게 되었는지가 분명하지 않다.

그 텍스트 바로 앞에 이런 말이 있다. "모든 비밀들이 잠재적인 상태로 숨겨져 있는 카멜레온자리 또는 우리의 카오스는 어디서 오는가?" 원물질로서 카오스는 처음의 "물"과 동일하다. 올림피오도루스에 따르면, 납(이것 또한 원물질이다)은 연금술사를 미치게 만드는 악령을 포함하고 있다. 정말 신기하게도, 2세기의 중국 연금술사 위백양(魏伯陽)도 납을 넝마를 걸친 광인에 빗대고 있다. 다른 곳에서, 올림피오도루스는 "시커먼 땅 속"에 사는, "신에게 저주받은 존재"에 대해 이야기한다. 올림피오도루스가 연금술 책을 바탕으로 들려주는 바와 같이, 이것은 한때 사람이었으나 그만 태양의 신비를 누설했다가 신의 저주를 받아 눈이 멀게 된 두더지이다. 두더지는 "말하자면 태양의 모양을 알고 있었다".

이 암시들 중에서 무의식과 연결된 실제나 상상 속의 위험들을 파악하는 것은 그리 어렵지 않다. 이 점에서 보면, 무의식은 평판이 나쁘다. 무의식 자체가 위험해서 그렇기보다는, 약간만 건드리기만 해도 아주 무서운 형태로 발병할 수 있는 잠재적 정신증이 많아서 그렇다. 아픈 기억을 상기시키거나 콤플렉스를 슬쩍 건드리는 것으로도 충분하다.

그러나 무의식은 의식적인 태도가 진정한 본성과 모순되는 사람들에게 두려움의 대상이 되고 있다. 당연히 그런 사람들의 꿈은 불쾌하고 무서운 형태를 취할 것이다. 왜냐하면 본성은 침해당할 경우에 반드시 보복하게 되어 있기 때문이다.

무의식은 그 자체로 아무런 피해를 주지 않으며, 무의식의 정상적인 기능은 의식의 입장을 보완하는 것이다. 무의식 안에서 상반된 것들은 서로 나란히 앉아 선잠을 자고 있다. 상반된 것들은 의식적 마음의 활동에 의해서만 서로 기분 나빠하며 찢어진다.

의식적인 관점이 일방적이고 편협할수록, 무의식적 반응은 더 고통스럽거나 위험해질 것이다. 만약 의식적인 삶이 단단한 토대를 확보하고 있다면, 이 영역에선 전혀 아무런 위험이 없다. 그러나 만약에 의식이 좁거나 지나친 정도로 완고한데다가 판단력까지 약하다면, 무의식의 접근이나 침공은 혼돈과 공황 또는 자아의 위험한 팽창을 야기할 수 있다. 가장 명백한 위험 하나가 무의식 속의 형상들과 자아를 동일시하는 위험이기 때문이다. 불안정한 성향을 가진 사람에겐 이것은 곧 정신증을 의미한다.

전염된 "유아"의 광기는 디아나의 비둘기에 의해 진정된다. 이 비둘기들은 하나의 짝을 이루고 있다. 사랑의 짝이다. 비둘기들은 아스타르테(Astarte: 고대 셈족의 풍요와 생식의 여신/옮긴이)의 새들이기 때문이다.

연금술에서 비둘기들은 날개를 가진 모든 생명체처럼 정신 혹은 영혼을, 전문적인 단어를 쓴다면 '아콰', 즉 추출된 변형의 물질을 나타낸다. 비둘기가 한 쌍 등장하는 것은 왕의 아들의 결혼이, 따라서 결합의 결과로 상반된 것들의 해체가 임박했다는 것을 알려준다. 아들은 단순히 악에 전염되었지만, 악 자체, 즉 광견은 보름달이 뜰 때 승화되어 독수리로 변한다. 아브라함 엘리자르의 논문을 보면, 라피스가 어둡고 여성적인 형태로 개 대신에 나타나며 '아가' 속의 술람미 여자와 비교되고 있다. 라피스는 "그러나 나는 비둘기와 비슷해야 해."라고 말한다.

『인트로이투스 아페르투스』에 이 맥락과 관계있는 구절이 하나 더 있다.

> 만약 그대가 이 건조한 땅을 땅 자체의 물로 적시는 방법을 안다면, 그대는 땅의 숨구멍을 넓힐 것이고, 밖으로부터의 이 도둑은 악랄한 일꾼의 힘을 빌려 물리칠 것이다. 그리고 물은 진짜 유황과의 혼합에 의해 나병 같은 오물을 씻어낼 것이고, 불필요한 수종(水腫)의 고름을 씻어낼 것이다. 그대는 트레비소의 기사(騎士)의 샘을 그대의 권력 안에 둘 것이다. 이 샘의 물은 당연히 처녀 디아나에게 바쳐졌다. 비소(砒素)의 증오를 품은 도둑은 무가치하며, 이 도둑으로부터 날개 달린 청년이 몸서리치며 달아난다. 그리고 중앙의 물이 그의 신부임에도, 청년은 도둑의 함정 때문에 그녀를 향한 뜨거운 사랑을 감히 드러내지 않는다. 그런데 도둑의 음모는 사실 피할 수 없는 것이다. 여기서 디아나가 야생의 짐승들을 길들이는 방법을 아는 당신에게 상서로운 길조가 될 것이다. 당신의 쌍둥이 비둘기는 날개로 대기의 원한을 누그러뜨릴 것이고, 그러면 청년은 땅의 숨구멍을 통해 쉽게 들어가서 그 즉시 지축을 흔들고 시커먼

구름을 피워올릴 것이다. 그러나 그대는 물을 달의 밝음까지 높이 끌어올릴 것이고, 깊은 곳의 얼굴에 붙어 있던 어둠은 물 위를 움직이는 정신에 의해 흩어질 것이다. 이리하여 신의 명령에 의해 빛이 나타날 것이다.[36]

이 구절은 그 앞의 텍스트가 다루는 주제의 한 변형임이 틀림없다. 유아 자웅동체 대신에, 날개 달린 청년이 나타나고, 이 청년의 신부는 디아나(요정으로서의 루나)의 샘이다. 광견과 비슷한 것은 "비소의 악의로 무장한" 도둑 혹은 건달이다. 개의 광견병이 그랬던 것처럼, 청년의 적의도 비둘기들의 날개에 의해 누그러진다. 청년의 날개는 공기 같은 본질을 가졌다는 점을 보여주는 표시이다.

그는 땅의 숨구멍을 통해 침투해서 땅을 활성화시키는 프네우마 같은 존재이다. 이것은 살아 있는 정신이 "메마른 처녀지"와 결혼하거나, 바람이 처녀 디아나에게 바쳐진 물과 결혼한다는 것을 의미한다. 날개를 가진 청년은 "물 위를 움직이는 정령"으로 묘사되고 있으며, 이는 '창세기'를 언급할 뿐만 아니라 베데스다 못의 물을 휘저은 천사도 언급하는 대목이다.

청년의 적, 즉 그를 기다리고 있는 도둑은 "밖으로 타면서 기체를 일으키는 유황"이라는 것을 우리는 앞에서 들어서 알고 있다. 이 유황은 사악한 정신, 악마를 갖고 있거나 악마에 의해 지옥에 갇혀 있으며, 따라서 물속에 질식한 상태에 있는 개와 동일하다. 개와 도둑이 동일하다는 것은 디아나가 야생 짐승을 길들이는 방법을 안

....
36 Philaletha, Mus. herm., p. 657(Waite, II, p. 169)

다는 발언에서 명확해진다. 두 마리의 비둘기는 사실 디아나와 양치기 엔디미온(Endymion)의 러브 스토리에 등장하는 연인들의 짝으로 확인된다. 이 전설은 원래 셀레네와 관련있는 것이었다.

디아나가 등장하는 자리엔 언제나 그녀의 사냥개로서 그녀의 어두운 측면을 나타내는 개가 동행한다. 그녀의 어두운 측면은 그녀가 파괴와 죽음의 여신이라는 사실에서 드러난다. 이 여신의 화살이 빗나가는 예는 절대로 없다. 그녀는 자신이 목욕하는 것을 사냥꾼 악타이온(Actaeon)이 몰래 숨어 훔쳐보자 그를 수사슴으로 변신시켰으며, 그러자 악타이온의 사냥개들이 주인을 몰라보고 갈가리 찢어버렸다. 아마 이 신화 때문에 라피스를 처음에는 도망 다니는 수사슴으로 여기고, 그 다음에는 광견으로 여기게 되었을 것이다. 이 광견은 디아나가 초승달로서 갖는 보복적이고, 배반하는 측면에 지나지 않는다. 앞에서 유황에 관한 장에서 논했던 우화도 마찬가지로 "목욕탕에서의 놀람"이라는 모티프를 포함하고 있다.

그러나 거기선 디아나를 훔쳐보는 것이 헬리오스이며, 그 관계는 오누이의 근친상간으로서, 둘이 함께 물에 빠지는 것으로 끝난다. 이 같은 재앙은 근친상간에 고유한 것이다. 왜냐하면 동물들이 죽거나 서로를 죽인 뒤 근친상간을 통해서 왕족의 짝이 탄생하기 때문이다.

동물들(용과 사자, 뱀 등)은 최종적으로 근친상간의 형태로 나타나는 사악한 열정을 의미한다. 이 동물들은 탐욕스런 본성에 의해 파괴된다. 뜨거운 열정에 빠져 근친상간의 관계를 맺는 솔과 루나가 그렇듯이. 그러나 "일어나는 모든 것이 하나의 우화"에 지나지 않기 때문에, 앞에서 말한 바와 같이, 근친상간도 '대극의 합일'의 한 예비적 형식에 지나지 않는다. 죽음을 통해 마왕의 "피할 수 없는 음모"를 극복하기만 하면, 카오스와 어둠, 사악함에서 새로운 빛이 일어난다.

c. 연금술 비유

무의식의 심리학을 처음 접하는 사람은 아마 광견과 도둑에 관한 두 가지 텍스트가 매우 기이하고 난해하다고 느낄 것이다. 실제로 보면 그 텍스트들은 심리치료사가 매일 접하는 꿈들보다 결코 더 기이하거나 난해하지 않다.

꿈을 해석하려면, 꿈을 꾼 사람의 개인적 상황에 대한 지식이 어느 정도 있어야 한다. 마찬가지로 연금술 우화들을 이해하기 위해선, 연금술사들의 상징적 가설들에 대해 다소 알아야 한다. 우리는 환자의 개인사를 바탕으로 꿈들을 확충하고, 연금술 텍스트 속의 진술을 바탕으로 연금술 우화들을 확충한다.

이런 지식을 갖추게 되면, 꿈이든 연금술 우화든 우리에게 필요한 의미를 파악하는 것은 그다지 어렵지 않다. 해석은 어떤 것이든 매우 확실하게 입증될 수 없다. 일반적으로 해석은 그 자체로 하나의 가설로서 가치를 지니는 것으로 확인되면 유효한 것으로 받아들여진다. 그러므로 나는 필라레타의 텍스트 중에서 보다 분명한 두 번째 텍스트를 꿈으로 생각하고 해석을 시도해 볼 생각이다.

만약 그대가 이 건조한 땅을 땅 자체의 물로 적시는 방법을 안다면,

그대는 땅의 숨구멍을 넓힐 것이고,

공상이나 영감, 내적 생명력 등이 부족한 상태라면, 당신은 내면적으로 완전한 정체(停滯)나 불모의 황무지 같은 것을 느끼게 마련이다. 그런 가운데 그로 인한 내면의 죽음에 대한 경각심을 느끼며 당신의 공상에 관심을 새삼 쏟는다면, 당신의 내면에 무엇인가가 떠오를 수 있다. 당신 내면의 공허가 당신이 허용하기만 하면 당신의 내면으로 침투할 많은 것들을 숨기고 있기 때문이다. 만일 당신이 이 "황야의 부름"에 호응한다면, 성취에 대한 갈망이 당신의 영혼의 황무지를 강하게 자극할 것이다. 비가 마른 땅을 자극하듯이.

밖으로부터의 이 도둑은 악랄한 일꾼의 힘을 빌려 물리칠 것이다.

당신이 그렇게 불모인 이유는 악령 같은 무엇인가가 당신을 잘 모르는 상태에서 당신의 공상의 원천을, 당신의 영혼의 샘을 막아버렸기 때문이다. 그 적은 당신 자신의 조악한 유황인데, 이 유황은 간절한 욕망, 즉 정욕이라는 지옥의 불로 당신을 태운다. 당신이 금을 만들려고 애를 쓰는 이유는 "가난이 최악의 불행이고, 부가 최고의 선이기 때문"이다. 당신은 자존심을 충족시킬 결과를 낳기를 바라고 유익한 무엇인가를 얻기를 기대하지만, 당신이 충격을 받으며 깨달았듯이 그런 일은 절대로 있을 수 없다. 그래서 당신은 심지어 더 이상 결실을 맺기를 원하지 않는다. 그 결실이 신을 위한 것일 뿐, 불행하게도 당신 자신을 위한 것이 아니기 때문이다.

그리고 물은 진짜 유황과의 혼합에 의해 나병 같은 오물을 씻어낼 것이고, 불필요한 수종(水腫)의 고름을 씻어낼 것이다.

따라서 자체의 편협한 지평 안에서 유치하고 짧은 안목으로 목표를 보는 당신의 조악하고 천박한 욕망을 버려라. 틀림없이 유황은 생명력 강한 영인 "예체르 하라"(Yetser Ha-ra: 히브리어로 '나쁜 열망'이라는 뜻/옮긴이) 같은 것이다. 유황은 간혹 유익하긴 하지만 기본적으로 당신과 당신의 목표 사이에 놓인 장애이다. 당신의 관심이라는 물은 순수하지 않다. 그 물은 아주 흔한 병인 욕망의 나병에 오염되어 있다. 당신도 이 집단적인 병에 걸려 있다. 그러므로 이번만은 이런 식으로 한번 생각해 보라. 이 모든 욕망 뒤에 무엇이 자리하고 있는가? 당신도 잘 알다시피, 거기엔 아무리 훌륭한 것으로도 충족시킬 수 없는 영원에 대한 갈망이 작용하고 있다. 그것이 충족될 수 없는 이유는 갈망 자체가 "하데스"(Hades 저승의 지배자)이고, 욕망이 그를 위해 "미쳐 날뛰기 때문"이다. 온 세상이 갈망하고 있는 것에 강하게 집착하는 사람일수록, 당신은 더욱 범상한 사람이 된다. 말하자면 아직 자기 자신을 발견하지 못하고, 세상을 살아가면서 맹인처럼 걸려 넘어지는 그런 보통 사람이 된다는 뜻이다. 언제나 보통 사람이 다수이다. 당신의 관심에서, 나병처럼 모든 것에 달라붙는 그 집단적 유황을 씻어내라. 왜냐하면 욕망이 스스로를 태우기 위해서만 타고, 이 불 안에서 그리고 이 불로부터 살아 있는 진정한 정신이, 다시 말해 우리의 의도의 단견이나 의지에 대한 미신적인 믿음에 의해 앞이 가려지지 않은 가운데 자체의 법칙에 따라 생명을 일으키는 그런 정신이 일어나기 때문이다. 괴테는 말한다.

불꽃 같은 죽음을 갈망하는
그 생생함을
나는 찬미하노라.

이것은 정작 당신 자신은 올바른 길을 모르면서 다른 존재들에게 그 길을 보여주면서, 혜성이나 깜빡이는 봉화 같은 것으로 존재한다는 뜻이 아니라 당신 자신의 불로 탄다는 것을 의미한다. 무의식은 당신에게 무의식에 관심을 기울일 것을 요구하고 또 무의식을 그 자체로 받아들여주길 원한다. 이 대극(對極)의 존재가 받아들여지기만 하면, 자아는 무의식의 요구와 조화를 이룰 수 있다. 무의식이 당신에게 건네는 내용물을 인정하지 않는다면, 무의식의 보상적인 효과는 무효가 될 뿐만 아니라 실제로 정반대의 효과로 바뀌어 버린다. 이는 무의식의 내용물이 인정받지 못할 경우에 스스로를 구체적으로 실현시키려 들기 때문이다.

그대는 트레비소의 기사의 샘을 그대의 권력 안에 둘 것이다. 이 샘의 물은 당연히 처녀 디아나에게 바쳐졌다.

베르나르두스 트레비사누스의 샘은 앞에서 언급한 부활의 목욕탕이다. 늘 물이 흘러넘치는 샘은 무의식으로 관심이 지속적으로 흐르는 것을 표현하고 있다. 헌신으로도 불릴 수 있는 일종의 지속적 관심 혹은 "종교"이다. 따라서 무의식의 내용물이 의식 속으로 넘어가는 것이 꽤 쉬워졌으며, 이는 장기적으로 정신적 균형에 이롭게 작용할 것이다. 이 샘의 님프와 수호신으로서 디아나는 우리가 아니마로 알고 있는 형상의 탁월한 예이다.

만약 주의가 무의식 쪽으로 돌려진다면, 무의식은 그 내용물을 드러낼 것이며 이 내용물은 거꾸로 살아 있는 물의 샘으로서 의식을 비옥하게 할 것이다. 왜냐하면 우리의 정신생활을 이루는 두 개의 반쪽이 분리될 경우에 의식도 무의식만큼 무미건조해지기 때문이다.

> 비소(砒素)의 증오를 품은 도둑은 무가치하며, 이 도둑으로부터 날
> 게 달린 청년이 몸서리치며 달아난다.

"나병의 오염으로부터 깨끗해지는 것"은 분명히 힘든 일이다. 정말로, 장 데스파네(Jean d'Espagnet: 1564-1637)는 그것을 헤라클레스의 노역이라고 부른다. 그것은 이 텍스트가 바로 이 지점에서 "도둑"으로 돌아가는 이유이다. 우리가 본 바와 같이, 절도는 일종의 자기강탈을 구현하고 있다. 절도는 쉽게 없어지지 않는다. 그것이 전통과 환경이 뒷받침하는 사고의 습관으로부터 생기는 것이기 때문이다.

어떤 식으로든 활용될 수 없는 것은 관심을 불러일으키지 못한다. 그래서 정신을 얕보는 현상이 생기는 것이다. 또 다른 이유는 손으로 만질 수 없거나 이해할 수 없는 모든 것을 낮춰보려는 습관

때문이다. 이런 측면에서 본다면, 우리의 전통적인 교육 제도는 예전엔 필요했을지 몰라도 지금은 경험적인 정신이 나쁜 평판을 얻도록 했다는 비난으로부터 결코 자유롭지 못하다.

최근에 이 같은 실수가 어떤 생물학적 관점 때문에 더욱 심각해지고 있다. 인간을 무리 짓는 동물과 하나도 다를 게 없는 존재로 보면서, 굶주림과 권력, 섹스 등을 제외한 인간의 다른 동기에 대해서는 전혀 이해하지 못하고 있는 관점을 두고 하는 말이다.

우리는 수십 억 개의 단위를 기준으로 생각하는 경향이 있다. 그러면 당연히 무리가 누구에게 속하고, 어디서 풀을 뜯으며, 충분한 수의 새끼가 태어나고 우유와 고기가 풍부하게 생산되고 있는지 여부에 대한 질문보다 더 중요한 것은 없기 마련이다. 거대한 숫자 앞에서, 개성에 대한 온갖 생각은 빛을 잃고 만다. 통계란 것이 독특한 모든 것을 지워버리기 때문이다. 그런 압도적인 힘과 불행에 대해 깊이 생각하면서, 개인은 존재 자체에 대해 부담감을 느낀다.

그럼에도 생명의 진정한 운반자는 개인이다. 개인만이 행복을 느끼고, 개인만이 미덕과 책임, 도덕성을 갖고 있다. 집단과 국가는 그런 것을 전혀 갖고 있지 않다. 오직 개인적인 인간 존재로서의 사람만이 살아가고 있다. 국가는 하나의 시스템에 불과하며, 집단을 분류하고 동등하게 만드는 기계일 뿐이다.

따라서 사람들을 개인을 배제한 가운데 무리로 보는 사람은 누구나 자기 자신을 원자화하고, 자기 자신에게 도둑이 되고 강탈자가 된다. 그런 사람은 집단 사고라는 나병에 걸려 있고, 전체주의 국가라 불리는, 건강에 나쁜 종마 사육장의 수용자가 된다. 우리 시대는

"비소의 적의"로 사람이 자신의 진정한 자기를 발견하는 것을 막을 그런 "조잡한 유황"을 필요 이상으로 많이 포함하고 있고 또 만들어내고 있다.

나는 '비소의'(arsenicalis)을 '독성을 가진'(poisonous)으로 번역하고 싶은 유혹을 느꼈다. 그러나 이런 식의 번역은 지나치게 현대적일 것이다. 연금술사들이 "비소"(As)라고 불렀던 모든 것은 정말로 화학성분 As가 아니었다. "arsenic"은 원래 '남성적인, 남자다운, 강한' 등을 의미했으며, 마르틴 룰란트의 『렉시콘』(Lexicon: '용어집')이 보여주듯이 기본적으로 신비였다. 거기서 비소는 "자웅동체로, 유황과 수은이 결합하는 수단"으로 정의된다. "비소는 유황과 수은의 성격과 공통점을 갖고 있으며, 따라서 태양과 달로 불린다."

또는 비소는 "루니, 우리의 베누스, 유황의 동행"이며 "영혼"이다. 여기서 비소는 더 이상 신비한 물질의 남성적 측면이 아니며, 자웅동체이고, 심지어 여성적이다. 이 대목에서 비소가 달과 조잡한 유황에 위험할 만큼 가까이 다가서고 있다. 그래서 비소는 태양과 닮은 점을 잃는다. "유황의 동행"으로서, 비소는 독이 있고 부식시킨다.

신비의 물질이 언제나 무의식의 중요한 내용물을 가리키기 때문에, 비소의 특이한 성격은 무의식의 내용물이 의식과 어떤 관계에 있는지를 보여준다. 만약에 의식적인 마음이 비소를 받아들인다면, 비소는 긍정적인 형태를 취하게 된다. 의식적인 마음이 비소를 받아들이지 않으면, 비소는 부정적인 형태를 취하게 된다.

한편, 불가사의한 물질이 두 개의 형상으로 쪼개진다면, 이는 내용물이 부분적으로 받아들여지고 부분적으로 거부당하고 있다는 것을 의미한다. 신비의 물질이 양립 불가능한 두 가지 양상으로 보이고, 따라서 두 가지 서로 다른 것으로 받아들여지기 때문이다.

이것이 우리의 텍스트 안에서 벌어진 일이다. 도둑은 날개 달린 청년과 대조를 이룬다. 이 청년은 다른 측면을 나타내거나 "진정한 유황"을, 말하자면 내적 진리의 정령을 상징한다. 이 내적 진리는 어떤 사람을 평가할 때 그 사람이 대중과 맺고 있는 관계가 아니라 정신의 신비와 맺고 있는 관계를 기준으로 삼는다. 날개를 가진 이 청년(영적 메르쿠리우스)은 분명히 자신의 나약함을 자각하고 있으면서 조잡한 유황으로부터 "몸서리치며" 달아나고 있다. 속사람의 관점이 위협을 받을수록, 겉사람의 관점이 압도하기 마련이다. 간혹 눈에 보이지 않는 특성만이 속사람을 구할 수 있다. 속사람은 너무나 작다. 만약 속사람이 내적 평화와 행복의 필수조건이 아니라면, 아무도 그를 거들떠보려 하지 않을 것이다.

최종적으로 보면, 평화와 행복을 느끼는 것은 "인구 8천만의 강대국"도 아니고 국가도 아니다. 평화와 행복을 느끼는 것은 어디까지나 개인이다. 0을 백만 개나 일렬로 세워도 1이 되지 못한다는 엄연한 사실은 누구도 피하지 못한다. 이는 아무리 큰 소리로 질러도, 집단이 커질수록 개인은 쓸모없어진다는 단순한 심리학적 사실을 결코 폐지하지 못하는 것과 똑같다.

수줍음을 타고 섬세한 청년은 정신 속에서 날개를 가진 모든 것을, 혹은 날개를 키우길 원하는 모든 것을 상징한다. 그러나 청년은 조직적인 사고와 집단 통계의 독 때문에 죽어간다. 개인이 조만간 모든 집단을 압도하게 될 광기에, 말하자면 레밍(설치류에 속하는 동물로, 번식기에 호수나 바다로 이동해 집단 자살하는 것으로 알려져 있다/옮긴이)의 죽음 본능에 굴복할 것이기 때문이다. 정치 영역에서, 이것을 부르는 이름은 전쟁이다.

> 그리고 중앙의 물이 그의 신부임에도, 청년은 도둑의 함정 때문에 그녀를 향한 뜨거운 사랑을 감히 드러내지 않는다. 그런데 도둑의 음모는 사실 피할 수 없는 것이다.

날개 있는 청년의 목표는 인간의 존재에 기본적으로 필요한 조건에 지나지 않는 집단 이상보다 더 고차원적인 것을 성취하는 것이다. 기본적인 존재에 필요한 조건을 성취하는 것이 절대적인 바탕이기 때문에 어느 누구도 집단 이상의 중요성을 부정하지 않지만, 집단 이상은 어떤 사람이 살아가는 데 반드시 필요한 것은 아니다.

만약 그 사람의 영혼이 살아 있지 않다면, 어떤 것도 그 사람을 생명력 상실로부터 구해내지 못한다. 그의 생명은 그의 영혼이 발달할 수 있는 토양이다. 그 사람이 집단적 신념의 압도적인 힘과 잔인성에 맞서는 무기는 살아 있는 그의 영혼의 신비뿐이다.

그것은 상반된 것들이 오래 전부터 펼쳐 왔던 드라마이다. 어떤 이름으로 불리든 상관없이, 상반된 것들은 모든 인간의 생명 안에서 서로 싸움을 벌이고 있다. 우리의 텍스트를 보면, 그것은 분명히 선한 정신과 악한 정신 사이의 갈등이다. 오늘날 우리는 그 갈등을 대립하는 이데올로기로 표현하고 있다. 그 텍스트는 바로크 시대의 신비주의 언어, 예를 들면 야코프 뵈메, 아브라함 폰 프랑켄베르크(Abraham von Franckenberg: 1593-1652), 안겔루스 질레시우스 등의 언어와 아주 비슷하다.

날개 있는 청년이 "중앙의 물"과 결혼하는 것으로 우리는 알고 있다. 중앙의 물은 영혼의 샘이나 지혜의 샘이며, 거기서 내면의 생명이 솟아난다. 샘의 님프는 최종적으로 어머니-연인인 루나이며, 이를 바탕으로 날개 있는 청년은 솔, 태양의 아들, 라피스, 철학자의 금, 낮의 빛, 가톨릭 의술, 유일한 구원이라고 할 수 있다. 그는 최상이고 최고이며, 가장 소중한 잠재력을 갖고 있다.

그러나 그는 "죽을 운명을 타고난 육체들의 어머니"인 루나와 결합할 수 있을 때에만 진정한 존재가 될 것이다. 그렇게 하지 않는다면, 그는 연기가 되어 3번이나 하늘로 올라가는, '파우스트'에 나오는 '영원한 소년'의 운명에 처할 위험이 있다.

따라서 연금술사는 연금술 용기 안에 들어 있는 것이 달아나는 것을 막기 위해 그 용기를 언제나 잘 봉해야 한다. 내용물은 융합의 신비를 통해 "고착되고" 이 융합에서 대극들이 결합한다. 그러면 밤은 낮과 결혼하고, "둘은 하나가 되고, 겉은 속과 섞이고, 남자와 여자는 하나가 되어 남자도 아니고 여자도 아니게 된다". 2세기 초의 경외서(經外書)를 통해 예수 그리스도의 말씀으로 내려오는 이 구절은 정말로 연금술에서 대극의 결합에 패러다임을 제시했다. 틀림없이 이 문제는 종말론과 관련 있지만, 그 시대의 언어로 다소 에둘러 표현하고 있다는 점을 제외하곤 심오하다고 평가받을 건 없다. 그것이 노자(老子)의 "도"(道)에서부터 니콜라스 쿠자

누스의 대극의 합일에 이르기까지 보편적 타당성을 지니기 때문이다. 똑같은 사상이 '요한계시록'의 어린양의 혼인이라는 형식으로 기독교에 침투했으며, 종교적 감정의 정점에 이런 왕족의 결혼이라는 영원한 이미지가 나타나지 않는 예는 거의 없다.

나는 이런 이미지가 존재한다는 사실과 그 이미지의 현상만을 보여줄 수 있을 뿐이다. 대극의 융합이 진정으로 "의미하는" 것은 인간의 상상력을 넘어선다. 그래서 지극히 세속적인 사람은 조금의 망설임도 없이 그런 "공상"을 부정해 버린다. 그러나 그런 식의 접근은 그다지 도움이 되지 않는다. 이유는 우리가 지금 어떤 영원한 이미지, 어떤 원형을 다루고 있으며, 사람이 이 원형으로부터 잠시 마음을 거둬들이는 것은 가능해도 영원히 거두는 것은 불가능하기 때문이다.

이 이미지가 흐릿해질 때마다, 그 사람의 삶은 고유의 의미를 잃고 따라서 균형을 잃게 된다. 그가 자신이 생명을 안고 있는 존재라는 사실을 알고 있고, 그래서 그에게 살아가는 것이 아주 중요한 일인 한에서만, 그의 영혼의 신비도 살아 있게 된다. 그가 영혼의 신비를 의식하고 안 하고는 중요하지 않다. 그러나 그가 삶의 의미를 더 이상 추구하지도 않고 인간으로서 삶의 의미를 추구하는 것이 의무라는 것을 더 이상 믿지 않는다면, 그는 자신의 영혼을 배반하면서 잃게 되고, 영혼을 광기로 대체하게 된다. 이 광기는 파괴로 이어지게 되어 있으며, 우리 시대가 지금 그 광기를 너무나 분명하게 보여주고 있다.

우리의 텍스트는 "도둑의 음모는 피할 수 없다"고 말한다. 도둑의 음모는 대극들의 운명적인 드라마에서 중요한 부분을 이룬다. 그림자가 빛에 속하는 것과 똑같다. 그러나 이성은 이 음모를 유익한 수단으로 대체하지 못한다. 피할 수 없는 것이라고 해서 사악한 것의 죄가 줄어드는 것도 아니고 선한 것의 장점이 커지는 것도 아니다. 마이너스는 어디까지나 마이너스이고, 죄는 반드시 대가를 치러야 한다.

"악은 언제나 잘못을 추적한다."고 '발렌슈타인의 캠프' (Wallenstein's camp: 프리드리히 실러(Friedrich Schiller)의 희곡/옮긴이)에 등장하는 카푸친 수도회의 수도사는 말한다. 너무나 쉽게 잊히는 진부한 진리인데, 이 때문에 날개 있는 청년은 신부를 빨리 집으로 데려가지 못한다. 악은 한번 처분하면 영원히 사라지는 그런 것이 아니다. 악은 삶의 불가피한 한 요소이며, 대가를 지급하지 않으면 절대로 사라지지 않는다. 경찰이 잡지 않은 도둑은 그럼에도 불구하고 자기 자신을 강탈한 것이나 마찬가지이고, 살인자는 자기 자신에게 사형을 집행한 것이나 마찬가지이다.

텍스트 속의 도둑은 온갖 악을 두루 갖추고 있지만, 사실 도둑은 그림자를 갖고 있는 자아에 지나지 않으며, 이 그림자를 통해서 인간 본성의 끔찍한 것들이 나타나기 시작한다. 점점 깊어지고 있는 심리학적 통찰이 그림자의 투사를 방해하고 있으며, 이런 지식의 증대는 논리적으로 상반된 것들의 통합이라는 문제로 이어진다.

무엇보다, 사람은 자신의 그림자를 다른 사람에게 투사해서는 안 된다는 점을, 그 다음에는 다른 사람의 죄를 강조해봐야 아무런 이득이 없다는 점을 깨닫게 된다. 자기 자신의 죄를 알고 관리하는 것이 남의 죄를 아는 것보다 훨씬 더 중요하기 때문이다. 또 자신의 그림자가 자신의 자기(自己)의 일부를 이루고 있고 또 필요한 요소이기 때문이다. 사실 그림자가 없다면, 이 땅 위에서 어떤 것도 실현되지 못할 것이다. 루나가 어두운 측면을 상징하는 것으로 여겨지지 않지만, 우리가 본 바와 같이 초승달에는 매우 의심스런 무엇인가가 있다. 그럼에도 불구하고, 날개를 가진 청년은 자신의 달-신부를, 따라서 그녀가 속한 어둠을 사랑한다. 상반된 것들은 서로로부터 달아날 뿐만 아니라 서로를 끌어당기기도 하기 때문이다.

우리 모두는 악한 것이 매우 엄격하게 검토되지 않을 경우에 대단히 매력적으로 보일 수 있다는 사실을 잘 알고 있다. 그리고 우리 대부분은 악한 것이 이상적인 외양을 갖추고 나타날 때 그것에 아주 강하게 끌린다. 외관상으로 보면, 순결한 디아나를 향한 청년의 사랑을 방해하는 것은 사악한 도둑이지만, 실제로 악은 이미 이상적인 청년의 내면에, 초승달의 어둠 속에 숨어 있으며, 청년의 주된 두려움은 그가 평범한 유황의 역할에서 자기 자신을 발견하게 되지 않을까 하는 점이다. 그런 역할이 너무나 충격적으로 와 닿기 때문에, 고귀한 정신의 소유자인 청년은 그런 역할을 하는 자신의 모습을 상상조차 하지 못하고 그 탓을 적의 책략으로 돌리고 있다. 마치 그가 벌레 먹지 않은 사과나 머리카락이 빠뜨려지지 않은 죽 그릇이 주어질 경우에 감사를 표해야 한다는 사실을 받아들일 만큼 성숙한 어른이 아니라는 이유로 자기 자신을 알려고 들지 않는 것처럼 보인다.

여기서 디아나가 야생의 짐승들을 길들이는 방법을 아는 당신에게
상서로운 길조가 될 것이다.

빛의 반대인 어둠은 모든 의식에도 불구하고 스스로를 내세우는
본성의 억제되지 않은 본능성이다. 상반된 것들을 결합시키길 원
하는 존재는 누구나 디아나가 자신에게 호의를 품도록 만들 필요
가 있다. 왜냐하면 디아나가 신부로 여겨지고 있고 또 그녀가 야생
동물과 비슷한 방식으로 내놓을 것이 무엇인지를 알 필요가 있기
때문이다. 디아나와 비교하면 아마 도둑은 무의미한 존재로 보일
것이다.

당신의 쌍둥이 비둘기는 날개로 대기의 원한을 누그러뜨릴 것이고,

비둘기 한 쌍의 상징이 그 자체로 "위로부터 아래로 내려온 어떤
해석"이 될 수 있지만, 한 쌍의 다정한 비둘기는 똑같은 본능성의
무해한 한 측면이다. 그럼에도, 한 쌍의 비둘기를 그런 의미로 해석
해서는 안 된다. 길들여지지 않은 동물성과 악의 측면이 이전의 인
용에서 광견에 의해, 이 인용에서 도둑에 의해 표현되고 있기 때문
이다. 반대로, 비둘기들은 순진함의 상징이고, 성령과 그리스도의
지혜, 그리스도의 성모(聖母)뿐만 아니라 부부의 사랑의 상징이다.
이 맥락에서 우리는 비둘기가 나타내는 것이 무엇인지를 볼 수
있다. 그것은 도둑이 상징하는 증오의 상대물이다. 함께 있는 비둘
기 두 마리는 어떤 이중적인 존재가 제한적인 의식을 가진 사람을

처음에는 이쪽 측면에서, 그 다음에는 다른 쪽 측면에서 공격하는 것을 상징한다. 이 공격의 목적 또는 결과는 '창세기' 3장 4절에 제시된 의식의 확장이다. "너희는 절대로 죽지 않는다. 그 나무의 열매를 따 먹기만 하면 너희의 눈이 밝아져서 하느님처럼 선과 악을 알게 될 줄을 하느님이 알고 계시기 때문이다."

그것은 분명히 선과 악 모두에게 최고의 가능성을 약속하는 순간이다. 그러나 대체로 하나가 먼저 일어나고 그 다음에 다른 것이 일어난다. 선한 사람이 악에 굴복하고, 죄인이 선한 사람으로 변한다. 그러면 무비판적인 눈에는 그것이 일의 끝처럼 보인다. 그러나 보다 섬세한 도덕적 감각과 보다 깊은 통찰을 갖춘 사람은 겉보기에 차례로 일어나는 것 같은 이 일이 사실은 나란히 일어나는 것이라는 점을 안다. 이 같은 사실을, 자신의 육신 안에 가시가 박혀 있다는 것도 알고 또 자신이 "너무 자만하지 않도록" 하기 위해 사탄의 사자(使者)가 자신의 얼굴을 때렸다는 것도 알았던 성 바오로(St. Paul)보다 더 절실히 느낀 사람은 없을 것이다.

사건들이 하나씩 차례로 일어난다는 생각은 동시에 일어나는 사건들에 대한 지식을 갖추기 위한 서막일 수 있다. 왜냐하면 이 지식을 얻는 것이 비교도 안 될 정도로 어려운 문제이기 때문이다. 여기서 또 다시, 선과 악은 우리 밖에 있는 영적인 힘들이며 사람은 선과 악 사이의 갈등에 갇혀 있다는 견해가 상반된 것들이 모든 정신 생활의 불가피한 전제조건이라는 통찰에 비해 훨씬 더 바람직할 것처럼 보인다. 삶 자체가 무슨 죄인처럼 보이니 말이다.

심지어 하느님에게 헌신하는 삶마저도 자아에 의해 영위되고 있다. 하느님을 무시하며 어떤 자아를 내세우는 것이다. 그런 자아는 하느님과 하나가 되지 못하고 스스로를 위해 하느님 밖에 하느님의 뜻에 맞서 자유와 의지를 지킨다. 자아가 하느님의 압도적인 힘에 맞서 어떻게 이렇게 할 수 있을까? 오직 자기주장을 통해서만 그렇게 하는데, 이 자기주장은 루시퍼만큼이나 확실한 자유의지를 갖고 있다.

하느님과의 구별은 무엇이든 분리이고, 이탈이고, 추락이다. 추락은 낙원에서조차도 불가피했다. 예수 그리스도는 신의 완전성을 상징하고 인간성에 의해 신과 구분되는 일이 없기 때문에 "죄가 한 점도 없다". 그러나 사람에겐 하느님으로부터의 분리라는 낙인이 찍혀 있다. 만약에 그리스도 이전의 유대교처럼 악에 맞설 것이 하나도 없고 오직 법과 모세의 십계만 있었다면, 개혁가이며 랍비인 예수가 심리학적으로 더 정확한 견해를, 말하자면 법에 대한 충성을 내세우지 않고 사랑과 친절이 악의 반대라는 견해를 소개하려고 노력했을 때까지, 앞에 말한 상황은 정말 견디기 힘들었을 것이다. 비둘기의 날개는 대기(大氣)의 적의를, 하늘에 있는 정령의 사악함("공중의 권세를 잡은 자"- '에베소서' 2장 2절)을 억제한다.

그러면 청년은 땅의 숨구멍을 통해 쉽게 들어가서 그 즉시 지축을 흔들고 시커먼 구름을 피워올릴 것이다.

그 적의가 다스려지기만 하면, 죄와 죄의 사악한 결과는 누그러지고 날개를 가진 것은 땅을 끌어안을 수 있다. 이제 우리는 히에로스가모스의 절정에 다가서고 있다. 정신의 "접지"(接地)와 땅의 영성화, 상반된 것들의 결합, 분리된 것들의 화해, 한마디로 오랫동안 갈망했던 속죄의 행위가 이뤄질 것이다. 이로써 존재에 따른 죄, 원래의 분열이 하느님 안에서 소멸될 것이다. 지진은 한편으론 그리스도가 지옥으로 내려가 부활하는 것을 암시하고, 다른 한편으론 인간의 세속적 존재가 깨어지고 마침내 의미가 인간의 생명과 영혼 속으로 스며들고 그것으로 인해 사람이 위협을 받음과 동시에 고양된다는 점을 암시한다.

이것은 언제나 구체적인 현실로 느껴지는 하나의 직관적인 경험이다. 이것은 미래의 어떤 조건, 다시 말해 자아와 비(非)자아가 반(半)의식적으로 결합하는 어떤 희미한 빛을 예상하고 있다. '신비한 합일'(unio mystica)이라는 이름으로 적절히 불리는 이것은 그 자체에 생명력을 갖고 있으면서 교리 지상주의로 타락하지 않은 모든 종교들의 근본적인 경험이다.

지진은 시커먼 구름을 피워올리고, 의식은 그 전의 관점에 일어난 큰 변혁 때문에 어둠 속에 묻혀 있다. 부활한 예수 그리스도가 죽을 당시에 땅이 그랬던 것처럼. 이 이미지는 의식의 확장은 먼저 격변과 어둠이고, 그 다음에 현재의 사람에서 벗어나 완전한 사람으로 확장되는 것이라는 이야기를 들려준다. 이 완전한 "사람"은 묘사가 불가능하기 때문에 하나의 직관적 혹은 "신비적" 경험이며, "안트로포스"라는 이름은 이 같은 사상이 수천 년 동안 지속되고 있다는 점을 보여주고 있기 때문에 매우 적절하다.

그러나 그대는 물을 달의 밝음까지 높이 끌어올릴 것이고,

앞에서 본 바와 같이, 여기서 물은 "결실을 맺는 관심"이라는 의미를 지니며, 물이 위로 향하는 것은 지금 물이 불길한 초승달과 그 위험을 우아하게 보완하는 보름달로 향하고 있다는 뜻이다.

깊은 곳의 얼굴에 붙어 있던 어둠은 물 위를 움직이는 정신에 의해 흩어질 것이다. 이리하여 신의 명령에 의해 빛이 나타날 것이다.

지금까지 악의 어둠과 위험만을 보았던 눈이 이제 둥근 달을 향하고 있으며, 달의 원에서부터 불멸의 존재들이 있는 창공의 영역이 시작된다. 이제 음침하고 깊은 것은 가만 내버려둬도 된다. 정신이 내면으로부터 깊은 것을 움직이고, 흔들고, 변형시키기 때문이다. 의식이 무의식에 가까이 다가갈 때, 의식은 파괴적인 충격을 받을 뿐만 아니라 의식의 빛 일부가 무의식의 어둠 속으로 침투한다. 그 결과, 무의식든 더 이상 멀리 떨어져 있지 않고, 이상하지도 않으며, 무섭지도 않다. 이는 최종적 합일이 이뤄질 길을 닦는다.

당연히, 무의식을 "밝힌다는 것"은 지금부터 무의식이 덜 무의식적이라는 뜻이 아니다. 그런 것과는 거리가 멀다. 거기서 실제로 벌어지고 있는 일은 무의식의 내용물이 이전보다 더 쉽게 의식으로 넘어가게 되었다는 점이다. 그 끝에서 반짝이고 있는 "빛"은 연금술사들의 '현대의 빛'이고, 의식의 새로운 확장이며, 안트로포스를 실현하는 추가적인 걸음이며, 이 걸음 하나하나는 신의 부활을 의

미한다.

여기서 그 텍스트에 대한 해석을 끝내고자 한다. 이제 이런 질문이 제기된다. 연금술사들은 정말로 그런 생각을 그들의 장식적인 비유에 숨겼을까? 달리 말하면, 필라레타라는 필명을 쓴 텍스트의 저자는 내가 해석하면서 제시한 생각들을 정말로 품었을까? 이런 물음은 가능하지 않다고 나는 생각한다.

나는 이 저자들이 틀림없이 자신이 파고들던 문제와 관련해 최선의 말만을 했다고 믿는다. 그러나 우리 현대인의 취향과 지적 요구 때문에 저자들의 말이 만족스럽게 다가오지 않는다. 그래서 우리는 이 저자들이 한 것을 보다 명료한 언어로 다시 말해야 한다는 의무감을 느낀다.

우리 현대인이 그 문제에 대해 생각하고 있는 내용은 이 저자들에게 떠오르지 않은 것이 확실한 것 같다. 그랬다면 그 같은 사실이 오래 전에 드러났을 것이기 때문이다. "철학자들"은 돌의 비밀을 드러내기 위해 최대한 노력을 기울이면서 고대인들이 지나치게 방대하게, 지나치게 모호하게 글을 썼다고 비난했다. 만약 그들이 자신의 입장에서 "비유적이고, 상징적이고, 은유적인" 글을 썼다면, 그것이 그들이 할 수 있었던 최선의 길이었으며, 우리가 오늘날 연금술의 비밀에 대해 무엇인가를 말할 수 있는 위치에 설 수 있게 된 것은 오직 그들의 노고 덕분이다.

수학적인 성격을 띠지 않는 모든 이해는 당시의 시대적 상황의 영향을 받지 않을 수 없다. 연금술에 근본적으로 중요한 것은 17세기 이후로 전적으로 정신적인 것으로 이해되어 온 진정하고 순수한 어떤 신비이다. 우리 현대인은 그것을 정신적인 산물이 아닌 다른 것으로는 이해하지 못하며, 이 산물의 의미도 20세기 의료 심리학의 방법과 경험에 의해 끌어내어지고 있다. 그러나 나는 신비에 대한 심리학적 해석이 반드시 최종적 결론이어야 한다는 식으로 생각하지 않는다. 만약에 그것이 신비라면, 그것은 다른 측면들을 갖고 있어야 한다.

분명히, 나는 심리학이 연금술의 비밀을 풀어놓을 수 있다고 믿는다. 그렇지만 심리학이 연금술의 비밀 중의 비밀을 드러내지는 못할 것이다. 그래서 우리가 설명하려 했던 시도들도 미래의 언젠간 사람들에게 우리 현대인이 오늘날 연금술의 설명에 대해 느끼듯이 단지 "은유적이고 상징적인" 것으로 느껴질 것이다. 그러면 그때 돌의 신비 또는 자기의 신비는 오늘날 우리에게까지도 무의식으로 남아 있으면서 우리의 설명 중에서 그 조짐을 흐릿하게 보이고 있는 어떤 양상을 발달시킬 것이다. 그러면 우리가 지금 옛날의 연금술사들에 대해 궁금해 하고 있는 것과 똑같이, 미래의 연구자들도 우리가 의미하고자 한 바를 진짜로 알고 있었는지 여부에 대해 물을 것이다.

d. 달-자연

초승달의 불길하고 위험한 측면에 대해 비교적 길게 다뤘다. 이 단계에서 달의 이지러짐이 절정에 달하며, 민속학에선 달의 이지러짐이 언제나 상서로운 것으로 여겨지지는 않는다. 초승달은 아기 출생과 결혼에 위험하다. 아버지가 하현달에 죽으면, 자식들에게 불운이 닥치는 것으로 여겨진다. 사람은 초승달을 향해 절을 올려야 한다. 그렇지 않으면 초승달이 불행을 안길 것이다. 초승달의 빛까지도 위험하다. 그 빛이 "달-늑대"에서 오는 '달 병'(moon-sickness)에 걸리게 하기 때문이다. 신혼 침대, 임신부, 아이들은 달빛으로부터 보호되어야 한다. 달빛에 바느질을 하는 사람은 누구나 수의(壽衣)를 짠다는 말도 있다.

파라켈수스의 『데 페스틸리타테』(De pestilitate: '질병론')의 글 중에서 달에 관한 구절은 은은한 달빛의 분위기를 아주 탁월하게 포착하고 있다.

이제 이 점에 주목하자. 엄청난 공포를 상상하면서 거기에 강한 인상을 받는 심약하고 소심한 사람이 있는 곳마다, 하늘에서 자신의 별들의 도움을 받고 있는 달은 그 공포를 일으키는 시체가 된다. 심약하고 소심한 사람이 상상에 휘둘리는 상태에서 달을 바라볼 때, 그 사람은 거대한 자연의 해로운 거울을 들여다보고 있는 것이나 마찬가지이며, 따라서 항성의 정신과 그 사람의 자석이 별들과 달에 의해 더럽혀질 것이다. 이를 보다 명확히 설명한다면 다음과 같다. 심약하고 소심한 사람은 자신의 상상력을 발동시키면서 자기 눈을 바실리스크처럼 만들고, 처음에 자기 자신을 통해서 거울과 달과 별들을 전염시킨다. 그러면 달은 상상하는 사람에 의해 전염된다. 이 전염은 항성의 육체와 정신이 천상의 물체들, 즉 위대한 자연 속의 달과 별들에게 미치는 자석의 힘에 의해 매우 쉽게, 또 매우 빨리 이뤄진다. 이어서 사람은 그가 바라본 달과 별들의 이 거울에 의해 더럽혀질 것이고 … .

베르나르두스 페노투스(Bernardus Penotus)의 '대응관계 도표' (Table of Correspondences)를 보면, 뱀과 호랑이, 마네스(Manes: 신으로 모셔진 조상의 영혼/옮긴이), 죽은 자의 영, 지옥의 신 등이 달에게 속하는 것으로 되어 있다. 이런 것들의 특성은 페노투스가 저승과 닮은 달의 본성에 강한 인상을 받았다는 점을 보여준다. 그의 "이단적인" 경험주의가 그를 교부학의 비유를 넘어 달의 어두운 면을 인정하도록 이끌었다.

달의 이런 측면은 예수 그리스도의 아름다운 신부라는 비유와 더 이상 어울리지 않는다. 그리고 교회를 달로 보는 비유에서 암캐가 망각되었듯이, 우리의 남성 중심적인 판단은 과대평가된 여자를 다룰 때 쉽게 암캐의 측면을 망각하게 되어 있다.

바람직한 "머리"도 음흉한 "꼬리"를 갖고 있다는 점에 눈을 감아서는 안 된다. 헤카테가 으르렁거리는 소리는 가까이서 들리든 멀리서 들리든 언제나 거기에 있다. 이 말은 여성적인 모든 것에, 특히 남자의 아니마에 그대로 통한다. 달의 신화는 여성의 심리학에서 하나의 객관적인 과제로 여겨진다.

밝은 면과 어두운 면을 동시에 가진 달은 어떤 의미에서 보면 개성화의 전형이고 자기의 한 예이다. 달은 "태양의 어머니이며 배우자"이고, 달은 태양이 자궁과 배에 잉태시킨 연금술의 태아를 바람과 공기 속에 갖고 다닌다".[37] 이런 이미지는 임신한 아니마라는 심

....
37 Dorn, "Physica Trismegisti", Theatr. chem., Ⅰ, p. 424

리소(素)와 일치하며, 이 아니마의 아이는 자기이거나 영웅의 특성을 보인다. 아니마가 집단 무의식을 나타내고 상징하는 것과 똑같이, 루나는 6개의 행성이나 금속들의 정령을 나타낸다. 도른은 이렇게 말한다.

> 사투르누스와 메르쿠리우스, 유피테르, 마르스, 베누스로부터, 루나(즉, 은) 외의 다른 금속은 생겨날 수 없다. … 루나는 6개의 정신적 금속과 그 금속의 힘들로 이뤄져 있고, 각 금속은 2가지 힘을 갖고 있다. … 행성 메르쿠리우스(수성)로부터, 물병자리와 쌍둥이자리로부터, 혹은 물병자리와 물고기자리로부터, 루나는 자신의 유동성과 밝은 빛을 취한다. … 유피테르와 궁수자리, 황소자리로부터, 달은 흰색과 불 속에서도 안정성을 지켜나가는 성격을 취했다. … 마르스와 쌍둥이자리, 천칭자리로부터 달은 견고성과 유연성을 취했다. … 솔과 사자자리, 처녀자리로부터 달은 순수성과 불의 힘을 버텨내는 인내를 취했다. … 사투르누스와 처녀자리, 전갈자리 또는 염소자리로부터, 달의 균질한 몸통과 순결, 그리고 불의 힘에 버티는 의지가 나왔다.

따라서 루나는 금속들의 본질의 총합이고 핵심이며, 그것은 달의 빛나는 흰색에 고스란히 나타나고 있다. 루나는 본질이 다양한 한편, 솔은 "6개의 정신적인 금속들에서 나온 일곱 번째"라는 예외적인 본성을 갖는다. 솔은 "그 자체로 순수한 불"이다.

루나는 "모든 사물을 보편적으로 담는 그릇"이며, "천국으로 향하는 첫 번째 관문"이다. 윌리엄 메넨스(William Mennens: 1525-1608)는 달은 모든 별들의 힘들을 자궁에 담듯 자신의 내면에 모은 다음에 땅 위의 생명체들에게 나눠준다고 말한다. 이 같은 자질은 달이 팅크제에 모든 별들의 성격과 힘을 주는 효과를 설명하는 것 같다. "페르시아 철학자의 글 한 구절"은 이렇게 말한다. "이 팅크 제로, 죽은 모든 것들이 살아난다. 그러면 살아난 것들은 영원히 살고, 이 팅크제는 최초로 창조된 발효이며, 빛 중의 빛이며, 만물을 밝히는 모든 빛의 꽃이고 열매이다."[38]

돌의 물질 혹은 팅크제에 대한 찬가로 들리는 이 글은 가장 먼저 루나를 언급한다. 계몽이 일어나는 것이 루나의 백색화 작업 동안이기 때문이다. 달의 물 속에 "솔이 하나의 불로 숨어 있다". 파메노트(Phamenoth: 고대 이집트의 12개월 중 일곱 번째 달/옮긴이) 달의 첫날에, 오시리스는 셀레네의 몸 속으로 들어간다. 이것은 틀림없이 봄에 일어나는 행성들의 컨정션과 일치한다. "그리하여 그것들은 오시리스의 힘을 달로 옮긴다." 셀레네는 남성적인 면과 여성적인 면을 다 갖추고 있으며, 헬리오스에 의해 수정된다고 플루타르코스는 말한다.

내가 이런 말들에 대해 언급하는 이유는 그것들이 달이 이중적인 빛을 갖고 있다는 점을 보여주기 때문이다. 바깥의 빛은 여성적이며, 남성적인 빛은 안쪽에 하나의 불덩이로 숨어 있다. 루나는 진정으로 태양의 어머니이다. 심리학적으로, 이는 무의식이 의식을 임신하고 있고 의식을 낳는다는 뜻이다. 루나는 낮보다 더 오래된 밤

....
38   Artis auriferae, I , p. 398

이다.

> 빛을 낳는 어둠의 일부분,
> 어머니 밤으로부터 옛날의 지위와 영역을
> 빼앗으려고 애를 쓰고 있는 저 오만한 빛.[39]

무의식의 어둠으로부터, 계몽의 빛, 즉 '알베도'가 나온다. 알베도 안에 상반된 것들이 잠재력으로 담겨 있다. 말하자면 무의식의 자웅동체성과 이 자웅동체성을 실제적인 존재로 만들 수 있는 능력이 알베도에 있다는 뜻이다.

이 같은 생각은 성 니콜라오(Niklaus von Flüe)의 순진한 환상과 안나 킹스포드(Anna Kingsford: 1846-1888)의 전기 작가 에드워드 메잇랜드(Edward Maitland: 1824-1897)의 현대식 환상뿐만 아니라 영지주의자들의 "아버지-어머니"에도 반영되고 있다.

마지막으로, 나는 절대로 간단하지 않은 달의 심리학에 대해 몇 마디를 하고 싶다. 연금술 관련 글들은 전적으로 남자들에 의해 쓰였으며, 그래서 달에 관한 언급은 남성 심리학의 산물이다.

그럼에도, 이전에 언급한 바와 같이 여자들도 연금술에서 어떤 역할을 맡았다. 그 덕에 "상징"에서 여성의 영향력을 파악하는 것이 가능하다.

대체로 보면, 여자들의 부재뿐만 아니라 여자들이 가까이 존재한다는 사실이 남자의 무의식에 특별히 강하게 영향을 미친다. 여자

....
39 Goethe, Faust(trans. by MacNeice), p. 48

가 없거나 여자를 가까이할 수 없을 때, 무의식은 남자의 내면에 어떤 여성성을 낳는다. 이때 이 여성성은 아주 다양한 형태로 나타나며 수많은 갈등을 일으킨다. 남자의 의식적이고, 남성적이고, 정신적인 태도가 일방적일수록, 이를 보상하는 무의식의 여성성은 더욱 열등하고, 진부하고, 통속적이고, 생물적일 것이다. 그런데도 남자는 무의식의 어두운 징후들을 전혀 의식하지 못할 것이다. 이 징후들이 아주 달콤한 감상을 두르고 있기 때문에, 남자는 그 기만을 믿을 뿐만 아니라 그것을 다른 사람들에게로 넘기기까지 한다.

여성에게 지나치게 생물학적으로 굴거나 상스럽게 구는 남자의 태도는 그 남자의 무의식에 여성성을 과도하게 평가하는 경향을 낳는다. 이 경향은 대체로 남자의 무의식에 소피아(Sophia: 영지주의 지혜의 여신/옮긴이)나 처녀의 형태로 나타난다. 그러나 남자의 여성 혐오가 남자의 남성적인 의식을 여자들의 영향으로부터 보호하기 위해 고안하는 모든 것들에 의해 이 형상이 뒤틀리게 되는 경우가 종종 있다. 그러면 남자는 대신에 예측할 수 없는 기분에 휩싸이며 무분별한 분노를 표현하게 된다.

남자들이 여성의 심리에 관해 쓴 글들이 정확하지 않을 수 있는 것은 비판적인 판단이 가장 필요한 곳에서, 다시 말해 남자가 감정적으로 얽혀 있는 곳에서 무의식적인 여성성의 투사가 가장 강하게 일어난다는 사실 때문이다. 연금술사들의 비유적 묘사에서, 루나는 주로 남자의 무의식적 여성성을 반영하지만, 루나는 또한 여성적인 정신의 원리이기도 하다. 솔이 남자의 정신의 원리인 것처럼. 이 점은 점성술에서 해와 달을 해석하는 것에서 특별히 두드러진다. 신화학의 오래된 가정들에 대해선 굳이 언급할 필요도 없다.

연금술의 언니 격인 점성술의 영향을 고려하지 않고는 연금술에 대한 설명은 불가능하다. 발광체들을 놓고 심리학적 평가를 할 때면, 이 3가지 학문의 진술들이 당연히 고려되어야 한다. 만약 루나가 여성적인 정신을 나타내고 솔이 남성적인 정신을 나타낸다면, 의식은 전적으로 남성적인 것이 될 것이다. 이 말은 분명히 틀렸다. 여자도 의식을 갖고 있기 때문이다. 그러나 앞에서 우리가 솔과 의식을 동일시하고 루나와 무의식을 동일시했기 때문에, 여기서 우리는 여자는 의식을 가질 수 없다는 결론을 내리지 않을 수 없는 상황에 처한다.

우리의 설명에 잘못된 점은 우선 우리가 달을 무의식 자체와 동일시한 사실에 있다. 이 등식은 주로 남자의 무의식에만 통한다. 두 번째 잘못은 우리가 달은 어둠일 뿐만 아니라 빛을 줄 수도 있고, 따라서 의식을 상징할 수 있다는 점을 간과한 사실에 있다. 이것은 여자의 예에도 똑같이 적용된다.

여자의 의식은 태양의 성격보다 달의 성격을 보인다. 여자의 의식의 빛은 사물들을 분리시키지 않고 결합시키는 달의 "부드러운" 빛이다. 여자의 의식의 빛은 낮의 강렬하고 타는 빛처럼 대상들을 분리시키며 또렷하게 드러내는 것이 아니라, 기만적인 미광(微光) 속에서 가까운 것과 먼 것을 융합시킨다. 그러면서 작은 것을 큰 것으로, 또 높은 것을 낮은 것으로 변형시키고, 모든 색깔을 푸른빛 도는 안개로 부드럽게 만들고, 밤의 풍경에 통일성을 부여한다.

순전히 심리학적인 이유로, 나는 다른 글에서 남성의 의식과 로

고스의 개념을, 여성의 의식과 에로스의 개념을 동일시하려고 노력했다. 나는 로고스를 식별과 판단과 통찰을 의미하는 것으로, 에로스를 관계를 짓는 능력을 뜻하는 것으로 사용했다. 나는 두 가지 개념을 정확히 정의될 수 없는 직관적인 개념으로 보았다.

과학적인 관점에서 보면 이 같은 접근은 다소 미진하지만, 실용적 관점에서 보면 그 만한 가치를 지닌다. 두 가지 개념이 똑같이 정의하기 어려운 어떤 경험 분야를 보여주기 때문이다.

어떤 심리학적 주장을 제기할 때면, 거의 언제나 그 즉시 그 주장을 반박할 예가 눈에 띄게 마련이다. 그렇듯, 여기서도 이에 반하는 예들이 눈에 들어온다. 식별이나 판단, 통찰에 전혀 관심이 없는 남자들도 있고, 이 점에서 거의 남자 같은 능란함을 보이는 여자들도 있다. 나는 그런 예를 통상적인 예외로 설명하고 싶다. 나의 의견에 그런 예들이 정신에 '도착(倒錯) 성욕'(contrasexuality)이 흔하게 일어난다는 점을 보여주는 것 같다. 도착 성욕이 있는 곳마다, 무의식의 강제적 침투가 벌어지고, 그에 따라 남자나 여자에 고유한 의식이 배제되고, 그림자와 도착 성욕이 지배하게 되고, 경우에 따라서 강박과 공포, 집착 등의 증후까지 나타난다. 이 같은 역할의 전도(顚倒)가 아마 자웅동체라는 연금술 개념이 나온 심리적 원천일 것이다.

가장 고차원적인 의식에 영향을 미치는 것은 남자의 경우에 달의 아니마이고 여자의 경우에 태양의 아니무스이다. 어떤 남자가 자신이 아니마에 사로 잡혀 있다는 것을 의식하지 못할 때조차도, 그의 아내가 아니무스에 사로 잡혀 있다는 인상은 아주 생생하게 다가온다. 반대의 경우도 마찬가지이다.

로고스와 에로스는 솔과 루나라는 원형적인 이미지를 직관의 영역에서 지적으로 다듬은 것이다. 로고스와 에로스라는 표현이 다소 불명확한 "솔과 루나"라는 표현보다 어떤 심리적 특성을 더 정확하게 전하고 있음에도 불구하고, 나의 의견엔 이 두 가지 발광체가 너무나 많은 것을 암시하기 때문에 나는 로고스와 에로스라는 평범한 단어보다 솔과 루나라는 단어를 더 좋아한다. 솔과 루나라는 이미지를 이용할 경우엔 어쨌든 생생한 공상이 요구된다. 이런 공상은 기질적으로 순수하게 지적인 개념들을 쉽게 받아들이는 사람들의 특성은 아니다.

지적인 개념은 완전히 마무리된 무엇인가를 제시한다. 반면 원형적인 이미지는 그 이미지의 전체성을 고스란히 전하고 있는데, 이 전체성이 지성에 제대로 이해되지 않는 것 같다. 개념은 만들어지고 타협의 여지가 있는 가치들인 반면에, 이미지들은 생명이다.

만약 여성의 의식의 달 같은 본질에 관한 우리의 해석이 옳다면, 여성의 의식은 보다 어둡고 밤 같은 성격을 지니고 있으며 희미한 광휘 때문에 차이를 쉽게 간과하게 된다는 결론이 가능하다. 그런데 차이는 남자의 의식에 너무도 분명하게 드러나며 동시에 남자의 발에 장애물로 작용한다.

대가족의 구성원들 사이에 나타나는 온갖 차이에도 불구하고 가족을 하나로 묶어놓으려면, 또 가족 구성원 각자가 전체 가족과 맺고 있는 관계를 방해하지 않고 오히려 더 강화하는 쪽으로 말하고 행동하려면, 정말로 달과 비슷한 의식이 필요하다. 달빛은 아주 깊은 도랑 위로도 별다른 반응을 보이지 않고 너그럽게 어루만지며 미끄러진다.

이를 보여주는 고전적인 예가 아나톨 프랑스(Anatole France: 1844-1964)의 '펭귄 섬'(Penguin Island)에 나오는 알렉산드리아의 카타리나의 화해적인 제안이다. 천상의 위원회가 세례 문제를 놓고 교착 상태에 빠졌다. 펭귄들이 동물임에도 성 마엘에게 세례를 받았기 때문이다. 그러자 카타리나가 이렇게 말한다. "주님이시여, 그것이 제가 늙은 마엘의 펭귄들에게 사람의 머리와 가슴을 주라고 간청하는 이유입니다. 그러면 펭귄들도 주님을 아주 훌륭하게 찬미할 수 있을 것입니다. 그리고 그들에게 불멸의 영혼을 허락해 주십시오. 다만 작은 영혼만 주시면 되옵니다!"

이런 "달 같은" 논리는 이성적인 마음을 미치게 만들 수 있다. 다행히, 이 같은 논리는 대부분 어둠 속에서 작동하거나 순수의 미광(微光)으로 스스로를 가린다. 달의 본질은 최선의 위장에 있다. 여자의 무의식에 있는 남성성이 여자의 의식 속으로 치고 들어오면서 그녀의 에로스를 옆으로 밀쳐버리는 순간, 그 같은 본질이 분명히 드러난다. 그 즉시, 그녀의 매력과 반쯤 어두운 특성은 어디론가 사라지고, 그녀는 이 목표 혹은 저 목표를 잡은 뒤 어떤 일이 있어도 그것을 지키려는 모습을 보이고, 그러는 가운데 그녀의 입에서 나오는 가시 돋친 말들은 그녀의 살점을 찢는다. 그럼에도 불구하고, 그녀는 여성의 아주 소중한 목표가 될 수 있는 모든 것을 터무니없는 단견으로 위험에 빠뜨린다. 그러다가 이해할 수 없는 이유로, 아마도 단지 그럴 때가 되었다는 이유로, 그림이 완전히 바뀐다. 초승달이 다시 사라진 것이다.

여성의 무의식을 상징하는 솔은 낮의 태양이 아니라 검은 태양에 해당한다. 그것은 남성 심리의 진짜 검은 태양이 아니고, 또 다른 자아도 아니고, E. T. A. 호프만(Hoffmann)의 작품 『악마의 비약(秘藥)』(The Devil's Elixir)에 나오는 브라더 메다르두스도 아니고, '지킬과 하이드'(Jekyll and Hyde)에서 만나는 상반된 것들의 지독한 동일성도 아니다. 여자의 무의식적 솔은 어두울 수 있지만, 그것은 달에 대해 말할 때처럼 새카맣지 않다. 여자의 무의식적 솔은 완전 일식이 아니라 만성적 일식 상태의 태양과 비슷하다.

정상적일 때 여자의 의식은 빛만 발산하는 것이 아니라 빛만큼의 어둠도 발산한다. 그러기에 여자의 의식이 완전히 밝을 수 없다면, 여자의 무의식도 완전히 어두울 수 없다. 여하튼 달의 상태가 막강한 해의 영향력에 억압되면, 여자의 의식은 지나치게 밝은 태양의 성격을 띠는 반면에 무의식은 더욱더 어두워진다. 이렇게 되면 여자의 의식과 무의식은 결국엔 서로에게 참아줄 수 없는 것이 되고 말 것이다.

부드러운 달빛이 천상의 평화이고 매력인 만큼, 여자의 검은 태양은 빛과 매력을 결여하고 있다. 여자의 검은 태양은 빛이 아니기 때문에 빛이라는 점을 지나치게 강조하고, 언제나 과녁을 빗나가기 때문에 진리라는 점을 지나치게 강조하고, 또 언제나 틀리거나 아니면 벌건 대낮에 상상의 박쥐를 잡겠다고 설치다가 어느 날 우연히 실수로 진짜 박쥐를 잡은 뒤로는 배울 생각을 하지 않는 고양이 같은 존재에 지나지 않기 때문에 최고 권위를 지나치게 강조한다. 여자들을 부당하게 다룰 뜻은 조금도 없지만, 여자의 솔이 지나치게 주제넘게 나설 경우에 벌어지는 일이 꼭 그렇다.

남자가 대체로 투사된 형태로서만 자신의 아니마를 알게 되듯이, 여자도 앞에서 살핀 것처럼 투사된 형태로서만 자신의 아니무스를 알게 된다. 여자의 에로스가 적절히 기능을 하고 있을 때, 그녀의 태양은 지나치게 시커멓게 보이지 않을 것이고, 투사의 대상은 심지어 유익한 보상까지 내놓을 수 있다. 그러나 만약에 돌아가는 일이 그녀의 에로스와 조화를 이루지 못하면(이런 경우에 그녀는 사랑 자체에 충실하지 못하다), 그녀의 태양의 어둠은 아니마에 사로잡힌 상태에서 열등한 정신을 보이고 있는 어떤 남자에게로 전이될 것이다. 이때 남자의 열등한 정신은 우리모두 잘 아는 바와 같이 독한 알코올만큼이나 강하게 취하도록만든다.

여성의 심리의 검은 태양은 아버지-이마고와 연결되어 있다. 아버지가 아니무스 이미지를 갖고 있는 최초의 존재이기 때문이다. 아버지는 이런 가상의 이미지에 뼈와 살을 부여하게 된다. 아버지가 자신의 로고스 때문에 딸에게 "정신"의 원천이 되기 때문이다. 불행하게도 이 원천은 우리가 깨끗한 물을 기대하는 바로 거기서 종종 더럽혀진다. 왜냐하면 여자에게 이로운 정신은 단순한 지성이 아니라 그것보다 훨씬 더 큰 것이기 때문이다. 그것은 하나의 태도이다. 말하자면 남자가 삶의 기준으로 삼는 정신이다.

소위 "이상적인" 정신이라 할지라도 자연을, 즉 동물적인 사람을 적절히 다루는 법을 알지 못한다면, 그런 정신까지도 언제나 최고는 아니다. 그래도 이것이 이상적일 수 있다. 따라서 모든 아버지에겐 자신의 딸의 본성을 이런 저런 방법으로 타락시킬 기회가 주어지는 셈이며, 그에 대한 책임은 교육자와 남편 혹은 정신과의사가 져야 한다. "아버지에 의해 망쳐진 것"은 오직 아버지 같은 존재에 의해서만 바로잡아질 수 있기 때문이다. "어머니에 의해 망쳐진 것"은 오직 어머니 같은 존재에 의해 바로잡아질 수 있는 것과 똑같다.

가족 사이에 불행한 패턴이 되풀이되는 것은 심리학적 원죄, 혹은 대를 이어 내려가는 '아트리데스(Atrides)의 저주'(아트리데스는 아트레우스(Atreus)의 후손들을 말한다. 아르테우스 가문의 조상 탄탈로스(Tantalus)가 신들을 시험한 죄로 명계 최하층으로 떨어지는 벌을 받음과 동시에 후손들에게 내린 저주를 일컫는다/옮긴이)'라 불릴 수 있다. 그러나 이런 것들을 놓고 판단하면서 선과 악 중 어느 한 쪽을 지나치게 확신하지 않도록 조심해야 한다. 선과 악은 서로 비슷하게 균형을 맞추고 있다.

그러나 우리 문화의 낙관주의자들에게, 선의 힘은 합리적인 세계 질서를 낳거나 개인의 도덕적 행동을 낳을 만큼 충분히 강하지 않은 반면에 악의 힘은 너무나 강하여서 언제든 질서를 깨뜨리고 개인을 가혹한 범죄를 저지르는 악마로 만들 수 있다는 생각이 들기 시작했음에 틀림없다. 그 결과, 도덕을 소중히 여기는 사람조차도 삶을 계속 살아가기 위해서는 도덕적 책임 따위는 망각해야 한다는 생각을 품게 된 것이 분명하다.

집단적 인간의 "증오"는 역사 속의 어느 때보다도 오늘날 더욱 무서운 형식으로 나타나고 있으며, 중대한 죄와 가벼운 죄를 판단하는 기준이 되고 있는 것은 집단적 인간의 증오라는 '객관적' 기준이다.

우리에겐 대단히 정밀한 구별이 필요하다. 도덕이 더 이상 악을 근절하는 문제가 아니라 보다 큰 악을 보다 작은 악으로 대체하는 어려운 기술의 문제가 되었기 때문이다.

복음을 전파하는 도덕주의자의 사랑을 받던 "일률적 성명(聲明)"의 시대는 오랜 과거가 되었다. 도덕적 가치를 부정하는 것으로는 갈등을 피하지 못한다. 도덕적 가치를 부정하는 것은 인간의 본능과도 어울리지 않고 자연에도 반한다. 지금 교도소에 갇혀 있지 않은 모든 인간 집단은 나름대로 자유를 추구하면서 익숙한 경로를 따르고 있다.

선과 악에 대한 지적 정의나 평가야 어떻든, 어떤 사람도 선과 악의 갈등을 망각하기 때문에 선과 악 사이의 갈등은 절대로 근절되지 않는다. 스스로 악으로부터 해방되었다고 느끼는 기독교인까지도 최초의 환희가 끝나자마자 육신 안의 가시를 기억하게 된다. 성 바오로까지도 이 가시를 뽑지 못하지 않았던가.

딸에게 필요한 정신이 어떤 종류인지를 파악하는 데는 이런 힌트들만으로 충분할 것이다. 이 힌트들은 영혼에 말을 거는 진리들이다. 영혼은 목소리가 지나치게 크지도 않고 지나치게 많은 것을 요구하지도 않으며 개인에게, 다시 말해 이 세상의 의미를 이루고 있는 개인에게 조용히 다가간다. 딸에게 필요한 것은 이런 지식이며,

이 지식을 딸은 나중에 자기 아들에게 전할 것이다.

5. 살

a. 신비한 물질로서의 소금

이 섹션에서 나는 소금(라틴어로 '살'(sal))뿐만 아니라, 바다의 "쓴맛"과 바닷물, 바닷물이 갖는 세례의 특성 등 소금과 밀접히 관련 있는 다수의 상징을 논할 것이다. 이 세례의 특성은 소금과 "홍해"를 연결시킨다. 나는 홍해를 관찰 범위 안에 포함시켰지만 홍해 자체를 바다의 상징으로 보지는 않는다.

루나가 무의식을 상징하기 때문에, 살은 무의식의 속성 중 하나로서 달의 상징체계의 한 특별한 예가 된다. 이것은 이 섹션의 길이가 긴 이유를 설명해준다. 소금으로 표현되는 무의식의 다양한 측면을 제대로 다루고, 또 그 측면들의 심리학적 의미를 설명하기 위해선 곁가지를 다루는 것이 불가피하다.

중세에 자명한 것으로 여겨진 "대응"(correspondentia) 이론 덕분에, 4개의 세계, 즉 신의 세계와 천국, 이승, 지옥의 원리들은 서로 조화를 이뤘다. 그러나 대체로 삼위일체에 맞춰 3개의 세계로 구분되었다. 천국과 이승, 지옥이다.

트리아드는 연금술에도 알려져 있었다. 파라켈수스 시대 이후로, 가장 중요한 트리아드는 술푸르-메르쿠리우스-살이었으며, 삼위일체에 해당하는 것으로 여겨졌다. 요한 루돌프 글라우버(Johann Rudolf Glauber)를 표절한 게오르크 폰 벨링(Georg von Welling)은

1735년에도 불과 태양, 소금의 트리아드는 "뿌리가 완전히 하나"라고 생각했다. 연금술에서 삼위일체 교리는 아주 흔하기 때문에 추가 자료가 필요하지 않다.

술푸르–메르쿠리우스–살의 미묘한 특성 하나는 핵심적인 형상인 메르쿠리우스가 본래 양성의 특징을 갖고 있어서 남성적인 붉은 유황과 달과 관련 있는 소금과 동시에 연결된다는 점이다. 천상의 영역에서 메르쿠리우스와 동일한 것은 솔과 루나가 이루는 짝이며, 신성의 영역에서는 신비한 양성 동일체 상태에 있는 예수 그리스도, "여자에게 안긴 남자", 즉 신랑과 신부(교회)이다. 삼위일체처럼, 연금술의 트리아드는 중앙에 자리하는 형상의 이중성 때문에 트리아드로 위장한 콰테르니오이다.

메르쿠리우스는 남성적인 반과 여성적인 반으로 나뉠 뿐만 아니라 독성을 지닌 용이자 천상의 라피스이다. 이는 용은 악마를, 라피스는 예수 그리스도를 나타내고 있다는 점을 분명히 보여주는 것으로, 악마를 예수 그리스도의 무의식적 대응물로 보는 교회의 관점과 일치한다. 게다가, 용만 아니라 유황의 부정적인 측면, 즉 가연성의 유황은 악마와 동일하다. 글라우버가 말하듯이, "정말로, 유황은 지옥의 시커먼 악마이며, 이 악마를 정복할 수 있는 것은 소금뿐이다." 소금은 반대로 "밝은" 물질이며, 앞으로 보게 되겠지만 라피스와 비슷하다.

이 모든 내용을 바탕으로, 다음과 같은 그림을 그릴 수 있다.

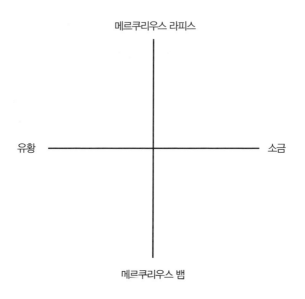

여기서 상반된 것들의 짝으로 이뤄진 유명한 콰테르니오가 하나 나온다. 그런데 이 콰테르니오는 보통 트리아드로 위장한다. 기독교 삼위일체가 신성한 드라마의 네 번째 주인공을 제거함으로써만 삼위일체를 지켜나갈 수 있는 것처럼. 만약에 이 네 번째 주인공이 포함된다면, 삼위일체가 아니라 기독교 콰테르니오가 될 것이다.

심리학적으로 기독교 콰테르니오가 필요하다는 의견이 오랫동안 제기되었다. 성모 마리아의 승천과 대관식을 그린 중세의 그림들이 그 점을 분명히 보여준다. 성모 마리아가 중개자로서의 예수 그리스도의 지위에 맞춰 여성 중개자로 승격되는 것에도 그런 필요성이 작용했다. 이 지위에서 성모 마리아와 예수 그리스도 사이의 차이는 마리아는 은총을 전하기만 할 뿐 은총을 일으키지는 못한다는 점이다. 성모 승천 교리에 관한 최근의 발표는 마리아의 영혼뿐만 아니라 육신까지 삼위일체에 포함시키고, 따라서 중세의 콰테르니오를 교리로 현실화할 것을 촉구하고 있다. 이 콰테르니오는 이런 식으로 형성된다.

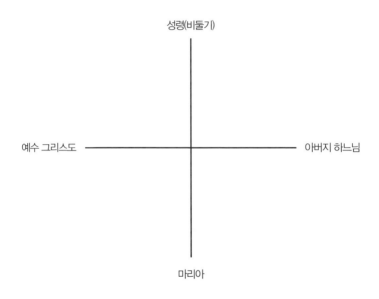

교회 안에서 가르침을 책임진 당사자들이 오랫동안 미룬 뒤에, 그리고 '원죄없는 잉태'(Immaculate Conception) 교리가 선언되고 거의 1세기가 지난 1950년에 와서야, 교황은 점점 커지는 대중의 청원을 받아들여 성모 승천을 계시에 의해 드러난 진리로 받아들이지 않을 수 없게 되었다. 이 모든 증거는 교리가 되는 기준은 주로 가톨릭 미사의 종교적 필요라는 점을 보여주고 있다. 이 교리의 뒤에, 여성 신의 원형적인 수호신이 자리하고 있다. 431년에 열린 에페소 공의회에서 이 수호신은 스스로를 네스토리우스 교파의 합리주의자들이 그녀에게 부여한 "안트로포토코스" (Anthropotokos: '사람의 어머니'라는 뜻/옮긴이)라는 타이틀과 뚜렷이 구분하면서 "테오토코스"(Theotokos: '하느님의 어머니'라는 뜻/옮긴이) 라고 선언했다.

성모 마리아의 육신까지 삼위일체로 끌어올리는 것은 하나의 역사적 사건으로 오랫동안 강조되었으며, 따라서 연금술사들은 연금술 작업에서 물질의 찬미를 묘사하는 데 성모 승천 개념을 이용할 수 있었다. 로스너의『판도라』에 실린, 이 과정을 그린 삽화는 대관식 장면 밑으로 마태와 누가의 상징 사이에 방패 같은 것을 보여주고 있다. 방패에는 원물질에서 메르쿠리우스를 추출하는 장면이 묘사되어 있다. 추출된 정령은 기괴한 모습이다. 머리는 후광을 두르고 있으며 예수 그리스도의 전형적인 머리를 떠올리게 하지만, 팔은 뱀이고 몸의 아랫부분은 물고기 꼬리를 닮았다.

이것은 틀림없이 물질의 사슬로부터 풀려난 '세계 영혼'이고, 대우주의 아들 즉, 이중적인 본성 때문에 정신적이기도 하고 육체적이기도 할 뿐만 아니라 자신의 안에서 도덕적으로 가장 고차원적인 것과 가장 저급한 것을 결합시키는 메르쿠리우스 안트로포스이다.『판도라』속의 삽화는 연금술사들이 성모 승천에 암시되어 있다고 희미하게 느끼는 위대한 비밀을 가리키고 있다.

지상의 물질의 어둠은 언제나 "이 세상의 왕자"인 악마와 연결되어 있다. 악마는 삼위일체에서 배제된 형이상학적인 형상이지만, 예수 그리스도의 대응물로서 구원 드라마에 필수적인 조건이다. 연금술에서 악마와 동일한 것은 이중적인 메르쿠리우스의 어두운 측면이고, 우리가 본 바와 같이 능동적인 유황이다. 악마는 또 '천상의 라피스'(lapis aethereus)의 땅 속 형태인 독성 있는 용의 몸 안에 자신을 숨긴다.

중세의 자연 철학자들, 특히 도른에게 삼위일체가 네 번째 요소로 보완되어야 한다는 것이 너무나 분명하게 느껴졌다. 라피스가 언제나 원소들의 콰테르니오로 여겨져 왔기 때문이다. 삼위일체를 4번째 요소로 보완하면 반드시 사악한 정령이 포함되어야 한다는 점은 자연 철학자들에겐 아무런 문제가 되지 않았다. 반대로, 용이 사지를 자르고 스스로를 삼키는 것이 그들에겐 훌륭한 작업으로 비쳤다. 그러나 도른은 콰테르니오에서 삼위일체와 정반대의 것을, 즉 "악마의 원리" 같은 여성적인 원리를 보았다. 그래서 도른은 이 악마를 "4개의 뿔을 가진 뱀"이라고 불렀다.

이 같은 통찰이 도른에게 문제의 핵심을 들여다보게 했음에 틀림없다. 도른은 여자와 악마의 공통점이 숫자 2라는 점을 들어 여자와 악마를 동일시했다. 악마는 그 자체로 이중적이라고 도른은 생각했다. 악마가 천지창조 둘째 날에, 월요일에, 달의 날에, 말하자면 "회의"(懷疑)와 분리의 날이라서 하느님이 기쁨을 표현하지 않은 날에 창조되었기 때문이다. 도른은『판도라』삽화에 암시되어 있는 것을 말로 표현한다.

이 생각의 기차와 새로운 교리로 인해 사실상 생겨나게 된 기독교 콰테르니오(비록 그런 것으로 정의되지는 않았지만)를 비교한다면, 여기서 인간의 전체성보다 월등히 탁월한 "상위" 콰테르니오가 나타나며, 이것은 심리학적으로 영지주의자들의 모세 콰테르니오와 비교될 수 있다. 사람과 세상의 깊은 심연, '숨어 계신 하느님'(deus absconditus)은 아직 콰테르니오에 포함되지 않았다. 그러나 연금술은 먼 미래에 예약된 최고의 통합을 향한 무의식적 충동을 이끌고 있다. 비록 통합 충동이 악마의 최종적 운명에 대한 오리게네스(Origen: A.D. 185?-253?)의 의심에서 비롯되었을지라도.

철학적 연금술에서, 소금은 우주의 한 원리이다. 콰테르니오 안에서 소금이 차지하는 위치에 따르면, 소금은 여성적인 달의 측면과, 위쪽의 밝은 반과 관련있다. 따라서 살이 신비의 물질을 일컫는 많은 이름들 중 하나라 해도 놀라울 것이 없다. 이 같은 의미는 중세 초기에 아랍의 영향 하에서 생겨난 것 같다.

이 의미를 보여주는 가장 오랜 흔적은 『투르바 필로소포룸』에서 발견된다. 여기서 소금물과 바닷물은 영원수와 동의어로 쓰이고 있다. 이븐 우마일의 글에도 메르쿠리우스가 소금으로 만들어졌다는 내용이 있다. 이븐 우마일의 논문은 라틴 연금술에서 권위 있는 초기 저술 중 하나로 통한다. 여기서 '알칼리 소금'(Sal Alkali)은 신비의 물질 역할을 한다. 거의 비슷한 시기의 텍스트인 『알레고리아 이 사피엔툼』에서, 라피스가 "살수스"(salsus: '소금기 있는')로 묘사되고 있다. 아르날두스는 "녹일 수 있는 소금과 불에 타지 않는 기름을 가진 자는 누구나 신을 찬양할 것이다."라고 말한다. 이를 근거로 보면, 소금은 신비의 물질인 것이 분명하다.

옛 라틴 자료에 크게 기대고 있는 『로사리움 필로소포룸』은 "전체 비결은 준비된 보통 소금에 있고" "기술의 뿌리"는 모든 소금들의 광물로 "쓴 소금"이라 불리는 "현자들의 비누"라고 언급하고 있다. 소금을 아는 사람은 모두 늙은 현자들의 비결을 알고 있다. "소금과 백반(白盤)은 돌의 조력자들이다."[40] 요한 이삭 홀란두스(Johann Isaac Hollandus)는 소금을 땅의 유황과 물 사이의 매개라고 부른다. "하느님이 땅의 유황과 물을 결합시키기 위해 거기에 소금을 부었으며, 현자들은 이 소금에 현자의 소금이라고 이름을 붙였다."

후대의 저자들 사이에, 소금은 더욱 분명하게 신비의 물질로 여겨지고 있다. 밀리우스에게 소금은 팅크제와 같은 뜻이다. 소금이 자신의 꼬리를 먹는 땅의 용이고, "재"이고, "그대 가슴의 왕관"이기 때문이다. "금속들의 소금"이 라피스이다. 바실리우스 발렌티누스는 "영적 소금"에 대해 말한다. 영적 소금은 연금술 "기술"을 가능하게 하는 미덕의 자리이며, "가장 고귀한 보물"이고, "선하고 귀중한 소금"이다. "영적 소금은 처음부터 소금의 형태를 취하지 않아도 소금으로 불린다." 그것은 "불순해지다가, 그 자체로 순수해지고, 용해되고, 스스로 굳거나 현자들이 말하는 바와 같이 스스로를 가두거나 푼다". 그것은 "만물 위에, 모든 생명체들의 안에 있는 정수(精髓)이다". "자연의 치유력 전체는 소금과 소금의 용해 안에 있다." "근본적이고 영원한 습기"는 소금으로 이뤄져 있다. 소금은 "불연성의 기름"과 동의어이며, 숨겨져야 할 신비이다.

신비의 물질로서, 소금은 신비의 물질을 부르는 다양한 동의어들

....
40   Rosarium Philosophorum, p. 244

과 동일시되고 있다. 무엇보다 소금은 "핵심적 존재"로 불린다. 쿤라트에게 소금은 "지구의 물리적 중심"이다. 비제네르에게 소금은 "모든 구성 원소들의 한가운데 혹은 깊은 속에 담겨 있는 순수한 흙을 구성하는" 한 요소이다. 글라우버는 소금을 "원소들의 농축된 중앙"이라고 부른다.

신비의 물질이 일반적으로 메르쿠리우스와 동일시되지만, 소금과 메르쿠리우스의 관계에 대한 언급은 좀처럼 보이지 않는다. 이미 살핀 바와 같이, 이븐 우마일은 메르쿠리우스는 "다양한 작업"에 의해 소금으로 만들어진다고 말하며, 쿤라트는 메르쿠리우스를 보통의 소금과 동일시한다. 이처럼 소금과 메르쿠리우스의 관계에 관한 글이 적은 사실이 놀랍게 여겨지는 이유는 "현자의 소금"이 그 자체로 소금과 메르쿠리우스의 관계를 암시하기 때문이다. 이에 대해 나는 소금이 훗날까지 중요성을 얻지 못하다가 술푸르-메르쿠리우스-살 트리아드에서 하나의 독립적인 형상으로 나타나게 되었을 것이라고 짐작하는 수밖에 없다.

소금은 또한 흙과도 명백한 관계를 갖는다. 이 대목에서 말하는 흙은 당연히 흙 자체가 신비의 물질을 의미하는 "우리의 흙"이다. 이는 앞에서 본 바와 같이 소금과 땅의 용이 동일시되는 데에서 확인되고 있다. 밀리우스의 텍스트는 이렇게 말한다.

> 증류기 아래에 남는 것은 우리의 소금, 즉 우리의 흙이다. 그것은 검정색이고, 자신의 꼬리를 먹는 한 마리의 용이다. 용은 물이 증류된 뒤에 남는 물질이고, 이 물은 용의 꼬리라 불린다. 용은 그 물의

검정이고, 용은 자신의 물에 흠뻑 젖어 응고된다. 이어 용은 자신의
꼬리를 먹는다.

드물게 언급되는, 소금과 니그레도의 관계에 대해 여기서 주목할
필요가 있다. 왜냐하면 소금이 그 흰색 때문에 끊임없이 알베도와
연결되기 때문이다. 한편, 바닷물에서 이미 암시되어 있듯이 소금
과 물 사이에도 밀접한 연결이 예상된다. '아콰 폰티카'는 '영원수'
를 뜻하는 동의어로 중요한 역할을 한다. 루나뿐만 아니라 소금도
영원수의 근본적인 요소라는 점은 비제네르의 글에서 확인된다.
"습기가 오래 가거나 축축하기로 따지면 소금만한 것이 없다. 바다
는 대부분 소금으로 이뤄져 있다. 밀물과 썰물에서 볼 수 있듯이,
달의 움직임이 명확하게 드러나는 곳으로도 바다만한 것이 없다."
비제네르는 소금엔 "마르지 않는 습기"가 있으며, "바다가 마르지
않는 이유는 소금 때문"이라고 말한다.

쿤라트는 '하얀 여자' 혹은 '빛나는 여자'와 '수정 같은 소금'을
동일시한다. "우리의 물"은 소금 없이 만들어지지 않으며, 소금이
없으면 연금술 작업이 성공하지 못할 것이다. 장 드 로크타이아드
(Jean de Roquetaillade: 1310-1365)에 따르면, 소금은 "불의 건조
함이 응고시킨 물"이다.

b. 쓴맛

소금과 바다와 떼어놓을 수 없는 것이 '쓴맛'이라는 특징이다.
세비야의 이시도르(Isidore of Seville: 560?-636)가 바다를 설명하

면서 쓴, "Mare ab amaro"(쓴 바다)라는 표현이 중세 내내 받아들여졌다. 연금술사들 사이에, 쓴맛이라는 표현이 일종의 기술적 용어가 되었다. 한 예로, 논문 『로시누스 아드 에우티키암』(Rosinus ad Euthiciam)을 보면 조시모스와 테오세베이아(Theosebeia) 사이에 이런 대화가 오간다. "이것은 그 자체 안에 영광과 색깔을 품고 있는 돌이다." "그렇다면 돌의 색깔은 어디서 오는가?" "대단히 강렬한 쓴맛에서 비롯된다." "그 쓴맛과 강렬함은 어디서 오는가?" "그것이 함유하고 있는 금속의 불순함에서 비롯된다." 논문 『로시누스 아드 사라탄탐 에피스코품』(Rosinus ad Saratantam episcopum)은 이렇게 말한다. "검고 희고 붉고 노랗고, 또 밤의 어둠 속과 낮의 빛 속을 날개도 없이 나는 경이로운 한 마리 새인 돌을 찾아라. 그 목에 있는 쓴맛에서 색깔이 발견될 것이다." 리플리는 "만물은 최초의 물질일 때 부패하고 쓰다."고 말한다. "쓴맛은 색을 띠게 하는 독이다." 밀리우스는 "우리의 돌은 가장 강인한 정령을 부여받아 쓰고, 단단하다."고 말하고, 『로사리움 필로소포룸』은 소금의 쓴맛은 "바다의 광물" 때문이라고 설명한다. 『리베르 알제』(Liber Alze)는 "육체를 정신으로 변형시키는 이 경이로운 것의 본질이여! … 그것은 홀로 발견될 때 만물을 정복한다. 그것은 황금을 순수한 정신으로 변형시키는, 탁월하고 거칠고 쓴 산(酸)이다."라고 전한다.

이 인용들은 분명히 소금과 바닷물의 예리한 맛을 암시하고 있다. 그 맛이 단순히 짠맛으로 묘사되지 않고 쓴맛으로 묘사되는 이유는 무엇보다 언어의 부정확성에 있는 것 같다. 'amarus'라는 라

틴어 단어가 '예리한' '신랄한' '거친' 등을 의미하고 비유적으로
매서운 연설이나 감정을 해치는 농담 등에도 사용되기 때문이다.
이 외에, 『불가타 성경』의 언어가 중세 라틴어의 중요한 자료로서
큰 영향력을 행사한 것도 한 원인으로 꼽을 수 있다. 『불가타 성경』
이 'amarus'와 'amaritudo'를 끊임없이 도덕적 의미로 사용함에 따
라, 이 단어가 연금술에서도 무시할 수 없는 어떤 뉘앙스를 갖게 되
었다. 이는 "모든 사물은 최초의 물질로 있을 때엔 부패하고 쓰다."
고 한 리플리의 말에서도 분명히 드러난다.

이 두 가지 속성을 나란히 놓고 있다는 사실은 둘 사이에 어떤
내적 연결을 암시한다. 부패와 쓴맛은 똑같은 차원에 놓이며, 그
특성들은 불완전한 육체의 상태를, 원물질의 최초의 상태를 의미
한다. 원물질을 뜻하는 유명한 동의어들 중에, 신화학적 의미에
서 세상의 시작을 의미하는 "카오스"와 "바다"가 있다. 특히 바다
는 모든 생명체의 모체로 여겨진다. 원물질은 종종 '영원수'라 불
린다.

"바다의 광물에서 오는" 소금은 본래 쓰지만, 그 쓴맛은 또한 불
완전한 물체의 불순물 때문이기도 하다. 이런 명백한 모순은 플루
타르코스의 보고, 말하자면 이집트인은 바다를 불순하고 신뢰할
수 없는 것으로, 티폰(세트)의 영역으로 보았다는 보고에 의해 설
명된다. 이집트인들은 소금을 "티폰의 거품"이라고 불렀다. 밀리우
스는 『필로소피아 레포르마타』에서 "정화된" 바다와 암염(巖鹽),
새, 루나와 함께 "바다 거품"을 '신비의 돌'을 일컫는 동의어로 보
고 있다. 여기서 바다의 불결이 "정화된"이라는 단어에 의해 간접

적으로 암시되고 있다.

　바다 거품은 소금과 동등하며, 정말 흥미롭게도 새와도 동등하다. 이 새는 당연히 헤르메스의 새이다. 이 부분은 바로 앞에 인용한『로시누스 아드 에우티키암』의 한 대목 중에서 목에 쓴맛을 가진 새라는 대목을 설명해준다. 여기서 새는 소금과 일치한다. 소금도 하나의 정령이고, 마르는 물질이기 때문이다. 대체로 연금술사들은 그런 물질을 한 마리 새로 여긴다.

　정령을 추방하는 것이 다양한 형태의 연소에 의해 가능하기 때문에, 최종 결과물을 "재"라 부르는 것은 자연스러웠다. 여기서 '재'는 찌꺼기와 쇠똥 등과, 정령 혹은 헤르메스의 새 등으로 이중적인 의미로 쓰인다. 그래서『로사리움 필로소포룸』은 "그대가 물질 안에서 발견할 정령이 그 물질 안에서 나올 때까지, 불로 정화시켜라. 그것은 새 혹은 헤르메스의 재로 불린다. 그래서 모리에누스는 이렇게 말했다. 그 재를 우습게보지 마라. 그것이 그대의 심장의 왕관이고, 오래 지속될 것들의 재이기 때문이니라." 달리 말하면, 재는 신격화된 몸 안에 거주하는 정령이라는 뜻이다.

　이 새 혹은 정령은 다양한 색깔과 연결된다. 먼저, 새는 검정이다. 그러면서 흰털이 자라고, 이것이 마지막으로 새의 색깔이 된다. '헤르메스의 새'의 중국 쪽 사촌인 "주홍새"(scarlet bird)도 비슷한 방법으로 만들어진다. 위백양의 논문을 보면, "날개 퍼덕이는 새가 오색을 휘날린다."고 되어 있다. 색깔들은 다음과 같이 배열된다.

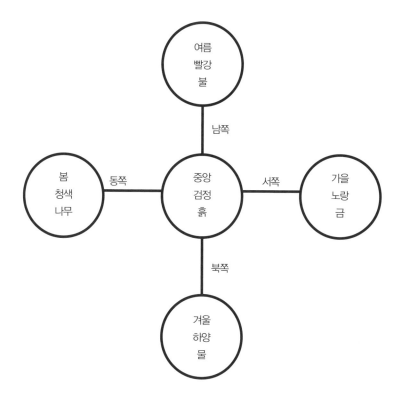

흙은 그 작업의 핵심도 아니고 목표도 아니고 작업의 바탕임에도 제5의 원소로 중앙을 차지하고 있다. 이는 서구 연금술에서 신비의 물질로 말하는 흙과 일치한다.

헤르메스의 새의 기원과 의미와 관련해, 나는 클라우디우스 아일리아누스(Claudius Aelianus: A.D. 175?-235?)의 보고를 언급하고 싶다. 황새는 "말들(言)의 아버지인 헤르메스에게 소중하다. 왜냐하면 황새의 모습이 로고스의 본성을 닮았기 때문이다. 황새의 검정과 날렵한 비행은 고요하고 내향적인 로고스와 비교될 수 있지만, 황새의 하양은 이미 말로 나온 로고스와, 말하자면 내면의 단어의 하인과 사자(使者)와 비교된다".

현대인의 마음이 소금을, 땅의 물질을 한 마리의 새나 정령으로 상상하는 것은 절대로 쉬운 일이 아니다. 중국인들의 사상에 따르면, 정신은 양(陽)이고, 불처럼 마른 요소이다. 이것은 성령을 불의 혀로 보는 기독교 개념뿐만 아니라 헤라클레이토스의 관점과도 일치한다.

앞에서 본 바와 같이, 루나는 틀림없이 마음과 연결되어 있다. 그러나 이 연결은 다소 모호한 성격을 갖고 있다. 흙은 땅의 정령과 다른 악령들을 자랑할 수 있지만, 그것들은 어디까지나 "정령들"이지 "정령"은 아니다. 자연의 "차가운" 측면은 정령을 결여하고 있지 않지만, 그 정령은 특별한 종류의 정령이다. 기독교가 악마로 여기고 있고, 따라서 마법적인 기술과 과학의 영역에서 어떠한 것도 주장하지 못하는 그런 정령인 것이다. 이 정령은 뱀 같은 누스 혹은 아가토다이몬이며, 이 누스 혹은 아가토다이몬은 고대 헬레니즘의 융합주의에서 헤르메스와 결합한다.

기독교 비유와 성상 체계는 '요한복음' 3장 14절, 즉 "모세가 황야의 뱀을 높이 들어 올렸듯이, 사람의 아들도 높이 들려야 한다."고 한 대목을 근거로 보면 누스를 갖고 있었다. 메르쿠리우스의 뱀 혹은 "메르쿠리우스 정령"은 '마법 파피루스'에 "비밀의 명문(銘文)"이라는 제목의 기도에서 언급되고 있는 그 정령을 인격화한 것이다. 거기엔 다음과 같은 내용이 나온다.

대기의 정령이시여, 천상에서부터 땅까지, 우주의 한가운데에 자리 잡은 땅에서부터 나락의 낭떠러지까지 두루 퍼져 있는 정령이시여, 나의 내면으로 뚫고 들어와 나를 흔들어 놓는 정령이시여. … 움직이지 않는 자연의 시작이자 끝이신 분이시여, 지칠 줄 모르고 이바지하는 원소들을 순환시키는 분이시여, 세상을 밝게 비추는 태양이시여, 흐릿한 빛의 원으로 밤을 밝히는 달이시여, 대기의 악마들의 모든 정령이시여. … 오, 위대하시고 위대하신, 하나의 원으로 형성된 세상의 불가해한 구조여! … 물과 흙과 불과 빛과 어둠의 형태를 취하면서 창공에 살고 있고, 별처럼 반짝이고, 습하고 뜨겁고 차가운 정령이시여!

정령에 대한 이 같은 장엄한 묘사는 분명히 기독교의 프네우마와 정반대이다. 이 고대의 정령은 또한 연금술의 정령이다. 오늘날엔 이것을 천상과 외부 대상으로 투사된 무의식으로 해석할 수 있다. 초기 기독교인에 의해 악령으로 선언되었음에도 불구하고, 이 정령은 노골적으로 악과 동일시될 수 없다. 단지 이 정령은 선과 악을 넘어서는 불편한 성격을 갖고 있을 뿐이다. 달변의 니체(Friedrich Nietzsche: 1844-1900)와 그에 뒤이은 정신적 전염에서 확인할 수 있듯이, 이 정령은 자기와 동일시하는 모든 사람에게 바로 그런 위험한 특성을 준다.

"선과 악을 넘어서는" 이 정령은 "선과 악보다 6,000 피트 위에 있는" 존재와 같은 것이 아니라 그 존재보다 6,000피트 아래에 있거나 다행한 경우엔 앞에 있다. 그것은 천지창조의 둘째 날보다 앞서는, 상반된 것들의 분리보다 앞서는, 그래서 의식의 도래 이전에 시작을 뜻하는 혼돈의 물의 정령이다. 이 정령이 정복한 사람들이 앞으로나 위로 나아가지 못하고 혼돈 상태로 빠져드는 이유가 바로 거기에 있다.

이 정령은 정신 중에서 아직 의식에 동화되지 않은 부분에 해당하며, 이 부분의 변형과 통합은 오랫동안 이어지는 힘든 작업의 산물이다. 연금술 거장은 작업 과정에 그 작업의 위험을 충분히 의식했으며, 이 때문에 거장의 작업에는 엄청난 조심성이 따랐다. 그래서 그 작업은 기독교 교회의 의례나 다를 바가 없었다.

연금술사들은 혼돈으로 돌아가는 것을 연금술 작업의 기본적인 한 부분으로 이해했다. 그것은 '흑화'(黑化)와 '죽음'의 단계였으며, 이어 "정화의 불"과 '백화'(白化)가 따랐다. 카오스의 정령은 작업에 반드시 필요하며, 카오스의 정령이 "성령의 능력"과 구분되지 않는 것은 '구약성경'의 사탄이 야훼와 구분될 수 없는 것이나 마찬가지이다. 무의식은 선하고 악하지, 선하지만도 않고 악하지만도 않으며, 모든 잠재력의 모체이다.

쿤라트의 표현대로 "소금 정령"에 대한 언급들을 돌아보았으니, 이제 쓴맛으로 돌아가도록 하자. 쓴 소금이 불순한 바다에서 오기 때문에, 『글로리아 문디』(Gloria mundi: '세상의 영광')가 소금을 "처음에 대부분 검고 악의 냄새를 풍기는 것"이라고 부른 것이 충분히 이해된다. 연금술사들이 "무덤의 냄새"라고 묘사한 검정과 나쁜 냄새는 명계(冥界)와 도덕적 어둠의 세계에 속한다.

이 불순한 특성은 부패에도 해당한다. 이미 본 바와 같이, 리플리는 부패를 쓴맛과 동일시하고 있다. 비제네르는 소금을 "부패 가능한 것"으로 보고 있다. 육체 자체가 부패하고 쇠퇴하며, 불같고 부패하지 않는 정령의 본성을 갖고 있지 않다는 이유에서다.

원래 물리적이었던 특성을 도덕적인 의미로 사용하게 된 것은 리플리 같은 성직자들에게서 확인할 수 있듯이 교회의 언어 때문이었던 게 분명하다. 이 부분에 대해 나는 간단히 넘어갈 수 있다. 휴고 라흐너의 소중한 논문인『안텐나 크루키스』(Antenna Crucis)에 기댈 수 있기 때문이다. 이 논문에서 라흐너는 연금술의 상징체계를 이해하는 데 필요한 교부학의 비유들을 망라하고 있다.

교부학 내에서 "바다"의 쓰임에 대해 성 아우구스티누스는 "바다는 세계다."라고 정의하고 있다. 바다는 "악의 지배를 받는 원소로서 세상의 핵심이다". 성 힐라리오는 "바다의 깊은 곳이라는 표현은 지옥의 자리를 의미한다."고 말한다. 바다는 "음울한 심연"이며, 원래의 지옥의 잔재이고, 따라서 지구를 덮었던 카오스의 잔재이다. 성 아우구스티누스에게 이 심연은 악마와 추락한 뒤의 악령에게 할당된 권력의 영역이다. 바다는 한편으론 닿거나 헤아릴 수 없는 깊이이고, 다른 한편으론 "죄의 깊이"이다. 그레고리오 1세에게 바다는 "영원한 죽음의 깊이"이다.

고대 이래로, 바다는 "물의 악령들의 주거지"였다. 교회의 아버지들의 언어에서 악마를 의미하는 리바이어던('욥기' 3장 8절)도 거기에 산다. 라흐너는 다음과 같은 교부학의 등식을 제시한다. 악마(diabolus)=용(draco)=리바이어던(Leviathan)=거대한 해상 동물(cetus magnus)=독을 지닌 뱀(aspis)=용(draco). 히에로니무스(St. Jerome: A.D.347-420)는 "악마가 사방에서 바다와 대양을 에워싸고 있다."고 말한다. 이 맥락에서도 소금물의 쓴맛이 언급된다. 쓴맛이 로욜라의 이냐시오(Ignatius of Loyola)의 『수련』(Exercises) 속에서 명상 수련자가 충분히 맛을 봐야 하는 지옥과 천벌의 특성 중 하나이기 때문이다. 『수련』의 5장 4절엔 명상 수련자는 상상 속으로 "눈물과 슬픔, 양심의 벌레 같은 쓴 것들을 맛봐야 한다."고 되어 있다. 이것은 예수회의 세바스티안 이즈키에르도(Sebastian Izquierdo: 1601-1681)의 '영적 훈련'(Spiritual Exercises)에 훨씬 더 실감나게 묘사되고 있다. "넷째, 그 맛은 광적인 굶주림과 갈증으로 인해 더욱 괴로울 것이며, 누그러질 기미도 전혀 보이지 않는다. 그리고 그것의 먹이는 쓴 쑥일 것이며, 그것의 음료수는 담즙이 될 것이다."

c. 홍해

"바다"에 대체로 부여하는 의미와 정반대로 홍해가 치료와 변화의 효과를 발휘하는 세례수를 뜻하고 따라서 연금술에서 말하는 '영원수'와 비슷한 표현이라는 사실은 연금술의 역설 중 하나이다. 성 아우구스티누스는 "홍해는 세례를 의미한다."고 말하며, 아우툰의 호노리우스에 따르면, "홍해는 예수 그리스도의 피로 붉게 변한 세례이며, 거기에 우리의 적들, 말하자면 우리의 죄들이 빠진다".

영지주의에서 홍해를 어떤 식으로 해석하는지에 대해서도 언급해야 한다. 홍해는 이집트인들을 빠뜨렸지만, 이집트인들은 모두 신비스런 깨달음에 대해 모르는 사람들이었다. 이집트로부터의 탈출은 육체로부터의 탈출을 의미한다.

홍해를 건너는 것은 크로노스인 부패의 물을 건너는 것이다. 홍해의 건너편은 창조의 다른 측면이다. 사막에 도달하는 것은 "생식(生殖) 밖에서 이뤄지는 발생"이다. 거기엔 "파괴의 신들"과 "구원의 신"이 함께 있다.

홍해는 "무의식적인" 사람들에겐 죽음의 물이지만 "의식적인" 사람들에겐 부활과 초월의 세례수이다. 이 대목에서 말하는 "무의식적"인 사람은 신비적 직관을 전혀 갖고 있지 않은 사람, 즉 우주 속에서 인간의 본성과 운명에 대한 깨달음을 얻지 못한 사람을 말한다. 현대적인 언어로 바꾸면, 개인 무의식과 집단 무의식의 내용물에 대한 지식이 전혀 없는 사람이 될 것이다.

개인 무의식은 그림자와 열등한 기능이며, 영지주의 용어로 바꾸면 세례를 통해 씻어내야 할 죄와 불순물이다. 집단 무의식은 대부분의 신비 종교의 특징인 신화적 가르침들을 통해 모습을 드러내며, 이런 가르침은 만물의 기원과 구원의 방법에 관한 비밀스런 지식을 전한다.

정화되지 않거나 계몽의 안내를 받지 않는 가운데 바다를 건너려고 드는 "무의식적인" 사람들은 물에 빠질 것이다. 그들이 자신의 편파성을 극복하지 못하는 한 무의식에 갇혀서 정신적 죽음을 맞을 것이기 때문이다. 편파성을 극복하려면, 그들은 자신들과 자신들의 시대에 자각되지 않고 있는 것을, 특히 내면의 반대를, 즉 지배적인 관점이 반대하고 있는 것을 자각할 수 있어야 한다.

무의식 속에 있는 반대의 것들을 지속적으로 알아나가는 과정을 나는 "초월 기능"이라고 불렀다. 왜냐하면 의식적인(이성적인) 자료들이 무의식적인(비이성적인) 자료들을 직시할 경우에 반드시 관점에 변화가 나타나기 때문이다. 그러나 관점의 변화는 오직 "다른 것"의 존재를 인정할 때에만, 적어도 의식이 다른 것을 인식할 수 있을 때에만 가능하다.

예를 들어, 오늘날의 기독교인은 일방적인 교리에 집착할 것이 아니라 기독교가 400년 이상 동안 분열의 상태에 있다는 사실을, 그래서 모든 기독교인이 정신적으로 어떤 분열 같은 것을 겪고 있다는 사실을 직시해야 한다. 모든 사람이 자신만의 관점을 고집한다면, 당연히 이 분열의 상처는 치료될 수 없다. 사람은 자신이 둘러친 장벽 뒤에서는 자신만의 일관된 확신 속에 기뻐하며 갈등을 겪지 않고 행동하다가도 장벽 밖으로 나오기만 하면 비타협적인 자세 때문에 갈등을 키우고 사람들의 완고함에 분노한다. 기독교가 마치 처음부터 언쟁을 일삼았던 종교인 것처럼 보인다. 지금도 기독교는 오히려 언쟁이 사라지지 않도록 하기 위해 온갖 노력을 다 기울이고 있는 것처럼 비친다. 그러면서도 기독교는 이웃 사랑이라는 복음에 관한 설교를 결코 멈추지 않는다.

"타인들"의 다수 의견이 우리의 내면에서 소수 의견에 너그럽게 받아들여질 수 있다는 사실을 깨닫는다면, 우리는 틀림없이 서로 훨씬 더 잘 어울려 지낼 수 있을 것이다. 이런 심리학적 통찰을 갖춘 현대인은 반대되는 것들을 통합시키는 길로 들어서야 한다. 그러면 영지주의의 한 종파의 교리가 말하듯, 우리는 "파괴의 신들과 구원의 신들이 함께 있는 곳"에 닿을 것이다. 그곳은 틀림없이 무의식의 파괴적인 힘들과 건설적인 힘들이 서로 함께 작용하는 곳일 것이다.

이 '대극의 일치'는 '이사야서' 11장 6절과 35장 5절에 묘사된, 구세주가 이상적인 사회를 성취하는 것과 비슷할 것이다. 중요한 차이는 이것뿐이다. 대극의 일치가 일어나는 장소가 낙원이 아니고 사막과 황무지라는 점이다.

우리의 텍스트가 말하듯이, 자신의 무의식을 일부라도 자각하게 된 사람은 누구나 자신의 시대와 사회 계층에서 벗어나 일종의 고독 속으로 들어갈 수 있다. 그러나 거기서만 "구원의 신"을 만나는 것이 가능하다. 빛은 어둠 속에서 더욱 분명해지고, 구원은 위험에서 비롯된다.

여기서 이렇게 장황하게 설명하는 이유는 홍해가 연금술사들에게 특별히 중요했기 때문이다. 『투르바 필로소포룸』은 "순수한 홍해에서 추출한 티루스 염료"에 대해 언급한다. 그것은 바다에서 추출한 검은 물질로 묘사되는 '철학자의 팅크제'와 비슷하다. 오래된 논문 『로시누스 아드 에우티키암』은 "그리고 홍해가 다른 모든 바다보다 채색 효과가 더 크고, 그 독은 가열되면 악취를 풍기고 색깔이 빠지게 되면 모든 육체 속으로 스며든다는 것을 알아라."고 말한다. 팅크제는 홍해에서 온, 연금술사들의 세례수임에 틀림없다. 홍해를 사람들이 세례를 받는 예수 그리스도의 피로 보는 교부학과 영지주의의 해석을 바탕으로 한다면, 이 같은 이론이 이해된다. 따라서 팅크제와 소금, 검은 물이 피와 비슷한 것이 된다.

『트락타투스 아리스토텔리스 아드 알렉산드룸 마그눔』 (Tractatus Aristotelis ad Alexandrum Magnum)을 보면, 홍해가 매우 특이한 방식으로 나타난다. 이 텍스트에 소개되는 한 비법은 이렇다.

> 뱀을 잡아서, 사륜전차에 놓아라. 그런 다음에 전차가 땅 위를 뒤로 돌게 하라. 전차가 바다의 깊은 속으로 잠기고, 시커먼 죽은 바다를 빼고는 아무것도 보이지 않을 때까지. 그런 상태로 사륜전차를 가만 두어라. 그러다 보면 뱀으로부터 아주 많은 연기들이 올라올 것이고, 그러면 전체 표면이 마르고 건조하여 모래가 되고 시커멓게 될 것이다. 땅이었던 모든 것은 더 이상 땅이 아니고, 무게가 전혀 느껴지지 않는 돌만 하나 남을 것이다. … 연기가 비가 되어 내려올 때, 당신은 전차를 물에서 마른 대지로 끌어내서 4개의 바퀴를 전차 위에 올린 다음에 달리지 않고 달려서, 움직이지 않고 움직여서 홍해까지 나아가면 결과물을 얻게 될 것이다.

이 이상한 텍스트는 약간의 설명을 요구한다. 뱀은 원물질, 즉 헤르메스가 안티오쿠스(Antiochus: B.C. 221-194) 왕에게 보내 알렉산더와 그 군대와 싸우도록 한 '헤르메스의 뱀'이다. 뱀은 "배의 전차 안에 놓인 채 자연의 4중 회전에 의해 이리 저리 끌려가지만 안전하게 에워싸여야 한다". 바퀴는 "원소들의 바퀴"이다. 배 또는 이 동수단은 뱀의 "둥근 무덤"이다.

자연의 사중 회전은 연금술 작업의 네 단계, 즉 흙에서 불까지 4가지 원소를 통한 변형에 해당한다. 이 상징은 연금술 작업의 기본을, 말하자면 헤르메스의 뱀 혹은 아가토다이몬 또는 본성의 차가운 부분에 생기를 불어넣는 누스, 즉 무의식을 투명 유리로 된 구형 용기 안에 봉하는 것을 단순화해서 보여주고 있다. 연금술의 관점에서 보면 이 구형의 용기는 세상과 영혼을 나타낸다. 심리학자는 그것을 세상을 정신적으로 비추는 것으로, 세상과 정신의 의식으로 볼 것이다.

변형은 초월 기능을 통한 동화와 통합의 과정에 해당한다. 이 기능은 상반된 것들의 짝을 결합시키는데, 연금술이 보여주듯이, 이 짝들은 하나의 전체를 이룰 때엔 콰테르니오로 배열된다. 전체성이 콰테르니오의 형식으로 나타나는 것은 그것이 하나의 무의식적 사실일 뿐만 아니라 의식적이고 분화된 전체성이기도 할 때에만 가능하다. 예를 들면, 지평선이 수없이 많은 부분들로 나눠질 수 있는 하나의 원으로 여겨질 수 있을 뿐만 아니라 4개의 명확한 점으로 구성되어 있는 것으로도 여겨질 수 있을 때에만 콰테르니오 형식의 배열이 가능한 것이다.

따라서 어떤 사람의 전체 인격은 각 부분이 연결되는 하나의 원으로 나타낼 수 있는 반면에 의식적인 인격은 명확하게 분할되는 원일 수 있는데 이것이 대체로 하나의 콰테르니오로 드러난다. 의식의 기본적 기능들의 콰테르니오는 이 요구를 충족시킨다. 따라서 전차는 4개의 바퀴를 가질 것으로 예상되며, 이것은 4가지 원소 혹은 성향과 일치한다. 구형(球形)의 용기(容器)와 의식으로서의 전차는 4가지 원소 혹은 기본 기능에 의존하고 있다.

아폴론이 태어난 '뜬 섬' 델로스는 포세이돈이 만든 4개의 지지대 위에 얹혀 있었다. 그래서 자연히 바퀴는 전차 외부에 있으면서 전차의 동력 기관 역할을 한다. 의식의 기능들이 정신과 주변 환경의 관계가 부드럽게 이어지도록 돕듯이 말이다.

그러나 우리가 오늘날 기능의 도식이라고 부르는 것이 인간에게 오래 전에 알려진 질서의 한 패턴에, 말하자면 콰테르니오에 원형적으로 예시되었다는 점이 강조되어야 한다. 이 콰테르니오는 언제나 의식적으로 생각되고 분화된 어떤 전체성을 나타낸다. 콰테르니오는 거의 보편적인 현상으로, 꿈에도 종종 그 사람의 전체 인격을 표현하는 것으로 나타난다. "아리스토텔레스의 전차"는 이런 의미에서 자기의 상징으로 이해될 수 있다.

비법은 계속 이어진다. 열을 올리고 배양하기 위해선 상상적인 이 운송 수단이 무의식의 바다에 깊이 잠겨야 한다. 이는 틀림없이 무의식의 내용물에 대해 골똘히 생각하고 그 내용물을 소화시키게 되는 내향의 상태를 의미한다. 이 기능이 작동하는 동안에, 외부 세계와의 모든 관계는 끊어진다. 지각과 직관, 식별, 평가 등을 느끼는 것들이 모두 철수하기 때문이다.

4개의 바퀴는 전차 위에 놓여진다. 바깥의 모든 것은 조용하지만, 정신의 깊은 곳에서는 바퀴들이 계속 돌면서 전체적인 인격의 만다라를, 자기의 기본 계획을 의식 쪽으로 보다 가까이 끌고 가는 작업을 수행하고 있다. 그러나 의식이 통합 과정을 완성하지 않는 한, 의식은 "칠흑 같은 죽음의 바다"로 덮여 있고, 무의식에 의해 검게 되고, 열에 눌리게 된다. 밤의 바다 여행 동안에 고래의 배속에 들어 있는 영웅처럼. 이 배양을 통해서 뱀 같은 내용물이 증발되고, 말하자면 "승화"가 이뤄진다. 무의식의 내용물이 인식되고 의식적인 식별의 대상이 된다는 뜻이다.

"증발"에 이어 "표면의 건조"가 일어난다. 그러면 표면은 모래가 되고 검게 된다. 여기서 이미지가 변한다. 잦아드는 홍수의 비유는 심리학적으로 보면 이제 막 생겨나려는 상징을 덮고 있는 무의식의 검은 담요가 걷히고 있다는 뜻이다. 모래는 "돌의 순수한 물질"로 정의되며, 따라서 텍스트는 재생된 땅을 "무게가 없는 돌"로 묘사하고 있다. 텍스트는 그 땅이 무게가 없는 이유에 대해 설명하지 않지만, 무게를 갖는 물질적인 것은 아무것도 남지 않았고 남은 것은 모두 투사된 정신적 내용물인 것이 분명하다.

작업이 끝나려면 아직 한참 멀었다. '니그레도'(검은 흙)가 여전히 지배적이고 돌의 물질이 여전히 검기 때문이다. 따라서 "증기"(증발)가 검정을 씻어낼 필요가 있다. "그러면 전체 땅이 하얗게 된다." 이제 비가 아주 많이 내려 땅이 거의 바다로 변한다. 그래서 전차를 마른 땅으로 끌어올려야 한다는 지시가 있다.

이는 틀림없이 노아의 방주와 홍수를 암시한다. 홍수가 일어남에 따라, 이전의 혼돈 상태로 돌아갈 것이고 연금술 작업의 결과는 다시 무의식에 잠기게 될 것이다. 이 모티프는 레토(Leto: 제우스의 아내로 아폴론과 아르테미스를 낳았다/옮긴이)와 별의 왕관을 쓴 여자('요한계시록' 12장 1절)를 쫓는 용으로 다시 나타난다.

만약 전차가 마른 땅에 닿으면, 이것은 분명히 내용물이 보이게 되어 의식적인 것으로 남는다는 것을 의미한다. 텍스트는 "그런 다음에 바퀴를 전차 위에 놓으라."고 말한다. 4가지 성향 혹은 원소들이 함께 구형의 용기 안에 담겨 있다. 말하자면, 4가지 측면 혹은 기능이 의식과 통합되었다는 뜻이다.

그래서 전체성의 상태에 거의 이르게 되었다. 전체성의 상태에 정말 이르렀다면, 연금술 작업은 이 지점에서 절정에 이를 것이다. 그러나 "결과"는 단지 조금 앞으로 나아가는 것이었다. 따라서 완성은 4가지 성향의 통합 그 이상의 무엇인가를 의미한다.

만약 전차 위에 바퀴를 싣는 것을 4가지 기능을 의식적으로 깨닫는 것으로 받아들인다면, 이것은 이전의 전체 자료를, 즉 정신의 중요한 측면들을 의식하는 상태로 남을 가능성만을 의미한다. 그러면 이런 물음이 제기된다. 이전까지 극복 불가능한 불일치 때문에 서로 분리 되어 있던 다양한 요소들이 이제 어떤 식으로 행동할 것이며, 또 자아는 그런 것들을 어떤 식으로 대할 것인가?

누스-뱀이 전차 위의 왕좌에 앉은 독특한 이미지는 뱀의 모습으로 전차를 모는 인도 남부 지방의 신들을 떠올리게 한다. 예를 들면, 인도 동부의 푸리라는 도시에 있는 거대한 검은 신전에 그런 이미지가 있는데, 이 신전은 자체가 돌 전차이다.

그러나 나는 우리의 텍스트에 인도의 직접적 영향이 있었다는 식으로 말하고 싶지 않다. 왜냐하면 우리에게 이보다 훨씬 더 가까운 모델이 있기 때문이다. 그것은 4가지 생명체를 본 에스겔(Ezekiel)의 환상이다. 이 생명체들은 사람과 사자, 소, 독수리의 얼굴을 하고 있다. 이 4개의 형상은 4개의 바퀴와 연결되어 있으며, "그들의 구조는 말하자면 바퀴 안에 바퀴가 들어 있는 식이다. 그들이 갈 때에는 사방으로 어디든 돌지 않고 간다."[41] 이 생명체들은 모두 "사

....

41 Ezekiel 1: 16f.

람의 외모"를 갖고 있는 형상의 움직이는 왕관을 이루고 있었다. 카발라에서 이 전차는 신자가 신에게 올라갈 때 쓰는 탈것으로 중요한 역할을 하고, 이 전차를 통해서 인간의 영혼과 세계 영혼이 결합한다.

4개의 바퀴를 '쾨드리가'(quadriga: 말 4마리가 끄는 마차)와 신의 탈것으로 해석하는 예는 12세기에 생드니 대수도원을 위해 스테인드글라스를 제작했던 쉬제(Suger: 1081?-1151)의 창문 장식에서 발견된다. 거기에 새겨진 전차엔 "QUADRIGE AMINADAB"라는 글이 적혀 있다. 이 문구는 '아가' 6장 11절(두에이 성경), 즉 "아미나답의 전차들로 인해 나의 영혼이 동요했다."라는 대목에 대해 언급하고 있다. 하느님 아버지는 십자가를 들고 사륜전차 위에 앉아 있다. 그 장식의 네 귀퉁이엔 복음전도사들의 문장(紋章)이 그려져 있다. 이것은 에스겔이 본 날개 달린 생명체 4개와 같은 연장 선상에 있다. 4개의 복음서는 말하자면 구세주가 설 쾨테르니오 연단이다.

또 다른 증거는 아우툰의 호노리우스의 글이다. '아가' 6장 11절에 관한 해석에서, 호노리우스는 전차가 4명의 복음전도사들을 의미했기 때문에 자신의 '동물적 삶'이 난처하게 되었다고 말한다. 사도들과 그들의 추종자들이 세상을 돌아다니며 몰았던 것이 이 전차였다. 예수 그리스도는 이렇게 말했다. "너희도 만일 회개하지 않으면 이와 같이 망할 것이니라."('누가복음' 13장 3절) 이 말씀은 곧 호노리우스를 향한 말이었다. "돌아오고, 돌아오라, 술람미 여자여."('아가' 6장 13절)

심리학적으로 보면, 에스겔의 환상은 4개의 생명체와 바퀴들, 즉 다양한 기능들로 이뤄진 자기의 상징이다. 얼굴 중 3개는 짐승이고 하나만 사람이다. 이는 아마 오직 한 가지 기능만이 인간의 수준에 닿은 반면에 다른 기능들은 여전히 무의식적이거나 동물적인 상태에 있다는 의미일 것이다. 3개와 4개의 문제(삼위일체와 사위일체)는 연금술에서 "마리아의 공리"만큼 중요한 역할을 하며, 에스겔의 환상처럼 신의 이미지와 연결되어 있다. 자기의 상징들은 대체로 전체성의 상징들이지만, 이것은 신의 이미지들에만 통하는 말이다. 자기의 상징의 경우에는 원과 사위일체가 지배적이고, 신의 이미지의 경우에는 원과 삼위일체가 지배적이다.

이런 힌트들은 뱀-전차라는 이상한 개념을 약간 설명해줄 것이다. 뱀-전차는 신비한 물질과 정수(精髓)의 상징이고, 4가지 원소를 포함하고 있는 에테르의 상징이다. 동시에 그것은 신의 이미지이고, 더 구체적으로 말하면 세계 영혼의 이미지이다. 이것은 메르쿠리우스의 뱀에 의해 암시되고 있다.

메르쿠리우스의 뱀은 연금술사들에게 "바퀴들 안에 있었던 생명의 정령"으로 해석되었다. 여기서 '에스겔서' 1장 18절에 따르면 서로 맞물려 돌아가는 바퀴들에 "사방을 살피는 눈이 가득했다"는 점에 대해 언급해야 한다. 그래서 옛날의 삽화가들은 에스겔의 환상을 그림으로 묘사하면서 아스트롤라베(고대에 태양과 달, 별 등의 위치를 관측한 도구/옮긴이) 같은 것을 그려냈다.

바퀴들은 자연히 사방으로의 움직임과 연결된다. 왜냐하면 "하느님의 눈들이 지구 전체를 이리 저리 살피기" 때문이다('스가랴'

4장 10절). 말(馬)들에 대해서도, 그것들이 "땅을 이리 저리 걸어 다녔다"고 되어 있다('스가랴' 6장 7절). 눈은 동그랗고 일상 언어에서 "마차의 바퀴"를 닮은 것으로 이야기된다. 눈은 또 내가 "무의식에 있는 다수의 광채"라고 부르는 것의 전형적인 상징인 것 같다. 이 표현을 나는 콤플렉스들이 일종의 의식 같은 것을 갖고 있을 가능성이 있다는 뜻으로 쓰고 있다. 이 가능성이 영혼의 불꽃, 여러 개의 눈, 별이 총총한 하늘의 상징에서 표현되고 있다고 나는 짐작한다.

"태양"을 닮은 성격 때문에, 눈은 의식의 상징이며, 따라서 다수의 눈은 의식의 중심이 다수라는 점을 암시할 것이다. 이 다수의 의식의 중심은 곤충이 가진 다면의 눈처럼 하나의 통일성을 이루고 있을 것이다.

에스겔의 환상이 심리학적으로 자기의 상징으로 해석될 수 있기 때문에, 이 연결에서 힌두교가 자기(힌두교에선 우주 창조의 원천을 '히란야가르바'(hiranyagarbha)라고 부른다)를 "모든 개인적인 영혼들의 총체"로 정의한다는 점에 대해 언급할 수 있다.

에스겔의 환상은 심리학적으로 중요하다. 거기에 구현된 콰테르니오가 "사람의 얼굴"을 한 자의 탈것 또는 왕좌이기 때문이다. 바퀴들에 있는 "생명의 정령"이 더해지면, 에스겔의 환상은 경험적 자기를, 4가지 기능의 전체성을 나타낸다. 이 4가지는 부분적으로만 의식적이다. 보조적인 기능들은 부분적으로 자동적이고, "열등하거나" 잠재의식적인 기능들은 전적으로 자동적이다. 이 기능들은 의식적으로 사용할 수 없으며, 의식에는 오직 기정사실로서만,

말하자면 가끔 장애를 일으키는 효과를 통해서만 간접적으로 닿을 수 있다. 이 기능들의 특별한 에너지가 무의식의 일상적인 에너지에 보태지며, 그럴 경우에 이 기능들의 에너지는 무의식에 어떤 충동을 일으키면서 이 충동이 의식 속으로 침투하도록 만든다. 우리 모두 잘 알다시피, 이 같은 침공은 연상 실험에서 체계적으로 관찰된다.

자기의 콰테르니오는 에스겔의 환상에서 하느님이라는 개념의 진정한 철학적 바탕으로 나타난다. 하느님은 자기의 콰테르니오를 자신의 탈것으로 이용한다. 심리학자는 이 바탕의 구조를 증명할 수 있지만, 신학자는 이 구조를 넘어서는 말을 한다. 여기서 오해를, 특히 신학 쪽의 오해를 막기 위해서, 나는 경험적 지식의 범위를 넘어서는 결론을 끌어내는 것은 과학의 일이 아니라는 점을 다시 강조하고 싶다.

근시안적인 비평가들이 종종 내가 자기를 신의 위치에 놓으려 한다고 비난하고 있지만, 나는 그럴 필요성을 조금도 느끼지 않는다. 만약 인도 철학자들이 아트만과 신의 개념을 동일시하고 많은 서구 철학자들이 인도 철학자들을 베끼고 있다면, 그것은 단지 그들의 주관적인 의견일 뿐 과학이 아니다.

이 문제에서 이뤄진 어떤 의견의 일치는 경험 심리학자에겐 종교적 진술은 정신과 아무런 관계가 없다고 생각하는 많은 신학자들의 놀라운 견해만큼이나 고려해 볼 만한 가치가 있는 또 하나의 사실이다. 마찬가지로, 메르쿠리우스의 뱀이 전차 위의 왕좌에 앉아 있다고 보는 것은 연금술사들의 신비 철학의 특징이다. 메르쿠리우스의 뱀은 4가지 원소로 이뤄진 몸을 자신의 전차로 이용하는 살아 있는 정령이다. 이 의미에서 보면, 전차는 세속적 삶의 상징이다. 조지아 공화국의 어느 동화는 이런 구절로 끝난다.

> 산 위로 수레를 끌었더니,
> 수레가 산처럼 되어
> 나를 이승에서 불러내어
> 영원의 세계로 넘겨주네.

내가 이미 말한 바와 같이, 변형의 과정은 콰테르니오 상징을 소개하는 것으로 끝나지 않는다. 작업이 계속되어야 하는데, 죽음과 부활을 상징하는 홍해를 건너는 위험한 일이 따르게 되어 있다. 텍스트의 저자가 "달리지 않고 달리고 움직이지 않고 움직이는" 역설을 통해 바로 이 지점에서 상반된 것들의 일치를 소개하고 있다는 사실은 매우 놀라운 일이다. 그리고 히폴리토스의 텍스트도 똑같이 역설적으로 "파괴의 신들과 구원의 신들"이 함께 존재하는 것에 대해 이야기하고 있다. 앞에서 본 바와 같이, 콰테르니오는 상반된 것들의 콰테르니오, 즉 원래 달랐던 4개의 기능들을 통합하는 것이다. 이 기능들의 통합은 여기서 이미지로 성취되고 있지만, 정신의 현실에서 전체 정신을 의식한다는 것은 그 자체로 매우 어려운 상황을 하나 엮어낸다. 이 어려운 상황의 심각성을 이런 질문으로 요약할 수 있다. 무의식을 갖고 뭘 할 것인가?

불행하지만, 거기에 관한 비결이나 일반적 법칙 같은 것은 전혀 없다. 나는 '자아와 무의식의 관계'(The Relations between the Ego and the Unconscious)라는 논문에서 심리 치료사가 지루하면서도 아주 익숙한 이 과정에 관찰할 수 있는 것을 제시하려고 노력했다. 보통 사람들에게 이 경험은 폭넓은 일반화를 통해서는 접근하지 못하는 '미지의 영역'이다. 연금술사들의 상상력조차도 다른 방향으로는 아주 풍부하게 발달했는데도 이 분야에서는 우리를 실망시키고 있다. 텍스트를 완벽하게 조사해도 이 질문을 조금만 이해하는 선에서 그친다. 심리 치료 분야에서도 이 질문에 대한 대답을 찾기가 어렵긴 마찬가지이다.

여기에도 비교 연구를 기다리고 있는 이미지와 상징, 꿈, 공상, 환상이 엄청나게 많다. 현 단계에서 확실하게 말할 수 있는 것은 의식과 무의식이 똑같이 변화하면서 서로 점진적으로 접근하는 과정이 있다는 점이다. 그러나 개인별 차이는 연금술사들 사이에 나타나는 차이만큼 클 것이다.

d. 셋의 네 번째

신비주의를 추구하면서 여행을 하는 과정에, 미하엘 마이어는 홍해에 도달했다. 이어 그는 다음과 같은 방식으로 네 방향으로 여행을 했다. 남쪽(유럽)과 서쪽(아메리카), 동쪽(아시아)으로 여행한 다음에 아시아를 떠나 남쪽으로 아프리카로 항하면서, 그는 머리를 황금으로 만들고 다른 부분은 은으로 만든 메르쿠리우스의 동상을 하나 발견했다. 동상은 멀리 낙원을 보고 있었다. 에덴동산은 거기에 있는 4개의 강과 남녀 양성을 가진 최초의 사람(아담)의 거처였다는 점 때문에 기독교 도상학에서 아주 사랑 받는 만다라였으며, 따라서 전체성의 상징이고 심리학적 관점에서 보면 자기의 상징이다.

만약 4개의 방향과 4가지 원소들을 의식의 기본 기능들을 상징하는 것으로 받아들인다면, 이 대목에서 우리는 마이어가 아시아에 닿았을 때 4개 중 3개를 의식하게 되었다고 말할 수 있다. 이것이 그를 네 번째이자 마지막 기능으로, "열등한" 기능으로 이끈다. 모든 기능 중에서 가장 어둡고 무의식적인 기능이다. 이 기능을 나타내는 곳으로 "아프리카"는 나쁘지 않은 이미지이다. 그러나 마이어는 아프리카 쪽으로 걸음을 옮기다가 전체성의 원시적인 이미지로 낙원의 환상을 보았다. 이 환상은 그에게 여행의 목표가 완전성을 획득하는 것이라는 점을 보여주었다.

그의 말에 따르면, 그가 아프리카에 닿았을 때, 태양은 자신의 집인 사자자리에 있었고 달은 게자리에 있었다. "달은 자신의 집의 지붕으로 게자리를 두고 있다." 두 개의 집이 가까웠다는 점은 태양과 달의 융합, 즉 대극의 결합을 암시하고, 이것은 연금술 작업의 절정이자 편력(遍歷)의 목적이다. 그는 "이것이 나에게 길조라는 희망을 품게 한다."라고 덧붙인다.

네 번째 기능은 무의식에 속한다. 신화에서 무의식은 큰 동물로, 예를 들면 리바이어던이나 고래, 늑대, 혹은 용으로 묘사된다. 우리는 태양-영웅 신화를 통해서 영웅의 머리카락이 빠질 만큼 고래의 뱃속이 뜨겁다는 것을 알고 있다. 아리슬레우스와 그의 동료들도 마찬가지로 바다 속의 감옥의 뜨거운 열로 고통을 당한다.

연금술사들은 자신들의 불을 "지옥의 불"이나 연옥의 불꽃과 비교하길 좋아했다. 마이어는 아프리카를 지옥과 매우 비슷하게 "경작되지 않고, 작열하고, 바짝 타고, 메마르고, 휑한" 곳으로 묘사한다. 그는 아프리카에 샘이 너무 적은 탓에 물이 있는 곳에 온갖 종류의 동물들이 서로 섞이며, "그래서 새로운 탄생이 일어나고 괴상한 모습의 동물들이 태어난다."고 말한다. 이는 "새로운 것은 언제나 아프리카에서 생겨난다."는 격언을 설명해준다. "무수히 많은 야생 동물들 외에", 판(Pan)들도 살았고 사티로스와 개의 머리를 한 개코원숭이, 반은 사람 모양인 동물도 거기 살았다. 현대의 어떤 견해에 따르면, 이것은 무의식에 대한 설명으로 최고이다.

마이어는 더 나아가 홍해 지역에서 "오르투스"(출현, 기원)라는 이름을 가진 동물이 발견된다고 보고한다. 이 동물은 머리가 빨갛고, 머리에는 목까지 황금색 줄이 나 있었다. 눈은 검고, 얼굴은 희고, 앞발은 희고 뒷발은 검었다. 마이어는 이븐 시나의 다음과 같은 말을 바탕으로 이런 동물을 그려냈다. "머리는 붉고, 눈은 검고 발이 흰 그것은 현자의 돌이다."[42] 마이어는 이 생물의 전설이 그 지역에서 발견되고 있던 피닉스를 말하고 있다고 확신했다. 그는 피닉스에 대해 조사하는 동안 거기서 멀지 않은 곳에 에리트레아 무녀로 알려진 여자 예언자가 어느 동굴에 산다는 소문을 들었다.

앞에서 "에리트레아 해(海)"가 신비의 장소라는 것을 알게 되었지만, 여기서 주목할 만한 세부사항을 몇 가지 접하게 된다. 우선, 마이어는 3개의 대륙을 두루 돈 다음에 결정적인 네 번째 지역으

....

42 Symbola. aureae. mensae, p. 199

로 들어가려는 순간에 이 바다에 도달한다. '마리아의 공리'와 '파우스트'를 통해서 우리는 플라톤의 책『티마이오스』(Timaeus)의 첫머리에 나오는 순진한 질문이 결정적으로 중요하다는 것을 알게 된다.

소크라테스: 하나 둘 셋, 아니, 티마이오스여, 어제의 손님들 중에서 오늘 나를 접대하겠다고 한 네 번째 사람은 어디 있는가?

티마이오스: 소크라테스여, 그 사람이 갑자기 건강이 나빠졌다네. 그런 일이 없었다면 그 사람이 여기 나타나지 않았을 리가 없지.

3에서 4로 넘어가는 것은 마리아의 모호한 공식도 별로 설득력 있게 설명하지 못하는 문제이다. 3과 4의 딜레마는 온갖 방식으로 위장되고 있다. 마이어의『심볼라 아우레아이 멘사이』(Symbola aureae mensae)에서도 마찬가지로, 3에서 4로 넘어가는 단계는 낙원의 환상이 예고하는 중요한 전개로 여겨지고 있다. 홍해 지역은 잘 알려진 대로 더우며, 마이어는 7월 말 "여름의 뜨거운 열기 속에" 거기에 도달했다. 그는 실제로 비상할 정도로, 지옥만큼 "뜨거워지고" 있었다. 그가 "판과 사티로스, 개 머리를 한 개코원숭이, 반인(半人)들"이 거주하는, 정신의 그 영역에 가까워지고 있었기 때문이다.

이 지역이 사람의 내면에 있는 동물의 영혼이라는 것을 이해하기는 어렵지 않다. 사람이 원칙적으로 동물의 몸과 다르지 않은 몸을 갖고 있듯이, 사람의 심리도 인간의 과거 시대의 유령들이 거주하는 그런 낮은 층들을 갖고 있다.

그렇다면 세상을 두루 여행하는 마이어가 땀을 뻘뻘 흘리게 만드는 여름의 열기 속에서 가장 더운 땅에 도착했다고 느끼는 것도 놀라운 일이 아니다. 그때 그는 아라비아 펠릭스(아라비아 반도 남부를 일컫는 라틴어/옮긴이)에 있었다. 그는 자신이 피부를 위태롭게 하고 있다는 것을 고통스럽게 자각하고 있었다. "이웃의 담이 불타고 있다면, 그건 당신의 걱정거리이다."[43] 그는 연회를 베푸는 사람이고 손님이며, 먹는 사람이고 먹히는 사람이었다.

4개의 발을 가진 전설적인 "오르투스"를 필두로, "온갖 잡다한 종의 동물들"이 이미 홍해에서 나타나기 시작한다. "오르투스"는 연금술의 4가지 색깔을, 검정과 하양, 빨강, 노랑(머리에서 목까지 황금색 줄무늬가 있다)을 결합시키고 있다. 마이어는 생김새보다 이름을 근거로 오르투스를 아라비아 펠릭스에 산다는 전설이 내려오는 피닉스와 동일시하는 데 조금도 주저하지 않는다. 왜냐하면 헬리오폴리스에서 다시 태어나는 태양처럼 피닉스도 이집트 땅에서 스스로를 소모한 뒤에 다시 태어나기 때문이다.

오르투스는 연금술 작업의 최초의 통합에서 살아 있는 콰테르니오를 대표하는 "동물"이다. 영원히 사는 정령의 새가 되기 위해서, 오르투스에겐 "아프리카"에서 발견될, 네 번째 기능을 직시하고 조사하는 과정에 얻어지는, 변형의 힘을 지닌 불이 필요하다. 오르투스를 피닉스로 해석함으로써, 마이어는 오르투스의 의미를 크게 변화시켜 놓는다. 마이어는 자신의 동물적인 영혼 외에 그 영혼 근

....
43 Horace, Epistolae, I, xviii, 84

처에서 일종의 여자의 영혼을, 어떤 처녀를 발견한다. 이 여자의 영혼에게 그는 처음에 한 사람의 성가신 손님으로 나타났다. 이 여자의 영혼은 예수 그리스도의 도래를 예견한 무녀였다.

따라서 홍해를 통해서 그는 말하자면 자기의 원물질을 상징하고 피닉스로 부활을 상징하는 괴상한 콰테르니오의 형식으로 동물적인 영혼을 만났다. 여기서 암시되고 있는 신비는 동물적인 영혼과의 조우뿐만 아니라 똑같은 시간과 장소에서 일어나고 있는 아니마와의 조우이다. 이 아니마는 그에게 메르쿠리우스에게 닿는 길을 보여줌과 동시에 피닉스를 발견하는 방법을 가르쳐주는 여자 저승사자이다.

이 동물이 자기를 갖고 있는 존재를 상징적으로 보여주고 있다는 점을 강조하는 것이 중요하다. 마이어의 글에 나타나는 이 같은 힌트는 연금술에 대해 전혀 모르는 현대인들도 잘 이해한다. 이것은 전체성의 구조는 언제나 존재하지만 깊은 무의식 속에 묻혀 있다는 사실을 뒷받침한다. 누구라도 자기지식을 통해서 의식을 최대한 확장하기 위해 자신의 살갗을 델 위험을 무릅쓴다면, 자신의 무의식에서 언제든 전체성의 구조를 다시 발견할 수 있다.

자기지식은 언제나 지옥을 위해 준비되어 있는 "거칠고 쓴 약"이다. 그런 시련에 대한 보상으로는 신의 왕관도 과분하지 않다. 엄격한 의미에서 말하는 자기지식이란 일방적인 지적 유희가 아니라, 육지와 바다, 공중과 불의 온갖 위험에 노출된 가운데 네 개의 대륙을 두루 관통해야 하는 여행이기 때문이다.

이름으로 불릴 가치가 있는 전체적인 인식 행위는 어떤 것이든 존재의 4가지 측면을 포용한다. 어떤 것도 무시해서는 안 된다. 로욜라의 이냐시오는 명상자에게 "오감을 통한 상상"을 권하고 "감각을 이용하여" 예수 그리스도를 모방하라고 가르쳤다. 그렇게 말할 때, 그가 마음에 품었던 것은 명상의 대상을 가능한 한 완벽하게 "체득"하는 것이었다. 이런 종류의 명상이 발휘하는 도덕적 혹은 다른 효과와 별도로, 명상의 주요 효과는 의식과 집중 능력, 주의, 명료한 사고 등을 훈련시키는 것이다. 이와 비슷한 형식인 요가도 비슷한 효과를 발휘한다.

그러나 명상자가 미리 규정된 형식 속으로 스스로를 투영하는 이런 전통적인 유형의 깨달음과 반대로, 마이어가 암시하는 자기지식은 있는 그대로의 경험상의 자기로 스스로를 투영하는 것이다. 이 자기는 우리가 조심스럽게 온갖 결점을 다 제거한 뒤에 상상하는 그런 모습의 "자기"가 아니라, 자기가 하는 모든 것과 자기에게 일어난 모든 것을 다 간직하고 있는 경험적인 자아이다. 사람은 누구나 증오스런 이런 부속물을 지워버리길 원할 것이다. 이것이 자아가 동양에서 망상으로 설명되고 서양에서 예수 그리스도의 형상에 제물로 바쳐지는 이유이다.

반대로, 신비주의 편력(遍歷)의 목표는 세상의 모든 부분들을 이해하고, 의식을 최대한 넓게 확장하는 것이다. 신비주의 편력을 이끄는 원리는 알렉산드리아의 카르포크라테스(Carpocrates of Alexandria: A.D. 2세기 전반)가 이끈 영지주의 종파가 강조한 사상, 즉 사람은 자신이 저지르지 않은 죄로부터는 해방될 수 없다는 사상인 것 같다. 자아의 경험을 외면하는 것이 아니라, 자아의 경험이 최대한 "만물"에 반영되도록 하는 것, 그것이 편력의 목표이다. 헛되고 어리석은 자아가 하느님이 주시는 것을 받을 겸허한 그릇이 되지 못한다면 하느님을 절대로 경험하지 못한다는 심리학적 인식으로부터, 신비주의 편력의 목표가 그런 것이라는 해석이 논리적으로 자연스럽게 나온다.

연금술에서 용기(容器)의 상징이 대단히 중요했다는 사실은 연금술사가 정확한 내용물을 담기 위해서는 정확한 용기를 가져야 한다는 사실에 관심을 크게 쏟았다는 점을 보여준다. "라피스도 하나고, 약제도 하나고, 용기도 하나고, 과정도 하나고, 배열도 하나다." '우리의 물'(aqua nostra), 즉 변형시키는 힘을 지닌 물질은 그 자체가 용기이기도 하다. 이 같은 생각에서부터 다음과 같은 안젤루스 질레시우스의 역설까지의 거리는 겨우 한 걸음밖에 되지 않는다.

신은 내가 신을 안을 때엔 나의 중심이고
내가 신의 안에 녹을 때엔 나의 원주이다.

마이어의 에리트레아 네발짐승, 즉 오르투스는 '가짜 아리스토텔레스'의 사륜전차에 해당한다. 네 복음서 필자를 상징하는 문양도 에스겔의 환상에 나오는 날개 달린 4개의 생명체들을 한 마리의 네발 괴물로 결합하고 있는 것으로, 중세 초기 도상학의 산물이다.

오르투스를 피닉스로 해석한 것은 오르투스를 무녀에 의해 도래가 예상된 예수 그리스도와 연결시키는 결과를 낳는다. 피닉스는 예수 그리스도의 부활을, 일반적으로 죽은 자의 부활을 상징하는 것으로 널리 알려져 있기 때문이다.

피닉스는 특히 변형의 상징이다. 피닉스와 에리트레아 신탁의 잘 알려진 해석을 근거로 하면, 17세기 초기의 저자가 무녀에게 예수 그리스도에 이르는 길을 보여 달라고 주문하지 않고 메르쿠리우스를 발견할 수 있는 곳을 가르쳐 달라고 감히 요구했다는 것은 경이로운 일이 아닐 수 없다. 이 대목은 메르쿠리우스와 예수 그리스도의 유사성을 뒷받침하는 놀라운 증거이다. 여기서 피닉스는 예수 그리스도의 비유로 등장하지 않고 보편적인 약의 탄생지와 그런 약을 지닌 존재로, "분노와 고통을 다스리는 치료법"을 지닌 존재로 등장한다.

한때 예수 그리스도의 도래를 예언했듯이, 지금 무녀는 메르쿠리우스에 닿을 수 있는 길을 가리킨다. 예수 그리스도는 원초의 사람이고 안트로포스이며, 메르쿠리우스도 똑같은 의미를 지닌다. 원초의 사람은 오래 전에 이 세상의 권력들이 확보한, 둥글고 독창적인 전체성을 상징한다.

예수 그리스도에서 원초의 사람의 승리와 해방이 완성되었다고 전해진다. 그래서 연금술사들의 노고는 불필요한 것처럼 보였다. 우리는 단지 연금술사들은 다른 의견을 가졌다고, 또 연금술사들은 자신들이 마무리되지 않은 예수 그리스도의 구원 작업으로 여긴 것을 완성하기 위해 분노와 고통을 다스릴 치료약을 추구했다고 가정할 수 있다.

마이어의 견해의 특징은 가장 중요한 것은 어느 곳에서나 인격화되는 메르쿠리우스가 아니라 정령의 새인 피닉스가 안겨주는 물질이라고 생각한다는 점이다. 그리스도 상징에 의해 명확하게 성취되지 않은 간절한 바람인 완전성을 추구하는 수단으로, 혹은 완전성의 상징으로 이용되고 있는 것은 어떤 살아 있는 존재가 아니라이 무기 물질이다. 이 대목에서 사람은 자신도 모르게 스스로에게이런 질문을 던지게 된다. 가톨릭에서 일반적으로, 또 프로테스탄티즘에서 특별한 경우에 신성한 형상들을 치열하게 의인화하고 있는 것이 결국엔 무의식에서 나오고 있는 다소 객관적인 관점에 의해 보상되고 다소 약화되는 것은 아닐까, 하고 말이다.

e. 상승과 하강

지금까지 완전성을 추구하는 과정에, 미하엘 마이어는 3개의 대륙을 가로지르고 3개의 방향으로 여행한 것 외에 낙원에 이르는 길을 가리키는 메르쿠리우스 조각상을 발견했다. 그는 멀리 천국을 어렴풋이 보았으며, 동물적인 영혼과 예언하는 아니마를 발견했다.

이 아니마는 지금 그에게 메르쿠리우스를 찾으려면 나일 강의 일곱 개 어귀로 여행할 것을 권한다. 그의 순례 여행의 연속은 피닉스가 살고 있던 아라비아에서부터 죽어 다시 새롭게 태어날 이집트까지 날아가는 모습을 상기시킨다. 따라서 우리는 그와 비슷한 무슨 일이 저자를 기다리고 있을 것이라고 예상할 수 있다.

그가 홍해를 가로지르는 여행에 대한 이야기는 전혀 없다. 또 이스라엘 후손들의 기적적인 방랑을 반대 방향으로 한 것에 대해서도 아무런 이야기가 없다. 그러나 우리는 곧 부활의 신비 같은 일이 벌어지게 되어 있다는 것을 알게 된다. 마이어가 나일 강의 일곱 개 어귀와 일곱 개의 행성을 비교하기 때문이다.

그는 먼저 나일 강 델타의 서쪽 어귀인 카노푸스의 문(Canopic Gate)에 도착해 거기서 거주하던 토성을 발견한다. 나머지 행성들 중에서 우리는 마르스만 확실히 확인할 수 있다. 다른 행성들이 거주하는 도시들에 대한 묘사가 매우 명확하지 않기 때문이다. 무수한 곤경을 겪으면서 그는 7개 지역을 두루 여행하지만 메르쿠리우스를 만나지 못한다. 그는 메르쿠리우스의 도시에서도 메르쿠리우스를 발견하지 못한다. 결국 그는 발길을 돌려 왔던 길을 되밟아야 했다. 그 길에 카노푸스의 문에 이르러 거기서 이번에는 메르쿠리우스를 발견한다. 그는 메르쿠리우스로부터 온갖 종류의 비법을 배우지만 피닉스를 발견하는 데 실패한다. 훗날 그는 만능약을 발견하기 위해 다시 돌아갈 것이다. 『에피그람마 아드 포이니켐』 (Epigramma ad Phoenicem)을 보면, 그는 그 불가사의한 새에게 깃털을 달라고 간청한다. 그는 어느 시에서 그 새에 대해 "부(富)와 금보다 더 중요하며, 그렇게 생각하지 않는 사람은 사람이 아니라 짐승이다."라고 말한다.

네 번째 영역, 즉 불의 영역(열등한 기능)을 경험한 것은 마이어에 의해 7개 행성들의 세력 영역을 통한 상승과 하강으로 묘사되고 있다. 이 지점까지의 편력은 연금술 작업의 비유가 아닐 수 있지만, 지금부터는 연금술 작업의 비유인 것이 확실하다. 연금술 작업은 일종의 변형이며, 이 변형의 주체이자 대상은 쉽게 잡히지 않는 메르쿠리우스이다. 연금술 작업 자체에 대한 설명이 관심사이기 때문에, 여기서 변형의 본질에 대해 세세하게 설명하지는 않을 것이다. 그러나 변형의 한 가지 측면은 행성들의 영역을 통해 상승하고 하강하는 것이며, 이 상승과 하강에 대해선 여기서 약간 언급하고 넘어가야 한다.

『타불라 스마라그디나』가 보여주듯이, 상승과 하강의 목적은 위의 권력과 아래의 권력을 결합시키는 것이다. 특별히 주목할 만한 특징은 연금술 작업에선 상승 다음에 하강이 따르는 반면에 기독교 영지주의에선 하강을 먼저 묘사한 다음에 상승에 대해 이야기한다는 점이다. 문헌에 이를 뒷받침하는 증거가 아주 많기 때문에 여기서 군이 언급할 필요는 없을 것 같다. 나는 다만 그리스인 교부(敎父)인 성 바실리오(St. Basil)의 말을 인용할 것이다.

바실리오는 '시편' 17편 10절(두에이 성경: "그리고 그는 하늘들에게 허리 굽혀 인사를 하고 내려왔으며, 그의 발밑으로 검은 구름이 깔렸다.")에 대한 해설에서 이렇게 말한다. "다윗이 여기서 말한다. 하느님이 나를 돕고 그의 적들을 쫓기 위해 하늘에서 내려왔다고. 그러나 다윗이 '그는 하늘들에게 허리 굽혀 인사를 하고 내려왔다'고 말할 때, 그는 분명히 예수 그리스도의 현현(顯現)을 예언하고 있다. 그가 하늘들을 뚫지 못하고 또 신비를 드러내지 못하고 흰 구름 위의 비처럼 비밀리에 땅으로 내려왔기 때문이다. 예수 그리스도의 현현은 은밀하고 눈에 보이지 않으며, 그가 세계의 질서 속으로 들어오는 것은 숨겨져 있다."[44] 그 다음 구절("그리고 그는 케루빔(천사)을 타고 날았다.")에 대해 논하면서, 바실리오는 "상
....

44 Pitra, Analecta sacra, Ⅴ, pp. 85f

3장 상반된 것들의 의인화

승하면서 그가 케루빔보다 더 높이 올라갔기 때문이다. 다윗은 날개를 가진 케루빔이 폭풍 같은 성격을 갖고 있다고 해서 케루빔을 바람의 날개라고 불렀다. 바람의 날개는 곧 그를 위로 올린 구름을 의미한다."고 말한다. 이레네오(Irenaeus: A.D. 130-202)는 그 신비를 이렇게 요약한다. "그것이 인간들을 구원하기 위해 내려오고 올라간 그 분이기 때문이다."

이와 반대로, 연금술에서는 상승이 먼저 오고 그 다음에 하강이 따른다. 나는 『로사리움 필로소포룸』의 삽화들에 그려진 영혼의 상승과 하강에 대해, 그리고 특히 중세 내내 권위를 자랑했던 『타불라 스마라그디나』의 서문에 대해 언급할 것이다.

> IV. 그것의 아버지는 태양이고, 어머니는 달이다. 바람이 그것을 뱃속에 넣고 다녔으며, 그것의 보모는 지구이다.
>
> VI. 그것의 권력은 그것이 지구 쪽으로 향할 때 완전해진다.
>
> VIII. 그것은 지구에서 하늘로 올라갔다가 다시 지구로 내려오면서 높은 것들과 낮은 것들의 권력을 받는다. 그러면 그대는 이 세상 전체의 영광을 갖게 될 것이다.

이 조항들(주체는 어떤 때는 남성이고 어떤 때는 중성이다)은 "태양-달 아이"를 묘사하고 있다. 이 아이는 4가지 원소들의 요람 안에 놓여 있고, 태양과 달과 지구를 통해서 모든 권력을 획득하고, 하늘에 닿아서 천상의 세계의 권력을 얻은 다음에 지구로 돌아와서 완전성의 승리를 성취하는 것 같다. "그러면 그대는 이 세상 전체의 영광을 갖게 될 것이다."라는 말은 분명히 철학자에게 하는 말이다. 철학자가 '철학자의 아들'을 만드는 거장이니까. 만약 철학자가 신비의 물질을 만들어내는 데 성공한다면, 그는 동시에 이 세상 전체의 영광으로 모습을 나타낼 자기 자신의 완전성도 성취하게 될 것이다.

신비의 물질은 중성의 형태로 나타나든 남성이나 여성의 형태로 나타나든 지구에서 일어나서 상반된 것들을 결합하고 다시 지구로 돌아올 것이며, 그렇게 함으로써 만능약으로의 변형을 이룰 것임에 틀림없다. 『콘실리움 코니우기이』는 "그는 만능약이 될 때까지 태양의 나무 속을 올라갔다가 내려가기를 반복한다."고 말한다. 텍스트는 이렇게 이어진다.

> 누군가(루나)가 말했다. 내가 벌거벗은 상태에서 하늘에 올랐다가 옷을 입은 상태로 땅으로 내려오면서 모든 광물을 완벽하게 만들리라고. 그리고 만약에 우리가 금과 은의 샘물에서 세례를 하고 우리 육체의 정령(즉, 신비의 물질)이 아버지와 아들과 함께 하늘로 올라갔다가 다시 내려온다면, 우리의 영혼은 다시 살아나고 나의 동물적인 육체는 하얗게, 달의 육체로 남을 것이다.

여기서 상반된 것들의 결합은 팅크제의 탕에서 하늘로 올라가고 땅으로 내려오는 것으로 이뤄진다. 땅에 나타나는 효과는 가장 먼저 광물들의 완벽이고, 그 다음에 영혼들의 부활이고, 그 전까지 시커멓던 동물적인 육체의 변형이다. 이와 비슷한 내용이 『콘실리움 코니우기이』에 보인다.

> 그의 영혼은 그것(유황)에서 나와서 하늘로, 즉 정령 쪽으로 서두르면서 달이 기우는 가운데 떠오르는 태양(즉 빨강)이 되고 태양의 성격을 갖게 된다. 그러면 생명의 물인, 두 개의 빛(태양과 달)을 가진 등(燈)이 원래의 자리로, 즉 지구로 돌아갈 것이다. 그러면 등은 낮은 지위로 떨어지고, 겸손하고, 쇠퇴하며, 자신이 사랑하는 땅의 유황과 결합한다.

이 텍스트는 신비의 물질, 즉 불타지 않는 유황의 영혼의 상승을 묘사한다. 불연성 유황의 영혼은 루나로서 만월을, 태양 같은 광휘를 성취한 다음에 초승달로 이지러지면서 땅의 유황의 품으로 가라앉는다. 여기서 땅의 유황은 죽음과 부패를 의미한다. 마이어의 『스크루티니움 키미쿰』에 묘사된 신월의 괴상한 컨정션이 떠오른다. 여자와 용이 무덤 안에서 포옹하고 있던 장면 말이다. 도른이 『피시카 트리스메기스티』(Physica Trismegisti)에서 한 묘사도 이와 맥을 같이한다. "최종적으로, 이 땅의 연금술적 탄생은 상승을 통해 천상의 성격을 띤 다음에 하강을 통해서 지구의 중심의 본질을 두드러지게 띠게 될 것이지만, 그럼에도 불구하고 그것이 상승에 의해 획득한 천상의 중심의 본질은 비밀리에 간직될 것이다."[45]

이 탄생은 "인간의 마음에 있는 정신의 병과 안팎의 모든 육체적 결함"을 정복한다. 약제는 "세상이 창조된 것과 똑같은 방식으로"

....
45 Theatre. chem., Ⅰ, p. 409

만들어진다. 다른 곳에서 도른은 "연금술 태아", 즉 호문쿨루스는 불에 의해 어쩔 수 없이 하늘로 올라가지 않을 수 없으며, 거기서 필요한 만큼 성숙을 얻은 뒤 다시 땅으로 돌아온다고 말한다. 하늘로 오른다는 것은 용기의 밑바닥에서 위로 올라간다는 뜻이다. 땅으로 내려오면, "이 정령은 육체에서 정령이 되었다가 다시 육체를 갖게 된다".

도른은 자신이 권위를 인정하고 있는『타불라 스마라그디나』에 반대라도 하듯, 자신의『필로소피아 스페쿨라티바』(Philosophia speculativa: '사변적 철학')에 이렇게 쓰고 있다. "아무도 추구하지 않는 하늘로부터의 하강에서 깨달음을 얻지 못하는 사람은 자신이 추구하는 하늘로의 상승을 절대로 이루지 못한다." 도른은 아마 연금술 "기술"에 관한 진술 중 일부가 문제를 안고 있다는 점을 발견한 최초의 연금술사였을 것이다. 그가 바실리데스의 가르침을 지나치게 따르는 듯한 자신의 연금술 태아에 대해 기독교식 구실을 제시한 것도 그런 맥락에서였다. 동시에 그는 거장은 연금술 작업과 하나가 된다는 것을 의식하고 있었다.

도른의 생각을 가볍게 보면 안 된다. 간혹 심리학적으로 대단히 중요한 내용을 담고 있기 때문이다. 예를 들면 이런 대목이다. "넷으로 하강하고 단자(單子)로 상승하는 것은 동시에 이뤄진다." 이 "넷"은 4가지 원소이고, 단자는 "데나리우스"(10)로 다시 나타나는 원래의 통합이자 작업의 목표이며 돌의 통합으로 투사된 인격의 통합이다. 하강은 분석적이며, 완전성을 이루는 4가지 구성요소로 분리되는 것이다. 반면에 상승은 통합적이며, 구성요소들을 합쳐서 데나리우스를 만드는 것이다. 이 같은 생각은 의식과 무의식의 대면은 인격의 분열을 낳음과 동시에 분열을 하나의 전체로 다시 조정하게 된다는 심리학적 사실과 일치한다.

정신이 위기를 맞는 시기에, 이 같은 사실이 매우 분명하게 드러난다. 예를 들어, 통일의 상징인 만다라가 꿈에 나타나는 것이 이런 순간들이다. 프리드리히 휠덜린(Friedrich Hölderlin)은 "위험이 있는 거기에/ 구원도 또한 일어난다."고 말한다.

옛날의 저자들은 『타불라 스마라그디나』를 엄격히 따랐던 반면, 현대와 가까운 저자들은 도른의 지도 아래에 그 과정을 거꾸로 돌려놓는 경향을 보인다. 예를 들면, 밀리우스는 하늘이 먼저 내려오지 않으면 땅은 올라가지 못한다고 말한다. 그런 경우에조차도 땅은 "자체의 정령 안에서 분해되고 그것으로 한 가지 물질이 될 때에만" 하늘로 승화될 수 있을 뿐이다. 파라켈수스 추종자인 페노투스는 훨씬 더 단호하다. 그는 메르쿠리우스에 대해 다음과 같이 말한다.

> 사람의 아들이 철학자에 의해 어떻게 생겨나고 처녀의 결실이 어떻게 맺어지는지에 대해 말한다면, 철학자는 땅으로부터 높이 뛰어오르면서 땅의 모든 티를 씻어내야 한다. 그런 다음에 그는 하나의 전체로 대기 속으로 올라가 정령으로 바뀌어야 한다. 그러면 철학자의 말이 성취된다. 그는 땅에서 하늘로 상승해 위와 아래의 권력을 모두 받고 땅에서 얻는 불결한 천성을 옆으로 밀쳐놓게 된다.

라피스와 "사람의 아들"의 완전한 동일시는 분명히 사람의 아들의 상승으로 완료되어야 한다. 그러나 그것은 라피스를 팅크제 혹은 약제로 보던 원래의 인식과 모순된다. 약제란 것이 낮은 세계의 저질스런 물질들에 적용될 때에만 의미와 가치를 지니니 말이다.

천상의 세계는 부패 불가능한 곳이기 때문에 약 같은 것은 전혀 필요하지 않다. 물질에서 시작되어 물질로 돌아가는 구원자라는 개념은 점점 터무니없는 것으로 여겨지게 되었다. 라피스를 예수 그리스도와 절대적으로 동일시했던 연금술사들은 실험실에서 작업하는 활동을 중단했으며, 실험실 작업을 선호했던 연금술사들은 서서히 신비주의 언어를 포기했다.

상승과 하강, 위와 아래, 위로와 아래로 등의 표현은 상반된 것들의 존재를 감정적으로 깨닫는다는 점을 보여주며, 이 같은 깨달음은 점진적으로 상반된 것들의 균형으로 이어진다. 이 주제는 위로 올라가는 행위나 비탈길, 계단 오르기, 들것이나 기구(氣球), 비행기 등을 타거나 내리는 형식으로 꿈에 자주 나타난다. 그것은 날개를 가진 용과 날개가 없는 용, 즉 우로보로스의 결투에 해당한다. 도른은 그것을 "순환적 증류작용"으로, 또 자연의 용기(容器)와 비슷하게, 즉 구형(球形)으로 만들어야 하는 "연금술사의 용기(容器)"로 묘사한다.

도른이 해석하는 것처럼, 이처럼 상반된 것들 사이를 오가고 앞뒤로 던져지고 있는 것은 상반된 것들의 안에 포함된다는 것을 의미한다. 상반된 것들은 하나의 용기가 되고, 그러면 그 안에서 상반된 것들 사이의 긴장은 중심에서 통합적인 성격의 활동으로 바뀌다. 이것이 "상반된 것들로부터의 해방"이다. 이것을 힌두 철학에서는 '니르드반드바'라 부른다. 그럼에도 이것은 철학적인 전개보다는 심리학적인 성격이 더 강하다. 『아우렐리아 옥쿨타』(Aurelia occulta)는 이 같은 생각을 용의 말을 통해 풀어놓는다. "하나에서 많은 것이 나오고, 많은 것에서 유명한 혈통의 하나가 나온다. 나는 가장 낮은 곳에서 가장 높은 곳으로 오른다. 그러므로 나는 하나이며 또 내 안에 많은 것을 갖고 있다."[46] 이런 말을 통해서 용은 자신이 자기의 땅 속 선구자라는 점을 분명히 전한다.

f. 행성의 궁들을 관통하는 여행

여기서 7개의 행성을 의미하는 나일 강의 어귀 7곳을 도는 미하엘 마이어의 여행으로 돌아가면서, 우리는 연금술사들이 상승과 하강을 통해 의미하고자 한 것에 대한 이해를 바탕으로 이 주제에 접근할 수 있게 되었다. 상승과 하강은 영혼을 어둠 또는 무의식의 사슬로부터 해방시키는 것이었다.

영혼이 하늘로 상승하는 것은 곧 의식의 확장이었다. 영혼은 최종적으로 땅으로, 거친 현실로 돌아온다. 이때는 치료의 효과를 발휘하는 액체 혹은 팅크제의 형식을 취하게 된다. 위의 권력들을 부여받은 상태인 것이다. 이것이 심리학적으로 의미하는 바는 『힙네로토마키아 폴리필리』(Hypnerotomachia Poliphili: '폴리필루스가 벌이는 꿈속의 사랑의 투쟁')에 분명히 드러난다. 이 책의 단점은 장식적인 요소가 지나치게 많아서 그 의미가 쉽게 가려질 수 있다

....
46 Theatr. chem., IV, p. 575

는 점이다. 그러므로 이 책의 전반부 전체는 꿈을 꾼 사람이 신들과 영웅들의 세계로 올라가는 과정과 베누스 신비 종교 같은 것에 입교하는 절차, 폴리필루스의 깨달음과 준(準)신격화, 그리고 그의 아니마 폴리아에 대해 묘사로 이뤄져 있다는 점을 강조해야 한다. 이 책의 후반부에서 연인들이 환상에서 깨어나고 사랑이 식으면서 그 모든 것이 한갓 꿈이었다는 지식을 얻는다. 그것은 땅으로, 일상의 현실로의 하강이다. 주인공이 "상승으로 얻은 천상의 중심의 본질을 비밀로 간직하려" 했는지는 명쾌하지 않다. 오히려 천상의 중심이라는 것에 대해 회의(懷疑)를 품는 것 같은 느낌이다. 그럼에도 주인공의 흥미로운 모험은 심리학적인 문서를 하나 남겼다. 개성화 과정의 절차와 상징을 완벽하게 보여주는 예이다. 연금술의 언어는 아니어도 연금술의 정령이 그 과정 내내 숨결을 불어넣고 있으며 연금술 대가들에 얽힌 수수께끼들을 어느 정도 풀어준다.

행성의 궁(宮)을 통과하는 마이어의 여행은 토성으로 시작한다. 토성은 행성 중에서 가장 차갑고, 가장 무겁고, 가장 멀고, 사악하고, 악의 주거지이고, 비밀스럽고 음흉한 '세넥스'(Senex: 노인)이다. 마이어는 토성에서부터 그 동안 오랫동안 추구해 온 목표인 소년 메르쿠리우스를 찾아 태양의 영역으로 올라간다. 그것은 태양으로, 어둡고 차가운 것에서 밝고 따뜻한 것으로, 늙음에서 젊음으로, 죽음에서 부활로 점점 더 가까이 다가가는 상승이다. 그러나 그는 왔던 길을 다시 가야 한다. 메르쿠리우스가 태양의 영역에서 발견되지 않고 그가 여행을 시작한 바로 그 지점에서 발견될 것이기 때문이다. 이는 대단히 심리학적으로 들리며, 실제로 삶은 멈추게 된 그 지점에서가 아니고는 앞으로 나아가지 못한다.

마이어가 추구한 메르쿠리우스는 하나의 '살아 있는 정령'이며 이 정령의 본질은 행성들의 모든 궁들을, 말하자면 전체 황도대를 두루 꿰뚫는 것이다. 이 정령이 전체 12궁을 관통한다고 말해도 무방하다. 아니면 12궁을 축소한 것이 개인의 성격이라고 볼 수 있기 때문에 이 정령이 인격의 모든 구성 요소를 두루 관통한다고 말해도 무방하다.

옛날의 관점에서 보면, 개인의 성격은 신들이 그 사람이 태어날 때 별자리를 바탕으로 부여한 저주 또는 축복이다. 12궁은 "우리의 뜻과 상관없이 내려진 법령인데, 예수 그리스도가 그 법령을 지워 버렸다. 예수 그리스도는 그것을 제 길에서 끌어내서 자신의 십자가에 못 박았다. 통치자들과 권력자들을 무장해제 시킨 뒤에 그들을 공개적으로 구경거리로 만들고 그들을 이겼다".[47]

'태어나면서 운명에게 발행해준 약속어음'이라 부를 만한 이런 고대의 사상은 동양에서 말하는 전생의 업(業)이라는 개념의 서구 버전이다. 영혼에 운명의 낙인을 찍는 것은 행성들의 일곱 지배자인 아르콘이다. 그래서 프리스킬리안(Priscillian: A.D. 340?-385)은 영혼이 출생을 위해 내려오면서 "원들"을 통과하다가 악에 사로잡히면 승리한 원의 지배자의 뜻에 따라 많은 사람들 중 어느 한 사람의 몸으로 들어가야 하는데 이때 영혼에 지배자의 낙인이 찍힌다고 말한다. 아마도 영혼이 다양한 행성 영역의 영향을 받게 되어 있다는 뜻일 것이다.

....
47 Colossians 2: 14f

영혼이 12궁을 통과해서 하강하는 것은 오리게네스에 의해 묘사된 바와 같이 행성의 문들을 통과하는 것에 해당한다. 첫 번째 문은 납으로 만들어져 있고 토성과 연결된다. 이 점에 비춰볼 때, 마이어는 옛날 전통을 따르고 있는 것이 분명하다. 마이어의 연금술 편력은 옛날의 "영혼의 천상의 여행"을 되풀이하는데, 이 같은 여행은 특히 페르시아에서 발달했던 것 같다.

12궁을 통한 변형에 대해선 여기서 더 깊이 들어가지 않을 것이다. 미하엘 마이어도 신비 여행에서 메르쿠리우스처럼 12궁을 통과했다는 것을 아는 것만으로도 충분하기 때문이다.

이 여행은 영웅의 여행을 떠올리게 한다. 결정적인 장소("여울")에서 머리에 4가지 색을 가진 오르투스와 원형적 만남을 한다는 점에서 영웅 모티프가 선명하게 부각된다. 다른 모티프도 있다. 괴물이 있는 곳에서 멀지 않은 곳에 아름다운 처녀가 있다. 괴물과 처녀는 어떤 비밀을 공유하기 때문에 거의 언제나 함께 발견된다. 영혼의 안내자인 무녀는 영웅에게 메르쿠리우스에게, 이 경우엔 최고의 비의(秘儀) 전도사인 헤르메스 트리스메기스투스에게 가는 길을 알려준다.

『헤르마스의 목자』를 보면, 영웅은 비아 캄파나(Via Campana)를 따라 걷다가 바다 용을 닮은 괴물을 만난다.

> 짐승은 머리에 4개의 색을 갖고 있다. 검정이 있고, 불꽃과 피의 색이 있고, 금색, 흰색이 있다. 괴물을 30피트 정도 지나친 뒤, 나는 어떤 처녀와 마주쳤다. 신부의 방에서 나오고 있는 처녀처럼 장식하

고 있었다. 신발까지 모두가 흰색이었다. 앞이마에 면사포가 씌워져 있고, 머리장식으로 터번을 썼지만, 머리카락도 흰색이었다.

두 이야기가 너무나 비슷하기 때문에 마이어가 『헤르마스의 목자』를 읽은 것이 아닐까 하는 생각이 든다. 하지만 그랬을 확률은 매우 낮다. 마이어가 인문 분야에서 교육을 잘 받았음에도, 나는 그의 글에서 그가 교부학 문학을 잘 안다는 인상을 받지 못했다. 그가 알베르투스와 토마스 아퀴나스의 글에 대해 언급한 것을 보면, 그가 그런 면모를 보여줄 수 있었던 기회를 쉽게 놓친 것 같다. 마이어가 '신약성경 외전(外典)'에 대한 직접적 지식을 가졌을 확률노 떨어진다.

『헤르마스의 목자』는 처녀를 교회로 해석하고, 이보다 1500년 뒤의 사람인 마이어는 에리트레아의 무녀로 해석한다. 이는 새로운 것이 오히려 더 상투적이라는 점을 한 번 더 보여준다. "최고의 여자 지배자"는 헤르마스를 삼위일체 하느님의 왕국으로 이끄는 한편, 마이어를 헤르메스 트리스메기스투스 즉, 3개 1조의 메르쿠리우스에게로 이끈다. 이 메르쿠리우스는 마이어에게 피닉스의 부활에 얽힌 비밀을 들려줄 것이다.

마이어는 상승과 하강의 의례, 말하자면 "순환적인 증류"를 통해서만 메르쿠리우스를 만날 수 있다. 이 증류 작업은 검정색 납과 유해한 토성의 어둠과 차가움, 적의로 시작해, 다른 행성들을 거치면서 불 같은 솔까지 상승한다. 솔에서 금은 가장 뜨거운 불로 가열되고 모든 불순물을 버리고 마지막으로 토성으로 돌아간다.

마이어는 이번에는 이 토성에서 메르쿠리우스를 만나 그로부터 유익한 가르침을 일부 받는다. 토성은 이제 흉조(凶兆)의 별에서 "수염의 집"으로 변하고, 거기서 "가장 훌륭한 현자"인 '세 배 위대한 헤르메스'가 지혜를 전한다. 헤르마스도 검정으로 시작하고, 그의 여자 지배자는 그에게 다음과 같이 설명한다.

> 검정은 당신이 살고 있는 이 세상이고, 불과 피의 색깔은 이 세상이 피와 불로 파괴되어야 한다는 뜻이다. 황금으로 된 부분은 이 세상 으로부터 달아난 당신이다. 금도 불로 달궈야 소중해지듯이, 그들 사이에 사는 당신도 달궈져야 한다. … 하얀 부분은 도래할 세상이며, 거기선 하느님의 선택을 받은 자들이 살 것이다. 하느님에게 영원한 생명을 살도록 선택된 자들은 티끌 한 점 없이 순결할 것이다.

연금술에서 불은 정화도 하지만 상반된 것들을 하나의 단위로 녹이기도 한다. 위로 상승하는 자는 위와 아래의 권력을 결합시키고, 다시 땅으로 돌아올 때 자신의 전체 권력을 보여준다. 이 부분은 한편으론 만능약의 제조로 해석되어야 하고 또 한편으론 사람의 형태를 가진 살아 있는 존재를 탄생시키는 것으로 해석되어야 한다.

이 존재가 바로 젊은이 또는 자웅동체 또는 아이로 종종 묘사되는 철학자의 아들이다. 철학자의 아들은 영지주의의 안트로포스와 비슷하지만, 일종의 악령인 '안트로파리온'(Anthroparion: 호몬쿨루스와 비슷하다/옮긴이)으로 나타나 의사의 곁을 지키며 의사가 치료의 효과를 발휘하도록 도움을 준다. 이 존재는 상승과 하강을 통해서 아래와 위를 결합시키면서 일상의 삶에 효력을 발휘할 새로운 권력을 얻는다. 그의 여자 지배자는 헤르마스에게 이런 조언을 건넨다. "그러니 성자들의 귀에 대고 말하는 것을 중단하지 않도록 하라." 바꿔 말하면, 동료 사람들 사이에 예수 그리스도가 하늘로 들려올라간 소식을 퍼뜨리도록 하라는 뜻이다.

마이어가 돌아오는 길에 메르쿠리우스를 만난 것처럼, 헤르마스도 다음 환상에서 목자를 만났다. "어깨에 하얀 양털을 두르고, 등에 배낭을 메고 손에 지팡이를 든" 목자였다. 헤르마스는 "나를 맡긴 사람이 그라는 것"을, 말하자면 양인 자신의 목자가 그라는 것을 깨달았다.

성상 체계에서, 선한 목자는 헤르메스 크리오포로스(Hermes Kriophoros: 양을 둘러맨 헤르메스)와 매우 밀접한 관계가 있다. 따라서 고대에도 이들 두 구원의 존재는 서로 결합했다.

헤르마스는 그의 목자에게 "넘겨진" 반면, 헤르메스는 자신의 기술과 지혜를 제자인 마이어에게 넘겨줌으로써 마이어가 스스로 무엇인가를 할 수 있도록 하고 마법의 지팡이의 도움으로 작업을 하도록 한다. 연금술사인 의사에게, 이젠 한 마리의 뱀만 있는 아스클레피오스(Asklepios: 그리스 신화 속의 의술의 신/옮긴이)의 지팡이 대신에 마법의 지팡이가 주어졌다.

아스클레피오스 신전의 신성한 뱀은 신이 치유한다는 것을 의미했다. 그러나 두 마리의 뱀이 감겨 있는 헤르메스의 지팡이 혹은 증류기 안에서 이뤄지는 융합의 형식을 취하는 메르쿠리우스는 신이 허용한 신비의 치유는 의사의 손에 있다는 것을 의미한다.

시간적 거리가 엄청난 두 텍스트 사이에 드러나는 수많은 유사점들을 통해서, 우리는 이 텍스트들이 묘사하는 변형의 심리학적 견해를 확실히 파악할 수 있다. 색깔의 순서는 행성의 순서와 거의 일치한다.

회색과 검정은 토성과 사악한 세계에 해당한다. 회색과 검정은 어둠의 시작을, 그리고 일상적인 인간 생활의 우울과 두려움, 사악, 비참의 시작을 상징한다. "지배자에서 지배자에게로 이동하는 고귀한 물질도 처음에는 비참하기 짝이 없었다."는 말도 마이어에게서 나왔다. "지배자"라는 표현을 그는 12궁의 지배자와 아르콘을 뜻하는 것으로 쓰고 있다.

어둠과 검정은 심리학적으로 사람의 혼돈과 패배로 해석될 수 있다. 이 상태를 철저히 조사하면, 오늘날 문제를 일으키고 있는 원인들이 확인될 것이다. 이 조사는 무의식에서 비롯되어 꿈과 공상으로 나타나는 비이성적인 내용물까지 포함해야 한다.

꿈을 분석하고 해석하는 작업은 의식적인 관점이 무의식의 진술을 직시하게 함으로써 좁은 지평을 넓히는 효과를 얻는다. 편협하고 엄격한 태도를 이런 식으로 느슨하게 푸는 것은 영원수로 원소들을 용해하고 분리하는 작업에 해당한다. 이 영원수는 이미 "육체" 안에 있음에도 반드시 기술을 발휘해서 끌어내야 한다. 물은 영혼 또는 정령, 말하자면 정신적 "물질"이며, 이 정신적 물질이 지금 거꾸로 원래의 물질에 적용되고 있다. 이는 기존의 문제들을 분명하게 밝히기 위해서 꿈의 의미를 이용하는 것과 일치한다. 도른도 "용해"를 이런 식으로 정의하고 있다.

컴컴한 밤이 떠오르는 달빛에 어슴푸레하게나마 밝아지듯이, 지금 상황이 조금씩 명확해지고 있다. 계몽은 어느 정도 무의식에서 비롯된다. 우리가 깨달음의 길로 올라서게 하는 것이 주로 꿈이기 때문이다. 이 흐릿한 빛은 알베도, 즉 일부 연금술사들에게 떠오르는 태양을 예고하는 것으로 여겨지는 달빛에 해당한다.

지금 점점 짙어지는 붉은색(루베도)은 의식인 태양에서 나오고 있는 온기와 빛이 점점 더 강해지고 있음을 보여준다. 이는 의식의 참여가 점점 증가하고 있다는 뜻이다. 이제 의식이 무의식에서 나오는 내용물에 감정적으로 반응하기 시작한다.

우선, 통합의 과정은 불같은 "갈등"이지만, 이 갈등은 점점 상반된 것들의 "용해" 혹은 통합으로 이어진다. 연금술사들은 이것을 루베도라고 이름을 붙였으며, 이 과정에 솔과 루나, 즉 붉은 남자와 하얀 여자의 결혼이 완성된다. 상반된 것들은 서로로부터 달아나면서도 서로 균형을 이루기 위해 노력한다. 왜냐하면 갈등의 상태가 생명에 너무나 해로운 탓에 무한정 이어질 수 없기 때문이다. 상반된 것들은 서로를 닮게 함으로써 그런 균형을 이룬다. 두 마리의 용처럼, 아니면 연금술 상징에 등장하는 다른 탐욕스런 짐승들처럼, 하나가 다른 하나를 먹기 때문이다.

점성학적으로 보면, 이 과정은 검고 차갑고 먼 토성으로부터 태양까지 행성들을 통해 상승하는 것에 해당한다. 연금술사들에게 개인의 기질과 행성의 위치 사이의 연결이 너무나 명백해 보인다. 이런 기본적인 점성학적 고려는 고대만 아니라 중세의 교육받은 사람 모두에게 공통적인 특성이었기 때문이다.

따라서 행성의 영역을 통한 상승은 점성술이 암시하는 성격적 특징들을 벗어던지는 것과 같은 무엇인가를 의미한다. 말하자면, 아르콘들이 낙인처럼 찍은 성격으로부터 역행적으로 해방되는 것이다. 그런 상승의 의식적 혹은 무의식적 모델은 영지주의의 구원자이다. 영지주의에서 말하는 구원자는 교활함으로 아르콘들을 속이거나 힘으로 아르콘들의 권력을 깨부순다. 이와 비슷한 모티프가 "운명에게 발행한 약속어음"으로부터 해방되는 것이다.

특히 고대 후기의 사람들은 자신의 정신적 상황이 별들의 강요에, 말하자면 운명의 여신 헤이마르메네에 치명적으로 의존하고 있다는 것을 느꼈다. 고대 후기 사람들의 이런 느낌은 아마 현대의 유전 이론이, 특히 이 이론이 부정적인 쪽으로 쓰일 때 불러일으키는 감정과 아주 비슷했을 것이다. 많은 신경증에서도 이와 비슷한 용기 상실이 일어난다. 환자가 증후들을 일으키는 정신적 요인들을 바로잡을 수 없는 사실로 받아들일 때 그런 현상이 나타난다.

따라서 행성의 궁들을 두루 통하는 여행은 이집트의 무덤 속의 거대한 방들을 가로지르는 것처럼, 행성의 신 또는 악마가 상징하는 어떤 정신적 장애 또는 무의식적 콤플렉스를 극복하는 것을 의미한다. 행성의 모든 영역을 다 통과한 사람은 누구나 충동으로부터 자유롭다. 그런 사람은 승리의 왕관을 쟁취했기 때문에 신처럼 된다.

현대의 심리학적 언어를 빌리면, 우리는 스스로를 훨씬 더 겸손하게 표현할 수 있다. 12궁을 관통하는 여행은 우리의 성격에 있는 선하고 나쁜 특징들을 의식한다는 뜻이며, 신격화는 최대의 의식을 의미할 뿐이며 최대의 의식은 곧 최대한의 의지의 자유이다. 이 목표를 연금술에서 상징적으로 가장 잘 표현한 것은 조시모스가 태양의 위치를 정오에 놓은 것이다. 그러나 바로 그 절정에서 하강이 시작한다.

앞에서 논한 신비주의 여행가는 여행을 시작한 나일 강 어귀로 다시 돌아간다. 말하자면, 그는 다시 영혼의 하강을 경험한다. 그는 12궁을 거꾸로 내려가면서 걸어온 길을 다시 밟아 컴컴한 토성으로 돌아온다. 이는 출생할 당시에 점성술에 따라 성격을 낙인처럼 물려받았던 영혼이 지금 스스로 신과 비슷한 존재가 되었다고 의식하면서 은신처에 숨어 있는 아르콘들에게 과감히 맞서고, 자신을 숨기지 않은 채 빛을 들고 세상의 어둠 속으로 내려간다는 것을 의미한다.

여기서도 다시 심리학은 특별한 주장을 전혀 하지 않는다. 예전에 본의 아니게 짊어진 짐처럼 보였고 가족의 탓으로 여겨졌던 것들이 위대한 통찰을 통해 자신의 인격의 일부에 지나지 않는다는 사실이 확인되고 있다. 또 사람은 자신이 아닌 다른 것으로는 절대로 살아가지 못한다는 진리가 깨달아지고 있다.

토성의 궁으로 돌아오자마자, 우리의 순례자는 간절히 찾았던 메르쿠리우스를 발견한다. 그런데 마이어는 대단히 중요한 이 조우 부분을 너무 소홀하게 다루고 있다. "무수히 많은 대화"를 나눴다고만 언급할 뿐, 그 내용에 대해서는 침묵하고 있다. 메르쿠리우스가 위대한 선생을 나타내거나 신비의 물질의 성격을 갖고 있다는 점에서 보면, 마이어의 침묵이 더욱 놀랍게 다가온다. 두 가지 요소

모두가 더 많은 가르침을 풀어놓을 원천이 될 수 있었는데도 말이다. 메르쿠리우스가 빛을 갖고 오는 누스로서 변형과 불멸의 비결을 알고 있기 때문이다.

마이어의 갑작스런 침묵이 단순한 우연이 아니고 의도적이었거나 심지어 필요했을지도 모른다는 식으로 가정해 보자. 이 가정도 전혀 터무니없는 것은 아니다. 왜냐하면 마이어가 '국제 장미십자회'(Rosicrucian Society)의 설립자 중 한 사람이었기에 틀림없이 연금술의 신비에 대해 길게 설명할 수 있는 위치에 있었기 때문이다.

우리가 소위 장미십자회에 대해 알고 있는 지식은 그들이 왜 자신들의 활동을 비밀로 했는지 그 이유를 전혀 설명하지 못한다. 덧붙여 말하자면, 이는 이런 종류의 "비의"(秘儀) 대부분에 해당한다.

초기 교회의 "비의"가 곧 "성사"로 바뀐 것은 매우 중요한 의미를 지닌다. "비의"라는 표현이 잘못된 호칭이 된 것이다. 모든 것이 의례를 통해 공개되었기 때문이다. 크리스티안 로젠크로이츠는 자신의 책『화학적 결혼』에 하나의 모토를 제시했다. "비의들은 세속화되고 공개되면 자체의 광휘를 잃는다. 그러니 돼지 앞에 진주를 던지지 말고, 바보들에게 장미를 건네지 마라." 이 같은 태도가 침묵을 지키게 한 동기였을지도 모른다.

사람들은 비밀 종교 단체들이 비밀로 지키기로 엄격히 서약한 것들에 대해 알게 되면서 종종 그런 것들이 비밀로 지켜져야 하는 이유를 궁금해 하기도 한다. 성직자 혹은 비법 전수자들의 거만 혹은 위신이 분명한 이유였던 것 같다. 틀림없이, 비법들이 이런 식으로 악용된 예도 종종 있었을 것이다. 그러나 진정한 이유는 삶의 최고 의미를 느끼게 하는 어떤 비법에 참여하려는 욕구였다.

비밀이 진정으로 지켜질 가치가 있는 것이 아닌데도 여전히 완강하게 지켜지고 있다는 사실은 비밀을 유지하고 싶어 하는 어떤 정신적 동기를 보여주며, 바로 이거야말로 진정한 비밀이고 진정한 신비이다. 어쨌든 무엇이든 비밀로 지키려는 노력을 해야 한다는 사실은 정말 놀랍고 "불가사의"하기까지 하다.

사람은 왜 비밀을 지키고 싶어 할까? 사람은 또 무슨 목적으로 신성한 의식(儀式)이라며 굳이 인위적으로 의식을 만들어내는 것일까? 숨겨져 있는 것이 무엇인가 하는 문제는 다소 중요하지 않다. 왜냐하면 숨겨진 것 자체는 정확하게 정의할 수 없는 어떤 내용물을 가리키는 하나의 이미지나 표상에 지나지 않기 때문이다.

그러나 이 내용물을 가벼이 보아서는 안 된다. 그것이 신비한 어떤 원형이 살아 있다는 점을 암시하기 때문이다. 근본적으로 중요한 것은 무의식적이고 "이름을 붙일 수 없는" 무엇인가를, 그래서 지금 의식적이지 않거나 의식적인 것이 될 수 없는 무엇인가를 표현하는 몸짓인 숨기는 행위 자체이다. 한마디로, 숨기는 행위는 어떤 무의식적인 내용물이 존재한다는 것을 나타내고 있다. 그런데 이 내용물은 의식에게 주의를 공물처럼 지속적으로 바칠 것을 강요하고 있다. 관심이 있어야만, "비밀"의 효과를 지속적으로 지각하고 동화하는 것이 가능해진다.

이렇게만 된다면, 비밀을 간직하는 것이 삶의 영위에 이로울 수 있다. 무의식의 내용물이 보상적인 효과를 발휘할 수 있고, 무의식의 효과에 주목하면 건강을 촉진할 균형을 초래할 수 있기 때문이다. 그러므로 원시적 차원에서, 비의의 주요 효과는 건강과 성장과 생식을 촉진하는 것이다. 선한 것이 전혀 없는 의례라면, 애초에 존재하지 못했거나 곧 사라졌을 것이다. 예를 들어, 엘레우시스의 신비 의식이 정신적 효과를 발휘했다는 점에는 의심의 여지가 없다.

심리 치료 경험이 쌓임에 따라, 비밀의 의미가 다시 중요한 문제로 떠올랐다. 종교적 또는 철학적 관점에서만 아니라, 개성화에 반드시 따르게 되어 있는 양심의 요구에 비춰서도 그렇다.

마이어의 침묵은 오히려 웅변적이다. 하강이나 메르쿠리우스를 발견한 것이 심리학에서 무엇에 해당하는지를 찾으려 들기만 하면, 그 같은 사실이 확인된다. 최고 수준의 의식에 이르면, 자아는 그림자를, 또 개인적 정신생활은 집단적 정신생활을 정면으로 직시하지 않을 수 없게 된다.

이런 심리학적 용어들은 가볍게 들릴지 모르지만 아주 중요하다. 이 용어들이 극히 견뎌내기 어려운 갈등을 내포하고 있기 때문이다. 이런 갈등은 통과해본 사람만이 그 공포를 알 수 있는 그런 정신적 해협이다. 이런 갈등을 거친 사람이 자기 자신과 인간, 세상에 대해 깨달은 것은 그 사람이 언급을 피하도록 하는 그런 성격을 지니고 있다. 게다가, 그것들을 말로 표현하는 것이 너무나 어렵기 때문에 어지간한 용기로는 곧잘 실패하고 만다. 그렇기 때문에 마이어가 단순히 메르쿠리우스와 대화를 했다는 점을 암시하는 선에서 그쳤다 하더라도, 그가 자신이 처한 현실을 회피하려 했다는 식으로 볼 필요는 전혀 없다.

삶이나 세상과 조우하는 과정에, 우리로 하여금 충분히 길게 생각하도록 만드는 경험들이 있다. 이런 깊은 사색에서 때가 되면 통찰과 확신이 생겨나는데, 이것이 연금술사들에 의해 철학자의 나무로 묘사되는 과정이다. 이런 경험의 전개는 두 개의 원형에 좌우된다. 생명을 표현하는 아니마와 의미를 구현하는 "늙은 현자"가 그 원형들이다.

우리의 저자는 먼저 아니마인 무녀의 조언에 따라 모든 일의 전제조건으로 12궁을 두루 관통하는 여행을 시작한다. 따라서 하강이 끝날 무렵에 그가 모든 지혜의 샘인 '세 배 위대한 헤르메스'를 만나는 것은 충분히 논리적이다. 이는 마이어가 메르쿠리우스를 만나 대화할 때 마이어의 정신 세계를 적절히 묘사하고 있다. 당시에 마이어는 "이 세상의 한 작은 신"으로서 지적 작용을 스스로 수행하고 있었던 것이 아니었다. 그보다는 마치 다른 위대한 존재로부터, 아마 '트리스메기스투스'('세 배 위대한'이란 뜻)라는 적절한 이름으로 불리는, 세상의 위대한 정령으로부터 흘러나오는 것처럼 생각이 그냥 마이어에게 일어나고 있었다. 연금술사들의 오랜 고찰은 "눈에 보이지 않는 또 다른 존재와의 내적 대화"로 정의된다.[48]

만약에 메르쿠리우스가 "올빼미와 다른 새들 사이의 싸움을 중재하는 역할"을 맡으려 서두르지 않았다면, 아마 마이어는 그 이상의 무엇인가를 풀어놓을 수 있었을 것이다. 이 대목은 마이어가 쓴, 『요쿠스 세베루스』(Jocus severus: '진지한 농담')라는 제목의 책을 암시한다. 이 책에서 마이어는 연금술을 헐뜯는 사람들에게 맞

....
48 Ruland, Lexicon, p. 226

서 연금술을 옹호한다. 이 문제는 주장과 반론 형식으로 쓴 『심볼라 아우레아이 멘사이』에서도 중요한 역할을 하는 주제이다. 따라서 마이어가 자기 자신이나 자신의 환경과 갈등을 더욱 심하게 빚게 되었고, 그럴수록 그가 헤르메스 철학의 비밀스런 견해에 더욱 깊이 묻히게 되었다고 말해도 별로 이상할 게 없다.

정말로, 이 외에 다른 것은 기대하기 어려울 것이다. 왜냐하면 연금술의 이미지들이 무의식 쪽으로 끌리게 되어 있고, 무의식적 보상은 언제나 가장 의문스러운 탓에 가장 강력히 옹호되는 의식의 내용물을 표적으로 삼기 때문이다.

실제로 보면, 무의식적 보상은 적대적인 조치로 나오는 것이 아니라 정신이 균형을 회복하는 데 도움을 주기 위해 일어난다. 마이어에게 무의식적 보상은 곧 내적 및 외적 갈등을, 말하자면 그의 확신의 단호함에 의해 해소되기는커녕 오히려 악화될 그런 갈등을 의미했다. 이는 편향적인 확신이 모두 회의(懷疑)의 목소리를 수반하기 때문에 나타나는 현상이다.

피에르 아벨라르(Pierre Abelard)에 의해 완전히 파악된 것은 아니지만 거의 파악된 "예스와 노"의 진리는 지성이 감당하기엔 어려운 문제이다. 그렇기 때문에 마이어가 갈등에 빠진 상태에서 최후의 심판날까지 피닉스의 발견을 미룬 것도 전혀 놀랄 일이 아니다. 다행히 그는 라피스나 철학자의 금을 만들었다고 주장하지 않을 만큼 정직했으며, 그래서 그는 자신의 작업 위로 절대로 장막을 치지 않았다. 그가 양심적이었던 덕분에, 그의 후계자들은 그가 그 기술에서 어느 정도 멀리 나아갔는지, 그리고 어디서 그의 노력이 중단되었는지를 짐작할 수 있었다. 지금 우리가 확인하고 있듯이, 그는 갈등과 논쟁이 논리적으로 불필요하게 되는 지점에, "예스와 노"가 똑같은 것의 두 가지 양상에 지나지 않게 되는 지점에 도달하는 데 실패했다. 이 거장은 "당신은 당신 자신이 먼저 하나가 되지 않고는 당신이 추구하는 그 '하나'를 절대로 만들지 못할 것이다."라고 말한다.

g. 바닷물 속에서의 재생

바다와 바다의 다양한 측면과 관련있는 상징을 둘러보느라 본론에서 멀리 벗어나게 되었다. 이제 다시 소금과 소금물에 대한 설명으로 돌아갈 것이다.

영원의 물은 교회의 세례수와 매우 비슷한 역할을 한다. 영원의 물의 주요 기능은 목욕재계, 즉 죄인을 깨끗하게 씻는 것이다.

연금술에서 불순한 덩어리는 "라토"(lato)라 불린다. "당신의 가슴이 갈가리 찢기지 않으려면, 라토를 순결하게 만들며 책장을 찢도록 하라."라는 말이 자주 언급되는데, 이는 엘보 인테르펙토르 (Elbo Interfector)가 한 말로 여겨지고 있다. 『로사리움 필로소포룸』을 보면, 라토를 순결하게 씻는 것은 다양한 형태로 이뤄진다. 라토는 물로 씻지 않고 "수은과 불"로 씻는다. 말하자면 불로 하는 세례인 것이다.

연금술에서 불은 종종 물과 동의어로 쓰인다. 가톨릭 의례에서 이와 동일한 것은 '마태복음' 3장 11절("그 분은 성령과 불로 세례를 베풀 것이다.")에 따라 불을 붙인 초를 성수반에 넣는 행위이다.

연금술사들은 변형의 과정을 "세례"라고 부르는 데 조금도 주저하지 않는다. 그래서 『콘실리움 코니우기이』는 "만약 우리가 금과 은의 샘에서 세례를 하고, 우리의 몸의 정령이 아버지와 아들과 함께 천국으로 올라갔다가 다시 내려온다면, 그때 우리 영혼은 부활할 것이고 동물적인 나의 육체는 하얗게, 말하자면 달의 육체로 남을 것이다."라고 말한다. 이 문장의 주체는 솔과 루나이다.

『아우로라 콘수르겐스』에서 물과 피, 불로 하는 3가지 종류의 세례가 확인된다. 이 대목에서 기독교 사상들이 직접 연금술 과정에 적용되고 있다. '골로새서' 2장 12절("너희가 세례로 예수 그리스도와 함께 묻히고, 그 안에서 그와 함께 일으킴을 받을 것이다.")을 고려한다면, 세례는 죽음으로 잠기는 것이라는 사상에 대해서도 똑같이 말할 수 있다. 페노투스는 '상징표'에서 "달, 죽은 자의 정령과 귀신, 명계의 신들"을 "세례의 신비"와 연결시킨다. 연금술 작업에서 이에 해당하는 것은 '용해'이며, 이것은 불완전한 육체가 신성한 물에 완전히 용해되는 것을, 말하자면 육체의 잠김과 죽음, 매장을 의미한다.

부패는 무덤 안에서 일어나고, 부패에 수반되는 고약한 냄새는 무덤들의 악취이다. 명계에 갇힌다는 모티프는 코마리오스의 논문을 통해서 그리스 연금술에서 확인된다. 이 논문에 "그것들(물질들)을 하데스에 가둬라."는 구절이 나온다. 하데스의 홍수와 무덤으로부터의 부활은 예루살렘의 키릴로스(Cyril of Jerusalem: A.D. 313-386)의 글에도 나타난다. "구원의 홍수는 당신의 무덤이자 당신의 어머니이다." 또한 성 아우구스티누스도 그런 글을 남겼다.

"물은 그를 아래로, 죽어가는 것처럼 무덤 속으로 이끌지만, 성령은 그를 위로 다시 올라가는 것처럼 하늘로 이끈다."[49]

오스타네스의 논문은 신비의 명약을 얻는 데 필요한 요소들을 담은 용기를 먼저 바닷물 속에 담가야 한다고 말한다. 그러면 신성한 물이 완벽해질 것이다. 말하자면 신비의 명약이 바닷물의 자궁 속에서 잉태된다는 뜻이다. 오스타네스의 텍스트는 "신성한 물은 죽은 것을 살아나게 하고 산 것을 죽게 한다. 또 이 물은 어두운 것을 밝히고 밝은 것을 어둡게 하고, 바닷물을 농축하고 불을 끈다."고 말한다. 이 기적의 물이 아주 오래된 텍스트에도 등장하기 때문에, 그것의 기원은 기독교가 아니라 다른 종교임에 틀림없다.

서양인에게 알려진 중국 문헌 중에서 가장 오래된 것(A.D. 142)도 '신성한 물'이라는 개념을 포함하고 있다. 말하자면 "흐르는 진주"(수은)와, '바람과 정신, 천상의 정수(精髓)'를 의미하는 신성한 기(氣) 같은 표현이 나오는 것이다. 다양한 정수(精髓)들은 "풍부하게 내리는 봄비"에 비유된다. 이것은 코마리오스의 텍스트에 봄을 부르는 것으로 언급되는 "축성 받은 물"을 떠올리게 한다.

물이 제물로 오래 전부터 이용되었다는 사실과 물이 서양 연금술의 탄생지인 이집트에서 한 중요한 역할이 훗날 물의 상징체계를 예고한다고 봐도 무방할 것이다. '마법 파피루스'에서 확인되는 것과 같은 일반 사람들의 사상과 미신도 물론 물의 상징체계에 영향을 미쳤을 것이다. 고대의 텍스트에 나오는 다음과 같은 글은 연금술 논문에서도 쉽게 볼 수 있다. "나는 바이스라는 이름의 식물이

....
49 Catechesses mystagogicae, Ⅱ, 4(Migne, P.G., vol. 33. col. 1080

고, 나는 피의 분출이며, … 심연의 곁가지이다. … 나는 신성한 새 피닉스이다. … 나는 헬리오스이다. … 나는 아프로디테이다. … 나는 빛을 발하는 크로노스이다. … 나는 물이라 불리는 오시리스이고, 나는 이슬이라 불리는 이시스이고, 나는 봄이라 불리는 에세네피스이다."

기독교 세례의 효과는 죄를 씻어내고, 이 땅 위의 그리스도 왕국인 교회로 초심자를 받아들이고, 은총을 통해 축성과 재생을 이루고, 세례를 받는 사람에게 "지워지지 않는 성격"을 부여하는 것이다. 영원의 물의 효과도 똑같이 기적을 이루는 것이다. 『글로리아 문디』는 "만물의 신비는 물인 생명이다. 왜냐하면 물이 육체를 영혼으로 바꾸고 죽은 자로부터 영혼을 끌어내기 때문이다."라고 말한다. 영혼으로 해체되는 것, 다시 말해 육체의 승화는 화학적으로 보면 증발에 해당하거나, 수은과 유황 같은 증발성의 요소들을 방출하는 것에 해당한다. 심리학적으로 보면, 육체의 승화는 어떤 무의식적 내용물을 의식적으로 깨닫고 통합하는 것에 해당한다. 무의식적 내용물은 병의 원인이 되는 수많은 악령처럼 몸 속 어딘가에 숨어 있는데, 특히 육체적 증후를 일으키고 있을 때 이 무의식적 내용물을 누르는 것은 거의 불가능하다.

죽은 자로부터 불러내어진 "영혼"은 대체로 정령 메르쿠리우스이며, 이 메르쿠리우스는 '세계 영혼'으로 만물 속에 언제나 잠재적인 상태로 있다. 다음 구절을 근거로 할 때, 정령 메르쿠리우스가 소금인 것이 분명해진다. 소금에 관한 구절이다. "그것이 우리가 찾고 있는 바로 그것이다. 우리의 모든 비밀은 그 안에 들어 있다." 그러나 소금은 "메르쿠리우스에 기원을 두고 있다". 그렇다면 소금은 신비의 물질을 뜻하는 동의어이다.

소금은 또 로마 가톨릭 교회의 의례에 중요한 역할을 한다. 축성한 소금을 성수(聖水)에 뿌리며, 세례 의식에서도 "지혜의 소금을 받으라. 그러면 이것이 너희의 죄를 씻어 영생을 누리게 하리라."라는 말과 함께 신참자의 입에 축성한 소금 몇 알을 넣는다.

연금술사들은 부패하지 않는, "영광으로 빛나는 신체"를 만들기 위해 노력했다. 그렇기 때문에 그들이 성공을 거둔다면, '알베도'의 단계에서 신체가 한 점의 티끌도 없고 쇠퇴하지도 않는 그런 상태에 이르게 되어 있었다. 그래서 재의 흰색 물질은 "심장의 왕관"으로 묘사된다. 재는 "영혼의 어둠을 씻어내고 검은 물질의 어둠을 씻어낸 뒤"의 "순수한 물"과 동일하다. 비열한 현실의 사악함이 이 물로부터 분리되었기 때문이다.

이븐 우마일의 글에서 재는 유리와 동일시된다. 유리는 부패하지 않는 성격과 투명함 때문에 영광으로 빛나는 신체처럼 보였다. 유리는 또 소금과 연결되었다. 소금이 "그 순결하고 순수한 땅"으로 칭송을 듣고, 또 "가장 맑고 우수한 유리"가 주로 소다 소금(sal Sodae)에다가 접착 성분으로 모래를 섞어 만들기 때문이다. 따라서 유리의 원료는 "두 가지 부패하지 않는 물질"이다.

더욱이, 유리는 "순수한" 원소인 불에서 만들어진다. 소금의 예리하거나 얼얼한 맛에서, 연금술사들은 그 안에 살고 있는 불을 탐지했다. 실제로 소금은 불의 방부 효과를 갖고 있다. 마케도니아의 알렉산드로스(Alexander of Macedon)는 "소금은 불이고 건조함이라는 것을 알라."고 말한 것으로 전해진다.[50] 또는 "소금은 불의 성격을 지니고 있다."는 기록도 있다.[51]

소금은 근본적으로 불의 성격을 가진 유황과 비슷한 점을 갖고 있다. 글라우버는 "불과 소금은 근본적인 성격의 측면에서 하나"라면서 "그래서 불과 소금은 합리적인 모든 기독교인들로부터 높이 평가받았지만 무지한 사람들은 아무 이해력 없이 사는 소와 돼지, 짐승에 비해 불과 소금에 대해 조금도 더 많이 알지 못했다."고 말한다. 그는 또 "아비시니아인"은 물과 불로 세례를 했다고 말한다. 불과 소금이 없으면, 이교도들은 제물을 바치지도 못했을 것이다. 복음전도사 마르코(Mark)는 "모든 사람은 불로써 소금 치듯 하게 될 것이며, 모든 제물은 소금으로 소금 쳐질 것이다."라고 말했다.[52]

h. 소금의 해석과 의미

소금도 재와 마찬가지로 알베도(또는 '데알바티오'(dealbatio: 표백))의 동의어이며, "흰 돌, 흰 태양, 만월, 태우고 정화한 비옥한 흰 흙"과 동일시된다. 재와 소금을 연결하는 고리는 칼륨이며, 잿물의 부식성은 잘 알려져 있다.

여기서 소금의 중요한 의미들 중 하나가 영혼이라는 것을 안다면, 소금이 복잡하게 중첩되는 의미를 지니는 이유가 이해되기 시

....

50   Mus. herm., p. 217(Wait, Ⅰ, p. 176)

51   Vigenerus, p. 57

52   Mark 9: 49

작한다. 하얀 물질로서 소금은 "하얀 여인"이며, "우리의 마그네슘 소금"은 "세계 영혼의 불꽃"이다. 글라우버에게 소금은 여성적이며 이브에 해당한다.

『글로리아 문디』는 "땅의 소금은 영혼"이라고 말한다. 심오한 의미를 지닌 이 문장은 연금술의 모호함을 모두 담고 있다. 한편으로, 이 영혼은 "용해되고 응고하는 영원한 물질", 말하자면 변형시키는 촉매이자 변형되는 것이며, 자연을 정복하는 자연이다. 다른 한편으로, 이 영혼은 몸 안에 갇힌 인간의 영혼이다. 세계 영혼이 물질 안에 있기 때문이다.

이 영혼은 라피스와 똑같이 죽음과 정화, 최종적으로 신격화의 과정을 거친다. 이 영혼은 모든 물질을 "응고시키는" 팅크제이며, 그것은 스스로를 고치기도 한다. 그것은 "땅의 중심에서 오고, 파괴된 땅이며, 땅 위에는 이 팅크제 같은 것은 없다".[53] 따라서 연금술사들이 영혼이 증류기 안에서 나타날 것이라고 기대했을지라도, 영혼은 땅의 것이 아니고 초월적인 것이다.

이 같은 모순은 중세인의 정신에는 아무런 문제가 되지 않았다. 그럴 만한 이유가 있었다. 철학자들이 자신들의 정신 과정에 지나치게 깊이 빠진 나머지 순진하게도 내면의 정신적 상황을 외적으로 충실하게 재현하려 들었던 것이다. 아니마에 의해 표현되는 무의식은 그 자체로 초월적이라 할지라도 의식적 과정에 미치는 "영향"을 통해 그 사람의 의식 영역에, 즉 이 세상에 모습을 드러낸다.

세계 영혼이 만물에 스며들듯, 소금도 그렇게 한다. 소금은 어느

....
53 Mus. herm., p. 218

곳에나 있으며, 따라서 어느 곳에서나 발견될 수 있다는, 신비한 물질의 중요한 조건을 충족시킨다. 소금이 온갖 것들과 연결되고 있는 것을 어떻게 설명해야 하는가 하는 문제 앞에서, 틀림없이 독자들도 그것이 지극히 어려울 것이라고 짐작했을 것이다.

소금은 모든 것이 관계를 이루도록 하는 에로스의 여성적 원리를 거의 완벽하게 나타낸다. 이 측면에서 소금을 능가하는 것은 메르쿠리우스뿐이며, 따라서 소금이 메르쿠리우스에서 나온다는 개념이 이해된다. 왜냐하면 소금이 '세계 영혼'의 영혼 또는 불꽃으로서 정말로 '성장 정령'(spiritus vegetativus)의 딸이기 때문이다. 소금은 불을 닮은 성격으로 꽤 명확하게 정의되는 유황보다 훨씬 덜 명확하고 훨씬 더 보편적이다.

소금과, 원초의 사람 즉 안트로포스로 표현되는 세계 영혼의 관계는 소금과 예수 그리스도의 관계로 이어진다. 글라우버의 글에서 소금은 신과 대등한 것으로 묘사된다. 예수 그리스도는 세례 때 뿌려지는 지혜의 소금이다. 게오르크 폰 벨링은 이런 설명을 제시한다. 예수 그리스도는 소금이다. 예수 그리스도는 "고요하고 온순하고 영원하고 달콤한 소금"이다. 그래서 예수 그리스도에 의해 소금이 쳐진 몸은 부패하지 않는다.

예수 그리스도와 소금의 비슷한 점은 야코프 뵈메를 잇는 후대의 연금술 사고에서 지속적으로 강조되고 있으며, 그것은 소금이 지혜와 비슷하다는 인식 때문에 가능한 일이었다. 고대에 이미 소금은 정신뿐만 아니라 재치와 양식(良識), 좋은 취향 등을 의미했다. 예를 들면, "재치('sale')와 유머에서 카이사르가 모두를 능가했

다."는 구절이 있다.[54]

그러나 연금술 개념의 형성에 결정적 영향을 미친 것은 『불가타 성경』이었다. '구약성경'을 보면, "서약의 소금"은 도덕적 의미를 지닌다. '신약성경'에 나오는 유명한 구절, 즉 "너희는 세상의 소금이다."('마태복음' 5장 13절)라는 구절은 사도들이 보다 높은 통찰과 신성한 지혜를 구현하는 존재로 여겨졌다는 점을 보여준다.

예수 그리스도의 말씀을 전하는 사도의 기능은 "천사"와 비슷하다. 그래서 땅 위의 하느님의 왕국은 천상의 계급조직과 아주 비슷할 수 있었다. 다른 유명한 한 구절은 '마가복음' 9장 50절이다. "너희는 마음에 소금을 간직하고 서로 화목하게 지내라." '신약성경'에서 소금에 대해 가장 먼저 언급하는 대목('골로새서' 4장 6절)도 마찬가지로 고전적인 분위기를 풍긴다. "너희 말을 항상 은혜롭게 하고 소금으로 간을 하는 것과 같이 하라. 그러면 마땅히 대답해야 할 말을 알게 될 것이다."

여기서 틀림없이 소금은 통찰과 이해, 지혜를 의미한다. '마태복음'에서나 '마가복음'에서나 똑같이 소금은 맛을 잃기 쉬운 것으로 나온다. 틀림없이 이 소금은 쏘는 맛을 지녀야 할 것이다. 슬기로운 처녀들이 등(燈)을 잘 손질해 둬야 하는 것과 똑같다. 이를 위해서는 마음의 유연성이 필요하며, 이 유연성을 보장하기 위해서 하지 말아야 할 것은 신앙의 필요를 집요하게 강조하는 일이다.

지혜의 보고인 '원리의 물'(aqua doctrinae)을 원래의 순수함 그대로 간직하는 것이 교회의 임무라는 점을 누구나 인정할 것이다.

....
54 De officiis Ⅰ, §133(trans. by Miller), pp. 136f

그럼에도 교회는 변화하는 시대정신에 따라 교회의 아버지들이 한 것처럼 '원리의 물'을 변화시키고 분화시켜야 한다. 히폴리토스를 통해서 쉽게 알 수 있듯이, 교양 있던 그리스 로마 세계에서 초기의 기독교는 특히 철학으로 위장한 어떤 메시지였다. 초기 기독교는 당시에 서로 경쟁하던 철학적 원리들 중에서 사도 토마스(St. Thomas)에 이르러 절정을 맞은 철학적 원리였다. 16세기 들어서까지 기독교 교리의 철학적 진리는 오늘날 과학적 진리가 누리는 그런 위치에 있었다.

그럼에도 불구하고, 중세의 의사들과 자연 철학자들은 자신들이 교회가 절대로 대답할 수 없는 문제에 봉착하고 있다는 사실을 깨달았다. 병과 죽음의 문제 앞에서, 의사는 망설이지 않고 아랍인들의 조언을 구했으며, 그렇게 함으로써 교회가 영원히 종식시켰다고 생각한 고대 세계의 일부를, 말하자면 그리스 통합주의의 잔재인 만다야교(영지주의의 한 종파)와 사바교를 살려냈다.

이 종파들로부터 의사들은 '지혜의 소금'이라는 개념을 끌어냈다. 이 개념이 교회의 교리와 너무나 달라 보였기 때문에 오래지 않아 상호 통합의 과정이 일어났는데, 이 노력이 매우 놀라운 꽃을 피우게 되었다. 내가 아는 한, 교회의 비유들은 살(소금)의 고전적 쓰임을 고수했다. 오직 힐라리오만이 "소금은 그 자체에 물과 불의 원소를 함유하고 있다"고 말한 것으로 봐서 소금의 본질에 대해 보다 깊이 파고들려고 했던 것 같다.[55]

피키넬루스(Picinellus: 1604-1678)는 "서로 함께 있으면 화해 불

....

55 Commentarium in Mattaei Evangelium, Ⅳ, 10(Migne, P.L., vol. 9, col. 954

가능한 적대감을 보이는 두 원소가 소금 안에서 경이로운 결합을 이룬다. 소금은 전적으로 불이고 전적으로 물이기 때문이다."라고 관찰한다.[56] 그는 소금을 아껴 쓸 것을 권한다. "말씀에 소금을 뿌리되 소금으로 홍수가 나는 일은 없어야 한다." 이보다 앞서 우화작가로도 활동한 예수회 수사인 니콜라 코생(Jesuit Nicholas Caussin: 1583-1651)은 소금에 대해 전혀 언급하지 않는다.

이 같은 사실은 별로 놀라운 일이 아니다. 지혜와 계시가 어떻게 서로 딱 맞아떨어질 수 있겠는가? '구약성경'의 일부 책들이 보여주는 바와 같이, 계시로 나타나는 하느님의 지혜 외에, 사람이 구하고 나서지 않으면 구할 수 없는 인간의 지혜도 있다. 그래서 '마가복음' 9장 50절은 우리가 내면에 충분한 소금을 갖고 있을 것을 요구하고 있다. 여기서 복음의 저자는 신의 계시에 대해 말하고 있지 않는 것이 분명하다. 신의 계시는 인간으로서는 결코 끌어낼 수 없는 것이니까. 그럼에도 인간은 적어도 자신의 지혜를 배양하고 증대시킬 수 있다. 마르코가 이런 경고를 제기하고, 바오로도 매우 비슷한 방법으로 그런 뜻을 드러냈다는 점은 당시 유대인 공동체의 유대-헬레니즘의 전통과 일치한다.

그러나 권위적인 교회는 인간 지혜의 소금이 들어설 여지를 거의 남겨두지 않는다. 그렇기 때문에 '지혜의 소금'이 교회 밖에서 월등히 더 큰 역할을 했다는 사실은 놀라운 것이 아니다.

영적이고 남성적인 원리와 여성적이고 정신적인 원리가 결합하는 것은 영지주의의 공상에서만 그치지 않는다. 그 같은 결합은 성

....

56 Mundus symbolicus, p. 711

모의 승천에서, 티페레트(Tifereth)와 말쿠트(Malchuth)의 결합에서, 그리고 "우리를 위로 계속 이끄는" 괴테의 "영원한 여성성"에서도 확인된다. 히폴리토스도 세트파의 교리에 대해 똑같이 말하고 있다.

> 그러나 이 파도가 바람에 의해 물로부터 솟아올라 그 본성 속에 잉태되어 거기서 여성성의 생식 능력을 받을 때, 파도는 높은 곳으로부터 뿌려진 빛을 성령의 향기와 함께 갖는다. 이 빛은 다양한 형태로 주어진 누스이다. 빛은 하나의 완벽한 신이다. 이 완벽한 신은 자연의 힘과 바람의 움직임에 의해서 높은 곳의 영원한 빛으로부터, 성령으로부터 신전 속으로 들어가듯 사람의 본질 속으로 내려온다. 완벽한 신은 물에서 생겨나서 마치 모든 피조물의 소금인 것처럼 육체들과, 또 그 육체들로부터 탈출하려 노력하지만 나갈 길을 발견하지 못하고 있던 어둠의 빛과 혼합하고 섞인다. …… 그러므로 위에서 내려오는 빛의 생각과 보살핌은 모두 어떻게 하면 누스가 죄를 지은 어두운 육체의 죽음으로부터, 파도를 무섭게 일으키는 바람인 아래쪽의 아버지로부터 벗어나게 할 수 있을 것인가 하는 문제로 모아진다. 이 아버지는 누스를 자신의 완벽한 아들로 낳았지만, 누스는 아직 사실 그의 아들이 되지 못하고 있다. 왜냐하면 누스가 위로부터, 검고 무섭고 오염된 물 속에서 압도된 그 완벽한 빛으로부터 나오는 하나의 광선이고, 물 위를 미끄러지며 빛나는 하나의 정령이기 때문이다.[57]

....
57 Elenchos, V, 19, 14ff

이 아름다운 구절은 연금술사들이 소금에 대해 말하고자 하는 내용을 모두 담고 있다. 소금은 정령이고, 육체가 빛으로 바뀐 것이고 (알베도), 바다의 어둠 속 깊은 곳에 갇혀 거기서 위의 빛에 의해 생겨난 세계 영혼의 불꽃이고, "여성의 생식력"이다. 연금술사들이 히폴리토스에 대해 아무것도 몰랐을 수 있다는 점을 지적해야 한다. 히폴리토스의 『필로소푸메나』(Philosophumena: '철학 사상')가 오랫동안 분실되었다가 19세기 중반에 아토스 산의 한 수도원에서 다시 발견되었기 때문이다. 연금술의 정신과 히폴리토스의 영지주의적 견해를 잘 아는 사람은 누구나 둘 사이의 유사성에 놀라게 될 것이다.

『엘렌코스』에서 끌어낸 이 구절과 다른 비슷한 구절들을 이해하는 단서는 자기의 현상학에서 발견된다. 소금은 매우 흔한 꿈 상징은 아니지만 수정의 정육면체 형태로 나타난다. 많은 환자들의 그림에 등장하는 수정의 정육면체는 중앙을, 따라서 자기를 나타낸다. 라피스를 뜻하는 다양한 동의어들과 라피스의 속성들이 라피스의 많은 측면들 중 이것 혹은 저것을 강조하듯이, 자기의 상징도 자기의 측면들 중 이것 혹은 저것을 강조한다.

소금은 두루 스며드는 성격 외에 지혜의 의미를 갖는다. 소금의 이 측면에 대해 『트락타투스 아우레우스』는 이렇게 말한다. "우리의 현자들의 신비주의 언어를 보면, 소금 없이 작업하는 사람은 죽은 육체들을 절대로 들어 올리지 못한다. … 소금 없이 작업하는 사람은 줄 없는 활을 잡아당기는 꼴이다. 이 말들은 평범한 광물과 매우 다른 종류의 소금을 언급한다는 사실을 알아야 한다. … 간혹 현자들은 마법의 약 자체를 '소금'이라고 부른다." 이 글은 모호하다. 여기서 소금은 지혜뿐만 아니라 재치도 의미한다.

연금술 작업에서 소금의 중요성에 관해, 요한네스 그라세우스 (Johannes Grasseus)는 이렇게 말한다. "이것은 철학자들의 납이다. 그것을 그들은 공기의 납이라고도 부른다. 그 안에서 금속들의 소금이라 불리는, 반짝이는 하얀 비둘기가 발견된다. 이 비둘기 안에 연금술 작업이 추구하는 철학자의 돌이 들어 있다. 이 비둘기는 순수하고, 순결하고, 현명하고, 부유한 시바의 여왕이다." 여기서 소금과 신비의 물질(모순적인 '공기의 납'), 하얀 비둘기(지혜의 정령), 지혜, 여성성 등이 하나의 형상 안에 들어 있다. 『글로리아 문디』의 문장은 꽤 명확하다. "소금과 소금을 준비하는 방법을 모르고는 누구도 이 기술을 이해하지 못한다." 지혜의 보고(寶庫)를 위해, 지혜의 소금은 "가슴, 영혼, 정신"이라 불리는 추출물인 '성수' 혹은 '세례수'에서 나온다. 처음에 물은 원물질 안에 포함되어 있고 "붉은 핏빛이지만, 준비를 끝내고 나면 밝고 맑고 투명한 흰색이 되고 현자들에게 지혜의 소금으로 불린다".

쿤라트는 소금에 관한 이런 진술들을 대담하게 이런 식으로 요약한다. "우리의 물 자체가 지혜의 소금이기 때문에 우리의 물은 지혜의 소금 없이는 만들어지지 못한다고 철학자들은 말한다." "소금 없이는 어떠한 성공도 불가능하다."[58] 다른 곳에서 쿤라트는 이렇게 말한다. "그럴 만한 이유 없이 소금이 현자에게 지혜라는 이름으로 높이 평가받을 수는 없다."

....
58 Hyl. Chaos, pp. 229, 254

소금은 라피스이고, "숨겨진 비결"이다. 비제네르는 예수 그리스도가 사람들의 소금이 될 수 있는 사도들을 선택하여 그들에게 "순수하고 부패하지 않는 복음의 가르침"을 선언했다고 말한다. 그는 "히브리 신비주의자들"이 소금을 뜻하는 히브리 단어의 "숫자 값"(computatio: 단어 속에 든 글자들이 지니는 숫자의 값을 합계한 것을 말한다/옮긴이)은 78이라고 말한다고 전한다. 이 숫자는 어떤 제수(除數)로 나눠도 신성한 이름을 뜻하는 단어의 값이 남는다. 여기서 그가 이 같은 사실에서 끌어내는 결론을 파고들지 않고, 소금이 "모든 공물과 제물에서 신을 위해" 쓰였다는 점만을 강조하고 싶다. 글라우버는 그리스도를 지혜의 소금이라고 부르면서 예수가 총애한 사도 요한은 "지혜의 소금으로 소금 쳐졌다."고 말한다.

달의 습기와 땅의 특성 외에, 소금의 두드러진 특성은 쓴맛과 지혜이다. 원소들과 특성들로 만든 이중의 콰테르니오에서 땅과 물이 차가움이라는 성격을 공통으로 갖는 것처럼, 쓴맛과 지혜도 가운데에 세 번째의 것을 둔 상태에서 상반된 것들의 짝을 이룬다.

쓴맛과 지혜라는 개념이 서로 같은 표준으로 판단하기 어려울지라도, 이 두 가지에 공통적인 요소는 심리학적으로 보면 감정의 기능이다. 눈물과 슬픔, 실망은 쓰리지만, 지혜는 모든 정신적 고통에서 위로의 역할을 한다. 정말로, 쓴맛과 지혜는 한 쌍의 대체물이다. 쓴맛이 있는 곳엔 지혜가 부족하고, 지혜가 있는 곳엔 쓴맛이 전혀 없다. 이런 숙명적인 대체를 갖고 있는 사물로서 소금은 여자의 본성과 잘 어울린다. 콰테르니오의 오른쪽 반에 있는 남성적인 태양의 성격은 차가움도 모르고, 그림자도 모르고, 무거움과 우울도 모른다. 모든 것이 잘 돌아가는 한, 태양의 본성이 의식과 최대한 동일시되기 때문이다.

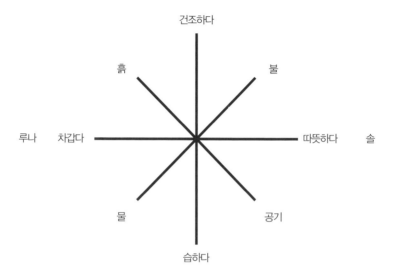

대체로 보면 사람은 자신에 대해 태양의 본성을 가졌다는 식으로 생각한다. 이런 생각에서 그림자는 언제나 실종된다. 첫 번째 이유는 자신의 열등을 인정하기를 좋아하는 사람은 아무도 없기 때문이고, 두 번째 이유는 논리가 하얀 무엇인가를 두고 검다고 부르는 것을 용납하지 않기 때문이다.

선한 사람은 훌륭한 자질들을 갖고 있고, 나쁜 사람만이 나쁜 자질을 갖고 있다는 인식이 사람들 사이에 팽배하다. 그래서 우리는 체면 때문에 그림자를 못 본 체한다. 남성의 편향을 보여주는 유명한 예가 바로 니체의 초인(超人)이다. 니체의 초인은 연민을 꾸짖고, 보통 사람에 해당하는 "추한 사람"(Ugliest Man)에 맞서 싸운다.

그림자를 보여서는 안 된다. 그림자는 거부하고, 억압하거나 아주 특별한 무엇인가로 왜곡되어야 한다.

태양은 언제나 빛을 발하고 있고, 모두가 미소로 화답하고 있다. 체면을 손상시킬 그런 약함이 들어설 자리는 전혀 없다. 그래서 검은 태양은 절대로 보이지 않는다. 홀로 외로이 있을 때에만, 검은 태양의 존재에 대해 두려움을 느낀다.

루나는 많이 다르다. 루나는 매달 어두워지고 사라진다. 루나는 이 같은 사실을 누구에게도 숨기지 못한다. 자기 자신에게도 숨기지 못한다. 루나는 똑같은 루나가 밝기도 하고 어둡기도 하다는 것을 알고 있다. 하지만 검은 태양이라는 말을 들어본 사람이 있는가? 우리는 루나의 이 같은 특성을 "여자와 자연의 친밀함"이라고 부른다. 사물들의 표면에 작용하는 불같은 광휘와 뜨거운 공기를 우리는 "남성의 마음"이라고 부르길 좋아한다.

애써 거부하려 노력함에도 불구하고, 검은 태양이라는 무의식적인 요소는 분명히 있다. 왼손이 하고 있는 것을 오른손이 몰라야 하는 때에, 남자의 분열된 마음이 놀랄 정도로 자주 나타나는 것은 바로 이 검은 태양 때문이다. 남자의 정신에 나타나는 이런 분열과 여자의 내면에서 달이 주기적으로 어두워지고 있는 현상은 여자가 남자의 내면에서 일어나는 모든 어둠의 원인이라는 비난을 듣고 있는 놀라운 사실을 설명해준다. 한편, 남자는 자신이 환경 속의 모든 여자들이 활력과 계몽을 끌어내는 진정한 원천이라고 생각한다. 실제로 보면 남자에게 마음의 능력에 대해 늘 의문을 품으라고 조언하는 것이 바람직한데도.

이런 유형의 마음(메르쿠리우스 같은 위대한 책략가가 여기에 속한다)이 일단의 죄를 아주 큰 목소리로 그럴 듯하게 인정하는 것은 그다지 어려운 일이 아니다. 이런 유형의 마음은 순수한 통찰에는 조금도 더 가까이 다가서지 않았으면서도 그런 고백을 통해 도덕적 우월감까지 느낀다. 통찰을 얻는 것은 감정이 진정으로 개입되지 않고는 절대로 불가능하다. 그런데도 지성은 편리한 때에만 감정을 인정한다.

여자의 초승달은 남자에게 수많은 낙담의 원인이 된다. 이 낙담도 제대로 이해하기만 하면 똑같이 지혜의 원천이 될 수 있는데도 곧잘 쓴맛으로 변해 버린다. 낙담을 지혜로 승화시키려면, 남자가 자신의 검은 태양을, 즉 자신의 그림자를 인정할 준비가 되어 있어야 한다.

소금을 에로스(즉, 하나의 감정 관계)로 해석하는 것을 뒷받침하는 증거는 쓴맛이 색깔의 기원이라는 사실에서 발견된다. 색깔이 감정의 가치를 갖는다는 것을 확인하려면, 적극적 상상을 통해 분석을 보완하는 환자들이 그리는 그림을 보면 된다. 꿈이나 갑작스레 떠오른 생각, 공상들을 스케치하는 것을 보면 처음에 대부분 연필이나 펜을 이용한다. 그러나 어느 순간부터 환자들은 색깔을 쓰기 시작한다. 대체로 보면 이때가 단순한 지적 관심에서 벗어나 감정적으로 관여하게 되는 때이다. 이따금 꿈에도 똑같은 현상이 관찰된다. 꿈이 천연색으로 펼쳐지거나 꿈의 배경에 특별히 생생한 색깔이 깔리는 것이다.

언제나 감정에 충격으로 작용하는 낙담은 쓴맛의 어머니일 뿐만 아니라 감정의 분화를 일으키는 자극제가 되기도 한다. 특별한 계획의 좌절이나 사랑하는 사람의 실망스런 행동은 다소 폭력적으로 감정 폭발을 일으키거나 감정의 조정을, 그래서 감정의 보다 고차원적 발달을 야기할 수 있다. 감정이 깊은 생각과 이성적 통찰의 도움을 받게 된다면, 이 과정은 지혜를 얻는 것에서 절정을 이룬다. 지혜는 절대로 폭력적이지 않다. 지혜가 지배하는 곳에는 사고와 감정 사이에 갈등이 전혀 없다.

소금과 그 특성을 이런 식으로 해석하다 보니 이런 질문이 생긴다. 연금술사들이 정말로 이런 생각을 품었을까? 우리는 연금술 문헌을 통해서 연금술사들이 '아마리투도'(amaritudo: 쓴맛)의 도덕적 의미를 철저히 알고 있었다는 사실을 확인할 수 있다. '사피엔티아'(sapientia: 지혜)라는 단어를 연금술사들은 우리가 이 단어로 이해하고 있는 것과 근본적으로 다른 뜻으로 쓰지 않았다. 그러나 지혜가 쓴맛으로부터 어떻게 나오고 쓴맛이 어떻게 색깔의 원천이 될 수 있는지에 대해서는 연금술사들은 아무런 이야기를 들려주지 않는다. 이 연결이 연금술사들에게 너무나 자명한 것으로 여겨진 까닭에 그들이 설명의 필요성을 느끼지 않았다고 믿어야 할 근거도 없다. 그랬다면, 틀림없이 누군가가 어느 대목에서 별 생각 없이 그 일에 대해 썼을 것이기 때문이다.

게다가, 이 진술들 모두가 어느 한 저자에게서 일관되게 발견되는 경우는 거의 없다. 이 저자는 이 일에 대해 설명하고, 다른 저자는 다른 일에 대해 설명하는 식이다. 우리가 지금 이 책에서 추구하고 있는 것처럼, 전체 그림을 그리는 것은 온갖 저자들의 텍스트를 두루 검토하는 과정을 거쳐야 한다. 연금술사들이 이 같은 방법을 제안하고 있으며, 내가 심리학적 해석의 길을 밝게 한 것도 연금술사들의 조언이었다. 『로사리움 필로소포룸』은 "한 페이지씩 꼼꼼하게 읽어야 한다."고 말하고 있으며, "많은 책을 가져야 한다."거나 "한 책이 다른 책을 펼친다."는 말도 보인다. 그럼에도 19세기까지 심리학적 관점(오늘날에도 심각한 오해에 봉착하고 있다)이 전혀 없었다는 사실은 심리학적 해석과 비슷한 것이 연금술사들의 의식 속으로 들어갔을 가능성이 매우 낮다는 점을 보여준다.

　연금술사들의 도덕적 개념은 전적으로 동의어와 유추의 차원에서만 움직였다. 꿈과 갑작스런 생각, 공상이 그렇듯, 연금술사들의 진술의 대부분은 의식적인 사고 행위보다 무의식적인 사고 행위에서 나온다. 다시 말하지만, 꿈이나 갑작스런 생각, 공상의 경우에 우리는 나중에 신중한 비교와 분석을 통해서만 의미를 발견할 수 있다.

　그러나 모든 수수께끼 중에서 가장 중요한 것은 연금술사들이 자신이 다루는 물질을 진정 어떤 의미로 받아들였는가 하는 점이다. 예를 들어, "영적인 소금"의 의미는 무엇인가? 유일하게 가능한 대답은 이것인 것 같다. 화학 물질이 연금술사들에게 완벽하게 알려져 있지 않았기 때문에 즉시 그들의 투사(投射)를 부르게 되어 있었다. 화학 물질의 어둠이 무의식적 내용물을 너무나 많이 담고 있기 때문에, '신비적 참여'(participation mystique)의 상태, 즉 무의식적 동일시가 연금술사들과 화학 물질 사이에 일어났다. 따라서 이 물질이 어쨌든 부분적으로 무의식적 내용물처럼 행동한다. 이

런 관계에 대해 연금술사들은 어렴풋이 감을 잡고 있었다. 연금술
사들이 심리학적으로밖에 이해되지 않는 진술을 남긴 것이 이를
뒷받침한다.

쿤라트는 "그리고 빛은 소금으로, 소금의 몸으로, 지혜의 소금으
로 만들어졌다."고 말한다. 쿤라트는 "소금 안의 점(點)"은 "보다
큰 세상의 타르타로스(Tartarus: 저승의 맨 아래에 있는 심연을 일컫는다/옮
긴이)", 즉 지옥이라고 말한다. 이것은 소금 안에 숨겨진 불의 개념
과 일치한다. 소금은 신비의 물질의 역설적인 이중적 본질을 가져
야만 한다. 그래서 『글로리아 문디』는 "소금 안에 두 개의 소금", 즉
유황과 "근본적인 습기"가 있다고 말한다. 이 둘이야말로 상상 가
능한 상반된 것들 중에서 가장 극단적인 예일 것이다. 바로 이런 이
유로 그것은 레비스로도 불렸다.

비제네르는 모든 소금이 유황과 수은의 성격을 띠기 때문에 소금
은 두 가지 물질로 이뤄져 있다고 단언한다. 이는 쿤라트의 "왕과
여왕", 빨간색과 흰색의 두 가지 물에 해당한다. 연금술 작업 동안
에 소금은 "피의 외형"을 띤다. 도른은 이렇게 말한다. "육체의 천
연 발삼인 소금은 사람의 피에서 생겨난다. 소금 안에 부패와 부패
를 막는 방부가 동시에 존재한다. 자연의 질서 속에서 선한 만큼 악
한 것을 갖지 않은 것은 전혀 없기 때문이다."[59] 도른은 의사였으며,
그의 진술은 연금술사들의 경험적인 관점을 대표한다.

소금의 어두운 본성은 소금의 "검은 성격과 고약한 냄새"의 원인
이다. 살아 있는 육체들이 용해될 때, 소금은 "부패의 마지막 찌꺼

....

59 "Speculativa philosophia", Theatr. chem., I, p. 307

기"이지만 동시에 "발생에서 가장 중요한 요소"이다. 밀리우스는 소금을 우로보로스 용과 동일시한다. 소금과 티폰의 바다를 동일시한다는 점에 대해서는 이미 살핀 바 있다. 따라서 소금과 바다 괴물인 리바이어던을 쉽게 동일시할 수 있다.

여하튼 아브라함 엘리자르의 글에서 소금과 리바이어던 사이에 재미있는 관계가 확인된다. 엘리자르는 '욥기' 40장 15절과 관련하여 "베헤못은 야생의 소이고, 하느님은 이 베헤못을 리바이어던과 함께 소금을 쳐서 다가올 세상을 위해 보존해 두었다."고 말한다. 틀림없이, 낙원 혹은 다가올 세상의 거주자들을 위한 양식으로 쓰려고 그랬을 것이다.

소금의 또 다른 불길한 측면은, 그라세우스가 하얀 비둘기와 철학자의 납에 대해 쓴 대목에 암시되어 있듯이, 유해한 토성과의 관계이다. 바다와 소금의 동일성에 대해 논하면서, 비제네르는 피타고라스학파 사람들이 바다를 "지독한 짠맛" 때문에 "크로노스의 눈물"이라고 불렀다는 점을 지적한다.

유황에 관한 장에서 살(소금)이 유황에게 "치료 불가능한 상처"를 입힌다는 것을 보았듯이, 소금은 티폰과의 관계 때문에 잔인한 특성을 얻는다. 이는 '파르지팔'(Parsifal: 리하르트 바그너(Richard Wagenr: 1813-1883)의 오페라)에서 쿤드리가 암프로타스에게 상처를 입히는 것과 비슷하다. 유황의 비유에서, 살은 루나의 불길한 초승달 역할을 한다.

자연의 산물로서, 소금은 "선한 것만큼이나 악한 것을 포함"하고 있다. 바다로서 소금은 만물의 어머니이며, 크로노스의 눈물로서 소금은 쓰라림과 슬픔이다. "바다 거품"으로서 소금은 티푼의 찌꺼기이고, "맑은 물"로서 소금은 지혜 그 자체이다.

『글로리아 문디』는 영원의 물은 "매우 맑은 물이지만 마실 수 없을 만큼 쓰다."고 말한다. 이 물은 "구원자의 샘 혹은 축복의 샘"이라 이름 지어진 "유대 지방의 그 샘"을 제외하곤 이 땅의 어떤 것과도 비슷하지 않다. "대단한 노력과 하느님의 은총으로 철학자들은 그 숭고한 샘을 발견했다." 그러나 그 샘은 너무나 은밀한 곳에 있기 때문에 오직 극소수만이 "분출"을 알고 있으며, 그들은 그 샘이 발견될 수 있는 유대로 가는 길을 모른다. 그래서 철학자들은 외친다. "오, 고약하고 쓴 맛 나는 물이여! 샘을 발견하는 것이 너무도 힘들고 어렵구나."[60]

이것은 분명히 물의 신비한 본질과 도덕적 의미를 암시한다. 또 그 물은 은총의 물이나 원리의 물이 아닌 것이 분명하며, 그것은 '자연의 빛'에서 나온다. 이것은 영원의 물 혹은 세례수, 4가지 원소를 포함하고 있는 원초의 물이다.

최초의 혼돈의 물과 심리학적으로 동등한 것은 무의식이다. 이 무의식을 옛날의 저자들은 오직 투사된 형태로만 파악할 수 있었을 뿐이다. 오늘날 대부분의 사람들이 자신의 눈에 있는 들보는 보지 못하면서 남의 눈에 있는 티끌은 너무나 잘 보는 것과 똑같다. 정치적 선전은 이 원시성을 악용해 순진한 사람들을 정복한다.

이런 무서운 위험에 맞설 수 있는 유일한 방어는 그림자를 인식하는 것이다. 그림자의 어둠을 보는 것은 그 자체로 하나의 계몽이

....

60 Mus. herm., p. 214

며, 또 인격 중에서 지금까지 무의식이었던 요소들을 통합함으로 써 의식을 확장하는 것이다. 그림자를 의식으로 끌어내려는 프로이트의 노력은 거의 보편적으로 확인되는 일반 대중의 무의식과 투사(投射) 성향에 논리적으로 건전하게 대응한 것이었다. 프로이트가 유럽을 위협하던 정신적 전염병의 위험을 피하기 위해 확실한 직관을 갖고 노력했던 것 같다.

프로이트가 보지 못했던 것은 그림자를 직시하는 것이 "이성"으로 해결할 수 있는 그런 무해한 일이 아니라는 점이다. 그림자는 문명인의 내면에 지금도 살아서 활동하고 있는 원시인이며, 우리의 개화된 이성은 원시인에게 아무런 의미를 지니지 않는다. 이 원시인은 위대한 종교에서 발견되는 것과 같은 높은 권위에 의해 지배될 필요가 있다. 이성은 프랑스 혁명 초기에 승리를 거두었을 때조차도 스스로 재빨리 하나의 여신으로 변해 노트르담 성당에서 왕위에 올랐으니 말이다.

그림자는 또 다른 매혹에 의해서만 저지될 수 있는 위험한 매혹을 발산한다. 대단히 이성적인 사람의 내면에서도 이성으로는 그림자에 닿지 못한다. 오직 계몽에 의해서만 닿을 수 있을 뿐이다. 우리가 "이성적"이라고 부르는 것은 거리의 보통 사람들에게 "적합한" 것에 지나지 않는다. 이 "적합성"이 최종적으로 "비이성적"인 것으로 드러나지 않을까 하는 의문이 당연히 생기게 마련이다.

최선의 의도를 갖고 접근할 때조차도 간혹 이 딜레마는 풀리지 않는다. 이것이 그 원시인이 보다 높은 권위에, 그리고 자신의 이해력을 넘어서는 어떤 결정에 자신을 맡겨야 하는 이유이다. 개화된 사람은 자신의 폐쇄된 환경 안에서 적절한 방식으로, 말하자면 이성적으로 기능한다. 그러나 해결 불가능한 딜레마 때문에 개화된 사람이 문명의 울타리를 벗어난다면, 그는 다시 원시인이 된다. 그러면 그 사람은 비이성적인 생각들을 품고 직감에 따라 행동할 것이다. 그 사람은 더 이상 생각하지 않을 것이다. 그 사람은 안전감을 느끼기 위해 "마법적인" 관행들을 필요로 할 것이다. 잠재되어 있던 무의식의 자동성이 활동을 재개하면서 과거에 늘 그랬던 것처럼 스스로를 표현하고 나설 것이다.

연금술이 전한 멋진 정보는 한때 유대에서 어떤 샘이 솟아났듯이 지금 비밀의 유대가 어딘가에 있고 거기에 샘이 숨어 있다는 것이다. 이 비밀의 유대로 가는 길은 쉽게 발견되지 않으며, 그 샘의 물은 너무 무가치해 보이고 너무 쓴맛이 나서 아무 쓸모가 없는 것으로 여겨진다. 우리는 수많은 암시를 통해서 인간의 내면 생활이 '용해와 응고의 물'이나 만능약, 자연의 빛의 불꽃이 발견될 "비밀의 장소"라는 것을 알고 있다.

우리의 텍스트는 연금술사들이 자신의 기술을 신의 계시와 동등한 차원에 올려놓으면서 기술에 대해 적어도 구원에 근본적으로 필요한 요소로 보았다는 사실을 전하고 있다. 정말로, 극소수의 연금술사만이 이승과 천국을 연결하는 황금 고리를 만들 수 있는 사람으로 선택되었지만, 그럼에도 그들은 오늘날 자연과학으로 불리는 학문의 아버지들이었다.

그들은 자신도 모르는 사이에 신앙과 지식의 분열을 조장한 사람이었으며, 세상이 신의 계시가 완벽하지도 않고 최종적이지도 않다는 점을 의식하도록 만든 사람들이었다. 17세기의 한 성직자는 "일들이 이런 식으로 전개되고 있기 때문에, 인간이 세상과 피조물들의 내면에서 신의 존엄이라는 빛이 굴절된다는 것을 인식하게 되었을 것"이라고 말한다.

계시는 종종 개인의 실제 상황을 조금도 밝혀주지 못하는 일반적인 진리들을 전한다. 인간에게 현미경과 기계를 안겨준 것은 그런 전통적인 계시가 아니었다. 인간의 삶이 전적으로 높은 진리의 차원에서만 영위되는 것이 아니기 때문에, 옛날의 연금술사들과 의사들에 의해 열린 지식의 원천은 인간에게 엄청난 혜택을 안겨주었다. 그 혜택이 얼마나 컸던지, 많은 사람들에게 계시의 빛이 한꺼번에 꺼져 버렸다.

문명의 울타리 안에서, 인간의 합리성이 겉보기에 충분해 보인다. 이 울타리 밖에서는 신앙의 빛이 반짝여야 한다. 그러나 어둠이 신앙의 빛을 알아보지 못하는 곳에서(이것이 어둠의 조건이다), 어둠 속에서 노력하는 사람들은 "물고기의 눈"이 바다 깊은 곳에서 빛을 발하거나 "신의 굴절된 빛"을 잡도록 할 연금술 작업을 완성시키려 노력해야 한다. 이 노력이 언제나처럼 어둠이 알아보지 못하는 그런 빛을 만들어낼지라도 말이다.

그러나 어둠 속에 어둠을 알아보는 어떤 빛이 있다면, 어둠은 더 이상 팽배하지 못할 것이다. 빛을 향한 어둠의 갈망은 오직 빛이 어둠에 의해 더 이상 합리적으로 설명될 수 없게 될 때에만 채워질 수 있다. 어둠이 나름의 특이한 지성과 논리를 갖고 있기 때문인데, 이 어둠의 지성과 논리를 우리는 매우 진지하게 받아들여야 한다.

"어둠이 알아보지 못하는 빛"만이 어둠을 밝힐 수 있다. 어둠이 스스로 생각하고, 파악하고, 이해하는 모든 것은 어둡다. 따라서 모든 것은 그것이 예상하지 않고, 기대하지 않고, 이해하지 못하는 것에 의해서만 계몽될 수 있다. 적극적 상상이라는 심리 치료의 한 방법이 이를 보여주는 훌륭한 예이다. 신비한 꿈이나 다른 외적 사건들이 간혹 그와 똑같은 효과를 발휘하기 때문이다.

연금술은 계시와 똑같지는 않아도 그것과 버금가는 지식의 한 원천을 공개했다. 이 원천은 우리 인간의 판단엔 도저히 받아들일 수 없는 "쓴" 물을 뿜는다. 이 물은 떫거나 쓰거나 식초 같다. 왜냐하면 '태양의 그림자'의 어둠과 검정을 받아들이고 그림자의 계곡을 지나치는 것이 쓰라린 일이기 때문이다. 정말로, 어떤 사람의 높은 이상(理想) 뒤에서 광적인 확신을 발견하고 그 사람의 영웅적인 가식 뒤에서 조악한 이기심과 유치한 탐욕과 자기만족 같은 것을 발견하는 것은 그지없이 쓰라린 경험이다.

이처럼 고통스런 교정의 과정은 모든 심리 치료 과정에 반드시 필요한 단계이다. 연금술사들이 말했듯이, 심리 치료 과정은 '니그레도'로 시작하거나 통합을 위한 전제 조건으로 니그레도를 만들어내야 한다. 왜냐하면 상반된 것들을 나란히 일으켜 세워서 의식 앞에 끌어내지 않을 경우에 그것들이 결코 결합하지 않을 것이기 때문이다. 프로이트는 인격 중에서 열등한 반을 찾아내는 것으로 그 과정을 중단하면서, 비교적 무해한 유치증만으로 이뤄졌을 리가 절대로 없는 인격의 어두운 측면의 위험성을 무시하는 경향을 보였다. 사람은 사악한 것을 그 자체로 다룰 수 있을 만큼 합리적이지도 않고 또 선하지도 않다.

어둠이 인간을 꽤 많이 집어삼킬 수 있다. 사람이 비슷한 마음을 가진 사람들과 함께 있을 때, 그런 현상이 더 두드러진다. 집단 지향성은 무의식을 증대시키고, 따라서 현재 우리 사회에 일어나고 있는 일들이 보여주듯이 악이 눈사태처럼 커진다.

그렇다 할지라도, 사회는 또한 선한 것을 추구할 수 있다. 대부분의 인간 존재들이 도덕적으로 허약하기 때문에, 사회는 그렇게 할 필요가 있다. 위대한 종교들은 혼자 힘으로 서 있지 못하는 모든 사람들이 올라설 발판을 제공하는 심리 치료 체계이다. 오늘날 그 같은 발판을 필요로 하는 사람들이 절대다수이다.

틀림없이 "이단적인 방법"을 동원했음에도 불구하고, 연금술사들은 교회에 대해 긍정적인 태도를 보임으로써 현대의 계몽의 사도들보다 더 현명한 모습을 보였다. 또 오늘날의 이성적인 경향과 상당히 대조적인 모습을 보이면서, 연금술사들은 기독교 세계의 바탕을 이루는 이미지 체계에 대한 이해력을 보여주었다. 이 이미지의 세계는 당시의 모습 그대로는 현대인에게 거의 이해되지 못한다. 이 이미지 세계의 상실이 영적으로 대중을 허약하게 만들고, 따라서 대중이 무가치하면서도 해로운 대체물을 찾아 나서도록 만들었다.

사태가 이런 식으로 전개된 데 대해 누구에게도 책임을 물을 수 없다. 그것은 어쩌면 정신적 성장과 변화의 속도가 지나치게 빠른 때문일 수 있다. 이 성장과 변화의 원동력이 개인의 지평보다 훨씬 더 멀리 나가버린 것이다. 그렇게 되자 개인이 정신의 변화 속도를 따라잡는 것이 어려워졌고, 그런 상황에서 개인은 변화에 맹목적으로 집어삼켜지지 않기 위해 변화를 이해하려고 노력할 수 있을 뿐이다.

아무리 선한 집단 운동일지라도, 맹목적인 믿음을 요구한다는 것은 그 집단 운동의 위험성을 경고하는 신호나 마찬가지이다. 교회는 자신의 관점 외에 다른 관점은 어떠한 것도 인정하지 않기 때문에 교회의 이미지의 진리에 대해 절대로 설명하지 못한다. 교회는 오직 자체의 이미지들의 틀 안에서만 움직이고 있으며, 교회의 주장은 언제나 증명 없이 옳다는 것을 전제로 하고 있다. 교회가 양의 탈을 쓴 늑대가 길 잃은 양들의 신앙을 파괴한다는 점을 인정하고 있을지라도, 무해한 양떼는 다른 사람들의 말에 곧잘 넘어가는 군중을 상징하는 원형이었다.

비극은 파멸로 이끄는 맹목적 믿음이 교회 안에서도 실행되고 있고 또 최고의 미덕으로 칭송받고 있다는 사실이다. 그럼에도 예수 그리스도는 "그러므로 너희는 뱀 같이 지혜로워라."라고 말하고, 성경도 뱀의 현명함과 교활함을 강조한다.[61] 하지만 칭송받을 만하지는 않아도 삶에 꼭 필요한 이런 특성들을 어디서 개발하고 어떤 식으로 다뤄야 하는가? 뱀은 도덕적으로 증오스런 모든 것을 뜻하는 상투적인 표현이 되었으며, 그럼에도 뱀만큼 똑똑하지 않은 사람은 모두 맹목적인 신앙 때문에 스스로를 곤경에 빠뜨릴 수 있다.

연금술사들은 뱀과 자연의 "차가운" 반에 대해 잘 알고 있었으며, 또 후계자들에게 자신들의 기술을 바탕으로 어둠의 뱀 같은 누

....
61 Matthew 10:16

스, 즉 '메르쿠리우스의 뱀'이 완벽을 성취하도록 변형의 단계를 거치게 하려고 노력했다는 점을 분명히 전했다. 그런 노력과 함께 상징을 통하거나 투사를 통해 다소 이뤄진 무의식의 통합은 너무나 많은 효과를 낳았으며, 그 결과 연금술사들은 어떤 낙관론을 표현해도 괜찮겠다고 용기를 얻기에 이르렀다.

4장

렉스와 레지나

1. 서론

이미 앞에서 왕족의 짝에 대해 이야기한 바 있다. 특히 왕의 형상에 대해서는 이 논문에서도 지금까지 몇 차례 논의했다.『심리학과 연금술』에서도 같은 제목의 장에서 왕에 대해 길게 논했다. 기독교의 관념 세계에서 '왕이신 예수 그리스도'의 원형과 똑같이, 왕은 연금술에서 중심적인 역할을 하고, 따라서 단순한 비유로 가볍게 넘겨서는 안 된다.『전이의 심리학』에서, 나는 왕의 상징을 보다 포괄적으로 다뤄야 하는 이유들에 대해 깊이 설명했다.

왕은 일반적으로 보통 수준보다 월등히 더 우수한 인격을 나타낸다. 그렇기 때문에 왕은 신화를 품은 존재가 되었다. 다시 말해, 집단 무의식의 진술들을 품고 있는 존재가 되었다는 뜻이다. 왕권의 외적 장식들이 이 같은 사실을 분명히 보여준다.

왕관은 빛을 반짝이면서 태양과 왕의 관계를 상징한다. 보석이 박힌 왕의 의복은 별이 총총한 하늘이다. 왕관의 구형(球形)은 세상을 상징한다. 높은 왕좌는 왕을 군중보다 월등히 더 높은 존재로 만든다. "폐하"라는 존칭은 왕을 거의 신의 반열에 올려놓는다.

역사를 뒤로 더듬을수록, 왕의 신성은 더욱 분명해진다. 왕의 신권은 최근까지도 유지되었다. 고대 로마의 황제들은 심지어 신의 타이틀을 빼앗고 개인적 숭배를 요구했다. 근동 지역에서, 왕권의 핵심은 정치적 가설보다 신학에 바탕을 두었다. 그곳에서 전체 민족의 정신은 왕권의 진정하고 종국적인 바탕이 되어 주었다.

사람과 동물과 식물의 전체 공동체가 누릴 행복과 번영의 마법적 원천은 바로 왕이라는 것이 너무나 자명한 것으로 여겨졌다. 왕으로부터 백성들의 생명과 번영이 흘러나왔으며, 가축의 수가 늘어나는 것과 땅이 비옥한 것도 모두 왕의 덕이었다.

왕권의 이런 의미는 실제 관찰을 통해서 확인된 것이 아니었다. 그것은 선사시대 이전으로까지 거슬러 올라가는 정신적 선험(先驗)이며, 정신적 구조의 자연스런 계시에 가깝다. 우리가 이 같은 현상을 합리적인 바탕에서 설명하고 있다는 사실은 오직 우리에게만 의미를 지닐 뿐이다. 그런 설명은 원시인의 심리에는 전혀 아무런 의미를 지니지 않는다. 원시인의 심리는 순수하게 정신적이고 무의식적인 가정들에, 객관을 추구하는 우리 현대인이 생각하는 것보다 훨씬 더 많이 기대고 있다.

우리에게 가장 잘 알려져 있고 또 가장 잘 발달한 왕권의 신학은 고대 이집트의 신학이다. 고대 그리스인들에 의해 후대로 전해지면서 서구 정신의 역사에 스며들게 된 것이 바로 이 신학의 개념들이다. 파라오는 신의 화신이었고, 신의 아들이었다. 파라오의 안에 신성한 생명력과 생식력인 '카'(ka)가 거주하고 있었다. 신이 신의 인간 어머니 안에 스스로를 임신시켰고 그녀의 몸으로부터 신인(神人)으로 태어난 것이 왕이었다. 그런 존재로서 왕은 땅과 백성의 성장과 번영을 보장했고, 자신의 시대가 다하면, 말하자면 자신의 생식력이 다 소진하면 죽음을 당하는 것을 받아들였다.

아버지와 아들은 본질적으로 동체였으며, 파라오는 죽은 뒤에 다시 아버지-신이 되었다. 그의 '카'가 아버지와 동체였기 때문이다. '카'는 말하자면 파라오의 조상들의 영혼들로 이뤄졌으며, 창조신의 14개 '카'에 따라서 이 조상들 중 14명이 파라오에 의해 정기적으로 숭배를 받았다. 인간의 차원에서 파라오가 신의 아들에 해당되듯이, 파라오의 '카'는 신성한 '어버이'인 '카-무테프'(ka-mutef)와 "그의 어머니의 수소"에 해당하고, 그의 어머니는 신들의 어머니(즉, 이시스)에 해당한다.

이것이 특이한 이중의 트리아드를 낳는다. 한 트리아드엔 신성한 것들, 즉 아버지-신과 신성한 아들, '카-무테프'가 있고, 다른 트리아드엔 인간의 것들, 즉 아버지-신과 신성한 인간의 아들(파라오), 파라오의 '카'가 있다. 첫 번째 트리아드에서 '카-무테프'의 생식력을 통해서 아버지는 아들로 바뀌고 아들은 아버지로 바뀐다. 이 3가지 형상들은 본질적으로 동체이다.

두 번째, 즉 신성한 인간의 것도 본질적인 동체성에 의해 하나의 통합체를 이루며 신이 이 땅에 현현한 것을 보여준다. 신성한 어머니는 두 트리아드의 어디에도 포함되지 않는다. 그녀는 트리아드 밖에 서 있으며, 어떤 때는 전적으로 신성하기도 하고 어떤 때는 전적으로 인간적이기도 하다.

이 맥락에서, 슈피겔베르크(A. D. Spiegelberg)가 논한 후기 이집트의 트리아드 부적에 대해 언급해야 한다. 호루스와 하토르가 서로 마주 보고 앉아 있고 둘 사이와 그들 위로 날개 달린 뱀이 맴돌고 있는 그런 그림이다. 이 3개의 신성은 모두 앙크(ankh: 생명의 상징)를 들고 있다. 거기엔 이런 글이 쓰여 있다. "바이트도 하나이고, 하토르도 하나이고, 아코리도 하나이고, 하나는 그들의 권력이다. 세상의 아버지시여, 길이 보살펴주시길, 3가지 형태의 신이시여, 길이 보살펴주시길." 바이트는 호루스이다.

3개의 모서리를 가진 부적은 아마 A.D. 1세기나 2세기에 만들어졌을 것이다. 슈피겔베르크는 이렇게 쓰고 있다. "나의 의견엔 이 경구적인 표현은 그리스 양식을 취하고 있을지라도 그리스를 숭배하는 이집트인의 정신을 풍기는 것 같으며 기독교적인 것은 전혀 담고 있지 않다. 그러나 그것은 기독교의 삼위일체의 교리가 발달하는 데 기여한 어떤 정신에서 나왔다." 『로사리움 필로소포룸』에 나오는 융합의 삽화는 왕과 여왕, 성령의 비둘기를 보여주고 있는데, 이는 부적에 등장하는 형상들을 그대로 반영하고 있다.

2. 금과 정령

연금술의 일부 개념들과 기독교 교리 사이의 놀라운 유사성은 결코 우연이 아니며 전통을 따른 결과이다. 왕의 상징체계의 상당 부분은 전통에서 나온다. 기독교 교리가 부분적으로 필론(Philo: B.C. 20?-A.D. 50?) 같은 저자들의 유대교-헬레니즘 철학뿐만 아니라 이집트-헬레니즘 민속으로부터도 나왔듯이, 연금술도 부분적으로 그런 것들에서 비롯되었다.

연금술의 기원이 순수한 기독교인에서 비롯된 것이 아닌 것은 확실하다. 연금술은 대부분 이교도 혹은 영지주의에서 비롯되었다. 가장 오래된 연금술 논문은 그런 영역에서 만들어졌다. 그 논문들 중에 코마리오스(1세기?)의 논문과 데모크리토스라는 필명으로 쓴 저자(Pseudo-Democritus: 1세기와 2세기)의 글들과 조시모스(3세기)의 글이 두드러진다.

이들의 텍스트를 보면, "연금술의 기술의 상징"인 왕은 금속들의 왕인 금을 의미한다는 결론이 나온다. 그러나 신성한 영혼, 즉 프네우마가 "육신"(flesh)의 사슬로부터 해방되어야만 금이 나올 수 있다는 것도 똑같이 분명해진다. 만약 텍스트가 "육신"이라고 하지 않고 "광석"이나 "땅"이라고 했다면, 그것이 현대인의 합리적인 기대에 훨씬 더 편하게 다가왔을 것이다.

원소들이 신성한 정신의 감옥으로 언급되고 있음에도, 자연 전체는 일반적인 자연을 의미한다. 광석이나 흙만 의미하는 것이 아니라 물과 공기, 불 같은 것 외에 "육신"도 의미하는 것이다. "육신"이라는 단어는 이미 3세기에 단순히 인간의 육체를 뜻하는 것이 아니라 도덕적 의미에서 정신과 반대되는 "세계"를 뜻하는 표현으로 통했다. 따라서 크리스포이이아(chrysopoeia: 금을 만드는 작업)는 정신 과정과 나란히 이뤄지는, 말하자면 정신 과정과 독립적으로 이뤄지는 하나의 정신적 작용으로 여겨졌다는 데엔 의심의 여지가 없다. 도덕적 및 정신적 변형은 물리적 과정과 독립되어 있을 뿐만 아니라 실제로 보면 물리적 과정의 작용인(作用因)처럼 보인다. 이는 단순히 연금술 비법이라면 다소 엉뚱하게 느껴질 정도로 언어가 과장스러운 점을 설명해준다.

원소들에 갇힌 정령과 육신 안에 숨어 있는 신성한 영은 육체적 불완전성을 극복하고 모든 육체 중에서 가장 고귀한 왕 같은 금을 걸친다. 따라서 "철학자"의 금은 똑같이 "생명의 영(靈)"을 의미하는 정신과 프레우마를 구현하는 것이다. 그것은 사실 모든 면에서 라피스와 동일한 살아 있는 금이다. 그것은 육체와 영혼과 정신을 가진 살아 있는 존재이다. 그것은 또 옛날에 인간의 모습을 한 신으로 여겨진 왕과 같은 탁월한 존재나 신성한 존재를 쉽게 상징하게 된다.

이 연결에서 조시모스는 신성한 안트로포스의 형태로 어떤 원초적인 이미지를 적절히 이용했으며, 그 시기에 신성한 안트로포스는 기독교뿐만 아니라 미트라교의 철학과 종교에서도 결정적인 의미를 얻었다. 미트라교의 기념물과 영지주의 글들뿐만 아니라 성경도 이를 뒷받침하는 내용을 보인다. 더욱이, 조시모스는 이 주제에 관해 긴 증거를 남겼다. 이 저자의 사상은 그 뒤 연금술의 철학적 및 영지주의적 경향에 직접적으로나 간접적으로 결정적인 중요성을 지녔다.

이 주제에 대해선 『심리학과 연금술』에서 따로 심도 있게 다뤘기 때문에 여기서 깊이 파고들 필요는 없다. 단지 조시모스의 글이 내가 알기로 왕을 언급한 최초의 연금술 텍스트이기 때문에 언급할 뿐이다.

이집트인으로서 조시모스는 당시에 로마 황제들을 통해 새롭게 전성기를 누리던 왕권의 신비에 대해 잘 알고 있었을 것이다. 그렇기 때문에 그가 물리적이기도 하고 정신적이기도 한 연금술 작업에 신성한 프네우마와 왕의 동일시를 끌어들이는 것은 별로 어려운 일이 아니었다. 데모크리토스라는 필명을 쓰던 저자의 글들이 이미 신성한 자연에 대한 견해를 통해서 조시모스가 걸을 길을 이미 닦아 놓기도 했다.

왕을 프네우마로 정의한 것이 왕을 금으로 해석한 것보다 훨씬 더 큰 중요성을 지녔다. 룰란트의 『렉시콘』은 렉스(왕)를 이렇게 정의한다. "렉스 – 왕, 영혼, 여자에게 습기를 주고 또 나왔던 샘을 다시 채우는 영적 물. 영은 곧 물이다." 여기서 렉스는 여전히 신성한 영혼이고, 촉촉한 오시리스이고, 생명을 부여하고 비옥하게 가꾸는 프네우마이며, 주로 물리적인 금인 것만은 아니다.

왕의 신비는 쿤라트의 글에서 훨씬 더 분명하게 나타난다. 쿤라트는 "마침내 잿빛과 표백, 황색화가 끝날 때, 우리의 왕이고 주인 중의 주인인 철학자의 돌이 유리 같은 무덤의 왕좌에서 나와서, 영광을 입어 완벽한 그 이상으로 새로 되살아난 육체로 빛을 발하면서, 보라 내가 만물을 새롭게 만들 것이니, 라고 외치며 이승의 무대로 나오는 것이 보일 것이다."

라피스가 만들어지는 과정에 대한 이야기에서, 쿤라트는 왕의 신비한 출생에 대해 설명한다. '루아흐 엘로힘'(Ruach Elohim: 성령)이 최초의 '마사 콘푸사'(massa confusa: 혼돈의 덩어리)의 맨 아래와 중앙으로 스며들어가서 열매를 맺을 힘을 담은 불꽃과 빛을 퍼뜨렸다고 한다. "따라서 형태가 스스로 모양을 짓고, 순수한 영혼은 형태 없이 비어 있는 '토후 보후'(tohu-bohu: '혼돈'을 뜻하는 히브리어/옮긴이)를 서둘러 수정시켰다."

이것은 하나의 "상징적인 신비"이며, "대우주와 소우주의 보호자이자 구원자"의 탄생이었다. 말씀이 육신이 되고, 신이 육신을 통해 스스로를 드러내고, 정령이 육신으로 나타났다. 이것은 대우주의 아들이고, 저것은 신의 아들, 즉 신인(神人)이고, … 대우주의 아들은 대우주의 자궁에 있고, 소우주의 아들은 소유주의 자궁에 있다. 양쪽 사건 모두 자궁은 처녀였다. "자연의 책 또는 거울 안에서, 현자의 돌, 즉 우주의 보호자는 십자가에 못 박힌 예수 그리스도의 상징이고, 전체 인간 종(種), 즉 소우주의 구원자이다."[62] 신성한 프네우마(이집트의 '카-무테프')에 의해 생겨난 대우주의 아들은 그를 낳은 존재와 같은 종류이고 본질적으로 동체이다. 대우주의 아들의 영혼은 세계 영혼의 불꽃이다. "우리의 돌은 3개이고 하나이다. 말하자면 삼위일체인 것이다. 즉 이 땅의 것이며, 동시에 천상의 것이고, 신의 것인 것이다." 이는 이집트의 배열을, 말하자면 파라오

....

62 Amphitheatrum, p. 202

와 카, 신을 떠올리게 한다. 삼위일체의 돌은 "명확하게 구분되는 3가지 서로 다른 물질, 살-메르쿠리우스-술푸르로 이뤄져 있다".[63]

3. 왕의 변형

이집트 왕권의 신비가 보여주듯이, 왕은 모든 원형과 마찬가지로 정적인 이미지가 아니다. 왕이 역동적인 어떤 과정을 의미하기 때문이다. 이 과정을 통해서 신비를 품은 인간 존재가 신을 구현하는 신비의 드라마에 동참하게 되는 것이다. 이 신비의 드라마는 파라오가 태어나고 왕위에 오를 때, 그의 통치 기간에 헤브 세드(Heb-Sed) 축제가 벌어질 때, 그리고 파라오가 죽을 때 일어난다.

신전에 있던 "해산방"(解産房)의 텍스트와 그림들은 파라오의 신성한 생식과 출생을 여왕 어머니와 아버지 신의 신비의 결혼으로 묘사한다. 헤브 세드 축제는 파라오의 '카'와 토양의 경작을, 아마도 그의 권력을 유지하거나 강화하는 일을 연결시켰을 것이다. 파라오의 '카'와 아버지 신의 동일시는 최종적으로 그의 죽음에서 확인된 다음에 영원히 확정된다. 왕이 불완전한 상태로부터 완벽하고 완전하고 부패하지 않은 정수(精髓)로 변화해가는 것은 연금술에서도 아주 비슷하게 묘사된다. 연금술은 왕의 생식과 출생을 히에로스가모스의 형태로, 혹은 불완전한 원래의 상태에서 완벽한 형태로 다시 탄생하는 것으로 묘사한다. 이 변형을 보여주는 몇 가지 예를 제시한다.

....
63   Colin Campbell, The Miraculous Birth of King Amon-Hotep Ⅲ, p. 82

오래된 중세의 논문 중에 『알레고리아 메를리니』(Allegoria Merlini)라는 것이 있다. 메를리누스라는 이름에 관한 한, 나는 이 것이 마법사 메를린(Merlin)을 의미하는지 아니면 메르쿨리누스의 변형인지에 대해 자신 있게 말하지 못하겠다. 이 우화는 전투 준비를 하던 어떤 왕에 대한 이야기를 들려주고 있다.

왕이 말에 오르려다 말고 물을 한 잔 요구했다. 하인이 어떤 물을 원하는지 묻자, 왕은 "나의 심장과 가장 가까운 물을, 무엇보다 나를 좋아하는 물을 마시고 싶구나."라고 대답했다. 하인이 물을 갖다 주자, 왕은 너무 많이 마신 나머지 "사지와 모든 혈관이 부풀어 올랐고, 창백해졌다". 병사들이 왕에게 말을 탈 것을 종용하는데도 왕은 말을 타지 못하겠다고 대답했다. "몸이 천근만근이고, 머리가 깨어질 듯 아프구나. 사지가 떨어져 나가는 것 같네."

왕은 땀을 빼기 위해 뜨거운 방에 넣어달라고 요구했다. 조금 지나서 사람들이 뜨거운 방을 열었을 때, 그는 그곳에 죽은 듯이 누워 있었다. 사람들이 이집트 의사들과 알렉산드리아 의사들을 불렀는데, 의사들은 서로를 향해 무능하다고 비난했다. 마침내 알렉산드리아 의사들이 이집트 의사들에게 양보했다.

이집트 의사들은 왕을 토막 내서 가루로 갈고 "습기를 내는" 약과 섞은 다음에 왕을 뜨거운 방에 전처럼 놓았다. 조금 시간이 지나서 의사들이 데리러 갔지만, 왕은 반쯤 죽어 있었다. 이 현장을 지켜본 사람들이 울음을 터뜨리면서 "아이고, 왕이 돌아가셨네!"라고 외쳤다. 그러자 의사들은 차분한 목소리로 왕은 잠을 자고 있을 뿐이라고 말했다.

이어서 이집트 의사들은 왕의 몸에서 약 기운이 빠질 때까지 왕을 향기로운 물로 씻은 다음에 왕을 새로운 물질과 섞었다. 그런 다음에 의사들은 다시 왕을 그 전처럼 뜨거운 방에 놓았다. 그들이 다시 왕을 끄집어냈을 때, 이번에는 왕이 정말 죽어 있었다. 그런데도 의사들은 "왕이 심판의 날에 부활해서 이 세상에서 더 훌륭하고 강한 존재가 되도록 하기 위해 우리가 왕을 죽였다."고 말했다.

그러자 왕의 친척들은 의사들을 사기꾼이라고 생각하여 약을 빼앗고 왕국에서 추방했다. 친척들은 이제 왕을 묻기를 원했으나, 이 소식을 들은 알렉산드리아 의사들이 왕을 살리겠다고 나섰다. 친척들은 불신이 깊었지만 손해 볼 것도 없겠다 싶어서 알렉산드리아 의사들에게 시도해 보라고 했다.

알렉산드리아 의사들은 왕의 육체를 다시 가루로 만들어 예전의 약이 하나도 남지 않을 때까지 씻어서 말렸다. 그런 다음에 그들은 염화암모늄 한 덩어리와 알렉산드리아 초석(硝石) 두 덩어리를 가루가 된 시신과 섞어 아마씨 기름으로 반죽을 해서 바닥에 구멍이 뚫린 용광로 모양의 방에 놓았다. 그리고 그 아래에 용광로를 놓고 시신을 한 시간 동안 세워 두었다. 그런 다음에 알렉산드리아 의사들은 그 위에 열을 가하며 녹여 액체가 아래의 용기로 흐르게 했다. 그러자 죽었던 왕이 벌떡 일어나 큰 소리로 외쳤다. "적들은 어디 있어? 항복하지 않으면 전부 죽이고 말 거야!" 다른 나라들의 왕과 왕자들은 모두 그를 존경하고 두려워했다. "그리고 그들은 왕의 기적을 확인하길 원할 때면 잘 정제된 수은 1온스를 용광로에 넣고, 그 위로 자신의 손톱이나 머리카락, 혹은 피를 아마씨 만큼 작게 뿌린 뒤에 숯불을 피워 수은이 이런 것들과 함께 녹아내리도록 해서 돌을 발견했다."

이 우화는 왕권을 새롭게 강화하고 땅을 더욱 비옥하게 하기 위해 왕을 살해하거나 제물로 바친다는 원시적인 모티프를 담고 있다. 원래 이 모티프는 늙은 무능한 왕을 죽이는 형식을 취했다. 이 이야기에서 왕은 실질적이기도 하고 비유적이기도 한 "부종"(浮腫)에 걸려 있다. 왕은 다혈증으로 힘들어 하고, 특별한 "물"을 너무 많이 마셔서 부종으로 힘들어 했다. 알코올을 증류하는 기술이 시작되기 오래 전부터 이미 연금술에서 원소들로부터 습한 정령을 추출하는 것이 하나의 전제조건으로 통하지 않았다면, 이 대목에서 "그의 심장과 가장 가깝고 무엇보다 그를 좋아하는 물"은 '생명수'이고, 그는 간경화증을 앓고 있는 것으로 여겨질 것이다. 원소들의 습한 정령을 추출하는 것은 물질(예를 들면 금)로부터 프네우마나 정신 또는 "미덕"을 휘발성 혹은 액체 물질로 뽑아내서 "육체"를 정복한다는 뜻이다. 그런 다음에 이 영원의 물은 "죽은" 육체를 되살리는 데, 역설적으로 영혼을 끌어내는 데 이용되었다.

늙은 육체는 죽어야 했다. 제물로 바쳐지거나 그냥 죽음을 당했다. 늙은 왕이 죽거나 신들에게 제물을 바쳐야 했던 것과 똑같이(파라오는 자신의 조각상에 술을 바쳤다). 세드 축제에서도 이와 비슷한 행사가 열렸다. 알렉상드르 모레(Alexandre Moret: 1868-1938)는 세드 축제를 일종의 국왕 살해를 축제로 다듬은 것으로 보았다.

물은 제례에서 언제나 "생명을 불어넣는" 원리의 역할을 한다. 이집트의 에드푸에서 나온 한 텍스트는 "내가 그대에게 신들의 사지(四肢: 나일 강)가 담긴 용기(容器)들을 갖고 왔으니, 그걸 마시기를. 나의 심장은 새롭게 살아날 것이고, 그러면 그대는 기뻐하리."라고 말한다. 나일 강의 물은 이집트의 진정한 "콘솔라멘툼"(consolamentum: 통과의례)이다. 이집트 동화에서, 아누비스는 자신의 죽은 형제 바타가 심장을 개잎갈나무의 꽃에 두었는데 그 심장이 개잎갈나무 솔방울로 변했다는 것을 확인했다. 그는 솔방울을 차가운 물이 담긴 용기에 넣었으며, 그러자 심장이 물을 흠뻑 빨아들였고, 바타는 다시 살아나기 시작했다. 여기서 물은 생명을 주고 있다. 그러나 영원의 물에 대해서는 "죽이기도 하고, 생명력을 주기도 한다"는 이야기가 내려오고 있다.

우리의 우화에서 경이로운 물은 이미 왕의 해체를 예고하는 용해의 특성을 갖고 있다. 원래 물질의 용해는 연금술 과정 중 통합의 한 부분으로 중요한 역할을 한다. 여기서 도른이 용해에 대해 제시하는 독특한 설명만 언급하고 싶다. 『스페쿨라티바 필로소피아』(Speculativa philosophia: '이론 철학')에서, 그는 연금술 작업의 일곱 단계에 대해 논한다. 첫 단계는 진리를 조사하는 방법인 철학자들의 연구로 시작한다.

> 그러나 진리는 빠진 것도 전혀 없고 새로 더할 것도 전혀 없고, 반
> 대할 것도 전혀 없는 그런 것이다. … 따라서 진리는 위대한 힘이고
> 난공불락의 성채이며, 그것을 가진 사람에겐 깨어지지 않는 약속
> 이다. 이 성채 안에 진정하고 의심의 여지가 전혀 없는 철학자들의
> 돌과 보물이 있다. 이 돌과 보물은 입들에 의해 먹혀지지도 않고,

도둑에 의해 파여지지도 않으며, 다른 모든 것이 용해될 때에도 영원히 그대로 남으며, 많은 것을 파괴하기도 하지만 다른 많은 것들을 구원한다. 이것은 천박한 이들에겐 아무 가치가 없고, 퇴짜를 맞고 미움을 사지만, 철학자들에겐 보석 이상으로 소중하고 사랑스럽다.[64]

'첫 단계 요약'에서 도른은 다음과 같이 말한다.

지식은 진리에 관한 온갖 의견들의 실험에 의해 얻어지는 확실하고 의심의 여지가 없는 결정이다. … 실험은 진리를 명백히 드러내 보이는 것이며, 결정은 회의(懷疑)를 털어내는 것이다. 우리는 실험을 거치지 않고는 어떠한 회의로부터도 벗어나지 못한다. 그리고 우리 자신을 대상으로 하는 것보다 더 훌륭한 실험은 없다. 그러므로 우리가 앞에서 진리에 대해 한 말을 우리 자신을 대상으로 증명하도록 하자. 앞에서 우리는 경건(敬虔)은 우리 자신에 대한 지식에 있다고 말했다. 따라서 철학적 지식도 바로 이 말에서 찾도록 노력해야 한다. 그러나 어떤 사람도 자신이 어떤 존재인지, 자신이 어떤 목적을 위해 창조되었는지에 대해 모르는 상태에서는 자기 자신을 알지 못한다. 경건은 바로 두 가지, 즉 창조주와 그 창조주처럼 만들어진 피조물에 대한 지식으로 시작한다. 왜냐하면 피조물이 먼저 창조주에 대해 모르고는 스스로 자기 자신에 대해 아는 것은 불가능하기 때문이다. … 누구도 장인이 자신의 작품에 의해

....
64 Theatr. chem., I , p. 266

알려지는 것 이상으로, 창조주를 더 잘 알지 못한다.[65]

도른이 그 뒷부분에서 한 말을 더 보도록 하자.

화학적 부패작용은 철학자들의 연구에 비유된다. 왜냐하면 철학자들이 연구에 의해 지식을 얻듯이, 자연의 사물들도 부패에 의해 용해되기 때문이다. 용해는 철학적 지식에 비유된다. 용해에 의해 육체들이 분해되듯이, 지식에 의해 철학자들의 회의가 해결되기 때문이다.[66]

도른은 『피지카 트리테미이』(Physica Trithemii)에서 "보다 높은 곳으로 올라가는 첫 걸음은 신앙에 대한 연구이다. 이것으로 사람의 심장이 물 속에서 용해되기 때문이다."라고 말한다.

최종적으로, 『필로소피아 케미카』(Philosophia chemica)에서, 도른은 이렇게 단언한다.

용해는 지식, 혹은 남성적인 것과 여성적인 것의 연금술적 결합이다. 이 결합에서 여성적인 것은 남성적인 것으로부터 받아야 할 모든 것을 받는다. 이것은 특별한 생식의 시작이며, 이런 생식에 의해서 연금술적 결혼의 효과가, 말하자면 이중적인 씨앗이 결합하여 태아를 형성하는 것이 감각적으로 이해된다.

....
65 "Spec. phil.", p. 272
66 "Spec. phil.", p. 303

이런 구절들을 근거로 할 때, 도른은 틀림없이 연금술의 용해를 주로 영적이고 도덕적인 현상으로 보았으며 오직 부차적으로만 물리적인 현상으로 보았다. 작업의 첫 번째 부분은 의심과 갈등의 "용해"이며, 정신적인 이 용해는 자기지식에 의해 성취된다. 이것은 신에 대한 지식 없이는 가능하지 않다. 정신적이고 도덕적인 용해는 "연금술 결혼"으로, 말하자면 유추와 마법적 대응에 의해 적대적인 원소들을 하나의 돌로 통합시키는 내면의 정신적 결합으로 인식되고 있다. "무엇인가"를 파고들고 영적으로 이해하려는 노력에 의해, 원죄로 생긴 가슴의 이기적인 냉담이 녹는다. 가슴이 물로 변하는 것이다. 그러면 보다 높은 단계로 올라가는 것이 시작될 수 있다.

　　자기본위는 의식에 필요한 한 속성이자 의식의 특별한 죄이다. 그러나 의식은 무의식의 객관적인 사실을 직면한다. 이 무의식의 사실이 복수의 대홍수가 될 때가 종종 있다.

　　바다와 호수, 강, 샘 등 모든 형태의 물은 무의식의 가장 흔한 상징이다. 물과 밀접히 연결되는 달의 여성성이 무의식의 상징인 것과 비슷하다. 따라서 심장이 물에서 용해되는 것은 남자와 여자의 결합에 해당할 것이고, 이 결합은 의식과 무의식의 결합에 해당할 것이다. "연금술의 결혼"이 의미하는 바가 바로 그런 것이다.

　　마찬가지로, 성채는 지혜로도 여겨지는 "진리"의 보물을 간직하고 있는 여성의 상징이다. 이 지혜는 소금과 일치하며, 소금은 달과 조화를 이룬다. 연금술의 결합은 배아 같은 것을 낳는데, 이 배아와 동등한 것이 호문쿨루스이고 라피스이다. 물론, 라피스는 자기의 상징이다.

이런 식으로 융해의 심리학적 의미를 살핀 뒤에『알레고리아 메를리니』로 돌아가면, 몇 가지가 분명해진다. 왕은 보상을 요구하는 자아의 비대(肥大) 같은 것을 상징한다. 왕은 폭력적인 행위를 저지르려 한다. 이것은 왕이 도덕적으로 결함 있는 상태라는 점을 보여주는 신호이다. 왕의 갈망은 끝없는 정욕과 이기심 때문에 일어난다. 그러나 물을 마실 때, 그는 물, 즉 무의식에 압도당하고 따라서 의학적 도움이 필요하게 된다.

두 집단의 의사들이 사지 절단과 분쇄로 그의 해체를 추가로 지원한다. 이 과정의 원조는 오시리스와 디오니소스의 사지 절단이다. 왕은 다양한 형식의 분해를, 말하자면 사지 절단과 분쇄, 물속의 융해 등을 겪는다. 왕을 뜨거운 방으로 옮기는 것은 훗날 삽화에 자주 등장하는 왕의 "증기탕"의 원형이다. 그것은 미국 인디언의 "스웨트 로지"(sweat lodge: 인디언이 기도나 몸을 씻을 때 쓰는 오두막으로, 가운데 놓인 뜨거운 돌에 물을 뿌려 증기를 일으킨다/옮긴이)에서도 확인되는 치료의 한 방법이다. 뜨거운 방은 또한 무덤을 의미한다.

이집트 의사들과 알렉산드리아 의사들의 차이는 전자가 시신을 습하게 만들고 후자는 시신을 건조시킨다는 점이다. 따라서 이집트 의사들의 기술적 실수는 의식과 무의식을 충분히 분리시키지 않았다는 점이다. 알렉산드리아 의사들은 이 실수를 피했다. 어쨌든 그들은 왕을 살리는 데 성공했으며 틀림없이 왕의 회춘을 불러왔다.

이 의학적 논란을 연금술 해석학의 관점에서 본다면, 이 암시들 중 많은 것이 더욱 깊은 의미를 지니게 된다. 예를 들어, 알렉산드리아 의사들은 팔다리 절단이라는 티폰의 기술을 철저히 이용하면서도 티폰의 성격을 가진 바닷물을 피하고 대신에 '세례수'의 다른 성분, 즉 염화암모늄과 초석(硝石)의 형식으로 소금을 이용해 가루가 된 시신을 건조시켰다. 연금술사의 마음에 우선 두 가지 형태의 소금이 지니는 보존의 성격이 떠올랐겠지만, 부차적으로 보면 이 과정은 사피엔티아(지혜)를 비천한 대중 속으로 퍼뜨린다는 것을, 따라서 부패하는 형태가 부패하지 않고 변화하지 않는 형태로 바뀐다는 것을 의미했다.

앞에서 본 다소 조악한 우화에는 이 과정을 보여주는 흔적이 거의 없다. 또 왕의 변형도 왕의 생명력을 되살리는 것만을 보여주는 것 같다. 왜냐하면 왕이 다시 살아난 뒤에 가장 먼저 한 말이 그의 호전성이 약해지지 않았다는 점을 보여주고 있기 때문이다. 그러나 그 후에 나온 텍스트들을 보면, 최종적 산물은 절대로 원래의 상태의 강화나 재생이 아니다. 보다 높은 본성으로의 변형이 최종 산물인 것이다.

그렇다면 앞에서 읽은 우화가 꽤 오래 되었을 것이라고 짐작하는 것이 타당하다. 그렇게 보는 한 가지 근거는 알렉산드리아 의사들과 이집트 의사들의 갈등이다. 이 갈등은 이집트인의 케케묵은 마법적 치료 방법이 그리스인들의 보다 과학적인 치료 방법과 충돌을 빚고 있던 이슬람 이전의 시대로까지 거슬러 올라간다. 이를 보여주는 증거는 이집트 의사들의 방법에 드러난 "기술적" 실수, 즉 의식과 무의식의 오염이며, 보다 분화된 그리스인들의 정신은 이 실수를 피할 수 있었다.

4. 왕의 어두운 측면

왕의 부활에 관한 묘사는 아주 풍부하다. 이 부분에 대해서는 더 이상 돌아보지 않아도 충분할 것 같다. 그럼에도 왕의 부활에 관한 신화는 아주 다양한 모습을 보인다. 따라서 지금까지의 설명만으로 이 신화의 세계 전체를 다뤘다고 볼 수 없다. 그래서 이 대목에서 나는 니그레도의 결정적인 단계, 즉 쇠퇴와 죽음의 단계에 대해 조금 더 살펴볼 생각이다.

앞에서 본 바와 같이, 왕의 쇠퇴는 불완전함 또는 병 때문에 일어난다. 조지 리플리의 노래 '칸틸레나'(Cantilena)에서 왕의 병은 불임이다. 불임 왕의 형상은 아마 '아리슬레우스의 환상'에서 비롯되었을 것이다. 이 환상을 보면, 바다의 왕은 자신은 불임이 아닌데도 열매를 맺지 못하는 나라를 통치하고 있다. 대체로 왕은 어떤 식으로든 어둠의 세계와 연결된다. 그래서 『인트로이투스 아페르투스』에서 왕은 처음에 "비밀스런 지옥의 불"이지만 다시 태어난 '소년 왕'으로서 예수 그리스도의 비유이다. 미하엘 마이어의 글에서 왕은 죽지만 바다의 깊은 곳에 산 채로 갇혀 있다. 거기서 왕은 도움을 청한다. 다음에 소개하는 왕의 이야기는 살로몬 트리스모신(Salomon Trismosin)의 『스플렌도르 솔리스』(Splendor solis: '태양의 광채')에서 끌어온 것이다.

늙은 철학자들은 안개가 피어올라 지구 표면 전체를 덮는 것을 보았다고 선언했다. 그들은 또한 바다의 격렬함과 지구 표면 전체를 흐르는 물줄기들을 보았으며 이것들이 어떻게 하여 어둠 속에서 고약한 냄새를 풍기게 되었는지를 알았다. 더 나아가 그들은 지구의 왕이 가라앉는 것을 보았으며 그가 간절한 목소리로 외치는 것을 들었다. "나를 구해주는 사람에게 나의 광휘 속에 왕좌에 앉아서 영원히 나와 함께 살며 영원히 통치하게 해주겠노라." 이어 밤이 만물을 덮었다. 이튿날, 그들은 왕 위로 밝은 새벽별을 보았으며, 낮의 빛이 어둠을 걷어냈다. 밝은 햇빛이 구름을 뚫고 휘황찬란한 색으로 빛났다. 땅에서 달콤한 향기가 피어오르고, 태양이 밝게 빛났다. 이것으로 지구의 왕이 석방되고 부활되는 과정이 마무리되었다. 꽤 말쑥하게 차려 입은 왕은 그 아름다움으로 태양과 달을 놀라게 만들었다. 그는 값비싼 왕관을 3개 쓰고 있었다. 하나는 철로 만든 왕관이고, 다른 하나는 은으로 만든 왕관이고, 세 번째 왕관은 순금으로 만들었다. 늙은 철학자들은 그의 오른손에서 7개의 별로 장식한 홀(笏)을 보았다. 이 별들 모두는 금빛으로 반짝였다.[67]

7개의 별은 '요한계시록' 1장 16절("그의 오른손에 별이 일곱 개 있다")을 떠올리게 한다. 별을 잡고 있는 그는 "사람의 아들" 같았으며, 이는 『인트로이투스 아페르투스』 속의 '소년 왕'과 일치한다. 바다 속으로 가라앉는 왕은 신비의 물질이며, 이것을 마이어는 "철학자들의 안티몬"이라고 부른다. 안티몬은 검정과 연결되어 있다.

....
67   Splendor solis: Alchemical Treatises of Solomon Trismosin, pp. 29f

안티몬 삼화합물은 동양에서 머리 염색에 널리 쓰인다.

가라앉은 연금술의 왕은 "금속 왕"으로, 야금술의 "왕"으로 계속 삶을 이어간다. 가라앉은 왕은 원광을 녹이고 정련할 때 생기는 슬래그(slag: 광물을 제련할 때 광석에서 금속을 추출하고 남은 찌꺼기/옮긴이) 아래에 형성된 금속 덩어리들을 일컫는 이름이다. 연금술사들에게 알려진 안티몬의 구성 요소들(Sb_2S_5, Sb_2S_3)은 왕과 사자의 본질을 분명하게 보여주는 어떤 물질을 포함했다. 따라서 연금술사들은 "안티몬의 승리"에 대해 말하고 있었다고 볼 수 있다.

『심리학과 연금술』에서 보여주었듯이, 『아우로라 콘수르겐스』의 일곱 번째 우화에도 가라앉는 왕과 비슷한 개념이 나온다.

> 진정한 마음으로 나를 향할 것이며, 내가 가무잡잡하다거나, 태양이 나의 색깔을 바꿔놓고 물이 나의 얼굴을 덮었다거나, 땅이 나의 작업에서 오염되고 더러워졌다는 이유로 나를 버리지 않도록 하라. 또 내가 깊은 수렁에 꼼짝없이 갇혀 있고, 나의 물질이 드러나지 않았다는 이유로 나를 버리지 않도록 하라. 그런 까닭에 그 깊은 속에서 나는 소리를 질렀고, 땅의 지옥으로부터 나의 목소리는 그대들에게 전해졌다. 나 같은 것을 발견하기를 원한다면 주의 깊게 나를 살펴라. 그런 사람의 손에 나는 샛별을 주리다.

"깊은 곳의 진창"은 '시편' 69편 2절("나는 설 곳 하나 없는 깊은 진창에 빠져 있다.")을 언급하고 있다. 다윗의 말에 대해 에피파니우스는 세상에는 "더러운 생각들"과 "진창 같은 나쁜 생각들"로 이뤄진 어떤 물질이 있다는 뜻으로 해석하고 있다. 그러나 '시편' 130편 1절("주여, 내가 깊은 곳에서 주를 부르짖었나이다.")에 대해 에피파니우스는 다음과 같은 해석을 제시한다. "성인들이 너무나 큰 은총을 받아 성령이 그들의 내면에 깃들 때, 주님은 그들에게 신의 깊은 곳을 들여다볼 재능을 준다. 그러면 성인들은 그 깊은 곳에서 주를 찬양한다. 다윗이 '주여, 내가 깊은 곳에서 주를 부르짖었나이다.'라고 말하는 바와 같이."

"깊이"에 대한 이런 모순적인 해석들은 연금술에서 서로 훨씬 더 가까워진다. 모순적인 해석들 사이의 거리가 너무나 가까운 나머지, 그 해석들이 마치 똑같은 것의 두 가지 서로 다른 측면인 것처럼 보인다. 연금술에서 깊이가 어떤 때는 이것을, 또 어떤 때는 저것을 의미하는 것으로 쓰이는 것은 너무나 자연스럽다. 일관성에 익숙한 사람들에게는 여간 당혹스런 일이 아니지만, 영원한 이미지들은 의미에서 일관성을 보이지 않는다. 이 같은 양극성을 놓치지 않는 것이, 그렇게 함으로써 모호함을 피하기 위해 다른 쪽 극단을 배제하고 어느 한쪽 극단을 강조하는 독단의 세상을 보상하는 것이 연금술사들의 특징이다.

상반된 것들을 가능한 한 떼어놓고 의미의 단일성을 꾀하려는 경향은 의식의 명료성에 절대적으로 필요하다. 의식의 핵심이 식별이기 때문이다. 그러나 그 구별이 지나칠 만큼 심해진 탓에 보완적인 상황에 있는 상반된 것이 아예 눈에 보이지 않게 되어 흰색의 검정 부분이나 선한 것의 악한 부분, 높은 것의 깊은 부분 등이 더 이상 보이지 않게 될 때, 편파성이 두드러지게 된다.

이 편파성은 우리의 도움을 받지 못하는 가운데 무의식에 의해 보완된다. 균형을 잡는 이 과정은 심지어 우리의 의지에 반하게 이뤄질 수 있으며, 그러면 우리의 의지는 광기를 더욱더 심하게 보일 것이며 당연히 재앙적인 에난티오드로미아(enantiodromia: 어떤 힘이 지나치게 강해지면 반발을 부르게 되는 현상/옮긴이)를 낳을 것이다.

세상의 모든 것은 두 가지 측면을 갖고 있다는 진리를 지혜는 결코 잊지 않는다. 지혜는 또 스스로 노력해 권력을 갖추게 되면 재앙적인 에난티오드로미아를 피할 수 있다는 사실까지도 알고 있다. 그러나 그런 권력은 결코 지혜의 자리에서 발견되지 않는다. 그 권력은 언제나 집단적인 이해관계의 초점이며, 따라서 불가피하게 집단적인 인간의 어리석음과 연결되어 있다.

편파성이 강화되면서, 왕의 권력은 쇠퇴한다. 이유는 원래 왕의 권력이 단지 모든 존재의 양극성을 하나의 상징으로 결합시키는 능력에 있었기 때문이다. 어떤 사상이 분명하게 나타나고 그에 따라 의식이 명쾌해질수록, 의식의 내용물은 더욱더 전제적인 모습을 보이며 의식과 모순되는 모든 것들에게 복종을 요구하게 된다.

절정은 언제나 종말을 예고한다는 사실에도 불구하고, 이런 극단적인 상태는 반드시 와야 한다. 그러면 그 사람의 본성인 무의식이 즉각 보상하려 들 것이고, 이런 무의식의 태도는 극단적인 상태에 대단히 못마땅하게 다가온다. 극단적인 상태는 언제나 자신의 모습이 이상적이라고 생각하고 있으며 더 나아가 설득력 있는 주장으로 자신의 우월함을 입증해 보일 수 있는 입장에 있다. 그런 주장 앞에서 우리는 극단적인 상태가 이상적이라는 점을 인정하지 않을 수 없다.

　그럼에도 불구하고 극단적인 상태는 삶의 반만 표현하고 있기 때문에 불완전하다. 삶은 깨끗한 것만 아니라 진창도 필요로 하고, 밝은 것만 아니라 어두운 것도 필요로 한다. 삶은 낮이 지나면 밤이 오기를 원한다. 지혜도 자신의 축일을 축제로 축하하길 원한다. 연금술엔 이런 축제를 보여주는 흔적이 꽤 많다. 이런 여러 가지 이유 때문에 왕에겐 자신의 어둠 속으로 내려가는 것으로, 자기 자신의 깊은 속으로 침잠하는 것으로 시작하는 갱생의 과정이 끊임없이 필요하다. 그러면서 왕은 자신의 적과 피로 연결되어 있다는 것을 상기한다.

　에피파니우스의 『앙코라투스』(Ancoratus: '닻을 잘 내린 사람') 에 따르면, 피닉스는 먼저 벌레의 형태로 자신의 재에서 나온다.

> 새가 죽어 완전히 소진되고 불꽃이 다 꺼지고 나면, 거기엔 육신의 잔재들만 남는다. 거기서 어느 날 흉측한 벌레가 한 마리 나온다. 날개를 달고 새로운 생물이 되다가 셋째 날 성숙한다. 거기서 발견된 약들의 도움으로 완전한 크기로 자란 뒤에, 그 생물은 자신의 나라로 날아 올라가기 위해 서두르고, 하늘에 머물 것이다.[68]

　그렇듯, 왕은 왕관을 쓴 용으로 자신의 "지옥의 불"로부터 나온다. 그는 뱀이 된 메르쿠리우스로 고약한 냄새가 나는 곳과 특별히 연결되어 있다.

....
68　Ancoratus(ed. Holl), vol. Ⅰ, p. 20

앞에서 본 바와 같이 '왕의 아들'은 메르쿠리우스와, 이 특별한 단계에선 뱀이 된 메르쿠리우스와 동일하다. 이 단계는 쿤라트의 글에 어둡고 차가운 사악함인 토성에 의해, 원래의 상태를 의미하는 세계-알에 의해, 그리고 마지막으로 왕의 동물적인 영혼을 나타내는 초록과 빨강의 사자에 의해 암시되고 있다. 이 모든 것은 대체로 용이나 뱀에 의해 표현된다. 용은 가장 낮고 가장 불완전한 형식의 왕으로서 처음에는 치명적인 독이지만 나중에는 그 자체가 해독제 역할을 한다는 이야기를 우리는 끊임없이 듣는다.

플리니우스가 보고한 피닉스 신화에서 우리는 다시 벌레를 만난다. "… 그 뼈와 골수로부터, 처음에 구더기 같은 것이 생기고 이것이 병아리로 자란다." 이 버전은 로마의 클레멘스(Clement of Rome: 1세기)와 아르테미도루스(Artemidorus: 2세기), 예루살렘의 키릴로스, 성 암브로스, 카르단(Cardan)의 글에도 되풀이되고 있다. 피닉스 신화를 이해하기 위해선 기독교 해석학에서 피닉스는 예수 그리스도의 비유로 통한다는 사실을 아는 것이 중요하다.

피닉스가 자신을 태우는 것은 예수 그리스도의 자기희생에, 재는 예수 그리스도의 묻힌 신체, 기적적인 갱생은 예수 그리스도의 부활에 해당한다. 호라폴로(Horapollo: 4세기)에 따르면, 피닉스는 영혼과 이 영혼이 부활의 땅까지 가는 여행을 의미한다. 피닉스는 "사물들의 영원한 복원"을 의미한다. 정말로, 피닉스는 부활 그 자체이다. '아포카타스타시스'(apocatastasis: 세상의 모든 것은 궁극적으로 원래의 상태로 돌아간다는 뜻/옮긴이) 사상('사도행전' 3장 21절)과 예수 그리스도의 안에서 통일한다는 사상은 부활이라는 피닉스의 주요 모티프와 별도로 피닉스 비유가 확산되는 데 도움을 주었을 것이다.

5. 안트로포스로서의 왕

히폴리토스의 글을 보면 '시편' 24편 7-10절에 나오는 수사적인 질문("이 영광의 왕이 누구이냐?")에 대해 이렇게 대답한다. "한 마리 벌레이고, 인간은 절대로 아니며, 사람들로부터 경멸을 받고 버림받는 존재이다. 그는 전쟁에서 막강한 힘을 발휘하는 영광의 왕이다." 이 구절은 아담과 아담의 "승천과 부활을, 그리고 그가 육체적이 아닌 영적으로 태어날 수 있다"는 점을 언급한다고 히폴리토스는 말한다. 따라서 벌레는 두 번째 아담, 즉 예수 그리스도를 의미한다. 에피파니우스는 또 벌레를 예수 그리스도의 비유로 설명한다. 그러면서도 그에 대한 구체적인 증거를 제시하지는 않는다.

이 생각의 열차는 의식적으로나 무의식적으로 연금술로 이어지고 있다. 『아콰리움 사피엔툼』(Aquarium sapientum)은 이렇게 말한다.

> 여기서 언급해야 할 것이 있다. 현자들이 분해된 이 산물을 그 검은 빛 때문에 까마귀의 머리라고 불렀다는 점이다. 마찬가지로, 예수 그리스도는 형태도 없고, 아름다움도 없으며, 모든 사람 중에서 가장 비열하며, 비탄과 병으로 가득하며, 심하게 경멸을 받았기 때문에, 사람들조차도 그의 얼굴을 피했다 그는 무(無)로 여겨졌다. '시

편' 22편(불가타 성경)을 보면, 그리스도는 이 점에 자신은 벌레이고 인간이 아니며 사람들의 웃음거리이고 경멸의 대상이라고 불평한다. 정말로, 태양의 부패한 육체가 죽어서 작은 약병 안에 재처럼 꼼짝 않고 누워 있을 때, 그 태양의 육체는 그리스도와 비교할 만하다. 그러다 뜨거운 열의 결과로, 태양의 영혼이 차츰 태양에게로 내려오며 쇠퇴해 거의 죽은 것이나 마찬가지인 육체에 호흡을 불어넣고 촉촉하게 적셔 완전한 파괴로부터 보호한다. 예수 그리스도가 감람산에서, 그리고 십자가에서 신의 분노의 불에 튀겨질 때에도 이와 똑같은 일이 벌어졌다.

늙은 왕이 겪어야 하는 다양한 숙명적 사건, 이를테면 목욕탕이나 바다에 잠기고, 용해되고 부패하고, 빛이 어둠 속에서 꺼지고, 불 속에서 태워지고, 혼돈에서 부활하는 것은 연금술사들이 "물질"을 산성 물질 속에서 용해하고, 광석을 정련하고, 유황 또는 수은을 뽑아 버리고, 금속 산화물을 추출하는 과정 등으로부터 끌어낸 것이다. 마치 이런 연금술의 과정은 상상력을 조금만 발휘하면 예수 그리스도의 고통과 그의 종국적 승리를 읽어낼 수 있는 그런 그림을 만들어내는 것 같다. 연금술사들이 예수의 수난을 무의식적 전제로 화학적 변형 속으로 투사했다는 사실은 연금술사들 본인에게는 절대로 인식되지 않았다.

당연히 이런 상황에서 연금술사들은 자신이 관찰한 내용이 그리스도의 수난과 일치한다는 점을 증명해보일 수 있었다. 단지 그것은 물질을 관찰하는 문제가 아니라 내성(內省)의 문제였다. 그러나 순수한 투사는 절대로 의도적으로 이뤄지지 않으며 언제나 전(前)의식적인 요소로 나타난다. 그렇기 때문에 연금술사들의 무의식에 투사할 무엇인가가 있었음에 틀림없다. 이 무엇인가가 연금술 작업 과정에 걸릴 "바늘"을 발견함으로써 어떻게든 스스로를 표현할 수 있었던 것이다.

투사는 언제나 간접적으로 의식이 되는 과정이다. 투사가 간접적인 과정이 되어야 하는 이유는 의식적인 마음이나 전통적이거나 인습적인 사상이 압력을 행사하고 있기 때문이다.

어떤 사람이 미지의 존재에 대해 확실한 진리를 알고 있다고 굳게 믿고 있다고 가정해 보자. 그런 경우에 이런 확신 자체가 그 사람이 미지의 존재에 대한 진정한 지식을 갖지 못하도록 막는다.

무의식적인 요소는 당연히 의식의 태도와 양립할 수 없는 그 무엇임에 틀림없다. 무의식적인 요소가 실제로 무엇이었는지를 우리는 연금술사들의 진술을 근거로 알아낸다. 무의식적 요소는 이교도에서 비롯된 수많은 신화소(素)뿐만 아니라 무엇보다 기독교 교리와 공유하고 있는 어떤 신화이다. 만약에 그것이 교리와 일치하는데 투사로 나타나고 있다면, 그 같은 사실은 연금술사들이 철저히 반(反)기독교적인 태도를 견지했다는 점을 보여줄 것이다(이것은 사실과 다르다). 연금술사들에게 반기독교적인 태도가 없었기 때문에, 이런 종류의 투사는 심리학적으로 불가능했을 것이다.

그러나 만약에 무의식적 콤플렉스가 근본적인 특징이라는 측면에서 교리에서 벗어나 있는 어떤 형상을 나타내고 있었다면, 그 형상을 투사하는 것은 가능하다. 왜냐하면 무의식적 콤플렉스가 의식이 인정한 교리에 반대하면서 보상을 위해 일어날 것이기 때문이다.

이 책뿐만 아니라 다른 글에서도 나는 연금술사들의 글에 담긴 특이한 성격을 끊임없이 강조해 왔기 때문에 여기서 그 문제를 놓고 다시 논할 필요는 없을 것이다. 다만, 철학자의 아들이라는 핵심적인 사상이 안트로포스라는 개념에 근거하고 있다는 점만 강조하고 싶다.

안트로포스의 개념에서 말하는 "사람" 혹은 "사람의 아들"은 기독교 역사 속의 그 구세주와 동일하지 않다. 연금술의 안트로포스는 히폴리토스가 전하는 바실리데스파 영지주의의 개념에 훨씬 더 가깝다.

영적인 속사람은 예수 그리스도를 닮은 모습을 하고 있다. 이것이 왕의 아들에 관한 연금술사들의 진술의 바탕에 깔린 무의식적 전제이다. 이 같은 관념은 교리에 반하며, 따라서 억압되거나 투사되어야 할 충분한 이유를 갖고 있다. 동시에 이 관념은, 역사 속의 그 인물이 사람들의 의식으로부터 오래 전에 사라진 한편 사람의 영혼 안에서 내면의 그리스도나 신의 형식으로 현현(顯現)한다는 점이 더욱더 강조된 정신적 상황의 논리적 결과였다.

교리를 소중히 여기는 그리스도라는 외적인 사실은 기독교 시대가 시작되기 오래 전에 푸루샤나 가요마르트(Gayomart: 조로아스터교에 등장하는 최초의 사람/옮긴이) 같은 것을 낳았고 또 기독교 계시가 동화될 수 있도록 만든 그 원초의 이미지를 불러일으켰다.

모든 교리의 종국적 운명은 점진적으로 영혼을 잃게 된다는 점이다. 삶은 새로운 형태를 창조할 것을 요구한다. 따라서 생명력을 잃은 교리는 사람이 영혼의 신비를 표현하는 데 도움을 주었던 그 원형을 반드시 다시 활성화시켜야 한다. 여기서 나는 원형이 실제로 신성한 인물을 낳는다는 뜻으로 말하고 있는 것이 아니라는 점을 강조해야 한다. 그런 식으로 단언하는 심리학자라면 당연히 자신이 모든 역사적 전개의 바닥에서 작용하고 있는 동기들에 대한 지식을 완벽하게 갖추고 있다는 점을 보여줄 수 있어야 한다. 그러나 그렇게 할 수 있는 심리학자는 절대로 있을 수 없다. 나는 단지 정신적 원형이란 것이 있기 때문에 신성한 형상이 어떤 형태를 취하게 되고 인간도 그런 존재를 이해하게 된다는 점을 강조하고 있을 뿐이다.

그러나 신성한 형상이 구체적인 모습을 갖게 하고 또 역사의 어느 시점에서 원형적인 가능성들을 촉발시키는 중요한 원동력은 원형 자체만으로는 설명되지 않는다. 오직 경험만이 어떤 원형이 제대로 작동하고 있는지 여부를 판단할 수 있지만, 누구도 그것이 반드시 현현해야 한다는 식으로 예측하지는 못한다.

예를 들어, 유대인 선지자인 예수가 헬레니즘 통합주의 시대의 정신적 상황에 결정적인 대답을 내놓을 것이라고 누가 논리적으로 예측할 수 있었겠는가? 혹은 안트로포스의 나른한 이미지가 세계를 지배하게 될 것이라고 누가 논리적으로 예측할 수 있었겠는가?

그러나 인간의 지식에 한계가 있어서 경이로운 많은 것을 설명하지 못한 상태로 남겨놓고 있다 하더라도, 그 같은 사실이 교리로 구체화된 정신적 계시들을 이해하려는 노력마저 면제시켜주는 것은 아니다. 이런 노력을 펴지 않는다면, 교리 안에 숨겨져 있는 훌륭한 지식의 보물들이 무(無)로 사라져 버리거나 핏기 없는 유령이 될 수 있다. 그러면 이 유령은 천박한 합리주의자들에게 너무나 쉽게 희생되어 버릴 것이다. 나의 의견을 말하자면, 교리의 진리가 인간의 정신에 대단히 깊이 뿌리를 내리고 있고 또 그 진리가 인간의 손에 의해 다듬어지는 것이 아니라는 점을 인식한다면, 그 한 가지 사실만도 전진을 위한 큰 걸음이 될 것이다.

영지주의자들의 영적인 속사람은 진정한 사람의 이미지에 따라 창조된 사람 즉 안트로포스이다. 그는 중국 연금술의 진인(眞人)과 동일하다. 진인은 연금술 작업의 산물이다. 한편으로 진인은 그 작업에 의해 변화된 연금술사이다.

"진정한 사람"은 개별 인간 존재 안에 있는 안트로포스를 뜻한다. 그리스도의 안에서 계시된 사람의 아들과 비교할 때, 진정한 사람은 후퇴의 한 단계처럼 보인다. 왜냐하면 신이 그리스도로 현현(顯現)한 것의 역사적 독특성이 흩어진 양들을 한 사람의 목자로 모은 그 위대한 진보였기 때문이다. 개인의 속에 있는 "사람"이 양떼의 흩어짐을 의미할 수 있다는 우려가 있다. 이것이 정말로 후퇴의 단계일 수 있지만, 그렇다고 그 탓을 "진정한 사람"에게로 돌릴 수는 없다. 무리를 흩뜨리는 원인이 그보다는 언제나 문명의 전진을 위협하고 방해해 온, 인간의 나쁜 특성이기 때문이다. (실제로 양과 목자가 똑같이 무능한 존재인 경우가 종종 있다.)

"진정한 사람"은 이 일과 아무런 관계가 없다. 무엇보다 진정한 사람은 소중한 문화적 형태를 전혀 파괴하지 않는다. 진정한 사람 자체가 최고 형태의 문화이기 때문이다. 동양에서나 서양에서나 똑같이 진정한 사람은 목자와 양 '놀이'를 절대로 하지 않는다. 그에겐 자기 자신에게 목자가 되는 일만으로도 충분히 벅차기 때문이다.

만약 연금술사가 자신의 작업에서 자신의 자기, 즉 "진정한 사람"을 경험한다면, 그 사람은 진정한 사람의 비유, 즉 그리스도를 직접적이고 새로운 형태로 만나고 자신이 개입된 변형에서 예수의 수난과 비슷한 무엇인가를 확인하게 될 것이다. 그것은 "예수 그리스도의 모방"이 아니라 그와 정반대이다. 말하자면, 그리스도의 이미지를 "진정한 사람"인 자신의 자기와 동화시키는 것이다.

그것은 의도적으로 모방하려는 노력이 더 이상 아니며 그보다는 성스러운 전설로 상징되는 어떤 실체를 무의식적으로 경험하는 것이다. 이 실체는 그가 작업을 하는 도중에 그에게 다가온다. 성인들이 의식적으로 추구하지 않았는데도 성흔(聖痕)이 나타나는 것과 똑같다. 성흔은 저절로 나타난다. 예수의 수난이 그냥 연금술사에게 일어난다. 그런데 그 형식은 전통적인 형식이 아니라, 연금술 신화에 의해 표현된다. 그렇지 않고 전통적인 형식으로 나타난다면, 연금술사가 의식적으로 마음속으로 수난을 그리고 있을 뿐이다.

이런 육체적, 도덕적 고문을 당하고 있는 것은 신비의 물질이다. 그것은 죽거나 죽음을 당해 묻히고 나서 사흘째 되는 날에 다시 일어나는 왕이다. 이 모든 것을 겪는 것은 연금술사가 아니다. 연금술사의 내면에서 '그것'이 고문당하고 죽었다가 다시 일어난다. 이 모든 것은 연금술사 본인에게 일어나지 않고 연금술사 가까이 있는 곳에, 연금술사의 내면에, 또 동시에 증류기 안에 있는 "진정한 사람"에게 일어난다.

우리가 읽은 텍스트들과 『아우로라 콘수르겐스』 안에서 일어나고 있는 수난은 순수하지만 라피스가 화학적 물질에 지나지 않는다면 이해되지 않을 것이다. 그 수난은 예수 그리스도의 수난에 대한 생각에서 비롯되지 않는다. 그것이 미지의 것을 진지하게, 그리고 자기희생의 차원으로까지 깊이 조사함으로써 무의식의 보상적인 내용물에 직접 개입한 사람이 실제로 한 경험이기 때문이다.

그 사람은 투사된 내용물과 교리에 관한 이미지들 사이에 비슷한 측면을 보지 않을 수 없었으며, 그런 상태에서 그는 아마 화학적 과정을 설명하기 위해 이용하고 있던 개념들이 자신이 잘 아는 종교적 개념들과 다르지 않다고 단정하고 싶은 마음을 느꼈을지도 모른다. 그러나 텍스트들은 이와 정반대로 연금술 작업의 실제 경험이 교리를 동화시키거나 교리를 통해 연금술 작업 자체를 증폭시키는 경향이 점점 더 뚜렷해졌다는 점을 분명히 보여주고 있다. 그것이 텍스트가 예수 그리스도가 돌과 비교되고 결합되었다고 말하는 이유이다. 연금술의 안트로포스는 어떤 교리로부터도 자유롭다는 점을 보여주었다.

연금술사는 안트로포스를 새로운 활력과 생생함이 넘치는 형태로 경험했다. 이는 텍스트의 열정적인 분위기에 그대로 반영되고 있다. 따라서 원래 드라마의 모든 디테일이 상당히 새로운 의미로 실현될 것이라는 점은 충분히 이해가 된다. 니그레도는 연금술사의 눈 앞에 쇠퇴와 고통, 죽음, 지옥의 고문만을 드러내는 데서 그치지 않았다. 니그레도는 연금술사 자신의 고독한 영혼 위로 우울의 그림자까지 드리웠다. 연금술사는 자신이 직접 경험하지 않고 단지 목격만 하고 있을 뿐인 어떤 절망의 암흑 속에서, 그 절망이 어떤 식으로 벌레가 되고 독을 뿜는 용이 되는지를 경험했다.

용은 내적 필요 때문에 스스로를 파괴하고 사자로 변했으며, 자신도 모르는 사이에 드라마 속으로 끌려 들어간 연금술사는 (서로를 삼키는 두 마리의 사자가 있는 경우가 아니라면) 사자의 발을 자를 필요성을 느꼈다. 독수리가 자신의 깃털을 먹듯, 용은 자신의 날개를 삼켰다. 이런 무시무시한 이미지들은 상반된 것들의 투쟁을 반영하고 있으며, 연금술사도 호기심에 끌려 그 투쟁 속으로 들어갔다.

연금술사의 작업은 단테(Dante: 1265?-1321)가 한 것처럼 지하 세계로의 여행인 '카타바시스'(katabasis)로 시작했다. 단테가 경험한 지하세계 여행과 다른 점은 연금술사의 영혼이 그 여행에 강한 인상을 받을 뿐만 아니라 근본적인 변화까지 겪는다는 점이다. 괴테의 『파우스트』 1권이 이를 보여주는 좋은 예이다. 성실한 학자가 악마와의 협정을 계기로 세속적인 기사(騎士)가 되어 부정직한 출세 지향주의자로 변하는 것이다.

공상에 곧잘 잠기는 크리스티안 로젠크로이츠의 경우에, 베누스로 하강한 것이 그의 손에 큐피드의 화살 자국을 남겼다. 그러나 텍스트들은 이보다 훨씬 더 심각한 위험을 암시한다. 올림피오도루스는 이렇게 말한다. "대단한 고통을 겪지 않고는 이 작업이 완벽할 수 없다. 투쟁과 폭력, 전쟁이 벌어질 것이다. 그 사이에 악마 오피우코스(Ophiuchos: 뱀주인자리)는 우리의 의지를 방해하면서 태만을 불어넣을 것이며, 그가 기어 다니는 곳 어디서나 실수와 불안, 불의의 사고 등을 유발하여 우리를 괴롭히거나 부상을 입혀 작업을 하지 못하게 만든다.”

『타불라 스마라그디나』에 나오는 “그는 미묘한 모든 것을 정복할 것이다.”라는 문장을 도른은 이렇게 해석한다. 미묘한 것은 메르쿠리우스이거나, 아니면 “마음을 지배하고 있는 영적 모호성”이다. 달리 말하면 그것은 정령이다. 따라서 어둠은 정령을 지배하고 있는 악마이며, 이 악마는 작업에 의해 물리칠 수 있다. 병은 악마의 발자국이며, 따라서 병은 “진정하고 보편적인 육체의 중심이 악마를 억누름으로써만 치유될 수 있다”. 이 중심이 우나리우스 혹은 ‘절대자’이며, 여기에 ‘유일한 인간’(unicus homo)이 뿌리를 내리고 있다. 따라서 사람이 육체적 및 정신적 병으로부터 회복하려면 “이 중심을 정확히 알고 이해해야 하며, 스스로를 거기에 완벽하게 적응시키면 중심은 모든 불완전과 질병으로부터 자유로워지면서 원래의 군주제 상태로 돌아갈 것이다”.

도른의 글에서 따온 이 구절들은 연금술 작업의 어려움보다는 작업 결과를 통한 치유에 대해 언급하고 있다. 그러나 치료 수단은 메르쿠리우스에게서 나오며, 철학자들은 메르쿠리우스의 정령에 대해 이런 식으로 말한다. “늙고 검은 정령을 잡아서 그것으로 육체를 파괴하라. 육체가 변화할 때까지.” 육체들을 파괴하는 것은『투르바 필로소포룸』의 설교 42에 나오는 것처럼 하나의 전투로 묘사되고 있다. “구리와 수은 사이에 전쟁을 유발하라. 구리와 수은이 서로 사라지려고 다투며 부패하게 될 때까지.""그것들 사이에 전투를 조장하고 구리의 몸통을 파괴하도록 하라. 구리가 가루가 될 때까지."이 전투는 4가지 적대적인 원소들 사이에 원래 벌어지고 있던 투쟁의 상태를 뜻한다.

2세기에 중국의 위백양은 서구 연금술과 기독교 심리학의 편견에 거의 아무런 방해를 받지 않은 상태에서도 연금술 작업 동안에 어떤 기술적 실수로 야기된 고통에 대해 무시무시하게 묘사하고 있다.

> 재앙이 검은 덩어리에 닥칠 것이다. 먹은 음식에서 나오는 가스가 내장과 위 안에서 소리를 일으킬 것이다. 그 과정에 정직한 정수(精髓)는 발산하고, 사악한 정수는 들이켜질 것이다. 수면을 취하지 못한 상태에서 밤과 낮들이 지나가고 달과 달이 흘러갈 것이다. 그러면 육체가 지칠 것이고, 광기가 나타날 것이다. 맥박이 아주 급박하게 뛰면서 마음과 육체의 평화를 몰아낼 것이다. … 귀신같은 것들이 모습을 드러내고, 그 모습에 그는 잠을 자다가도 놀라움을 금하지 못할 것이다. 그러다 그는 자신이 장수를 누리게 되었다고 생각하며 기뻐하다가 그만 급사하고 말 것이다.[69]

이 증언은 연금술사가 자신의 작업 안에 포함되었을 뿐만 아니라 연금술사 본인도 그 점을 잘 알고 있었다는 사실을 증명하고 있다.

....
69   An Ancient Chinese Treatise on Alchemy", p. 238

6. 왕의 상징과 의식의 관계

우리의 가설에서, 왕의 신격화, 즉 태양이 다시 새롭게 솟는 것은 의식의 지배가 다시 시작되었다는 것을, 정신적 잠재력이 역전되었다는 것을 의미한다. 의식은 이제 더 이상 무의식의 지배 하에 있지 않으며 어떤 지상 목표까지 확인했다.

왕의 신격화는 바로 이 같은 변화를 묘사한다. 그에 따른 부활의 감정은 우리가 대단히 좋아하는 합창에 더없이 솔직하게 표현되고 있다. 리플리의 '칸틸레나'는 밤의 모성애 측면인 어머니 루나를 이 변형 안에 포함시키고 있는데, 이는『파우스트』2부 끝에 나오는 신격화를 상기시킨다. 마치 달이 밤에 태양만큼 찬란하게 떠오른 것처럼 보인다. 그리고 그 여왕이 "온갖 향기의 연고를 갖고 흐르듯이", '도마행전'을 보면 하늘의 그 여신으로부터 달콤한 냄새가 나온다. 그녀는 어머니일 뿐만 아니라 "빛의 딸, 코레(Kore)"이기도 하다. 그녀는 연금술의 어머니로 통하는 영지주의 소피아이다.

만약 솔 왕에 대한 우리의 해석이 정확하다면, 그 신격화는 어머니 루나까지 두드러지게 만들었을 것임에 틀림없다. 말하자면 무의식을 의식으로 만들었을 것이란 뜻이다. 얼핏 보면 용어상 모순되는 것처럼 보이지만 조금 깊이 들여다보면 저절로 해결된다. 무의식의 핵심적인 어떤 내용물이 의식 속으로 들어가는 것으로 확인되는 것이다.

이때 두드러지게 되는 것은 첫째, 남자의 내면에 있는 여성적인 요소인 아니마이다. 둘째는 우리가 어둠 속을 들여다보도록 만드는 달빛이며, 이 달빛은 무의식의 계몽을 뜻한다. 셋째, 달은 내가 『심리학과 연금술』에서 설명한 바 있는 '구형'(球形)을 의미한다. 땅 위의 세계에서, 달의 둥근 생김새는 태양의 거울상으로 안트로포스나 심리학적 자기, 혹은 정신의 전체성을 의미한다.

달은 성모 마리아의 개념과 둥글고, 완전하고, 완벽한 아이의 개념을 서로 연결하는 고리이다. 따라서 부활절 주간에 달로부터의 새로운 탄생은 '신비의 새벽'에만 즐거운 일이 아니라 기독교인에게도 즐거운 일이다. 왜냐하면 솟아 오른 왕이 "죽은 돌 안으로 주입될 영혼"이기 때문이다. 구형이라는 개념은 왕권의 상징인 왕관에서도 발견된다. "왕관"은 재와 육체, 바다, 소금, 어머니, 동정녀 마리아 등의 동의어로 언급되며, 따라서 여성적인 원소와 동일시된다.

둥근 모양과 어머니 사이의 이런 특이한 관계는 어머니, 즉 무의식이 전체성의 상징이 나타날 곳이라는 사실로 설명된다. 구형이 말하자면 아니마 안에 포함되고 또 아니마에 의해 형상화된다는 사실은 아니마에게 좋은 의미로나 나쁜 의미로나 "영원한 여성성"의 특징인 특별한 매력을 부여한다. 따라서 어떤 차원에서 여자는 갈망하던 완전성과 구원을 진정으로 갖고 있는 존재로 나타난다.

우리의 설명의 출발점은 왕은 기본적으로 태양과 동의어이고 태양은 정신의 낮을, 말하자면 의식을 상징한다는 것이다. 의식은 태양의 여정에 동행하는 충실한 동반자로서 매일 수면과 꿈의 대양에서 떠올랐다가 밤이 되면 다시 그 대양으로 가라앉는다.

행성들의 원무(圓舞) 안에서, 그리고 별들이 흩뿌려진 드넓은 공간 안에서 태양이 행성들의 다른 지배자들과 똑같이 외로이 자신의 길을 여행하는 것처럼, 자아에게 언제나 우주의 중심은 자아라고 속삭이고 있는 의식은 무의식의 원형들 중 단 한 개의 원형에 지나지 않는다. 예를 들면, 의식은 배교자 율리아누스(Julian the Apostate: A.D. 330-363)의 글에서 만나는, 고전기 이후 통합주의 시대의 '헬리오스 왕'과 비교할 만하다. 우리가 지구에서 태양을 보듯이 의식의 콤플렉스를 다른 행성들 중 하나에서 볼 수 있다면, 그 콤플렉스는 틀림없이 그런 식으로 보일 수 있다. 주관적인 자아 인격, 즉 의식과 그 내용물은 정말로 무의식적인 관찰자에게, 혹은 무의식이라는 "우주 공간"에 있는 관찰자에게 다양한 양상으로 비칠 수 있다.

자아 인격이 이런 식으로 보인다는 사실은 꿈들에 의해 증명된다. 꿈속에서 의식적인 인격, 즉 꿈을 꾸는 사람의 자아를 보는 관점은 의식적인 마음이 보는 관점과 완전히 다르다. 만약에 무의식에 자아의식과 정반대이거나 자의의식과 경쟁하는 다른 관점이 없다면, 그런 현상은 절대로 일어나지 않을 것이다. 이 관계는 행성 비유에 의해 적절히 표현되고 있다.

왕은 주체 중의 주체인 자아의식을 하나의 대상으로 나타내고 있다. 신화학에서 왕의 운명은 모든 창조 현상 중에서 가장 영광스럽고 신성한 현상인 자아의식이 뜨고 지는 것을 묘사한다. 이 자아의식이 없다면 아마 세상은 하나의 대상으로 존재하지 못했을 것이다. 왜냐하면 유일한 모든 것은 직접적으로나 간접적으로 알려지고, 게다가 이런 식의 "알려짐"이 가끔 주체 본인이 알지 못하는 방식으로도 이뤄지기 때문이다. 마치 주체가 다른 행성으로부터 어떤 때는 호의적인 시각으로 관찰되고 또 어떤 때는 냉소적인 시각으로 관찰되는 것처럼 말이다.

절대로 간단할 수 없는 이런 상황은 부분적으로 자아가 주체이면서도 동시에 주체 자신의 지식의 대상이 되는 역설적인 특징을 갖고 있다는 사실에서 비롯된다. 또 부분적으로는, 정신이 하나의 통합체가 아니라 태양 외의 다른 발광체들로 이뤄진 별자리와 비슷한 구조를 갖고 있다는 사실에서 비롯된다.

자아 콤플렉스가 정신에서 유일한 콤플렉스는 아니다. 무의식적 콤플렉스가 광채, 즉 일종의 의식 같은 것을 갖고 있을 가능성을 완전히 배제할 수는 없다. 정신병리학의 경험이 보여주듯이, 무의식적 콤플렉스가 제2의 인격 같은 성격을 지닌 무엇인가를 아주 쉽게 낳기 때문이다. 만약 이것이 가능하다면, 자아 콤플렉스를 같은 정신 안에서 다른 관점에서 관찰하는 것도 똑같이 가능하다. 내가 늘 강조하는 바와 같이, 꿈속이나 비정상적인 정신 상태의 자아 콤플렉스를 비판적으로 묘사해야 하는 것은 이 때문이다.

의식적인 마음은 종종 자신의 변형에 대해 거의 모르거나 전혀 모르고 있으며 알려고 들지도 않는다. 의식적인 마음이 독재적인 경향을 강하게 보이고 또 자신의 진리의 타당성을 강하게 확신할수록, 의식적인 마음과 진리의 동일시도 그만큼 더 강해진다. 따라서 자연의 한 현상인 솔의 왕권이, 지배적인 사상을 구현하고 그 사상과 운명을 같이 하는 인간 왕에게로 넘어간다. 현상계에선, 헤라클레이토스가 주장한 영원한 변화의 법칙이 지배적이다. 진정한 모든 것은 반드시 변화해야만 하고, 변화하는 것만이 진정한 것으로 남는다.

냉혹하게도, 다른 행성에서 보면 왕 자신이 깨닫기도 전에 왕이 늙어가고 있는 것이 보인다. 지배적인 사상들이 변화하고, 의식에 탐지되지 않는 이 변화는 꿈으로만 나타난다. 킹 솔(King Sol)은 의식의 원형으로서 무의식의 세계를 관통하는 여행을 하는데, 이 무의식에 있는 수많은 형상들 중 하나가 언젠가는 의식이 될 수 있다. 옛날의 견해에 따르면, 무의식에 있는 이 흐릿한 빛들은 정신 안에 마치 행성들처럼 배치되어 있다. 따라서 어떤 연금술사가 토성의 정령을 자신의 정령으로 떠올렸다면, 그것은 자아 밖에 있는 어떤 관점을 의식으로 끌고 오려는 시도였으며 거기엔 자아와 그 내용물을 상대화하는 작업이 수반되었다.

행성의 정령에게 개입을 호소하는 것은 일종의 도움을 청하는 것이었다. 왕이 점점 늙어서 소생이 필요한 상황이 되면, 일종의 행성 목욕 같은 것이 실시되었다. 말하자면 모든 행성들이 "영향력"을 쏟아 붓게 하는 것이었다. 이것은 지배적이고 성숙한 것은 모두 세월이 가면 약해지고 따라서 보조적인 빛의 지지와 영향을 필요로 한다는 사상을 표현하고 있다. 말하자면, 지배적이고 성숙한 것이 다른 행성의 원형들의 물질 안에서 용해되었다가 다시 결합한다는 뜻이다. 녹여 다시 만드는 과정을 거치면서, 보다 포용적인 성격의 새로운 합금이 형성되고 이 합금은 다른 행성 즉 금속의 영향을 새롭게 흡수하게 된다.

이 연금술의 그림에서 변형 과정의 투사가 쉽게 확인된다. 이 그림이 정신적 전체성이 점점 약해지고 있는 것을 표현하고 있다는 사실에 비춰보면, 정신의 어떤 지배자가 늙어가고 있는 것이 분명하다. 또 정신이 그 지배자의 안에 완전히 포함되어 있다는 느낌을 더 이상 받지 못하고 있다고 말할 수도 있다. 당연히 정신의 지배자는 매력을 잃고 있으며, 정신을 더 이상 예전처럼 완전하게 휘어잡지 못하고 있다.

한편, 정신의 내용물과 의미도 더 이상 적절히 이해되지 못하고 있다. 아니면 이해된 것이 가슴에 와 닿지 않을 수 있다. 이런 종류의 "불완전한 감각"은 그 간극을 메우기 위해서 정신의 다른 영역들과 그 영역들의 내용물을 끌어당기는 보상적인 반응을 낳는다. 대체로 이 반응은 무의식적 과정이며 흔히 의식적인 마음의 태도와 경향이 부적절한 것으로 증명될 때 작동에 돌입한다. 나는 이 점을 특별히 강조한다. 이유는 의식적인 마음이 자신의 상황조차 제대로 판단하지 못하는 주제에 자신의 태도가 늘 옳은데도 외부의 방해 때문에 효과를 제대로 발휘하지 못한다는 식의 망상에 종종 빠지기 때문이다. 이런 때에 꿈을 관찰하면, 의식의 가정들이 제대로 작동하지 못하는 이유가 곧 선명하게 드러날 것이다.

만약에 최종적으로 신경증적 증후들이 나타난다면, 의식의 태도, 즉 의식을 지배하고 있는 관념이 모순을 일으키고, 따라서 무의식에서 의식의 태도에 의해 가장 강하게 억압된 원형들이 자극을 받게 될 것이다. 그러면 심리 치료사에겐 환자의 자아가 적을 정면으로 직시하도록 함으로써 자아가 용해와 재(再)주조의 과정을 시작하도록 하는 방법밖에 없다. 연금술에서 내려오는 왕의 신화에서 이 같은 대결은 킹 솔이 지배하는, 남성적이고 정신적인 아버지의 세계와 '영원수'나 카오스로 상징되는, 여성적이고 땅 속에 사는 어머니의 세계의 충돌로 표현되고 있다.

'칸틸레나'에서 이 관계의 비합법적인 측면이 입양으로 감춘 근친상간으로 나타난다. 그럼에도 거기서 어머니의 임신이라는 결과가 나온다.

다른 곳에서 설명한 것처럼, 근친상간은 성격이 서로 비슷하거나 같은 원소들의 결합을 표현한다. 말하자면 솔의 적(敵)은 그가 망각한 그 자신의 여성적인 측면이다. 솔의 반사된 빛이 바로 자신의 습기로 왕을 용해시키는 여성적인 루나이다. 마치 솔이 "위와 아래의 권력"을 연결시키기 위해서 (마치 파우스트가 어머니들에게로 여행하듯이) 지상 세계의 촉촉한 깊은 속으로 하강해야 했던 것처럼 보인다.

제대로 작동하지 않는 의식의 지배자는 무의식에서 솟아오르고 있는 내용물들 사이로 사라지면서 빛을 점점 어둡게 만든다. 그러면 원초의 카오스 상태에서 서로 싸우던 원소들이 마치 그때까지 한 번도 정복당한 적이 없었다는 식으로 속박에서 풀려나게 된다.

의식의 지배자와 무의식의 내용물 사이에 전투가 너무나 치열하게 벌어지기 때문에, 이성이 비이성을 짓밟으려 들 것이다. 그러나 이런 시도들은 실패할 것이다. 아마 자아가 무능을 인정하고 정신적 권력들 사이의 격한 전투를 가만 내버려둘 때까지, 그 실패는 계속 이어질 것이다.

만약 자아가 합리성을 들먹이며 간섭하는 일을 삼간다면, 상반된 것들은 단지 서로 갈등을 빚고 있다는 이유 때문에 서로 점점 더 가까워질 것이고, 그러면 죽음과 파괴처럼 보였던 것이 잠재적 조화의 상태를 이루게 될 것이다. 이 조화의 상태가 임신의 상징에 의해 적절히 표현되고 있다. 그 결과, 그 전까지 의식의 지배자로 전체성을 가진 척했던 왕이 진정으로 전체성을 갖춘 존재로 변화한다.

'칸티넬라'는 리플리만 아니라 다른 연금술사들의 내면에서 변형의 과정을 겪는 그 지배자가 무엇인지를 보여주고 있다. 그것은 중세의 기독교 세계관이었다. 이 문제는 아주 복잡하다. 그렇기 때문에 중세의 사람이 이 문제를 어렴풋이나마 의식했을 것이라고 기대하기 어렵다. 이 문제는 무의식적으로 투사를 통해서 나타나게 되어 있었다. 바로 이런 이유 때문에, 이 문제는 오늘날까지도 거의 파악되지 않고 있다. 이것이 '한 사람'(One), 즉 '왕의 아들'에 대한 심리학적 해석이 큰 어려움에 봉착하는 이유이다. 연금술사들이 자신들의 "아들"을 찬송가 형식으로 찬미하고 있다는 사실에 비춰보면, 그들은 이 상징을 빌려서 예수 그리스도나 그에 해당하는 무엇인가를 의미했음에 틀림없다. 당연히 연금술사들은 당시에 삼위일체의 제2 위격인 독단적인 형상에 완전히 가려진, 역사 속의 그리스도의 인격에는 관심이 없었다.

제2 위격의 상징은 성 요한(St. John)이 로고스(말씀)에서 분명히 예고했음에도 불구하고 수 세기를 내려오면서 서서히 굳어졌다. 신을 '노인'(senex)과 '소년'(puer)으로 보는 개념도 연금술사들에게 특이하지 않았다. 연금술사가 아니었던 많은 성직자들은 그것을 '구약성경' 속에서 분노하고 보복하는 여호와가 '신약성경'

속에서 사랑의 신으로 변화하는 것으로 받아들였다. 그리하여 왕의 부활이라는 원형이 "철학자들"뿐만 아니라 성직자들 사이에도 나타나게 되었다.

'왕의 아들'에 대한 심리학적 설명은 이 이미지가 투사의 형식을 벗어던지고 순수한 정신적 경험이 될 수 있을 때에만 가능하다. 그리스도-라피스 비유는 왕의 아들이 육체적인 사건이기보다 정신적인 사건이라는 점을 분명히 보여준다. 왕의 아들이 육체적인 사건으로는 절대로 일어날 수 없는 것이고, 하나의 종교적 경험으로는 의심의 대상이 될 수 없기 때문이다.

이상하게 들릴지 모르지만, 연금술 텍스트들을 보면 물질 안에서 예수 그리스도를 경험하는 것으로 해석할 수 있는 구절이 많다. 또다른 텍스트들은 라피스를 지나치게 강조하기 때문에, 그런 내용을 읽는 독자는 라피스에서 독단적인 이미지의 갱신과 완성을 보지 않을 수 없다.

내가 아는 한, 예수 그리스도를 노골적으로 왕의 아들로 대체하는 내용은 연금술 문헌에 나오지 않는다. 바로 이런 이유 때문에 연금술을, 이단처럼 보일지라도 기독교라 불러야 한다. 그리스도-라피스는 모호한 형상으로 남아 있다.

이것은 왕의 아들에 대한 심리학적 해석에 대단히 중요하다. 그런 관점에서 보면, 마법적 매력을 지닌 물질이 거기에 투사한 무의식이 차지하게 된다. 우리 현대인의 의식에는 그리스도의 독단적인 이미지가 복음주의적인 프로테스탄티즘의 영향으로 인해 인간적인 예수로 바뀌었다. 말하자면, "신비주의"를 혐오하던 합리주의 속에서 그리스도가 점차적으로 단순히 하나의 도덕적 원형으로 흐려졌다는 뜻이다. 독단적인 이미지의 영성(靈性)이 실제 인물과 분리되어 무의식 속으로 점점 가라앉도록 만드는 데 필요한 것은 프로테스탄티즘에서 여성적인 요소, 즉 신의 어머니에 대한 숭배를 배제한 것뿐이었다.

그처럼 위대하고 의미 있는 이미지들은 망각의 늪으로 빠질 때에도 인간의 영역에서 사라지지도 않고 정신적 힘을 잃지도 않는다. 중세에 연금술의 신비주의를 잘 알았던 사람들은 프로테스탄트였을지라도 그 교리를 늘 접하고 있었다. 이것이 아마 연금술이 16세기 말과 17세기에 절정기를 맞았던 이유일 것이다. 프로테스탄트에게 여전히 가톨릭 신자로 남을 수 있는 유일한 길이 연금술이었던 것이다. 프로테스탄트는 연금술 작업을 벌이면서 여전히 변형의 의례를 생생하게 벌임과 동시에 구체적인 신비를 경험했다.

그러나 연금술은 프로테스탄트 국가들에서만 번창한 것이 아니었다. 가톨릭 국가인 프랑스에서 18세기 동안에 연금술이 오히려 더 널리 행해지고 있었다. 동 페르네티와 랑글레 뒤 프레스누아(Lenglet du Fresnoy: 1674-1752?), 그리고 1702년에 출간된 자석(Magnet)에 관한 총서 등이 이를 뒷받침한다.

이 같은 현상은 결코 놀라운 것이 아니다. 프랑스에서 보듯, 당시에 현대적인 반(反)기독교 "분열"이 일어나고 있었다. 그것이 절정에 달하면서 폭발한 것이 바로 프랑스 혁명이었다. 이 혁명은 비교적 덜 해로운 방향으로 오늘날의 공포를 예고한 서막이었다. 계몽운동 시대에 나타난 연금술의 쇠퇴는 많은 유럽인들에게 그때까지 화학 물질의 비밀 속에 들어 있던 모든 독단적인 이미지들이 지하 세계로 하강했다는 의미를 지녔다.

의식의 지배자가 쇠퇴하면 개인의 내면에서 카오스가 분출하는데, 집단도 도 마찬가지이다(농민전쟁, 재(再)세례파, 프랑스 혁명 등). 개인의 정신 안에서 벌어지는 원소들의 격한 투쟁이 집단적 규모에서는 피에 대한 굶주림과 살해 욕망으로 나타난다. 이것이 '칸틸레나'에 아주 생생하게 묘사되어 있는 그 병이다.

영원한 이미지의 상실은 사실 식별력 있는 사람에겐 절대로 가벼운 문제가 아니다. 그러나 식별력이 없는 사람들이 월등히 더 많기 때문에, 교리에 의해 표현되었던 진리가 안개 속으로 사라져 버렸다는 사실을 깨닫는 사람도 없고 그런 진리가 없어진 것을 안타까워하는 사람도 없는 것 같다.

식별력 있는 사람은 자신의 정신이 조상들에게 생명의 피 같은 역할을 했던 무엇인가를 상실함으로써 불안해하고 있다는 사실을 느낄 수 있다. 식별력 없는 사람은 아무것도 아쉬워하지 않고 있다가 훗날 무서운 증후들이 내적으로 인식되지 않은 탓에 바깥 세상의 "현실"로 나타나게 되었다는 사실을 신문을 통해 확인하게 된다(그땐 이미 때가 너무 늦다).

만약에 영원한 이미지들이 사라진 것이 알려졌다면, 고대에 위대한 판(Great Pan)이 죽음을 맞았을 때 그랬던 것처럼, 신들을 떠나보내는 장송가가 떠올랐을 것이다. 그러나 그런 일은 벌어지지 않았다. 선하기만 한 사람들은 신이 거기에 그대로 있다고 믿기만 하면 된다는 식으로 말했다. 그런 식으로 접근할 경우에 무의식의 어리석음만 더욱 키울 뿐인데도 말이다.

증후들이 사회적 및 정치적 광기로 정말로 외부로 드러나기만 하면, 그 갈등의 원인이 각 개인의 내면에 있다는 점을 확신시키는 것은 거의 불가능한 일이 된다. 각자의 눈에 지금 자신의 적이 어디에 있는지가 너무나 분명하게 드러나기 때문이다. 그러면 분별력 있는 사람의 마음에 하나의 정신적 현상으로 남아 있는 갈등이 정치적 긴장과 살인적 폭력으로 투사된다. 이런 결과가 나타나기까지, 개인은 자신의 정신에 대해, 일반적으로 심리학에 대해 무의미하고 무가치한 것으로 보도록 철저히 세뇌가 되어 있을 것임에 틀림없다. 그런 가운데 사람들이 연단에 올라가 개인을 향해 구원은 언제나 외부에서 와야 하며 존재의 의미는 "공동체"에 있다는 식으로 설교할 것이다. 그러면 개인은 아무런 저항도 하지 않고 그저 천성에 따라서 편안한 곳으로 끌릴 것이다. 어린 시절의 땅으로. 다른 사람들에게 일방적으로 요구만 하고, 뭔가 잘못되면 언제나 다른 사람들이 바로잡아 주었던 그런 땅으로.

그 사람이 자신의 영혼을 떠받치는 것이 무엇인지를 더 이상 모르게 될 때, 무의식의 잠재력이 커지며 정신을 주도하게 된다. 욕망이 그를 압도하고, 영원한 이미지 대신에 세워진 환상의 목표들이 그의 탐욕을 자극한다. 맹수가 그를 사로잡으면서 곧 그가 인간 존재였다는 사실을 망각하도록 만든다. 그의 동물적인 감정은 그의 유아기 소망 성취를 방해할 수 있는 성찰을 가로막고, 그 대신에 새로 획득한 존재의 권리라는 감정을 그의 내면에 불어넣고 또 전리품과 피에 대한 욕망을 주입할 것이다.

영원한 이미지들이 현실 속에서 사람들과 함께할 때에만, 인간의 정신이 그 이미지들을 통해서 어떤 존엄을 얻을 수 있다. 그러면 인간이 자신의 영혼만으로 도덕적으로 홀로 서는 것이 가능해지고, 또 존엄을 지키는 것이 가치 있는 일로 다가올 수 있다. 그럴 때에만 사람은 자신의 내면에서 갈등이 일어나고 있다는 것을 깨달을 수 있다. 또 그 같은 불일치와 고민거리들이 서로 다투다가 뿔뿔이 흩어지는 일이 벌어지지 않는 한, 그런 것들이 오히려 사람을 풍성하게 가꾼다는 사실도 깨닫게 될 것이다. 또 만약에 운명이 죄를 짓게 하더라도, 그 죄는 어디까지나 자신의 책임이라는 사실을 깨닫게 될 것이다. 이런 식으로 일이 전개된다면, 그 사람은 자신의 정신의 가치를 인식하게 될 것이다.

그러나 자신의 가치를 상실한 사람은 굶주린 강도나 늑대, 사자, 탐욕스런 짐승이 된다. 연금술사들에게 이런 동물적인 것들은 카오스의 시커먼 물, 즉 투사의 무의식이 왕을 삼킬 때 터져 나오는 탐욕을 상징하는 것으로 다가왔다.

어머니의 임신 열망이 공작의 살점과 사자의 피 등과 그녀 자신의 살점과 피로 달래지는 것이 '칸틸레나'의 미묘한 한 특징이다. 만약 투사된 갈등을 해결하려면, 그 갈등은 반드시 개인의 정신으로 다시 돌아가야 한다. 말하자면, 갈등의 무의식적 기원이 있는 바로 그곳에서만 치유가 시작될 수 있다는 뜻이다.

개인은 자기 자신과 최후의 만찬을 즐기며 자신의 살점을 먹고 피를 마셔야 한다. 그가 자신의 내면에 있는 다른 것을 인정하고 받아들여야 한다는 뜻이다. 그러나 만약에 그가 자신의 편파성을 계속 고집한다면, 두 마리의 사자는 서로를 갈가리 물어뜯어 버릴 것이다. 이것이 모두가 자신의 십자가를 져야 한다는 그리스도의 가르침이 진정으로 의미하는 것일까? 당신 자신을 인내해야 하는 상황이라면, 그런 당신이 어떻게 다른 사람들을 찢을 수 있는가?

소위 비유들을 조금만 더 면밀히 들여다보고 그것들을 아예 무가치한 쓰레기로 여겨 버리는 일만 벌어지지 않는다면, 이런 생각들은 연금술의 상징체계에 의해 쉽게 타당한 것으로 확인된다. 자신의 살점과 피를 먹이는 것은 그 원형을, 즉 예수 그리스도를 아주 이상하게 나타내고 있는데, 그것은 단지 여전히 자아의식 밖에 있는 인격의 각 부분들을 통합시키는 것을 의미할 뿐이다. 탐욕과 자존심의 상징인 사자와 공작은 인간이 갖고 있는 그림자의 거들먹거리는 가식을 의미하는데, 우리 인간은 이 그림자를 동료 인간에게 기꺼이 투사하며 그렇게 해놓고는 자신의 잘못을 타인 때문이라는 식으로 정당화하려 든다.

우로보로스라는 오래된 이미지 안에 자기 자신을 삼켜 스스로를 순환의 과정에 놓는다는 사상이 들어 있다. 보다 통찰력 있는 연금술사들에게 그 기술의 원물질은 바로 사람 자신이라는 것이 분명했기 때문이다. 우로보로스는 반대되는 것, 즉 그림자의 통합과 동화를 극적으로 상징한다.

이 "피드백"의 과정은 동시에 불멸의 상징이다. 우로보로스가 스스로를 살해했다가 다시 생명을 돌려주고 스스로를 임신하게 했다가 스스로를 낳은 것으로 이야기되고 있기 때문이다. 우로보로스는 상반된 것들의 충돌에서 나오는 '절대자'(the One)를 상징하며,

따라서 우로보로스는 하나의 투사로 틀림없이 사람의 무의식에서 비롯되는 원물질의 비밀에 해당한다. 그렇다면, 우로보로스 안에 그런 단언을 가능하게 하는 어떤 정신적 자료가 들어 있음에 틀림없다. 이 정신적 자료가 어떤 것인지를 엄격히 밝히지 못할지라도, 그런 단언을 하게 하는 어떤 특징이 그 자료에 있는 것은 분명하다. 이런 단언을 하게 하는 종국적 이유가 무엇인지는 신비로 남아야 한다. 그러나 신앙의 신비와 내적으로 비슷한 어떤 신비가 연금술사들에게 감지되었다. 그래서 연금술사들에게 두 가지 신비는 동일한 것으로 받아들여졌다.

7. 왕의 소생에 따른 종교적 문제

의료 심리학은 오늘날 의식이 그 그림자를 직시하도록 하는 것이 모든 심리학적 치료 방법의 필수 조건이라는 점을 인정하고 있다. 이 방법은 최종적으로 어떤 종류의 결합으로 이어져야 한다. 이 결합이 처음에 공개적 갈등을 낳고 이 갈등이 종종 아주 오랫동안 이어질지라도, 그건 반드시 필요한 과정이다. 갈등은 합리적인 수단으로는 절대로 해소할 수 없는 그런 성격을 갖고 있다. 의도적으로 억누르면, 갈등은 무의식에서 계속되며 간접적으로 드러나고 그만큼 더 위험해진다. 그렇기 때문에 갈등을 억눌러서 얻어지는 이득은 전혀 없다.

갈등은 서로 반대하는 것들이 숨을 헐떡이며 쓰러질 때까지 계속될 것이다. 거기서 어떤 결과가 나올 것인지를 미리 예측하는 것은 절대로 불가능하다. 유일하게 확실한 것은 양측이 변화하게 될 것이라는 점이지만, 그 결합의 산물이 어떨 것인지를 상상하는 것은 불가능하다.

경험적인 자료에 따르면, 그 결합은 대체로 주관적인 경험에 속한다. 또 역사의 한결같은 증거에 따르면, 이 주관적인 경험은 언제나 종교적 차원의 경험이다. 그러므로 누군가가 갈등을 의식적으로 인내하고 있는데 정신분석가가 편견을 갖지 않은 상태에서 그 과정을 추적한다면, 분석가는 그 사람의 무의식에서 통합을 이룰 목적으로 보상적인 정신 과정들이 나오는 것을 반드시 확인하게 된다.

분석가는 연금술에서 발견된 상징들과 비슷한 상징을 많이 접한다. 연금술의 상징과 똑같은 경우도 종종 있다. 분석가는 또 그런 자연적 형성들 중에서 꽤 많은 것들이 역사 속의 신비주의와 일치하는 어떤 초자연적인 성격을 갖고 있다는 사실을 깨달을 것이다. 게다가, 그때까지 종교 문제에 눈을 감고 있던 환자가 뜻밖에 이런 문제들에 관심을 보일 수도 있다. 예를 들면, 환자가 스스로 현대의 이교도에서 기독교로, 또는 이 신념에서 저 신념으로 넘어가고 있다는 사실을 깨닫거나 보통 사람에게 이해되지 않는 근본적인 신학적 문제에 보다 깊이 빠져들게 되는 것이다.

여기서 모든 분석이 이런 갈등을 의식적으로 깨닫는 단계에까지 이르는 것은 아니라는 점을 굳이 강조하지 않아도 될 것 같다. 모든 외과 수술이 다 위 절제만큼 힘들지 않은 것과 똑같은 이치이다. 비교적 가벼운 수술도 있다. 마찬가지로, 심리 치료도 모두가 내가 여기서 관심을 두고 있는 것만큼 깊은 설명을 필요로 하는 것은 아니다. 내가 염두에 두고 있는 환자들은 어떤 영적 욕구가 채워지기를 바라고 있는 그런 소수의 사람들이다. 이런 환자들만이 앞으로 논할 그런 종류의 문제를 의사에게 제기하는 상황을 겪고 있다.

경험에 따르면, 적대적인 요소들의 결합은 어디까지나 비합리적인 사건이다. "신비적"이라고 묘사할 수 있다. 여기서 신비적이라는 단어를 쓰는 것은 그 결합이 그 외의 다른 것으로 환원될 수 없거나 어쨌든 터무니없는 것으로 여겨질 수 없다는 뜻에서다.

이 대목에서 결정적인 기준은 합리적인 의견이나 용인된 이론인가 하는 것이 아니다. 단지 환자가 발견하고 경험한 해결 방법이 치료의 가치를 지니는지 여부가 결정적으로 중요하다. 이 측면에서 보면, 생명의 보존이 최대 관심사일 수밖에 없는 의사는 유리한 위치에 선다. 의사가 교육 과정 덕분에 자연스럽게 경험주의자가 되고 약이 어떻게 작용하는지를 이해하지 못하는 상황에서도 치료 효과가 입증된 약을 쓸 수 있기 때문이다. 한편, 과학적으로 설명되고 입증된 치료약이 실제로 환자에게 효력을 제대로 발휘하지 못하는 예도 종종 있다.

만약 연금술사들이 늙은 왕을 신을 의미하는 뜻으로 썼다면, 이것은 왕의 아들에게도 똑같이 적용된다. 연금술사들은 자신들의 상징체계의 논리적 결과에 대해 깊이 생각하는 것을 피했음에 틀림없다. 그렇지 않다면 신이 늙어서 연금술 기술을 통해 재생되어야 한다는 식으로 단언해야 했을 것이니까. 그런 식의 생각은 신들이 우후죽순처럼 생겨나던 알렉산드로스 대왕 시대까지는 그래도

가능할 수 있었다.

　그러나 중세의 사람에게 그런 생각은 거의 떠오르지 않았다. 중세 사람은 연금술 기술이 자신의 내면에 있는 무엇인가를 바꿔놓을 것이라고 생각했을 가능성이 훨씬 더 크며, 그런 이유로 중세 사람은 그 산물을 일종의 약으로 여겼다. 중세 사람에게 "심리학"이라는 개념이 있었더라면, 그는 자신의 치료 약제를 거의 틀림없이 "정신적인 것"이라고 부르면서 왕의 재생을 의식을 지배하는 요소의 변형으로 여겼을 것이다. 이 변형은 당연히 신들의 영역에서 일어나는 마법적인 개입과는 아무런 관계가 없다.

　인간이 신에 대해 품었던 생각들과 정의들은 수천 년의 세월 동안에 꼬리에 꼬리를 물며 변화무쌍하게 변화하는 모습을 보여 왔다. 복음주의자 마르코가 아돌프 폰 하르나크(Adolf von Harnack: 1851-1930)의 『교리의 역사』(History of Dogma)를 보았다면 아마 크게 놀랄 것이다. 그럼에도 사람이 의식의 지배자에 대한 정의들 중에서 어떤 것을 구속력 있는 것으로 받아들이는가, 또는 사람이 이 측면에서 어떤 관점을 갖고 있는가 하는 문제는 가볍게 넘길 게 못된다. 왜냐하면 의식이 왕이 될 것인지 여부가 달린 문제이기 때문이다.

　만약 무의식이 다른 모든 것을 배제하고 독점적으로 지배한다면, 현재의 세상 상황이 우리를 두려워하게 만들 듯이, 모든 것이 파괴로 끝나기 쉽다. 만약 지배적인 요소가 지나치게 허약하다면, 솔과 루나가 결합하지 않을 것이기 때문에 생명이 쓸모없는 갈등에 허비될 것이다. 그러나 만약에 아들이 지배한다면, 솔은 아들의 오른

쪽 눈이 되고 루나는 아들의 왼쪽 눈이 된다.

지배자는 솔과 루나를, 말하자면 자아의식의 관점과 무의식에 있는 원형들의 관점을 모두 포함해야 한다. 지배자에게 불가피하게 따르게 마련인 구속력이 한쪽엔 감옥을 의미하고 다른 한쪽엔 자유를 의미해서는 안 되며, 양쪽 모두에게 의무와 정의를 의미해야 한다.

인간의 이해력을 뛰어넘는 방법으로 서로 적대적인 요소들을 포용하는 그 통합의 본질은 우리 인간의 판단력 밖에 있다. 이유는 간단하다. 의식의 전체 범위와 무의식의 전체 범위를 통합시키는 존재가 어떤 모습인지에 대해 아무도 모르기 때문이다.

사람은 자신의 의식 그 이상은 절대로 모른다. 사람은 의식의 범위 안에서만 자기 자신에 대해 알 수 있다. 무한한 무의식의 영역은 의식 너머에 자리잡고 있다. 무의식의 영역은 사람이라는 현상에 속한다. 따라서 우리는 '절대자'는 사람을 닮았을 것이라고, 즉 한정되고 한정할 수 있으면서도 한정되지 않고 또 한정될 수 없는 존재일 것이라고 말할 수 있다. 지식이 한계에 도달할 때, 사람은 결국 역설에 기대게 마련이다. 자아는 그것이 이 존재의 일부라는 것을 알지만 오직 일부일 뿐이라고 알고 있다.

상징들이 지배하는 무의식은 온갖 위험이 따를 정신적 왕의 지위가 의식에게 주어질지라도 이 왕이 어떤 부류의 왕이 될 것인지에 대해서 우리가 절대로 알지 못한다는 점을 확실히 보여준다. 이 왕이 어떤 왕이 될 것인지는 두 가지 요소, 즉 자아의 결정과 무의식의 동의에 달려 있다. 이 중 어느 하나의 승인을 얻지 못하는 지배자는 결국 불안정한 모습을 보일 것이다.

의식이 가장 중요하고 핵심적인 것으로 받들던 사상을 하루아침에 바꾼 예가 역사 속에 자주 있었다. 그러나 수천 년 동안에 무의식의 원형들에 일어났을 변화의 과정에 대해서 우리는 아는 바가 거의 없거나 전혀 없다. 그럼에도, 무의식이 예상하지 않은 방향으로 스스로를 표현하고 나올 가능성은 언제든 있다.

지금까지 연금술에 등장하는 왕의 형상에 대해 길게 논의했다. 그것이 왕의, 그리고 신의 부활을 포함하는 영웅 신화의 모든 것을 포함하고 있기 때문이다. 또 한편으로 왕의 형상이 의식의 지배자를 상징하기 때문이다. "킹 솔"은 불필요한 것이 아니다. 킹 솔은 그 자체로 의식적일 뿐만 아니라 매우 특별한 방식으로 의식적인 의식을 의미한다. 그것은 최종적으로 가치들의 중재자인 어떤 지배적인 요소의 통제를 받고 안내를 받는다. 태양은 자연이 공통적으로 누리는 빛이지만, 지배자인 왕은 인간적인 요소를 끌어들이며 인간을 태양에 더 가깝게 데려가거나 태양을 인간에 더 가깝게 데려온다.

의식은 무의식 속으로 하강하는 것으로 재생된다. 무의식 속에서 의식과 무의식이 결합한다. 재생된 의식은 무의식을 포함하고 있지 않지만 무의식과 함께 아들에 의해 상징되는 전체성을 이룬다. 그러나 아버지와 아들이 하나의 존재이고 연금술 언어에서 재생된 의식을 나타내는 킹 솔이 아들이기 때문에, 의식은 지배자로서 왕과 전적으로 동일할 것이다. 연금술사들에게 이런 문제는 존재하지 않았다. 왕이 가상의 어떤 물질로 투사되었고, 따라서 왕이 연금술사의 의식에 단순히 하나의 대상으로만 작용했기 때문이다.

그러나 만약에 그 투사가 심리학적 비판에 의해 거둬들여진다면, 우리는 앞에서 말한 문제, 즉 재생된 의식이 재생된 왕 혹은 아들과 분명히 일치하는가 하는 문제에 직면하게 된다. 나는 이 문제의 심리학적 측면에 대해, 『분석심리학에 관한 두 편의 에세이』(Two Essays on Analytical Psychology)에서 논했다. 이 문제는 순수하게 논리적인 주장에 의해서는 풀리지 않으며 오직 정신 상태를 대상으로 한 신중한 관찰과 분석에 의해서만 해결될 수 있다.

이 대목에서 나는 구체적인 사례를 세세하게 논하는 것보다 바오로의 유명한 말을 상기시키고 싶다. "내가 사는 것이 아니라 그리스도가 내 안에서 산다."('갈라디아서' 2장 20절) 이 구절은 이 단계의 특이한 성격을 적절히 묘사하고 있다. 이 구절을 통해서 우리는 왕이 늙어 사라진 이전 상태가 의식이 두드러진 상태였다는 것을 알 수 있다. 이 단계의 의식 안에서 비판적인 자아가 그보다 앞섰던 "신화" 시대를 되돌아보면서 병든 왕을 대체했다. 이 "신화" 시대 때엔 지금 비판적인 자아도 보다 높고 보다 막강했던 어떤 비아(非我)에 전적으로 의존하고 있다고 느꼈다.

이처럼 의존의 감정이 사라지고 동시에 비판력이 강화되는 현상이 진보나 계몽, 해방, 더 나아가 구원처럼 느껴진다. 편향적이고 제한적인 어떤 존재가 왕좌를 빼앗았음에도 불구하고. 개인의 자아는 스스로를 파괴하기 위해 권력을 잡는다. 자아가 이성적인 영혼을 갖고 있을지라도, 개인의 삶을 영위하는 데엔 자아만으로는 충분하지 않기 때문이다. 하물며 사람들을 이끄는 문제에 대해선 말할 필요도 없다.

사람들을 이끄는 목적을 위해선 언제나 "신화적인" 지배자가 필요하다. 그럼에도 그런 존재는 쉽게 만들어지지도 않고 또 신뢰를 쉽게 얻지도 못한다. 우리 시대의 현실에 대해 깊이 생각해 보라. 그러면 유능한 지배자의 필요성이 대부분 충족되었음에도 불구하고 우리 앞에 실제로 제시된 것은 당대의 자의적인 발명에 지나지 않는다는 사실이 확인되고 있다. 그럼에도 한때 자의적 발명이었던 것이 신뢰를 얻고 있다는 사실은 대중이 어리석고 잘 속아 넘어간다는 점을 증명함과 동시에 대중이 자아를 초월하는 정신적 권위의 필요성을 강하게 느끼고 있다는 점을 뒷받침한다.

자아를 초월하는 그런 종류의 권위는 절대로 자아의식의 좁은 범위 안에서 이뤄지는 합리적인 숙고의 산물이거나 순간의 발명이 아니다. 그런 권위는 역사적으로나 심리적으로 그보다 훨씬 더 깊은 곳까지 뿌리를 내리고 있는 전통에서 나온다. 따라서 진정하고 기본적으로 종교적인 재생은 서양인의 경우에 기독교에만 바탕을 둘 수 있다.

부처가 힌두교를 극단적일 만큼 근본적으로 개혁한 것은 인도의 전통적인 영성을 불교의 전체성에 동화시킨 것이었지 근본 없는 어떤 진기한 것을 세상에 강요한 것이 아니었다. 불교는 오만 가지 신으로 넘치는 힌두교의 판테온(모든 신을 위한 신전)을 무시하지 않는 가운데 그전까지 목소리를 전혀 내지 않았던 사람을 대담하게 끌어들였다.

단순히 유대교 개혁가로 여겨졌던 예수 그리스도는 법을 파괴하지 않고 오히려 법을 확신의 문제로 바꿔놓았다. 시대의 개혁자로서, 예수 그리스도는 그리스 로마의 판테온과 철학자들의 견해에 맞서 사람의 형상을 내세웠다. 그러나 이 사람의 형상은 기존 견해에 대한 반박이 아니라 예수 이전부터 존재했던 어떤 신화소를 성취하는 것으로 제시되었다. 이 신화소가 바로 이집트와 페르시아, 그리스의 배경을 가진 안트로포스라는 개념이다.

최고의 정신적 전통에 깊이 뿌리를 내리지 않은 재생은 어떤 것이든 단명하지만, 깊은 역사적 뿌리에서 자라난 지배자는 뚜렷한 자아를 가진 사람의 내면에서 살아 있는 존재처럼 행동한다. 그러면 그 사람이 이 지배자를 소유하고 있는 것이 아니다. 이 지배자가 그 사람을 소유하고 있다. 그래서 연금술사는 자신이 거장이 아니고 돌의 대리자라고 말한다. 돌이 연금술사가 신하로서 찾고 있는 왕이라는 점을 분명히 보여주는 대목이다.

재생된 왕이 재생된 의식과 일치한다 하더라도, 이 의식은 이전의 상태와 많이 다르다. 왕의 자식이 허약한 늙은 왕과 다른 만큼 다른 것이다. 늙은 왕이 권력을 포기하고 자그마한 새로운 자아에게 길을 열어줘야 하듯이, 재생한 왕이 돌아올 때 자아도 뒤로 물러나야 한다. 자아는 여전히 의식의 필수조건으로 남긴 하지만, 이제 더 이상 모든 것을 해결할 수 있고 의지로 모든 것을 할 수 있다고 상상하지 않는다. 자아는 뜻이 있는 곳에 길이 있다는 식으로 더 이상 단언하지 않는다. 행운의 아이디어들이 떠올라도, 자아는 그것이 자신의 공이라는 식으로 더 이상 나서지 않으며, 팽창을 겪을 위험이 너무나 가까이 존재한다는 사실을 깨닫는다.

심리학적 변화의 논리적 순서와 연금술의 상징체계를 비교하면 다음과 같이 될 것이다.

* 허약한 지배자가 자아에 얽매이는 단계	나이 들어 약해지고 병 든 왕이 죽으려 한다
* 무의식의 상승, 그리고(혹은) 무의식 속으로 자아의 하강	왕이 어머니의 몸 속으로 사라지거나 물 속에서 용해된다
* 무의식과 의식의 충돌과 통합	임신, 병석(病席), 증후들, 색깔
* 새로운 지배자의 형성: 자기의 순환적인 상징들(예를 들면, 만다라)	왕의 아들, 자웅동체, 구형(球形)

대체로 보면 비교가 무난하지만, '칸틸레나'의 상징체계는 왕의 아들에 대한 신격화가 여왕 루나의 신격화와 동시에 이뤄진다는 점에서 앞의 도표와 다르다. 리플리의 글에서 기독교 원형이 우위를 차지하는 한편, 대체로 라피스의 제조에 앞서 컨정션이 일어나고 라피스가 솔과 루나의 아들로 이해된다. 여기서 라피스는 의식과 무의식의 산물인 자기라는 심리학적 개념과 정확히 일치한다.

한편, 기독교 상징에 어린양('묵시록'의 그리스도)과 신부(루나-교회)의 결혼이 있다. 라피스 자체가 양성(兩性)의 특징을 갖고 있기 때문에, 또 다른 컨정션은 전혀 필요하지 않다. 그런데 신기하게도 예수 그리스도가 상징적으로 남녀 양성을 가짐에도 불구하고 어린양의 결혼은 그대로 있다. 그리스도의 양성과 어린양의 결혼이 나란히 존재하고 있는 것이다.

여기서 연금술의 상징체계와 심리학의 상징체계, 기독교의 상징체계 사이에 어떤 불일치가 보인다. 교리상의 전통에 따라, 부활한 지배자가 인간의 '신비체'(corpus mysticum)(루나로서의 교회)까지 영광스런 현실로 가져온다고 가정하지 않는다면, 재생된 지배자의 안에서 의식(남성)과 무의식(여성)의 결합을 넘어 어떤 종류의 융합이 가능한지 상상하는 것은 정말로 힘들어진다.

스스로의 선택에 의해 대부분 은둔자로 지냈던 연금술사들 사이엔, 어린양의 혼인이 특징인 '묵시록적' 결혼이라는 모티프는 보이지 않고, 대신에 희생을 뜻하는 호칭으로서 "어린양"이 강조되고 있다. 가장 오래되고 가장 원시적인 전통에 따르면, 왕은 존엄과 권력에도 불구하고 자기 나라와 백성들의 번영을 위해 바쳐지는 희생자이고, 신의 형태임에도 불구하고 먹히기까지 한다.

잘 알다시피, 이 원형은 기독교에서 발전 과정을 대단히 복잡하게 거쳤다. 기독교 상징의 관점에서 보면, 연금술사들의 목표 개념은 첫째로 천상의 결혼이라는 모티프를 결여하고 있고, 둘째로 이보다 더 중요한 모티프인 제물과 토템 식사를 결여하고 있다. (죽음을 당한 소아시아의 여러 신들, 이를테면 타무즈(Tammuz)와 아도니스(Adonis)는 원래 풍년을 기원하는 제물이었을 가능성이 아주 크다.)

라피스는 틀림없이 은둔자들의 이상, 즉 고립된 개인들의 목표였다. 그 외에, 라피스는 음식이었고, 무한정 증식시킬 수 있었으며, 육체와 영혼과 정신을 가진 살아 있는 존재였으며, 부패하지 않는 육체를 가진 남녀 양성 소유자였다. 킹 솔을 닮았고 또 그런 식으로 이름이 불렸음에도, 라피스는 신랑이 아니었고, 희생자도 아니었으며, 어느 공동체에도 속하지 않았다. 그것은 "들판에 숨겨진 보물, 사람이 발견해 숨겨 놓은 그런 보물" 같다('마태복음' 13장 44절). 아니면 사람이 "가서 자신이 가진 모든 것을 다 팔아서 사려 하는 진주" 같다('마태복음' 13장 46절). 라피스는 잘 지켜지고 있는 개인의 소중한 비결이다. 그리고 옛날의 연금술 거장들이 조바심치며 자신의 비결을 숨기는 일 없이 그것을 추구하는 모든 사람들에게 공개할 것이라고 강조했지만, 그 돌이 개인의 독점으로 남았던 것은 분명하다.

이 연결에서, 고대에 남녀 양성을 가진 원초의 사람이라는 영지주의 교리에서 나온 게 틀림없는 영향들이 기독교 안으로 스며들어 거기서 아담은 남녀 양성체로 창조되었다는 견해를 낳았다는 점을 잊지 말아야 한다. 그리고 아담이 예수 그리스도의 원형이고 아담의 옆구리에서 생겨난 이브가 교회의 원형이기 때문에, 그리스도를 그린 그림이 여성적인 특징을 뚜렷이 보이는 방향으로 다듬어진 것은 충분히 이해가 된다. 종교 예술에서 그리스도의 이미지는 오늘날까지도 이런 성격을 간직하고 있다. 그리스도 이미지의 남녀 양성은 라피스의 암수동체성을 반영하고 있다.

최근에 가톨릭 저자가 쓴 책에서 남녀 양성이라는 주제가 특별히 다뤄졌다. 게오르크 쾨프겐의 『기독교의 신비적 직관』(Die Gnosis des Christentums)은 1939년에 잘츠부르크에서 교회의 허가를 받아 처음 출간된 이후로 지금까지 꾸준히 읽히고 있다. 고대의 아폴론과 디오니소스의 갈등에 대해, 쾨프겐은 그 갈등이 기독교에서 해결책을 발견했다고 말한다. 이유는 "예수라는 인물 속에서 남자와 여자가 결합하기" 때문이다. "오직 예수에게서만 남성성과 여성성이 끊어지지 않는 통일체로 나란히 존재하는 것이 확인된다." "만약에 남자들과 여자들이 기독교 숭배에서 동등한 존재로 함께 어울릴 수 있다면, 그것은 우연 그 이상의 의미를 지닌다. 그것이 그리스도 안에 명백하게 나타나는 자웅동체성을 실현시키는 것이기 때문이다."

신자의 내면에서 성(性)의 변화가 일어날 수 있다는 점은 '요한계시록' 14장 4절에 암시되어 있다. "이 사람들은 여자와 더불어 더럽히지 아니하고 순결한 자들이라." 쾨프겐은 이 구절에 대해 이렇게 설명한다. "여기서 새로운 자웅동체 형식의 존재가 뚜렷해진다. 기독교는 남성적이지도 않고 여성적이지도 않다. 예수의 영혼 안에서 남자가 여자와 짝을 짓는다는 의미에서 보면, 기독교는 남성적이며 또 여성적이다. 예수의 안에서 남녀 사이의 긴장과 투쟁이 암수동체적 결합을 통해 해결된다. 그리고 예수의 상속자로서 교회는 예수로부터 이 특성을 물려받았다. 그래서 교회도 또한 암수동체성을 갖는다."

교회의 조직에 대해서 쾨프겐은 이렇게 말한다. "교회는 계급이 있어 남성적이지만, 그럼에도 그 영혼은 철저히 여성적이다." "순결한 성직자는 자신의 영혼 안에서 남자와 여자의 동체적 결합을 성취한다. 예수 그리스도가 영혼의 '남자 같은 순결성'을 드러낼 때 처음으로 우리에게 보여주었던 정신적 차원들을 순결한 성직자가 다시 눈에 보이게 드러내기 때문이다."

따라서 쾨프겐에겐 예수 그리스도만 아니라 교회도 암수동체성을 갖는다. 이 놀라운 결론의 논리에 대해 아무도 이의를 달지 못한다. 이 같은 결론은 우선 자웅동체성에 대한 특별한 관심을 낳았으며, 이어서 교회와 예수 그리스도의 특이한 동일성이 강조되었다. 이 동일성도 물론 '신비체'(그리스도께서 강생(降生; 하느님이 사람으로 나타난 것을 말한다)의 신비를 널리 전하기 위해 세운 가톨릭 교회를 일컫는다/옮긴이) 교리에 근거하고 있다. 이는 분명히 세상의 종말에 어린양의 결혼을 방해한다. 암수동체는 "필요한 모든 것"을 갖고 있으며 그 자체로 이미 '상반된 것들의 결합'이기 때문이다. 이 대목에서 알렉산드리아의 클레멘스가 인용한 '이집트인 복음'의 내용이 떠오르지 않을 수 없다. "너희가 수치의 옷을 짓밟고 둘이 하나가 될 때, 여자와 함께한 남자는 남자도 아니고 여자도 아니다."[70]

쾨프겐은 자신의 책 서두에 헌사와 모토를 적고 있다. 헌사는 "예정설에 따라 다시 태어난 이들에게"로 되어 있으며, 모토는 '요한복음' 14장 12절에서 따왔다. "나를 믿는 자는 내가 하는 일을 할 것이고 또 이보다 더 큰 일을 할 것이다." 그의 헌사는 연금술사들이 중요하게 여기는 선택이라는 모티프를 떠올리게 한다.

'요한복음' 14장 중에서 그가 인용한 부분은 그리스도가 자기를 보는 모든 사람이 하느님 아버지를 볼 것이라고 가르치는 대목이다. 그는 아버지 안에 있고, 아버지는 그의 안에 있다. 사도들은 그의 안에 있고, 그는 사도들의 안에 있다. 더욱이 사도들은 성령을 받게 될 것이며 예수 그리스도의 일보다 더 위대한 일을 하게 될 것

....

70   Stromata, III, 13, 92

이다.

'요한복음' 14장은 미래에 중요한 의미를 지닐 어떤 질문을 처음 제기한다. 그것은 바로 예수 그리스도가 간 뒤에도 남아서 신성한 것과 인간적인 것의 상호 침투를, 우리가 사도들의 "그리스도화"라고 불러도 좋을 만큼 강화할 그런 성령의 문제이다. 기독교 신비주의자들 사이에선 이 같은 동일시가 낙인으로 남을 만큼 거듭 되풀이되었다.

단지 신비주의자들은 종교에 창의성을 불어넣고 있다. 그것이 아마 신비주의자들이 성령이 존재하고 작용한다고 느낄 수 있는 이유이고 또 그들이 그리스도 안에서 형제애를 느끼는 경험에 더 가까이 다가서 있는 이유일 것이다.

쾨프겐의 헌사와 모토가 보여주는 바와 같이, 그도 이와 똑같은 길을 따라 생각하고 있다. '요한복음' 14장에서 논리적 결론을 끌어낼 경우에 어떤 일이 벌어질지 쉽게 확인된다. 그리스도의 일이 개인에게로 넘어가는 것이다. 그러면 개인은 신비를 갖고 있는 존재가 되며, 이 같은 전개는 성령과 지혜의 신의 종교가 되고 있다는 신호를 분명히 보인 연금술에 무의식적으로 예고되어 있었다. 쾨프겐의 관점은 교회에 언제나 비판적이었던 창의적인 신비주의의 관점이다. 쾨프겐의 내면에 창의적인 신비주의의 관점이 그다지 뚜렷이 나타나지 않았을지라도, 그의 태도는 독단적인 사상에 폭과 깊이를 더할 것을 지속적으로 촉구하는 책의 생생한 내용에 간접적으로 드러나고 있다.

쾨프겐은 자신의 결론을 완벽하게 의식하고 있기 때문에 교회를 그다지 멀리 벗어나지 않는다. 반면에 연금술사들은 무의식과 깊은 고찰의 부족, 지적 책임감의 부재 등으로 인해 상징체계에서 지나치게 멀리 나가버렸다. 그러나 창의적인 신비주의자들이나 연금술사들이나 똑같이 그 출발점은 성령의 생산적이고 계시적인 작용이다. 이 성령은 "스스로 선택하는 곳 어디로나 부는 바람"이고 자신의 작업을 넘어서 "기존에 이룬 것들보다 더 위대한 일"로 나아가는 존재이다. 창의적인 신비주의자는 교회의 눈으로 보면 언제나 이단이었지만, 우리 인간이 내면적으로 가장 훌륭한 것을 누리고 있는 것은 그런 신비주의자의 덕분이다.

8. 레지나

이 책에서 지금까지 여왕을 자주 만났다. 그래서 여기서는 여왕에 대해 짧게 논할 생각이다. 루나로서 여왕은 솔의 원형적인 동반자이다. 솔과 루나는 연금술의 고전적 짝을 이룬다. 그러면서 한편으로는 금과 은 같은 종류의 무엇인가를 의미하고, 다른 한편으론 『아우로라 콘수르겐스』에 묘사된 천상의 짝을 의미한다.

> 그러므로 나는 일어나서 도시로 갈 것이다. 거기서 거리와 대로에서 결혼할 순결한 처녀를 찾을 것이다. 얼굴이 어여쁘고, 몸은 더 어여쁘고, 옷은 더더욱 어여쁜 처녀를. 그러면 그녀가 나의 무덤 문에서 돌을 빼내고 나에게 비둘기 같은 날개를 줄 것이다. 나는 그녀와 함께 천국으로 날아가면서 이렇게 말할 것이다. "나는 영원히

살며, 그녀의 안에서 쉴 것이다. 왜냐하면 여왕이 다양한 것들에 둘러싸인 가운데 황금 옷을 입고 나의 오른손에 앉아 있었기 때문이다. … 오, 높은 곳의 여왕이여, 솟아오르며 서둘러라. 나의 사랑, 나의 배우자, 나의 연인이여, 그대의 연인에게 말하라. 그대가 누구이며 어떤 부류의 사람이며 얼마나 위대한지를…." 그러자 불그스름한 나의 연인이 말했다. 나는 들판의 꽃이고, 계곡의 백합이고, 사랑과 두려움과 지식과 신성한 희망의 어머니이다. 열매를 풍성하게 맺는 덩굴로서 나는 달콤한 향기를 풍기고, 나의 꽃들은 열매이고 명예이고 부(富)이다. 나는 나의 연인의 침대이고 … 나의 눈 하나와 목의 머리카락 하나로 그의 심장에 상처를 입히고 있다. 나는 향기로운 모든 양념들 위로 어떤 냄새를 퍼뜨리는 연고의 달콤한 향이다.[71]

이 정신적 사랑의 원형은 솔로몬 왕과 시바의 여왕의 관계이다. 요한네스 그라세우스는 납 안에 숨겨진 하얀 비둘기에 대해 이렇게 말한다. "이것은 흰색으로 몸을 가린 채 오로지 솔로몬 왕에게 자신의 몸을 맡길 뜻을 가진, 순결하고 현명하고 부유한 시바의 여왕이다. 인간의 가슴은 이 모든 것을 충분히 조사하지 못한다."[72] 페노투스의 글을 보자.

··········

71   Aurora Consurgens, Parable XII, pp. 135ff

72   "Arca arcani", Theatre. chem., VI, p. 314

당신은 순결한 땅을 갖고 있으며 그녀에게 적절한 남편을 보낸다. 그녀는 시바의 여왕이다. 그래서 왕관을 쓴 왕이 필요한데, 그를 어디서 찾아야 할까? 우리는 천상의 태양이 다른 모든 육체들에게 자신의 장엄을 어떤 식으로 주는지를 알고 있다. 이 땅의 태양 혹은 광물의 태양도 솔로몬의 영광을 보기 위해 지구 끝에서 온 "시바의 여왕"이라 불리는 자신의 천국 속으로 질 때 똑같이 할 것이다. 그래서 우리의 메르쿠리우스도 자신의 땅을 떠나서 흰색의 기품 있는 옷으로 차려 입고, 낯설거나 불순한 모든 존재들을 배제하고 오직 솔로몬에게 자신을 맡겼다.[73]

여기서 여성의 형태로 나타나는 메르쿠리우스는 바로 여왕이며, 그녀는 태양이 빛나고 있는 "천국"이다. 따라서 그리스도에 대해 "한 여자에게 둘러싸인 남자"라고 말하듯이, 여왕은 태양을 에워싸고 있는 하나의 매개체로, 혹은 샤크티에게 안긴 시바로 여겨진다. 이 매개체는 역설적인 존재인 메르쿠리우스의 본성을 갖고 있으며, 메르쿠리우스가 갖는 한 가지 분명한 의미는 바로 무의식이다. 여왕은 텍스트에 솔의 어머니 같은 용기(容器)로, 그리고 왕관으로 나타난다. 『트락타투스 아우레우스』를 보면, 여왕은 신격화 과정에 이런 말을 한다.

죽은 뒤에 나에게 생명이 다시 돌아온다. 가엾은 나에게 지혜와 힘의 보물이 주어진다. 그러므로 나도 가난한 사람을 부유하게 만들

....
73 Theatr. chem., Ⅱ, p. 149

고, 미천한 사람에게 자비를 베풀고, 병든 사람에게 건강을 돌려줄 수 있다. 그러나 나는 나의 사랑하는 형제로 아직 죽음에서 일어나지 않은 막강한 왕과 동등하지 않다. 그러나 세상에 돌아오는 날, 그는 나의 말이 진실이라는 사실을 진정으로 보여줄 것이다.

이 "여자 형제와 신부"가 '그리스도의 영혼'을 담는 그릇인 교회의 비유라는 것이 쉽게 확인된다. 이 그릇은 페노투스에 의해 "시바의 여왕"이라 불린다. '마태복음' 12장 42절의 한 구절을 떠올리게 한다. "남쪽의 여왕은 솔로몬의 지혜를 듣기 위해 땅 끝에서 왔느니라."

『트락타투스 아우레우스』의 어느 단락을 보면, 지혜와 힘의 보물을 물려받는 것이 시바의 여왕이다. 호노리우스의 글에서, 시바의 여왕은 사도들에게 자신의 육체와 피를 준다. 두 예에서 시바의 여왕은 예수와 동일시되는 것 같다. 육체와 영혼 또는 정신이 하나라는 점에서 본다면, 이 예들로부터 예수 그리스도의 암수동일체 사상을, 여왕과 왕이 하나라는 사상을 쉽게 끌어낼 수 있다. 사실 여왕은 영혼(아니마)에 해당하고 왕은 의식의 지배자인 정신에 해당한다. 여왕을 이런 식으로 해석하면, 연금술 작업의 비결이 간혹 "신비의 여왕"이라 불리는 이유가 이해된다.

왕과 여왕이 밀접히 연결되는 것은 왕과 여왕이 간혹 똑같은 운명을 맞는다는 사실 때문이다. 여왕이 목욕탕 안에서 왕과 함께 용해되는 것이다(또 다른 이야기를 보면 여왕 자신이 목욕탕이다). 그래서 아브라함 엘리자르는 왕의 목욕탕에 대해 이렇게 말한다.

"왜냐하면 이 불 같은 바다에서 왕이 견뎌내지 못하기 때문이다. 바다는 늙은 알바온(원물질)으로부터 그의 모든 힘을 빼앗고 그의 육체를 다 태워 검붉은 피로 바꿔놓는다. 여왕도 풀려나지 않는다. 여왕은 불의 목욕에서 사라져야 한다."[74]

더 나아가, 왕과 여왕이 하나의 통합체를 이룬다 해도 놀랄 일이 아니다. 왕과 여왕이 실제로 통합의 선구자들이기 때문이다. 이런 상황이 주목할 만한 가치를 지니는 것은 오직 우리가 거기에 부여하는 해석 때문이다. 신화학적으로 보면, 왕은 의식의 지배자로서 무의식, 즉 아니마를 의인화한 원형적 형상과 거의 동일하다. 의식과 무의식이 그렇듯이, 왕과 여왕은 어떤 점에서 보면 서로 정반대이다. 그러나 남자와 여자가 인간의 생체 안에서 결합하듯이, 정신적 물질은 의식적 상태에 있든 무의식적 상태에 있든 똑같은 것으로 남는다. 단지 정신적 물질이 가끔 자아와 연결되고 또 가끔은 자아와 연결되지 않을 뿐이다.

아니마는 부정적 측면을 보일 경우에, 말하자면 무의식에 숨어 있을 때엔 주체를 사로잡을 만큼 강한 영향력을 발휘한다. 어떤 주체가 아니마에게 사로잡힐 때 나타나는 증후는 맹목적인 기분과 충동적으로 얽혀들려는 태도, 자신과 상관없는 원리와 추상적인 사상에 몰입하는 현상 등이다.

따라서 아니마의 부정적인 측면은 특별한 형태의 심리학적 부적응을 암시한다. 이 부적응은 의식적인 측면에 의해 보상되거나, 아니면 이 부적응이 이미 모순적이고 틀린 태도를 보이는 의식을 보

....

74   Uraltes Chymisches Werck, Ⅱ, p. 72

상하고 나설 것이다. 왜냐하면 의식의 지배자의 부정적인 측면이 언제나 중요한 역할을 추구하려 하는 이기적인 의도를 보이고, 또 어떤 가면을 씀으로써 호의적인 무엇인가로 비치기를 원하기 때문이다. 이 같은 태도와 일치하는 아니마는 자아의 역할을 지속적으로 돕고 부추기는 한편으로 뒤로는 자아가 빠질 함정을 파는 그런 음모자이다.

그러나 자아 중심적인 의도를 부정하며 초(超)개인적인 운명의 명령에 순종하는 의식적인 태도는 어떤 왕에게 이바지하고 있다고 주장할 수 있다. 이처럼 보다 고양된 태도는 아니마의 지위를 요부(妖婦)에서 저승사자로 높여준다. 왕에 어울리는 물질을 사자에서 왕으로 변화시키는 것과 짝을 이루는 것은 여성적인 요소를 뱀에서 여왕으로 변화시키는 것이다. 대관(戴冠)과 신격화, 결혼은 가장 높은 차원에서 의식과 무의식의 지위가 동등해지는 것을 암시한다.

결혼이라는 신화소(素)가 암시하는 것들에 대한 심리학적 설명이 가능하다면 확실히 더 바람직할 것이다. 그러나 심리학자는 알 수 없는 것의 존재에 대해선 책임을 지지 않는다. 진리의 하녀로서, 심리학자는 신비하기 짝이 없는 이런 현상들이 존재한다는 것을 밝히는 것만으로 만족해야 하기 때문이다.

왕족의 결혼으로 상징되는 의식과 무의식의 결합은 하나의 신화학적 관념이며, 이 관념은 보다 높은 차원에서 심리학적 개념의 성격을 띠게 된다. 여기서 나는 이 심리학적 개념이 신화소에서 끌어내어지는 것이 아니라 오직 역사적 자료와 현실의 자료를 실제로 조사하는 과정에 끌어내어진 것이라는 점을 강조해야 한다. 이런 경험적 자료가 어떤 것인지는『심리학과 연금술』에서 소개한 꿈들을 통해 확인할 수 있다. 그 자료는 수백 건의 예를 대체하는 하나의 패러다임이며, 따라서 개인의 호기심을 자극하는 그 이상의 것으로 여겨질 수 있다.

　상반된 것들의 심리학적 통합은 이 과정의 현상을 보여주는 하나의 직관적 관념이다. 그 통합은 정의상 우리의 개념적 능력을 뛰어넘는 무엇인가를 위한 "설명적" 가설이 아니다. 왜냐하면 의식과 무의식이 결합한다고 할 때 그 말은 사실상 이 과정은 파악되지도 않고 이해될 수도 없다고 하는 것이나 마찬가지이기 때문이다.

　무의식은 무의식이며, 따라서 파악될 수도 없고 이해될 수도 없다. 상반된 것들의 통합은 초(超)의식적인 과정이며, 원칙적으로 과학적 설명의 대상이 될 수 없다. 결혼은 "여왕의 신비"로, 연금술 기술의 비밀로 남아 있어야 한다. 이에 대해『로사리움 필로소포룸』은 솔로몬 왕이 이런 식으로 말한 것으로 전하고 있다.

> 이것은 나의 딸이다. 이 딸을 위해서, 동트는 새벽처럼, 남쪽의 여왕이 솔로몬의 지혜를 듣고 이해하고 보려고 바다에서 나왔다고 사람들은 말한다. 권력과 명예, 힘, 지배가 그녀에게 주어진다. 그녀는 남편을 위해 단장한 신부처럼 일곱 개의 별이 반짝이는 왕관을 쓰고 있으며, 그녀의 옷에는 황금의 글자가 그리스어와 아랍어, 라틴어로 적혀 있다. "나는 어리석은 자들에겐 전혀 알려지지 않은

현자의 외동딸이다."[75]

시바의 여왕, 지혜, 왕의 기술, 그리고 "철학자들의 딸"은 서로 깊이 융합되어 있기 때문에, 그 바탕에 있는 신화소도 분명히 결합되고 있다. 기술은 연금술사의 가슴의 여왕이고, 그녀는 동시에 연금술사의 어머니이고 그의 딸이고 그의 연인이다. 그의 기술과 그 비유에서 그 자신의 영혼의 드라마가, 그의 개성화 과정이 풀어져 나온다.

....
75 Art. aurif., II, p. 294f

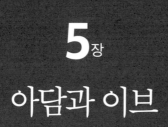

5장

아담과 이브

1. 신비의 물질로서 아담

왕과 여왕처럼, 우리의 최초의 부모도 연금술사들이 상반된 것들의 상징으로 표현한 형상들에 포함된다. 아담이 이브보다 훨씬 더 자주 언급되고 있으며, 그래서 우리는 먼저 또 주로 아담에게 관심을 두게 될 것이다. 아담은 우리에게 출발점을 다양하게 제시한다. 그가 대단히 이질적인 것들에서 비롯되는 연금술 개념의 세계에 다양한 의미를 지닐 수 있기 때문이다.

룰란트는 아담을, 땅을 의미하는 이브와 대비되는 '영원의 물'을 뜻하는 동의어로 정의하고 있다. 물은 중요한 신비의 물질이며, 따라서 변형되는 물질일 뿐만 아니라 변형의 동인(動因)이기도 하다. "물"은 메르쿠리우스와 동의어이기 때문에, 우리는 연금술 작업 과정에 나타나는 "다른 메르쿠리우스"는 "철학자들의 메르쿠리우스이고, 가장 유명한 소우주이고 아담"이라는 존 디의 말을 이해할 수 있다.

아담은 로시누스의 글에서 신비의 물질로 언급된다. 아담과 상관 있는 것은 납과 "아조크"(Azoch: 연금술이 추구하던 보편적인 약제/옮긴이)이며, 이 두 가지는 아담처럼 자웅동체적인 성격을 지니고 있다. 마찬가지로, 도른은 라피스가 "눈에 보이지 않는 이브를 몸 안에 숨기고 있는 아담"이라 불렸다고 말한다. 이런 오래된 관념은 오늘날에도 정신이상으로 힘들어 하는 환자들의 그림이나 꿈, 공상에서 이따금 발견된다.

아담의 이중적인 본성은 『글로리아 문디』에 암시되어 있다. "전능하신 하느님은 아담을 창조해 동산에 놓으면서 아담에게 이런 말과 함께 두 가지를 보여주었다. '아담아 보거라. 여기 두 가지가 있느니라. 하나는 고정되어 불변하는 것이고, 다른 하나는 덧없는 것이니라.'"[76]

그러므로 변형시키는 물질로서 아담은 또한 목욕탕에서 재생되는 왕이다. 바실리우스 발렌티누스는 시에서 이렇게 말한다. "아담은 늙은 용이 준비한 탕 안에 앉았다. 거기서 베누스는 자신의 동반자를 발견했다."

바로크 시대의 상상력에도 아담과 베누스를 한 자리에 두는 것은 대담한 시도였다. 앞의 시에서 베누스는 "돌에서 흘러나와 그녀의 아버지를 잠기게 하고 그의 육체와 생명을 그녀의 몸 속으로 흡수

....

76 Mus. herm., p. 228

하는 그런 샘"이다. 따라서 베누스는 가브리쿠스를 자신의 몸 안에서 원자로 분해한 베야와 비슷한 존재이다.

아담을 물의 동의어로 언급하는 대목에서, 룰란트는 아담이 동시에 "큰 사람"으로 불리기도 했다고 말한다. 룰란트는 파라켈수스를 따르던 사람이었으며, 따라서 이 표현은 파라켈수스의 "위대한 사람", 즉 아데크(Adech)와 일치할 수 있다. 룰란트는 아데크를 "눈에 보이지 않는 속사람"이라고 정의하고 있다.

따라서 신비의 물질은 카발라에서 아담 카드몬으로 알려진 "속"사람 혹은 원초의 사람처럼 보인다. 발렌티누스의 시에서, 속사람은 사랑의 여신에 압도되고 있으며, 이 같은 상태는 영지주의에서 누스와 피지스(자연) 사이의 사랑에 의해 매우 적절히 상징되고 있다. 두 경우 모두에서, "보다 높은 정신적 사람"은 바로 우리가 자기로 알고 있는 포괄적인 전체성이다.

목욕과 물에 빠지거나 잠기는 행위, 세례 등은 모두 동의어이다. 연금술에서 이 표현들은 또 자기의 무의식적 상태를, 보다 구체적으로 자기가 "다시 태어나" 경험될 수 있는 상태로 들어가는 그런 무의식적 과정을 뜻하는 상징들이다. 그렇다면 이 새로운 상태는 "왕의 아들"로 묘사될 수 있다.

목욕탕을 준비한 "늙은 용", 다시 말해 땅의 동굴들 안에 거주하고 있는 원시적 생물은 심리학적으로 보면 일반적으로 파충류로 상징되는 본능적인 정신을 의인화한 것이다. 마치 연금술사들이 무의식이 스스로 부활의 과정을 촉발시킨다는 점을 표현하려고 애를 쓰고 있는 것처럼 보인다.

아담의 목욕은 내가 갖고 있는 라틴어 원고에도 언급되고 있다. 이 원고를 보면 구체적으로 드러나지 않는 어떤 존재 혹은 생명체가 아담에게 이렇게 말한다. "아담아, 내가 너에게 말하노니 들어라. 너는 나와 함께 탕 속으로 들어가야 하느니라. 너는 우리가 서로에게 어떤 식으로 영향을 미치고 있는지를 잘 알고 있어. 또 네가 나를 어떻게 통과해야 하는지도 알고 있어. 그래서 나는 예리한 화살을 너의 심장에 겨눈 채 너에게 다가가고 있어. …"[77]

여기서 다시 아담은 변형을 부르는 물질이고, 스스로를 재생할 "늙은 아담"이다. 화살은 메르쿠리우스의 '수난의 창'과 루나의 빛들을 떠올리게 한다. 루나의 빛과 관련해, 연금술사들은 생 빅토르의 위고(Hugh of St. Victor: 1096-1141)를 비롯한 인물들의 신비주의를 빌려서 '아가'의 그 유명한 단락과 연결시킨다. "네가 내 마음을 빼앗았구나." 그 직전에 남자와 여자의 동거에 관한 언급이 있는 것으로 볼 때, 원고 속의 화자는 틀림없이 여성이다.

두 가지 텍스트는 모두 신랑과 신부 사이에 일종의 동족 관계를 전제하는 히에로스가모스를 가리키고 있다. 아담과 이브의 관계는 정의가 불가능할 만큼 가깝다. 오래된 전통에 따르면, 아담은 이브의 창조 전에 자웅동체였다. 따라서 이브를 아담의 여동생으로 보는 것보다 아담 자신으로 보는 것이 더 타당하다. 하느님 자신이 신랑 들러리로 결혼식에 참여했다는 사실에 의해, 대단히 비성경적인 아담의 결혼이 하나의 히에로스가모스로 강조되고 있다. 16세기 이후에 나온 연금술 논문들에서 히브리 신비주의 전통의 흔적

....
77 "Figurarum aegyptiorum", fol. 17

이 자주 보인다. 앞에서 언급한 텍스트 두 개는 꽤 늦게 나온 것으로 이 전통을 따르고 있다.

이젠 아담이 원물질 혹은 변형을 일으키는 물질로 선택된 이유에 대해 물어야 한다. 가장 먼저 아담이 흙으로 빚어졌다는 점이 작용했을 것이다. 흙은 너무나 흔한 물질이지만, 바로 그 같은 사실 때문에 역설적으로 진정한 것을 발견해내기가 어려운 것으로 여겨졌을 것이다. 흙은 원래의 카오스의 한 부분이었으며, 아직 분화되지 않은 상태에서 분화의 능력만을 갖고 있었다. 따라서 형태가 없는 태아의 조직과 비슷하다고 할 수 있다. 그것으로 모든 것이 만들어질 수 있었다.

우리에게 원물질의 근본적인 특징은 "혼돈의 덩어리"이고 "카오스"로 정의된다는 점이다. 혼돈의 덩어리는 원소들이 서로를 적대시하는 원래의 상태와 무질서를 말한다. 이 무질서를 연금술사가 작업을 통해 점진적으로 질서로 바꿔놓게 된다.

4가지 원소에 해당하는 것으로, 4가지 단계가 있다. 각 단계는 색깔로 뚜렷이 구분된다. 이 단계를 거치면서 원래 혼돈이었던 신비의 물질이 마침내 하나의 단위로, "절대자"로, 라피스로 굳어진다. 이것은 동시에 호몬쿨루스였다.

이런 식으로 철학자는 '창세기' 1장에 묘사된 신의 창조 작업을 되풀이했다. 그렇기 때문에 철학자가 자신이 추구하는 원물질을 "아담"이라 부르고 아담이 자기처럼 4가지 원소로 만들어졌다고 단정해도 이상할 것이 하나도 없다. 『투르바 필로소포룸』은 "우리의 아버지 아담과 그의 자식들은 4가지 원소로 창조되었다."고 말하고 있다.

원소들의 배치와 관련해서, 비제네르는 '고린도전서' 15장 47절 ("첫 사람은 땅에서 났으니 흙에 속하는 자이고, 둘째 사람은 하늘에서 났느니라.")에 대해 설명하는 대목에서 이렇게 쓰고 있다.

> 헤르메스가 분명히 보여주듯이, 원소들의 배치는 순환적이다. 각 원소는 두 개의 다른 원소들에게 둘러싸여 있고, 각 원소는 이 두 개의 다른 원소들과 특성 한 가지를 공유한다. 예를 들면, 흙은 불과 물 사이에 있으면서 불의 건조함과 물의 차가움을 공유한다. 나머지 원소도 마찬가지이다. … 따라서 위대한 세계의 이미지인 사람은 소우주나 작은 세상으로 불리며 자신의 천상과 자신의 땅을 갖고 있다. 영혼과 이해력이 그의 천상이고, 그의 육체와 감각은 그의 땅이다. 따라서 사람의 하늘과 땅을 아는 것은 전체 세상과 자연의 모든 것에 대한 완전한 지식을 확보하는 것이나 마찬가지이다.[78]

세계 속에서나 사람의 속에서 원소들이 순환적으로 배치되는 것은 만다라와 만다라의 콰테르니오 구조에 의해 상징되고 있다. 그렇다면 아담은 하나의 콰테르니오이다. 말하자면 아담은 땅의 네 곳에서 온 빨간색, 검정색, 하얀색, 초록색의 먼지로 이뤄져 있었으며, 그의 키는 세상의 한쪽 끝에서 다른 쪽 끝까지 닿았다. 어느 아람어 성경에 따르면, 하느님은 먼지를 이 땅의 네 곳뿐만 아니라 "세계의 중심"에서도 갖고 왔다. 이 네 곳은 아담의 이름을 뜻하는

....
78 "De igne et sale", Theatr. chem., VI, p. 3(

그리스어 글자에 다시 나타난다. 'anatole'(일출, 동쪽), 'dysis'(일몰, 서쪽), 'arktos'(큰 곰, 북쪽), 'mesembria'(정오, 남쪽) 등이 그 이름들이다.

『보물들의 동굴의 책』(Book of the Cave of Treasures: 6세기 야코부스파 신자가 예수 그리스도의 역사를 기록한 책/옮긴이)은 아담이 훗날 십자가가 세워진 거기에 섰으며, 그래서 그곳이 땅의 중심이라고 말한다. 아담 역시 세계의 중심인 골고다에 묻혔다. 아담은 금요일에 구원자와 똑같은 시간에 죽었다. 이브는 두 쌍의 쌍둥이를, 카인과 레붑다(Lebhûdhâ), 아벨과 켈리마트(Kelîmath)를 낳았으며, 이들은 훗날 서로 결혼했다(결혼 콰테르니오). 아담의 무덤은 "보물들의 동굴"이다. 그의 후손들은 모두 아담의 육체에 존경을 표해야 하며, "그로부터 떠나지 않는다". 홍수가 닥쳐오고 있을 때, 노아는 아담의 육체를 자신과 함께 방주에 실었다. 방주는 바람의 날개를 타고 홍수 위를 동쪽에서 서쪽으로, 북쪽에서 남쪽으로 흐르면서 물 위에 십자가를 그렸다.

나는 아담의 콰테르니오 같은 성격을 뒷받침하는 증거를 많이 보여주고자 하는 것이 아니라 그것을 적절히 강조하길 바랄 뿐이다. 심리학적으로 말하면, 4는 의식의 4가지 기능을 의미한다. 이 기능 중 두 가지는 지각적이고(합리적), 다른 두 가지는 식별과 관련 있다(비합리적). 콰테르니오의 특성을 보이는 모든 신화적 인물들은 종국적으로 의식의 구조와 관련있다고 말할 수 있다. 따라서 우리는 이삭 루리아(Isaac Luria: 1534-1572)가 모든 정신적 특성을 아담에게로 돌린 이유를 이해할 수 있다. 루리아는 아담이 곧 탁월한 정신이라고 말했다.

　내가 제시한 자료들은 대단히 암시적이기 때문에 세세한 논평을 전혀 필요로 하지 않는다. 아담은 정신뿐만 아니라 정신의 완전성도 의미한다. 아담이 자기의 상징이고, 따라서 "묘사 불가능한" 신을 시각화한 존재이기 때문이다. 여기에 언급된 모든 텍스트들을 연금술사들이 볼 수 없었다 하더라도, 조시모스의 논문과 히브리 신비주의 전통에 대한 지식만 있어도 신비의 물질이 아담이라고 불렸을 때 그것이 뜻한 바가 그들에게 명확히 다가왔을 것이다.

　나는 이런 역사적인 진술들이 심리학적 관점에서 대단히 중요하다는 점을 새삼 강조할 필요성을 느끼지 않는다. 이 진술들은 꿈 상징을 어떤 식으로 평가해야 하는지 그 방향을 제시하고 있다. 우리가 원래 형이상학적이었던 이 진술들을 놓고 정신적 본질에 대해 논한다고 해서 그것이 이 진술들에 대한 평가를 절하하는 것은 아니다. 반대로, 우리는 이 진술들의 사실적인 측면을 뒷받침하고 있다. 그러나 이 진술들을 정신적 현상으로 다룸으로써, 우리는 그것들을 접근도 불가능하고 증명도 불가능한 형이상학의 영역으로부터 끌어내고, 또 그렇게 함으로써 그것들이 "진리"인가 아닌가 하는 대답 불가능한 문제를 말끔히 정리하고 있다. 우리는 지금 철저히 사실에 근거하여 주장을 펴고 있다. 그러면서 무의식의 원형적 구조가 전통과 상관없이 모든 시대와 모든 사람들의 역사에서 거듭해서 나타나는 그런 형상들을 낳을 것이라는 점을 인정한다. 또 무의식의 원형적 구조가 이 형상들에게 앞으로도 계속해서 처음과 똑같은 의미와 광휘를 부여할 것이라는 점을 인정한다.

2. 조각상

어떤 오랜 전통은 아담은 "생명 없는 상(像)"으로 창조되었다고 말한다. 상이 고대의 연금술에서 신비한 역할을 한다는 점을 언급할 필요가 있다. 초기 그리스 논문 중에서, 『코마리오스의 책』(Book of Komarios)은 이렇게 말한다.

> 육체가 어둠 속에 숨겨진 뒤, 정신이 빛으로 충만한 육체를 발견했다. 그리고 영혼이 육체와 통합했다. 육체가 영혼과의 관계를 통해 신성하게 되었기 때문이다. 그리하여 육체가 영혼 안에 살게 되었다. 육체가 신성의 빛을 두르고 어둠이 육체를 떠나고 모두가 사랑으로 연결되었기 때문에, 육체와 정신, 영혼이 하나가 되었다. 이 안에 신비가 숨겨져 있다. 그러나 신비는 그런 것들이 함께함으로써 성취되었으며, 집은 봉해졌고, 조각상이 세워지고 빛과 신성으로 가득 채워졌다.[79]

여기서 말하는 상은 틀림없이 연금술 과정의 최종 산물, 즉 철학자의 돌 또는 그것과 동일한 것을 의미한다.

조각은 이븐 우마일의 논문에서 이와 다소 다른 의미를 지닌다. 그는 "조각상의 심장에서 추출한 물"에 대해 말한다. 이븐 우마일은 이집트에서 무덤과 석관을 열고 미라들을 빼낸 것으로 전해진다. 미라들은 약효를 지니는 것으로 여겨졌으며, 이런 이유로 시신

....
79 Berthelot, Alchemistes grecs, Ⅳ, x x

들의 조각이 유럽 약학에서 "무미아"(mumia)라는 이름으로 오랫동안 언급되었다. 따라서 "무미아"가 연금술 목적으로 이용되었을 가능성도 있다.

쿤라트의 글을 보면 무미아가 원물질과 같은 뜻으로 언급되고 있다. 쿤라트가 이런 글을 남긴 근거가 되었을 파라켈수스의 글에서, "무미아 발삼"(Mumia balsamita)은 만능약과 관계있으며 육체적 생명 원리라고도 불린다. 이븐 우마일이 말하는 조각상은 초상 조각인 이집트의 석관이었을 것이다. 같은 논문에 어느 지하 예배당 안에 있는 헤르메스 트리스메기스투스의 상에 대한 묘사가 나온다. 이븐 우마일은 이렇게 말한다. "조각상을 만든 현자가 그 집 안에 숨겨 놓은 것을 이제 내가 당신에게 알려주겠다. 그 안에, 말하자면 형상 안에 현자는 전체 과학을 묘사하고, 돌 안에 있는 그의 지혜를 가르치고, 그 지혜를 분별력 있는 사람에게 드러내 보였다." 미하엘 마이어는 "그것은 심장에서 물이 흘러나온 그 조각상이다."라고 논평한다. 그는 또한 신탁을 선언한 석상은 아카이아 파리스(Achaia Pharis)에 있는 헤르메스에게 바쳐졌다.

"조각" 안에 소중한 물질이 숨겨져 있다는 사상은 오랜 전통이며, 헤르메스나 메르쿠리우스의 상일 경우에 특히 더 그런 것으로 여겨졌다. 디오니시우스라는 필명을 쓰는 저자는 이교도들이 메르쿠리우스의 조각상을 만들어 그 안에 신을 닮은 상을 숨겨놓았다고 말한다. 이런 식으로, 이교도들은 보기 사나운 헤르메스 두상을 숭배한 것이 아니라 그 안에 숨겨진 이미지를 숭배했다. 플라톤에 따르면, 알키비아데스(Alcibiades: B.C. 450-404)가 소크라테스에 대해 말하는 대목에서 "조각상 가게에 있는, 담뱃댄가 플루튼가를 든 모습의 실레노스(그리스 신화 속의 목축의 신/옮긴이) 조각과 많이 닮았는데, 조각상들은 모두 안이 비어 있었으며 쪼개면 안에서 작은 신상들이 나왔다."고 말했다.[80] 여기서 말하는 조각상도 바로 그런 상들이다.

안에 진정한 신을 숨겨 놓은 메르쿠리우스 조각들이 있다는 사실이 연금술사들의 상상력을 강하게 건드렸음에 틀림없다. 메르쿠리우스는 연금술사들이 작업 과정에 원물질에서 완벽한 철학자의 돌로 바뀌는 그런 존재에게 붙이길 좋아한 이름이었다. 아담의 형상은 즉각 성경 속에서 연금술의 메르쿠리우스를 뜻하는 동의어로 자리 잡게 되었다. 첫 번째 이유는 아담이 자웅동체였다는 점이고, 두 번째 이유는 첫 번째 아담과 두 번째 아담으로서 그가 갖는 이중적인 측면이다. 두 번째 아담이 바로 예수 그리스도이며, 그리스도의 신비한 자웅동체성은 교회의 전통 안에 확립되어 있었다.

만다야교도의 전통에 따르면, 아담은 똑바로 설 수 없는 "생명 없는 육체적 상"의 형태로 7에 의해 창조되었다. "육체적 상"이라는 독특한 표현은 만다야교 문헌에 자주 나타나며, 나아센파에 의해 내려온 칼데아 신화를, 말하자면 사람의 육체는 악마들에 의해 창조되어 상이라 불렸다는 내용의 신화를 떠올리게 한다. 세상의 창조주 프타힐(Ptahil)이 "영혼을 조각상에 불어넣으려" 노력했으나 구세주 만다 드하이에(Manda d'Hayye)가 "그 영혼을 팔로 받아" 프타힐 없이 그 작업을 마무리했다. 이 연결에서, 히브리 신비주의

....
80 Symposium, 215a: trans. by Hamilton, p. 100

문헌에도 아담의 조각에 관한 설명이 있다는 점이 확인된다.

기독교 저자들의 마음에서 아담은 언제나 두 번째 아담이라는 생각과 연결되었다. 그렇기 때문에 이런 생각이 연금술사들 사이에도 다시 나타나는 것은 충분히 이해할 수 있다. 한 예로, 밀리우스는 이런 글을 남기고 있다.

> 이제 철학적 실행의 두 번째 파트가 남는다. 훨씬 더 어렵고 훨씬 더 숭고한 작업이다. 온갖 정신적 노력과 재능이 요구되는 이 작업을 거치면 철학자들은 지쳐 떨어졌다. 왜냐하면 사람을 죽이는 것보다 사람을 다시 살게 하는 것이 훨씬 더 힘든 일이기 때문이다. 여기서 신의 작업을 간절히 청하게 된다. 영혼을 창조하고, 생명 없는 육체를 살아 있는 조각으로 빚어내는 것이 엄청난 신비이기 때문이다.[81]

이 살아 있는 상이 바로 작업의 최종 결과이다. 그리고 지금까지 본 것처럼, 그 일은 한편으로는 세상의 창조의 되풀이이고 다른 한편으론 구원의 과정이다. 이런 이유 때문에 라피스가 부활한 그리스도로 불리기도 했다. 헤게모니우스(Hegemonius: 4세기)의 보고에서 보듯, 조각상이 마니교도들의 종말론 사상과의 연결 속에서 언급된다는 점도 짚을 필요가 있다.

조각상은 연금술에서 언급할 가치가 있는 의미를 하나 더 지닌다. 비제네르는 논문 『데 이그네 엣 살레』에서 태양을 "감각 가능한

....
81   Phil. ref., p. 19

세상과 보이지 않는 신의 이미지의 눈과 심장"이라고 부른다. 그러면서 성 디오니시우스(St. Dionysius)가 태양을 "신의 명쾌하고 분명한 상"이라고 불렀다고 덧붙인다. 이 진술은 아마 디오니시우스의 『데 디비니스 노미니부스』(De divinis nominibus: '신성한 명칭론')를 가리킬 것이다. 거길 보면 "태양은 눈에 보이는 신성한 선(善)의 이미지"라는 문장이 나온다.

아담이 연금술 작업의 시작, 즉 원물질뿐만 아니라 연금술의 끝, 즉 라피스를 의미하고 라피스가 왕족 결혼의 산물이기 때문에, 비제네르의 "신의 조각상"이 보다 평범한 "신의 이미지"를 대신하면서 벤엘의 돌에 관한 히브리 영지주의의 해석과 어떤 연결을 갖게 되었을 가능성이 있다. 또 벤엘의 돌은 거꾸로 티페레트와 말쿠트의 결합을 나타낸 것일 가능성도 있다. 조각상은 아담의 활발하지 않은 물질성을 상징하며, 여전히 생생한 영혼을 필요로 한다. 따라서 조각은 연금술이 추구하고 있는 것을 상징한다.

3. 최초의 연금술사로서의 아담

연금술에서 아담이 언제나 4가지 원소에서 창조되는 것은 아니다. 예를 들어, 『인트로이투스 아페르투스』는 금의 영혼이 납 안에서 메르쿠리우스와 결합하고, "그것들이 아담과 그의 아내 이브를 낳을 수 있다."고 말한다. 여기서 아담과 이브는 왕과 여왕의 자리를 차지한다. 그러나 대체로 아담은 4가지 원소로 이뤄져 있기 때문에 그 자체로 원물질이나 신비한 물질이다. 아니면 아담이 세상이 시작할 때 최초의 연금술사로서 낙원으로부터 직접 그것을 갖고 왔다.

마이어는 아담이 낙원으로부터 (당시에 신비의 물질로 여겨졌던) 안티몬을 갖고 왔다고 언급한다. "철학자들"의 긴 목록은 아담으로 시작한다.『아콰리움 사피엔툼』은 돌의 비결이 위에서부터 아담에게 계시되었으며 이어서 "모든 신성한 족장들이 줄기차게 그 비결을 추구하게 되었다."고 말한다.『글로리아 문디』에는 이렇게 쓰여 있다. "하느님이 아담에게 위대한 지혜와 매우 신비한 통찰을 안겨주었기 때문에 아담은 어떤 스승의 도움도 받지 않고 오직 타고난 고결함으로 7가지 교양 과목과 모든 동물과 식물, 돌, 금속, 광물에 대한 지식을 완벽하게 갖췄다. 아니, 그 이상으로 그는 성(聖) 삼위일체에 대해, 그리고 예수 그리스도가 육신으로 오는 것에 대해 완벽하게 이해했다."

이런 신기한 의견은 전통적이며 주로 율법학자의 텍스트에서 나온다. 토마스 아퀴나스도 아담이 완벽성 때문에 자연의 모든 일에 대한 지식을 갖추었음에 틀림없다고 생각했다. 아라비아 전설 속에서 쉬트(Shîth)(세트)는 아담으로부터 의술을 배웠다. 아담은 또 카바(Ka'ba: 이슬람 최대의 성지/옮긴이)를 지었으며, 천사 가브리엘이 그에게 평면도와 소중한 돌을 갖다 주었다고 한다. 훗날 이 돌은 인간들의 죄 때문에 검은 색으로 변했다.

유대교 자료들은 이보다 더 분명하다. 아담은 온갖 기술을 이해했으며, 글도 발명했다. 또 천사들로부터 아담은 농업과 대장장이 기술을 포함한 모든 일을 배웠다. 11세기의 한 논문은 그가 동산에서 가져온 과일을 30가지 나열하고 있다. 마이모니데스(Maimonides: 1135-1204)는 아담이 나무와 식물에 관한 책을 썼다고 언급한다.

랍비 엘리에제르(Rabbi Eliezer)는 윤년의 발명을 아담에게 돌린다. 그에 따르면, 하느님이 훗날 법을 새긴 그 테이블은 아담에게서 온 것이었다. 헤르메스 트리스메기스투스가 헤브론의 골짜기에서 태곳적의 돌 테이블 7개를 발견했다고 한 베르나르두스 트레비사누스의 언급은 엘리에제르에서 나왔을 것이다. 그 테이블 위에 7개의 교양 과목에 관한 설명이 있었다. 아담은 낙원에서 쫓겨난 뒤에 이 테이블들을 거기에 놓아두었다. 도른에 따르면, 아담은 인문과학을 최초로 발명하고 실천한 존재였다. 그는 "낙원에서 쫓겨나기 전이나 후나" 모든 것에 대한 지식을 갖추고 있었다. 그는 또한 홍수에 의해서 세상이 소생하고 순결해질 것이라고 예언했다. 그의 후손들은 돌 테이블 2개를 세우고 그 위에 모든 "자연과학"을 상형문자로 기록했다. 노아가 아라랏 산 기슭에서 이 테이블 중 하나를 발견했는데, 거기엔 천문학이 기록되어 있었다.

『클레멘티네 호밀리에스』(Clementine Homilies(2세기): '클레멘스의 강론')에서 아담은 "진정한 예언자"의 여덟 화신 중 첫 번째이다. 마지막이 예수 그리스도이다. 그리스도보다 앞서 선각자가 있었다는 이 사상은 아마 유대인 혹은 유대-기독교 전통에서 나왔을 것이지만, 중국에서도 반고(盤古)라는 인물에서 생생하게 구현되고 있다.

반고는 곰 가죽이나 나뭇잎으로 몸을 가린 난쟁이로 그려진다.

그는 음양에서 나와서, 카오스를 만들어내고, 하늘과 땅을 창조했다. 그는 네 마리의 상징적인 동물, 즉 일각수와 피닉스, 거북, 용의 도움을 받았다. 그는 또한 한 손에 태양을, 다른 손에 달을 쥔 모습으로 표현된다. 또 다른 버전을 보면, 그의 머리는 용이고 몸통은 뱀이다. 그는 모든 생명체를 두루 갖춘 땅으로 스스로를 변화시켰으며, 따라서 진정으로 '가장 위대한 인간'이고 안트로포스라는 점을 증명했다.

반고의 기원은 도교이며, A.D. 4세기 이전에는 반고에 대해 알려진 것이 전혀 없었다. 그는 '원시천존'(元始天尊), 제1원인, 천상에서 가장 높은 존재로 스스로를 환생시켰다. 진리의 원천으로서, 그는 불멸을 약속하는 비결의 가르침을 모든 새로운 시대에 선언한다. 창조 작업을 마무리한 뒤에 그는 육체적 형태를 포기하고 허공을 목적 없이 떠돌았다.

그래서 그는 눈에 보이는 형태를 가진 존재로 다시 태어나길 원했다. 마침내 그는 산 위에서 공기와 구름을 먹으며 홀로 살던 나이 마흔의 성스러운 처녀를 발견했다. 그녀는 자웅동체였으며, 음과 양을 동시에 구현했다. 매일 그녀는 태양과 달의 정수를 모았다. 반고가 그녀의 순결함에 끌렸고, 그녀가 숨을 들이쉴 때 그가 빛이 되어 그녀의 몸 안으로 들어갔다. 그래서 그녀가 임신을 하게 되었다.

임신은 12년 동안 이어졌으며, 척추에서 아이가 태어났다. 그 후로 그녀는 "제1 원인의 신성한 어머니"라는 뜻으로 '태원성모'(太源聖母)라 불렸다. 상대적으로 늦게 나온 이 전설은 기독교 영향을 받았을 가능성이 있다. 그럼에도 이 전설에 기독교와 페르시아 사상과 비슷한 것이 나온다고 해서 그것이 기독교와 페르시아 사상에 의존하고 있다는 근거가 될 수는 없다.

"진정한 예언자"의 여덟 화신들이 여덟 번째 화신, 즉 예수 그리스도의 특별한 위치 때문에 특별히 눈길을 끈다. 여덟 번째 예언자는 그 순서에서 단순히 마지막 예언자가 아니다. 그는 첫 번째에 해당함과 동시에 일곱의 성취이며, 새로운 질서로 들어가는 것을 의미한다.

나는 『심리학과 연금술』에서 현대의 꿈의 도움을 받아가면서, 일곱 화신들이 끊어지지 않는 시리즈를 이루는 한편 여덟 번째로 넘어가는 걸음은 망설임 혹은 불확실성을 보이며 3과 4로 일어나는 현상(마리아의 공리)의 반복이라는 점을 보여주었다. 도교의 "여덟 불멸의 존재"에서도 이와 똑같은 현상을 접한다는 사실은 놀라운 일이 아닐 수 없다. 일곱 불멸은 천상이나 지상에 사는 위대한 현자 혹은 성인이지만, 여덟 번째 불멸은 천국의 남쪽 문에서 떨어진 꽃을 빗자루로 쓸고 있는 소녀이다.

이와 비슷한 것이 그림 형제의 일곱 까마귀의 이야기이다. 이 이야기 속의 까마귀 일곱 형제는 여자 형제를 하나 두고 있다. 이 연결에서 누구나 소피아를 떠올릴 것이다. 소피아에 대해 이레네오는 이렇게 말한다. "이 어머니를 그들은 또한 오그도아드, 소피아, 테라, 예루살렘, 성령, 그리고 남성을 칭하는 하느님이라고도 부른다." 그녀는 "플레로마(Pleroma: 충만한 상태나 완전한 상태를 의미한다/옮긴이)의 밖과 아래"에 있다. 켈수스(Celsus: 2세기)가 "오피스파(派)의 도형"에 대해 설명한 내용에 나오는 일곱 행성과의 연결에도 이와 똑같은 사고가 나타난다.

이 도형은 만다라로 불릴 수 있다. 만다라는 의식적으로 고안될 수도 있고 무의식적 과정의 산물로 저절로 나올 수도 있는 그런 패턴이다. 오리게네스가 켈수스의 설명을 공격했지만, 그가 이 도형에 대해 제시한 설명은 불행하게도 특별히 명확하지는 않다. 하지만 적어도 우리는 이 도형이 10개의 원으로, 오리게네스가 하나의 원주와 하나의 중심 운운하는 것으로 봐서 아마 동심원들로 이뤄졌다는 것을 알 수 있다.

가장 바깥에 있는 원엔 "리바이어던"이라는 이름이, 가장 안쪽의 원에는 "베헤못"이라는 이름이 붙여졌으며, 이 둘은 틀림없이 일치함에 분명하다. 왜냐하면 "리바이어던"이 원주뿐만 아니라 중심의 이름이기도 하기 때문이다. 동시에 불경스런 도형은 리바이어던이 우주로 퍼진 영혼이라고 말했다.

오리게네스는 켈수스가 이용한 것과 같은 도형을 이해하고 있었으며 그 안에서 켈수스가 암시한 일곱 천사들의 이름을 발견했다. 이 천사들의 왕은 "저주받은 신"이라 불렸으며, 천사들은 가끔 빛의 신으로, 또 가끔은 "아르콘"으로 불렸다. 오리게네스가 제대로 파악하고 있듯이, "저주받은 신"은 유대-기독교의 세계 창조자를 언급한다. 여기서 여호와는 분명히 일곱 아르콘의 왕이자 아버지로 등장한다.

일곱 아르콘 중 첫 번째는 "사자의 형태"를 취하고 있으며 미하엘이라 불렸다. 두 번째는 수소였으며 수리엘이라 불렸다. 셋째는 라파엘로 뱀의 형태였으며, 넷째는 가브리엘로 독수리의 모습이었다. 다섯째는 타우타바오트로 곰처럼 생겼으며, 여섯째는 에라타오 트로 개의 형태였다. 일곱째는 당나귀였으며 오노엘 또는 타파바 오트 또는 타르타타오트라 불렸다.

이 이름들은 여덟 개의 내부 원들 사이에 붙여졌을 것으로 짐작 된다. 일곱 아르콘은 일곱 개의 행성에 해당하며 찬양자가 올라갈 때 통과해야 할 문들로 일곱 개의 영역을 나타내고 있다. 이것이 일 곱 명과 그들의 아버지 여호와로 이뤄져야 하는 오그도아드의 기 원이라고 오리게네스는 말한다. 이 지점에서 오리게네스는 "첫째 이며 일곱째인" 얄다바오트에 대해 언급하는데, 지금까지 들어보 지 못한 이름이다. 다른 자료를 통해서 알고 있는 바와 같이, 이 최 고의 아르콘은 사자의 머리를 가졌거나 사자처럼 생겼다. 따라서 그는 오피스파의 도형으로 치면 아르콘 목록 중 첫 번째인 미하엘 에 해당할 것이다.

"얄다바오트"는 "카오스의 아이"라는 뜻이다. 따라서 얄다바오 트는 원래의 카오스 상태를 뛰어넘는 새로운 질서에서 첫 번째 태 어난 존재이다. 장남으로서 그는 그 순서의 마지막이기도 하다. 이 는 그가 아담과도 공유하고 또 원주이며 중심인 리바이어던과도 공유하는 특성이다.

이 비유들은 그 도형이 일련의 동심원들을 보여주었다는 점을 암 시한다. 옛날의 세계 그림, 즉 지구가 우주의 중심을 차지하는 그림 을 보면 행성의 이름을 딴 다양한 "하늘들"이 중심을 같이하는 모 습으로 배열되어 있다. 가장 바깥에 있는 행성 영역 혹은 아르콘은 토성이다. 데미우르고스나 아르콘의 아버지나 어머니를 위한 자리를 가정하지 않는다면, 토성 밖은 항성들의 영역(그 도형에서 열 번째 원으로서 리바이어던에 해당한다)일 것이다. 텍스트를 근거로 한다면, 이레네오가 보고한 프톨레마이오스(Ptolemy: A.D. 100-168)의 체계에서처럼, 여기서도 어떤 오그도아드를 뜻하고 있는 것이 분명해진다.

프톨레마이오스 체계에서 여덟 번째 영역은 아카모트(소피아, 사피엔티아)라 불렸으며, 여성적인 성격을 가졌다. 다마스키우스(Damascius: A.D. 458-550)의 글에서 헤브도마드(hebdomad: 7개 1조)가 크로노스에게 돌려지고 오그도아드가 레아에게 돌려지듯이. 우리의 텍스트에서 처녀 프루니키우스(Prunicius)는 일곱 원들의 만다라와 연결되어 있다. "그들은 원들이 원들을 포함하는 식으로 배열하면서 예언자들의 말씀들의 꼭대기에 하나를 더 추가했다. … 그리고 프루니키우스로부터, 처녀로부터, 살아 있는 영혼으로부터 어떤 권력이 흘러나오고 있다."

헤로도토스(Herodotus: B.C. 5세기)가 엑바타나라는 도시의 7개 원형 벽들을 묘사한 내용에서 보듯, "원들이 원들을 포함하는"이라는 표현은 동심원 형식으로 배열되어 있다는 점을 결정적으로 말해준다. 헤로도토스가 묘사한 도시의 성벽들은 모두 다른 색으로 칠해졌다. 가장 안쪽에 있는 벽과 가장 높은 벽 중 하나는 은색, 다른 하나는 금색으로 칠해졌다. 이 벽들은 분명히 행성들의 동심원적인 원들을 나타냈으며, 각 행성의 특징은 벽의 특별한 색깔로 표현되었다.

켈수스는 자신의 다이어그램을 소개하면서 페르시아 밀교와 미트라 밀교에서 발견된, 일곱 개의 문과 맨 꼭대기에 여덟 번째 문이 있는 계단이라는 개념에 대해 보고한다. 첫 번째 문은 토성이고 납과 연결된다는 식이다. 일곱 번째 문은 금이었으며 태양을 의미했다. 색깔에 대한 언급도 당연히 있다. 이 계단은 "영혼의 통과"를 나타내고 있다. 여덟 번째 문은 항성들의 영역에 해당한다.

7의 원형은 일주일의 구분과 날의 이름에, 그리고 마지막 음이 언제나 새로운 사이클의 시작인 음악의 옥타브에서도 나타난다. 이것은 아마 여덟 번째가 여성적인 것인 이유일 것이다. 그것은 새로운 시리즈의 어머니인 것이다. 클레멘스가 제시한 예언자들의 목록에서 여덟 번째는 그리스도이다. 최초의 아담과 두 번째 아담으로서, 그리스도는 일곱이라는 연속선의 방향을 틀며 원을 그린다. 그레고리오에 따르면, "육신으로 오는" 그리스도가 "그의 내면에 있던 플레이아데스 성단에, 일곱 겹의 성령의 작품에 영원히 합류하듯이" 말이다. 이런 언급만으로도 기독교의 신비적 직관에서 여덟 번째가 특별한 성격을 지니고 또 여성적인 성향이 있다는 점을 충분히 보여주었을 것이다.

아담의 이중적인 성격은 그리스도의 내면에서 다시 나타난다. 그리스도는 여성이고 남성인 것이다. 뵈메는 예수 그리스도가 "마음으로 처녀"라고 말함으로써 이 점을 강조한다. 처녀는 "신성한 숫자 3의 이미지"이며, 절대로 창조되지 않았고 또 발생한 것이 아니다. "말씀"이 있는 곳에 그 처녀가 있다. "말씀"이 그녀의 안에 있기 때문이다. 그녀는 "여자의 씨앗"이고, 이 씨앗이 뱀의 머리에 상처를 입힐 것이다('창세기' 3장 15절). 뱀의 머리를 밟는 자가 그리스도이다. 그래서 그리스도는 여자의 씨앗이나 처녀와 동일한 것으로 보인다.

뵈메의 글에서 처녀는 아니마의 성격을 띤다. "그녀가 그대의 영혼 속에 그대의 동반자로 주어지기 때문이다." 동시에 신의 권력과 지혜로서 그녀는 천국과 낙원에 있다. 하느님이 그녀를 그의 "배우자"로 그에게 데려다 주었다. 그녀는 신의 심오함과 무한함을 표현하며 따라서 인도 철학의 샤크티에 해당한다. 시바와 샤크티의 자웅동체 결합은 탄트라 도상학에 영원한 동거로 묘사된다.

뵈메의 사상들은 프란츠 폰 바더(Franz von Baader: 1765-1841)에게 영향력을 강하게 미쳤다. 바더는 신이 아담에게 조력자를 주었으며, 마리아가 남자 없이 그럴 수 있었듯이, 아담도 이 조력자를 통해서 "외부 여자의 도움을 받지 않고 후손을 얻게 되어 있었다."고 주장했다. 그러나 아담은 짐승 같은 성교 행위에 대한 욕구를 느꼈으며, 따라서 짐승으로 타락할 위험에 처해 있었다. 그러자 하느님은 그럴 가능성을 미리 예견하고서는 "인간이 동물의 본성으로까지 깊이 타락하는 것을 예방하기 위해" 하나의 "건전한 제도"로 이브를 창조했다.

그럼에도 불구하고 아담이 동물적 본성으로 타락하려고 들자, 그와 함께하던 신성한 자웅동체성이 그를 떠나 이브의 안에 "여자의 씨앗"으로 보존되었으며, 남자는 이 씨앗의 도움으로 "뱀의 씨앗"으로부터 놓여날 수 있게 되었다. "동정녀 마리아의 몸에서 태어난 이는 아담의 타락 때문에 아담을 떠나야 했던 바로 그 존재이기 때문이다."[82]

오리게네스는 인간의 영혼에도 신성한 짝 혹은 자웅동체성이 있다고 말한다. "태양과 달이 창공에 두 개의 위대한 빛으로 서 있듯이, 우리의 마음에도 그리스도와 교회가 있다." 따라서 아담과 이브도 우리 각자의 내면에 있다. 그레고리오에 따르면, 아담은 정신을위해 서 있고, 이브는 육신을 위해 서 있다.

로마의 클레멘스처럼, 오리게네스는 아담에게 예언의 재능이 있다고 주장한다. "아담이 '그리하여 남자가 아버지와 어머니를 떠나아내와 합하여 둘이 한 몸이 될 것이다.'('창세기' 2장 24절)라고말하면서 기독교와 교회의 위대한 신비를 예언했기 때문이다."

나는 어떤 깊은 의미를 지니는 아라비아 전설에 대해 언급하는것으로 최초의 사람이 갖춘 탁월한 능력에 대한 설명을 끝낼 생각이다. 아담이 낙원을 떠날 때, 신은 가브리엘 천사를 아담에게 보내3가지 선물, 즉 겸손과 지능, 종교 중 하나를 선택하도록 했다. 아담은 조금도 망설이지 않고 지능을 택했다. 그러자 가브리엘이 겸손과 종교에게 당장 하늘로 돌아가라고 명령했다. 그러나 겸손과 종교는 지능이 발견되는 곳마다 지능과 떨어지지 말라는 하느님의명령을 내세우면서 그 명령을 따르길 거부했다. 예언자가 이런 말을 했기 때문이다. "지능의 흔적이 전혀 보이지 않는 자에겐 절대로 복종하지 마라."[83]

....

82　von Baader, Werke, VII, p. 229

83　"Le Livre des Balances", in Berthelot, Chimie au moyen âge, III, p. 140

4. 아담의 양극성

최초의 사람에 대해 "빛"의 성격을 가진 것으로 생각할 필요성이 있었다. 그래서 최초의 사람은 태양과 자주 비교된다. 연금술사들은 이런 측면을 고집하지 않았다. 그래서 나는 여기서 이 문제에 대해 간략하게 설명해야 한다. 그러나 연금술 이외의 문헌에서 대체로 아담은 "빛"의 형상이며, 그 찬란함은 심지어 태양의 찬란함까지 압도한다.

아담은 타락 때문에 빛을 잃었다. 아담의 이중적인 성격을 암시하는 대목이다. 빛을 발하고 완벽한 한편으로 어둡고 세속적인 것이다. 유대교의 랍비 문학 형식인 하가다의 해석은 그의 이름을 흙을 뜻하는 아다마(adamah)에서 끌어내고 있다.

아담의 이중적인 성격은 오리게네스에 의해 확인된다. 한 아담은 흙으로 만들어졌고, 다른 아담은 "하느님의 이미지를 따라 만들어졌으며, 우리의 속사람이고, 눈에 보이지 않고, 육체가 없으며, 불멸이다".[84] 필론도 이와 비슷한 견해를 보였다. '골로새서' 1장 15절에 그리스도가 "눈에 보이지 않는 하느님의 형상이고, 모든 생명체 중에서 가장 먼저 태어났다."는 내용에도 주목할 필요가 있다.

아담의 이중적인 성격은 자웅동체성에도 반영되고 있다. 그래서 도른은 "불같고 완벽한 메르쿠리우스"가 "진정으로 자웅동체인 아담"이라고 말한다. 이 같은 사상은 나아센파에도 보인다. 히폴리토스는 "이 사람들의 진술에 따르면, 그들은 만물의 시작으로 한 사

---

84 In Genesim Hom., Ⅰ, 13

람과 한 사람의 아들을 숭배한다. 그러나 이 사람은 남성성과 여성성을 동시에 갖추고 있으며 그들 사이에 '아다마스'로 불린다. 그리고 그에 대한 찬가는 아주 많고 다양하다.'고 말한다. 히폴리토스가 한 예를 제시한다. "오, 천국의 시민이여, 오, 위대한 이름의 사람이여! 그대로부터 아버지가, 그대를 통해서 어머니가, 두 불멸의 이름이, 아이온(Aeon: 영지주의에서 영체(靈體)를 뜻한다/옮긴이)들의 부모가 …."[85] 아담은 유대교 전통에서도 남성이자 여성이다.

『미드라시 라바』(Midrash Rabbah) 8장에, 아담은 자웅동체 혹은 남자와 여자가 두 개의 얼굴을 가진 채 하나의 몸으로 성장한 것으로 나온다. 하느님이 이 몸을 두 개로 나누고 각각의 반을 등으로 만들었다. 자웅동체성을 통해서, 아담은 페르시아의 가요마르트와도 비슷해지고 플라톤이 말하는 구형의 '원(源) 존재'와도 비슷해진다.

이 사상은 연금술에 약간의 흔적을 남겼다. 예를 들면, 글라우버는 원을 아담의 속성으로, 사각형을 이브의 속성으로 여겼다. 원은 언제나 금과 태양의 상징이다. 『보물들의 동굴의 책』에도 원의 그런 성격이 그려지고 있다. "그런 다음에 하느님은 아담을 만들었다. … 이어 천사들은 아담의 영광스런 외모를 보고 그 아름다움에 감동했다. 아담의 외모가 태양의 공처럼 찬란하게 빛나고, 그의 눈빛은 태양 같고, 그의 육체의 형태는 수정의 빛을 닮았기 때문이다."[86]

헤르메스에 관한 한 아랍어 텍스트는 아담의 창조에 대해 처녀

....

85 Elenchos, V, 6, 4f(Legge, I, p. 120)

86 Bezold, Die Schatzhöhle, p. 3

(이브)가 권력을 잡게 되었을 때 천사 하루스(호루스)가 행성들의 일치된 의지에서 생겨났다고 한다. 이 하루스가 행성들로부터 60개의 정령을, 황도대로부터 83개의 정령을, 가장 높은 하늘에서 90개의 정령을, 땅에서 127개의 정령을, 그러니까 모두 합쳐 360개의 정령을 함께 모아 섞어서 "가장 높은 하늘의 모습에 따라" 최초의 사람 아다마누스를 창조했다. 숫자 360과 "하늘의 형태"는 모두 아담이 원처럼 생겼다는 점을 암시한다.

그러나 자웅동체성과 별도로, 아담의 안에 육체적 본성과 정신적 본성 사이의 반대 때문에 근본적인 양극성이 한 가지 있다. 이 양극성은 아주 일찍부터 느껴졌으며, 랍비 예레미아 벤 엘리자르(Jeremiah ben Eleazar)의 견해에도 표현되고 있다. 엘리자르는 '시편' 139편 5절("주께서 나를 앞뒤로 둘러싸시고")에 대한 자신의 해석을 근거로 아담이 두 개의 얼굴을 갖고 있었음에 틀림없다고 말한다. 또 아담의 육체보다 수 천 년 앞서 창조된 아담의 영혼이 흙으로 빚은 형상 속으로 들어가기를 거부하는 바람에 하느님이 영혼을 억지로 집어넣었다는 이슬람의 견해에도 그런 양극성이 보인다.

어느 랍비의 견해에 따르면, 아담은 심지어 꼬리까지 갖고 있다. 그의 조건은 처음에 더없이 불길했다. 아직 움직이지 못하는 상태로 바닥에 누워 있을 때, 아담은 초록색을 띠었으며 수천 개의 불순한 정령들이 그의 속으로 들어가려고 퍼덕거리고 있었다. 그러나 하느님이 그것들을 내쫓아 오직 하나의 정신, "정신들의 정부(情婦)"인 릴리트만 남게 되었다. 릴리트는 아담의 몸에 아주 강하게 밀착해 그로 인해 임신을 하게 되었다. 이브가 나타났을 때에야, 릴리트는 날아갔다. 악령인 릴리트는 아담의 어떤 측면인 것 같다. 그 전설이 이브가 그와 함께 똑같은 흙으로 창조되었다는 이야기를 들려주기 때문이다. 아담의 몽정에서 무수히 많은 악마와 유령들이 생겨났다는 이야기를 들을 때, 아담의 본성에 나쁜 어떤 점이 짐작된다. 그가 파문을 당하고 천국에서 쫓겨나 이브와 떨어져 살아야 했던 130년 동안에 이런 일이 일어났다.

영지주의에서, 아담의 다른 이름에 지나지 않는 원래의 사람 아다마스는 외설스런 카비리(Cabiri: 고대 그리스에서 비교(秘敎) 의식에서 숭배되었던 여러 신들을 가리키며, 동양에서 기원한 것으로 여겨진다/옮긴이)뿐만 아니라 외설스런 헤르메스와 디오니소스를 유혹한 코리바스와도 동일시되었다. 『피스티스 소피아』(Pistis Sophia: '순수한 소피아')에서, 우리는 아이온들의 지배자로 피스티스 소피아의 빛과 맞서 싸움으로써 악의 편에 서 있는 사바오트 아다마스를 만난다. 보고밀파의 가르침에 따르면, 아담은 하느님의 첫째 아들이고 타락한 천사인 사타나엘에 의해 진흙으로 만들어졌다. 그러나 사타나엘은 아담에게 생명을 불어넣지 못했다. 그래서 하느님이 그를 대신해 아담에게 생명을 주었다. 아담이 내적으로 사탄과 연결된다는 점은 마찬가지로 랍비의 전통에서도 암시되고 있다. 거기엔 아담이 언젠가 사탄의 왕좌에 앉을 것이라는 내용이 있다.

최초의 사람으로서 아담은 '최고의 사람', 즉 안트로포스이며, 그로부터 대우주가 생겨났거나 그가 대우주이다. 아담은 원물질일 뿐만 아니라 모든 사람들의 영혼이기도 한 보편적인 영혼이다. 만다야교에 따르면, 아담은 "세상들의 신비"이다. 안트로포스라는 개념은 처음에 조시모스를 통해 연금술로 들어갔다. 조시모스에게 아담은 이중적인 형상, 즉 육체를 가진 사람이고 또 "빛의 사람"이었다. 안트로포스 사상의 의미에 대해선『심리학과 연금술』에서 길게 논했기 때문에 여기선 추가로 설명할 필요가 없다. 따라서 나는 연금술사들의 사고 과정에 관심을 보인 자료로만 설명을 한정할 생각이다.

이미 조시모스의 글에서 3가지 자료, 즉 유대교, 기독교, 이교도의 자료가 구분된다. 훗날 연금술에서, 이교도의 혼합주의적인 요소가 자연히 뒤로 물러나면서 기독교의 요소가 지배할 공간을 열어준다. 16세기에, 유대교의 요소가 요한네스 로이힐린(Johann Reuchlin: 1455-1522)과 피코 델라 미란돌라에 의해 대중에게 전파되었던 카발라의 영향을 통해서 다시 두드러지게 된다. 조금 뒤 인문주의자들이 히브리어와 아람어 자료, 특히『조하르』를 바탕으로 나름의 기여를 했다. 18세기에 유대인이 썼다고 주장하는 논문이 등장했다. 아브라함 엘리자르의『역사 깊은 화학 작업』(Uraltes Chymisches Werck)은 히브리어 용어를 풍부하게 쓰면서, 니콜라 플라멜에게 금 만드는 기술을 계시했다는 유대인 아브라함의 잃어버린 책을 옮긴 것이라고 주장했다. 이 논문에 이런 구절이 있다.

노아가 나의 검정이 사라지도록 하기 위해 깊은 바다 속에서 나를 힘들여 씻어야 한다. 나는 뱀들이 우글거리는 여기 사막에 누워 있어야 한다. 여기엔 나를 동정하는 것이 하나도 없다. 나는 이 검정

십자가에 묶여 고통과 비참으로 씻겨 하얗게 되어야 한다. 그러면 나의 머릿속은 태양처럼 될 것이고, 나의 심장은 붉은 보석처럼 빛날 것이고, 늙은 아담이 나로부터 나올 것이다. 오! 아담 카드몬이여, 어찌 그리 아름다운가! 세상의 왕의 화려한 의상으로 아름다움이 더욱 돋보이는구나! 케다르 사람처럼, 앞으로 나는 검다. 아! 얼마나 오랫동안 그렇게 검어야 할 것인가! 오, 나의 포도주여, 나를 벗겨주오. 나의 속의 아름다움이 드러나도록….[87]

이 글 속의 화자는 니그레도 상태에 있는 원물질을 의인화한 여자이다. 심리학적으로 보면, 이 검은 형상은 무의식의 아니마이다. 이 조건에서 그녀는 히브리 신비주의의 '네페쉬'(nefesh: '살아 있는 영혼'이란 뜻)에 해당한다. 그녀는 "욕망"이다. 크노르 폰 로젠로트가 신랄하게 말하듯이, "어머니는 아버지가 가진, 낮은 곳을 향하려는 성향에 지나지 않기 때문"이다.

검정은 이브의 죄에서 온다. 술람미와 이브는 악에 물들어 하나의 형상이 되고 있으며, 이 형상은 아이를 밴 어머니처럼 그 안에 최초의 아담을 담고 있으며 동시에 두 번째 아담, 즉 타락하기 전의 아담을, 완벽한 원래의 사람을 연인과 신랑으로 기다리고 있다. 그녀는 그에 의해서 검정으로부터 벗어나기를 바라고 있다.

여기서 다시 우리는 『아우로라 콘수르겐스』에서처럼 '아가'의 신비주의를 만난다. 유대교의 신비적 직관(카발라)이 기독교 신비주의와 결합하고 있다. 신랑과 신부가 한쪽에서 티페레트와 말쿠

....
87 Uraltes Chymisches Werck, Ⅱ, pp. 51f

트로 불리고 다른 한쪽에선 그리스도와 교회로 불리고 있다.『쉬우르 코마』(Shiur Koma)('육체의 측정')라 불리는 논문의 부분들이 증명하듯이, '아가'의 신비주의는 3-4세기 동안에 유대교 신비주의 사이에 나타났다.

티페레트라는 인물은 한 그루의 나무로 여겨지는 세피로트 체계에 속한다. 티페레트는 가운데를 차지한다. 아담 카드몬은 전체 나무이거나 최고 권위인 엔 소프(En Soph: 유대교 신비주의에서 영적 영역의 창조로 스스로를 드러내기 이전의 신을 말하며 무한자로 번역된다/옮긴이)와 세피로트 사이의 중재자로 여겨진다. 앞의 텍스트에 등장하는 검은 술람미는 티페레트와 결합함으로써 원래의 완전성을 회복하길 기다리는 과부로서의 말쿠트에 해당한다. 따라서 아담 카드몬은 여기서 티페레트를 대신하고 있다. 그는 필론의 글에서도 언급되고 미드라시 전통에도 나온다. 미드라시 전통에서 '고린도전서' 15장 47절("최초의 사람은 땅의 사람이고, 두 번째 사람은 하늘의 사람이다.")과 45절("첫 사람 아담은 살아 있는 영(靈)이 되었으며, 마지막 아담은 생명을 주는 영이 되었다.")에서처럼 천상의 아담과 땅의 아담의 구분이 비롯되고 있다. 따라서 원래의 물질적이고 정신적인 사람은 훗날의 영적인 사람과 대비된다.

5. 옛날의 아담

여기서 다시 엘리자르의 텍스트로 돌아간다. 아담이 등장하는 대목에서 시작할 것이다. 독자는 즉시 아담 카드몬과 분명히 동일한

"옛날의 아담"이라는 표현에 강한 인상을 받을 것이다. 대체로 "옛날의" 아담보다는 "두 번째" 혹은 "원래의" 아담이라는 표현을 기대할 것이다. 이유는 주로 "옛날의 아담"이 무엇보다 늙고, 죄를 짓고, 구원 받지 못한 남자를 의미하기 때문이다. '로마서' 6장 6절("우리가 알거니와, 옛 사람이 예수와 함께 십자가에 못 박힌 것은 죄의 육신이 죽어 다시는 죄에게 종노릇 하지 아니 하려 함이니.")의 내용처럼. 이 구절이 저자의 마음 뒤에서 작용하고 있었음에 틀림없다는 것은 다음과 같은 문장으로 확인된다. "나는 이 검은 십자가에 묶이고, 거기서 비참과 고통으로 깨끗이 정화해야 한다."

저자는 자신이 유대인이라고 하지만, 시대착오를 저지르고 있을 뿐만 아니라 기독교적인 자신의 심리를 너무도 명백하게 드러낼 만큼 서툴렀다. 그는 성경에 대해 잘 알고 있었고 또 "성경"의 언어에 익숙했다. 그의 책의 언어는 문법적으로나 문체로나 18세기의 유창한 독일어이다. 그는 도덕심을 함양하는 수사(修辭)를 좋아하는 경향을 보인다. 어쨌든 한 가지만은 분명하다. 그런 사람의 입에서 나오는 "옛날의 아담"이라는 표현은 오직 한 가지 의미를, 말하자면 '골로새서' 3장 9절("옛 사람과 그 행위를 벗어버리고.")의 가르침에 따라 벗어버려야 할 그런 "옛 사람"이라는 의미를 갖는다는 것이다. 저자도 이 구절을 알고 있었음에 분명하다. 그렇다면 그는 "옛날의" 대신에 "원래의" 또는 그런 종류의 무엇인가를 씀으로써, 지금의 글이 야기하고 있는 모순 또는 모호성을 피할 수 있었을 것이다.

나는 세심하지 않은 저자의 스타일에 드러난 사소한 결점을 놓고 중언부언 세밀하게 파고드는 데에 대해 독자들에게 양해를 구한다. 그러나 그것은 단순한 실수 그 이상이다. 모호함으로 가득하고, 전혀 뜻밖의 연결(아담과 술람미 여인!)을 제시하고, 대단히 이질적인 상황들을 서로 결합시키는 텍스트는 꿈의 구조와 비슷한 점을 보이고 있으며, 따라서 거기에 등장하는 형상들을 세밀하게 조사할 필요가 있다. 다른 의미를 전혀 지닐 수 없는 "옛날의 아담" 같은 상투적인 표현은 꿈 같은 텍스트에 뚜렷한 이유 없이 나타나지 않는다. 저자는 단순히 "말 실수"에 지나지 않는다고 변명할지 몰라도. 설령 "옛날의" 아담을 "원래의" 아담으로 이해했을지라도, 그는 어떤 모호한 의도 때문에 이 맥락에서 아주 모호한 "옛날의 아담"이라는 표현을 선택하도록 강요받았다. 그런 일이 진짜 꿈에서 일어났다면, 꿈을 해석하는 사람이 이 표면상의 실수를 간과하는 것은 기술적인 실수가 될 것이다. 잘 알고 있듯이, 이런 실수는 반드시 두 가지 상반되는 경향이 교차하는 결정적인 지점에서 일어난다.

여기서 의심을 품도록 하자. 그런 가운데 "옛날의 아담"이란 표현이 단순한 우연이 아니고 연금술 텍스트에 흔하게 나타나는, 다소 성가신 모호한 표현 중 하나라는 가정 하에 그의 텍스트를 보도록 하자. 이런 모호한 표현이 성가신 이유는 그것이 기만하려는 의도에서 나온 것인지 아니면 무의식의 갈등에서 비롯되었는지 확실히 알 수 있는 길이 없기 때문이다.

"옛날의" 아담은 분명히 술람미 여인으로부터 "다시 나올" 수 있다. 유일한 이유는 그가 언젠가 어떤 식으로든 그녀의 안으로 들어갔기 때문이다. 그러나 그 아담은 오직 늙고 죄를 지은 아담일 수밖에 없다. 술람미 여인의 검은색이, 텍스트가 보여주는 것처럼, 원죄를 나타내기 때문이다. 이 같은 사상의 뒤에, 자연의 권력 아래로 추락한 안트로포스의 원형이 자리잡고 있다. 그러나 우리의 저자가 이 신화에 대해 의식적으로 알고 있었는지 의심스럽다. 정말로 유대교 신비주의 사상을 잘 알고 있었다면, 그는 아담 카드몬, 즉 영적인 최초의 사람이 플라톤이 말하는 그런 "이데아"이며, 그런 것으로서 최초의 사람은 죄를 지은 사람과 결코 혼동될 수 없다는 것 정도는 알았을 것이다.

"옛날의 아담"과 아담 카드몬을 동일시함으로써, 저자는 두 가지 상반된 것을 오염시켰다. 따라서 이 단락의 해석은 이렇게 되어야 한다. 검은 술람미 여인으로부터 아담 카드몬의 안티테제, "옛날의 아담"이 나온다고. 그녀가 살아 있는 모든 것의 어머니로서 땅과 맺고 있는 명백한 관계는 그녀의 아들이 죄를 지은 아담이라는 점을 분명히 보여준다. 앞에서 본 바와 같이, 엔 소프(무한자)의 한 발산(發散)인 아담 카드몬은 그녀의 아들이 아닌 것이다. 그럼에도, 텍스트는 둘을 오염시킴으로써 "옛날의 아담"과 아담 카드몬이 똑같이 술람미 여인으로부터 나오게 하고 있다. "옛날의" 아담과 원초의 사람이 동일한 것처럼 보이고, 따라서 저자는 "옛날의"라는 표현으로 첫 번째 혹은 원래의 아담을 의미할 뜻이었다고 말하면 변명이 되었을 것이다.

한쪽엔 원초의 사람이 우뚝 높이 서 있고, 다른 한쪽엔 세상을 경험하며 죄를 지은 실제의 사람이 저 낮은 곳에 있다. 꿈의 심리학과 원시인의 심리학에서 너무나 자주 만나게 되는 오염 현상은 우연한 사건이 아니라 어떤 공통적인 요소를 근거로 하고 있다. 어느 지점에서 상반된 것들이 동일한 것으로 드러나는데, 이것이 그것들의 오염 가능성을 암시한다.

이를 보여주는 가장 흔한 예의 하나가 바로 신과 신의 동물적 속성의 동일시이다. 이런 모순은 신의 심리학과 동물의 심리학의 비(非)인간적인 특성에서 비롯된다. 신성한 정신은 인간보다 월등히 더 높고, 동물의 정신은 인간보다 훨씬 더 깊이 내려간다.

"옛날의 아담"은 원시인에, 말하자면 오늘날 우리의 의식의 "그림자"에 해당하며, 원시인은 오래 전에 우리의 의식에서 사라진 동물 인간("꼬리 달린" 아담)에게 뿌리를 박고 있다. 원시인조차도 우리에게 이방인이 되었기 때문에, 우리는 원시인의 심리학을 다시 발견해야 한다. 그런 까닭에 분석 심리학이 현대인의 무의식의 산물 중에서 대단히 케케묵은 것뿐만 아니라 동물적인 본능 세계의 사악한 어둠까지 발견해냈을 때, 그것이 놀라움으로 다가올 수 있었다.

"본능" 혹은 "충동"을 심리학적 및 생물학적 용어로 설명하는 것은 가능하지만 그 실체를 명쾌하게 제시하는 것은 불가능한 일이다. 그것들이 공상의 세계에서 특유의 방식으로 스스로를 드러내는 그런 정신적 실체이기도 하기 때문이다.

본능이나 충동은 생리학적 또는 생물학적인 현상일 뿐만 아니라 상징적인 성격을 지닌 의미 있는 공상의 구조들이기도 하다. 본능은 대상을 맹목적으로 무작위로 이해하지 않고 대상에 어떤 정신적 "관점" 혹은 해석을 들이댄다. 왜냐하면 모든 본능이 상황과 부합하는 이미지와 선험적으로 연결되기 때문이다. 이 같은 연결은 식물과 동물의 공생 관계를 통해 간접적으로 증명될 수 있다.

우리는 사람의 내면에서 "신비한" 생각들이 본능 주위로 무리를 지으며 놀라운 세계를 형성하는 것을 직접적으로 들여다볼 수 있다. 이 신비한 생각들은 본능의 표현 형태와 양식까지 결정한다. 본능의 세계는 합리주의자에겐 단순해 보일지 몰라도 원시적인 차원에서 보면 생리학적인 사실들과, 본능을 제한하는 터부와 의례, 계급체계, 부족의 교육 등이 복잡하게 뒤얽혀 상호작용하는 모습을 보인다.

자연적인 조건 하에서, 본능의 무제한적인 충동에 영적 제한이 가해진다. 본능이 적절한 기능을 제대로 성취하도록 하기 위해서다. 이 영적 제한이 본능을 분화시키고 본능을 다양한 곳에 적용할 수 있도록 한다. 원시적 차원에서 하는 의례들은 해석되지 않은 몸짓이지만, 보다 높은 차원에 이르면 의례들은 신화화된다.

이미지와 본능 사이의 이런 기본적인 연결은 가장 일반적인 의미에서 본능과 종교의 상호 의존성을 설명해준다. 본능과 종교의 영역은 상호 보완의 관계이며, 우리는 "본능"을 단순히 "에로스"만 아니라 "본능"이라는 이름으로 불리는 모든 것을 의미하는 것으로 이해해야 한다.

원시적인 차원에서 보면, "종교"는 본능의 역동성을 조정하는 정신적 규제 체계이다. 보다 높은 차원에 이르면, 종교와 본능 사이의 이런 기본적인 상호 의존성이 가끔 사라진다. 그렇게 되면 종교는 쉽게 본능에 대한 방어 수단이 되고, 따라서 원래의 보상 관계가 갈등 관계로 퇴보하게 된다. 이제 종교는 형식주의로 빠지며 화석화되고 본능은 타락한다.

이런 종류의 분열은 단순한 어떤 사건 때문에 일어나는 것도 아니고 또 의미 없는 재앙도 아니다. 이런 분열은 진화 과정 자체의 본질에 속하고, 의식의 지속적 확장과 분화에 따른 불가피한 현상이다. 상반된 것들 사이의 긴장 없이는 어떤 에너지도 있을 수 없듯이, 차이에 대한 지각 없이는 어떤 의식도 있을 수 없기 때문이다.

그러나 차이를 조금만 더 강조해도 양극성을 일으키고, 최종적으로 상반된 것들 사이에 필요한 긴장을 야기하는 갈등을 낳는다. 이런 긴장은 필요하다. 에너지의 생산을 증대시키기 위해서도 그렇고, 차이의 분화를 가속시키기 위해서도 그렇다.

에너지 생산의 증가와 분화의 가속화는 의식의 발달에 반드시 필요한 조건들이다. 그러나 이 긴장은 절대적으로 필요한 조건임에도 불구하고 매우 뚜렷한 단점들을 갖고 있다. 이 단점들이 가끔 해로운 것으로 드러난다. 그러면 갈등을 빚는 당사자들을 화해시키기 위해 어떤 대항 운동이 작동에 들어간다. 의식이 발달한 수천 년 동안에 이런 과정이 무수히 반복되었기 때문에, 그에 상응하는 관습과 의례도 상반된 것들을 서로 화해시킬 목적으로 발달해 왔다.

이런 화해 절차는 사람에 의해 수행되는 의례이지만, 그 절차의 내용물은 현재나 과거의 신성한 영역에서 나오는 도움 혹은 화해의 행위이다. 일반적으로 의례는 인간의 원래 상태와 영웅이나 조상의 시대에 일어난 사건들과 연결되어 있다. 인간의 원래 상태는 대체로 신의 개입으로 도움을 받는 결함 있는 상태이거나 절망적인 상황이며, 신의 개입은 의례에서 반복된다.

간단한 예를 들어보자. 벼가 잘 자라지 않는다면, 벼를 토템으로 여기는 부족의 구성원은 논에 오두막을 짓고 벼에게 벼의 조상 때부터 벼가 자란 방식에 대한 이야기를 들려준다. 그러면 벼는 자신의 뿌리를 기억하면서 다시 자라기 시작할 것이다. 의례에서 조상을 기억하는 행위는 조상의 개입을 부르는 효과를 낳는다.

절망적인 상황은 곧 우호적인 신들이 물러나고 그 대신에 해로운 신들이 등장했거나, 인간의 게으름이나 어리석음, 신성 모독 혹은 알 수 없는 이유로 인해 하늘과 땅을 분리시켜 신들을 소원하게 만들고 있다는 뜻이다. 따라서 현자가 의례를 올리면서 깊은 명상을 통해서 내면의 도(道)를 다시 일으켜 세울 때에만, 하늘과 땅이 다시 결합하게 될 것이다. 이런 식으로, 현자는 자신의 하늘과 땅을 조화시키게 된다.

벼가 결함 있는 상태에서 부패하듯이, 사람도 마찬가지로 신들의 악의나 자신의 어리석음이나 죄에 의해 타락하면서 원래의 본성과 갈등을 빚을 수 있다. 그런 사람은 인간 조상에서 기원한 자신의 뿌리를 망각했으며, 따라서 의례를 통한 상기(想起)가 필요하다. 따라서 사람의 원형, 즉 안트로포스가 형성되어 위대한 종교들의 핵심을 이루게 되었다. '위대한 인간'이라는 관념에서 창조의 위와 아래가 재결합한다.

6. 변형

　아담 카드몬의 출현은 술람미 여자에게 특별한 중요성을 지닌다. 그것이 "머릿속"에 어떤 계몽을 낳기 때문이다. 연금술의 심리학에서, 이것은 전형적으로 연금술사 또는 그의 속사람의 "변형"을 암시한다. 아담이 우리 안에 있는 원초의 사람이기 때문이다.

　이런 견해에 비춰본다면, 엘리자르의 텍스트에는 가볍게 보아 넘겨서는 안 되는 어떤 측면이 있다. 그 텍스트의 생각의 기차가 연금술의 근본적인 관념들의 특징을 보여주기 때문이다. 하나의 의미가 다양한 양상으로 해석된다는 점이 바로 그 특징이다. 엘리자르의 텍스트는 연금술의 '니그레도'에 해당하는 어떤 절망의 상태를 묘사하고 있다. 죄의 검정이 처녀의 땅을 검정 페인트처럼 덮어버린 것이다.

　술람미 여인은 검은 여신들(이시스, 아르테미스, 파르바티(Parvati: 힌두교에서 다산과 사랑, 헌신의 여신으로 통한다/옮긴이), 마리아)과 같은 범주에 속하며, 이 여신들의 이름은 "땅"을 의미한다. 이브는 아담처럼 지식의 나무의 열매를 먹음으로써 신성한 특권의 영역으로 침입한다. "너희가 하느님과 같이 되어 선과 악을 알리." 달리 표현하면, 이브가 뜻밖에 그때까지 사람의 범위 밖에 있던 도덕을 의식할 가능성을 발견했다는 뜻이다.

　그리하여 중대한 결과를 낳을 어떤 양극성이 생겨났다. 하늘로부터 땅이 분리되고, 원래의 낙원이 폐쇄되고, 최초의 사람의 영광도 사라지고, 말쿠트는 과부가 되고, 불 같은 양(陽)이 뒤로 멀리 물러나고, 습한 음(陰)이 인간을 어둠으로 둘러싸면서 점점 커져만 가는 방종으로 인간을 타락시키고, 마침내 살아 있는 모든 것을 위협하는 한편으로 시커먼 것들을 씻어낼 수 있어 희망적으로도 해석되는 대홍수의 물이 넘쳐나기에 이르렀다.

노아도 다른 각도에서 등장한다. 그는 더 이상 재앙을 피해 달아나는 그런 존재가 아니라 물의 주(主)로, 시커먼 것들을 씻어내는 일을 관장하는 존재로 등장한다. 그러나 이런 활동만으로도 충분하지 않은 것 같다. 술람미 여인이 즉시 이와 정반대의 곤경에, 말하자면 이스라엘의 자식들처럼 건조한 사막으로 들어가 독사의 위협을 받는 곤경에 처하기 때문이다. 이는 어떤 의미에서 보면 낙원을부터의 추방을 되풀이하는 것에 지나지 않는 이집트 탈출의 고난을 암시한다. 왜냐하면 이집트의 환락과 이별을 고한다는 것 자체가 우리의 최초의 부모가 살아남기 위해 땀을 흘려야 했던 그 바위투성이 땅만큼이나 고통스런 일로 다가왔기 때문이다.

그러나 극도의 곤경을 겪는데도 불구하고 목표가 성취되지 않는다. 술람미 여인이 다시 검은 십자가에 묶여야 했으니 말이다. 십자가는 단순한 대조를 넘어서 이중의 대조를, 즉 하나의 콰테르니오를 암시한다. 연금술사의 마음에, 이것은 먼저 서로 교차하는 원소들을 의미했다.

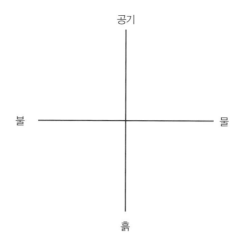

혹은 4가지 특징을 의미했다.

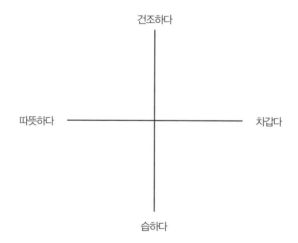

　십자가에 매이는 것은 공중에 걸려 있는 그런 고통스런 상태를 의미하거나 사방으로 찢어지는 것을 의미한다. 따라서 연금술사들은 서로 배척하는 원소들을 화해시키고 그것들을 하나의 단일체로 통합시키는 것을 과제로 삼았다. 우리의 텍스트에서 이 상태는 절망적인 검정이 "비참과 초산"으로 씻길 때에야 사라지게 된다. 비참과 초산은 틀림없이 그리스도에게 마시도록 한 "우슬초와 담즙"을 암시할 것이다.

자주 인용되는 마이어의 텍스트를 보면, 비참과 초산은 구원을 받은 상태의 "환희와 기쁨"과 반대로, '니그레도'의 우울을 의미한다. 비참과 초산으로 씻고 나면, "머릿속", 아마 뇌나 영혼에 '솔리피카티오'(solificatio: 낮은 곳에서 높은 곳으로 이동하는 것을 의미한다. 곧 계몽된다는 뜻이다/옮긴이)의 계몽뿐만 아니라 표백의 결과도 나타난다.

이에 대해선 술람미 여인이 자신의 검은색에 슬퍼하다가 신들로부터 금색 피부를 받았다는 파르바티(힌두교의 여신)의 변형과 비슷한 변형을 경험했다는 식으로밖에 설명하지 못한다. 여기서 우리는 네 갈래로 찢기거나 십자가에 못 박히는 신으로서 원소들의 불화를 나타내고 겪는 동시에 4가지의 통합을 낳고 거기서 더 나아가 통합의 결과물과 동일해지는 것이 바로 라피스 또는 자웅동체라는 점을 강조해야 한다. 연금술사들은 자신들의 원초의 사람과 우리의 저자가 아담 카드몬으로 대체하고 있는 그리스도를 동일시하지 않을 수 없었다.

연금술에서 태양과 금은 같은 개념이다. 그렇기 때문에 솔리피카티오는 "머릿속"이 빛이나 소중한 하얀 흙으로 바뀐다는 뜻이다. 술람미 여인의 가슴도 마찬가지로 "카벙클(carbuncle: 적갈색의 둥근 보석)처럼" 빛날 것이다. 중세 이후로 카벙클은 라피스의 동의어로 여겨졌다. 이 비유는 분명하다. 머릿속이 빛으로 환해지듯이, 가슴이 사랑으로 불탄다는 뜻이다.

따라서 파르바티와 술람미 여인의 차이는 파르바티는 외적으로 변화하고 술람미 여인은 내적으로 변화한다는 점이다. 외적으로 술람미 여인은 언제나 검은 상태로 남는다. 피부가 가무잡잡한 '아가' 속의 술람미 여인과 달리, 우리의 술람미 여인은 자신의 검은색은 마치 칠한 것처럼 자신에게 "달라붙어" 있으며, 자신의 "내면의 아름다움"을 드러내려면 누군가가 옷을 벗겨야만 한다고 말한다. 그녀는 이브의 죄에 의해, 말하자면 잉크 속으로, "팅크제" 속으로 던져져 검게 되었다. 이슬람 전설에서 알라가 아담에게 준 소중한 돌이 아담의 죄에 의해 검게 되었듯이.

연인이 등장할 경우에 분명히 일어날 일인데, 만약에 그녀로부터 저주라는 독(毒)을 없앤다면, 그녀의 "가장 깊은 씨앗"이, 그녀의 "최초의 탄생"이 밖으로 나올 것이다. 우리의 텍스트에 따르면, 이 탄생은 오직 아담 카드몬의 등장을 표현할 뿐이다. 아담 카드몬은 그녀의 검은 피부에도 불구하고 그녀를 사랑하는 유일한 존재이다.

그러나 이 검정은 씻기지 않기 때문에 겉모양 그 이상인 것 같다. 그것이 단순히 그녀의 내면의 계몽에 의해, 그리고 그녀의 신랑의 아름다움에 의해 보상되고 있기 때문이다. 술람미 여인은 아담이 묻혀 있는 땅을 상징한다. 따라서 그녀는 어머니 쪽 조상을 의미하기도 한다. 이 능력을 바탕으로, 검은 이시스는 자신의 오빠이자 배우자인 오시리스의 갈가리 찢긴 사지를 다시 모은다.

따라서 아담 카드몬은 여기서 고전적인 형태의 아들과 연인으로 등장하고, 아들이며 연인인 카드몬은 해와 달의 히에로스가모스를 통해 어머니이자 연인인 여자의 몸 안에서 스스로를 낳는다. 따라서 술람미 여인은 이쉬타르(Ishtar: 바빌로니아 지방에서 숭배되던 사랑의 여신/옮긴이)의 신전 노예라는 전통적인 역할을 물려받는다. 그녀는 연금술사들이 자신의 신성한 물질에 붙인 이름들 중 하나인 신성한 '매춘부'이다.

술람미 여인이 원래의 신분으로 돌아가는 것은 우리의 저자가 천재성을 발휘한 결과가 아니라, 단지 "우리의 아이", 즉 철학자들의 아들이 태양과 달의 아이라는 전통적인 연금술의 관점에 따른 것이다. 그러나 아담 카드몬이 자웅동체의 원초의 사람을 뜻하는 한, 아들은 동시에 그의 부모의 아버지이다. 연금술에 어머니와 아들의 근친상간이라는 개념이 넘쳐나기 때문에, '아가' 속의 술람미 여인은 자동적으로 그녀의 역사적 원형으로 돌아갔다.

우리는 술람미 여인의 검은색이 지닌 완고한 성격에 적절히 관심을 기울였다. 이젠 타락하기 전의 완벽한 아담, 즉 빛나는 원초의 사람을 명백히 의미하는 바로 그 순간에 "옛날의 아담"이 언급되고 있다는 사실이 중요하게 다가온다. 검은 술람미 여인이 최종적 신격화, 즉 완벽한 '알베도'를 놓치듯이, 우리도 최초의 아담이 첫 번째 아담의 아버지이기도 한 두 번째 아담으로 변화했다는 것을 확인하지 못하고 있다. 이 대목에서, 검은색이 사라지지 않듯이 옛날의 아담도 최종적으로 변화하지 않을 것이 아닌가 하는 의심을 지울 수 없다. 이것이 "옛날의 아담"이라는 표현이 저자를 걱정스럽게 만들지 않고 오히려 타당하게 느껴진 깊은 이유일 수 있다.

불행하게도, 보다 훌륭한 것으로 변화한다는 것이 어둠에서 빛으로 완전히 전환하거나 악한 것에서 선한 것으로 완전히 전환하는 것을 의미하는 것이 아니라 기껏 훌륭한 것이 나쁜 것을 약간 앞지르는 그런 상황으로 개선된다는 것을 의미한다. 그러므로 "옛날의" 아담을 끌어들여 일을 더욱 복잡하게 만든 것이 그저 우연이 아닌 것처럼 보인다. 왜냐하면 "옛날"의 아담이 다음과 같은 원형적인 콰테르니오에서 한 요소를 이루기 때문이다.

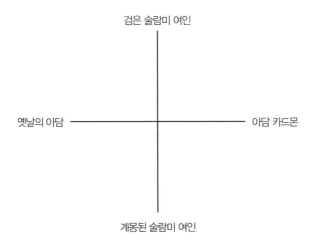

아니면 이런 콰테르니오도 가능하다.

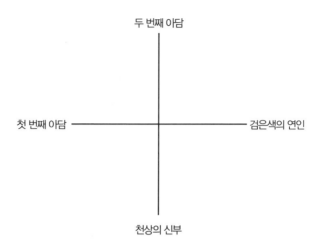

이 구조는 『전이의 심리학』에서 논한 결혼 콰테르니오에 해당한다. 어떤 정신적 사실들을 바탕으로 한 이 결혼 콰테르니오의 구조는 이렇다.

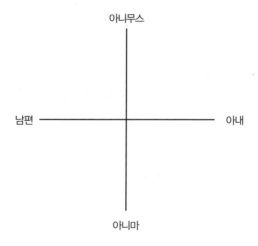

이런 구조도 가능하다.

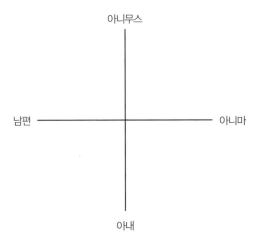

이 콰테르니오는 연금술에서 상당한 역할을 하지만, 연금술의 고찰에서 나온 산물이 아니라 원시적인 결혼 제도까지 거슬러 올라가는 한 원형이다. 하나의 콰테르니오로서, 이 콰테르니오는 어떤 완전한 판단을 나타내고 있으며 또 사람이 추구하는 전체성의 정신적 구조를 설명하고 있다. 이것은 한편으론 개인의 구조를, 즉 반대 성(性)의 성격을 지닌 무의식과 결합한 상태에 있는 남자 또는 여자의 자아를 표현하고, 다른 한편으론 심리학적 개인이 완전해지는 데 반드시 필요한 이성(異性)과 자아의 관계를 표현하고 있다. (여기서 나는 주로 정신적 관계에 대해 말하고 있다.)

그러나 이 도식에선 연금술의 특징인 변형이란 개념은 보이지 않는다. 과학적인 학문으로서, 경험 심리학은 의식적인 자아의 가치가 마찬가지로 자아처럼 긍정적인 측면과 부정적인 측면을 갖고 있는 아니마보다 "더 높은지" 아니면 "더 낮은지"에 대해 말할 수 있는 입장이 아니다.

과학은 가치 판단을 하지 않는다. 심리학에도 "가치"라는 개념이 있지만, 그것은 "강도"(强度)의 개념에 지나지 않는다. 생각들의 집합체인 어떤 콤플렉스의 동화력이 다른 콤플렉스의 동화력보다 클 때, 전자의 콤플렉스가 후자보다 더 높은 가치를 지닌다고 말할 수 있다.

변형이라는 연금술의 개념은 가치의 정신적 개념에 그 뿌리를 두고 있다. 이 가치 개념은 "변형된 것"을 더 가치 있고, 더 훌륭하고, 더 높고, 더 정신적인 것으로 여긴다. 연금술의 이런 경향에 대해 경험 심리학은 반대할 것이 전혀 없다. 그러나 평가하고 측정하는 것이 감정의 기능임에도 불구하고 심리학에서 어떤 역할을 맡고 있기 때문에, 어쨌든 가치도 고려되어야 한다. 단정이나 가치 판단이 어떤 대상에 대한 설명에 반드시 필요한 부분으로 받아들여질 때, 그때엔 가치를 고려하지 않을 수 없게 된다.

의식적 및 무의식적 인격의 에너지 가치뿐만 아니라 도덕적 가치도 개인에 따라 편차가 아주 많이 난다. 일반적으로 보면 의식적인 측면이 많은 한계를 갖고 있음에도 불구하고 지배적인 위치를 차지한다. 따라서 심리학적 구조의 도식과 연금술의 도식을 비교하려면, 심리학적 구조에 변형이라는 개념을 더해서 변화를 줘야 한다. 이런 식의 조작은 원칙적으로 이해 가능하다. 아니마와 아니무스를 의식적인 것으로 만드는 과정이 실제로 인격의 변형을 초래하기 때문이다.

따라서 이 문제에 관심을 주는 사람은 주로 심리치료사이다. 심리치료사의 치료 원리들 중에서 가장 근본적인 것은 의식적 깨달음이 인격을 변화시키는 데 가장 중요한 요소라는 원리이다. 그런 변형 중에서 이로운 측면은 어떤 것이든 "향상"으로 평가받는다. 주로 환자 본인의 진술이 평가의 기준이 된다. 향상은 무엇보다 먼저 환자의 건강과 관련있지만, 도덕적 향상도 있을 수 있다.

평가가 철학적 혹은 이론적 편향이 작용하는 영역까지 건드리게 되면, 앞의 진술들은 증명하기가 점점 더 어려워지거나 불가능해진다. "향상"이라는 문제 자체가 너무나 미묘하기 때문에, 이 문제에 관한 한 세밀하게 비교하거나 숙고하는 것보다는 자의적 결정에 맡기는 것이 훨씬 더 수월하다. 철학적 편향이 작용하는 이 특별한 정원을 그저 습관적으로만 다듬으면서 "단순화하려 드는 사람들"에겐 세심한 비교나 숙고가 모욕으로 느껴진다.

변형과 향상이라는 사실이 의문의 대상이 될 수는 없지만, 그럼에도 불구하고 오해의 소지를 남기지 않고 우리의 도식과 완벽하게 맞아떨어지는 변형이나 향상을 발견하는 것은 매우 어려운 일이다. 따라서 우리는 의식적 깨달음과 그 깨달음이 야기하는 전체성(개성화)을 고스란히 보여주는 그런 종류의 변형을 우리의 도식의 언어로 표현하겠다는 생각을 아마 포기해야 할 것이다.

순진한 마음의 소유자에게 불완전하고 타락한 옛날의 아담은 단지 완벽한 "원초의 사람"과 대비되고, 검은 이브는 계몽되고 더 고귀한 존재와 대비될 뿐이다. 현대의 관점은 이보다 훨씬 더 현실적이다. 이유는 현대의 관점이 원래 신화적인 상황을 말해주는 원형적 도식에서 투사를 배제하고 또 무대에도 현실성 없는 신화적인 인물들을 올리는 것이 아니라 진짜 인간 존재들과 그들의 정신을 올리고 있기 때문이다.

그러면 남자 또는 남자의 자아의식은 여자의 무의식 안에 있는 아니무스와, 말하자면 여자의 무의식 안에서 여자가 남자를 과대평가하거나 남자에게 항의하도록 만드는 그 아니무스와 대조를 이룬다. 여자나 그녀의 자아의식과 대조를 이루는 형상은 남자의 무의식 속에서 온갖 환상을 불러일으키고 있는 원천인 아니마이다. 남자는 어떤 여자와 관련해서 이 아니마를 과대평가하거나 과소평가하면서 잘못을 저지른다.

이 도식에서 남자가 아니무스보다 더 훌륭하다거나 거꾸로 아니무스가 남자보다 더 훌륭하다거나, 아니면 아니마가 여자보다 "더 높은" 존재라는 점을 암시하는 것은 아무것도 없다. 이 도식은 또 발달이 어느 방향으로 향하고 있는지에 대해서도 아무런 암시를 하지 않는다.

그래도 한 가지만은 분명하다. 환자가 기술적이고 도덕적인 절차를 오랫동안 거친 결과 경험을 근거로 이 구조에 대한 지식을 터득하고 이 지식에 따르는 책임을 받아들일 때, 그런 경우에 개인의 통합이나 완성이 일어날 수 있다는 사실이다. 개인은 이런 식으로 완전성에 가까이 다가갈 수 있지만, 어떤 세계 철학들의 이상인 완벽에는 이르지 못한다.

중세에는 "철학"이 사실을 지배했다. 그 정도가 얼마나 심했던지, 비(卑)금속인 납에게도 어떤 조건에서 금으로 바뀔 수 있는 능력이 주어졌고, 시키면 "정신"을 가진 사람에게도 스스로 보다 높은 "영적" 존재로 바뀔 능력이 주어졌다. 그러나 이론적으로 금이 될 수 있는 납이 실제론 절대로 금이 되지 않은 것처럼, 우리 시대의 냉철한 사람도 최종적인 완벽을 이룰 가능성을 찾아 주위를 두리번거리고 있으나 아무런 결실을 얻지 못하고 있다.

따라서 과학이라는 이름으로 불릴 만한 사실들을 근거로 한 객관적인 관점에서, 현대인은 자만심을 약간 낮춰야 한다는 점을 깨달아야 하고 또 완벽이라는 이상을 추구할 것이 아니라 완전함에 조금씩 더 가까워지는 것으로 만족할 줄 알아야 한다. 이런 식으로 이뤄지는 진보는 영성화라는 고양된 상태로 이어지지 않고 현명한 자기 제한과 겸손을 낳으며, 따라서 보다 덜 선한 것의 약점을 보다 덜 악한 것의 강점으로 균형을 맞추도록 한다. 따라서 우리가 심리학적 도식을 연금술의 도식과 맞아떨어지게 그리지 못하게 막는 것은 종국적으로 옛날의 세계관과 현대의 세계관, 중세적인 낭만주의와 과학적 객관주의 사이의 차이이다.

그러나 내가 과학적 심리학이라는 객관적인 바탕에서 윤곽을 그린 보다 비판적인 관점은 연금술의 도식 안에 암시되어 있다. 옛날의 아담이 다시 와서 그 도식 안에 아담 카드몬만큼이나 당당하게 있듯이, 검은색이 술람미 여인에게서 떠나지 않기 때문이다. 이것은 변형 과정이 마무리된 것이 아니라 여전히 진행 중이라는 점을 암시이다. 사정이 이렇기 때문에, 옛날의 아담이 아직 버려지지 않았고 술람미 여인도 아직 희게 되지 않았다.

히브리 신비주의 관점에서 보면, 아담 카드몬은 보편적 영혼 또는 심리학적으로 "자기"일 뿐만 아니라, 그 자신이 3개 혹은 4개의 부분으로 분할되는 변형의 과정이다. 이를 나타내는 연금술 공식이 바로 마리아의 공리이다. "하나가 둘이 되고, 둘이 셋이 되고, 이 세 번째에서 네 번째의 것으로 그 하나, 즉 '절대자'가 나온다." 랍비 아브라함 코헨 이리라(Abraham Cohen Irira)의 논문은 이렇게 말한 다. "아담 카드몬은 단자(單子)와 절대자에서 나온다. 그런 만큼 그 는 통합이다. 그러나 그는 또한 아래로 내려가 자신의 본성 속으로 돌아간다. 그렇게 보면 그는 둘이다. 그리고 다시 그는 자신의 내면 에 갖고 있던 단자로, 가장 높은 곳으로 돌아갈 것이다. 그래서 그는 3이고 4이다."[88] 이 같은 생각은 "근원적인 이름", 즉 신의 이름 네 글 자를 일컫는 '테트라그라마톤'(Tetragrammaton)을 가리킨다.

신을 일컫는 이름의 네 글자는 3개의 서로 다른 글자에 두 번째 글자를 반복하고 있다. 히브리 단어 YHVH에서, '그'는 여성이며, 아내로서 요드(yod: 히브리어 알파벳의 열 번째 글자/옮긴이)와 바우(vau: 히브리어 알파벳의 여섯 번째 글자/옮긴이)에 속한다. 그 결과 요드와 바 우는 남성이며, 여성인 '그'는 이중으로 연결되어 있음에도 하나이 며 독립적인 단위이다. 그렇다면 근본적인 이름은 하나의 트리아 드이다. 그러나 '그'가 이중으로 연결되어 있기 때문에, 근본적인 이름은 콰테르니오이다. 이는 마리아의 공리와 너무나 이상한 방 식으로 일치한다.

한편, 신을 일컫는 4개의 글자를 뜻하는 '테트라그라마톤'은 이 중의 결혼으로 이뤄져 있으며, 따라서 아담 도형과 똑같이 놀라운 방식으로 일치하고 있다. 여성적인 '그'를 이중으로 연결하는 것은 원형적이다. 왜냐하면 결혼 콰테르니오가 여성적인 형상들의 차이

....
88 Kabbala denudata, I, Part 3, "Porta coelorum", p. 116

와 동일성을 동시에 전제하기 때문이다.

이미 본 바와 같이, 이 말은 두 명의 남자의 형상에도 그대로 통한다. 이 경우엔 둘 사이의 차이가 언제나 지배적이긴 하지만. 이것도 그리 놀라운 일은 아니다. 이런 것들이 대부분 남자의 상상력에서 나온 결과물이기 때문이다. 따라서 남성의 형상은 차이가 절대적으로 작용하는 남자의 의식과 일치한다. 여성의 형상은 이중적으로 연결되어 있음에도 분화가 아주 조금 되어 있으며, 그래서 동일한 것으로 보인다. 이중적이면서도 동일한 이 형상은 아니마와, 말하자면 언제나 "무의식"의 상태에 있는 까닭에 비(非)분화의 특징을 보이는 아니마와 정확히 맞아떨어진다.

이 같은 생각을 연금술 도식에 적용하면, 연금술 도식을 심리학적인 방법으로는 불가능한 방식으로 바꿔놓을 수 있다. 그러면 연금술의 도식과 심리학의 도식을 공통의 특징으로 환원할 수 있는 어떤 공식이 나온다.

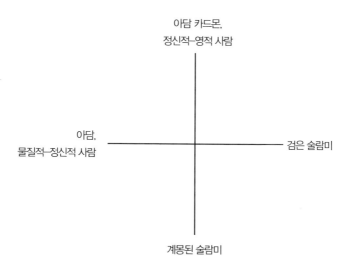

결정적인 사항, 즉 변형이 완전하지 않다는 사실은 텍스트에서 저절로 드러난다. 원했던 완벽이 미래로 미뤄지기 때문이다. "수많은 산들로 둘러싸인 그녀는 자유롭게 되리라." 이를 위해 신성한 기적이 필요하다. 가나안을 짓밟고 불태우고, 하늘을 무너뜨리고, 산들을 녹게 하는 것이 그런 기적이다. 이런 힘든 과정을 통해, 완벽을 성취하기 전에 극복해야 할 난관들이 얼마나 어려운지를 보여준다.

술람미 여인이 산에 둘러싸여 있다고 한 대목은 파르바티와 비슷한 점을 떠올리게 한다. 파르바티의 이름 자체가 "산지 거주자"라는 뜻이며, 파르바티는 히마바트(히말라야)의 딸로 여겨졌다. 남편 시바로부터 경멸의 소리를 들은 원인인 검은 피부를 원망하면서, 파르바티는 남편을 떠나 숲의 고독 속에 묻힌다. 술람미 여인은 고독과 은둔 속에서 이렇게 감탄한다.

> 뭐라고 해야 할까? 나는 은둔자들 사이에 외롭게 지내고 있어. 그럼에도 가슴은 기쁨으로 충만해. 나 자신이 남몰래 홀로 살면서 나의 안에서 스스로를 새롭게 가꿀 수 있으니. 그러나 나는 나의 검은 색 밑으로 더없이 아름다운 초록을 숨기고 있어.[89]

불완전한 변형의 상태는 고문으로만 보이지 않고 행복의 순간이기도 한 것 같다. 그것은 누군가가 정신적 변형이라는 미로 속을 방황하다가 고독과 어울리는 어떤 비밀스런 행복을 우연히 찾게 된

....
89 Eleazar, Urates Chymisches Werck, II, p. 52

그런 상태와 비슷하다. 그 사람은 자기 자신과 대화하면서 죽기보다 싫은 그런 권태와 우울을 느끼는 것이 아니라 내면의 파트너를 발견한다. 그 이상으로, 은밀한 사랑의 행복 같은 어떤 관계를 발견할지도 모른다. 아니면 초록색 씨앗이 황무지에서 미래의 수확을 약속하면서 싹을 틔우는 그런 은밀한 봄날을 발견하는 감정을 느낄 것이다. 그것은 연금술의 '축복받은 초록'인데, 이 초록은 한편으론 "금속들의 부패"를 의미하고 다른 한편으론 생명의 신성한 정신을 만물에 비밀리에 주입하는 것을 의미한다. 『로사리움 필로소포룸』의 저자는 "오, 축복 받은 초록이여, 만물을 낳으소서!"라고 외친다.

초록은 희망과 미래를 의미하고, 이해하기 힘든 술람미 여인의 숨겨진 기쁨의 원천은 바로 거기에 있다. 그러나 연금술에서 초록은 또한 완벽을 의미한다. 그래서 아르날두스는 이렇게 말한다. "따라서 아리스토텔레스는 자신의 책에서 보통의 금이 아니라 우리의 금에 대해 말한다. 이 물질 안에 있는 초록이 물질의 완벽을 의미하기 때문이다. 그래서 우리의 상상역에 초록은 금방 진짜 금으로 바뀐다."[90]

검은 술람미 여인의 희망은 어느 날 "저녁 시간"에, 아마 삶의 황혼녘에 자신이 노아의 비둘기처럼 되는 것이다. 부리에 문 올리브 잎을 갖고 홍수의 끝을 선언하면서, 하느님이 사람들의 자식들과 화해했다는 뜻을 전하는 신호로 나타난 그 비둘기 말이다. '아가' 2장 14절은 이렇게 말한다. "바위틈 낭떠러지의 은밀한 틈에 있는

90 "Speculum alchimiae", Theatr. chem., IV, p. 605

나의 비둘기여, 내가 네 얼굴을 보게 하고 네 목소리를 듣게 하라." 우리의 텍스트에서 술람미 여인의 머리는 태양처럼 금색이 될 것이고 그녀의 머리카락은 달처럼 될 것이다. 따라서 그녀는 자신이 해와 달의 컨정션이라고 선언한다. 정말로, 황금 머리와 텁수룩한 머리카락은 연인의 특성들이다.

그녀는 사실 연인과 섞였다. 이것으로 봐서, 완벽한 상태는 신랑과 신부를 하나의 형상으로 녹이는 것, 말하자면 태양과 달의 아이라는 것이 명백해진다. 검은 술람미 여인은 "텁수룩한 머리 타래와 까마귀처럼 검은 피부"에 어울리게 달이 되며, 달은 이리하여 "반짝이는 곱슬머리"를 얻게 된다.

7. 구형(球形), 머리, 뇌

'아가'에서 인용한 앞의 구절들이 주로 "황금" 머리에 관한 것일지라도, 황금 머리라는 모티프는 연금술에도 '아가'에 대한 직접적 언급 없이 등장한다는 점을 강조해야 한다. 그리스 연금술에서 연금술사들은 "황금 머리의 후손"이라 불렸다. "단일한"(즉, 신성한) 물질은 신이 자신의 대변자로 보낸 다니엘을 따라, "황금 머리"라 불렸다.

전설에 따르면, 아라비아의 과학을 전파한 교황 실베스테르(Sylvester) 2세(946?-1003)는 신탁을 전한 황금 머리를 가졌다. 이 전설은 아마 신탁을 전하는 머리라는 하란의 의식까지 거슬러 올라갈 것이다. 머리는 또한 신비의 물질을 의미하는 '둥근 신체'

(corpus rotundum)라는 부차적인 의미를 갖고 있다. 이 의미가 특별히 우리의 텍스트와 관계있다. 왜냐하면 머리의 "안쪽"이 금이나 하얀 흙으로 바뀌기 때문이다.

하얀 흙은 '나뭇잎 모양의 하얀 흙'이며, 이 경우에 이것은 뇌일 것이다. 이 같은 짐작은 "머리의 안쪽"이 '머리 안의 골수'로 번역된다는 사실로 뒷받침된다. 이 외에 뇌는 신비의 물질을 뜻하는 단어로,『로사리움 필로소포룸』에 헤르메스를 인용한 대목에서 확인된다. "그의 뇌를 받아서 그것을 매우 강력한 초산을 이용해 가루로 만들어라. 검게 될 때까지." 뇌는 창공 위에 있는 물, "하늘보다도 더 높은 곳에 있는 물의 정신"이 깃든 자리라는 이유로 연금술사들에게 관심의 대상이었다('창세기' 1장 7절).『비시오 아리슬레이』에서, 바다의 왕의 뇌는 오빠-누이 짝의 탄생지이다.『리베르 콰르토룸』은 뇌를 "신성한 부위의 주거지"라고 부른다. 뇌가 "합리적인 영혼과 아주 비슷한 점"을 갖고 있고, 영혼은 신의 한 특징인 "단순함"을 갖고 있기 때문이다.

뇌가 연금술 과정에 은밀히 참여하는 것처럼 보였기 때문에, 고대 중국의 위백양은 "뇌가 필요한 시간 동안 적절히 보살핌을 받을 수 있다면, 그 사람은 확실히 기적을 성취할 것"이라고 말한다. 뇌에 대한 언급은 그리스 연금술에서도 발견된다. '돌이 아닌 돌'과 동등한 것으로 여겨진 '뇌-돌'이 특별히 큰 역할을 했다. '돌이 아닌 돌'이라는 표현은 조시모스가 뇌를 뜻하는 것으로 쓴 표현들 중 하나이다. 조시모스는 또 뇌를 "신에 의해 주어지지 않으면서 주어지는" 것이라고도 부르고 "미트라교의 비밀"이라고도 부른다. "철

학의 돌"에 관한 한 논문은 "안티몬은 하얀 뇌의 돌"이라고 말한
다.[91] 페노투스의 상징표에 뇌는 달과 세례의 신비, "지옥의 신들"과
연결되고 있다. 초승달은 '알베도'와 하얀 돌을 의미한다. 세례는
바다 바닥의 유리집에 갇혔다가 변형된, 바다의 왕의 아이들이 겪
은 경험과 비슷하다. 지옥의 신들은 의식과 지성의 자리를 통해 뇌
와 연결될 수 있다. 의식이 신성한 전체성으로부터 멀어지면서 "죄
많은" 존재를 영위하기 때문이다.

조시모스는 연금술과 영지주의를 연결하는 고리이다. 영지주의
에서도 비슷한 사상들이 발견된다. 영지주의에서 뇌는 "용의 머
리 모양"을 하고 있다.[92] 한편으론 아담과 비슷하고 또 한편으론 키
레네 산의 헤르메스(Kyllenic Hermes)와 비슷한 사악한 코리바스
(Korybas)는 "높은 곳의 머리와 특징 없는 뇌"에서 나와서 모든 것
속으로 스며들지만, "우리는 그가 어떻게, 어떤 모습으로 오는지에
대해서는 모른다". 여기서 히폴리토스는 '요한복음' 5장 37절을 의
역하고 있다. "우리는 그의 목소리를 들었지만 그의 모습은 보지
못했다." 이는 특별히 무의식적인 요소를 암시한다. 이 측면을 강조
하기 위해, 히폴리토스는 한 걸음 더 나아가 코리바스는 "진흙으로
만든 이미지", 즉 사람 속에 거주한다고 말한다. "이것은 홍수 속에
거주하는 신이며, '시편'은 이 신에 대해 여러 물들로부터 크게 소
리를 지른다고 말한다."고 히폴리토스는 전하고 있다.[93]

....

91   Berthelot, Alch. grecs, Ⅲ, ⅹⅹⅰⅹ, 4

92   Hippolytus, Elenchos, Ⅳ, 51, 13

93   Elenchos, Ⅴ, 8, 13ff.

우리는 이것을 의식을 향한 무의식의 갈망으로 볼 수 있다. 이 구절이 현대적인 의미의 심리학에 대해선 상상조차 하지 못하던 시대(A.D. 2세기경)에 나온 것이라는 점을 고려한다면, 히폴리토스가 적절히 활용할 수단이 거의 없는 가운데서도 심리학적 사실들에 대해 꽤 정확한 설명을 내놓으려고 노력했다는 점을 인정하지 않을 수 없다.

지금까지 인용한 여러 자료들은 연금술 사상의 바탕이 아주 독창적이었다는 점을 보여주기에 충분하다. 만약 거기서 전통의 연속성이 확인되지 않는다면, 우리는 똑같은 사상이 원형적인 토대 위에서 거듭해서 저절로 일어날 수 있다는 점을 인정해야 한다.

8. 전체성으로서의 아담

뇌와 흙이 신비의 물질로서 지니는 의미를 파악했기 때문에, 우리는 엘리자르의 텍스트에 대해 논평하는 데 필요한 조건을 두루 갖추었다.

연금술의 한 비법은 이렇게 말하다. "나뭇잎 모양의 하얀 흙에 금을 뿌려라."[94] 이리하여 금(태양)과 하얀 흙, 즉 달이 결합한다. 기독교에서도 연금술에서처럼 흙과 달은 밀접히 연결되어 있으며, 신성한 어머니라는 형상에 의해 서로 결합한다.

해와 달의 컨정션은 머리 속에서 일어난다. 이 사건의 정신적 본질을 암시하는 대목이다. 내가 말한 바와 같이, "정신"이라는 개념
....
94 Ros. phil., Art, aurif., Ⅱ, p. 336

은 오늘날 우리가 잘 이해하고 있듯이 중세에는 존재하지도 않았으며, 교육을 받은 현대인까지도 "정신의 실체"라는 표현의 의미를 이해하는 데 상당한 어려움을 겪는다. 그렇기 때문에 중세 사람에게 '실제로 존재하는 것'(esse in re)과 '관념으로만 존재하는 것'(esse in intellectu solo) 사이의 무엇인가를 상상하는 것이 꽤 어려웠다는 사실은 놀라운 일이 아니다.

난국에서 빠져나오는 길은 "형이상학"에 있었다. 그래서 연금술사들은 자신의 준(準)화학적인 사실들을 형이상학적으로 공식화하지 않을 수 없었다. 한 예로, 하얀 흙은 "인간"을 의미하는 땅에 해당하며, 따라서 하얀 흙은 "세계의 모든 원들 그 이상으로 높이 찬송을 들었으며, 더없이 신성한 삼위일체의 지적인 천국에 놓여졌다".[95] (하얀 흙은 틀림없이 삼위일체에 "네 번째"로 더해지면서 삼위일체를 하나의 전체성으로 완벽하게 만들었을 것이다.) 뚜렷이 이단적인 이 대목은 무의식에 남았으며, 그 결과는 절대로 겉으로 드러나지 않았다.

엘리자르가 끌어내는 결론은 설명을 요구한다. 그가 완벽한 상태, 즉 해와 달의 융합과 관련해서 '욥기'의 한 구절에 빗대어 "나의 땅에서 피가 흘러나올 것이다."라고 했다는 점은 그 자체로 놀랍다. 엘리자르의 이 말은 그 융합이 암수동체인 두 번째 아담, 즉 예수 그리스도와 교회의 '신비체'의 탄생을 상징한다고 볼 때에만 타당성을 지닌다. 교회 의식에서, 융합과 동등한 것은 물질들을 섞는 것, 즉 빵과 포도주의 양종(兩種) 성찬식이다. 따라서 '욥기'의

....
95 "De arte chymica", Art. aurif., Ⅰ, p. 613

그 구절은 마치 그리스도가 "나의 흙에서, 나의 몸에서 피가 흐를 것이다."라고 말하는 것처럼 해석되었을 것임에 틀림없다. 그리스 정교회 의식에서 빵 조각은 그리스도의 몸을 상징한다. 성직자는 피와 은총이 흐르는 그리스도의 옆구리의 상처를 상징적으로 표현하기 위해서 은으로 만든 자그마한 창으로 빵을 찌른다.

이미 본 바와 같이, 연금술에서 흙은 신비의 물질이며, 여기서 예수 그리스도의 몸과 낙원의 붉은 흙인 아다마가 동일시된다. 아다마에서 아담이라는 이름이 나왔다. 따라서 여기서 다시 낙원의 흙은 신비체와 연결된다. (특별히 기독교적인 이 사상은 저자가 유대인이라는 주장과 잘 어울리지 않는다.)

그럼에도 불구하고, 엘리자르가 말하듯이, 이 흙이 "불과 섞이는" 것은 이상하다. 이 대목은 "중심의 불"이라는 연금술 사상을 떠올리게 한다. 이 불의 온기에 의해 모든 자연이 싹을 틔우고 자란다. 왜냐하면 불 안에 불이 이기지 못하는 메르쿠리우스의 뱀과 불을 먹고 사는 용이 살고 있기 때문이다.

이 불은 신의 불(뵈메의 "신의 분노의 불")의 일부이지만, 신의 천사들 중에서 가장 아름다운 루시퍼이기도 하다. 이 루시퍼는 타락한 뒤에 지옥의 불이 되었다. 엘리자르는 이렇게 말한다. "이 늙은 아버지-'자식 생기게 하는 존재'는 언젠가 원초적인 카오스에서 나올 것이고, 그는 불을 뿜는 용이다." 하늘을 날아다니는 용은 보편적인 "자연이고, 만물의 시작"이다.

불이 땅과 뒤섞이는 것을 보여주는 또 다른 자료는 '요한계시록' 1장 14절에 나오는 사람의 아들의 이미지일 것이다.

그의 머리와 털은 양털처럼 희고, 눈처럼 희며, 그의 눈은 불꽃 같고 그의 발은 풀무에 단련된 빛나는 주석 같고, 그의 음성은 맑은 물소리와 같으며, 그의 오른손엔 일곱 개의 별이 있고 그의 입에선 양날의 검이 나오고, 그의 얼굴은 해가 강하게 빛나는 것 같다.

여기서 다시 머리는 해에 비유되고 있으며, 보름달의 흰빛과 결합하고 있다. 그러나 두 발은 불 속에 서 있으면서 쇳물처럼 빛난다. 우리는 '욥기' 28장 5절('두에이 성경': "땅이 불과 함께 뒤집어지고")에서 아래쪽의 불을 본다. 그러나 "거기서 빵이 나온다." 이거야말로 극단적으로 상반된 것들이 결합하는 이미지가 아닌가. 계시록의 이미지에서 우리는 신의 사랑의 진정한 화신인 사람의 아들을 거의 느끼지 못할 것이다. 그러나 복음서들의 그리스도보다 계시록의 이미지가 연금술사들의 역설에 훨씬 더 가깝다. 복음서에 나오는 그리스도의 내면의 양극성은 "사탄아, 내 뒤로 물러가라."고 한 사건 뒤로 점차 소멸한다. 그러다 '요한계시록'에서 양극성이 다시 보인다.

엘리자르가 계시록에 등장하는 사람의 아들을 마음에 두고 있었다는 우리의 짐작은 프랑스의 어느 원고(18세기)에 "사람의 아들"을 그려놓고 그에게 16개의 점으로 의미 있는 숫자인 4×4를 부여한 삽화가 있다는 사실로 뒷받침된다. 이 숫자는 에스겔의 환상에 나오는 4명의 케루빔(천사의 계급 중 두 번째로 높은 계급/옮긴이)을 가리키는데, 이 케루빔은 모두 4개의 얼굴을 갖고 있다('에스겔서' 1장 10절). 이 원고 속의 "사람의 아들"은 17세기와 18세기의 연금술

삽화에 등장하는 자웅동체 메르쿠리우스처럼 이단의 분위기를 풍기고 있으며 여자처럼 옷을 입고 있다. 이 형상의 모델들은 성 요한의 환상('요한계시록' 1장과 4장)과 다니엘의 환상('다니엘서' 7장 9절)이다.

"예소드"는 카발라의 세피로트 나무 맨 아래에 위치한 트리아드에서 가운데를 차지하며 동시에 아홉째인 세피라이며, 우주의 창조력과 생식력으로 해석되었다. 연금술에서, 예소드는 '성장하는 정령' 메르쿠리우스에 해당한다. 메르쿠리우스가 연금술에서 키레네 산의 헤르메스와 연결되면서 남근의 측면을 갖고 있는 것처럼, 『조하르』를 보면 예소드도 그런 특징을 갖고 있다. 정말로, 예소드의 다른 이름인 "Zaddik" 혹은 "단 하나"는 생식기를 의미한다. 그는 "물의 분출" 혹은 "관"(管)이고, "수로"이고 "거품 일으키는 샘"이다.

이 같은 비유가 현대인의 정신이 일방적인 해석을 내놓도록 만들었다. 예를 들면, 예소드는 단순히 페니스에 지나지 않는다거나, 거꾸로 너무나 분명하게 성적인 언어는 실제 성욕과 아무런 관계가 없다는 식의 해석이 있다.

그러나 신비주의에는 단 한 가지 의미만을 지니는 "상징적" 대상은 없다는 사실을 기억해야 한다. 성욕도 영성을 배제하지 않고, 영성도 성욕을 배제하지 않는다. 신 안에서 모든 반대가 사라지기 때문이다. 게르하르트 숄렘(Gerhard Scholem: 1897-1982)이 거의 언급하지 않는, 『조하르』에 나오는 시메온 벤 요카이(Simeon ben Yochai)의 '신비의 결합'에 대해 생각하기만 하면, 그런 사실이 확인된다.

예소드는 메르쿠리우스와 관련 있는 의미를 여러 가지 갖고 있다. 연금술에서 메르쿠리우스는 정신과 육체를 결합시키는 영혼의 "인대"(靭帶)이다. 메르쿠리우스의 이중적인 본성은 메르쿠리우스가 조정자의 역할을 맡도록 하고, 메르쿠리우스는 육체적이고 정신적이며 그 자체로 이 두 가지 원리의 결합이다. 따라서 예소드 안에서 위, 즉 티페레트와 아래, 즉 말쿠트의 "결합"의 신비가 성취된다. 예소드는 또한 "평화의 서약"이라 불린다. 비슷한 명칭으로 "빵", "얼굴들(즉 위와 아래)의 지배자", 땅과 하늘에 닿는 "정점", 또 티페레트보다 영광, 즉 말쿠트에 더 가깝다는 뜻으로 "가까운 하나"(Near One), 그리고 "이스라엘의 강력한 하나" 등이 있다. 예소드는 오른쪽, 즉 남성적인 측면(네자흐(Nezach): 생명의 힘)에서 발산되는 것과 왼쪽, 즉 여성적인 측면(호드(Hod): 아름다움)에서 발산되는 것을 결합한다. 예소드는 티페레트의 발산을 말쿠트로 향하게 한다고 해서 "견실하고, 신뢰할 만하고, 꾸준하다"는 평가를 듣는다.

메르쿠리우스는 종종 한 그루 나무로 상징되고, 예소드는 나무줄기와 덤불로 상징된다. 메르쿠리우스는 생명과 성장의 정령이고, 예소드는 영생으로 묘사된다. 메르쿠리우스가 원물질이고 전체 과정의 바탕인 것과 똑같이, 예소드는 "토대"를 의미한다. 자연 속에서 예소드는 안에 수은을 포함한다. 수은이 모든 변형 기술의 바탕이기 때문이다. 물론 일반적으로 말하는 그런 수은이 아니라 "신비를 품은 상태에서 별이라 불리는" 그런 수은이다. 이 별로부터 "선

(善)의 신 엘(El)의 물"이 흐르고, "이 수은은 둥근 물 또는 세례의 물"로 불린다.

'이솝세피'(isopsephy: 각각의 글자에다가 숫자를 부여해서 단어를 숫자로 나타내는 것을 말한다/옮긴이)에 근거하면, 금의 물은 예소드와 동일했다. 앞에 언급한 텍스트에 나오는 '사람의 아들'의 발 근처에 그려진, 금 또는 태양을 상징하는 16개의 표시들을 담은 도표는 바로 이것을 뜻하는 것 같다. 『카발라 데누다타』(Kabbala denudata: '카발라의 신비')는 2×8이 아니라 8×8=64라는 숫자들을 담고 있는 "카메아"(Kamea: 부적)를 보여주고 있다. 이는 황금의 물을 일컫는 이름의 합계를 나타낸다.

원물질이 납과 토성으로도 불리기 때문에, 토성의 영향을 받는 테트(Teth: 히브리어 알파벳의 아홉 번째 글자/옮긴이)가 그렇듯이, 사바트(안식일)가 예소드와 조화를 이룬다는 점을 우리는 언급해야 한다. 휘발성의 물질로서 메르쿠리우스가 새나 거위, 헤르메스의 병아리, 백조, 독수리, 피닉스 등의 이름으로 불린 것과 똑같이, (티페레트뿐만 아니라) 예소드도 "새끼 새"나 "깃털, 날개"로 불린다. 깃털과 날개는 연금술에서도 어떤 역할을 한다. 자신의 깃털이나 날개를 삼키는 독수리가 있고, 미하엘 마이어의 글에 나오는 피닉스의 깃털도 있다. 새가 자신의 깃털을 먹는다는 생각은 우로보로스의 한 변형이며, 따라서 그런 새는 리바이어던과 연결된다. 리바이어던과 "거대한 용"은 예소드와 티페레트를 이르는 이름이다.

예소드는 전체의 한 부분이며, 이 전체는 태양이라 불리는 티페레트이다. 마치 불 속에 있는 듯 시뻘겋게 타는, '계시록' 속의 사람의 아들의 발은 아마 발이 땅을 건드리는 신체기관이기 때문에 말쿠트와 어떤 식으로 연결될 것이다. 땅 말쿠트는 예소드의 "발판"이다. 말쿠트는 또 남편이 많은 손님들을 먹일 수 있도록 내려 보낸 영향을 요리하고 달이는 장소인 "용광로"이다.[96]

여기서 다시 엘리자르의 텍스트로 돌아가자. 은빛의 달 머리카락을 가진 황금의 머리와 불을 섞은 붉은 흙으로 만든 육체는 술람미 여인의 지금 모습인, 검고 해롭고 추한 형상의 "안쪽"이다. 틀림없이 이 부정적인 특징들은 도덕적인 의미로 해석되어야 할 것이다. 화학적으로 보면, 이 특징들이 원 상태의 검은 납을 의미할지라도. 그러나 "안쪽"은 두 번째 아담이며, 삼손이 죽인 사자가 꿀벌의 집이 되었다는 비유에서 분명히 드러나듯이, 신비주의의 그리스도이다. "먹는 자에게서 고기가 나왔고, 강한 자에게서 달콤한 것이 나왔느니라."[97] 이 말들은 '그리스도의 몸', 즉 '호스트'(Host)를 언급하는 것으로 해석되었으며, 엘리자르는 '호스트'를 "영웅들의 양식"이라고 부른다. 이 이상한 표현과, '호스트'에 담긴 그보다 더 이상한 "그리스도" 개념은 연금술의 비결을 암시한다. 이것이 엘리자르가 '욥기' 28장 7절("솔개의 눈도 그것을 보지 못하고")과 관련해서 길이 알려지지 않았다고 말할 수 있는 이유이다. 길은 신비에 싸여 있다. "돌은 신의 선택을 받은 사람만 가질 수 있기 때문이다."

라피스는 카발라에서도 두드러진다. "가끔 마지막 세피라의 이름인 아도나이(Adonai: 하느님)와 왕국인 말쿠트가 그런 이름으로

....

96 Kabbala denudata, I, Part 1, pp. 465, 499

97 Judges 14: 14

불린다. 말쿠트가 세계의 전체 조직의 토대이기 때문이다."[98] 돌이
야말로 가장 중요하다. 왜냐하면 그것이 아담 카드몬의 기능을, 말
하자면 창조 작업에서 높고 낮은 모든 지배자가 태어나게 되는 중
요한 돌로서의 역할을 성취시키기 때문이다. 그 돌은 "가장 높은
권력들로부터 다양한 색깔을 부여받고 또 피조물 안에서 어떤 때
는 선이나 악을 다스리고, 어떤 때는 생명이나 죽음을 다스리고, 어
떤 때는 병이나 치유력을 다스리고, 어떤 때는 가난이나 부를 다스
리면서 가끔은 현명하게 작용하기도 하고 또 가끔은 어리석게 작
용하기도 하기 때문이다."[99] 여기서 돌은 운명의 힘으로 등장한다.
'신명기' 32장 39절("이제는 곧 내가 그인 줄 알라…")이 보여주듯,
돌이 곧 신이다.

파라켈수스 시대 이전에 사파이어가 신비로 여겨졌다는 점을 보
여주는 증거를 나는 연금술 관련 문헌에서 발견하지 못했다. 파라
켈수스는 신비의 물질을 뜻하는 동의어로 사파이어를 카발라로부
터 연금술로 끌어들인 것 같다.

> 사파이어에 들어 있는 미덕은 용해, 응고, 고착 등에 의해 하늘로부
> 터 주어진다. 하늘이 사파이어를 성취할 때까지 이 3가지 방법을
> 통해 작업하도록 창조되었기 때문에, 사파이어를 깨뜨리는 것은
> 이 3가지 절차와 일치한다. 이 깨뜨림으로 인해, 육체들은 사라지
> 고 신비만 남는다. 사파이어가 존재하기 전에 신비라는 것이 절대

....

98 Kabbala denudata, I, Part 1, p. 16

99 Cabbala denudata, I, Part 1, p. 16

로 없었기 때문이다. 그러나 생명이 사람에게 주어지듯, 신비가 하늘에 의해 이 물질에 주어졌다.[100]

여기서 히브리 신비주의 사상들과의 관계가 확인된다. 파라켈수스의 제자인 아담 폰 보덴슈타인(Adam von Bodenstein: 1528-1577)은 글에서 "사파이어 물질은 해로운 것이 하나도 들어 있지 않은 액체"라고 말하고 있다. '사파이어 라피스'는 '에스겔서' 1장 22절과 26절에서 비롯되었는데, 그 대목을 보면 "살아 있는 생명체" 위의 창공은 "무서운 수정"이나 "사파이어" 같다고 되어 있다.

물과 수정의 결합은 히브리 신비주의 텍스트인 『시프라 데 제니우타』(Sifra de Zeniutha)에서도 발견된다. "두 번째 형태는 수정 이슬이라 불리며, 이것은 마크로프로소푸스(Macroprosopus: 유대교 신비주의 카발라에서 위대한 세상의 창조자를 일컫는다/옮긴이)의 지혜 속으로 들어간, 첫 번째 아담의 왕국의 엄격함에 의해 형성된다. 그래서 수정 안에 선명한 빨간색이 생긴다. … 이 형태가 그들이 말하는 지혜이고, 판단은 거기에 뿌리를 내리고 있다고 한다."

연금술도 틀림없이 이런 비유에 영향을 받았을 것이지만, 돌은 수많은 유추에도 불구하고 예수 그리스도까지 거슬러 올라가지 않는다. 그것은 연금술의 신비한 특징이었다. "전혀 돌이 아닌 돌"이나 "정령을 갖고 있으면서 나일 강물"에서 발견되는 돌 등으로 거론되고 있다. 이것은 기독교 비의를 모호하게 가리려는 시도라는 식으로 설명하기 어려운 상징이다.

....
100 Paracelsus, Das Buch Paragranum(ed. Strunz), p. 77

반대로, 이 상징은 초기에 기독교 관념들을 영지주의 자료로 동화시키는 과정에 점진적으로 형성된, 새롭고 독특한 산물처럼 보인다. 훗날엔 엘리자르의 텍스트가 보여주듯이, 연금술 사상과 기독교 사상 사이에 메울 수 없는 간극이 있었음에도 불구하고 연금술 사상을 기독교 사상에 동화시키려는 시도가 분명히 있었다. 두 사상 사이에 메울 수 없는 간극이 있었던 이유는 돌의 상징이 그리스도와의 유사점에도 불구하고 순수하게 영적인 기독교의 가정들과 조화를 이룰 수 없는 어떤 요소를 갖고 있기 때문이다.

"돌"이라는 개념 자체가 이 상징의 특이한 성격을 암시한다. 돌은 단단하고 세속적인 모든 것의 핵심이다. 돌은 여성적인 '물질'을 나타내며, 이 개념은 "정신" 영역과 그 상징체계를 방해한다.

성경 해석학에서 교회를 초석으로 보거나 그리스도로 해석되었던, "손을 빌리지 않고 산에서 깎아낸 돌"에 비유한 것이 라피스 상징이 나온 원천은 아니다. 그 같은 비유는 연금술사들이 라피스 상징을 정당화하는 데 이용되었을 뿐이다.

돌은 신의 "화신" 그 이상이었다. 돌은 무기물 영역의 어둠까지 닿은 신성의 '구체화'였거나, 심지어 그 어둠에서, 그러니까 바실리데스 추종자들이 말하듯이, 신성(神性) 중에서 수정과 금속, 살아 있는 유기체들을 형성시킬 원리로서 '우주의 종자'(panspermia) 안에 잠재되어 있는 상태라는 이유로 창조주에게 반기를 든 부분에서 일어난 신성의 '구체화'였다. 무기물 영역은 지옥의 불의 영역처럼 악마의 지배를 받는 부분까지 포함했다. 3개의 머리를 가진 메르쿠리우스의 뱀은 정말로 신성한 트리아드를 보완하는 물질의 트리아드, 즉 "낮은 곳의 트리아드"였다.

그러므로 우리는 연금술에서 구원의 신성한 드라마를 인간 자신의 내면에서 펼침으로써 악을 상징적으로 통합시키려는 시도가 있었다고 짐작할 수 있다. 이 과정이 가끔은 구원의 범위를 사람을 넘어 물질로까지 확장하는 것으로, 또 가끔은 '모방 정령'의 상승으로, 또 가끔은 상승하는 이 정령과 위에서 하강하는 정령이 화해하는 것으로 나타난다. 그 사이에 위와 아래는 똑같이 변형의 과정을 거친다. 나의 의견엔 엘리자르의 텍스트가 바로 이런 생각을 전하고 있는 것 같다.

이 텍스트를 보면, 검은 술람미 여인의 변형은 아레오파고스의 디오니시우스(Dionysius the Areopagite)가 신비한 상승의 특징으로 언급한 3단계로 일어난다. 정화와 계몽, 완성이 각 단계이다. 디오니시우스는 정화에 대해 '시편' 51편 7절("나의 죄를 씻어 주소서. 내가 눈보다 더 희리이다.")을, 계몽에 대해 '시편' 13편 3절("나의 두 눈을 밝히소서.")을 인용한다. 완성과 관련해 디오니시우스는 '마태복음' 5장 48절("그러므로 하늘에 계신 너희 아버지가 온전한 것처럼 너희도 온전하라.")을 제시한다.

따라서 그 텍스트에 묘사된 술람미 여인의 변형은 뜻하지 않게 무의식에서부터 상징적으로 일어나는 개성화 과정의 예비 단계로 여겨질 수 있다. 그녀의 변형은 개성화 과정을 나타내기 위해 종교적인 이미지나 "과학적인" 이미지를 이용하는 꿈과 비교할 만하다. 심리학적 측면에서 보면, 거기서 다음과 같은 사실들이 드러난다.

'니그레도'는 무의식의 어둠에 해당하며, 무의식은 우선 열등한 인격인 그림자를 포함하고 있다. 이 그림자가 그림자 바로 뒤에 서서 그림자를 조종하고 있는 여성의 형상, 즉 아니마로 변한다. 이 아니마의 대표적인 예가 바로 술람미 여인이다.

술람미 여인은 "나는 검지만 어여쁘다."고 말한다. 엘리자르가 글을 통해 우리에게 전하려는 뜻 그대로, 돌아가는 사태를 다시 파악해보니 그녀는 "혐오스런" 존재가 아니다. 자연이 아담의 죄로 인해 훼손된 까닭에, 엘리자르의 관점에서 볼 때, 그녀의 검은색은 추함과 죄의 검정으로, 그리고 납처럼 무겁고 검은 토성의 원래 상태로 여겨져야 하기 때문이다. 그러나 이쉬타르의 여사제인 술람미 여인은 땅과 자연, 비옥, 그리고 축축한 달빛 아래에서 번성하는 모든 것과 자연의 생동을 상징한다. 아니마는 정말로 생명의 원형이다.

처음에 우리에게 이해 불가능하다는 느낌을 주었던 것, 즉 창조의 순서를 거꾸로 돌리면서 옛날의 아담이 술람미 여인으로부터 다시 나타나는 것이 지금은 이해가 된다. 왜냐하면 누군가가 자연스런 삶을 사는 방법을 안다면 그 사람은 옛날의 아담이기 때문이다. 여기서 옛날의 아담은 옛날의 그 아담이 아니라 이브의 딸로부터 다시 태어나는 아담, 말하자면 원래의 자연스러움으로 돌아간 아담이다.

그녀가 아담을 다시 태어나게 한다는 사실과 검은 술람미 여인이 구원받지 않은 야만적인 상태 그대로 원래의 사람을 낳는다는 사실은 "옛날"의 아담이 오자(誤字)이거나 실수였을 가능성을 배제한다. 그 저자가 유대인 필명을 쓰도록 한 이유를 짐작하게 하는 대목이다. 유대인이 가장 만만하고, 모든 사람들의 눈길 속에서 살고, 비기독교도이고, 따라서 기독교인이 기억하고 싶지 않거나 기억할 수 없는 모든 것을 담을 그릇이 될 수 있기 때문이다. 그러기에 성령의 기독교 종교인 '자유로운 정신 운동'(Movement of the Free Spirit)으로 시작되어 르네상스의 원동력을 형성했던 그런 어둡고 반(半)의식적인 사상들을 유대인 저자의 입으로 풀어놓는 것은 지극히 자연스러웠다.

'구약성경'의 선지자 시대가 신으로부터 또 다른 술람미 여인과 결혼하라는 명령을 받은 호세아(Hosea)에서 시작되었던 것처럼, 신에 대한 사랑으로 불타던 음유시인과 성인들은 '자유정신 형제회'(Brethren of the Free Spirit: 13-14세기)와 동시대 사람들이었다. 엘리자르의 텍스트는 기독교의 얼굴을 변화시킨 이런 수 세기된 사건들을 뒤늦게 반영한 것에 지나지 않는다. 그러나 그런 반향에도 미래의 전개를 예고하는 징후가 있기 마련이다. 바로 그 세기에 대작 '파우스트'를 쓴 저자가 태어났다.

6장

융합

1. 상반된 것들의 결합에 대한 연금술의 견해

헤르베르트 질베러는 융합을 연금술 과정의 "중심 사상"이라고 제대로 불렀다. 이 저자는 연금술이 주로 상징적이라는 점을 정확히 인식했지만, 화학자로 연금술 역사학자이기도 한 에두아르트 폰 리프만(Eduard von Lippmann)은 인덱스에서조차도 "융합"이라는 용어를 언급하지 않았다. 연금술 문헌에 대해 조금이라도 아는 사람은 연금술사들이 최종적으로 물질들의 결합에 관심을 갖고 있었다는 사실을 쉽게 알 수 있다. 연금술사들은 물질의 결합을 통해서 작업의 목표, 다시 말해 금의 생산 또는 그와 비슷한 상징적 결실을 성취하길 원했다.

틀림없이 융합은 오늘날 우리가 화학적 결합이라고 부르는 것의 원시적 이미지일 것이지만, 연금술사가 현대의 화학자만큼 구체적으로 생각했다는 점을 확실히 입증하는 것은 거의 불가능하다. 연금술사가 "본질들"의 결합, 혹은 철과 구리의 "합금", 또는 유황과 수은의 혼합에 대해 말할 때조차도, 그 사람은 동시에 그것을 하나의 상징으로 여겼다. 철은 마르스이고, 구리는 베누스이고, 철과 구리의 결합은 동시에 애정 문제로 다가왔던 것이다. "서로를 포용하는 본질들"의 결합은 물리적이지도 않고 구체적이지도 않았다. 그것들이 신의 명령에 의해 생겨난 "천상의 본질"이기 때문이다.

"붉은 납"이 금과 함께 태워질 때, 납은 어떤 "정령"을 내놓는다. 다시 말해 그 성분이 "정신적인 것"이 되고, 이 "붉은 정령"으로부터 "세상의 원리"가 나왔다. 유황과 수은의 결합은 "목욕"과 "죽음"으로 이어졌다.

구리와 언제나 수은으로 통하는 '영원수'의 결합이라고 하면, 우리는 어떤 합금에 대해서만 생각한다. 그러나 연금술사들에게 그것은 비밀스런 어떤 "철학적" 바다를 의미했다. 연금술사들에게 영원의 물은 주로 그들이 다양한 "액체"에서 발견하기를 희망하는 어떤 상징이거나 철학적 가정이기 때문이다.

그들이 결합하길 원한 물질들은 실제로 보면 알려지지 않은 본질 때문에 언제나 신비한 특성을 갖고 있다. 바로 이 신비한 특성이 온갖 비현실적인 상상을 부르는 경향을 보였다. 그것들은 살아 있는 유기체처럼 "서로를 수정시키고, 그렇게 함으로써 철학자들이 추구하던 살아 있는 존재를 낳는" 물질들이었다. 연금술사들에게 그 물질들은 자웅동체인 것처럼 보였고, 그 물질들이 추구하는 융합은 주로 형태와 물질의 결합인 어떤 철학적 작용이었다. 이 같은 고유의 이중성은 두 개의 유황, 두 개의 수은, 흰 베누스와 빨간 베누스 등 똑같은 종류의 것이 자주 두 개씩 등장하는 이유이다.

따라서 앞의 여러 장에서 보았듯이 연금술사들이 물질의 신비한 본질을 표현하기 위해 동의어를 아주 많이 만들어낸 것도 놀라운 일이 아니다. 이 같은 현상은 화학자에게는 아주 터무니없어 보이지만 심리학자에겐 투사된 내용물의 본질이 어떠한지를 들여다볼 기회를 준다.

모든 신비한 내용물처럼, 물질들도 자기 확대의 경향을 갖고 있다. 말하자면, 동의어들이 달라붙을 핵(核)을 형성한다는 뜻이다. 이 동의어들은 상반된 것들의 짝으로, 예를 들어, 남자와 여자, 남신과 여신, 아들과 어머니, 빨강과 하양, 능동성과 수동성, 육체와 정신 등으로 결합할 요소들을 나타낸다. 상반된 것들은 대체로 원소들의 콰테르니오에서 비롯된다. 익명의 저자가 쓴 『데 술푸레』(De sulphure: '유황론')를 보면, 이 점이 아주 명쾌하게 드러난다.

> 따라서 불은 공기에 작용하기 시작하면서 유황을 만들어냈다. 이어서 공기가 물에 작용하기 시작하면서 메르쿠리우스를 만들어냈다. 물은 흙에 작용하기 시작하면서 소금을 만들어냈다. 그러나 흙은 작용할 것을 하나도 갖지 못했기 때문에 아무것도 만들어내지 못했다. 그래서 산물은 흙 안에 남았다. 그러므로 오직 3가지 원리들이 나왔고, 흙은 다른 것들의 보모와 모체가 되었다.

이것들로부터 3가지 원리가 생겨났다. 남자와 여자의 구분이 있고, 남자는 분명히 유황과 수은에서 나오고, 여자는 수은과 소금에서 나오는 것이 확인되었다. 이 원리들은 서로 함께 작용하면서 "부패하지 않는 하나"를, '가장 순수한 본질'을 만들어내고, 따라서 사각형이 사각형을 낳을 것이다.

부패하지 않는 하나, 즉 정수(精髓)의 합성은 흙이 "제4의 것"을 나타내면서 마리아의 공리를 따른다. 적대적인 원소들의 분리는 원래의 상태인 카오스와 어둠에 해당한다. 연속적인 결합으로부터 중재적인 모호한 원리, 즉 메르쿠리우스뿐만 아니라 능동적인 원리(유황)와 수동적인 원리(소금)가 나온다. 연금술의 이런 고전적인 트리아드는 가장 중요하고 근본적인 반대로서 남자와 여자의 관계를 낳는다.

불은 처음 나와서 아무 도움도 받지 않고 작용하며, 흙은 맨 마지막에 아무것에도 작용하지 않는다. 불과 흙 사이엔 어떠한 작용도 없다. 따라서 4가지 원소들은 하나의 원을, 즉 전체성을 이루지 못한다. 이 전체성은 남자와 여자의 통합에 의해서만 성취될 수 있다. 따라서 시작 단계의 사각형은 마지막에 가장 중요한 핵심으로 결합되면서 원소들의 콰테르니오를 이룬다. 사각형이 사각형을 낳게 되는 것이다.

시작에 대한 연금술의 설명은 심리학적으로 개별적인 감정 과정으로 끊임없이 쪼개지는, 말하자면 깨어져 사방으로 흩어지는 원초적인 의식에 해당한다. 4가지 원소들이 전체 물리적 세계를 나타내기 때문에, 원소들의 깨어짐은 곧 세계의 구성요소들로 용해된다는 것을 의미한다. 말하자면, 순전히 무기물의 상태로, 따라서 무의식의 상태로 돌아간다는 뜻이다. 거꾸로, 원소들의 결합과 남자와 여자의 최종적 통합은 연금술 기술의 성취이고 의식적인 노력의 산물이다.

따라서 통합의 결과는 연금술사에게 자기지식으로 인식되며, 신에 관한 지식과 마찬가지로 이 자기지식도 철학자들의 돌을 준비하는 데 반드시 필요하다. 그 작업에는 경건한 마음가짐도 필요하다. 이것은 자기 자신에 대한 지식에 다름 아니다.

이 같은 생각은 후기 연금술에만 있는 것이 아니라 고대 그리스 전통에도 있었다. 크라테스(Krates: B.C. 365-B.C. 285)가 알렉산드로스 대왕 시절에 쓴 논문을 보면, 영혼에 대한 지식을 완벽하게 터득해야만 연금술사가 신비의 물질에 붙여진 다양한 이름들을 이해할 수 있다는 내용이 있다. 『리베르 콰르토룸』은 작업 과정에 일어나는 일들을 관찰하는 것은 너무나 당연한 일이고 연금술사 자신에 대한 관찰도 이뤄져야 한다는 점을 강조한다. 이런 자료를 근거로 볼 때, 융합의 화학적 과정은 동시에 정신적 통합이었음에 틀림없다. 가끔은 자기지식이 결합을 낳은 것처럼 보이고, 또 가끔은 화학적 과정이 작용인인 것처럼 보였다. 틀림없이 화학적 과정이 더 자주 보였을 것이다. 융합은 증류기 안에서, 조금 모호하게 표현하면 "자연의 용기(容器)" 또는 모체 안에서 일어난다. 용기는 또한 무덤으로도 불리며, 결합은 "죽음의 공유"로 불린다. 이 상태는 일식이라 불린다.

융합이 반드시 직접적 결합의 형식을 취하는 것은 아니다. 융합이 매체를 필요로 하거나 매체 안에서 일어나기 때문이다. "오직 어떤 매체를 통해서만 변화가 일어날 수 있으며", "메르쿠리우스는 결합의 매체"이다. 메르쿠리우스는 "육체와 정신의 매체"인 영혼(아니마)이다. 메르쿠리우스의 동의어들, 이를테면 초록색 사자, 영원의 물에도 이 말은 똑같이 적용된다.

그러나 메르쿠리우스는 단순히 융합의 매체에 그치지 않는다. 융합의 대상이 되기도 하는 것이다. 이는 메르쿠리우스 자체가 남녀 모두의 핵심 혹은 "생식의 물질"이기 때문이다. 남자 메르쿠리우스와 여자 메르쿠리우스가 "물"인 '달마다 나타나는 메르쿠리우스'(Mercurius menstrualis)를 통해 결합하거나 그 안에서 결합한다.

도른은 『피시카 트리스메기스티』에서 이에 대해 "철학적" 설명을 제시한다. 처음에 신은 하나의 세계를 창조했다. 이것을 신은 두 개로, 하늘과 땅으로 나눴다. "영적이고 육체적인 이 쌍 안에 신성한 부부관계인 제3의 것이 숨어 있다. 바로 이것이 지금까지 만물 안에 매체로 남아 있으면서 그것들의 양쪽 극단에 관여하고 있다. 이것이 없으면 만물은 어떤 것이든 완전할 수 없다."[101] 둘로 나누는 것은 잠재력 상태에 있는 "하나"의 세계를 현실로 만들기 위해 필요한 작업이었다. 현실은 다양한 것들로 이뤄져 있다. 그러나 하나는 숫자가 아니다. 최초의 숫자는 둘이다. 둘이 있음으로 해서 다양성과 현실이 시작된다.

이 설명을 근거로 한다면, 필사적으로 달아나려 들면서도 보편적인 메르쿠리우스, 말하자면 수만의 모습과 색깔로 변신하며 반짝

....
101 Theatr. chem., Ⅰ, p. 418

이는 프로테우스(바다의 신)는 '우누스 문두스'(unus mundus: 하나의 세계), 즉 분화되지 않은 세계 또는 존재의 원래의 통일체에 지나지 않는다. 다시 말하면, 원초의 무의식인 것이다. 연금술사들의 메르쿠리우스는 오늘날 우리가 집단 무의식이라고 부를 수 있는 것을 상징화한 것이다.

'하나의 세계'라는 개념은 형이상학적인 고찰인 반면, 무의식은 그 징후를 통해서만 간접적으로 경험할 수 있는 세계이다. 무의식은 그 자체로 하나의 가설임에도 원자의 가설만큼이나 진리일 가능성을 지니고 있다. 오늘날 우리가 활용할 수 있는 경험 자료를 바탕으로 할 때, 무의식의 내용물은 의식의 내용물과 달리 서로 쉽게 오염되는 것이 분명하다. 그런 까닭에 무의식의 내용물을 구분하는 것은 거의 불가능하며, 그래서 꿈에서 분명히 확인되듯이 무의식의 내용물은 서로를 대신하기도 한다.

무의식의 내용물을 구분하기가 지극히 어렵다는 사실 때문에, 무의식의 모든 것이 그 외의 다른 모든 것들과 연결되어 있고, 따라서 겉으로 드러나는 징후는 다양한 모습을 보일지라도 그 바닥에는 어떤 통일성이 자리잡고 있다는 인상이 강하게 느껴진다. 그럼에도 비교적 분명하게 다가오는 무의식의 내용물은 예외 없이 연상들을 많이 끌어당기는 모티프 혹은 유형으로 이뤄져 있다.

인간 마음의 역사가 보여주듯이, 이 원형들은 대단히 안정적이고 너무나 분명하다. 그렇기 때문에 원형들은 그 경계가 흐릿하거나 다른 원형들과 겹치더라도 별도의 이름을 얻고 의인화된다. 특히 만다라 상징체계는 모든 원형들을 하나의 공통된 중심으로 집중시키는 경향을 보인다. 이는 모든 의식적 내용물과 자아의 관계와 비슷하다. 이 유사성이 너무나 두드러지기 때문에 만다라 상징을 잘 모르는 평범한 사람은 만다라는 의식적인 마음의 인위적 산물이라는 식으로 결론을 내리기 쉽다. 당연히 만다라도 모방될 수 있다. 그러나 그렇다고 해서 모든 만다라가 모방이라는 것을 증명하는 것은 아니다.

만다라는 외부 영향이 전혀 없는 상태에서 무의식에서 나온다. 만다라에 대해 한 번도 들어보지 못한 아이들과 어른들도 무의식적으로 만다라 상징을 그려낸다. 그러면 사람들은 만다라를 자아를 중심으로 작용하는 의식의 본질을 반영하는 것이라고 생각하기 쉽다. 이 같은 견해가 타당하려면, 무의식이 부차적인 현상이라는 것이 증명되어야 한다. 그러나 무의식은 틀림없이 의식보다 더 오래되었고 또 더 독창적이다. 이런 이유 때문에 의식의 자아 본위적인 경향을 무의식의 "자기" 중심적인 경향을 반영하거나 모방한 것으로 보는 것이 더 타당하다.

만다라는 그 중심점을 기준으로 현상계의 다양한 것들을 통합하는 것을 상징할 뿐만 아니라 모든 원형들을 종국적으로 통합하는 것을 상징하기도 한다. 따라서 만다라는 '하나의 세계'라는 형이상학적 개념을 경험적으로 표현한 것이다. 만다라와 동일한 연금술의 개념은 라피스와 그 동의어들, 특히 소우주이다.

도른의 설명은 연금술의 '융합의 신비'에 대한 깊은 통찰을 안겨준다는 점에서 강렬한 인상을 남긴다. 만약에 '융합'이 바로 우주의 원래 상태를 복구하고 신이 지배하던 세상의 무의식을 복구하는 일이라면, 우리는 이 신비가 발산하는 특별한 매력을 충분히 이해할 수 있다. 융합의 신비는 중국 고전 철학의 근본적인 원리, 즉 양(陽)과 음(陰)이 도(道)에서 하나로 결합하는 원리와 동일한 서양의 원리이다. 또 그것은 한편으론 심리학적 경험을 근거로, 또 한편으론 조셉 뱅크스 라인(Joseph Banks Rhine: 1895~1980)의 실험을 근거로 내가 "싱크로니시티"(synchronicity: 공시성(共時性))라고 부른 '제3자'(tertium quid)를 예고한다. 만다라 상징체계가 '하나의 세계'와 심리학적으로 동일하다면, 공시성은 '하나의 세계'와 초(超)심리학적으로 동일하다.

공시성 현상은 시간과 공간 속에서 일어남에도 불구하고 물리적 존재를 결정하는 이런 요소들로부터 상당히 독립되어 있으며, 따라서 인과관계의 법칙을 따르지 않는다. 현대인의 과학적 세계관을 지배하고 있는 인과율은 모든 것을 별개의 과정으로 분해하면서 이 과정을 다른 관련있는 과정들로부터 떼어놓으려고 노력한다. 만약에 세상에 관한 신뢰할 만한 지식을 추구한다면, 이런 경향이 절대적으로 필요하다. 하지만 철학적으로 보면 그런 식의 접근은 사건들의 보편적인 상호관계를 깨뜨리고 흐리게 만드는 단점을 지니고 있다. 그런 까닭에 보다 큰 관계, 다시 말해 세계의 통일성을 깨닫는 일은 더욱더 어려워진다.

그러나 세상에 일어나는 모든 일은 똑같은 "하나의 세계"에서 일어나고 또 세계의 일부이다. 이런 이유로 사건들은 통일성의 어떤 선험적인 측면을 갖고 있을 것임에 틀림없다. 물론 통계적인 방법으로 이런 측면을 확고히 밝히는 것은 어려운 일이다. 지금까지 우리가 아는 범위 안에서 본다면, 조셉 뱅크스 라인이 '초(超)감각-지각' 실험을 통해 이 통일성을 성공적으로 보여준 것 같다.

시간과 공간을 분리시키면, 서로 인과적으로 연결되어 있지 않은 사건들에서 의미 있는 우연의 일치가 나타날 수 있다. 이런 현상은 지금까지 텔레파시나 투시력, 예지 등 서술적 개념으로 설명되었다. 당연히 이런 개념들은 설명적인 가치를 전혀 지니지 못한다. 각 개념이 다른 개념의 X와 뚜렷이 식별되지 않는 어떤 X를 나타내기 때문이다. 조셉 뱅크스 라인의 염력(念力) 효과와 다른 공시적(共時的) 사건들을 포함한 이런 모든 현상의 두드러진 특징은 '의미 있는 우연'이며, 나는 그런 현상을 공시성의 원리라고 정의한다. 이 원리는 인과적으로 서로 연결되어 있지 않은 사건들에도 상호연결 혹은 통일성이 존재한다는 점을 암시하며, 따라서 '하나의 세계'로 묘사될 수 있는 그런 존재가 지닌 통일적인 측면을 가정한다.

메르쿠리우스는 보통 신비의 물질을 의미하며, 그 동의어는 만능약과 "연금술 약제"이다. 도른은 "연금술 약제"를 파라켈수스의 "발삼"과 동일시하고 있다. 파라켈수스의 『데 비타 롱가』(De vita longa: '장수론')를 보면, '생명의 만능약'으로서 발삼은 "가모니무스"(gamonymus)와 연결되어 있으며, 이 단어는 "부부관계를 맺는"이라는 뜻으로 해석될 수 있다. 도른은 "자연보다 위인" 발삼이 인간의 몸 안에서 발견될 것이며 그것은 일종의 에테르 물질이라고 말한다. 그는 발삼이 육체뿐만 아니라 마음에도 최고의 약물이라고 말한다. 발삼은 물질이지만, 연금술 약제의 정신과 영혼의 결합으로서 그것은 기본적으로 정신적이다.

명상적인 철학은 정신의 통합을 통해서 육체를 극복하는 것이라고 우리는 결론을 내린다. 그럼에도 이 첫 번째 통합은 현자를 만들지 못하고 지혜롭도록 정신을 훈련시키는 효과만을 낳는다. 정신과 육체의 두 번째 결합은 현자를 살짝 보여준다. 그러면서 첫 번째 통합과의 세 번째 결합을 기대한다. 전능하신 하느님께서 모든 사람이 그렇게 되도록 해주시고, 전능하신 하느님이 모두의 안에서 하나가 되길.[102]

정신적 통합은 정점이 아니라 단순히 정점에 이르는 과정의 첫 단계에 지나지 않는다는 도른의 견해는 연금술 전체에 중요한 의미를 지닌다. 정신적 결합, 즉 정신과 영혼의 통합에 육체가 더해질 때, 두 번째 단계가 성취된다. 그러나 '융합의 신비'를 성취하는 것은 정신과 영혼, 육체의 결합이 원래의 '하나의 세계'와 하나가 된 뒤에야 기대할 수 있다. 융합의 이 세 번째 단계는 신의 어머니가 육체를 대표하는 마리아의 승천과 대관(戴冠)과 비슷하게 묘사되고 있다.

성모 승천은 정말로 하나의 결혼 잔치이다. 말하자면 기독교 버전의 히에로스가모스인 것이며, 이 히에로스가모스의 근친상간적인 성격이 연금술에서 중요한 역할을 한다. 전통적인 근친상간은 상반된 것들의 가장 높은 결합은 언제나 서로 관련있으면서도 다른 성격의 것들이 결합하는 것이라는 점을 암시했다. 이 결합은 지성이나 이성과, 감정을 대표하는 에로스의 정신적 결합으로 시작

....
102 "Phil, meditative", Theatr. chem., Ⅰ, p. 456

할 것이다.

이런 내면의 작용은 아주 많은 것을 의미한다. 왜냐하면 이 통합이 개인적 성숙뿐만 아니라 자기지식을 상당히 높여주기 때문이다. 그러나 이 통합의 실체는 단지 잠재력에 지나지 않으며, 육체의 물리적 세계와 결합이 이뤄져야만 현실로 구현될 수 있다. 그래서 연금술사들은 정신적 결합을 아버지와 아들로 그리고, 아버지와 아들의 결합을 비둘기로 그렸지만 아버지와 아들이 대표하는 육체의 세계를 여성적 혹은 수동적 원리, 즉 마리아로 표현했다. 따라서 연금술사들은 천 년 이상 동안 성모 승천의 교리를 위한 바탕을 준비한 셈이다.

아버지 같은 영적 원리와 물질, 즉 어머니의 육체성의 원리 사이의 결혼이 암시하는 바를 성모 승천 교리를 바탕으로 파악하는 것이 얼핏 보면 이해가 되지 않을 수 있다. 그럼에도 불구하고, 성모 승천 교리는 메워지지 않을 것 같은 간극을 메울 수 있다. 그 간극이란 바로 정신이 자연과 육체로부터 분리되는 것을 말한다.

연금술이 성모 승천 교리의 배경을 꽤 분명하게 밝혀주고 있다. 왜냐하면 연금술사들이 융합의 비결로 받아들이고 있던 것을 정확히 새로운 교리가 상징의 형태로 표현하고 있기 때문이다. 둘 사이에 일치하는 정도가 얼마나 컸던지 옛날의 연금술 거장들은 새로운 교리가 연금술의 비결을 하늘에다가 적었다고 당당하게 선언하기도 했다.

이와 반대로, 연금술사들이 신비적 혹은 신학적 결혼을 자신들의 모호한 과정에 몰래 끌어들였다는 주장도 가능하다. 그러나 이 같은 주장은 연금술의 결혼이 예배에나 교회의 아버지들의 글에 나타나는 그와 비슷한 설명보다 훨씬 더 오래되었을 뿐만 아니라 기독교 이전의 전통에 바탕을 두고 있다는 사실과 모순된다.

연금술의 전통은 '묵시록'의 어린양의 혼인과 관계있을 수 없다. 이 결혼의 매우 분화된 상징체계(양과 도시)는 그 자체로 원형적인 히에로스가모스의 한 파생물이다. 원형적인 히에로스가모스가 연금술의 융합 개념의 원천인 것처럼.

연금술사들은 온갖 마법적 능력을 부여받은 것 같은 화학물질을 이용해서 각자의 생각을 현실로 실현시키려고 노력했다. 이것이 그들이 정신적 통합을 다시 육체와 결합시키는 행위가 의미하는 바이다. 우리 현대인에겐 이런 결합에 도덕적 및 철학적 고찰을 포함시키는 것은 분명히 쉽지 않은 일이다. 한 가지 이유는 우리가 화학적 결합의 진짜 본질에 대해 너무 많은 것을 알고 있기 때문이고, 다른 한 가지 이유는 우리가 마음에 대해 지나치게 추상적으로 생각하는 까닭에 "진리"가 어떻게 물질 안에 숨겨질 수 있는지를 이해하지 못하거나 효과를 발휘하는 "발삼"이 어떤 것이어야 하는지를 그림으로 그리지 못하기 때문이다. 중세 시대엔 사람들이 화학과 심리학에 똑같이 무지한데다가 인식론적 비판력마저도 부족했던 탓에, 화학과 심리학의 개념들이 쉽게 섞일 수 있었다. 그 결과, 현대인에게 서로 전혀 연결되지 않을 것 같은 것도 중세 사람에겐 상호 관계를 가질 수 있었다.

성모 승천 교리와 연금술의 융합의 신비는 서로 매우 다른 상징체계에서 나온 것임에도 불구하고 근본적으로 똑같은 사고를 표현하고 있다. 교회가 물리적인 육신이 천국으로 들어 올려졌다고 주장하는 것과 똑같이, 연금술사들은 자신들의 돌 혹은 철학적 금이 존재한다는 것을 믿었다. 두 경우 모두에서 믿음은 현재 실종 상태에 있는 경험적 실체를 대신하는 대체물이다.

연금술이 절차에 있어서 교리보다 기본적으로 더 물질적임에도, 연금술과 교리는 똑같이 정신적 통합이 육체와 결합을 이루는 융합의 두 번째 예비 단계에 있다. 도른조차도 자신을 포함한 연금술사들이 생전에 세 번째 단계를 완성했다고 단언하지 못했다. 당연히, 라피스나 금을 만드는 팅크제를 소유했다고 주장하는 사기꾼들이 많았다. 그러나 정직한 연금술사들은 종국적인 비법을 끌어내지 못했다는 점을 언제든 인정했다.

교리나 융합이 물리적으로 불가능하다는 사실 앞에서 실망할 필요는 없다. 그것이 어디까지나 상징이고, 상징의 문제에 합리주의의 잣대를 들이대서는 안 되기 때문이다. 상징이 어쨌든 무엇인가를 의미한다면, 그것은 하나의 경향이다. 말하자면, 명백하긴 하지만 아직 인식 가능하지 않은 어떤 목표를 추구하고 있어서 비유로밖에 스스로를 표현하지 못하는 그런 경향이 상징이라는 말이다.

이런 불확실한 상황에서는 문제들을 가만 내버려두고 상징 그 너머의 것을 알려는 노력을 포기해야 한다. 교리의 경우에 이 같은 단념은 종교 사상의 신성을 침범할지도 모른다는 두려움 때문에 쉽게 이뤄지고, 연금술의 경우에, 비교적 최근에 와서야 중세적인 모순을 놓고 머리를 싸매며 고민하는 것은 그만한 가치가 없는 일로 여겨졌다. 오늘날 심리학적 이해력으로 무장한 현대인은 지극히 난해한 화학적 상징들의 의미까지 파고들 수 있는 위치에 서 있으며, 교리에는 같은 방법을 적용해서는 안 되는 합당한 이유를 찾지 못하고 있다. 어쨌든, 교리가 인간의 상상과 사고에서 나온 관념들로 이뤄져 있다는 점을 이젠 누구도 부정하지 못하게 되었다.

방금 나는 상징이 아직 목표가 드러나지 않은 경향이라고 말했다. 우리는 개인의 심리에서나 인간 정신의 역사에서나 똑같은 기본적인 규칙을 확보할 수 있을 것이라고 단정한다. 심리치료를 하다 보면, 무의식적 경향이 의식에 닿기 오래 전에 상징으로 그 존재를 드러낸다는 사실이 종종 확인된다. 이때 상징은 주로 꿈으로 나타나지만 깨어 있을 때의 공상과 상징적 행위로도 나타난다.

무의식이 온갖 종류의 비유를 통해서 의식 속으로 들어가려고 애를 쓰거나, 무의식이 우리의 관심을 끌기 위해 다소 장난스런 시도를 한다는 인상을 받을 때가 종종 있다. 꿈 시리즈에서 이런 현상이 쉽게 관찰된다. 내가 『심리학과 연금술』에서 논한 꿈 시리즈가 좋은 예이다.

사상은 작은 씨앗에서 생겨난다. 역사의 과정에 어떤 씨앗에서 어떤 사상이 나올지 우리는 모른다. 예를 들어, 성모 승천은 경전에도 쓰여 있지 않고 기독교 교회의 역사 첫 5세기 동안의 전통에도 포함되지 않았다. 오랫동안 성모 승천은 공식적으로 부정되었으나, 중세와 현대 교회의 묵과로 점점 "경건한 의견"으로 발달하다가 아주 큰 힘과 영향력을 얻기에 이르렀으며 최종적으로 성경상의 증거를 요구하는 목소리를 누르고, 또 교리의 내용을 설명하기가 어렵다는 사실에도 불구하고 개념으로 정착하는 데 성공했다. 교황의 선언은 오랫동안 눈감아오던 것을 현실로 받아들였다. 역사적인 기독교라는 울타리를 뛰어넘는 이 돌이킬 수 없는 걸음이야말로 원형적인 이미지가 자율성을 갖고 있다는 점을 보여주는 가장 강력한 증거이다.

2. 융합의 단계들

융합은 어떤 한 사상이 수천 년의 세월 동안에 점진적으로 발달하는 과정을 보여주는 또 다른 예이다. 융합이라는 사상의 역사는 두 갈래로 흐르고 있으며, 두 물줄기는 서로 많이 떨어져 있다. 신학과 연금술이 그 흐름이다.

연금술은 약간의 흔적을 제외하곤 지난 200년 동안에 거의 사라진 반면, 신학은 성모 승천 교리에서 새로운 꽃을 피웠으며 이를 근거로 할 때 신학 쪽에서는 그 발달의 흐름이 결코 멈추지 않은 것이 분명하다.

그러나 두 물줄기의 분화는 아직 원형적인 히에로스가모스의 틀을 벗어나지 못했다. 왜냐하면 융합이 여전히 어머니와 아들의 결합 혹은 오누이 짝의 결합으로 표현되고 있기 때문이다.

그러나 이미 16세기에 게르하르트 도른은 화학적 결혼의 심리학적 측면을 인식했으며 그것을 오늘날 우리가 개성화 과정이라고 부르는 것과 같은 것으로 분명히 이해했다. 이것은 교회의 교리에서나 연금술에서나 똑같이 융합의 원형적 상징이 융합에 가한 한계를 뛰어넘는 한 걸음이다.

내가 볼 때, 도른의 견해가 그 한계를 논리적으로 이해한 결과라는 점이 두 가지 점에서 확인되는 것 같다. 첫째, 화학 작용과 그 작용과 연결된 정신적 사건 사이의 괴리가 주의력 깊은 비판적인 관찰자의 눈에 영원히 숨겨질 수는 없다는 점이다. 둘째, 결혼 상징체계가 연금술 쪽의 사상가들을 절대로 만족시킬 수 없었다는 점이다. 이는 연금술사들이 융합의 불가해한 본질을 표현하기 위해서 히에로스가모스의 다양한 변형 외에 다른 "결합 상징"을 이용해야 한다는 의무감을 지속적으로 느꼈기 때문이다. 그래서 융합은 무덤 안에서 여자를 끌어안고 있는 용으로 표현되거나, 서로 싸우고 있는 두 마리의 동물로 표현되거나, 물에서 용해되고 있는 왕으로 표현되었다.

마찬가지로, 중국 철학에서도 양(陽)의 의미는 남성적인 의미로만 끝나지 않는다. 양은 건조하고 밝은 것, 산의 남쪽 면도 의미한다. 여성적인 음(陰)이 습하고, 어두운 것과 산의 북쪽 면을 의미하는 것과 똑같다.

융합의 난해한 상징이 두드러져 보이지만, 그렇다고 그런 상징이 그 신비의 모든 측면을 다 말해주지는 않는다. 그 외에, 죽음과 무덤의 상징도 고려해야 하고 갈등 모티프도 다뤄야 한다. 분명히 말하지만, 융합의 역설적인 본질을 적절히 묘사하기 위해선 모순적이지는 않아도 매우 다른 상징체계가 동원되어야 한다. 이런 상황에서, 설명에 동원되는 어떤 상징도 전체를 설명하기엔 충분하지 않다는 식으로 결론을 내려도 무방하다. 따라서 다양한 측면들이 서로 모순을 일으키지 않고 함께 통합될 수 있는 어떤 공식을 찾지 않을 수 없다.

도른이 당시에 활용 가능한 수단을 동원해서 시도한 것이 바로 이런 공식을 찾는 노력이었다. 그는 당시에 대응(對應)(correspondentia)이라는 개념의 도움을 받은 덕분에 그 작업을 훨씬 더 쉽게 할 수 있었다. 그 시대의 사람에겐 신의 안과 사람의 안, 그리고 물질의 안에 동시에 있는 어떤 "진리"를 가정하는 것이 지적으로 전혀 어려운 일이 아니었다.

이 개념의 도움을 받으며, 도른은 즉시 적대적인 원소들의 화해와 연금술에서 일어나는 적대적 요소들의 결합이 사람의 마음에서, 아니 사람의 마음 안에서만 아니라 신의 안에서도("그는 모든 것 안에서 하나이다") 일어나는 정신적 통합과 "대응"을 이룬다는 사실을 확인할 수 있었다. 도른은 이 결합이 일어나는 곳의 실체가 바로 내가 자기라고 부르는 심리학적 실체라는 것을 정확히 알고 있었다. 정신적 통합, 즉 오늘날 우리가 개성화라고 부르는 내면의 하나됨을, 그는 "육체를 극복하는 일"에서 상반된 것들이 정신적 균형을 이루는 상태로, 말하자면 육체의 감정성과 본능성을 초월하는 평정 상태로 보았다.

영혼과 결합하는 정신(아니무스)을 그는 "영원한 생명의 숨구멍", 즉 "일종의 영원으로 향하는 창문"(고트프리트 빌헬름 라이프니츠(Gottfried Wilhelm Leibniz))으로 본 반면에, 영혼을 정신의 한 기관으로, 육체를 영혼의 한 도구로 보았다. 영혼은 선과 악 사이에 서서 둘 중 하나를 "선택할" 권리를 누린다. 영혼은 "자연과의 결합"에 의해 육체에 생기를 불어넣는다. 영혼이 "초자연적 결합"에 의해 정령으로부터 생명을 받는 것과 똑같다.

그러나 정신과 영혼, 육체가 그런 식으로 순서대로 재결합을 이루기 위해선, 마음이 육체로부터 분리되어야 한다. 이것은 "자발적 죽음"과 동일하다. 왜냐하면 분리된 것들만이 결합할 수 있기 때문이다. 이 분리를 도른은 "합성물"의 구분과 용해를 뜻하는 것으로 썼으며, 합성의 상태는 육체의 감정성이 마음의 합리성을 방해하는 상태이다.

이 분리의 목표는 마음을 "육체의 욕망과 가슴의 감정"의 영향으로부터 자유롭게 하는 것이고, 또 육체의 소란스런 영역보다 상위에 있는 영적인 태도를 확립하는 것이다. 이 분리는 가장 먼저 인격의 분열과 동물적인 사람의 침범을 낳는다.

스토아 철학과 기독교 심리학이 뒤섞인 이 예비 단계는 의식의 분화에 꼭 필요하다. 현대의 심리 치료도 환자의 감정과 본능을 객관화함으로써 의식이 그 감정과 본능을 직시하도록 할 때 이와 똑같은 절차를 이용한다. 그러나 영적 영역과 생명 영역을 분리시키고, 생명 영역을 합리적인 관점에 종속시키는 것으로는 절대로 충분하지 않다. 이성만으로는 무의식의 불합리한 사실들을 마무리짓기는커녕 적절히 다루지도 못할 것이기 때문이다.

장기적으로 보면, 정신의 우위를 고집하다가 생명을 마비시키는 것은 그만한 가치가 없는 일이다. 정신을 높이 평가한다고 해서 독실한 사람이 죄를 거듭 짓지 않게 되는 것도 아니고, 합리주의자가 비합리적인 모습을 보이지 않게 되는 것도 아니다. 오직 자신의 다른 측면을 인위적인 무의식 속에 숨기는 사람만이 이 참을 수 없는 갈등으로부터 달아날 수 있다. 따라서 육체와 정신 사이에 만성적 갈등이 있는 것이 결코 이상적인 해결책은 아니지만 차라리 더 나은 해결책처럼 보인다.

그러나 바람직한 것은 육체나 정신이나 똑같이 의식적인 상태로 남는 것이다. 의식적인 것은 어떤 것이든 바로잡을 수 있지만, 무의식으로 슬그머니 미끄러져 들어가는 것은 어떤 것이든 수정할 수 있는 범위 밖에 놓이며 타락의 압력을 점점 더 강하게 받게 된다.

정말 다행하게도, 그런 경우에 자연이 특별히 신경을 쓴다. 반드시 무의식의 내용물이 조만간 의식으로 침입하고 들어가서 필요한 혼란을 일으키게 되어 있다. 따라서 영원하고 또 부작용을 일으키지 않는 그런 영성 상태는 극히 드물며, 그런 단계에 이른 사람들은 교회에서 성자의 반열에 오른다.

영혼이 정신에 고무되듯 육체를 고무하다. 때문에 영혼은 육체를 좋아할 뿐만 아니라 육체적이고 감각적이고 감정적인 모든 것을 선호하는 경향을 보인다. 영혼은 자연의 "사슬"에 갇혀 있으며, 따라서 "육체적 필요"라는 한계를 넘어서길 원한다. 영혼은 물질과 세계에 빠진 상태에서 "정신의 조언"을 받아 도로 빠져나와야 한다. 이 탈출은 육체에도 큰 위안이 된다. 왜냐하면 영혼이 물질에 빠진 상태에서 육체가 영혼의 고무에 따르는 이점을 누리는 한편으로 영혼의 욕구와 욕망을 채우는 도구가 되어 고통을 받기 때문이다.

소망을 담은 영혼의 공상들은 육체로 하여금 영혼의 고무가 없었더라면 좀체 하지 않았을 행동까지 하도록 만든다. 영혼의 고무가 없었다면, 육체는 아마 타성에 젖어 생리적 본능을 만족시키는 선에서 끝낼 것이다.

따라서 정신과 육체를 분리한다는 것은 영혼과 그 투사들을 육체의 영역으로부터, 그리고 육체와 관련있는 모든 환경적 조건으로부터 거둬들인다는 뜻이다.

현대적인 용어를 빌리면, 이 분리는 감각적인 현실로부터 뒤로 물러나는 것을, 다시 말해 "만물"이 매혹적이고 기만적인 매력을 발휘하게 하는 공상과 투사들을 철수시키는 것을 뜻한다. 달리 표현하면, 그것은 내향과 내성, 명상, 그리고 욕망과 욕망의 동기들을 주의 깊게 조사하는 것을 의미한다.

도른이 말한 것처럼 영혼이 "선과 악 사이에 서 있기" 때문에, 사도는 자신의 인격의 어두운 측면, 열등한 소망과 동기, 유치한 공상과 분노 등을 발견할 기회를 누릴 것이다. 요약하면, 사도가 습관적으로 자기 자신에게 숨기고 있는 모든 특징을 확인하게 될 것이란 뜻이다. 그가 자신의 그림자를 직시하게 될 것이지만, 그가 그 동안 겉으로 드러냈던 선한 특징은 더 드물게 보일 것이다.

그는 자신의 영혼을, 말하자면 그를 위해 망상적인 세계를 고안해내고 있는 아니마와 샤크티를 알아보는 법을 배울 것이다. 그는 정신의 도움을 받아 이런 지식을 터득하게 될 것이라고 도른은 주장한다. 정신의 도움이란 이성과 통찰, 도덕적 분별력 같은 고차원적인 정신 기능을 말한다.

그러나 정신은 또한 "영원 쪽으로 열린 창문"이고 또 합리적인 혼으로서 불멸이기 때문에 영혼에도 "신성한 흐름"과 보다 숭고한 것들에 대한 지식을 전하게 된다. 정신이 영혼을 고무한다는 말은 바로 이 신성한 흐름과 지식을 두고 하는 말이다.

보다 높은 이 세계는 비(非)개인적인 성격을 띠며, 한편으론 개인을 가르치는 전통적이고 지적이고 도덕적인 가치들로 이뤄져 있고 다른 한편으론 원형적인 관념들로 무의식에 모습을 드러내는 무의식적 산물들로 이뤄져 있다. 대체로 보면 전자, 즉 전통적이고 지적이고 도덕적인 가치들이 이 세계를 지배하게 된다. 그러나 이 가치들이 세월이나 비판에 의해 약해지면서 확신을 상실하게 될 때, 원형적인 관념들이 그 틈을 메우기 위해 밀려온다. 프로이트는 이 상황을 제대로 인식하고 전통적인 가치들을 "슈퍼에고"라 불렀지만, 원형적 관념은 그에게 알려지지 않은 채 남았다. 이성에 대한 믿음과 19세기의 실증주의가 지배력을 결코 늦추지 않았기 때문이다. 물질적인 세계관은 정신의 실체나 자율성과 조화를 이루지 못한다.

연금술의 신비는 기독교 세계관에 나타난 어떤 간극, 말하자면 상반된 것들, 특히 선과 악 사이의 간극을 메우려는 이런 원형적인 관념 중 하나이다. '제3의 것은 주어지지 않는다'는 식으로 알고 있는 것은 논리뿐이다. 자연은 전적으로 "제3의 것"으로 이뤄져 있다. 어떤 반대를 해결하는 효과를 통해 표현되는 것이 자연이기 때문이다. 폭포가 "위"와 "아래"를 중재하는 것이듯이 말이다.

연금술사들은 물리적 세계의 부조화뿐만 아니라 내면의 정신적 갈등, 말하자면 "영혼의 고뇌"까지 치유할 그런 효과를 추구했다. 그러면서 연금술사들은 이 효과를 철학자의 돌이라고 불렀다. 그걸 얻기 위해 그들은 영혼을 육체에 오랫동안 묶어두고 있던 끈을 풀고 순수하게 자연적인 사람과 영적인 사람 사이의 갈등을 의식으로 끌어올려야 했다.

그렇게 하면서, 연금술사들은 이런 종류의 모든 작용은 비유적 죽음이라는 오랜 진리를 다시 깨닫기에 이르렀다. 이는 모든 사람이 자신의 투사를 보면서 아니마의 본질을 깨달아야 하는 때에 반감을 강하게 느끼는 이유를 설명해준다.

사람이 자신의 인격을 허구적으로 그린 그림에 대해 의문을 품으려면, 정말이지 상당한 정도의 자기부정이 필요하다. 그럼에도 불구하고, 심리치료가 어느 정도 깊이 들어가려면 이 자기부정은 반드시 필요한 조건이다. 현실 속의 심리치료 과정이 얼마나 단순화되어 있는지는 분석가가 자신의 방법으로 자기 자신을 직접 분석해볼 때에만 확인될 수 있다.

실제 경험에서 자주 목격되듯이, 환자는 소위 과학적 객관성을 내세우거나 냉소를 노골적으로 보이면서 아예 도덕적 기준을 차단해 버림으로써 자기지식을 찾아야 하는 어려움에서 벗어나려 든다. 그러나 이 같은 행동은 어떤 도덕적 가치를 인위적으로 억압하는 큰 대가를 치르고 약간의 통찰을 얻는 것이나 마찬가지이다. 이런 기만의 결과, 약간 얻은 그 통찰마저도 아무런 효과를 발휘하지 못하게 된다. 거기에 도덕적 반응이 실종되어 있기 때문이다. 이리하여 신경증적 분열이 일어날 토대가 세워지는데, 이런 결과는 심리치료사가 의도한 것이 절대로 아니다. 이 치료 과정의 목표는 자신의 성격의 높이와 깊이에 대해 완벽한 지식을 얻는 것을 의미하는 '정신적 통합'이다.

만약 자기지식을 요구하고 나서는 것이 바로 그 사람의 숙명인데 그 사람이 숙명의 요구를 거부한다면, 이런 부정적인 태도는 아마 진짜 죽음을 부를 것이다. 만약 그 사람이 유익한 우회로를 발견할 수 있는 상황이라면, 그에게 이런 요구 자체가 제시되지 않았을 것이다. 그러나 그 사람은 막다른 길에 갇혀 있고, 거기서부터 그를 탈출시킬 수 있는 것은 오직 자기지식뿐이다. 만약 그런 상황에서도 그가 거부한다면, 그에게 열린 길은 하나도 없다.

대체로 그 사람은 자신의 상황을 의식하지 않는다. 자신의 상황을 의식하지 않을수록, 그는 눈에 보이지 않는 위험에 그만큼 더 심하게 휘둘리게 된다. 그는 달려오는 자동차를 충분히 빨리 피하지 못할 수 있다. 산을 오르다가는 어딘가에서 발을 헛디딜 수 있다. 스키를 타러 간다면 슬로프가 만만해 보일 것이다. 병에 걸리기라도 하면 돌연 살아갈 용기를 잃을 것이다.

무의식은 의미 없는 존재를 죽이는 방법을 여러 가지로 알고 있다. 그것도 놀라울 정도로 신속히 죽이는 방법을. 그러므로 정신적 통합을 죽음 모티프와 연결시키는 것은 아주 쉽게 이해된다. 그 죽음이 단지 정신적 발달의 중단에 그칠지라도 말이다.

연금술사들은 "육체를 극복하는 정신적 통합"을 단지 융합 혹은 개성화의 첫 단계로만 보았다. 정확한 판단이다. 쿤라트가 그리스도를 대우주의 구원자가 아니라 "소우주의 구원자"로 이해한 것과 똑같다. 대우주의 구원자는 라피스였다.

대체로 연금술사들은 상반된 것들의 '전체적' 결합을 상징적인 형식으로 추구했다. 이것을 그들은 모든 병을 치료하는 데 반드시 필요한 조건으로 여겼다. 그래서 그들은 모든 상반된 것들을 결합시킬 그런 물질을 만들어낼 수단을 찾으려 노력했다. 그 물질은 정신적이면서 물질적이어야 하고, 활발하지 않으면서도 생생해야 하고, 여성적이면서도 남성적이어야 하고, 젊으면서도 늙어야 하고, 도덕적으로 중립적이어야 한다. 그것은 사람에 의해 창조되어야 했으며, 동시에 그것은 "창조되어 있는 것이 아니기" 때문에 '땅 위의 신'에 의해 창조되어야 한다.

이 물질의 생산에 이르는 두 번째 단계는 정신과 육체를 다시 결합시키는 것이다. 이 절차를 나타내는 상징들이 많다. 가장 중요한 상징은 증류기 안에서 일어나는 화학적 결혼이다. 옛날의 연금술사들은 연금술 작업의 심리학적 의미에 대해 잘 몰랐기 때문에 자신들의 상징을 단순한 비유로만, 혹은 기호론적으로 화학적 결합을 의미하는 은밀한 이름으로만 이해했다. 그렇게 함으로써 연금술사들은 자신들이 그렇게 풍성하게 이용하고 있던 신화의 진정한 의미는 무시하고 오직 그 용어만을 이용하는 결과를 낳았다.

훗날 이 같은 태도가 변화하게 되었으며 이미 14세기에 연금술사들에게 라피스는 화학적 화합물 그 이상이라는 생각이 떠오르기 시작했다. 이 깨달음은 주로 그리스도의 비유로 표현되었다.

연금술 작업이 지니는 심리학적 측면에 처음으로 눈을 돌린 사람은 아마 도른일 것이다. 그 시대의 사람에게도 이 정도는 지적으로 가능한 일이었다. 이를 뒷받침하는 증거는 학생은 육체적으로, 보다 구체적으로 도덕적으로 훌륭한 성향을 갖춰야 한다고 한 그의 주장이다. 종교적인 태도는 기본이었다. 왜냐하면 개인의 안에 "극소수에게만 알려진 천상의 성격을 지닌 물질"이 숨어 있기 때문이다. 그런데 이 "부패하지 않는 약제"는 "반대되는 것이 아니라 비슷한 것에 의해 족쇄에서 자유롭게 풀려날 수 있는" 것으로 여겨졌다. 이 물질을 속박으로부터 풀어놓을 수 있는 "연금술 약제"는 반드시 "이 물질에 편안한 것"이어야 한다. 약제는 육체가 분리를 감당할 수 있도록 "준비"시킨다. 육체가 준비를 갖추고 있을 때에 "다른 부분들"로부터 보다 쉽게 분리될 수 있기 때문이다.

모든 연금술사들처럼, 도른도 당연히 연금술의 약제가 무엇인지에 대해 공개하지 않았다. 그래서 연금술의 약제가 단지 다소 물리적인 것으로 여겨졌을 것이라고 짐작하는 수밖에 없다. 도른은 어느 정도의 금욕이 바람직하다고 말한다. 이것은 아마 신비의 만능약의 도덕적 본질에 관한 언급일 것이다. 어쨌든 그는 곧 "끈기 있는 독자"는 거기서부터 명상적인 철학에서 연금술로, 또 다시 거기서 진정하고 완벽한 지혜로 나아가게 될 것이라고 서둘러 덧붙인다. 마치 끈기 있는 독자가 처음부터 독서와 명상에 가담하고 있었고, 또 약제와 육체를 준비시키는 일이 바로 그런 것이라는 식으로 말하는 것 같다. 파라켈수스에게 올바른 "이론"이 만능약의 일부로 받아들여진 것처럼, 연금술사들에게는 무의식적 투사를 표현하는 상징이 만능약의 일부로 받아들여졌다. 정말로, 물질을 마법적으로 효과 있는 것으로 만드는 것이 바로 이런 상징이며, 이런 이유로 상징은 연금술 과정으로부터 분리될 수 없다.

융합의 두 번째 단계, 즉 정신적 통합을 육체와 다시 결합시키는 것이 특별히 중요하다. 여기서부터 완전한 융합, 즉 하나의 세상과의 결합이 성취될 수 있기 때문이다. 정신적 입장과 육체를 다시 결합시킨다는 것은 틀림없이 연금술 과정에서 얻은 통찰을 현실로 구체화해야 한다는 뜻이다. 활용되지 않는 통찰은 얻지 않은 것만 못하다. 그러므로 융합의 두 번째 단계는 자신의 역설적인 완전성에 대한 지식을 얻은 사람이 현실 속에서 그런 모습으로 나타나도록 하는 것이다.

그러나 여기서 대단히 어려운 것은 사람의 역설적인 완전성을 현실로 실현하는 방법을 아무도 모른다는 점이다. 그것이 바로 개성화가 안고 있는 난제이다. 물론 그것도 "과학적" 냉소주의나 다른 종류의 냉소주의가 개입하고 나서지 않을 때에만 문제가 될 수 있지만 말이다. 의식적으로 인식된 전체성을 실현하는 것이 틀림없이 대단히 어려운 과제이고 또 심리학자가 불명확한 대답을 제시할 수밖에 없는 문제들을 직시하도록 만들기 때문에, 현대인에 비해 상징을 이용하는 사고를 보다 자유롭게 할 수 있었던 중세 "철학자"가 이 문제를 어떤 식으로 해결했는지를 살피는 것은 대단히 흥미로운 일이다.

우리에게까지 전해오는 텍스트들을 보면 도른이 자신의 작업을 완벽히 이해하고 있었다고 결론 내리기가 망설여진다. 도른이 연금술사가 연금술 과정에 하는 역할에 대해서는 대체로 명확하게 파악했을지라도, 그 문제 자체가 그에게 명쾌하게 와 닿지는 않았다. 이유는 그 문제 중 일부만이 도덕적 및 심리학적 영역에서 일어났고, 나머지 부분은 살아 있는 육체의 어떤 마법적 특성이나 살아 있는 육체 안에 숨겨져 있는 마법적 물질로 실체화되고 있었기 때문이다.

이 같은 투사가 그 문제 위로 안개 같은 것을 퍼뜨리면서 예리한 각을 흐릿하게 만들었다. 연금술사들은 여전히 형이상학적 단언들이 증명될 수 있다고 믿었으며(오늘날 우리까지도 다소 유치한 가정들로부터 완전히 해방되지 못했다), 따라서 연금술사들은 어떤 회의(懷疑)에도 흔들리지 않을 것 같은 '그 너머'의 안전한 곳에 참호를 파고 들어갈 수 있었다.

이런 식으로, 연금술사들은 스스로 부담을 상당히 덜 수 있었다. 이것이 무슨 의미인지는 이렇게 생각하면 쉽게 파악된다. 도덕적 혹은 철학적 딜레마에 빠져 고민해야 하는 상황이면, 주머니 속의 라피스 또는 만능약을 떠올리면 그만이다. 이 같은 '데우스 엑스 마키나'(deux ex machina: 문학 작품에서 갈등을 해결하기 위해 엉뚱한 사건을 일으키는 장치를 일컫는다/옮긴이)를 보다 쉽게 이해할 수 있는 다른 방법도 있다. 오늘날 심리적인 병들을 호르몬이나 마약, 인슐린 쇼크, 경련 요법 등으로 사라지게 할 수 있다고 믿는 열기를 생각해 보라. 연금술사들이 신비라는 자신들의 관념의 상징적 본질을 제대로 지각하지 못한 것이나 오늘날 우리가 호르몬과 쇼크에 대한 믿음이 하나의 상징이라는 사실을 깨닫지 못하는 것이나 뭐가 다른가. 그런데도 사람들은 이런 식의 해석에 대해 터무니없는 주장

이라고 화를 내며 부정할 것이다.

3. 정수(精髓)의 제조

도른의 주장들 중 많은 것은 상징의 영역 안에서 움직이다가 날개 달린 발로 구름 속으로 박차고 오른다. 그러나 그렇다고 그의 상징이 세속적인 의미를 지니지 않는 것은 아니며, 이런 세속적 의미가 다소 우리의 심리학과 통한다.

한 예로, "인간의 육체 안에 숨겨진 어떤 천상의 물질", 즉 "발삼", 정수, "철학적 와인", "미덕과 천상의 활기" 등 한마디로 "진리"가 돕고 나서지 않으면 현자까지도 상반된 것을 서로 조화시킬 수 없다는 것을 그는 알고 있었다. 이 진리가 바로 만능약이었다. 그것은 육체 안에 오직 간접적으로만 숨어 있다. 현실에서 보면, 그것이 사람의 내면에 각인된 '신의 이미지' 안에 있기 때문이다.

이 이미지는 진정한 정수이며, 철학자의 와인의 "미덕"이다. 따라서 철학자의 와인은 적절한 동의어이다. 와인이 액체 형태로 몸을 나타내기 때문이다. 그러나 알코올로서의 와인은 정신을 나타내며, 정신은 "천상의 미덕"에 해당하는 것 같다. "천상의 미덕"은 개인들 사이에 나뉘어져 있을지라도 보편적이다. 그것은 하나이고, "감각적인 사물들 안에서 족쇄로부터 풀려날 때" 원래의 통합의 상태로 돌아가기 때문이다. "이것은 자연의 비밀 중 하나이며, 이 비밀을 통해서 연금술은 보다 높은 것들에 닿았다."[103] 와인은 곡식이나 온갖 씨앗으로 준비할 수 있다. 추출된 진액은 "쉬지 않는 회전운동"에 의해 "가장 위대한 단순성"으로 환원하고, 이 운동에 의해

....
103 "Phil. medit.", p. 464

순수한 것이 불순한 것들로부터 분리된다.

신은 인간이 신의 영광을 나눠 갖도록 하기 위해 인간을 신의 이미지에 따라 창조했다. 신은 가장 비천한 물질을 갖고 금과 소중한 돌을 창조했다. 그러므로 우리는 우리의 본질과 기원을 알고 자만심을 삼가야 한다. 신이 사람을 보는 것이 아니라 가난과 겸손을 보고 자만심을 싫어하기 때문이다. 물과 와인을 만든 자만이 물을 포도주로 변화시키고, 흙을 살아 있는 영혼으로 변화시킬 수 있으며, 그는 우리를 확실히 구원하기 위해 그것을 자신의 이미지에 따라 자신을 닮은 모습으로 만들었다. 그럼에도 불구하고 우리는 아담의 죄 때문에 반항아가 되었지만 신은 그런 우리와 화해했다.

신을 아는 자가 자신의 형제도 알게 될 것이다. 이것이 진정한 철학의 토대이다. 그리고 자신의 내면에서 이 모든 것을 관찰하면서 자신의 마음을 세속적인 모든 근심과 주의 산만으로부터 자유롭게 해방시키는 자는 "마음의 눈으로 하루하루 조금씩 신성한 계몽의 불꽃을 지각하면서 대단한 희열을 느낄" 것이다.[104] 이런 식으로 변화를 겪은 영혼은 육체와 하나로 결합할 것이다.

4. 연금술 절차의 의미

도른은 융합의 두 번째 단계의 비밀을 묘사한다. 현대인의 마음엔 이런 사고의 결과물이 막연한 공상의 산물처럼 보일 것이다. 어떤 의미에서 보면 이 결과물은 공상의 산물이며, 바로 그런 이유 때

....
104 "Phil. medit.", pp. 470f

문에 복잡한 심리학적 방법들을 동원하면 이 결과물을 해독하는 것이 가능해진다.

도른은 혼란스런 상황을 보다 분명하게 정리하기 위해 정신적 통합을 다시 육체와 결합시키는 데 필요한 정수(精髓)를 만드는 방법에 대해 논한다. 이 대목에서 이 같은 연금술의 절차가 도대체 어떻게 생겨나게 되는가 하는 의문이 자연스레 생기게 된다.

정신적 통합은 너무나 분명하게 정신적이고 도덕적인 태도이며, 그것이 심리학적 본질을 갖는다는 데엔 의문이 있을 수 없다. 우리 현대인의 사고방식에는 즉시 정신과 화학작용을 가르는 벽이 생겨난다. 현대인에겐 이 두 가지가 같은 표준으로 평가할 수 없는 것으로 다가오지만 중세인의 마음에는 그렇지 않았다.

중세인의 마음엔 화학적 물질과 그 물질들의 결합에 대한 지식이 전혀 없었다. 중세인의 마음은 단지 서로 결합하면 똑같이 신비한 새로운 물질을 만들어낼 것 같은 수수께끼 같은 물질만을 보았다. 이처럼 깜깜한 어둠 속에서, 연금술사의 공상이 자유롭게 작동했으며, 상상 불가능할 것 같은 것까지도 서로 결합되었다. 중세 연금술사의 공상은 아무런 제약을 받지 않았으며, 그 과정에 현실에서 실제로 벌어지고 있는 일은 그다지 중요하지 않았다.

연금술사의 자유로운 정신은 화학물질과 과정들을 자기 마음대로 이용했다. 화가가 다양한 색깔을 이용해 공상 속의 이미지들을 그린 것과 하나도 다르지 않았다. 만약에 도른이 정신적 통합과 육체를 다시 결합시키는 것으로 묘사하기 위해 화학물질과 도구로 눈을 돌린다면, 이것은 단지 그가 화학적 절차를 이용해 자신의 공상을 쉽게 보여주려 했다는 것을 의미할 뿐이다.

이 목적을 위해 도른은 가장 적합한 물질들을 선택했다. 이것도 화가가 가장 적합한 색깔을 택하는 것과 똑같았다. 예를 들면, 꿀은 순화시키는 특성 때문에 혼합에 포함되어야 한다. 파라켈수스의 추종자로서 도른은 스승의 글을 통해 파라켈수스가 꿀을 "땅의 달콤함"이라고 부르거나, 성장하는 만물 속으로 스며드는 "땅의 송진"이라고 부르거나 "여름의 영향"에 의해 "육체의 정신"으로 변한 "인도의 정신"이라고 부르면서 극찬했다는 사실을 잘 알고 있었다. 그리하여 그 혼합은 불순물을 제거하는 특성뿐만 아니라 정신을 육체로 변화시키는 능력을 얻었으며, 정신과 육체의 융합이라는 측면에서 보면 이것은 특별히 희망적인 신호처럼 보였다.

틀림없이, "땅의 달콤함"은 위험한 성격도 지니고 있다. 꿀이 치명적인 독으로 변할 수 있기 때문이다. 파라켈수스에 따르면, 꿀은 "타르타룸"이라는 것을 함유하고 있다. 그 이름만으로도 하데스와 어떤 관계가 있는 물질이라는 것을 짐작할 수 있다. 게다가 타르타룸은 "불에 탄 토성"이며, 따라서 이 유해한 행성과 관계가 있다.

또 다른 요소로 도른은 애기똥풀을 택하는데, 이 식물은 눈의 질병을 치료하고, 야맹증에 특히 좋으며, 심지어 연금술사들이 아주 두려워한 정신적 "미개"(영혼의 상처, 우울증, 광기)까지 치료하는 것으로 전해진다. 이 식물은 "폭풍우", 즉 감정 폭발로부터 보호한다. 이것은 소중한 성분이다. 노란색 꽃이 최고의 보물인 철학자의 금을 상징하기 때문이다. 여기서 더욱 중요한 것은 이것이 메르쿠리우스로부터 습기, 즉 "영혼"을 끌어낸다는 점이다. 따라서 이것은 육체의 "영성화"를 지원하고 지하에서 최고 높은 영인 메르쿠리우스의 핵심을 드러나게 한다. 그러나 메르쿠리우스는 또한 악마이다. 아마 그것이 라그네우스(Lagneus)가 메르쿠리우스의 본질을 정의하는 장의 제목을 '도미누스 보비스쿰'(Dominus vobiscum: '주님께서 여러분과 함께 하길')으로 붙인 이유일 것이다.

게다가, 메르쿠리알리스(강아지의 수은)라는 식물이 암시되고 있다. 호메로스의 마법의 약초 몰리처럼, 메르쿠리알리스도 헤르메스 자신에 의해 발견되었으며, 따라서 마법적 효과를 발휘할 것임에 틀림없다. 이 식물은 융합에 특히 긍정적으로 작용한다. 이 식물이 암수의 형태로 생겨나고 잉태될 아이의 성을 결정하는 것으로 여겨지기 때문이다. 메르쿠리우스도 이 식물의 추출물에서 생겨났다는 이야기가 있다. 키리네 산의 헤르메스로서 외설스런 형태를 취할 때, 메르쿠리우스는 성욕의 매력적인 힘을 발산하는데, 이 성욕도 융합의 상징에 중요한 역할을 한다. 꿀과 마찬가지로, 메르쿠리우스도 유해한 효과를 일으킬 수 있기 때문에 위험하다. 이런 이유 때문에 도른에겐 혼합에 해독제와 메르쿠리우스를 뜻하는 동의어로 로즈마리를 더하는 것이 바람직할 것으로 여겨졌다. 아마 "같은 것이 같은 것을 치료한다"는 원칙이 작용했을 것이다.

도른은 "로즈 마리누스"(ros marinus), 즉 바다의 이슬이라는 연금술의 비유를 이용하고 싶은 유혹에 저항하지 못했을 것이다. 교회의 상징체계와 마찬가지로, 연금술에도 "은총의 이슬" 같은 것으로 '생명의 물', 즉 영원하고 두 가지 의미를 지니는 신성한 물 또는 유황수가 있었다. 이 물은 또한 바닷물이라 불리거나 그저 "바다"

라 불렸다. 여기서 말하는 바다는 연금술사가 하늘의 북극에 있는 메르쿠리우스의 "가슴"이 안내하는 길을 따라 신비의 편력을 하면서 항해하는 그런 너른 바다다. 그것은 또한 재생의 목욕탕이고, 채소를 키워내는 봄비이고, "원리의 물"이다.

또 다른 해독제는 백합이다. 그러나 백합은 해독제 그 이상이다. 그 즙은 "수은을 닮았고" "불에 타지 않는다". 이는 부패하지 않고 "영원한" 본성을 보여주는 확실한 신호이다. 이는 백합이 메르쿠리우스로, 또 정수 자체로, 말하자면 인간의 생각이 닿을 수 있는 것 중에서 가장 고귀한 것으로 여겨졌다는 사실로 뒷받침된다. 융합에서 빨간 백합은 남자를 상징하고 하얀 백합은 여자를 상징하며, 이들은 히에로스가모스에서 결합하는 신성한 짝이다. 따라서 백합은 파라켈수스가 말하는 진정한 "결혼"이다.

마지막으로, 혼합은 육체와 영혼을 진정으로 하나로 묶을 것을 갖춰야 한다. 영혼이 있는 자리로 여겨진 인간의 혈액이다. 인간의 피는 붉은 팅크제의 동의어였으며, 라피스의 예비 단계였다. 더욱이, 인간의 피는 오랜 옛날부터 신비의 부적으로 통했다. 영혼을 신이나 악마와 묶는 "인대" 같은 것이었으며, 따라서 정신적 통합을 육체와 다시 결합시키는 강력한 약이었다.

그 비법을 글자 그대로 받아들인다면, 인간의 피를 혼합하는 것이 나에겐 이상해 보인다. 여기서 우리는 불확실한 바탕 위를 걷고 있다. 식물의 요소들이 분명히 그것들이 지니는 상징적 가치 때문에 선택되고 있을지라도, 이 상징체계가 마법적 성격을 어느 정도 지니는지는 여전히 불투명하다. 만약에 이 상징체계가 마법적인 성격을 지닌다면, 그 비법은 글자 그대로 받아들여져야 한다.

피의 경우에 많은 의문을 불러일으킨다. 그것이 단순히 영원의 물을 가리키는 동의어여서 실제로 어떠한 액체라도 될 수 있거나, 아니면 진짜 피를 의미할 수도 있기 때문이다. 그렇다면 우리는 이 피가 어디서 오는지를 물어야 한다. 피가 연금술사의 피일 수도 있을까? 내가 볼 때, 이 질문이 어떤 의미를 지니는 것 같다. 도른의 『필로소피아 메디타티바』(Philosophia meditativa: '명상적 철학')를 보면, 그가 시바인의 텍스트인 『리베르 쾨르토룸』의 영향을 강하게 받았기 때문이다.

도른은 이 텍스트에 대해 직접 언급하지 않았지만 틀림없이 알고 있었을 것이다. 시바인은 마법적 목적을 위해 인간을 제물로 바친 것으로 유명했으며, 오늘날까지도 악마와의 약속에 서명을 하는 데 인간의 피가 이용되고 있다. 건물을 지을 때 기초를 튼튼하게 다지기 위해 방종한 여자에게 술을 먹여 취하게 한 다음에 재빨리 그 터에 묻던 의식이 치러지던 것이 그리 오래 전의 일이 아니다. 그러므로 16세기 마법의 비법은 전체를 뜻하는 한 부분으로 인간의 피를 쉽게 이용할 수 있었을 것이다.

그런 다음에 이 전체 혼합은 "레드 와인이나 화이트 와인의 천국 또는 타르타로스의 천국"과 결합된다. '카일룸'(caelum: 천국)은 연금술 절차의 산물이었다. 이 경우에 연금술 절차는 먼저 "철학자의 와인"을 증류하는 것이다. 그것으로 영혼과 정신이 육체로부터 분리되는데, 영혼과 정신이 모든 "점액", 즉 "정령"을 더 이상 포함하고 있지 않은 모든 액체로부터 자유로워질 때까지 영혼과 정신을 거듭 승화시켰다. 육체라 불린 찌꺼기는 "가장 뜨거운 불" 속에서 재가 되었으며, 이 재는 뜨거운 물이 더해져 "매우 강력한 잿물"로 변했다. 이어 잿물이 담긴 용기를 기울여서 재를 빼고 물만 부었다. 찌꺼기를 똑같은 방법으로 거듭 다시 처리했다. 재 안에 거친 성분이 하나도 남지 않을 때까지. 유리 용기 안에서 잿물은 걸러지고 증발되었다. 그런 과정을 거친 끝에 남는 것은 '우리의 지옥'(tartarum nostrum)이고, "만물의 소금"이다.

이 소금은 "대리석 석판 위의 축축하고 차가운 곳에서 주석(酒石: 포도주를 만들 때 발효액에서 생기는 침전물/옮긴이) 물" 속으로 용해될 수 있다. 주석 물은 철학자의 와인의 정수였을 뿐만 아니라 심지어 보통 와인의 정수이기도 했다. 그런 다음에 주석 물은 앞에서 언급한 과정을 거듭 거쳤다. 원심분리기 안에서처럼, 순수한 것이 불순한 것으로부터 분리되었고, "공기 색" 액체가 위로 떠올랐다. 이것이 바로 천국이었다.

나는 독자에게 연금술이 어떤 식으로 전개되는지를 전하기 위해 이 과정을 상세하게 묘사했다. 이 모든 과정이 허튼소리에 불과하다는 식으로 생각해서는 곤란하다. 도른이 사물들을 진지하게 받아들인 사람이었기 때문이다. 판단하건대 도른이 한 말은 그 말 뜻 그대로였으며, 그는 실험실에서 작업을 벌였다. 물론 우리는 그가 화학적으로 어떤 성공을 거두었는지에 대해서 모른다. 그래도 그의 치열한 사고의 결과물에 대해서는 충분히 많이 알고 있다.

도른에게 '카일룸'은 사람의 안에 숨겨진 천상의 물질, 은밀한 "진리", "미덕의 총합", "벌레에 슬지도 않고 도둑들에게 발견되지도 않는 보물"이었다. 세속의 눈으로 보면 그것은 가장 보잘것없는 것이지만, "현자의 눈에 그것은 소중한 돌과 금보다 더 사랑스럽고, 절대로 사라지지 않아서 죽음 뒤에 회수되는 어떤 선(善)이다".[105] 독자는 이 글을 읽으면서 연금술사가 바로 이 땅 위의 천국을 묘사하고 있다고 판단할 것이다. 도른은 과장하지 않았으며 자신에게 매우 중요한 무엇인가를 대중에게 전달하길 원했다고 나는 생각한다. 그는 연금술 작업의 성공만 아니라 그 필요성을 굳게 믿었다. 그는 육체를 "준비시키는" 데에 정수가 꼭 필요하다고 확신했다. 또 그는 육체가 이 "보편적인 약"에 의해 크게 향상되었기 때문에 정신과 영혼의 융합이 완성될 수 있다고 믿었다. 만약에 와인으로 '카일룸'을 만들어내는 것이 무시무시한 화학적 공상이라면, 연금술사가 이 천국과 다른 마법의 약초를 섞는 순간에 우리의 이해력은 모두 정지하고 만다. 그러나 만약에 와인으로 천국을 만드는 것이 주로 공상으로 이뤄진다면, 이 천국과 다른 약초를 섞는 것도 마찬가지로 공상으로 이뤄진다. 이런 식으로 접근한다면, 이 문제는 대단히 흥미로워진다. 공상은 무의식일 때에 언제나 무엇인가를 의미한다. 그러면 이런 물음이 제기된다. 이 절차의 심리학적 의미는 무엇인가?

5. 연금술 과정에 대한 심리학적 해석

앞의 물음에 대한 대답이 우리의 관심을 끈다. 여기서 현대 심리

....
105 Dorn, "Phil. medit.", pp. 457f.

학이 특별히 주목할 만한 사실을 확인하게 되기 때문이다. 연금술사가 자신에게 특별한 의미를 지니는 공상체계를 엮어내고 있는 것이다. 연금술사는 연금술 사상의 일반적인 틀 안에서 움직이지만 미리 정해진 어떤 패턴을 따르지 않고 자신의 공상에 따라 개별적으로 일련의 아이디어들을 고안하면서 그에 따라 행동한다.

연금술사는 정신적 통합, 즉 자신의 영적 입장을 육체와 결합시킬 약을 제조하는 것으로 시작한다. 이미 여기서 모호성이 시작된다. 이 "육체"는 연금술사 자신의 육체인가 아니면 화학 물질인가? 우선 그것은 모두가 잘 알듯이 정신과는 다른 욕망을 갖고 있는 그의 살아 있는 육체이다. 그러나 화학적 과정이 시작되자마자 "육체"는 와인을 증류한 뒤 증류기 안에 남은 것이 된다. 이어서 이 "점액"은 지옥의 불 속에 들어간 영혼의 미묘한 육체처럼 다뤄진다. 이 점액과 마찬가지로, 와인의 찌꺼기도 몇 차례 정화의 불을 거쳐야 한다. 아주 순수해져서 거기서 "공기 색깔"의 정수가 추출될 때까지.

이 기이한 동일시는 그저 제시될 뿐 절대로 하나의 문제로 여겨지지 않는다. 레비 브륄이 원시적인 정신의 두드러진 특징으로 제시한 "신비적 참여"(participation mystique)를 보여주는 좋은 예가 바로 이 동일시이다. 이는 틀림없이 정신적인 것일 '정신적 통합'에도 그대로 적용된다. 이 정신적 통합은 동시에 몸 안에 숨겨져 있는 어떤 물질 같은 "진리"이며, 이 진리는 "점액"을 정화해 추출한 정수와 일치한다.

연금술사들의 마음엔 이런 지적 기괴함이 의문스럽다는 생각이 절대로 떠오르지 않았다. 우리는 대체로 그런 일이라면 "암흑"의 중세 시대에나 일어날 수 있다고 생각한다. 그러나 나는 이 대목에서 우리 현대인도 이 점에서 본다면 숲에서 완전히 벗어나지 못했다는 점을 강조해야 한다.

내가 경험한 예이다. 어떤 철학자가 언젠가 심각한 표정을 지으며 나에게 "생각은 절대로 틀릴 수 없어."라고 말했다. 그래서 내가 이 철학자의 단언에 대해 비판의 뜻을 밝히자, 꽤 유명한 교수였던 철학자는 엄숙한 표정으로 이렇게 대답했다. "나의 말이 맞아. 내가 생각해낸 것이니까."

모든 투사는 대상과의 무의식적 동일시이다. 모든 투사는 단순히 비판을 거치지 않은 경험적 자료로 거기에 그렇게 있으며, 투사가 거기에 있다는 것이 인식된다 하더라도 한참 뒤에나 인식될 뿐이다. 우리가 오늘날 "마음"과 "통찰"이라고 부르는 모든 것은 옛날엔 사물로 투사되었으며, 오늘날에도 개인의 특이성이 많은 사람들에게 일반적으로 타당한 것으로 여겨지고 있다.

원래의 반(半)동물적인 무의식 상태는 연금술사에게 니그레도, 카오스, 혼돈의 덩어리, 영혼과 육체의 뒤섞임으로 알려졌다. 연금술사는 서로 묶여 있는 하나의 시커먼 통일체로부터 '분리'라는 방법으로 영혼을 자유롭게 해야 하고, 의식적이고 합리적인 통찰을 확보해야 한다. 이 통찰은 육체의 영향을 받지 않는 것으로 입증될 것이다.

그러나 그런 통찰은 사물들의 실체를 가리고 있는 망상적인 투사가 모두 제거될 때에만 가능하다. 그렇게 되면 대상과의 무의식적 동일시가 멈추고, 영혼은 "감각적인 것들 안에 있는 족쇄로부터 자유로워진다".

심리학자는 이 과정을 잘 알고 있다. 심리학자의 심리 치료 작업 중에서 매우 중요한 부분이 환자의 세계관을 왜곡하고 환자의 자기지식을 방해하고 있는 투사들을 해체하여 의식적인 것으로 만드는 것이기 때문이다. 심리학자는 환자가 감정적인 성격의 비정상적 정신 상태, 즉 신경증 증후들을 의식적으로 통제할 수 있도록 하기 위해서 이런 과정을 거친다. 이 치료의 목표는 감정의 동요에 맞설 수 있도록 합리적이고 영적이며 정신적인 어떤 입장을 확고히 다지는 것이다.

투사는 오직 의식의 범위 안으로 들어올 때에만 철수될 수 있다. 의식의 범위 밖에서는 어떤 것도 바로잡아질 수 없다. 따라서 온갖 노력을 기울였음에도 불구하고, 도른은 정신적 내용물이 화학 물질 속으로 투사되었다는 사실을 깨닫지 못했고, 따라서 투사를 해결하지 못했다.

분명히 이 측면에서 도른의 이해력은 당시의 의식의 범위 안에서 움직였다. 다른 측면에서는 그의 이해력이 당대의 집단 의식보다 훨씬 더 깊이 파고들었을지라도 말이다. 따라서 이 연금술사에겐 육체를 나타내고 있는 정신 영역이 신기하게도 증류기 안에서 이뤄지는 화학적 준비와 동일한 것처럼 보였다. 그리하여 도른은 자신이 증류기 안에서 일으키는 변화는 정신의 영역에도 마찬가지로 일어날 수 있다고 믿을 수 있었다.

충분히 이해할 수 있는 일이지만, 만능약이나 라피스가 인간의 육체에 적용된다는 식의 표현은 거의 들리지 않는다. 대체로 화학적 과정을 수행하는 것 자체로 충분해 보였다. 어쨌든 도른에겐 그렇게 비쳤다. 그것이 그의 화학적 '천국'이 육체 안에 있는 천상의 물질, 즉 "진리"와 일치한 이유이다.

그에게 이것은 이중성이 아니라 동일성이었다. 우리 현대인에게 그것들은 서로 조화할 수 없는, 말하자면 같은 표준으로 잴 수 없는 것들인데도. 화학작용에 대한 지식 덕에, 현대인은 그것들을 정신적인 것과 구분할 수 있다. 달리 말하면, 우리의 의식이 우리가 그 투사를 거둬들일 수 있도록 한 것이다.

'카일룸'과 혼합될 성분들의 목록은 거기에 투사되고 있는 정신적 내용물의 본질을 들여다볼 기회를 준다. "땅의 달콤함"인 꿀에서, 모든 살아 있는 것들, 싹을 틔우고 성장하는 모든 것들에 스며드는 생명의 발삼이 쉽게 확인된다. 심리학적으로 말하면, 꿀은 어둡고 억제하는 모든 것을 극복하고 제거하는 생의 충동과 생명의 환희를 표현한다. 봄과 같은 환희와 기대가 지배하는 곳에서, 정신은 자연을 포용할 수 있고 자연은 정신을 포용할 수 있다.

철학자의 금과 동의어인 켈리도니아(Chelidonia: '귀중한 돌')는 파라켈수스의 마법의 약초 케이리(Cheiranthus cheiri)에 해당한다. 케이리처럼, 켈리도니아도 4개의 꽃잎을 가진 노란 꽃을 피운다. 케이리도 금과 연결된다. 그것이 '마실 수 있는 금'이기 때문이다. 따라서 케이리는 파라켈수스의 "아니아다"(Aniada), 즉 아래에서 위로 완벽하게 만드는 요소라는 카테고리에 속한다. 말하자면 봄에 채집되고 장수를 허용하는 마법의 식물이란 뜻이다. 도른은 자신의 논문『콩게리에스 파라켈수카이 케미카이…』(Congeries Paracelsicae chemicae de transmutatione metallorum: '금속 변환에 관한 파라켈수스의 화학 문집')에서 이 정보를 담고 있는 파라켈수스의『데 비타 롱가』에 대해 논평했다.

애기똥풀은 중세에 탁월한 치료 효과와 마법으로 유명한 약초였다. 주로 노란색의 우유 같은 즙 때문이었다. 젖이 나지 않을 때 즐겨 쓰였다. 그것은 또 '쥐털이슬'(enchanter's nightshade)이라고도 불렸다. 파라켈수스가 지적한 것처럼 그것은 케이리처럼 금색 꽃이 지닌 콰테르니오의 특성 때문에 특별한 의미를 지닌다.

금에 비유된다는 것은 언제나 가치의 증대를 의미한다. 켈리도니아를 더한다는 것은 곧 자기의 콰테르니오와 동일한 최고의 가치를 그 혼합에 투사하는 것이다. 만약에 켈리도니아를 더한 것이 "메르쿠리우스의 영혼을 끌어내게 된다면", 이는 심리학적으로 자기(황금의 콰테르니오)의 이미지가 지하의 정령으로부터 어떤 정수를 끌어낸다는 뜻이다.

나는 도른의 의견에도 동의하고, 이 진술이 거의 이해되지 않는다는 독자의 의견에도 동의해야 한다. 이 문제를 설명하는 것은 대단히 힘든 작업이다. 정신과 물질을 전혀 구분하지 않는 마음을 다룰 때 직면하게 되는 그런 어려움이다.

여기 바탕에서 작용하고 있는 개념은 물질적이기도 하고 정신적이기도 한 이중적인 존재인 메르쿠리우스의 개념이다. 이 주제를 특별히 연구하면서, 나는 메르쿠리우스가 외적으로는 수은에 해당하지만 내적으로는 "땅의 신"이고 세계 영혼에 해당한다는 점을 지적했다.

메르쿠리우스는 도른이 영혼에 속하는 것으로 여기고 있는 그런 성격을 갖고 있다. 메르쿠리우스는 "선에는 선으로 대하고 악에는 악으로 대하고", 따라서 도덕적으로 중간의 위치를 차지한다. 영혼이 땅의 육체들 쪽으로 기울듯이, 메르쿠리우스는 우리의 텍스트에서처럼 물질 속의 영으로, 지하 세계의 형태로 자주 나타난다. 그렇다면 메르쿠리우스는 영혼을 자연 속에 포로로 잡고 있는 정령이며, 바로 이런 이유 때문에 영혼이 메르쿠리우스로부터 해방되어야 한다.

심리학적 의미에서 보면, 메르쿠리우스는 무의식을 나타낸다. 무의식 안에 "빛의 불꽃들", 즉 원형들이 숨어 있으며 이 원형들로부터 보다 고차원적인 의미가 "추출될" 수 있다. 숨어 있는 것을 끌어당기는 "자석"은 자기이거나 이 경우에 숨어 있는 것을 나타내고 있는 "이론"이거나 상징이며, 연금술사는 이 이론이나 상징을 하나의 도구로 이용한다. 추출은 로이스너의 『판도라』에 나오는 삽화에 비유적으로 묘사되어 있다.

왕관을 쓰고 후광까지 두른 인물이 똑같이 왕관을 쓰고 후광을 두른, 날개가 있고 꼬리는 물고기이고 팔이 뱀인 그런 생명체(정령)를 흙덩이로부터 끌어올리고 있는 모습이다. 이 괴물은 메르쿠리우스의 영, 족쇄로부터 풀려난 세상의 영혼 또는 물질의 영혼, 대우주의 아들, 땅 안에서 태어난 해와 달의 아들, 자웅동체의 호몬쿨루스 등이다. 기본적으로 이 모든 동의어들은 그리스도의 비유 혹은 보완으로서의 속사람을 묘사하고 있다. 이 형상에 관한 정보를 추가로 더 얻고 싶은 독자는 『심리학과 연금술』과 『아이온』을 참고할 수 있다.

여기서 혼합의 또 다른 요소, 즉 "로즈마리 꽃"으로 돌아가자. 옛날의 약전(藥典)에서, 로즈마리는 신기한 이름과 관련있는 상징을 근거로 주로 해독제로 여겨졌다. '로즈 마리누스'(바다 이슬)는 연금술사들에게 영원의 물의 비유로 아주 적합했으며, 이 영원의 물은 곧 메르쿠리우스였다.

그러나 로즈마리에게 특별한 의미를 부여하는 것은 달콤한 향과 맛이다. 성령의 "달콤한 향"은 영지주의에서만 아니라 교회의 언어에도 나타나고 당연히 연금술에도 나타난다. 연금술에선 달콤한 향이 지하세계의 특징인 악취와 연결되는 것이 조금 다르다. 로즈마리는 결혼 풍습에서 사랑의 약으로 종종 사용되었으며, 따라서 연금술사에게 융합의 목적에 특히 유익한 접합의 힘을 가진 것으로 여겨졌다. 따라서 성령은 아버지와 아들을 묶는 "호흡"이다. 연금술에서 성령이 간혹 육체와 영혼의 "인대"로 나타나는 것처럼. 로즈마리의 이런 다양한 측면들은 그 혼합에 부여된 수많은 특성들을 의미한다.

메르쿠리알리스도 마법의 약초이지만, 로즈마리와 달리 이 약초는 사랑이 아니라 성욕과 연결되며 아이의 성을 결정하는 또 다른 "결합력"이다. 붉은 백합은 유황의 정수로서 연금술의 결혼에서 남자 파트너를, 흰색의 여자와 결합하는 붉은색 노예를 나타낸다. 이 형상을 갖고 연금술사는 자신을 약 속에 혼합시키고, 그 결속을 침범하지 못하도록 하기 위해 거기에 추가로 인간의 피를 더했다. 인간의 피는 악마와의 협정에 서명할 때 쓰이는 "특별한 주스"이기 때문에 결혼의 끈을 마법적으로 단단하게 묶는 것으로 여겨졌다.

그런 다음에 이 특이한 혼합은 "붉은 와인이나 하얀 와인의 천국이나 타르타로스의 천국"과 결합되었다. '카일룸' 또는 청색 팅크제는 와인의 "점액"으로부터 만들어졌다. 점액이 용기의 바닥에 남은, 증발한 와인의 찌꺼기이듯이, 죽은 자의 영역이고 지하세계인 타르타로스는 한때 살아 있었던 세계의 침전물이다.

타르타르(酒石)는 지혜의 소금이다. '토성의 소금'은 타르타로스에서 사슬에 묶여 있는 크로노스를 가리킨다. 플루타르코스는 티폰과 타르타로스를 동일시한다. 이것은 토성의 해로운 본질과 일치한다. 따라서 '타르타로스의 소금'은 죽음과 지옥을 상기시키는, 음침하고 지옥 같은 뉘앙스를 풍긴다. 토성(납)은 원물질의 가장 잘 알려진 동의어 중 하나이며, 따라서 철학자의 아들의 모체이다. 이것은 연금술사들이 추구하던 천상의 물질, 카일룸이다.

대단히 특이한 미약(媚藥)에 대해선 어떻게 생각해야 할까? 도른이 정말로 이 마법의 약초들을 함께 섞어야 한다는 뜻으로 말했을까? 또 "타르타로스"로부터 공기 색깔의 정수를 증류해야 한다는 뜻이었을까? 아니면 그가 도덕적인 의미를 표현하기 위해 이런 비밀스런 이름들과 절차들을 이용한 것일까?

나의 짐작은 그가 둘 다를 의미했을 것이라는 쪽이다. 왜냐하면 연금술사들이 실제로 그런 물질들을 갖고 그런 식으로 생각하며 작업을 했기 때문이다. 구체적으로, 파라켈수스를 추종하던 의사들은 실제 의료 활동에 이런 치료법과 사고 과정을 이용했다. 그러나 만약에 연금술사가 그런 약들을 증류기 안에서 정말로 섞었다면, 그 사람은 틀림없이 마법적 의미를 지니는 성분들을 선택했을 것이다. 따라서 그는 특별한 정신 상태에서 특별한 생각을 품고 작업을 했으나, 그 정신 상태와 생각을 그에 상응하는 물질의 이름으로 불렀다. 꿀과 함께, 감각의 즐거움과 생명의 환희뿐만 아니라 세속에 얽히는 데 따를 치명적인 위험인 "독"에 대한 은밀한 두려움까지 혼합되었다. 켈리도니아와 함께, 가장 높은 의미와 가치, 전체 인격으로서의 자기가 로즈마리로 상징된 영적 및 부부의 사랑과 결합되었다. 그리고 저급한 지하세계의 요소가 결여되지 않도록 하기 위해, 메르쿠리알리스가 열정에 좌우되는 붉은색 노예와 함께 성욕을 더했다. 이 열정은 붉은 백합에 의해 상징되었다. 이어 전체 영혼에 붉은 피를 뿌렸다.

이 모든 것은 불활성의 물질로부터 추출한 세계 영혼 또는 세계에 각인된 신의 이미지와 결합되었다. 말하자면 의식적인 사람의 전체가 자기에게, 다시 말해 이전의 자아를 대체할 인격의 새로운 중심에 양보한다는 뜻이다.

신비주의자에겐 그리스도가 의식의 지도력을 넘겨받으면서 단순히 자아 중심적이기만 하던 존재에 종지부를 찍는 것과 똑같이, 대우주의 자식, 혹은 위대한 발광체들의 아들, 혹은 지구의 어두운 자궁의 아들이 정신의 영역으로 들어가면서 의식의 찬란한 높이에서뿐만 아니라 아직 그리스도의 안에 나타난 빛을 이해하지 못하고 있는 어둠의 깊이에서도 인간의 인격을 장악한다. 도른은 기독교가 확실히 동화시키지 않은 중요한 그림자를 잘 알고 있었으며,

그래서 그는 위에서 아래로 내려온 신의 아들의 비유와 보완으로서 땅의 자궁으로부터 어떤 구세주를 창조해내야 한다는 의무감을 느꼈다.

카일룸을 만드는 것은 실험실에서 행한 상징적인 의례이다. 목적은 "진리"를, 천상의 발삼 혹은 생명의 원리를 물질의 형태로 창조하는 것이다. 이 "진리" 혹은 생명의 원리는 신의 이미지와 동일하다. 심리학적으로 보면, 그것은 화학 물질과 화학적 절차, 또는 우리가 오늘날 적극적 상상이라는 부르는 것을 통해 개성화 과정을 표현하고 있다.

이것은 자연이 이용하고 있는 방법이며, 또 분석가가 환자에게 가르칠 수 있는 방법이다. 대체로 보면 분석을 거치는 과정에 상반된 것들이 아주 강하게 드러남에 따라 인격의 결합 또는 통합이 반드시 필요하게 될 때, 이런 과정이 일어난다. 정신적 내용물과 환자의 태도, 특히 환자의 꿈을 분석하는 과정에 환자의 무의식에서 보상적 또는 보완적 이미지들이 끊임없이 나타나고, 따라서 의식적 인격과 무의식적 인격 사이의 갈등이 공개되어 결정적으로 중요한 문제로 확인될 때, 그런 상황은 반드시 벌어지게 되어 있다.

무의식적 인격과 의식적 인격의 대면이 무의식의 부분적인 측면에만 국한될 때, 갈등은 제한적이고 해결도 간단하다. 통찰과 어느 정도의 체념, 분노의 감정을 가진 환자가 이성과 관습 쪽에 서기만 하면 되는 것이다. 무의식적인 모티프들이 예전처럼 다시 억압될지라도, 이때의 무의식은 어느 정도 만족한 상태이다. 왜냐하면 환자가 무의식의 원리들에 따라 살려고 의식적으로 노력할 뿐만 아니라 성가신 분노의 감정 때문에 억압된 것들의 존재를 끊임없이 상기하게 되기 때문이다.

그러나 만약에 그림자에 대한 인식이 환자의 능력 안에서 최대한으로 이뤄진다면, 그때엔 갈등과 방향 감각의 상실이 따르게 된다. '예스'와 '노'가 똑같이 강한 상태에 이름에 따라, 환자가 합리적인 결정으로는 이 두 가지를 더 이상 따로 떼어놓지 못하게 되기 때문이다. 말하자면, 환자가 갈등을 더 이상 가면 뒤로 숨기지 못하게 된다는 뜻이다.

그렇게 되면 진정한 해결이 필요하고, 상반된 것들이 결합할 수 있는 제3의 것이 필요해진다. 여기서 지성의 논리는 언제나 실패한다. 논리적인 대조엔 제3의 것이 전혀 없기 때문이다. "해결책"은 오직 비이성적인 성격의 것이어야 한다.

자연에서 상반된 것들의 해결책은 언제나 에너지의 과정이다. 폭포가 위와 아래 사이에서 둘을 중재하는 것처럼, 자연은 양쪽 모두를 표현하는 무엇인가의 역할을 하면서 진짜 상징적으로 행동한다. 그러면 폭포 자체가 같은 표준으로 잴 수 없는 제3의 것이 된다. 갈등이 해결되지 않고 있을 때, 폭포처럼 상반된 것들의 긴장과 본질을 보여주면서 통합을 준비하게 하는 꿈이나 공상이 일어난다.

이 과정은 무의식적으로 일어날 수도 있고 인위적으로 유도할 수도 있다. 인위적으로 유도하는 경우에 꿈 또는 다른 공상의 이미지를 선택해서 단순히 그것을 응시함으로써 거기에 정신을 집중한다. 또 그런 통합 과정의 출발점으로 나쁜 기분을 이용하면서 그 기분이 어떤 공상으로 이어지는지, 아니면 어떤 공상이 그 같은 기분을 낳고 있는지를 알려고 노력할 수도 있다. 그런 다음에 주의력을 집중함으로써 마음 속에 그 이미지를 고정시킬 수 있다. 그렇게 집중하고 나면 대체로 이미지가 변화할 것이다. 이미지를 놓고 정신을 집중한다는 사실 자체가 그 이미지에 생명력을 불어넣기 때문이다.

이런 변화들은 반드시 신중하게 기록되어야 한다. 그 변화들이 무의식적 배경에서 일어나는 정신 과정들을 반영하고 있기 때문이다. 무의식에 일어나는 정신 과정들은 의식에 기억된 자료로 엮어진 이미지로 나타난다. 이런 식으로, 의식과 무의식이 서로 결합한다. 폭포가 위와 아래를 연결하는 것과 똑같다.

일련의 공상적인 생각들이 일어나면서 점진적으로 극적인 성격을 지닌다. 수동적인 과정이 하나의 행동이 된다. 처음에 수동적인 과정은 투사된 형상들로 이뤄져 있으며, 이 이미지들은 극장의 장면들처럼 관찰된다. 달리 말하면, 당신은 눈을 뜨고 꿈을 꾼다고 할 수 있다.

대체로 보면 이 같은 내면의 오락거리를 그저 즐기기만 하고 가만 내버려 두는 경향이 두드러진다. 그런 경우엔 당연히 어떠한 진전도 일어나지 않고 같은 주제에 대한 직관적 느낌만 끝없이 이어질 뿐이다. 무대에 올랐던 것이 지금도 여전히 배후 과정으로 남아 있다. 어쨌든 그것이 관찰자를 움직이지 못하고 있기 때문이다. 그것이 관찰자를 움직이지 않을수록, 이 개인 전용 극장에서 얻는 카타르시스 효과는 더 작을 것이다.

무대에서 펼쳐지고 있는 작품은 그가 그냥 가만히 편안하게 앉아서 관람하는 것을 원하지 않는다. 그의 참여까지 강요하고 나서는 것이다. 만약 관찰자가 자신의 드라마가 이 내면의 무대에서 공연되고 있다는 것을 이해한다면, 그 사람은 플롯이나 결말에 무관심할 수 없다. 배우들이 한 사람씩 차례로 등장하고 플롯이 더욱 흥미진진해짐에 따라, 그는 무대 위의 배우들이 자신의 의식적 상황과 어떤 의도적인 관계를 맺고 있다는 것을, 자신의 무의식이 자신에게 말을 걸어오고 있다는 것을, 또 무의식이 이런 공상적인 이미지들을 자신 앞에 나타나도록 하고 있다는 사실을 알아차릴 것이다. 따라서 그는 연극에 참여해야 한다는 의무감을 느끼거나 분석가의 자극에 힘입어 극장에 가만히 앉아 있지 않고 연극에 참여하면서 자신의 또 다른 자아로 역할을 소화할 것이다. 왜냐하면 우리 내면에서 영원히 모순을 일으키지 않는 것은 절대로 있을 수 없고, 의식은 정신의 어두운 구석 어딘가에서 부정(否定)이나 보상적 효과, 인정이나 분노를 불러일으키지 않을 수 있는 태도를 절대로 취하지 못하기 때문이다.

우리 내면의 '타자'(他者)를 받아들이는 이 과정은 충분한 가치를 지닌다. 이런 식으로, 우리가 자신이 인정하고 싶어 하지 않는 본성의 여러 측면들을 알게 되기 때문이다. 환자가 이 과정을 밟는 동안에 일어나는 일을 세세하게 기록으로 남겨서 전체 과정을 한눈에 파악할 수 있도록 하는 것이 아주 중요하다. 그렇게 할 경우에 자기기만의 경향을 직시하는 데 도움을 줄 증거 자료들을 많이 확보하게 된다.

그림자를 다룰 때에는 지속적인 논평이 절대적으로 필요하다. 그렇게 하지 않으면 그림자의 실체가 확고하게 잡히지 않기 때문이다. 이런 고통스런 방법을 통해야만, 사람이 자신의 인격의 복잡한 본질에 대해 긍정적인 통찰을 얻는 것이 가능해진다.

6. 자기지식

헤르메스 철학(이집트 신 토트와 그리스 신 헤르메스가 결합된 신 또는 반(半)신적인 존재인 헤르메스 트리스메기스투스의 저작으로 여겨지는 외경(外經)을 바탕으로 한 철학으로, 영적 성장을 크게 강조했다. 서양의 신비주의 전통에 큰 영향을 끼쳤으며, 르네상스와 종교개혁 동안에 중요하게 여겨졌다/옮긴이)의 언어로 표현하면, 자아 인격이 그 배경, 즉 그림자를 받아들인다는 것은 정신과 영혼이 합쳐지는 정신적 통합에 해당하며, 바로 이 정신적 통합이 융합의 첫 단계이다. 내가 무의식을 받아들이려는 노력이라고 부르는 것을 연금술사들은 "명상"이라고 불렀다. 룰란트는 명상에 대해 이렇게 말한다. "명상, 그것은 눈에 보이지 않는 또 다른 존재와 내적 대화를 하는 것이다. 신에게 기도하거나, 자신의 자기와 소통하거나 자신의 선한 천사와 소통하는 것이 그런 예이다." 이 같은 다소 낙관적인 정의는 연금술사가 선할 것으로 짐작되는 그의 친숙한 정령들과의 관계에 대해 언급한 내용에 의해 증명되어야 한다. 이 점에서 보면, 연금술사들의 증언이 동의하듯이, 메르쿠리우스는 다소 신뢰하기 힘든 동행이다.

두 번째 단계, 즉 정신적 통합을 육체와 결합시키는 단계를 심리학적으로 이해하려면, 우리는 그림자를 꽤 완전하게 인식할 경우에 생겨날 정신 상태가 어떤 것인지를 알아야 한다. 우리가 알고 있는 바와 같이, 그림자는 보통 의식적인 인격과 근본적으로 대조되는 것을 나타낸다.

이 대조는 정신적 에너지가 일어나게 하는 전위 차이에 반드시 필요한 전제조건이다. 이 대조가 없으면, 정신적 에너지에 필요한 긴장이 결여된 상태이다. 상당한 정신적 에너지가 작용하는 곳에서, 우리는 그에 상응하는 긴장과 내면의 반대를 예상해야 한다.

상반된 것들은 반드시 성격학적 본질을 갖고 있다. 긍정적인 어떤 미덕이 존재한다는 것은 그 미덕이 반대되는 것, 즉 상응하는 악을 누르고 승리를 거두고 있다는 점을 암시한다. 상대물이 없으면, 미덕은 빛을 잃고, 비효과적이고, 비현실적이다. 그림자가 의식과 정반대인 현상은 무의식에서 일어나는 보완적이고 보상적인 과정에 의해 완화된다. 이 과정이 의식에 작용한 결과, 최종적으로 그림자와 의식을 통합하는 상징들이 나오게 된다.

그림자와의 대면은 먼저 정지 상태를 낳는다. 이런 상태는 도덕적 결정을 방해하고, 확신을 무력화시키고 심지어 확신을 갖지 못하게 만든다. 모든 것이 의심스러워진다. 연금술사들이 이 단계를 니그레도, 카오스, 멜랑콜리아(우울증) 같은 이름으로 부르는 이유도 거기에 있다.

연금술 작업이 이 지점에서 시작해야 한다는 것은 맞는 말이다. 사람이 이처럼 찢어지고 분리된 상태에서 어떻게 현실을 직시할 것인가 하는 문제는 대답이 거의 불가능한 질문이기 때문이다.

이 대목에서 나는 연금술을 모르거나 무의식의 심리학을 잘 모르는 독자에게 오늘날엔 그런 상황에 처하는 경우가 극히 드물다는 점을 상기시켜야 한다. 지금은 어느 누구도 마법적인 물질을 갖고 머리를 싸매는 조사자가 겪는 당혹에 공감하지 않는다. 또 무의식을 분석한 효과를 경험한 사람은 극히 드물다. 또 꿈들이 제시하는 객관적인 암시들을 명상을 위한 테마로 이용하면 좋겠다고 생각하는 사람은 거의 없다. 만약 고대의 명상 기술이 오늘날에 실천된다면, 그것은 로욜라의 이냐시오의 『수련』이나 인도의 영향을 받아 생겨난 일부 신지학의 훈련에서처럼, 오직 주제가 명상하는 사람에 의해 주관적으로 선택되거나 지도자에 의해 사전에 정해지는 종교나 철학 분야에서만 행해지고 있을 뿐이다. 이 방법들은 집중력을 높이고 의식을 강화하는 데에만 가치를 지닐 뿐, 인격의 통합을 이루는 데는 전혀 아무런 의미를 지니지 않는다. 반대로, 그런 훈련의 목적은 의식을 무의식으로부터 보호하고 무의식을 누르는 것이다. 따라서 그런 훈련들은 의식이 무의식에 압도당하거나 정신병의 위험이 있는 사람들에게만 치료적 가치를 지닐 수 있다.

일반적으로 명상과 정관(靜觀)은 서양에서 나쁜 평을 듣고 있다. 이런 훈련은 특별히 비난 받아야 할 나태나 병적 나르시시즘으로 여겨진다. 어느 누구도 자기지식을 위한 시간을 전혀 갖지 않거나 자기지식이 삶에 큰 도움이 된다는 믿음을 갖지 않고 있다. 아무리 바보라도 자신이 어떤 존재인지는 안다는 이유로, 자기 자신을 알려고 애를 쓰는 일 따위는 아예 필요하지도 않다고 생각한다.

서양인은 철저히 행동만을 믿으면서, 집단적 가치를 지니는 성취에 의해서만 판단되는 행동가에 대해서는 아무것도 묻지 않는다.

일반 대중은 무의식적 정신의 존재에 대해 소위 전문가들보다 더 분명하게 인식하고 있는 것처럼 보이지만, 그럼에도 아직 어느 누구도 그 같은 사실로부터 서양인이 자기 자신을 이방인으로 대하고 있다는 결론과 자기지식이야말로 기술 중에서 가장 어렵고 가장 엄격한 기술이라는 결론을 끌어내지 않았다.

명상이 저절로 의식에 와 닿는 무의식의 객관적인 산물에 관심을 둘 때, 의식의 인과관계 사슬에서 나오지 않고 기본적으로 무의식적인 과정에서 나오는 내용물과 의식의 결합이 일어난다. 우리는 무의식적 정신이 어떤 것인지를 모른다. 그걸 안다면, 그건 무의식이 아니고 이미 의식일 것이다. 우리는 단지 무의식적 정신의 존재를 짐작할 수 있을 뿐이다.

무의식적 내용물의 일부가 투사되지만, 투사는 좀처럼 투사 자체로 인식되지 않는다. 투사의 존재를 확인하기 위해선 명상 혹은 비판적 내성(內省), 대상에 대한 객관적 조사가 필요하다. 만약에 개인이 자기 자신을 면밀히 조사하기를 원한다면, 투사들을 찾아내는 작업이 반드시 필요하다. 왜냐하면 투사들이 대상의 본질을 왜곡할 뿐만 아니라, 그 사람 본인의 인격에 속하는 까닭에 반드시 그의 인격과 통합되어야 할 아이템을 많이 포함하고 있기 때문이다.

이것은 자기지식을 알아가는 지루한 과정에서 아주 중요한 단계 중 하나이다. 투사는 본인이 인정하기 어려운 방식으로 그 사람과 연결된다. 그렇기 때문에 도른이 세상에 대해 거의 금욕적인 태도를 취할 것을 권한 것은 적절한 판단이라고 볼 수 있다. 그래야만 영혼이 육체의 세계에 개입하지 않을 수 있을 테니까. 여기선 오직

"정신"만이 투사가 야기한 망상과 당혹을 넘어선 지점에서 자기에 대한 지식을 얻고 싶어 하는 욕구를 충족시킬 수 있다.

그렇다면 연금술 언어에서만 아니라 심리학 언어에서도 정신의 통합은 자기 자신에 대한 지식을 의미한다. 자기지식은 자아에 대한 지식에 지나지 않는다는 현대의 편향과 정반대로, 연금술사들은 자기를 몸 안에 숨겨져 있는, 자아와 같은 표준으로 평가할 수 없는 하나의 물질로, 또 신의 이미지와 동일한 것으로 보았다. 이 관점은 '푸루샤-아트만'이라는 인도의 개념과 완전히 일치한다.

따라서 도른이 묘사한, 완성을 위한 정신의 준비는 동양의 영향을 받지 않은 가운데서 위대한 동양 철학들처럼 상반된 것들의 결합을 이루고 또 이 목표를 위해서 상반된 것들로부터 자유로운, 아트만이나 도(道)와 비슷한 원리를 확립하려는 시도이다. 이것을 도른은 '천상의 물질'이라 불렀으며, 오늘날 우리는 어떤 초월적 원리라고 묘사할 것이다. 이 "우눔"(unum: '단 하나')이 바로 '아트만'(자기) 같은 '니르드반드바'(상반된 것들로부터 자유로운 상태)이다.

도른은 이 같은 사상을 발명하지 않았으며 단지 연금술에서 오랫동안 은밀한 지식으로 내려오던 것을 보다 명확하게 표현했을 뿐이다. 그래서 우리는 알베르투스 마그누스의 『리베르 옥토 카피툴로룸』(Liber octo capitulorum)에서 수은에 관한 언급을 확인한다.

메르쿠리우스는 금과 은의 영혼이기 때문에, 금과 은의 융합이 반드시 성취되어야 한다.

메르쿠리우스는 원물질이다. 이것은 연금술 작업 시작 단계에 용해되어야 하고, 용해된 육체들은 "정신"으로 변한다. 이 변형은 부패작용에 의해 이뤄지며, 부패작용은 니그레도, 무덤, 죽음의 동의어이다. 정신들은 신랑과 신부로 서로 결합한다.

메르쿠리우스는 원물질일 뿐만 아니라 연금술 작업의 목표인 종국적 물질로서 라피스이기도 하다. 그래서 알베르투스는 자비르 이븐 하이얀(Jābir ibn Hayyān)의 글을 인용한다. "하나는 돌이고, 하나는 약이고, 그 안에 전체 치유력이 들어 있다."

이런 글들에서, 알베르투스 마그누스는 도른보다 300년도 더 전에 천상의 물질과 생명의 발삼, 숨겨진 진리 등을 묘사하고 있다. 마그누스의 설명의 뿌리를 파고들면 그리스 연금술까지 닿지만, 나는 여기서 이 문제는 논할 수 없다. 그의 설명만으로도 우리의 목적에 충분하다.

마그누스의 설명은 충분히 예상할 수 있듯이 자기모순의 특징을 다수 보이는 어떤 초월적인 물질을 묘사하고 있다. 명백한 진술을 제시할 수 있는 것은 오직 내재하는 대상에 대해 논할 때뿐이며, 초월적인 대상은 오직 역설로만 표현할 수밖에 없다. 따라서 초월적인 대상들은 있기도 하고 없기도 하다(즉, 인간의 경험에선 발견되지 않는다는 뜻이다).

물리학자조차도 경험을 거치면서 자기모순적인 진술을 하지 않을 수 없는 상황에 처한다. 빛이나 물질의 가장 작은 입자의 본질 같은 초월적인 사실을 구체적으로 묘사하면서 미립자와 파동으로 표현할 때가 그런 예이다. 마찬가지로, 수은은 물질적인 물질이면서 동시에 살아 있는 정신이며 이 정신의 본질은 상징적 동의어들로 표현될 수 있다.

수은은 물질이면서도 물질이 아니다. 하나의 자연적 원소로서 수은은 불에 저항하지 않지만 연금술의 비결을 통해 불에 저항할 수 있도록 만들면 마법의 물질로 바뀔 수 있기 때문이다. 당시엔 이런 생각이 너무나 경이로워 보였기 때문에 그런 현상을 현실에서 확인하게 될 것이라고는 상장조차 하지 못했다. 이것은 틀림없이 수은이 어떤 초월적 관념을, 다시 말해 연금술 기술이 수은을 불에 저항할 수 있도록 만들 수 있게 될 때 그 수은 안에 분명히 드러날 어떤 초월적인 관념을 상징했다는 것을 의미한다. 또 메르쿠리우스가 모든 금속의 원물질이고 또 모든 광물 안에서 발견되기 때문에, 메르쿠리우스 안에 이런 신비한 특성이 적어도 잠재적으로 있는 것으로 짐작되었다.

메르쿠리우스는 그 과정의 원래 물질일 뿐만 아니라 최종적 산물, 즉 철학자의 라피스이기도 하다. 따라서 메르쿠리우스는 처음부터 금속과 화학 물질 중에서 중요한 예외이다. 메르쿠리우스는 신이 모든 물질적인 것들을 창조하는 데 쓴 원초의 물질이다. 연금술사가 원초의 물질 안에서 일으키는 변화는 특히 물질에 "어마어마한 비중"과 분리 불가능한 전체성을 부여하게 된다.

이런 이상한 진술과 현대적 견해, 말하자면 물질은 "균등한 본질"을 가졌고 더 이상 분리 불가능한, 무게를 지닌 미립자로 이뤄져 있다는 견해를 비교해 보라. 그러면 이 이상한 진술에서 또 다른 측면이 드러날 것이다. 미립자는 자연이 사용하는 벽돌이며, 그래서 미립자는 자연이 포함하고 있는 모든 것을 포함하고 있다. 그렇다면 미립자 하나하나는 우주의 전체성을 나타낸다.

이런 관점에서 본다면, 알베르투스 마구누스가 우리 시대의 위대한 물리학적 발견 중 하나를 예고했던 것처럼 보인다. 물론 이런 식의 접근은 그의 직관이 담고 있는 물리학적 진리만을 인정하고 있으며, 중세 사람의 마음에 그 진리와 함께 작용하고 있었을 상징적 의미는 인정하지 않고 있다.

알베르투스 마그누스의 견해와 양성자(陽性子)와 에너지 양자(量子) 사이의 불일치를 과감하게 비교한다면, 상징적인 진술에서도 그와 비슷한 시도를 하지 않을 수 없다. 이 상징적 진술들은 도른을 통해서 본 바와 같이 메르쿠리우스의 심리적 측면에 관한 것이다. 불필요한 반복을 피하기 위해, 여기서 나는 독자에게 이전에 내가 메르쿠리우스와 연금술의 자기 상징에 대해 쓴 글을 참고할 것을 권한다.

이론적인 무의식의 심리학뿐만 아니라 실용 심리학에서도 정신의 전체성이라는 개념이 대단히 중요하다는 사실을 아는 사람이라면 헤르메스 철학이 철학자의 라피스라는 형식으로 다른 어떤 개념과 상징보다도 정신의 전체성에 엄청난 중요성을 부여했다는 설명을 들어도 별로 놀라지 않을 것이다. 도른은 특히 이런 생각을 아주 풍성하게, 또 명확하게 다듬었다.

이 측면에서 도른은 가장 오랜 원천이라는 권위를 누린다. 연금술이 16세기 말에 이르러서야 신비에 대해 그런 식으로 해석하게 되었다는 말은 사실이 아니다. 반대로, 자기라는 개념은 유럽과 근동, 중국에서 모든 세기에 걸쳐서 연금술의 핵심적인 상징들을 푸는 열쇠를 제공했다. 여기서 다시 나는 독자에게 나의 이전 논문들을 참고하라고 권하는 수밖에 없다.

자기라는 현대적 개념을 빌리면, 알베르투스 마그누스의 역설들이 큰 어려움 없이 설명된다. 메르쿠리우스는 물질이고 정신이다. 자기의 상징들이 보여주는 바와 같이, 자기가 정신적 영역뿐만 아니라 육체적 영역까지 포용하기 때문이다. 이 같은 사실은 만다라에 특별히 분명하게 표현된다.

메르쿠리우스는 또 "물"이다. 물은 휘발성 있는 것(공기, 불)과 단단한 것(흙)의 중간에 위치한다. 물이 액체와 기체 형태를 취할 수도 있고, 얼음처럼 고체 형태를 취할 수도 있기 때문이다. 메르쿠리우스도 물의 이런 성격을 갖고 있다. 한편으로는 다른 금속들과 합해지면서 하나의 금속으로 단단한 형태를 띠고, 다른 한편으론 액체로 증발할 수 있는 것이다.

메르쿠리우스가 물과 그렇게 자주 비교되는 보다 깊은 이유는 메르쿠리우스가 자신의 안에서 물이 소유한 모든 신비한 특성들을 결합시키기 때문이다. 따라서 핵심적인 신비로서 영원의 물은 나일 강의 축복받은 물로 여겨지던 아득한 옛날부터 18세기 상당한 시기까지 연금술을 지배해 왔다. 세월이 흐르는 동안에, 주로 영지주의와 헤르메스 철학의 영향으로 영원의 물은 신성한 크라테르 (krater: 고대 그리스와 로마 시대에 포도주와 물을 섞은 데 사용한 단지/옮긴이) 를 채우는 누스의 의미를 지니게 되었다. 이때 신성한 크라테르에 물을 채웠던 것은 의식을 얻기를 원하는 인간들이 이 세례의 목욕통에서 스스로를 부활시키기 위해서였다. 그 이후에 영원의 물은

'원리의 물'과 경이를 일으키는 마법의 물을 의미하게 되었다.

고대로부터 영원의 물이 수은과 동일시됨에 따라, 헤르메스 트리스메기스투스 전통이 태곳적부터 신비하게 여겨진 물의 의미라는 신비의 영역으로 고스란히 들어왔다. 영원의 물이 "만물의 유모"와 모체로서 지니는 모성적 측면이 영원의 물을 무의식의 비유 중 최고의 비유로 만들었기 때문에, 그런 현상이 더욱 쉽게 일어났을 것이다. 이리하여 "물"의 관념은 점차 메르쿠리우스의 위대한 역설로 변해갔으며, 메르쿠리우스는 "어머니의 나이 많은 아들"로서 헤르메스의 정신이고 또 화학물질로서 마법적으로 준비된 수은이다.

"스스로를 즐기는 뱀"은 스스로를 포용하는 데모크리토스의 자연이며, 메르쿠리우스의 잘 알려진 상징인, 고대 그리스 연금술의 우로보로스로 상징되고 있다. 그것은 특히 상반된 것들의 통합을 상징하며, '극과 극은 서로 통한다'는 격언을 연금술 버전으로 바꿔놓은 것이다. 우로보로스는 연금술 과정의 목표를 상징하지, 시작이나 혼돈의 덩어리인 카오스를 상징하는 것이 아니다. 연금술의 시작은 원소들의 통합이 아니라 원소들의 갈등이 특징이기 때문이다.

"단 하루 만에 낳는다"는 표현도 마찬가지로 메르쿠리우스를 가리킨다. 메르쿠리우스가 (라피스의 형태일 때) "하루의 아들"로 불렸기 때문이다. 이 이름은 '창세기' 1장 5절("저녁이 있고 아침이 있으니, 이것이 하루이니라.")과 관련있다. 따라서 "하루의 아들로서", 메르쿠리우스는 빛이다. 그래서 메르쿠리우스는 '현대의 빛'(lux moderna)이고 빛 중의 빛으로 칭송을 듣고 있다. 행성 수성이 태양과 가장 가깝고 또 태양의 아이로 여겨지는 것처럼, 이리하여 메르쿠리우스는 일요일의 아이가 되었다(태양의 날에 태어났다).

성 보나벤투라(St. Bonaventure: 1221-74)도 『이티네라리움』 (Itinerarium: '영혼의 여정')에서 계몽의 세 단계에 대해 논하고 있다. 첫 단계는 "첫 번째 원리"를 얻기 위해 육체적인 것을 포기하는 것인데, 이 원리는 영적이고 영구하며 "우리들 위"에 있다.

"하루"는 빛이 어둠 위로 나타난 날이다. 내가 보나벤투라의 사상에 대해 언급하는 이유는 중세 초에 깊은 성찰에서 얻었을 게 틀림없는 이 사상에 도른이 말한 융합의 세 단계와 비슷한 부분이 있기 때문이다. 비슷한 점은 뚜렷이 드러난다. 첫째, 감각의 세상으로부터 관심을 거두고 둘째, 마음의 내적 세계와 숨겨진 천상의 물질, 신의 이미지와 진리로 관심을 돌리고, 마지막으로 초월적인 하나의 세계, 시간 밖의 잠재적 세계에 대해 깊이 생각하는 것이다. 이 세 번째 부분에 대해선 앞으로 더 논할 것이다. 그러나 먼저 알베르투스 마그누스가 수은의 본질에 대해 밝힌 진술부터 보다 면밀히 조사해야 한다.

메르쿠리우스에게 주어진 중간의 위치는 알베르투스 마구누스가 놀라운 생각을 하도록 자극한다. 그에겐 폭이라는 개념이 깊이를 확보할 수 있는 "중앙의 성향"을 표현하는 것처럼 보였다. 이 성향은 두 개의 극단 혹은 반대의 사이에서처럼 "깊이와 폭 사이의 중용"이다. 높이가 깊이의 보완이기 때문에, 그의 마음의 바닥에 깔린 생각은 분명히 십자가였다. 이것은 라피스 형태로 나타날 때 4가지 원소로 이뤄진 메르쿠리우스의 상징인 콰테르니오를 암시한다. 따라서 메르쿠리우스는 우주 쾨트르니오의 가운데 점을 형성하며 물리적 세계의 단일성과 본질, 즉 세계 영혼을 대표한다. 내가 다른 곳에서 보여주었듯이, 이 상징은 현대의 자기에 해당한다.

7. 첫 두 단계의 내용과 의미

나는 독자 여러분에게 다음에 논하는 내용은 본론에서 벗어나는 것이 아니라 매우 혼돈스러워 보이는 상황을 어느 정도 분명하게 밝히기 위해서 반드시 필요하다는 뜻을 전하고 싶다. 혼돈스런 상황이 일어난 것은 우리가 설명을 확대하는 과정에 서로 500년 이상 시간적 거리가 나는 3가지 상징적 텍스트, 즉 알베르투스 마그누스와 게라르트 도른, 그리고 18세기의 익명의 저자의 텍스트에 대해 논했기 때문이다. 이 3명의 저자는 현자의 돌을 둘러싼 사건들과 형상들에 대해 각자의 방식으로 관심을 보였다.

물론 융합의 신비한 과정을 묘사한 다른 저자의 글도 인용할 수 있다. 그러나 그렇게 할 경우에 혼란만 더욱 가중시킬 것이다. 연금술 공상이 멋지게 엮어낸 거미줄을 고스란히 건져내는 목적이라면 이 3가지 텍스트만으로도 충분하다.

도른이 영혼을 육체의 족쇄로부터 해방시키는 것에 대해 말하고 있다면, 그는 알베르쿠스 마그누스가 수은을 준비하고 변형시키는 것을, 또는 우리의 미지의 저자가 노란색 옷을 입은 왕을 찢는 것을 다소 다른 언어로 표현하고 있다. 세 경우 모두 신비의 물질에 대해 언급하고 있는 것이다. 따라서 우리는 즉시 우리 자신이 어둠 속에,

니그레도 속에 들어갔다는 사실을 깨닫는다. 신비가 곧 어둠이기 때문이다.

만약에 우리가 도른의 암시를 따라 영혼을 육체의 족쇄로부터 해방시키는 것을 우리가 현실과 우리 자신의 성격을 파악하는 데 영향을 미쳤던 순진한 투사들을 거둬들이는 것으로 해석한다면, 우리는 한편으로 자기지식을 얻게 되고 또 한편으론 바깥 세계에 대해 착각이 다소 덜하고 보다 현실적인 견해를 갖게 된다.

이런 식으로 망상의 장막을 걷어내는 일은 비참하고 고통스럽기까지 하다. 실제 심리 치료에서 이 단계는 많은 인내와 재치를 요구한다. 현실을 가리고 있는 장막을 벗기는 것이 대체로 어려울 뿐만 아니라 종종 위험하기도 하기 때문이다. 만약에 착각이란 것이 어떤 목적에 기여하거나 이따금 고통스런 부분을 어둠으로 가리는 데에 도움이 되지 않는다면, 아마 착각이 그처럼 흔하게 일어나지 않을 것이다.

자기지식은 고립되어 있는 별도의 과정이 아니다. 우리를 둘러싸고 있는 세상의 현실을 제대로 인식할 수 있을 때에만 자기지식이 가능하다. 자기 자신에 대해 왜곡된 그림을 그리고 있는 사람은 절대로 자기 자신에 대해 알지 못하며 또 이웃과 자신을 구분하지 못한다. 자기 자신과 어떠한 관계도 맺지 않고 있는 사람은 이웃을 절대로 이해하지 못하는 것과 똑같다. 자기지식이 세상에 대한 이해를 규정하며, 자기지식을 얻는 과정과 세상을 이해하는 과정은 서로 나란히 나아간다.

나는 여기서 자기지식의 과정을 세세하게 묘사할 수 없다. 하지만 독자가 자기지식에 대해 조금이라도 더 알길 원한다면, 나는 그 사람에게 정신병리학에서만 아니라 소위 정상적인 삶에서도 중요한 역할을 하는 유치한 가정과 집착 등으로 관심을 돌려보라고 권하고 싶다. 이런 가정과 집착은 종류도 다양할 뿐만 아니라 인간 존재의 모든 영역에서 문제를 끊임없이 일으키고 있다.

프로이트가 이 분야에서 이룬 성취는 한 가지 단점 때문에 흠집이 생기게 되었다. 거기서 얻은 통찰에서 설익은 이론을 끌어내서 그것을 자기지식의 기준으로 삼은 것이다. 투사를 인식하고 바로잡는 것은 그 투사가 유아기의 공상과 연결될 때에만 가능하다는 이론이 바로 그것이다. 다른 종류의 착각도 많다는 사실은 프로이트의 문헌에 거의 언급되지 않고 있다.

도른의 텍스트에서 보았듯이, 너무나 자명한 것으로 단정되는데도 실제로 존재하지 않는 중요한 것도 많다. 예를 들면, 어떤 물질이 마법적인 특성을 지녔다는 연금술사의 가정도 사실 공상이 투사된 것에 지나지 않는다. 그러나 이런 것들을 점진적으로 바로잡는 작업은 처음에는 뛰어넘기 어려운 한계 쪽으로 사람을 몰아붙인다. 대체로 이 한계는 진리에 대해 특별한 개념을 갖고 있는 시대정신에 의해 세워지고, 또 당시를 지배하고 있는 과학적 지식의 상태에 의해 세워진다.

자기지식은 우리를 예상 밖으로 멀리, 또 깊은 곳으로 데리고 가는 모험이다. 그림자에 대해 희미하게 인식하기만 해도 엄청난 혼돈과 정신적 어둠이 일어난다. 그 같은 지식이 인격에 그때까지 한 번도 상상하지 않은 그런 문제를 제시하기 때문이다. 이런 이유 한

가지만을 근거로, 우리는 연금술사들이 자신의 '니그레도'를 우울 증이나 "검정보다 더 검은 검정", 밤, 영혼의 상처, 혼동이나 더욱 신랄하게 "검은 까마귀"라고 부른 이유를 충분히 이해할 수 있다.

우리 현대인에겐 까마귀가 웃기는 비유로 보이지만, 중세의 연금 술사에게 까마귀는 잘 알려진 악마의 비유였다. 연금술사가 처한 정신적 위험을 고려한다면, 그가 작업을 도울 조력자로 호의적인 어떤 정령을 둠과 동시에 기도자의 영적 수련에 정직하게 헌신하 는 것은 엄청나게 중요한 일이었다. 이 모든 것은 연금술사의 의식 과 그림자의 어둠 사이의 충돌에 따른 결과에 효과적으로 대처하 기 위한 것이다.

현대의 심리학에도 그림자와의 대면은 쉬운 일이 아니며, 이런 이유 때문에 그림자는 종종 회피의 대상이 된다. 사람은 자신의 어 둠을 직시하기보다 시민으로서 정직하다는 착각에 만족하는 쪽을 택한다.

틀림없이 연금술사들의 대부분은 자신이 실제로 다루고 있는 것 이 무엇인지 모르는 상태에서 증류기 안에서 자신의 '니그레도'를 다루고 있었다. 그러나 모리에누스나 도른, 미하엘 마이어 등을 비 롯한 일부 연금술사들은 각자의 방법으로 자신이 하고 있는 일이 무엇인지를 알고 있었던 것이 분명하다. 그들이 절망적인 것 같은 연금술 작업에 돈과 재화와 일생을 바치게 한 것은 금에 대한 탐욕 이 아니라 바로 이 자기지식이었다.

그들의 "정령"은 빛에 대한 그들 자신의 믿음이었다. 이 정령이 육체 안에 구금되어 있는 영혼을 자기 쪽으로 자유롭게 끌어내었다. 그러나 이때 영혼은 지하의 정령, 다시 말해 무의식의 어둠까지 같이 데리고 나왔다. 영혼의 어두운 행위들이 제어되어야 하기 때문에, 이 분리가 아주 중요했다. 따라서 정신적 통합은 의식의 확장을 의미하고, 진리의 정령을 통해서 영혼의 행동을 통제한다는 것을 의미한다. 그러나 영혼이 육체가 살도록 만들고 영혼이 모든 실현의 원리이기 때문에, 철학자들은 이 분리 뒤에 육체와 육체의 세계가 죽는다는 것을 보지 않을 수 없었다. 따라서 그들은 이 상태를 무덤, 부패, 타락 등의 이름으로 불렀으며, 이어서 소생의 문제, 즉 영혼을 "무력한" 육체와 재결합시키는 문제가 제기되었다.

철학자들이 이 소생을 직접적인 방법으로 이루었다면, 영혼은 단순히 예전의 예속 상태로 돌아가고 모든 것이 예전의 상황으로 돌아갔을 것이다.

'정신적 통합'이라는 연금술 용기(容器)에 조심스럽게 간직되어 있는 휘발성 강한 정수(精髓)는 한순간도 가만 내버려둘 수 없었다. 그런 식으로 내버려 둘 경우에 워낙 잘 빠져나가는 메르쿠리우스가 달아나면서 원래의 본성으로 돌아갈 것이기 때문이다. 연금술사들의 증언에 따르면, 이런 일이 자주 일어난 것 같다.

영혼이 언제나 육체 쪽으로 기우는 경향이 있다는 식의 언급을 고려할 때, 이 대목에서 직접적이고 자연스런 방법은 영혼에게 육체의 머리를 주는 것이다. 영혼은 정신보다 육체에 더 강하게 집착한다. 그래서 영혼은 정신으로부터 스스로를 분리시키고 정신의 빛을 육체의 어둠 속으로 조금도 갖고 가지 않으면서 이전의 무의식 속으로 미끄러져 들어갈 것이다.

이런 이유 때문에 육체와의 재결합이 다소 문제가 될 수 있다. 심리학적으로 말하면, 이 결합은 투사의 철수로 얻어진 통찰이 현실과의 충돌을 견뎌내지 못한다는 것을, 따라서 투사에 관한 진실이 바라는 방식으로나 바라는 만큼 현실 속에서 깨달아지지 않았다는 것을 의미한다.

잘 알다시피, 사람은 자신이 옳다고 여기는 이상들을, 상당한 기간 동안 어느 지점까지, 말하자면 피로의 표시가 나타나고 원래의 열정이 시들 때까지 의지의 노력으로 강제로 적용할 수 있다. 그러나 원래의 열정이 사라지는 단계에 이르면, 자유 의지가 경련을 일으키고 억눌려 있던 생명은 온갖 틈새를 뚫고 열린 곳으로 나올 것이다. 불행하지만, 이것이 단지 합리적이기만 한 해결책들의 운명이다.

따라서 아주 오랜 옛날부터 인간은 그런 상황에 처하면 인위적인 도움에 기댔다. 춤이나 제사 같은 의식, 조상의 정령들과의 동일시 등이 그런 예이다. 이는 분명히 이성의 빛과 의지의 힘이 절대로 닿지 않을, 정신의 보다 깊은 층을 일깨워 다시 기억 속으로 불러내려는 시도이다.

이 목적을 위해 사람들은 무의식을 표현한 신화적 또는 원형적 관념들을 이용했다. 그래서 신자가 하루를 기도로 시작해 기도로 끝내는 오늘날까지도 그 흔적이 남게 되었다. 이 같은 관행은 목적을 꽤 잘 성취한다. 목적 성취에 도움이 되지 않았다면, 틀림없이 관행은 오래 전에 중단되었을 것이다. 만약에 그 같은 관행이 효력을 상당히 잃어버린 상태라면, 틀림없이 개인이나 사회적 집단 안에서 원형적 관념들이 힘을 잃었을 것이다. 그런 관념들 또는 집단적 표현은 무의식적 원형을 표현하는 한 언제나 진리이지만, 그 관념들을 언어나 그림으로 나타내는 형식은 시대정신의 영향을 강하게 받는다. 만약에 관념을 나타내는 형식이 외국의 첨단 문명의 영향 때문이거나 새로운 발견과 지식으로 인한 의식의 확장 때문에 변한다면, 의례는 그 의미를 잃고 단순한 미신으로 전락하고 만다. 이 같은 현상을 거대한 규모로 보여주는 예가 고대 이집트 문명의 소멸과 그리스 로마 신들의 사라짐이다. 오늘날 중국에서도 이와 비슷한 현상이 관찰된다.

그런 조건에서, 의식의 변화된 상황을 보상하는 원형들을 시대정신에 맞게 새롭게 해석해야 한다는 목소리가 나오게 마련이다. 예를 들면, 기독교는 원형적 신화를 새로운 방식으로 보다 적절하게 공식화한 것이었으며, 이 원형적인 신화가 기독교 의례에 타당성을 부여했다.

원형은 끊임없이 새로운 해석을 내놓는 살아 있는 어떤 관념이며, 이 관념은 해석을 통해서 스스로를 드러낸다. 이 점은 기독교와 관련해서 뉴먼 추기경(Cardinal Newman: 1801-1890)에게 정확히 인식되었다.

신인(神人)이라는 고대의 전통을 통해서 충분히 확인할 수 있듯이, 기독교 교리는 그보다 앞선 단계에 대한 새로운 해석이자 앞선 단계의 새로운 발달이다. 이 전통은 교회 교리의 발달을 통해 계속 이어지고 있으며, 당연히 그것은 '신약성경' 속의 글에 언급된 원형들일 뿐만 아니라 우리가 이교도로 알고 있는 가까운 '친척'들의 원형들이기도 하다.

이를 보여주는 예가 성모 마리아에 관한 최근의 교리이다. 성모 마리아는 틀림없이 죽어가는 젊은 아들과 끊임없이 연결되었던 어머니 여신을 가리킨다. 성모 마리아는 단순히 이교도적이지만은 않다. 그녀가 '구약성경'의 소피아에 너무도 분명하게 형상화되어 있기 때문이다. 이런 이유 때문에, 새로운 교리에 대한 정의는 '신앙의 유산'(depositum fidei)을 진정으로 넘어서지 않는다. 어머니 여신이 자연히 신성한 아들의 원형에 암시되어 있고, 따라서 이 여신이 수 세기의 세월 동안에 지속적으로 발달해 왔기 때문이다. '신앙의 유산'은 경험의 현실 속에서 원형들의 보물 창고, 연금술사들의 "보물", 현대 심리학의 집단 무의식에 해당한다.

그런 발달의 과정에 교리의 최종적 상태는 반드시 사도 시대에 비해 더 완전해지거나 더 완벽해져야 한다는 식으로 주장하는 신학자들의 반대는 지지를 얻기 어렵다. 틀림없이 원형들에 대한 해석과 설명은 훗날 나온 것이 옛날의 것보다 훨씬 더 분화되어 있을 것이다. 교리의 역사를 대충 훑어봐도 그 점을 알 수 있다.

삼위일체에 대해서만 생각해봐도 된다. 삼위일체를 직접적으로 뒷받침하는 증거는 정경(正經)에는 전혀 없기 때문이다. 그러나 그렇다고 해서 최초의 기독교인들이 근본적인 진리들에 대해 덜 완벽하게 알고 있었다는 뜻은 아니다. 그런데 지성을 지나치게 중시하는 해로운 관점에는 그런 가정이 깔려 있다.

종교적 경험에서 중요한 것은 어떤 원형이 얼마나 명확하게 설명되는가 하는 것이 아니라 나 자신이 그 원형에 사로잡혀 있는가 하는 점이다. 나 자신이 원형에 대해 어떤 식으로 생각하는가 하는 문제는 정말로 중요하지 않다.

"살아 있는 관념"은 언제나 완벽하고 또 언제나 신비하다. 그 관념에 대한 인간의 설명은 거기에 아무것도 새로 더하지 못하고 아무것도 빼지 못한다. 왜냐하면 원형이 자율적이고, 유일한 문제는 사람이 거기에 사로잡히는지 여부이기 때문이다.

어떤 원형을 다소 적절하게 설명할 수 있는 사람이라면, 그 사람은 그 원형을 보다 쉽게 의식과 통합시키고 원형에 대해 보다 합리적으로 말하고 원형의 의미를 다소 합리적으로 설명할 수 있을 것이다. 그러나 그렇다고 해서 그 사람이 원형에 대해 제대로 설명하지 못하는 사람보다 더 완벽한 방법으로 원형을 "소유하고" 있다는 뜻은 아니다. 지적인 설명은 다만 원래의 경험이 사라질 위기에 처해 있거나 원래 경험의 비합리성이 의식에게 이해되지 않는 것처럼 비칠 때에만 중요해진다. 지적인 설명은 근본적인 것이 아니라 보조적인 것에 지나지 않는다.

이전의 논의로 돌아가면, 기독교는 "육체를 극복하기 위한 정신적 통합"이다. 이 점에서, 의례는 목표를 성취했다. 인간들이 곧잘 오류를 저지르는 존재들이라는 점을 고려할 때, 만족할 정도의 성취이다. 그런데 그 과정에 고대인이 육체와 자연 속에서 즐기던 감각적 기쁨은 사라지지 않았으며 오히려 절대로 줄어들지 않는 범죄 목록 안에서 자유를 누렸다.

그러나 자연에 대한 인간의 지식이 특별한 문제를 제기한다. 고대 이래로, 자연에 대한 지식은 오직 소수의 사람들 사이에서만 비밀리에 번창했으나 몇 세기에 걸쳐 몇 가지 기본적인 개념들이 후대로 전해지다가 중세 후기로 접어들면서 자연의 물체들에 대한 관심을 불러일으키기에 이르렀다.

연금술사들이 자신들의 기독교적 정신적 통합이 육체의 세계와 아직 결합되지 않았다는 예감을 은밀히 품지 않았다고 본다면, 기독교의 상징에 맞서 이미 13세기 말에 발달하기 시작한 연금술의 상징체계는 말할 것도 없고, 연금술사들이 그렇게 지식에 목말라 하던 이유도 좀처럼 설명되지 않는다. 그리스도와 라피스를 비슷한 존재로 보는 관점은 자연의 물체들의 세계가 평등을 주장했고 융합의 두 번째 단계에서 그것을 실현시킨다는 점을 다른 어떤 것보다도 더 명확하게 보여주고 있다.

이것은 융합이 이뤄질 수 있는 방법에 대한 질문을 제기했다. 도른은 이 질문에 대한 대답으로 육체의 극복을 제시하지 않고 대신에 붉거나 흰 와인의 분리와 용해, 연소, 순화 등 전형적인 연금술 과정을 제시한다. 이 과정의 목적은 정신이 진리로 인식하고 있고 또 사람의 내면에 있는 신의 이미지로 인식하고 있는 '천상의 물질'을 물리적 버전으로 만들어내는 것이다. 연금술사들이 만들어내고자 했던 신비의 물질에 어떤 이름을 붙였든, 그 물질은 언제나 천상의 물질, 즉 초월적인 그 무엇이었으며, 이 물질은 알려진 모든 물질이 부패하는 성격을 가진 것과 반대로 하나의 금속이나 돌처럼 부패하지 않고 움직이지 않음에도 유기적인 존재처럼 살아 있고 또 동시에 보편적인 약제이다.

그런 "물체"는 틀림없이 경험 속에서는 만날 수 없는 것이었다.

연금술사들이 1,700년에 이르는 세월 동안 이 목표를 추구하며 보인 끈기는 이 사상의 신비성에 의해서만 설명될 수 있다. 내가『심리학과 연금술』에서 보여준 바와 같이, 조시모스의 고대 연금술에서도 이미 안트로포스의 원형을 암시하는 내용이 보인다. 이 이미지는 연금술 전체를 관통하면서 '파우스트' 속의 호문쿨루스라는 형상에 이르고 있다.

안트로포스라는 관념은 보편적 기운이라는 어떤 원래의 상태가 있었다는 인식에서 생겨났으며, 이런 사상 때문에 옛날의 연금술 거장들은 메르쿠리우스를 '세계 영혼'으로 해석했다. 그리고 원래의 기운이 만물에서 발견되듯이, 세계 영혼도 마찬가지로 만물에서 발견될 수 있다. 원래의 기운은 모든 물체에 존재 이유로 주입되었다. 이 세계 영혼을 성경 속의 신의 이미지와 동일시하는 것보다 더 쉬운 일은 없었다.

초기의 사상가들에게, 영혼은 결코 지적인 개념이 아니었다. 영혼은 호흡하는 하나의 육체로, 혹은 휘발성이 있으면서도 물리적인 어떤 물질로 감각적으로 시각화되었다. 틀림없이 이 물질은 화학적으로 추출되어 적절한 과정에 의해 "고정"될 수 있는 것으로 믿어졌다. 이 같은 인식은 점액질 와인을 준비한 것으로 뒷받침된다. 앞에서 강조한 바와 같이, 이것은 와인의 주정(酒精)이나 물이 아니고 와인의 딱딱한 찌꺼기, 말하자면 와인 중에서 대체로 근본적이거나 소중한 것으로 여기지지 않는, 지하 세계와 관계있으며 또 물질적인 부분이었다.

그렇다면 연금술사가 딜레마에서 빠져나오는 데 도움이 될 것이라고 기대하면서 추구했던 것은 오늘날 우리가 하나의 상징으로 묘사할 어떤 화학작용이었다. 연금술사가 따랐던 과정은 틀림없이 그가 생각한 '천상의 물질'을 화학적으로 만들어내는 것이었다. 그런 식으로 본다면, 그 화학작용은 연금술사에게 상징적인 것이 아니고 합목적적이고 합리적인 것이었다. 포도주의 성질을 가진 찌꺼기를 태우고 순화하고 분리해도 "공기 색깔"의 정수를 얻지 못한다는 것을 아는 우리에게, 전체 과정은 그야말로 공상적이다. 우리는 도른이 진짜 와인을 의미했을 것이라고 생각할 수 없다. 그보다는 연금술사들의 방식에 따라 아마 '불타는 포도주'나 초산, 피의 영(靈), 달리 말하면 세계 영혼을 구현한 비범한 메르쿠리우스를 의미했을 것이다. 대기가 지구를 감싸고 있듯이, 옛날의 관점에서 보면 영혼이 세상으로 둘러싸여 있다. 앞에서 보여준 바와 같이, 우리는 메르쿠리우스의 개념을 무의식의 개념과 아주 쉽게 동일시할 수 있다. 만약에 이 조건을 비법에 반영한다면 비법은 이런 식이 될 것이다.

가장 편리한 형태의 무의식을 골라라. 말하자면, 즉석에서 떠오르는 공상이나 꿈, 비이성적인 기분, 감정 같은 것을 골라서 그걸 갖고 작업을 시작하라. 거기에 특별히 관심을 쏟고 주의를 집중하면서 그것의 변화를 객관적으로 관찰하라. 이 과제에 노력을 조금도 아끼지 않도록 하라. 그런 가운데 공상이 변화하는 것을 주의 깊게 추적하라. 무엇보다, 외부에서 개입하는 것을 철저히 막도록 하라. 공상에 속하지 않는 것이 거기 들어오지 않도록 하라. 공상의 이미지는 "그것이 필요로 하는 모든 것"을 다 갖추고 있기 때문이다. 이런 식으로 사람은 의식의 변덕이 간섭하는 것을 막을 수 있으며, 무의식에게 완전한 자유를 부여할 수 있다. 요약하면, 연금술 작업은 우리가 볼 때 적극적 상상의 심리학적 과정과 똑같은 것으로 보인다.

보통, 사람들이 심리 치료에 대해 아는 유일한 것은 분석가가 환자에게 이떤 기법을 적용하는 것이라는 점이다. 전문가들은 그 기법을 어느 선까지 적용할 수 있는지를 안다. 어떤 전문가는 신경증과 가벼운 정신증을 치료하는 데 그 기법을 이용한다. 그 결과, 신경증과 관련해서는 이제 일반적인 인간의 문제를 제외하곤 치료하지 못하는 것이 거의 없게 되었다.

아직도 해결되지 않고 있는 인간의 문제라면, 이런 것들이 있다. 자신 중에서 어느 정도를 망각하기를 원하는가? 어느 정도의 정신적 불편을 감수해야 하는가? 당신 자신에게 어느 정도 금지하고 허용할 것인가? 다른 사람에게 어느 정도 기대할 것인가? 삶의 의미를 얼마나 포기할 것인가? 삶에 어떤 의미를 부여할 것인가?

신경증이 더 이상 임상적 증후를 보이지 않고 일반적인 인간의 문제라는 범주에 속하게 될 때, 분석가는 환자에게 자신의 문을 닫을 권리를 누린다. 이런 인간의 문제들에 대해 아는 것이 적은 분석가일수록, 규칙적으로 일어나는 전이를 피할 수 있는, 비교적 합리적인 환자를 만날 확률이 그 만큼 더 높아진다.

그러나 만약에 환자가 분석가를 두고 이 분석가가 이런 문제들에 대해 말하는 것보다 훨씬 더 많이 생각하는 사람이 아닐까 하는 의심을 조금이라도 품게 된다면, 그 환자는 전이를 포기하지 않고 이

성(理性)에도 불구하고 전이에 매달리게 될 것이다. 이 같은 태도는 그다지 불합리하지 않으며 충분히 이해할 수 있다. 성인들까지도 종종 삶의 문제를 어떻게 해결할 것인지에 대해 전혀 모르고 있을 뿐만 아니라 이 문제에 있어서 대단히 무의식적이기 때문에 어떤 대답이나 확신을 발견할 가능성이 조금만 있어도 무비판적으로 거기에 곧잘 굴복한다.

실상이 이렇지 않다면, 그 많은 종파와 '이즘'은 오래 전에 사라졌을 것이다. 그러나 무의식과 유치한 집착, 무한한 불확실성, 자기 신뢰의 결여 덕에 종파와 이즘은 지금도 잡초처럼 번성하고 있다.

환자에게 주입하고 싶어 하는 모든 것을 직접 추구하려고 노력하고 있는 분석가의 경우에 전이 문제를 쉽게 피하지 못할 것이다. 삶의 문제를 해결하는 것이 지극히 어렵다는 사실을 몸소 잘 아는 분석가는 환자들의 두려움과 불확실성, 변덕과 위험할 정도로 무비판적인 태도를 좀처럼 간과하지 못한다.

프로이트도 전이를 간접적인 신경증으로 보았으며 그런 관점에서 전이를 치료했다. 프로이트는 쉽게 문을 닫지 못하고 전이를 분석해서 해소하려고 정직하게 노력했다. 이 문제는 들리는 만큼 그렇게 간단하지 않다. 실제 치료는 종종 이론과 크게 다른 것으로 드러난다.

물론 분석가는 환자의 일부가 아니라 환자의 전체가 스스로 일어서도록 하길 원한다. 그러나 분석가는 환자에게 일어설 발판은커녕 붙잡고 버틸 것조차도 없다는 사실을 확인한다. 환자가 부모에게 돌아가는 것은 불가능하게 되었으며, 그래서 환자는 분석가에게 매달린다. 환자는 뒤로 물러나지도 못하고, 앞으로 나아가지도 못한다. 그에게 붙잡을 만한 것을 줄 존재가 전혀 보이지 않기 때문이다.

소위 합리적인 모든 가능성들을 시도했지만 쓸모없는 것으로 드러났다. 그런 상황에서 꽤 많은 환자들은 자신이 자라며 믿었던 신앙을 기억하며 일부는 종교로 돌아가지만 모두가 그렇게 하는 것은 아니다. 아마 그들은 자신의 신앙이 무엇인가를 의미해야 한다는 것을 알지만, 무의식이 도움의 손길을 내밀지 않는 한 그들이 의지와 선의로 성취할 것은 거의 아무것도 없다는 사실을 뼈저리게 깨닫는다. 종교는 무의식의 협조를 끌어내기 위해 오래 전부터 신화 쪽으로 관심을 돌리며 도움을 청했지만, 신화는 그때마다 무력한 의식과 힘 있는 무의식의 관념들 사이에 걸려 있던 다리를 걷어차기만 했다.

이전에 신화의 진술에 사로잡힌 적이 없다면, 그 진술을 인위적으로나 의지의 힘으로 믿는 것은 불가능한 일이다. 정직한 사람이라면, 당신은 신화의 진실을 의심할 것이다. 현재 우리의 의식에 신화를 이해할 수단이 전혀 없기 때문이다.

역사적 및 과학적 기준은 신화의 진리를 인정하지 않는다. 신화의 진리는 오직 믿음의 직관이나 심리학에 의해서만 파악될 수 있기 때문이다. 그런데 심리학에서는 통찰이 있다 하더라도 경험으로 뒷받침되지 않는 한 아무런 소용이 없는 것으로 통한다.

따라서 현대인은 융합의 두 번째 단계를 이루는 데 필요한 '정신적 통합'을 성취하지 못한다. 환자가 꿈 등으로 나타나는 무의식의 진술을 이해하도록 돕는 분석가의 안내가 필요한 통찰을 제시할 수 있지만, 실제 경험의 문제에 이르면 분석가도 더 이상 환자를 돕지 못한다. 환자가 직접 자신의 손으로 그 작업을 벌여야 하기 때문이다. 그러면 환자는 스승의 가르침에 끌려 실험실에서 모든 기술을 연마하는, 연금술사의 견습생과 같은 위치에 선다.

그러나 언젠가 환자는 연금술 작업을 스스로 시작해야 한다. 연금술사들이 강조하는 바와 같이, 어느 누구도 그 일을 대신해 주지 못하기 때문이다.

이 견습생처럼, 현대인은 예상하지 않은 형태로 모습을 드러내는 꼴사나운 원물질을 갖고 작업을 시작한다. 건축자들에게 퇴짜 맞은 돌처럼, "거리로 내던져지고" 너무나 "값싼" 나머지 아무도 거들떠보려 하지 않는 그런 공상을 갖고 작업을 시작하는 것이다. 그는 그 물질을 매일 관찰하면서 자신의 눈이 뜨일 때까지, 혹은 연금술사들이 말하는 대로 물고기의 눈 또는 불꽃이 시커먼 용액 속에서 빛을 발할 때까지 그 변화에 주목하고 기록한다. 물고기의 눈은 언제나 뜨여 있고 따라서 언제나 보아야 하는데, 이것이 연금술사들이 물고기의 눈을 영원한 주의의 상징으로 이용한 이유이다.

점차적으로 그의 머리 위로 밝아오고 있는 빛은 그의 공상이 그에게 개인적으로 일어나고 있는 진정한 정신적 과정이라는 진리를 이해할 줄 아는 그의 능력이다. 이제 그는 어느 정도 바깥에서 자신을 객관적으로 들여다보는 한편으로 정신의 드라마에서 실제로 고통을 받으며 행위를 하고 있는 주인공이다.

이 같은 인식은 중요한 전진을 이루는 데 절대적으로 필요하다.

단순히 그림을 보고만 있는 한, 그는 자신이 행위에 가담할 때를 몰라서 결정적인 질문을 던지는 것을 까먹어 버린 어리석은 파르지팔과 비슷하다. 그런 경우에 이미지의 흐름이 멈추면, 아무 일도 일어나지 않은 것이 될 것이다. 그 과정이 일천 번 되풀이된다 하더라도, 결과는 똑같다. 그러나 만약에 당신이 직접 관여하고 있다는 사실을 인식하고 있다면, 당신은 개인적으로 반응하면서 그 과정 속으로 들어가야 한다. 당신 자신이 공상에 등장하는 인물 중 하나이거나 당신 앞에 펼쳐지고 있는 드라마가 진짜 현실이라고 생각하면서 말이다.

이 공상이 일어나고 있는 것은 하나의 정신적 사실이며, 당신이 하나의 정신적 실체로서 현실적인 존재인 것이나 마찬가지로 이 공상도 현실적이다. 만약 이런 결정적인 작업이 실행되지 않는다면, 모든 변화는 이미지들의 흐름에 맡겨지고 당신은 전혀 변하지 않은 상태로 남게 된다. 도른의 말처럼, 당신은 당신 자신이 하나가 되지 못한다면 그 '하나'를 결코 이루지 못할 것이다.

그러나 만약에 당신이 어떤 극적인 공상을 품고 있다면, 당신이 허구적인 인격으로 이미지들의 세계 깊이 들어가고, 그로 인해 진정한 참여를 막는 결과를 가능성도 있다. 그런 상황은 의식을 더욱 위험하게 만들 것이다. 당신 자신이 공상에 희생되며 무의식의 힘에 굴복하게 될 것이기 때문이다. 이때 무의식의 힘이 갖는 위험을 분석가는 너무나 잘 알고 있다.

그러나 만약에 당신이 자신을 실제 모습 그대로 드라마 속에 집어넣는다면, 드라마의 현실성을 크게 높일 뿐만 아니라 공상에 대한 비판을 통해서 마구 날뛰려 드는 공상의 경향을 억제하는 효과까지 누릴 수 있을 것이다. 왜냐하면 그때 당신에게 일어나고 있는 것이 무의식과의 결정적인 화해이기 때문이다. 이것이 통찰, 즉 정신적 통합이 진짜로 일어나기 시작하는 지점이다. 당신이 지금 창조하고 있는 것은 개성화의 시작이며, 개성화의 직접적 목표는 전체성의 상징을 경험하고 만들어내는 것이다.

이미지들이 자신에게 지니는 의미에 대해서는 전혀 생각하지 않고 이미지들을 그저 관찰만 지속적으로 하는 환자도 드물지 않다. 그런 환자도 이미지들의 의미를 이해할 수 있고 또 이해해야 하지만, 이 같은 이해는 환자가 자신의 무의식이 가치 있는 통찰을 제공할 수 있다는 확신을 강하게 품지 않는 한에서만 실용적 가치를 지닌다. 그러나 환자는 이 같은 사실을 깨달음과 동시에 자신의 지식을 바탕으로 분석가로부터 독립할 수 있는 기회를 잡고 있다는 사실도 알아야 한다.

이 같은 결론은 환자가 결코 끌어내고 싶어 하지 않는 결론이다. 그러다 보니 환자는 이미지들을 단순히 관찰하는 선에서 그친다. 이때 만약에 분석가가 자기 자신을 대상으로 이런 과정을 직접 실시해 보지 않은 사람이라면, 상황이 복잡해진다. 분석가가 환자가 그 문턱을 넘어설 수 있도록 돕지 못하게 되는 것이다. 물론 이때 분석가는 그 과정이 계속되어야 할 이유들이 있다고 단정한다.

이런 경우들이라면 거기엔 의료적 혹은 윤리적 책무 같은 것은 전혀 작용하지 않고 있으며 오직 운명의 명령만 작용하고 있을 뿐이다. 치료에 필요한 통찰이 절대로 부족하지 않은 환자들이 이 지점에서 자주 정지하게 되는 이유도 바로 거기에 있다. 이 같은 경험이 흔하기 때문에, 나는 단지 지각적인 태도, 즉 미학적인 태도에서 판단적인 태도로 변화하는 것은 결코 쉬운 일이 아니라는 결론만을 전하고 싶다.

정말로, 현대의 심리 치료는 이 지점까지 이르렀으며, 이미지들을 지각하고 연필이나 붓, 모형을 빌려 이미지들에 형태를 부여하는 노력이 유익하다는 점을 인식하기 시작했다. 이미지들의 형상을 음악적으로 표현하는 것도 가능하다. 개인적으로 지금까지 이런 환자는 한 번도 만나보지 않았기 때문에, 요한 제바스티안 바흐(Johann Sebastian Bach)의 '푸가의 기법'(Art of Fugue)이 한 예가 될 것 같다. 바그너 음악의 기본적인 특징도 원형들을 표현하고 있다는 점이다.

단순히 미학적인 태도를 넘어서는 걸음은 나의 독자들 대부분에게 익숙하지 않을 것이다. 나 자신도 이 문제에 대해 많이 논하지 않았으며 단지 힌트를 주는 것으로 만족했다. 그것은 가볍게 넘길 수 있는 문제가 아니다. 나는 나 자신을 비롯해 많은 사람들을 대상으로 30년 전에 이 문제를 시도했지만, 그것이 실현 가능하고 또 만족스런 결과를 낳긴 하지만 매우 어렵기도 하다는 점을 인정해야 한다.

만약 환자가 앞에 묘사한 지식의 단계에 이르렀다면, 그에게 별다른 걱정 없이 비판적인 태도를 갖출 것을 권할 수 있다. 그 과제가 대단히 어렵다는 사실이 확인된다면, 환자는 대체로 시작하자마자 실패할 것이며 위험한 난국을 결코 통과하지 못할 것이다.

분석에 고유한 위험은 정신병의 경향이 있는 환자의 경우에 분석이 환자의 정신증을 풀어놓을 수 있다는 점이다. 매우 불쾌한 이런 가능성은 일반적으로 치료 초기에, 예를 들면, 꿈 분석이 무의식을 활성화할 때에 나타난다.

그러나 만약에 환자가 적극적 상상을 하고 자신의 공상을 말로 표현할 수 있게 되어 의심스런 사건이 전혀 없다면, 대체로 심각한 위험은 더 이상 일어나지 않을 것이다. 그러면 당연히 환자는 자신이 다음 걸음을 떼지 못하도록, 말하자면 판단의 태도로 넘어가지 못하도록 막고 있는 것이 무엇인지에 대해 스스로 묻게 된다. (물론 판단은 도덕적으로나 지적으로 구속력을 지녀야 한다.) 공상에 자발적으로 참여하는 것 자체가 순진한 마음에 무섭게 다가오고 정신증을 예상하는 것이나 다름없기 때문에, 거기엔 환자가 두려움과 불확실성을 느낄 충분한 이유들이 있다.

예상하는 정신증과 진짜 신경증 사이에 당연히 엄청난 차이가 있지만, 그 차이가 언제나 분명하게 지각되지는 않으며 이 점이 불확실성을 낳고 심지어 공황 발작까지 일으킨다. 당신 자신에게 일어나면서 무의식적 공상을 쏟아내는 진짜 정신증과 달리, 판단하는 태도는 의식의 개인적 상황과 집단적 상황을 보상하는 공상 과정에 자발적으로 참여하는 것을 암시한다. 이 개입의 목적은 무의식의 진술들이 지닌 보상적인 내용을 동화시키기 위해 그 진술들을 통합시키고, 그렇게 함으로써 삶을 가치 있는 것으로 만들 어떤 의미를 만들어내는 것이다.

이 개입이 꼭 정신증처럼 보이는 이유는 환자가 광기를 가진 사람들을 곧잘 희생자로 만드는 그런 공상 자료와 똑같은 것을 통합하고 있기 때문이다. 광기로 힘들어 하는 사람이 공상의 희생자가 되는 이유는 그 사람이 공상 자료를 통합하지 못하고 거꾸로 공상 자료에 집어삼켜지기 때문이다.

신화들을 보면, 영웅은 용을 정복하는 사람이지 용에게 먹히는 사람이 아니다. 그럼에도 용을 정복하는 사람이나 용에게 잡아먹히는 사람이나 똑같이 용을 다뤄야 한다. 또한 용을 한 번도 만나지 않은 사람도 절대로 영웅이 아니며, 용을 봐놓고는 후에 아무것도 보지 않았다고 선언하는 사람도 영웅이 아니다.

마찬가지로, 용과의 싸움이라는 위험을 무릅쓰고 또 용에게 지지 않은 사람만이 "얻기 어려운 보물"을 쟁취한다. 그런 사람은 자신감을 가질 자격이 충분하다. 자신의 자기 그 바닥에 있는 어둠을 직시하고, 그렇게 함으로써 자기 자신을 얻었기 때문이다. 이 경험이 그에게 믿음과 신뢰를 주고, 또 자신을 지탱할 수 있는 자기(自己)의 능력에 대한 믿음을 갖게 한다. 왜냐하면 안에서 그를 위협하던 모든 것을 그가 자신의 것으로 만들었기 때문이다. 그는 자신이 미래의 모든 위협을 똑같은 수단으로 극복할 수 있을 것이라는 믿음을 가질 권리를 획득했다. 그는 스스로를 신뢰하게 하는 내면의 확실성을 이루었으며, 연금술사들이 '정신적 통합'이라고 부른 것을 성취했다.

대체로 이 같은 상태는 만다라 그림으로 표현된다. 그런 그림은 하늘과 별들을 암시하는 것을 담고 있으며, 따라서 "내면"의 하늘, 파라켈수스의 "창공"과 "올림포스", 소우주 같은 무엇인가를 가리킨다. 이것은 또한 도른이 "줄기찬 회전 운동"을 통해 낳고자 했던 그 동그란 산물인 '카일룸'이다.

도른이 이 정수를 화학적인 물체로 제조했을 가능성이 거의 없고 또 그 자신이 그런 식으로 했다고 단언한 예가 없기 때문에, 그가 정말로 화학적인 작업을 의미했는지 아니면 일반적인 연금술 작업, 즉 이중적인 메르쿠리우스의 변형을 의미했는지에 대해 물어야 한다. 내가 볼 때엔 도른이 일반적인 연금술 작업을 염두에 두었던 것 같다. 어쨌든 어떤 종류의 실험실 작업을 의미했다.

이런 식으로 도른은 사람의 내면에 사전에 존재하는 신비의 중앙에 관한 자신의 직관을 구체적으로 다듬어냈으며, 이 직관은 우주, 즉 전체성을 상징하는 것이며, 도른은 자신이 자기(自己)를 물질로 표현하고 있다는 것을 알고 있었다. 그는 꿀과 마법의 약초, 인간의 피 혹은 그것들과 비슷한 의미를 지니는 것들을 섞음으로써 전체성의 이미지를 완성했다. 이는 현대인이 수많은 상징적인 특성들을 만다라 그림과 연결시키는 것이나 똑같은 행위이다. 또한 도른은 옛날의 시바인과 알렉산드리아 사람들의 모델을 따라서 행성들의 "영향", 즉 타르타로스와 그 지하세계의 신화적 양상들을 자신의 정수로 끌어들였다. 환자가 오늘날 하고 있는 것과 똑같이.

이런 방식으로 도른은 정신의 통합을 실현하고 그 통합을 다시육체와 결합시키고, 그렇게 함으로써 융합의 두 번째 단계를 완성하는 문제를 풀었다. 이로써 자기(自己)라는 개념이 생겨났다고 볼수 있다. 그러나 이 연금술사는 자신의 작업을 현대인의 흐릿한 추상관념보다 더 강력하고 독창적인 것과 연결시켰다. 도른은 자신의 작업을 물질 자체처럼 마법적인 특징들을 전달하는 마법적인 행위로 느꼈다. 이처럼 마법적인 특징을 투사한다는 것은 의식에 그에 상응하는 영향이 존재한다는 점을 암시한다. 말하자면, 이 연금술사가 라피스 즉 신비의 물질로부터 나오는 신비한 효과를 느꼈다는 뜻이다. 합리적인 마음을 가진 우리 현대인은 무의식적 내용물이 엮어내는 직관적인 환상을 그린 그림들을 보면서 좀처럼 그런 것을 느끼지 않는다.

그러나 우리가 의식적인 마음을 다루느냐 무의식적인 마음을 다루느냐에 따라 상황은 달라진다. 무의식은 사실 이런 이미지들의 영향을 받는 것 같다. 환자가 자신의 그림에 정신적으로 반응하는 것을 유심히 관찰하면 이런 결론에 이를 수 있다.

그림들은 최종적으로 환자를 차분하게 가라앉히는 영향력을 발휘하면서 내면의 토대 같은 무엇인가를 창조한다. 도른이 자신의 돌의 효과를 언제나 밖에서, 예를 들면, 만능약이나 금 팅크제, 생명을 연장하는 특효약 같은 것으로 찾았고 또 16세기에 이르러서야 내적 효과에 대한 언급이 분명하게 등장했지만, 심리학적 경험은 무엇보다 사람이 이미지들의 형성에 주관적으로 반응한다는 점을 보여주고 있으며, 따라서 객관적인 효과가 가능한지는 자유롭고 열린 마음으로 판단을 유보할 필요가 있다.

8. 세 번째 단계: 하나의 세상

라피스를 만드는 것이 대체로 연금술의 목적이었다. 도른은 의미 있는 예외였다. 그에게 라피스를 만들어내는 것은 단지 융합의 두 번째 단계의 완성을 뜻했기 때문이다. 이 점에서 도른은 심리학적 경험과 일치한다. 우리 현대인에게 자기(自己)라는 관념을 실제적이고 시각적인 형태로 표현한 것은 단순히 '시작 의식', 말하자면 자기의 실현을 예상하는 예비적 행위이다. 내적 안전감이 존재한다는 사실은 그 산물이 환경의 적대적 영향을 견뎌낼 만큼 충분히 적절하다는 점을 결코 증명하지 못한다. 연금술사는 불리한 상황이나 기술적 실수 혹은 어떤 불행한 사건이 작업의 완성을 방해하는 것을 거듭 경험해야 한다. 그래야만 그가 작업을 몇 번이고 처음부터 다시 시작할 수 있을 테니까.

내적 안전감을 대상으로 이와 비슷한 정신적 테스트를 하는 사람은 누구나 비슷한 경험을 한다. 그 사람이 쌓은 모든 것이 현실의 충격에 몇 번이고 산산조각 무너져 내릴 것이며, 그래도 그는 그 일로 낙담해서 테스트를 피해서는 안 된다. 그런 테스트를 피한다는 것 자체가 그의 태도가 결함을 안고 있다는 사실을 보여주기 때문이다. 마법적인 힘을 가진 철학자의 라피스가 절대로 만들어지지 않은 것처럼, 의식이 너무나 편협하고 너무나 일방적이어서 정신의 내용물 전부를 파악하는 것이 불가능하기 때문에 정신적 완전성도 경험적으로는 절대로 성취되지 않을 것이다. 그래서 우리는 언제나 처음부터 다시 시작해야만 한다. 고대로부터 연금술사는 자신이 "단순한 것"에 관심을 두고 있다는 것을 알았으며, 현대인도 경험을 근거로 그 작업이 최대한 단순한 것을 추구하지 않고는 성취될 수 없다는 것을 알 것이다. 그러나 단순한 것이 언제나 가장 어려운 법이다.

하나이며 단순한 것은 도른이 '하나의 세계'라고 부른 그것이다. 이 "하나의 세계"는 '단순한 것'이었다. 도른에게 가장 높은 차원의 세 번째 융합은 전인(全人)과 '하나의 세계'의 결합이었다. 앞에서 본 바와 같이, 이 결합을 그는 천지창조 첫날의, 말하자면 아무것도 "실제로" 존재하지 않고 모두가 여전히 하나이던 때의 잠재적 세계로 풀이했다.

마법적 절차를 통해 통합을 창조하는 것은 세계와의 통합을 이룰 가능성을 의미했다. 이때의 세계는 우리가 보고 있는 그런 복잡한 세계가 아니라 하나의 잠재적 세계, 즉 모든 경험적 존재들의 영원한 '바탕'이다. 자기(自己)가 과거와 현재, 미래의 개인의 인격의 바탕이자 기원인 것과 똑같다. 연금술의 수단에 의해 만들어지고 명상에 의해 알려진 자기의 바탕 위에서, 도른은 '하나의 세계'와 통합되기를 바라고 기대했다.

이 잠재적 세계는 스콜라 학자들이 말하는 "원형의 세계" (mundus archetypus)이다. 이 대목에서 나는 도른의 사상의 모델이 필론의 글에서 발견될 것이라고 짐작한다. 필론은 논문 『데 문디 오피피키오』(De mundi opificio: '세계 창조론')에서 창조주는 지성으로만 이해되는 세계 안에 영적인 천국과 눈에 보이지 않는 땅, 공기와 허공의 관념을 만들었다고 말한다. 창조주가 맨 마지막으로 만든 것이 사람, 즉 "그 안에 별들과 비슷한 많은 자연의 그림자를 담고 있는 작은 천국"이다. 여기서 필론은 소우주라는 개념을 분명히 제시하고 있으며, 따라서 영적인 사람과 우주의 통합을 암시하고 있다. 필론에 따르면, 창조주와 예지(叡智)의 세계(mundus intelligibilis)의 관계는 마음과 육체의 관계의 "원형"이다. 도른이 플로티노스(Plotinus)를 알았는지 궁금하다. 플로티노스는 자신의 『엔네아데스』(Enneads) 4권에서 모든 개인들이 단순히 하나의 영혼인가 하는 문제에 대해 논하면서 자신은 그렇게 생각하는 근거를 갖고 있다고 믿는다. 이 대목에서 플로티노스를 언급하는 것은 그가 '하나의 세계'라는 개념을 일찍이 제시한 인물이기 때문이다. "영혼의 통합"은 경험적으로 모든 영혼에게 기본적으로 공통적인 정신 구조에 근거하고 있다. 영혼은 해부학적 구조처럼 손에 만져지거나 눈에 보이는 것은 아니지만 그런 구조만큼이나 명백하다.

도른이 세 번째 단계의 융합으로 표현하고자 한 생각은 보편적이다. 그것은 개인의 아트만과 초개인적인 아트만의 관계 혹은 동일성이고 또 개인적인 도(道)와 보편적인 도(道)의 관계 혹은 동일성이다. 서양인에게 이 같은 관점은 전혀 현실적이지 않고 너무나 신비해 보인다. 무엇보다 서양인은 하나의 자기(自己)가 창조 첫날의 세계와 관계를 맺게 될 때 하나의 실체가 되어야 하는 이유를 알지 못한다. 서양인은 경험적인 세계가 아닌 다른 세계에 대해선 전혀 아무런 지식을 갖고 있지 않다. 엄격히 말하면, 서양인의 당혹감은 여기서 시작된 것이 아니라, 내면의 통일체인 '카일룸'의 제조로부터 이미 시작되었다. 그런 사고들은 인기가 없으며, 터무니없을 만큼 막연하다. 서양인은 그런 사고들이 어디에 속하는지 또는 무엇을 근거로 하고 있는지에 대해 아무것도 모른다. 그 사고들은 진리일 수도 있고 진리가 아닐 수도 있다. 한마디로, 서양인의 경험은 여기서 끝나고, 대체로 그것으로 서양인의 이해력도 끝난다. 불행하게도, 서양인은 더 많은 것을 배우려는 의지를 지나치게 자주 보인다. 그래서 나는 비판적인 독자에게 편견을 옆으로 밀쳐두고 내가 묘사한 과정의 효과를 직접 경험해 보라고 권하곤 한다. 그렇지 않으면 판단을 중단하고 자신이 아무것도 이해하지 못한다는 점을 인정하라고 권한다. 30년 동안 나는 온갖 가능한 조건 아래에서 이런 정신 과정을 연구했으며, 그 결과 동양의 위대한 철학자들뿐만 아니라 연금술사들도 바로 그런 경험에 대해 언급하고 있다고 확신하게 되었다. 이런 경험들이 "신비해" 보인다면, 그것은 주로 정신에 대한 무지 때문이다.

어쨌든 우리는 자기(自己)를 마음 속에 그리는 것이 동양인에게만 아니라 그 중세 사람에게도 편향적인 세계관으로부터 달아날 기회를 주거나 그런 세계관에 맞설 힘을 준, 영원 쪽을 향한 "창문"이라는 것을 이해할 수 있어야 한다. 연금술 작업의 목표가 틀림없이 라피스나 카일룸의 제조였지만, 그것이 "육체"를 영성화하려는 경향을 가졌다는 점엔 의심의 여지가 없다. 육체의 영성화는 표면으로 떠오른, "공기 색깔" 액체의 상징에 의해 표현되고 있다. 그 액체는 '영화롭게 된 몸', 즉 영원과의 관계가 너무도 분명한 부활한 몸이다.

순진한 마음의 소유자에게 사과가 나무에서 땅으로 떨어지는 것이 자명해 보이고 땅이 사과를 만나기 위해 위로 솟아오른다고 말하는 것이 터무니없어 보이는 것처럼, 순진한 사람은 마음이 육체의 타성과 무례함에 영향을 받지 않고 육체를 영성화할 수 있다는 것을 별 어려움 없이 믿을 수 있다. 그러나 모든 효과는 상호적이며, 어떠한 것도 자체가 변하지 않고는 다른 것을 변화시키지 못한다. 연금술사는 자신이 천지창조 때에 신성, 즉 세계 영혼 중 작은 한 조각이 물질적인 것들 속으로 들어가서 거기에 갇혔다는 것을 어느 누구보다 잘 알고 있다고 생각했다. 그럼에도 불구하고, 연금술사는 영성화의 전제 조건이 푸른색 정수의 형태로 이뤄지는 정신의 물질화라는 점을 고려하지 않은 가운데 일방적인 영성화의 가능성을 믿었다. 실제로 그의 노력은 육체를 정신에 가까운 곳으로 끌어올리는 동시에 정신을 물질 속으로 끌어내렸다. 그는 물질을 승화시킴으로써 정신을 구체화시켰다.

자명한 이 진리는 중세 사람에겐 여전히 낯설었으며, 현대인에게도 이 진리는 부분적으로만 이해되고 있다. 그러나 만약에 정신과 물질, 의식과 무의식, 밝은 것과 어두운 것과 같은 상반된 것들 사이에 통합이 이뤄진다면, 그것은 제3의 것에서, 말하자면 타협이 아니라 새로운 무엇인가에서 일어날 것이다. 연금술사들에게 원소들의 우주적 갈등이 '전혀 돌이 아닌 돌'에 의해, 다시 말해 역설로만 묘사 가능한 어떤 초월적인 실체에 의해 조정되는 것으로 여겨진 것처럼. 돌에 해당하는 도른의 카일룸은 병에서 부어질 수 있는 액체였던 한편 소우주 자체였다. 심리학자에게 그것은 사람 자체인 자기(自己)이며, 그 사람의 묘사 불가능하고 초(超)경험적인 전체성이다.

이 전체성은 하나의 가정일 뿐이지만 반드시 필요한 가정이다. 전체성이 가정에 지나지 않는 것은 어떤 사람도 자기 자신에 대한 지식을 완벽하게 갖추고 있다고 단언하지 못하기 때문이다. 영적인 사람에게만 알려지지 않은 것이 있는 것이 아니라, 육체적인 사람에게도 마찬가지로 알려지지 않은 것이 있다. 우리는 이 미지의 양(量)을 사람의 전체 그림에 포함시킬 수 있어야 하지만, 그렇게 하지 못한다. 사람 자체는 부분적으로 경험적이고, 부분적으로 초월적이다. 우리는 또 우리가 경험의 차원에서 육체적인 것으로 여기고 있는 것이 경험을 넘어서는 미지의 세계로 가면 정신적인 것과 혹시 동일해지지 않는지에 대해서도 아는 바가 전혀 없다.

경험을 근거로 할 때 정신 과정이 물질적인 과정과 관계를 맺고 있다는 사실이 확인됨에도 불구하고, 우리는 이 관계의 본질이 무엇인지 또는 이 관계가 어떻게 가능한지에 대해 말할 수 있는 위치에 있지 않다. 정신적인 것과 육체적인 것은 서로 의존하고 있기 때문에, 이 두 가지가 현재의 경험을 넘어서는 어딘가에서 동일할 수 있다는 짐작도 가능하다. 물론, 이 같은 짐작이 물질주의나 정신 지상주의의 독단적인 가설들을 정당화하는 것은 아니다.

정신적인 것과 육체적인 것의 동일성이라는 짐작을 바탕으로, 우리는 '하나의 세계', 말하자면 아직 "둘째가 전혀 없던" 천지창조 첫날의 잠재적 세계라는 연금술의 관점에 가까이 다가서고 있다.

파라켈수스의 시대 이전까지, 연금술사들은 '무(無)로부터의 창조'를 믿었다. 따라서 그 시대의 연금술사들에게 신(神) 자체가 물질의 원리였다. 그러나 파라켈수스와 그의 학파는 물질은 '창조되지 않은 것'(increatum)이며, 따라서 신과 함께 영원히 공존한다고 주장했다.

파라켈수스 학파 사람들이 이 관점을 일원론으로 보았는지 이원론으로 보았는지 나는 모른다. 유일하게 확실한 것은 모든 연금술사들에게 물질은 신성한 어떤 측면을 가졌다는 점이다. 그 근거로, 연금술사들은 신이 세계 영혼이라는 형태로 그 안에 갇혀 있다는 점을 제시하거나 물질이 신의 "실체"를 표현한다는 점을 제시했다. 어느 경우에도 물질이 신성을 빼앗기지 않았으며, 창조 첫날의 잠재적 물질에 대해서는 말할 필요도 없다. 파라켈수스 학파만이 '창세기'의 이중적인 표현의 영향을 받았던 것 같다.

만약 도른이 연금술로 만든 '카일룸'과 '하나의 세계'의 결합에서 신비한 융합의 완성을 보았다면, 그가 의미한 것은 개인과 환경의 융합이나 개인이 환경에 적응하는 것보다는 잠재적 세계와의 어떤 신비한 융합이었다. '신비한'이란 단어를 현대의 경멸적인 의미로 쓴다면, 그런 관점은 틀림없이 우리 현대인에게 "신비하게" 보일 수밖에 없다. 그러나 그것은 경솔하게 사용한 단어들의 문제가 아니고 중세의 언어에서 현대적 개념으로 옮겨놓을 수 없는 어떤 관점의 문제이다.

틀림없이, '하나의 세계'라는 관념은 경험적인 세상의 다양성은 어떤 기본적인 통일성에 의지하고 있다는 가정에, 그리고 근본적으로 다르지 않은 2개 이상의 세계가 서로 나란히 존재하거나 서로 뒤섞여 있다는 가정에 바탕을 두고 있다. 더 적절히 말하면, 서로 분리되어 있고 다른 모든 것들이 하나의 같은 세상에 속하며, 그 세상은 감각의 세상이 아니고 하나의 기본 원리라고 할 수 있다. 이같은 기본 원리가 존재할 가능성은 지금까지 어느 누구도 이미 알려진 자연의 법칙들이 통하지 않는 그런 세계를 발견하지 못했다는 사실에 의해 뒷받침되고 있다. 물리의 세계와 너무도 분명하게 다른 정신의 세계조차도 하나의 우주 밖에 그 뿌리를 내리고 있지 않다는 것은 정신과 육체 사이에 이 둘이 기본적으로 동일한 성격을 갖고 있음을 보여주는 인과적 연결이 존재한다는 사실로 인해 분명해지고 있다.

이 세상에 존재하는 모든 것이 우리의 지식의 범위 안에 들어올 수는 없다. 그렇기 때문에 우리는 세상 만물의 전체적인 성격에 대해서는 의견을 내놓을 수 있는 위치에 있지 않다. 복잡한 심리학이 정신의 미지의 측면 속으로 파고들고 있는 것처럼, 미시 물리학은 지금 물질의 미지의 측면으로 깊이 들어가고 있다는 느낌을 받고 있다.

두 가지 연구 노선은 오직 자기모순에 의해서만 이해될 수 있는 그런 발견들을 내놓았으며, 또 서로 비슷한 개념들을 제시했다. 만약 이 같은 경향이 미래에 더욱 강조된다면, 두 학문이 다루는 주제들이 서로 결합될 확률이 높을 것이다. 물론, 통일적인 '존재'가 파악될 수 있을 것이란 희망이 헛될 수도 있다. 우리 현대인의 사고와 언어의 능력이 오직 자기모순적인 진술만을 허용하기 때문이다.

그러나 우리는 경험적 현실이 초월적인 배경을 갖고 있다는 것을 잘 알고 있다. 제임스 진스(James Jeans: 1877-1946) 경이 보여주었듯이, 이것은 플라톤의 동굴 우화에 의해 표현될 수 있는 하나의 사실이다. 미시 물리학과 심층 심리학의 공통적인 배경은 정신적인 만큼이나 물리적이며, 따라서 그 배경은 정신적인 것도 아니고 물리적인 것도 아니며 그보다는 제3의 것, 중성적인 본성을 가진 것이다.

따라서 우리의 경험 세계의 배경은 사실 '하나의 세계'처럼 보인다. 이것은 적어도 믿을 만한 가설이며, "설명의 원리들을 필요 이상으로 늘려서는 안 된다."는 과학적 이론의 근본적인 원칙까지 충족시킨다. 경험적인 현상의 형태를 결정하는 모든 조건들이 정신 물리학의 초월적인 배경 안에 고유하다는 점에서 본다면, 정신 물리학의 초월적 배경은 어떤 "잠재적 세계"에 해당한다. 이는 심리학뿐만 아니라 물리학에도, 보다 정확히 말하면 의식의 심리학뿐만 아니라 거시적 물리학에도 똑같이 유효한 말이다.

그래서 만약에 도른이 세 번째이자 가장 높은 차원의 융합을, '카일룸'을 제조한 연금술사와 '하나의 세계'의 결합 혹은 관계라는 차원에서 본다면, 이 융합은 심리학적으로 의식과 무의식의 통합일 것이다. 이 융합 또는 동일화의 결과를 이론적으로 파악하는 것은 불가능하다. 이유는 알려진 어떤 양이 미지의 어떤 양과 결합하기 때문이다.

그러나 실제로 보면 이 융합 또는 동일화에서 의식의 엄청난 변화가 일어난다. 이 변화는 원자 물리학이 고전 물리학에서 일으킨 변화만큼이나 크다. 도른이 융합의 세 번째 단계에서 기대하는 변화의 본질은 연금술사들이 사용한 상징을 통해 간접적으로만 확인할 수 있다. 도른이 '카일룸'이라고 부른 것은, 우리가 본 바와 같이, 자기의 상징적 원형이다. 여기서 우리는 전인(全人)의 실현은 곧 육체적 병과 정신적 병을 치유하는 것이라는 결론을 끌어낼 수 있다. '카일룸'이 보편적 효력을 발휘하는 하나의 약(만능약, 해독제, 보편적 약)으로 묘사되었기 때문이다.

카일룸은 또한 발삼과 불로장수약으로, 생명을 연장하고 강화하고 재생하는 마법의 약으로 여겨졌다. 그것은 "살아 있는 돌", "영(靈)을 가진 돌", 그리고 '신약성경'에 언급된 "살아 있는 돌", 말하자면 『헤르마스의 목자』에서 교회의 탑에 벽돌 하나로 자신을 헌신하는 살아 있는 사람이었다.

무엇보다, 카일룸의 부패하지 않는 특성이 강조된다. 카일룸은 오랫동안 이어진다. 아니 영원히 이어진다. 카일룸은 살아 있음에도 움직이지 않는다. 카일룸은 마법의 힘을 발산하고, 사라져야 하는 것을 사라지지 않는 것으로, 불순한 것을 순수한 것으로 변화시키고, 스스로를 무한정 증식시킨다. 카일룸은 단순하며 그래서 보편적이며 모든 상반된 것들의 통합이다.

카일룸은 그리스도와 비슷하며 대우주의 구원자라 불린다. 그러나 카일룸은 또한 신을 닮은 인간의 모습(신의 이미지), 물질 속에 든 세계 영혼, 진리 자체를 의미한다. 카일룸은 "천 개의 이름"을 갖고 있다. 카일룸은 또한 소우주, 전인, 호문쿨루스, 자웅동체이다.

이런 이름들과 의미들도 문헌에 언급된 수많은 이름들 중 극히 일부에 지나지 않는다.

당연히, 우리는 이런 종류의 정신적 경험이 합리적인 개념으로 정리되는 것을 보면서 당혹감을 느끼게 마련이다. 틀림없이 그 개념은 완성과 보편성의 핵심을 의미하게 되어 있으며, 그런 것으로서 그 개념은 그와 비슷한 경험을 나타낸다. 우리는 이 개념을 오직 '신비의 통합'이나 도(道), 사마디(samadhi: '함께'를 뜻하는 산스크리트어 'sama'와 '마음'을 뜻하는 'dhi'에서 비롯된 단어로 완전한 집중 상태를 뜻한다. '삼매경' 정도로 옮겨질 수 있다/옮긴이) 또는 선(禪) 불교의 깨달음과 비교할 수 있다.

깨달음의 경지에 이르면, 사람은 이성의 모든 기준이 무너지고 극도의 주관적인 영역으로 들어가게 된다. 이 같은 경험은 실증적으로 충분히 증명될 수 있다. 이를 뒷받침하는 증거는 동서양을 막론하고, 현재와 과거를 불문하고 많이 발견되고 있으며, 이는 그런 경지의 주관적인 의미를 뒷받침한다.

물리적 자연에 관한 우리의 지식은 그런 경험을 일반적으로 타당한 바탕 위에 올려놓을 수 있는 근거를 전혀 제공하지 못한다. 그래서 그 같은 경험은 정신적인 경험 세계의 비밀로 남게 되고 오직 초자연적인 사건으로만 이해된다. 그럼에도 그런 경험의 실제성은 어떤 파장의 빛이 "빨갛게" 지각되는 사실만큼이나 의문의 대상이 될 수 없다.

그렇다면 연금술사들이 자신의 신비에 대해 한 말들은 심리학적으로 보면 어떤 뜻일까? 이 질문에 대답하기 위해선 꿈의 해석에 이용한 작업가설을 기억해야 한다. 꿈과 공상에 나타나는 이미지는 상징이라는 가설 말이다. 즉 아직 알려지지 않았거나 무의식적인 사실을 가장 잘 표현하고 있는 것이 바로 이미지라는 가설을 인정해야 한다는 뜻이다. 알려지지 않았거나 무의식적인 사실들은 일반적으로 의식의 내용물이나 의식의 태도를 보완한다.

이 기본적인 법칙을 연금술의 신비에 적용한다면, 우리는 신비가 지닌 가장 두드러진 특성, 즉 통일성과 유일성, 돌도 하나이고 약도 하나이고 용기도 하나이고 절차도 하나이고 경향도 하나인 특성은 분열된 의식을 전제로 하고 있다는 결론을 내릴 수 있다. 자신이 하나인 사람은 약으로 하나가 될 필요가 없으며, 자신의 분열을 모르고 있는 사람도 그런 약을 필요로 하지 않기 때문이다. 또 통합의 원형을 활성화하기 위해선 의식이 절망적인 상황에 처할 필요가 있기 때문이다.

이를 근거로, 우리는 철학적 성향이 보다 강했던 연금술사들은 당시의 지배적인 세계관, 즉 기독교 신앙의 진리를 확신하면서도 거기에 만족할 수 없었을 가능성이 큰 사람들이라는 결론을 내릴 수 있다. 기독교는 분명히 "구원"의 체계이고 게다가 신의 "구원 계획"에 바탕을 두고 있고 또 특히 신이 단일하기 때문에, 여기서 우리는 신앙이 통일성과 통합의 기회를 주고 있음에도 불구하고 연금술사들이 내면에서 부조화를 느끼거나 자기 자신과 하나됨을 느끼지 못한 이유가 무엇인지를 물어야 한다. (이 물음은 오늘날에도 그 의미를 전혀 잃지 않았다.) 비약(秘藥)의 속성으로 여겨지는 다른 특성들을 더욱 면밀히 들여다보면, 이 질문에 대한 대답은 절로 나올 것이다.

따라서 우리가 고려해야 할 다음번 특성은 비약(돌)의 물리적 본질이다. 연금술사들이 이 물리적 본질에 대단한 중요성을 부여하고 또 "돌"이 연금술의 존재 이유이지만, 돌을 단순히 물리적인 것으로만 여길 수는 없다. 왜냐하면 돌이 살아 있고 영혼과 정신을 소유하고 있으며 심지어 사람이거나 사람과 비슷한 생명체라는 점이 강조되고 있기 때문이다. 신에 대해서도 신의 물리적 표현이 바로 세계라는 식으로 논의되고 있지만, 이 같은 범신론적인 관점은 교회에 의해 거부당했다. "신은 영(靈)이고" 물질의 정반대라는 이유에서였다. 그런 경우에 기독교의 관점은 "육체를 극복하기 위한 정신적 통합"에 해당할 것이다. 따라서 기독교 신앙을 고백하는 한 연금술사는 자신의 빛에 따라서 자신이 여전히 융합의 두 번째 단계에 있고 기독교 "진리"는 아직 "실현되지" 않았다는 것을 알았다. 영혼은 정신에 의해서 높은 추상관념의 영역으로 끌어올려졌지만, 육체는 영혼이 빠져나간 상태가 되었다. 육체는 그런 가운데서도 계속 살기를 원했으며, 따라서 상황에 대한 불만이 연금술사의 눈에 띄지 않을 수 없었다.

연금술사는 스스로 온전하다는 느낌을 받을 수 없었다. 그의 존재를 영성화한다는 것이 그에게 어떤 의미를 지녔든, 연금술사는 물리적인 세계 안에서 육체적 삶의 "지금 여기"를 넘어설 수 없었다. 정신이 자연을 추구하는 연금술사의 경향을 방해했고, 거꾸로 연금술사의 그런 경향은 정신을 방해했다.

그리스도는 통합의 요인이 아니라, 사람을 영적인 존재와 육체적인 존재로 엄격히 분리하는 "칼"이 되고 있다. 기독교 교리와 수많은 이론들이 그리스도의 존재를 이와 정반대의 모습으로 제시하고 있지만, 심리학적으로 보면 그렇다. 일부 현대인들과 달리, 의식을 추가적으로 발달시킬 필요성을 느낄 만큼 현명했던 연금술사들은 기독교 신앙에 강하게 매달리면서 더 무의식적인 상태로 돌아가지 않았다. 그들은 기독교의 진리를 부정하지도 못했고 또 부정하지도 않았을 것이다. 그렇기 때문에 연금술사들을 두고 이단이라고 비난하는 것은 잘못이다. 반대로, 연금술사들은 '정신적 통합'과 육체를 결합시키려고 노력함으로써 신이라는 관념에 예시된 통합을 실현하기를 원했다.

이 같은 노력을 펴도록 만든 주요 원동력은 이 세상이 병적인 상태에 있고 또 모든 것이 원죄에 의해 타락했다는 확신이었다. 연금술사들은 영혼이 정신에 의해 육체에 구속된 상태로부터 자유로워질 수 있을 때에만 구원을 받을 수 있다고 보았다. 그렇게 한다고 해서 육체적 삶의 상태가 향상되거나 변화하는 것도 아닌데도 말이다.

소우주, 즉 속사람은 구원받을 수 있었지만 타락한 육체는 구원을 받을 수 없었다. 이 같은 통찰은 의식이 영적인 인격과 육체적인 인격으로 분열되도록 하는 충분한 이유가 되었다. 연금술사들은 성 바오로처럼 외쳤다. "오, 나는 비참한 사람이로다. 누가 이 죽음의 몸에서 나를 끌어내랴?"[106] 그래서 그들은 육체의 온갖 고통과 영혼의 분열을 치료할 약을 발견하려고 노력했다.

....
106 Romans 7: 24

연금술사들 대부분은 의사였다. 그러기에 그들에겐 인간 존재의 덧없음에 강한 인상을 받을 기회가 많았다. 따라서 그들은 보다 훌륭한 조건을 갖춘 왕국이 도래할 때까지 기다리지 않는 경향을 보이게 되었다. 연금술사들은 자신들이 변덕스런 육체적인 사람과 그의 영적 진리를 결합시키는 극도로 어려운 과제를 떠안아야 한다고 생각했다. 그들은 기독교를 믿지 않는 사람도 아니었고 이교도도 아니었기 때문에 육체적인 사람과 영적 진리를 결합시켜야 한다는 진리를 육체에 이로운 방향으로 왜곡할 수도 없었고 또 왜곡하려 들지도 않았을 것이다. 게다가, 육체는 어쨌든 도덕적 허약으로 인해 원죄에 굴복했기 때문에 잘못되어 있었다. 그러므로 "준비되어야 하는" 것은 당연히 어두운 구석이 있는 육체였다. 앞에서 본 바와 같이, 이 준비는 천국이나 잠재적 세계와 동일한 정수를 물리학적으로 추출하는 것으로 이뤄졌다. 이 때문에 이 정수는 "카일룸"이라 불렸다. 그것은 육체의 핵심이고 부패하지 않으며, 따라서 순수하고 영원한 물질이며, 영광스럽게 된 몸이며, 정신의 통합과 결합될 수 있고 또 그런 자격을 갖추고 있다. 육체로부터 남은 것은 "저주받은 땅"(terra damnata), 즉 그냥 자체 운명에 넘겨야 할 찌꺼기이다. 한편, 정수인 카일룸은 세상의 순수하고 부패하지 않는 물질이며, 신의 적절한 도구이다. 따라서 이것을 제조한 연금술사들에게만 '하나의 세계'와의 융합을 "바라고 기대하는 것"이 허용되었다.

이 같은 해결책은 자연에 불리하게 작용하는 하나의 타협이었지만, 그럼에도 불구하고 그것은 정신과 물질의 분리를 연결시키려는 노력으로 주목받을 만했다. 그것은 원리를 따르는 해결책이 아니었다. 그 절차가 실제 대상에서 일어난 것이 아니라 무익한 투사에 지나지 않았기 때문이다.

카일룸은 현실에서 절대로 제조될 수 없다. 그것은 연금술과 함께 꺼져버린 하나의 희망이었으며, 그 이후로 논의의 대상에서 영원히 배제되었다. 그러나 분리는 여전히 그대로 남았으며, 역설적이게도 이 분리가 자연에 대한 지식을 크게 향상시키고 보다 건전한 약을 낳게 되었다.

그런 한편 이 분리는 정신을 완전히 퇴위시켜버렸다. 아마 도른이 오늘날 벌어지고 있는 이런 현상을 보았다면 아마 기절했을 것이다. 현대 과학의 특효약은 기대 수명을 놀랄 만큼 크게 높였으며, 미래에는 인간의 수명을 더 높일 것이다.

한편, '정신적 통합'은 창백한 유령이 되었으며, '기독교 진리'는 수세에 몰리고 있다는 느낌을 받고 있다. 인간의 몸 안에 숨겨진 어떤 진리에 대해 말하자면, 그런 것에 대한 논의는 더 이상 이뤄지지 않고 있다.

역사는 연금술의 타협이 미완의 상태로 남겨 놓은 것을 아무 생각 없이 이행했다. 육체적인 사람이 뜻하지 않게 전위로 나서면서 상상도 못한 방식으로 자연을 정복하고 있는 것이다. 그러면서 육체적인 사람은 동시에 본인의 경험적인 정신을 의식하게 되었는데, 이 정신은 스스로 영(靈)의 지배에서 벗어나 너무나 구체적인 형태를 취하게 되었으며 그 결과 정신의 개별적 특징들이 임상적 관찰의 대상이 되게 되었다.

이 정신이 생명의 원리나 철학적 추상작용이 아니게 된 것은 이미 꽤 오래 전의 일이다. 반대로 정신은 뇌의 화학작용에 부수하는 현상이 아닌가 하는 의심을 받고 있다. 영(靈)은 더 이상 정신에 생명을 불어넣지 않고 있으며, 오히려 영이 정신 작용 때문에 존재하는 것으로 짐작되고 있다. 오늘날 심리학은 스스로를 과학이라고 부를 수 있고, 이것은 영의 입장에서 보면 큰 양보이다. 심리학이 다른 자연과학들, 특히 물리학에 무엇을 요구할 것인지는 오직 미래만이 말할 수 있다.

9. 자기와 지식의 한계

거듭 강조하듯이, 연금술사가 라피스에 대해 한 말은 심리학적으로 고려하면 자기(自己)의 원형을 묘사하는 내용이다. 이 자기의 원형은 만다라의 상징에 아주 잘 표현된다. 만다라 상징은 자기를 동심원적인 구조로 묘사한다. 원을 사각형화하는 형상인 경우가 자주 보인다. 온갖 종류의 부차적인 상징들이 만다라 상징과 조화를 잘 이룬다. 이 부차적인 상징들의 대부분은 상반된 것들의 본성이 결합되는 것을 표현한다. 그 구조는 반드시 중심적인 상태를 표현하는 것으로, 혹은 자아와 근본적으로 다른 인격의 중심을 표현하는 것으로 느껴진다.

만다라 상징은 신비한 성격을 지니고 있으며, 이 같은 성격은 만다라 자체뿐만 아니라 거기에 쓰인 상징들(태양, 별, 빛, 불, 꽃, 소중한 돌 등)에 의해서도 분명히 암시된다. 거기선 추상적이고, 색이 없고, 무심한 원들의 그림에서부터 극도로 치열한 깨달음의 경험에 이르기까지, 온갖 강도의 감정적 평가가 발견된다. 이런 양상들은 모두 연금술에도 등장한다. 유일하게 다른 점이 있다면, 이 양상들이 연금술에서는 물질로 투사되고 있는 반면에 만다라에서는 상징으로 이해되고 있다는 사실이다. 이리하여 연금술의 비밀은 원래의 신비한 측면을 전혀 잃지 않은 가운데 하나의 정신적 사건으로 변하게 되었다.

이 대목에서 영혼이 스스로를 어느 정도 인간화했는지를 고려한다면, 영혼이 오늘날 함께 공존하고 있는 육체를 대단히 많이 표현하고 있다는 판단이 설 것이다. 이것이 연금술사들이 그렇게 갈망했으면서도 이루지 못한 두 번째 단계의 융합이다. 지금까지 이뤄진 심리학적 존재로의 변형은 놀라운 진전이다. 그러나 '경험된 중심'이 일상생활의 영적 지배자인 것으로 드러날 때에만 진정한 진전이라고 할 수 있다.

틀림없이, 연금술사들에게조차도 사람이 금을 만드는 데 사용하지 않으면서도 라피스를 주머니에 갖고 있을 수 있다는 사실이, 혹은 쓰고 달콤한 그 음료의 맛을 보지 않은 상태에서 병에다가 '마시는 금'을 담아두고 있을 수 있다는 사실이 꽤 분명하게 인식되었다. 가설적으로 말하면, 이는 분명 연금술사들이 라피스를 만드는데 한 번도 성공하지 못한 까닭에 그 돌을 현실에서 사용하고 싶은 유혹에 절대로 넘어가지 않았기 때문이다.

그러나 이 같은 불운의 심리학적 의미를 과장해서는 안 된다. 이 불운은 직감으로 파악하는 전체성이라는 원형의 매력에 비하면 부차적이다. 이 점에서, 연금술은 예수 그리스도의 재림이 계속 늦춰지는데도 치명적 방해를 받지 않는 기독교에 비해 결코 더 잘못되지 않았다.

원형의 끈질긴 성격을 감안하면, 원형에서 끌어낸 합리적인 이해는 별로 중요하지 않다. 그렇기 때문에 이해의 결과로 최종 단계에서 일어나는 계몽이 신비한 경험의 초기 상태보다 더 높은 상태라고 단정하는 것은 이성을 부당하게 과대평가하는 것이 된다. 앞에서 본 바와 같이, 교리의 발달에 관한 뉴먼 추기경의 견해에도 똑같은 반대가 제기되었지만, 합리적 이해나 지적 공식화는 전체성의 경험에 새로운 것을 전혀 보태지 못하고 며 기껏 경험의 반복을 용이하게 할 뿐이라는 점이 간과되었다. 경험 자체는 중요하지만, 경험을 지적으로 표현하거나 설명하는 것이 의미를 지니는 경우는 원래의 경험을 할 수 있는 길이 봉쇄되었을 때뿐이다.

교리의 분화는 교리의 생명력을 표현할 뿐만 아니라 생명력을 지켜나가기 위해서도 필요하다. 마찬가지로, 우리가 연금술의 바탕에 자리잡고 있는 원형의 생명력과 신비성을 인식하고 그것을 지켜나가길 원한다면, 원형도 해석을 필요로 한다.

연금술사는 자신의 경험을 최대한 훌륭하게 해석해냈다. 연금술사에게 그 경험을 이해할 수 있는 심리학적 지식이 없었을 텐데도, 그 수준을 보면 오늘날 우리가 읽어도 전혀 어색하지 않다. 그러나 연금술사의 부적절한 이해가 원형적 경험의 전체성을 훼손시킬 수는 없다. 이것은 보다 똑똑하고 세련된 현대인의 이해가 원형적 경험의 전체성에 전혀 아무것도 더하지 못하는 것과 다를 것이 하나도 없다.

심리학적 이해 쪽으로 발달이 이뤄짐에 따라, 큰 변화가 시작되었다. 자기지식이 어떤 윤리적 결과를 낳는데, 이 결과는 단순히 인식되는 데서 그치지 않고 실행을 요구하기 때문이다. 이 같은 변화는 물론 그 사람의 도덕적 재능에 달려 있지만, 우리가 알고 있는 바와 같이, 사람이 이 재능에 지나치게 의존해서는 안 된다. 자기(自己)는 자기실현을 위한 노력을 펼 경우에 모든 측면에서 자아인격 그 너머까지 닿을 수 있다. 자기는 모든 것을 포용하는 성격 때문에 자아보다 더 밝기도 하고 더 어둡기도 하며, 따라서 자아가 피하고 싶어 하는 문제들을 직면하도록 한다. 사람의 도덕적 용기가 약해지거나 통찰력이 떨어지다 보면, 결국엔 운명이 모든 결정권을 쥐게 된다. 자아는 도덕적 및 합리적 반론을 끊임없이 제시할 수 있다. 그런 반론을 유지할 수 있는 한, 사람은 그것을 옆으로 밀어놓지 못하고 또 밀어놓아서도 안 된다. 의무의 충돌이 해결된 것처럼 보일 때에만 당신이 옳은 길을 걷고 있다는 느낌을 받게 되기 때문이다. 이것을 통해서 우리는 다른 방식으로는 경험하기 어려운 자기의 신비한 힘을 느낄 수 있다. 이런 이유로, 자기를 경험하는 것은 자아에겐 언제나 패배가 된다.

이 경험에서 특별히 어려운 점은 자기가 "신"이라고 불리는 것과 단지 개념적으로만 구분될 뿐 실제로는 구분되지 않는다는 점이다. 두 개념은 분명히 현실의 한 조건인 신비한 어떤 똑같은 요소에 근거하고 있다. 자아는 저항하며 스스로를 방어할 수 있는 한에서만 그림 속으로 들어오며, 패배하는 경우에도 자아는 여전히 자신의 존재를 주장한다. 이 상황의 원형이 바로 욥이 여호와를 만나는 장면이다. 이 힌트를 제시하는 것은 단지 거기에 걸린 문제들의 본질을 보여주기 위한 것이다.

이 같은 일반적인 진술에서, 모든 사건에는 무의식에 압도되어야 할 자아의식의 교만이 있다는 식으로 성급한 결론을 끌어내서는 안 된다. 절대로 그렇지 않다. 자아의식과 자아의 책임감이 너무 약해서 강화될 필요가 있는 경우가 자주 있기 때문이다. 그러나 이런 것들은 실용적인 심리 치료의 문제들이며, 내가 이 문제들을 여기서 언급하는 이유는 단지 내가 자아의 중요성을 과소평가하고 무의식을 터무니없이 과대평가한다는 비난을 받고 있기 때문이다. 이런 이상한 비난이 신학 쪽에서 나오고 있다. 분명히 말하지만, 나를 비난하는 사람은 성인들의 신비 경험도 무의식의 다른 효과들과 절대로 다르지 않다는 점을 깨닫지 못하기 때문이다.

신비한 물질의 제조인 연금술의 이상(理想)과 반대로, 모든 인간의 병을 해결할 구원자로 여겨지는 어떤 사람, '세계 영혼' 혹은 '땅의 신'은 인간의 완전성이라는 개념을 가리킨다. 이 개념은 의식과 무의식 사이의 어떤 분리를 연결시킬 경우에 나타나는 정신 상태를 묘사하고 있기 때문에 주로 치료적인 의미를 지닌다.

연금술의 대가는 무의식과 의식의 통합에 해당하며, 의식과 무의식이 통합을 이룰 경우에 둘 다 변하게 된다. 무엇보다 의식은 지평이 확장되는 것을 경험한다. 그렇게 되면 의식이 무의식의 방해를 받던 것이 사라지고, 당연히 전반적인 정신 상황이 크게 향상된다.

그러나 모든 선한 것은 그에 상응하는 대가를 요구하기 때문에, 그 전에 무의식이었던 갈등이 전면으로 나서면서 그 갈등을 해결하려 나서는 의식에게 무거운 책임을 지운다. 그럼에도 의식이 준비를 제대로 하지 않은 것 같으며, 준비한 수준은 중세의 연금술사의 수준에서 그친다. 중세의 연금술사처럼, 현대인도 의식이 궁지에서 벗어나도록 하기 위해 무의식적 내용물을 조사하여 실체를 파악하려면 특별한 방법을 알아야 한다. 내가 다른 곳에서 보여준 바와 같이, 자기를 경험하는 것은 이런 심리 치료적인 노력의 결과 일어날 수 있으며, 이 경험들은 종종 신비적인 요소를 보인다.

이 경험들의 전체성에 대해 글로 상세히 묘사할 필요는 없을 것 같다. 이런 종류의 경험을 해 본 사람이라면 누구나 내가 하는 말의 뜻을 잘 알고 있을 것이며, 이런 경험을 해보지 않은 사람이라면 내가 아무리 길게 설명해 봐야 만족하지 못할 것이다. 게다가 세계의 문헌 중에 그런 경험에 관한 묘사가 무수히 많다. 그러나 나는 신비적인 그 경험을 완벽하게 묘사한 글을 아직 보지 못했다.

심리 치료 과정에 신비적인 경험이 일어나는 것도 결코 놀라운 일이 아니다. 그런 경험이 규칙적으로 예상되는 환자도 있다. 물론 심리 치료를 받지 않는 상태에서도 그런 경험이 일어난다. 그런 경험은 전적으로 정신병리학의 영역에만 속하는 것이 아니며 정상적인 사람의 내면에서도 마찬가지로 관찰될 수 있다. 개인적인 정신적 경험을 무시하는 편향을 갖고 있는 현대인은 당연히 그런 경험을 정신적 비정상으로 여기면서 그것을 이해하려는 노력은 아예 하지 않고 정신병으로 치부해버린다. 그러나 그런 태도는 신비적 경험이 일어난다는 사실을 제거하지도 못하고 그 경험을 이해하지도 못하는 불행한 결과를 낳는다.

이 신비적인 경험을 적절히 이해하려는 모든 시도에서 종교적이거나 형이상학적인 관념들이 동원되고 있다는 사실도 놀라운 일이 아니다. 이 관념들은 고대에도 이런 경험들과 연결되어 있었을 뿐만 아니라 지금도 그 경험을 설명하는 데 이용되고 있다. 그 결과 과학적 설명을 꾀하려는 시도가 엉뚱하게도 형이상학적 설명을 제시한다는 비난을 듣는 괴상한 상황이 연출되게 되었다. 이 같은 반대가 스스로 형이상학적 진리들을 알고 있다고 상상하는 사람에 의해서만 제기되는 것은 사실이다. 또 형이상학적 사실들을 고스란히 말로 담아낼 수 있다고 단정하는 사람들이 그런 반대를 제기한다.

나의 의견엔, 어떤 사람이 "신"에 대해 말할 때, 그가 상상하는 모습으로 어떤 신이 존재하거나 그가 어떤 실제 존재에 대해 말하고 있을 가능성이 아주 높은 것 같다. 그럼에도 그 사람은 자신이 형이상학적 차원에서 하는 말과 일치하는 무엇인가가 존재한다는 것을 절대로 증명하지 못한다. 마찬가지로, 그가 틀렸다는 점을 그에게 증명해 보이는 것도 불가능한 일이다. 따라서 그것은 '논 리쿠에트'(non liquet: '진위(眞僞) 불명'이란 뜻의 라틴어/옮긴이)의 문제이며, 이런 상황에서 인간 지식이 한계를 갖고 있다는 점에 비춰볼 때, 처음부터 우리의 형이상학적 개념들은 단순히 초월적인 사실들을 전혀 표현하지 않거나 매우 가설적인 방식으로 표현하고 있는, 의인화된 이미지와 의견일 뿐이라는 점을 인정하는 것이 바람직하다.

정말이지, 우리는 주변의 물리적인 세상을 보면서 세상 자체는 우리가 지각하는 세상과 반드시 일치하지 않는다는 사실을 잘 알고 있다. 물리적인 세계와 지각의 세계는 서로 매우 다르다. 이 같은 진리를 안다면, 우리는 세상을 형이상학적으로 그린 그림이 초월적인 실체와 일치할 것이라는 생각을 감히 하지 못한다. 더욱이, 초월적인 실체에 관한 진술이 너무나 다양하기 때문에 우리는 아무리 좋은 의도를 품고 있다 하더라도 어느 것이 옳은지를 결코 알지 못한다.

분파적인 종교들은 이미 오래 전에 이런 사실을 간파했으며, 따라서 각 종파들은 저마다 유일한 진리라고 주장할 뿐만 아니라 한 걸음 더 나아가 자기 종교의 교리는 단순히 인간의 진리가 아니라 신이 직접 영감을 주고 계시한 것이라고 주장하고 있다.

모든 신학자는 단순히 "신"에 대해서만 말한다. 그러면서 자신이 말하는 "신"이 유일한 그 신으로 이해될 것이라고 단정한다. 그러나 사람은 '구약성경'의 역설적인 신에 대해, 인간의 모습을 한 '사랑의 신'에 대해, 천상의 신부를 둔 신의 제3위에 대해 말한다. 그러면서 모두 타인을 비난할 뿐 자신은 절대로 비난하지 않는다.

형이상학적 단언이 대단히 불확실하다는 점을 잘 보여주는 것이 바로 그런 단언의 다양성이다. 그렇지만 그런 단언들 전부가 무가치하다고 가정하는 것은 완전히 잘못일 것이다. 어쨌든 그 단언들이 나온 이유가 최종적으로 설명되어야 하기 때문이다. 어떤 단언이든 그것이 제시된 이유는 분명 있다. 아무튼 사람들은 초월적인 진술을 할 필요성을 느끼고 있다. 그렇게 해야 하는 이유는 논쟁의 대상이다. 우리는 단지 순수한 경우에 형이상학적 단언은 자의적이지 않으며 어떤 사람에게 저절로 일어나 종교적 단언과 확신의 바탕이 되어 준 신비한 경험에 관한 내용이라는 것만을 알고 있다. 따라서 수많은 작은 신비주의 운동뿐만 아니라 위대한 종교들의 원천에서도 신비적인 경험을 많이 한 개인들이 확인된다.

그런 경험을 대상으로 한 무수한 연구들은 나로 하여금 이런 확신을 갖게 만들었다. 그런 경험은 무의식의 내용물이 의식 속으로 쳐들어오면서 의식을 압도하는 것인데, 그 방법은 정신증이나 신경증에서 무의식이 의식을 침공하는 것과 똑같은 것 같다.

'마가복음' 3장 21절에 따르면, 예수도 추종자들에게 그런 식으로 비쳤다. 그러나 단순히 환자의 경우와 "영감을 받은" 인격들 사이의 중요한 차이는 조만간 "영감을 받은" 인격들이 엄청난 수의 추종자를 발견하고, 따라서 자신의 효과를 몇 세기 동안 전할 수 있다는 점이다.

위대한 종교의 창설자들이 오랫동안 발휘하는 효력이 부분적으로 그들의 압도적인 영적 인격, 모범적인 삶, 도덕적인 자기헌신 때문이라는 사실도 현재의 논의의 흐름을 바꿔놓지 못한다. 인격은 오직 성공의 한 뿌리에 지나지 않으며, 순수한 종교적 인격을 갖추었으면서도 성공하지 못하는 사람들이 있었으며 앞으로도 있을 것이다. 마이스터 에크하르트(Meister Eckhart)만 생각해 보면 된다. 그러나 그런 종교적인 사람들이 성공을 거둔다 하다라도, 그것이 그들이 말하는 "진리"가 대중의 의견과 맞아떨어진다거나, "앞으로 벌어질" 무엇인가에 대해 말하고 있거나, 그들이 추종자들을 위해서 "가슴에서 우러나는 것"을 말하고 있다는 점을 증명하지는 않는다. 우리가 대가를 치르고서야 알게 되었듯이, 이 말은 선과 악에, 또 진실한 것과 진실하지 않은 것에도 똑같이 적용된다.

주목받지 못하는 현자는 바보로 여겨지고, 누구나 다 아는 어리석은 일을 가장 먼저 큰 소리로 외치는 바보는 선각자와 총통으로 통한다. 다행하게도 간혹 이와 정반대 현상도 일어난다. 그렇지 않다면 인류는 어리석음 때문에 아마 오래 전에 멸종했을 것이다.

정신적 불모(不毛)가 두드러진 특징으로 꼽히는 광인은 전혀 "진리"를 표현하지 않는다. 그 사람이 하나의 인격이 아니라서 그럴 뿐만 아니라, 그가 의견의 일치를 조금도 경험하지 못하고 있기 때문에도 그렇다.

그러나 의견의 일치를 확인하는 사람은 바로 그 수준까지 "진리"를 표현했다. 형이상학의 문제에서는 "권위 있는" 것이 "진리"이며, 따라서 형이상학적 단언에는 권위와 인정을 암시하는 내용이 강하게 담겨 있기 마련이다. 형이상학적 단언의 경우에 권위가 진리를 증명하는 유일한 방법이며, 형이상학적 단언은 이 증거에 의해 서 있거나 무너지기 때문이다. 신의 존재를 증명하는 문제를 보면서 합리적인 사람들이 분명히 확인하듯이, 모든 형이상학적 주장은 불가피하게 미결 문제를 논거로 제시하지 않을 수 없다.

권위에 대한 주장은 당연히 그 자체로 형이상학적 진리의 확립에 충분하지 않다. 권위는 또한 똑같이 강력한 군중의 필요로 뒷받침되어야 한다. 이 필요가 언제나 절망적인 상황에서 비롯되기 때문에, 형이상학적 단언을 설명하려는 시도는 어떤 것이든 그 단언을 믿으려 드는 사람들의 정신 상태를 반드시 검토해야 할 것이다. 그러면 영감을 받은 존재의 진술이 일반적인 정신적 절망을 보상할 이미지와 관념들을 의식적인 것으로 만들었다는 사실이 확인될 것이다. 이 이미지와 관념들은 영감을 받은 사람에 의해 발명되거나 고안된 것이 아니며 그저 그 사람에게 경험으로 "일어났으며" 그 사람은 그 경험의 희생자이다. 그의 의지를 초월하는 어떤 의지가 그를 사로잡아 버렸으며, 그는 그 의지에 저항하지 못했다. 자연히 그 사람은 이 압도적인 힘을 "신성한" 것으로 느낀다. 나는 이런 사실에 반박할 뜻이 전혀 없다. 그러나 아무리 생각이 좋다 하더라도 나는 그것이 초월적인 신의 존재를 증명한다는 것을 확인할 수 없다. 자비로운 신이 실제로 유익한 어떤 진리를 고무했다고 가정하자. 그러면 반만 진리인 말이나 터무니없는 말이 열렬한 추종자들에게 받아들여지는 예들은 도대체 뭔가? 여기서는 악마가 좋은 변명이 되거나, 아니면 "악한 모든 것은 인간에게서"라는 원칙에 따라 사람 자체가 문제로 꼽힐 것이다. 이런 식의 양자택일적인 형이상학적 설명은 실제로 적용하기 어렵다. 대부분의 영감이 두 개의 극단 사이에, 말하자면 전적으로 진실하지도 않고 전적으로 거짓이지도 않은 것에 해당하기 때문이다. 따라서 이론적으로 보면 형이상학적 단언들은 그 존재의 바탕을 선한 권력과 악한 권력의 협동에 두고 있다.

내가 보기에 아주 보수적인 관점이라면 지극히 형이상학적인 요소를 고려 대상으로 삼지 않는 것이 보다 현명한 것 같지만, 보다 중도적인 관점이라면 인간의 영역에 있는 미지의 정신적 혹은 사이코이드(psychoid: 원형의 또 다른 표현으로, 정신적 내용을 물질적인 개념으로 설명한다/옮긴이) 요소가 영감과 그와 비슷한 사건을 일으킨다고 보는 것이 타당하다. 이런 식으로 접근하면, 영감의 절대다수에서 진리와 거짓이 끔찍하게 뒤섞여 있는 현상뿐만 아니라 '성경'에 나타나는 수많은 모순도 어느 정도 이해될 수 있다. 의식을 에워싸고 있는 사이코이드 아우라(psychoid aura)는 다소 논쟁적인 설명의 가능성을 열어주며, 이 사이코이드 아우라는 경험적으로 조사될 수 있다.

사이코이드 아우라는 다양한 신의 이미지를 포함하는 비교적 자율적인 "이미지들"의 세계를 제시하며, 신의 이미지는 나타날 때마다 순진한 사람에게 "신"이라 불리며 그 이미지들의 신비성 때문에 그런 것으로 받아들여진다. 다양한 종파들은 이런 전통적인 견해를 뒷받침하며, 그 종파들의 존경스러운 신학자들은 신의 말에 고무 받은 자신들이 신에 대해 정당한 진술을 내놓을 수 있는 위치에 있다고 믿는다. 그런 진술은 언제나 최종적이고 논의의 여지가 없다고 주장한다. 지배적인 가설에서 조금만 벗어나도 돌이킬 수 없는 분열을 야기한다.

논의의 여지가 없는 대상에 대해서는 생각도 할 수 없고 생각도 하지 않을 것이다. 그런 경우엔 그 대상을 단언만 할 수 있을 뿐이다. 바로 이런 이유 때문에 서로 다른 단언들 사이에는 화해가 있을 수 없다.

이리하여 형제애의 종교인 기독교는 하나의 큰 분열과 수많은 작은 분열로 이뤄진 통탄할 만한 장관을 연출하고 있으며, 각 종파는 저마다 자신만 유일하게 옳다는 아집에 빠져 있다.

　우리는 신에 대해 단언하고, 신을 정의하고, 신에 대한 의견을 형성하고, 신을 다른 신들 가운데 유일하게 진정한 신으로 차별화할 수 있다고 믿고 있다. 이 시점에서 이런 깨달음이 일어날 수 있다. 신이나 신들에 대해 이야기할 때, 우리는 사이코이드 영역에서 나오는 논쟁의 여지가 있는 이미지들에 대해 이야기하고 있다는 판단이 서는 것이다.

　초월적인 어떤 실체가 존재한다는 것은 정말로 그 자체로 명백하지만, 우리의 의식이 우리가 지각한 실체를 생생하게 그릴 수 있는 지적인 모델을 구축하는 것은 특별히 어렵다. 우리의 가설들은 불확실하고 어둠 속에서 모색하고 있으며, 아무것도 우리에게 그 가설들이 최종적으로 옳은 것으로 입증될 것이라는 확신을 주지 못한다.

　우리의 안이나 밖의 세상이 어떤 초월적인 배경을 근거로 하고 있다는 것은 우리 자신이 존재하는 것만큼이나 확실하지만, 우리 안의 원형의 세계를 직접적으로 지각하는 것도 우리 밖의 물리적인 세계를 지각하는 것과 똑같이 의문의 여지는 있지만 정확하다. 만약 우리가 형이상학적인 것들에 대한 종국적 진리를 알고 있다고 확신한다면, 그것은 원형적인 이미지가 우리의 사고와 감정의 힘을 사로잡은 탓에 사고와 감정이 기능으로서의 특징을 상실했다는 뜻이나 마찬가지이다. 이 상실은 지각의 대상이 절대적이고 논박 불가능한 것이 되어 감정적 터부들에 둘러싸이게 된다는 사실에서 확인된다. 이런 상황이 되면 그 대상에 대해 깊이 생각하는 것으로 추정되는 사람은 누구나 자동적으로 이단자나 신성모독자로 찍히게 된다.

다른 문제인 경우에, 누구나 자신이 어떤 대상에 대해 주관적으로 그린 이미지를 객관적인 비판에 노출시키는 것을 지극히 합리적이라고 생각한다. 그러나 사로잡히는 현상이나 폭력적인 감정 앞에서, 이성은 힘을 잃는다. 신비한 원형이 결정적인 어떤 필요에 호소할 수 있기 때문에 이따금 더욱 강력한 것으로 증명된다. 신비한 원형이 이성으로는 절대로 해결되지 않는 절망의 상황을 가끔 보상하고 나설 때가 바로 그런 경우이다.

우리는 어떤 원형이 엄청난 폭력을 일으키며 개인의 삶과 국가의 삶으로 난입할 수 있다는 사실을 잘 알고 있다. 그래서 그 원형이 "신"이라 불려도 놀랄 것이 못된다.

그러나 사람들이 언제나 절망의 상태에 빠져 있다고 느끼지 않기 때문에, 깊은 생각이 가능한 차분한 순간도 있기 마련이다. 그때 만약에 자신이 감정적으로 사로잡힌 상태를 편견 없이 조사할 수 있게 된다면, 그 사람은 그 사로잡힘 자체는 "사로잡고 있는" 요소의 본질을 규정할 수 있는 것을 아무것도 내놓지 못한다는 점을 인정하지 않을 수 없을 것이다.

진리와 거짓은 서로 매우 가까운 사이이기 때문에 대단히 혼란스러워 보일 때가 종종 있다. 그렇기 때문에 정신이 제대로 박힌 사람도 감정적으로 사로잡힌 상황에서 자신에게 어쩌다 벌어진 일에 좀처럼 의문을 제기하지 못한다. '요한의 첫째 편지' 4장 1절은 우리에게 이렇게 가르친다. "사랑하는 여러분은 모든 성령을 다 믿지 말고 성령들이 하느님으로부터 온 것인지를 시험해 보십시오. 많은 거짓 예언자들이 세상에 나타났기 때문입니다." 이 말은 예외적인 정신 상태를 관찰할 기회가 많은 때에 나온 경고였다. 지금도 그때처럼 우리가 확실히 구분할 기준을 갖고 있다는 생각이 들더라도, 그럼에도 불구하고 이 같은 확신이 옳은지 여부는 의문의 대상이 되어야 한다. 인간의 판단은 어떤 것이든 무오류일 수 없기 때문이다.

이처럼 대단히 불확실한 상황이라는 점을 고려한다면, 인간의 이성과 같은 표준으로 판단할 수 없는 형이상학적 판단을 선언하기 전에 정신적 무의식뿐만 아니라 사이코이드 무의식도 있다는 사실을 인식하는 것이 보다 신중하고 합리적인 태도인 것 같다. 그렇게 한다고 해서 내면의 경험이 현실성과 생명력을 빼앗길 위험이 있다는 식으로 두려워할 이유는 전혀 없다. 다소 신중하고 겸손한 태도를 취한다고 해서 일어날 경험이 일어나지 않는 경우는 절대로 없다. 오히려 그 반대의 효과가 나타난다.

이런 문제들이 심리학적으로 접근하는 것이 만물의 척도로서 사람을 그림의 한가운데로 끌어들인다는 점을 부정하지 못한다. 그러나 이것이 사람에게 정당한 중요성을 부여하게 된다. 2개의 위대한 세계 종교인 불교와 기독교는 똑같이 나름을 방법으로 사람에게 일정한 위치를 부여했으며, 기독교는 신이 사람이 되는 교리에 의해 이런 경향을 더욱 강화했다. 신이 직접 사람에게 안긴 존엄과 우열을 다툴 수 있는 심리학은 이 세상 어디에도 없다.

상징을 풍부하게 갖고 있는 연금술은 우리에게 종교적 의례, 즉 '오푸스 디비눔'(opus divinum: 신을 섬기는 일)과 비교할 만한 인간 마음의 어떤 노력에 대한 통찰을 준다. 연금술 작업과 신을 섬기는 일 사이의 차이는 연금술 작업이 그 형식과 내용이 엄격히 규정되는 집단적 활동이 아니고, 기본적 원리들은 서로 유사할지라도 어디까지나 개인적인 활동이라는 점이다. 연금술사는 통합된 어떤 하나의 단위를 만들어내는 일에 개인적으로 자신의 영혼을 모두 쏟았다. 그것은 겉으로 보기에 서로 공존할 수 없는 상반된 것들 사이에 조화를 이루는 작업이었으며, 이 상반된 것들은 물리적 원소들의 자연적 적대성뿐만 아니라 도덕적 갈등을 뜻하는 것으로 이해되었다. 이 노력의 목적이 내적으로만 아니라 외적으로, 또 육체적임과 동시에 정신적인 것으로 파악되었기 때문에, 연금술 작업은 말하자면 자연의 전체로 확장되었으며 그 목표는 경험적이면서 동시에 초월적인 측면을 가진 어떤 상징에 있었다.

연금술이 수많은 세기 동안에 어둠을 어렵게 뚫고 나아가면서 이론적 가정들과 실험의 끝없는 미로를 거쳤듯이, 칼 구스타프 카루스(Carl Gustav Carus: 1789-1869)로부터 시작한 무의식의 심리학은 연금술사들이 놓친 그 길을 다시 찾았다. 연금술사들의 영감이 괴테의 '파우스트'에서 가장 시적으로 표현되던 바로 그 시점에, 이런 일이 일어났다. 글을 쓸 당시에, 카루스는 자신이 미래의 경험 심리학을 세울 철학적 다리를 놓고 있다는 사실을 깨닫지 못했을 수 있다. "그것은 오물에서 발견된다"(in stercore invenitur)는 연금술의 오랜 경구를 떠올리게 하는 대목이다. 그러나 이번에는 꼴사납게 생겨 모든 사람에게 거부당해 길거리 어디서나 주울 수 있는 그런 하찮은 물질에서 발견된 것이 아니라, 임상적 관찰이 가능하게 된 인간 정신의 절망적인 어둠에서 발견되었다. 그 어둠 속에서 연금술사들의 마음을 매료시킬 온갖 형태의 모순과 기괴하게 생긴 유령, 상스러운 상징들이 발견되었으며, 이런 것들은 연금술사들의 마음을 밝게 비춘 만큼 혼란스럽게 만들기도 했다. 그리고 1,700년 동안 연금술사들을 초조하게 만들었던 똑같은 문제가 심리학자 앞에 모습을 드러냈다. 심리학자는 서로 대립하는 이 힘들을 어떻게 다뤄야 하는가? 심리학자는 그 힘들을 내쫓아 제거할 수 있었을까? 아니면 그 힘들의 존재를 인정하고, 그것들이 조화를 이루도록 하는 것을 과제로 받아들이고 수많은 모순들에서 저절로는 생기지 않을 어떤 통일성을, '신의 결정'(Deo concedente)이라 불릴 어떤 단위를 인간의 노력으로 끌어낼 수 있었을까?

헤르베르트 질베러는 연금술로부터 무의식의 심리학으로 연결되는 비밀의 실들을 가장 먼저 발견한 공로를 인정받고 있다. 당시의 심리학적 지식의 상태는 아직 너무나 원시적이고 연금술 문제 전반에 걸쳐 개인적 가설들의 지배를 받고 있었기 때문에 심리학적으로 이해될 수 없는 상황이었다. 연금술에 대한 전통적 평가절하와 정신에 대한 전통적 평가절하가 먼저 해소되어야 했다. 오늘날 우리는 연금술이 여러 면에서 무의식의 심리학이 들어설 바탕을 얼마나 잘 닦아놓았는지를 눈으로 확인할 수 있다.

첫째, 연금술의 상징의 보고(寶庫) 안에 무의식의 심리학에서 현대적 해석을 할 때 쓰일 대단히 소중한 자료를 많이 남겼다는 점이다. 둘째, 통합의 상징적 절차를 보여주었다는 점이다. 이 상징적 절차를 지금 우리는 환자들의 꿈에서 다시 발견하고 있다. 내가 앞에서 설명한, 상반된 것들을 통합시키는 전체 연금술 과정이 개인의 개성화 과정을 나타낸다고 봐도 무방하다는 점을 우리는 확인할 수 있다. 개인은 어느 누구도 연금술 상징체계의 범위와 풍요함에 닿지 못한다는 차이가 있긴 하지만.

연금술의 상징체계는 몇 세기를 내려오면서 축적되는 이점을 누릴 수 있었지만, 개인은 짧은 생애를 살기 때문에 경험과 표현력에서 제한을 받는다. 그러므로 개성화 과정의 본질을 사례 중심으로 묘사하려고 노력하는 것은 어렵기도 하고 부질없는 일이기도 하다. 이 측면이 지배하는 예도 있고 다른 측면이 지배하는 예도 있고, 또 일찍 시작하는 경우도 있고 늦게 시작하는 경우도 있고, 또 정신적 조건도 무한히 다르기 때문에, 어느 한 예는 개성화 과정의 한 버전만을 보여줄 수 있을 뿐이다.

나의 경험에 비춰볼 때, 전형적이라고 여겨도 좋을 만큼 모든 측면을 충분히 세세하게 보여준 예는 지금까지 한 번도 없었다. 실제 사례를 통해 얻은 자료를 바탕으로 개성화 과정을 묘사하려고 시도한 사람은 누구나 시작도 없고 끝도 없는 잡동사니 모자이크에 만족해야 했을 것이다. 만약 그 사람이 이해받기를 원한다면, 그는 똑같은 분야에서 자신의 경험과 똑같은 것을 경험한 사람을 찾아야 할 것이다.

그러므로 연금술은 많은 자료를 풍성하게 제시함으로써 나에게 이루 형용할 수 없을 만큼 큰 도움을 주었다. 나는 그 자료를 통해서 간접적으로나마 경험을 풍부하게 하면서 개성화 과정을 적어도 근본적인 측면에서만이라도 묘사할 수 있게 되었다.

인명찾기

ㅎ